이사야 주해

철학박사 김수홍 지음

도서
출판 언약

Exposition of Isaiah

by

Rev. Soo Heung Kim, S.T.M., Ph.D.

Published by
Eonyak Publishing Company
Suwon, Korea
2020

“성경의 원어를 읽든지 혹은 우리 번역문을 읽든지,
성경을 읽는 것은 성부 하나님, 성자 예수님, 성령 하나님을 읽는 것이고,
본문을 아는 것이 하나님을 아는 것이며,
성경 본문을 붙잡는 것이 하나님을 붙잡는 것이고,
성경본문을 연구하는 것이 하나님을 연구하는 것(신학)이다”.

머리말

필자가 신학을 하고 성경 주해(성경을 해석하는 일)를 해서 부지런히 출판하는 이유는 첫째, 하나님의 말씀의 맛이 참으로 좋기 때문이다. 하나님 말씀의 맛이 정말 좋아서 신학을 시작했고 주해를 시작했다. 하나님 말씀의 맛 이상으로 좋은 맛은 세상에 아주 없었다. 이 맛은 세상의 그 어떤 음식 맛보다, 또 그 어떤 맛집의 맛보다도 사모하게 되는 맛이었다.

둘째, 필자가 신학을 시작한 것은 하나님의 절대적인 명령 때문이었다. 필자는 신학을 시작하기 전에 여러 해를 뒷걸음질 쳤다. 지금은 그때 있었던 일을 말하기도 참 부끄럽다. 필자가 대학에 재학 중이었을 때 필자는 두 가지 마음을 품고 여러 해를 방황했다. 하나는 대학을 졸업한 후, 대학원에서 원래 전공인 언어학(言語學)을 더 공부하여 석사, 박사 학위를 취득한 다음에 문리대 교수를 하고, 또 문리대 학장을 한 뒤, 서울대 총장을 하고, 그 다음에는 문교부 장관을 반드시 해 보겠다는 야심찬 마음이었다. 그런데 지금 생각해 보면 참 어리석고, 부끄럽기 그지없는 세상적인 야망이었다.

또 한 가지 마음은 하나님 말씀을 전해야 한다는 마음이 점점 크게 자라갔다. 이 마음은 날이 갈수록 심화되었고, 달이 갈수록 더 강해졌다. 그래서 너무 고민이 되었다. 처(妻)삼촌 박윤선 박사님께 상담을 청하여 어떻게 해야 하겠는지를 여쭈었다. 박 박사님의 답변은 신학을 해서 목사가 되라는 것이었다. 그 답변을 받았지만 필자는 곧바로 실천하지 않은 채 방황을 계속했다. 신학을 해야만 할 것 같은 마음이 차고, 차서 마음의 90%까지 차오르는 시점이 왔으나, 그럼에도 불구하고 얼른 신학교에 입학하지 못했고 두어 해를 머뭇거린 채로 흘려보냈다. 그러는 사이 1968년 7월인가 8월쯤에 가장 가까운 친구가 별세하는 장면을 목격하게 되었다. 그의 한국 나이 32세,

내 나이 또한 32세에 정말 친했던 친구가 별세하는 모습을 보았을 때, 전신(全身)에 소름이 돋았다. 그런데 그 소름이 도무지 사그라지지 않았다. 나는 집으로 돌아와 아내에게 "나 죽은 셈 치라"고 부탁했다. 그리고 신학을 시작하게 된 것이다. 그 이후 필자는 한 번도 서울 문리대 학장직이나 서울대 총장직을 생각해 본 적이 없었다. 끊임없이 신학을 좋아했고, 하나님 말씀에 매료되어 주해를 해왔다. 이렇게 좋은 직업은 세상에 없다고 생각해왔다.

그러나 이사야 주해는 너무 힘들었다. 큰 어려움을 느꼈다. 이사야의 표현들이 쉽지 않아 그 내용을 파악하는 일이 매우 어려웠다. 더욱이 이사야는 내용을 전개해 나가는 데 있어 연대순으로 기록한 것이 아니고, 무순(無順)으로 쓰여 있어서 내용 파악이 더 어려웠다. 신약의 요한계시록 주해보다도 더 어렵게 느껴졌다. 이사야는 유다 민족(유다 민족이란 말을 이스라엘이라고 해도 무방하다)이 바벨론에 포로 되어 가기 전 타락했을 때와 바벨론에 포로 되어 가서 고통 중에 살던 때와 포로에서 해방되어 유다 땅으로 돌아온 때와 또 멀리 신약 시대와 또 더 멀리 인류의 대종말도 구별하지 않고 집필해 놓았다. 어떤 때는 구별하기가 너무 힘들었다. 그래서 말씀을 더 많이 읽고, 기도했으며 연구했다. 이렇게 힘 들었으니 이사야 주해하는 일을 중간에 그만 둘 수도 있었을 것이다. 그러나 그만둘 수는 없었다. 주해를 하는 일이 하나님의 절대적인 명령이니 도중하차는 꿈에도 생각할 수 없는 일이었다. 필자는 이사야서 주해를 하는 동안에 참으로 많은 기도의 시간을 가졌다. 기도하고 또 기도했다. 기도한 만큼 일이 된다는 원리를 따라 기도하고 또 기도한 것이다.

필자가 이사야서 주해를 내 놓는데도 잊을 수 없는 분들이 계시다. 경기도 안성의 진성 교회 최재표 집사님은 하나님의 말씀을 뜨겁게 사랑하시는 분으로 주해 교정에 열을 바치셨다. 감사를 잊을 수가 없다. 그리고 경기도 지구촌 교회 신영옥 권사님의 주석 교정 사랑을 잊을 수가 없다. 얼마 전 남편 심관섭 장로님께서 먼저 하나님의 나라로 가셨는데도 조금도 마음의 동요 없이 주해 교정을 마다하지 않으시고 도우셨다. 그리고 경북 안동의 이자영 사모님은 교정만이 아니라 성경을 해석한 문장을 전체적으로 광범위하게 교열(校閱)해 주셨다. 얼마나 감사한지 필자의 마음에 지울 수가 없다. 그리고 책 표지 제작을 지극히 예술적으로 감당해주신 이정은 디자이너의 열성을 잊을 수가 없으며, 아름다운 편집을 담당해주신 신현학 장로님의 수고에 큰 감사를 드린다.

이제 이 이사야 주해서를 세상에 내놓는다. 이 주해서가 세상에 나가서 신앙이 땅에 떨어진 이 시대를 변화시켰으면 한다. 오늘날 신앙이 내려갔다는 말에 대해서는 누구나 서슴없이 말한다. 요즈음 세계를 휩쓸고 있는 코로나 19는 중국 우한 지방 사람들이 실수해서 퍼뜨렸다기보다는 하나님께서 세계 전 인류에게 주시는 재앙으로 알아야 할 것이다. 하루에도 몇 천 명씩 확진(確診)되고 있고, 수없는 사망자가 속출하고 있다. 게다가 최근(2020년) 우리나라에는 또 다른 재앙이 지나갔다. 54일간의 폭우가 쏟아져 수많은 피해를 남겨놓았다. 채소 값이 천정부지로 뛰어버렸다. 또 며칠 뒤에는 심히 강한 태풍 8호가 우리나라를 강타하고 지나갔다. 그런데 앞으로 9호 태풍, 10호 태풍이 우리나라를 또 지나갈 모양이다. 필자는 이 모든 것들이 우리 신앙의 타락과 무관하지 않다고 생각한다. 또한 TV 화면에 나오는 모습들은 세상의 무서운 타락상을 여실히 드러낸다고 본다. 따라서 우리는 하루속히 우리나라와 세상의 신앙이 끌어올려지기를 소망해야 된다. 필자의 작은 소망은 필자가 펴낸 성경 주해 28권(신약 주해 13권, 구약 주해 15권)이 한국 사회를 조금이라도 밝히는 것이다.

2021년 1월
수원 원천동 우거에서
저자 김수홍

일러두기
: 본 주해를 쓰면서 주력한 것

1. 성경을 성경으로 해석해야 한다는 원리를 따랐다. 따라서 외경이나 위경에서는 인용하지 않았다.
2. 본 주해를 집필함에 있어 문법적 해석, 역사적 해석, 정경적 해석의 원리를 따랐다. 성경을 많이 읽는 중에 문단의 양식과 구조와 배경을 파악해냈다.
3. 문맥을 살펴 주해하는 일에 심혈을 기울였다.
4. 매절마다 빼놓지 않고 주해하였다. 난해 구절도 모두 해결하느라 노력했다.
5. 매절을 주해하면서도 군더더기 글이 되지 않도록 노력했다. 군더더기 글은 오히려 성경을 더 복잡하게 만들어 놓기 때문이다.
6. 절이 바뀔 때마다 독자의 편의를 위하여 한 줄씩 떼어놓아 눈의 피로를 덜도록 했다.
7. 본 주해를 집필하는 데 취한 순서는 먼저 개요를 쓰고, 다음 한절 한절을 주해했다. 그리고 실생활을 위하여 적용을 시도했다.
8. 매절(every verse)을 주해할 때 히브리어 원어의 어순을 따르지 않고 한글 개역개정판 성경의 어순(語順)을 따랐다. 이유는 우리의 독자들을 위해야 했기 때문이다.
9. 구약 원어 히브리어는 주해에 필요한 때에만 인용했다.
10. 소위 자유주의자의 주석이나 주해 또는 강해는 개혁주의 입장에 맞는 것만 참고했다.
11. 주해의 흐름을 거스르는 말은 각주(footnote)로 처리했다.
12. 본 주해는 성경학자들과 목회자를 위하여 집필했지만 일반 성도들도 얼마든지 이해할 수 있도록 평이하게 집필했다. 특히 남북통일이 되는 날 북한 주민들도 읽고 이해할 수 있도록 가능한 쉽게 집필했다.

13. 영어 번역이 필요할 경우는 English Standard Version(ESV)을 인용했다. 그러나 때로는 RSV(1946-52년의 개정표준역)나 NIV(new international version)나 다른 번역판들(NASB 등)을 인용하기도 했다.

14. 틀린 듯이 보이는 다른 학자의 주석을 반박할 때는 "혹자는"이라고 말했고 그 학자의 이름은 기재하지 않았다. 그러나 단지 필자와 다른 견해를 제시하는 학자의 이름은 기재했다.

15. 성경 본문에서 벗어난 해석들이나 주장들을 반박할 때는 간단히 했다. 너무 많은 지면을 쓰는 것은 바람직하지 않고 독자들을 피곤하게 만들기 때문이다.

16. 성경 장절(Bible references)을 빨리 알아볼 수 있도록 매절마다 장절을 표기했다 (예: 창 1:1; 출 1:1; 레 1:1; 민 1:1 등).

17. 가능한 한 성경 장절을 많이 넣어 주해 사용자들의 편의를 도모했다.

18. 필자가 주해하고 있는 성경 책명 약자는 기재하지 않았다(예: 1:1; 출 1:1; 막 1:1; 눅 1:1; 요 1:1; 롬 1:1 등). 제일 앞의 1:1은 욥기 1장 1절이란 뜻이다.

19. 신구약 성경을 지칭할 때는 '성서'라는 낱말을 사용하지 않고 줄곧 '성경'이라는 용어를 사용했다. '성서'라는 용어는 다른 경건 서적에도 붙일 수 있는 용어이므로 반드시 '성경'이라는 용어를 사용했다.

20. 목회자들의 성경공부 준비와 설교 작성을 염두에 두고 집필했다.

21. QT에도 적절하게 사용할 수 있도록 주해했다.

22. 가정 예배의 교재로 사용할 수 있도록 쉽게 집필했다.

23. 오늘날 믿음을 잃은 수많은 젊은이들이 주님 앞으로 돌아오기를 바라면서 주해를 집필하고 있다.

이사야 주해

Exposition of Isaiah

■ 총 론

이사야서의 책 명칭은 어떻게 해서 생겼나

본서 "이사야"라는 명칭은 단순히 히브리 원전의 "이사야"(יְשַׁעְיָה)라는 말에서 왔다. 이 명칭은 70인역(LXX)에서나 라틴역(Vulgate)이나 흠정역(AV)에서도 그대로 사용되고 있다.

이사야서의 저자는 누구인가

이사야서의 저작자가 이사야라고 하는 것은 유다인의 전통으로나 기독교회의 전통으로 확정되어 있다. "이사야"라는 이름의 뜻은 '여호와께서 구원하신다'는 뜻이다. 이사야는 웃시야 왕이 죽던 해(주전 759년)에 선지자 직분을 받아 오랫동안 예언했는데, 80세 이상을 산 것으로 보인다. 주전 2세기경에 기록된 시라(Sira)의 아들의 지혜문(智慧文)도 이사야 40장 이하를 동일한 이사야의 글로 여겼다. 그리고 특히 1948년 발굴된 사해 사본(주전 2세기경에 쓴 것)도 본서 40장 이하가 그 앞부분(1-39장)의 저자와 동일한 사람의 글임을 분명히 암시한다. 다시 말해 이 사본에는 39장이 끝난 바로 다음 줄에서 40장이 시작된다. 이처럼 39장에 붙어있는 40장 이후의 글도 이사야 외에 딴 사람의 글이 아닐 것은 명백하다. 특별히 신약 성경이 본서 40장 이후의 말씀을 이사야의 글로 알고 많이 인용했으니 이것이야말로 본서 전체가 이사야의 저작인 사실을 분명히 해 주는 것이다.

"우리는 이사야의 첫 부분(1-39장)이나 둘째 부분(40-66장)이 서로 관련되어 있는 한 개의 문서임을 확인할 수 있다. 이 두 부분에 있는 몇 가지 장절들의 내용이 서로 유사한 것은 이 사실을 증명한다. 다음 장절들을 비교해 보라. 28:5과 62:3, 29:23과 60:21, 29:18과 42:7, 30:26과 60:19, 11:6과 65:25"(박윤선).

이사야서는 언제 저작 되었는가

본서의 저작 연대는 본서의 통일성에 대한 문제와 직결된다. 본서의 저자가 이사야 한 사람이라고 밝혀졌으니 이 책이 기록된 시기도 역시 이사야의 활동 시기와 일치하는 것으로 보면 될 것이다. 이사야의 예언 활동은 웃시야가 죽던 해(주전 739년)로부터 시작하여(6:1) 므낫세(주전 697-642년)의 통치 기간 중인 주전 680년경으로 그가 순교하기까지 대략 60년이란 기간 동안 계속되었다. 그러므로 본서의 기록 연대는 주전 739-680년경으로 보는 것이 바를 것이다.

이사야서는 무슨 내용을 담고 있는가

이사야가 그의 기록을 남긴 목적은 무엇이었는가? 첫째 이사야는 우상을 섬기지 않아야 한다는 것을 강조하고 있다(2:12-22; 10:10-11; 17:7-9; 19:3; 27:9; 37:19, 38; 42:8, 17; 44:12-20; 65:3-7; 66:3). 이사야는 유다 민족이 타락한 것은 여호와를 져버리고 우상 숭배에 빠졌기 때문에 모든 도덕적인 타락도 발생했다고 본 것이다.

둘째, 이사야는 국민들이 여호와 앞에 바로 설 것을 주문했다. 여호와만 바라보고 세상의 강대국을 바라보지 않도록 주문했다. 당시 세상의 세력들에 대해서는 반대하거나 또는 친밀하게 되지 말 것을 주문했다. 친앗수르, 반앗수르, 또 친바벨론, 친애굽 등의 노선에 서지 말 것을 주문했다. 히스기야왕 같은 사람도 앗수르의 강압에 굴복하여 공세를 바친 일이 있었다(왕하 18:14-16). 또 애굽을 의지하여 앗수르의 강압을 막아보려 했고, 새로 일어난 신 바벨론을 의지하기도 했다(39장; 왕하 20:12-19). 이사야는 모든 이방과의 동맹에 반대했고, 오직 여호와만 의지할 것을 명령했다.

셋째, 이사야의 예언은 그리스도로 가득 차 있었다. 장차 오실 그리스도의 탄생으로부터 그의 생애, 고난, 부활과 승천, 그리고 재림에 이르기까지 상세하게 예언하여 '그리스도의 선지자'라는 칭호를 얻게 되었다. 이사야가 그리스도를 계시한 것(9:2, 6; 53:1-12)은 그의 재림에서 완성된다(2:1-5; 9:7;

11:1-16; 35:1-10; 54:11-17).

이사야서가 보여주는 그리스도

구약 성경에는 그리스도의 초림에 관한 예언이 300회 이상 나타나고 있는데 그 300회 이상 나타나고 있는 예언들이 본서에 편중되어 있다.

또 이사야서에는 그리스도의 재림에 관한 예언도 많이 등장하고 있다(11:6; 32:1-8).

이사야서의 신학은 어떤 것들을 들 수 있는가.

1) 이사야의 신관

이사야 6장을 보면 성전에서 뵌 하나님은 신성과 영광에 충만하신 유일신이었다. 그 유일신을 뵌 이사야는 그 하나님께서 인간의 죄를 책하시는 것을 느껴 자신과 백성의 죄를 고백하는데 이르렀다.

그러나 하나님의 책망은 책망으로 끝나지 않고 인간으로 하여금 죄를 자복하게 만들었으며 인간의 구원을 선포하시는데 이르렀다. 하나님은 천지를 창조하신 창조주이시며 역사의 주님이 되시는 유일신이었다(44:6, 8; 45:14, 18). 이 유일신은 이사야를 위시하여 모든 선지자들의 신학의 근간으로 역사하셨다. 그러나 이 유일신은 이사야의 독창적인 신학은 아니었고, 이스라엘의 전승적인 신관(출 20:3; 신 6:4)의 확인이었다(이상근).

이사야가 만난 유일신은 거룩하시고, 영광 가운데 계시는 분이었다. 이사야가 본 하나님의 영광은 온 땅에 충만하였다(6:3). 이사야가 즐겨 말한 하나님의 대명사는 "이스라엘의 거룩하신 자"(1:4; 6:1; 37:23; 43:5; 45:11; 60:9)였고, 그는 우주의 창조자시요, 지배자이시며, 또 역사의 주님이 되시기 때문에 우주의 역사에 충만하신 분이었다.

하나님은 거룩하시기 때문에 죄를 용납하지 않으신다. 사람은 누구든지 거룩하시고 영광에 충만하신 여호와의 임재를 느끼게 되면 자신의 죄를 깨닫게 된다(6:5). 하나님 앞에서의 죄는 첫째 우상 숭배를 한 것이다. 하나님은 유일신이기 때문에 우상 숭배를 엄격하게 경계하신다(2:8; 42:8). 유다 민족이 우상을 떠나고, 하나님만을 진실하게 의지할 때에 그들의 국운은 홍왕하여 이방 민족을 정복하였고, 그들이 우상 숭배의 죄에 빠지게 될 때 유다 민족은 쇠퇴하여 이방 민족의 침략을 받으며, 국가가 패망하고 이방의 포로까지 되었다.

하나님은 죄를 용납하시지 않을 뿐만 아니라 죄를 심판하신다. 그런고로 하나님은 유다 민족(1-12장)과 만국(13-27장)을 심판하신다. 그러나 하나님은 심판하신 다음 인간들로 하여금 회개케 하시고 구원에 이르게 하신다(6:10-13).

2) 이사야의 인간관

이사야의 메시지 내용 가운데 중심이 되어 흐르고 있는 사상은 (1) 여호와와 하나님의 존엄성, (2) 인간의 허영, (3) 우상 숭배의 허무함이라고 할 수 있다. 그러니까 인간의 본분은 여호와를 섬기는 데서 (1) 온전하고, 정상적인 생활이 시작되고, (2) 이때 비로소 상실한 인간성을 되찾을 수 있는 것이며, (3) 그로인해 하나님의 창조의 질서가 온 세상에 이루어진다는 것이다.

첫째, 이사야의 인간관은 인간이 하나님의 피조물이라는 것이다. 이 사상이 창세기에서부터 계속되고 있으므로, 이사야의 이 인간관은 새삼스러운 것이 아니다.

구약 신학에서 하나님이 인간의 창조주가 되시고, 우리 인간이 그의 피조물이라는 사상에 무슨 뜻이 있는가? 바로 구원론적인 의미가 담겨있는 것이다. 곧 인간이 하나님께 죄를 범함으로 저주를 받아 망하게 되자 인간을 창조하신 그 하나님께서 못쓰게 된 인간성을 재창조하심으로써 구원하신다는 것이다. 그런고로 바울이 “그런즉 누구든지 그리스도 안에 있으면 새로운 피조물이라. 이전 것은 지나갔으니 보라, 새 것이 되었도다”(고후 5:17)라고 외친 것이다. 이것은 이사야가 전한 인간관과 상통하는 사상이다.

둘째, 이사야의 인간관은 임마누엘 곧 “하나님이 사람과 함께 계실 때 사람이 가장 사람답게 된다"는 사상이다. 이것이 여호와께서 당시의 유다와 예루살렘에 대해 이사야를 통하여 전하신 메시지이며, 이사야서 전편에 흐르는 메시지이다(2:3; 6:1; 7:14; 8:8, 10, 17; 9:6, 7; 40:31; 41:14; 43:21).

하나님께서 인간을 그의 형상(창 1:26, 27)으로 창조하신 뜻이 어디 있는가? 인간은 독립적 존재가 아니라 하나님과 더불어 바른 관계를 유지할 때에만 인간이 인간다움을 얻고 도덕적으로도 건전한 삶을 살 수 있다는 것이다(1:3; 2:4, 22; 5:4, 20; 46:8; 55:2; 59:1-3 등).

셋째, 이사야의 인간관은 남은 자의 사상에 있다고 할 수 있다(10:21, 22). 그러면 도대체 여호와께서 유다와 예루살렘을 심판하셔서 주전 586년 바벨론의 느부갓네살 왕에게 망하게 하신 이유가 무엇인가? 그것이 바로 쭉정이 인생은 쓸어버리시고 "남은 자"를 얻으시기 위함이었다는 것이다(10:20-23; 마 3:12, 이순한).

3) 이사야의 메시아관

이사야의 메시아관은 다른 예언자들보다 독특하다고 볼 수 있다. 유대교 지도자들이 메시아를 배척하고 저주를 자청해가며 그를 십자가에 못 박아 죽게 한 사실은 그들이 많은 예언자들의 증언 가운데서 영웅적이고, 무력적인 메시아만을 눈여겨보고, 고난의 종이요 희생당하시는 메시아는 알아보지 못한 데서 온 비극이라고 할 수 있다.

이사야의 메시아관은 너무나 상세하다. 이사야서에서는 메시아의 탄생(7:14; 9:6), 족보(11:1), 메시아의 기름부음 받으심(11:2; 61:1), 메시아의 성격(7:15; 11:3-4), 메시아의 온유하심(42:1-2), 메시아의 죽으심(52:13-53:12), 메시아의 부활(25:8), 메시아의 재림(11:3-16; 33장) 등이 밝히 예언되고 있다.

이사야는 오시는 메시아를 "고난의 종"으로 묘사하고 있다. 이사야서에는 "여호와의 종"의 노래가 네 번 나타나는데(42:1-4; 49:1-6; 50:4-9: 52:13-53:12), 이는 이사야 예언의 백미에 속한다. 그 고난의 종은 가깝게는 바벨론 포로의 고비를 겪는 이스라엘 백성을 지칭하고(49:3), 또 백성에게 예언하다가 순교한 선지자를 가리키나(행 8:34), 궁극적으로 장차 오실 그리스도를 가리키고, 그리스도의 고난을 가리킨다(마 26:24; 막 9:12). 다시 말해, 이스라엘의 포로 됨이나 선지자의 순교는 만민을 대속하시는 메시아의 고난의 그림자였다(이상근).

4) 메시아의 종말관

이사야가 전하는 구원은 메시아 시대 또는 메시아 왕국으로 표현된다고 할 수 있다. 메시아 시대는 평화와 안전의 시기로(11:6-9), 그 시대는 메시아 왕국의 시대다. 이것은 직접적으로 이스라엘의 회복을 가리키나 나아가 종말의 신천 신지에 대한 예언으로 본다(65-66장). 그 시대는 모든 악과 악의 결과인 불행이 제거되고 지복(至福)의 상태가 계속된다(11:6-9; 65:17-25). 그것은 요한계시록의 결론에서 계시된 무궁 세계의 지복을 가리키는(21-22장) 예언이 된다.

이사야서가 보여주는 문학적 특징은 어떤 것들이 있는가.

본서는 운문과 산문의 형식을 함께 지니고 있는데, 본서 문장의 웅장하고 고상함 그리고 다양하면서도 절제된 언어 구사력과 다양한 표현법 등은 이사야서의 문학적 탁월성을 확실히 보여주고 있다고 말할 수 있다.

주요한 산문 형식은 36-39장에서 나타나는데, 이 부분은 본서의 전반부와 후반부를 연결해 주는 역할을 하고 있다. 그리고 다른 한편 운문 형식으로는 13-23장의 예언 내용이 두드러진다고 할 수 있으며, 또 포도원의 노래(5:1-7), 찬미의 송가(12장; 38:10-20), 여호와의 날을 강조하는 묵시 문학 양식(24-27장), 지혜시 형식(28:23-29), 민족시(63:7-64:12) 등도 운문 형식에 속한다.

이사야가 주로 구사한 수사법은 의인법(24:23; 35:1; 44:23)과 상징법(5:7; 17:10; 27:1; 30:7; 51:9, 17; 63:3)이었다. 그리고 이사야서에는 대조법(1:18; 3:24; 5:7, 10, 20; 65:13, 14)도 등장한다. 또한 이사야서는 우상을 저주하는(44:9-20) 곳에서는 완벽한 풍자 법을 구사하고 있다. 그리고 교차 대구법의 실례는 6:10, 16:7에서 나타난다.

우리는 얼마나 철저히 죄를 자백해야 하는가.

이 부분(2:22-3:15)에서는 아무 것도 의지하지 말라고 권한다. 그리고 3:18-23에서는 "주께서 그 날에 그들이 장식한 발목 고리와 머리의 망사와 반달 장식과 귀 고리와 팔목 고리와 얼굴 가리개와 화관과 발목 사슬과 띠와 향합과 호신부와 반지와 코 고리와 예복과 겉옷과 목도리와 손 주머니와 손 거울과 세마포 옷과 머리 수건과 너울을 제할 것이라"고 말한다. 이 부분을 통해 알 수 있는 것은 유다 나라의 상류층 여자들이 사치스러운 생활을 했다는 것과 또한 그러한 결과 수많은 문제가 발생했다는 사실이다. 1) 여인들의 발목 고리는 애굽의 12왕조 때부터 있었는데 걸을 때 소리를 내었다고 한다. 훗날 이 발목 고리는 금이나 은(銀) 또는 상아와 같은 보석류가 되었다. 2) 머리의 망사는 머리를 가린 망사모를 지칭하는 것으로 그물 아래로 금이나 은실의 띠가 있어 두 귀를 연결시켰다. 3) 반달 장식은 목에 거는 반월형의 사치품이었다(18절). 4) 귀 고리는 고대 애굽, 앗수르 때부터 사용되었다. 5) 팔목 고리는 고대 앗수르에서는 남자들이 착용했고, 애굽에서는 남녀가 함께 사용했다. 6) 얼굴 가리개(19절)는 여인들이 외출할 때 얼굴을 가리는 데 사용했는데 동양의 보편적 풍속이었다. 더구나 아랍 여성들에게는 필수적인 장식이었다. 7) 화관에 대해서는 제사장의 관의 기록이 남아 있다(출 39:28). 8) 발목 사슬은 발목에 달았던 짧은 사슬로 걸을 때 멋있게 보이게 했다. 9) 띠는 겉옷 위에 착용하는 것으로 신부가 결혼식 때 착용했다(49:18; 렘 2:32). 10) 향합은 향을 담는 합이었다. 11) 호신부(20절)는 글을 새긴 보석이나 쇠붙이를 넣은 것으로 악마로부터 자신의 몸을 보호하기 위해 지니고 다녔다. 12) 반지는 인장 지환이라는 뜻으로(창 41:42), 부인들에게는 장식용 귀중품으로 동서고금에 존재했다. 13) 코 고리(21절)는 코의 두 구멍 사이에 부착하여 입에까지 늘어뜨렸다. 이스라엘에서는 족장 시대부터 사용했다(창 24:22). 14) 예복은 축제 때나 공식 모임 등에만 입었다. 15) 겉옷은 일상복 위에 걸치는 겉옷으로 상류층 부인들이 착용했다. 16) 목도리는 목을 감싸는 넓은 천을 뜻한다. 17) 손 주머니(22절)는 돈을 넣는 지갑으로 남녀가 함께 사용했다. 18) 손 거울은 구리 등 금속판을 잘 닦아 만든 것이었다. 19) 세마포 옷은 고운 세마포로 만든 속옷이었다. 20) 머리 수건은 여러 색채의 천으로 꼬아 머리를 두르는 천이었다. 21) 너울은 머리로부터 전신을 두르는 사치품이었다(23절). 당시에 하나님께서 위의 모든 사치품을 제하라고 하셨다.

성경은 인류가 범죄 하게 된 원인을 기록하고 동시에 하나님은 이들의 범죄를 덮으시기 위해 무수한 사랑의 기사를 주셨다는 것을 보인다. 범죄 하게 된 원인은 1) 하나님의 기사를 잊어버린 일(시 78:11, 42), 2) 심중에 하나님을 시험한 일(시 78:18, 56), 시험한다는 것은 의심한다는 뜻이다. 3) 탐욕으로 행한 일(시 78:30), 4) 사람이 하나님에게 아첨하는 일(시 78:36, 37), 5) 신실하지 못한 일(시 78:57, 58), 사람이 신실하지 못하고 진리를 파수하지 못하기 때문에 범죄 한 것이다.

하나님은 죄를 범하는 사람들을 회개시키기 위해 무수한 사랑의 기사 16가지 이상을 주셨다(시 78:13, 14, 15, 24, 27, 31, 34, 44, 45, 46, 47, 50, 51, 52, 55, 61). 또 이와는 반대로 이스라엘 백성의 불신행위에 대하여는 10가지의 재앙을 내리셨다(시 78:11, 17, 18, 19, 30, 32, 36, 40, 41, 56-58).

■ 내용분해

총론

I. 심판 1-35장

A. 유다와 이스라엘 심판 1-12장

1. 유다 심판 1-5장

ㄱ. 하나님께서 고발하시다 1장

1) 책 제목 1:1

2) 여호와께서 드러내시다 1:2-4

3) 이스라엘의 처절한 현실 1:5-9

4) 당시의 형식적 예배 1:10-15

5) 회개하라 권고하다 1:16-20

6) 예루살렘이 심히 부패하다 1:21-23

7) 심판으로 이스라엘은 구속된다 1:24-31

ㄴ. 유다의 죄 2:1-4:1

1) 표제 2:1

2) 메시아 왕국의 영광 2:2-4

3) 유다 민족의 죄상 2:5-9

4) 두려운 심판이 올 것이다 2:10-11

5) 겉치레 죄에 대한 심판 2:12-17

6) 우상들이 맞이할 운명 2:18-21

7) 지도자들을 향한 주님의 고발 2:22-3:15

8) 상류층 부인들의 죄 3:16-4:1

ㄷ. 회복의 소망 4:2-6

ㄹ. 범죄한 백성에 대한 하나님의 심판 5장

1) 포도원 노래 5:1-7
2) 이스라엘이 만들어낸 신포도 5:8-24
3) 여호와께서 진노하시다 5:25-30

2. 이사야를 부르시다 6장
1) 선지자의 환상 6:1-3
2) 그 환상에 대한 선지자의 반응 6:4-5
3) 그를 사면하다 6:6-7
4) 그를 위임하다 6:8-9
5) 그의 메시지 6:9b-13

3. 메시아 왕국 7-12장
ㄱ. 임마누엘 7장
1) 아람이 침공하다 7:1-9
2) 임마누엘의 징조 7:10-16
3) 앗수르의 침공이 임박하다 7:17-25

ㄴ. 마헬살랄하스바스 8장
1) 앗수르 군대가 침입하다 8:1-8
2) 적들이 패망하다 8:9-15
3) 여호와를 기다리다 8:16-22

ㄷ. 메시아 왕국 예언 9:1-7
1) 요약 9:1
2) 큰 복 9:2-3
3) 사라질 것이다 9:4-5
4) 큰 복을 가져올 자 9:6-7

ㄹ. 이스라엘의 죄 9:8-10:4
1) 자만에 의해 패배 당할 것이다 9:8-12
2) 완고함에 의해 지도자가 파멸할 것 9:13-17
3) 악 때문에 내란이 일어날 것이다 9:18-21
4) 사회적 불의 때문에 보응의 날이 옴.10:1-4

ㅁ. 앗수르에 화 있을진저 10:5-34
1) 앗수르는 특별 사명을 잘못 해석함 10:5-11
2) 연기된 심판이 앗수르를 내리칠 것임 10:12-14
3) 앗수르는 산림 불처럼 전소될 것이다 10:15-19
4) 심판 후 이스라엘의 남은 자가 돌아옴 10:20-23
5) 시온은 앗수르가 전복될 때 구원됨 10:24-27
6) 앗수르가 진군하다 10:28-32
7) 여호와께서 앗수르 산림을 벌목하심. 10:33-34
ㅂ. 이새의 줄기에서 나올 메시아의 사역 11장
1) 이새의 줄기에서 나온 왕의 사역 11:1-9
2) 그 왕에게 모여드는 백성들 11:10-16
ㅅ. 장차 올 그 큰 날을 찬양하다 12장
1) 찬양을 드리겠다는 이스라엘의 결심 12:1-2
2) 그날의 복에 대한 요약적 진술 12:3
3) 그런 찬양을 드리라는 권고 12:4-6
B. 만국에 대한 심판 13-27장
1. 만국에 대한 심판 13-23장
ㄱ) 바벨론 심판(I) 13:1-14:23
(1) 표제 13:1
(2) 공격 위해 용사들을 소집함 13:2-3
(3) 소집된 무리에 대하여 묘사하다 13:4-5
(4) 주님의 날을 공포하다 13:6-8
(5) 주님의 날에 파멸되다 13:9-16
(6) 메대가 바벨론 파멸 대리자 13:17-19
(7) 바벨론의 완전한 폐허 13:20-22
(8) 이스라엘의 회복 14:1-2
(9) 바벨론을 비웃는 조소 14:3-21
(10) 바벨론에 대한 심판 14:22-23

ㄴ) 앗수르를 심판하다 14:24-27
ㄷ) 블레셋을 심판하다 14:28-32
ㄹ) 모압을 심판하다 15-16장
(1) 갑자기 닥친 심판 15장
ㄱ) 모압에 임한 심판 15:1-9
(2) 모압의 교만과 멸망 16장
ㄱ) 피난민들이 도피처를 호소. 16:1-5
ㄴ) 더 한 층의 재난 16:6-12
ㄷ) 재앙의 때를 가리키는 후기 16:13-14
(3) 다메섹과 이스라엘 심판 17장
ㄱ) 다메섹 심판 17:1-3
ㄴ) 이스라엘 심판 17:4-11
ㄷ) 앗수르 멸망 17:12-14
(4) 에티오피아에게 주는 충고 18장
ㄱ) 외교적인 충고 18:1-2
ㄴ) 일어날 상황을 주시 18:3
ㄷ) 앗수르에 대한 의도 18:4-6
ㄹ) 에티오피아의 장래 18:7
(5) 애굽 심판 19장
ㄱ) 애굽 심판 19:1-17
ㄴ) 애굽을 회복시키심 19:18-25
(6) 애굽과 에티오피아를 의지 말라 20장
(7) 바벨론 심판(II) 21:1-10
(8) 에돔 심판 21:11-12
(9) 아라비아 심판 21:13-17
(10) 예루살렘 심판 22장
ㄱ) 예루살렘 심판 22:1-14
ㄴ) 셉나의 죄 22:15-25

(11) 두로를 심판하시다 23장

ㄱ) 두로 심판 23:1-14

ㄴ) 두로 회복 23:15-18

2. 하나님의 최후 심판과 승리 24-27장

ㄱ) 세계적인 심판 24장

(1) 여호와께서 심판하시다 24:1

(2) 심판은 세계적이며 철저하시다 24:2-4

(3) 원인은 인간에 의한 오염 때문 24:5-6

(4) 즐거움이 모두 제거되다 24:7-9

(5) 심판의 예들 24:10-12

(6) 심판은 철저하시다 24:13

ㄴ) 살아남은 자가 하나님을 영화롭게 하다 24:14-16

ㄷ) 그 심판은 피할 수 없다 24:17-20

ㄹ) 심판 후 여호와께서 통치하신다 24:21-23

ㅁ) 심판을 찬양하는 노래 25장

(1) 도성을 심판하신 하나님 찬양 25:1-5

(2) 백성을 위해 예비하신 선한 일 25:6-8

(3) 모압을 멸망시키시다 25:9-12

ㅂ) 유다를 구원하시다 26장

(1) 하늘의 도성을 찬양하다 26:1-6

(2) 하나님의 심판들을 묵상하다 26:7-15

(3) 소망의 기도 26:16-19

(4) 주님의 건설적인 심판을 기다리라 26:20-21

ㅅ) 하나님의 백성 27장

(1) 여호와의 포도원 27:1-6

(2) 하나님의 백성을 징계하시다 27:7-11

(3) 하나님 백성을 회복하시다 27:12-13

C. 화(禍)와 복의 노래 28-35장

1. 사마리아와 예루살렘이 당할 화 28장
   ㄱ) 사마리아가 당할 화 28:1-6
   ㄴ) 예루살렘이 당할 화 28:7-22
   ㄷ) 농부 비유 28:23-29
2. 유다가 당할 화 29-31장
   ㄱ) 아리엘이 당할 화 29장
      (1) 아리엘이 당할 화 29:1-8
      (2) 영적 취함 29:9-14
      (3) 비밀협정의 화 29:15-16
      (4) 언약을 갱신하다 29:17-24
   ㄴ) 애굽과의 동맹을 탄핵하다 30장
      (1) 제안된 애굽과의 동맹을 탄핵하다 30:1-5
      (2) 그 동맹의 허구성. 30:6-7
      (3) 이스라엘의 그릇된 태도와 결과 30:8-14
      (4) 건전한 태도와 그 결과들 30:15-26
      (5) 열방들에 대한 하나님의 심판 30:27-33
   ㄷ) 경고의 반복 31장
      (1) 애굽에 동맹을 청하는 일의 허구 31:1-3
      (2) 남은 자는 구원하실 것이다 31:4-5
      (3) 회개하라 31:6-7
      (4) 앗수르의 멸망 31:8-9
   ㄹ) 메시아 왕국이 받을 복 32장
      (1) 메시아의 통치 32:1-8
      (2) 안일한 부녀에 대한 경고 32:9-14
      (3) 메시아 왕국 32:15-20
   ㅁ) 앗수르가 패망하다 33장
      (1) 앗수르가 화를 당할 것이다 33:1-6
      (2) 이스라엘이 가련한 상태에 빠짐 33:7-9

(3) 하나님께서 이스라엘을 붙드신다 33:10-16
(4) 위기를 회고하다 33:17-19
(5) 하나님의 도성이 안전에 처할 것임 33:20-24

ㅂ) 이스라엘의 최후 영광 34장
(1) 전 세계적 심판이 예고되다 34:1-4
(2) 에돔이 심판받다 34:5-7
(3) 에돔이 황폐될 것이다 34:8-12
(4) 예루살렘이 장래에 제시될 장면 34:13-15
(5) 이 심판의 불가피성이 보증되다 34:16-17

ㅅ) 장차 하나님의 백성이 번영하리라 35장
(1) 유다 땅에 임할 임박한 변화 35:1-2
(2) 확신이 더욱 배양되어야 한다 35:3-4
(3) 신체적 장애로부터 구원될 것이다 35:5-7
(4) 순례자들의 안전을 위한 대로 35:8-10

II. 역사적 기록 36-39장

A. 앗수르의 침략과 예루살렘에 보낸 사절 36장
1. 사령관과 히스기야의 사신들과의 대화 36:1-3
2. 예루살렘의 항복을 요구하다 36:4-10
3. 아람어로 회담하자고 유다인 사신들이 요청하다 36:11-12
4. 즉각적인 항복만을 원한다는 앗수르의 오만한 거절 36:13-21
5. 유다인 사신들이 히스기야에게 결과를 보고하다 36:22

B. 앗수르를 격퇴하다 37장
1. 왕의 기도와 여호와의 응답(I) 37:1-5
2. 산헤립이 철수하고 망할 것이다 37:6-7
3. 상황 변화의 시작 37:8-9a
4. 히스기야의 항복을 얻어내려는 랍사게의 시도 37:9b-13
5. 왕의 기도와 여호와의 응답(II) 37:14-35
6. 앗수르 군대를 격퇴하다 37:36-38

C. 히스기야의 병 38장
  1. 히스기야의 병 회복이 약속되다 38:1-8
  2. 히스기야의 시편 38:9-20
    ㄱ) 병중의 절망 38:9-14
    ㄴ) 감사 38:15-20
  3. 그 사건에 수반된 사건들 38:21-22
D. 히스기야의 실수 39장
  1. 바벨론 사신들의 도착과 히스기야의 자기 과시 39:1-2
  2. 이사야가 히스기야를 심문하다 39:3-4
  3. 이사야가 왕가의 파멸을 예고하다 39:5-8

III. 구원 40-66장
A. 구원 40-48장
  1. 구원의 소망 40장
    ㄱ) 유다의 추방에서의 구원 40:1-11
    ㄴ) 여호와만이 참 하나님이시다 40:12-31
  2. 구원자의 출현 41장
    ㄱ) 구원자의 출현 41:1-7
    ㄴ) 여호와의 구원의 약속 41:8-20
    ㄷ) 우상은 허무한 것이다 41:21-29
  3. 구원자 여호와의 사역 42장
    ㄱ) 여호와의 종을 소개하다 42:1-9
    ㄴ) 이스라엘의 구원자 42:10-17
    ㄷ) 포로민에게 권면하다 42:18-25
  4. 이스라엘의 회복 43-44장
    ㄱ) 여호와의 구원 43장
      1) 임박한 이스라엘의 회복 43:1-7
      2) 구원의 증인 43:8-13
      3) 새 일로 구원하시다 43:14-21

4) 이스라엘의 불신을 책망하시다 43:22-28

ㄴ) 이스라엘의 회복 44장

1) 성령님의 복이 쏟아질 것이다 44:1-5

2) 여호와와 우상들 44:6-20

3) 회복을 다짐하시다 44:21-28

5. 고레스를 통한 구원 45장

ㄱ) 고레스를 통한 구원 45:1-8

ㄴ) 하나님의 틀림없으신 구원 45:9-13

ㄷ) 이방인이 회개하다 45:14-25

6. 바벨론을 심판하시다 46장

ㄱ) 벨과 느보의 멸망 46:1-7

ㄴ) 주님의 구원에 의지할 것 46:8-13

7. 바벨론의 파멸이 예고되다 47장

ㄱ) 파멸은 임박했고 필연적이다 47:1-5

ㄴ) 바벨론이 이스라엘을 오해한데서 기인함 47:6-7

ㄷ) 바벨론의 교만에 기인함 47:8-11

ㄹ) 이런 재앙에 마술은 무용하다 47:12-15

8. 이스라엘의 구원 48장

ㄱ) 이스라엘의 완악함을 책망하시다 48:1-11

ㄴ) 바벨론을 심판하리라 48:12-15

ㄷ) 바벨론에서 나와라 48:16-22

B. 구원자 49-57장

1. 구원자 여호와의 종 49장

ㄱ) 여호와의 종을 부르신 일과 사명 49:1-13

ㄴ) 시온을 위로하시다 49:14-26

2. 여호와의 종이 충성하다 50장

ㄱ) 다른 염려가 경감되다 50:1-3

ㄴ) 그 종이 충성을 맹세하다 50:4-6

ㄷ) 그 종이 신실함의 본보기이다 50:7-9
ㄹ) 신실한 자와 원수들 50:10-11
3. 이스라엘을 위로하시다 51:1-52:12
ㄱ) 이스라엘을 위로하시다 51:1-8
ㄴ) 여호와께서 구원하신다 51:9-16
ㄷ) 예루살렘이 구원을 받을 것이다 51:17-23
ㄹ) 구원의 환상 52:1-12
4. 고난의 종 52:13-53:12
ㄱ) 크게 굴욕 당한 후 존귀하게 된 종 52:13-15
ㄴ) 고난의 종의 외모 53:1-3
ㄷ) 범죄한 자들의 대속물 53:4-6
ㄹ) 고난을 위한 대속자의 자세 53:7-9
ㅁ) 고난의 결과 53:10-12
5. 고난의 종이 이룬 성공의 실례들 54장
ㄱ) 시온에 수많은 후손을 약속하다 54:1-4
ㄴ) 이 약속이 강화되다 54:5-10
ㄷ) 시온의 미래가 영광되다 54:11-17
6. 여호와께로 돌아오라 55장
ㄱ) 여호와께로 돌아오라 55:1-5
ㄴ) 구원의 보장 55:6-13
7. 55장을 보충하다 56장
ㄱ) 율법 준수는 중요하다 56:1-2
ㄴ) 객들과 고자들이 이스라엘 회중에 용납됨 56:3-8
ㄷ) 이스라엘의 타락한 지도자들 56:9-12
8. 은혜가 이스라엘의 불충함에 대해 승리하다 57장
ㄱ) 의인의 멸망 57:1-2
ㄴ) 마술과 우상 숭배를 책망하다 57:3-10
ㄷ) 심판의 위협 57:11-13

ㄹ) 구원을 약속하다 57:14-21
9. 추방 이후 이스라엘의 회복을 지체시킨 악폐들 58장
ㄱ) 잘못된 금식 58:1-5
ㄴ) 바른 금식 58:6-7
ㄷ) 바른 금식이 가져오는 복 58:8-9a
ㄹ) 제거되어야 할 악폐들 58:9b-10a
ㅁ) 다른 복들 58:10b-12
ㅂ) 안식일 성수에서 유사한 개혁 58:13-14
10. 여호와의 손이 짧아 구원치 못하심이 아니니다 59장
ㄱ) 이스라엘의 근거 없는 불평 59:1-2
ㄴ) 이스라엘에 편만한 불의 59:3-8
ㄷ) 그로 인한 도덕적 혼란 59:9-11
ㄹ) 솔직한 고백 59:12-15a
ㅁ) 여호와의 개입 59:15b-21
11. 예루살렘의 영광 60장
ㄱ) 여호와의 임재 60:1-3
ㄴ) 만민이 집결하다 60:4-9
ㄷ) 이방인들이 섬기다 60:10-14
ㄹ) 새 예루살렘의 영광 60:15-22
12. 시온의 장래 영광 61장
ㄱ) 여호와의 종의 사명 61:1-3
ㄴ) 시온의 회복 61:4-9
ㄷ) 감사의 찬송 61:10-11
13. 메시아의 백성 62장
ㄱ) 여호와께서 시온을 다시 취하시다 62:1-5
ㄴ) 풍요한 시온 62:6-9
ㄷ) 준비하라 62:10-12
14. 종말론적인 작은 목소리들 63-65장

ㄱ) 에돔의 심판 63:1-6
ㄴ) 여호와의 은총을 회고하다 63:7-14
ㄷ) 주의 구원을 위해 기원하다 63:15-64:12
1) 죄의 고난에서 구원하소서 63:15-19
2) 주여 강림하소서 64:1-7
3) 황폐한 시온을 보소서 64:8-12
ㄹ) 신천 신지 65장
1) 우상 숭배자를 심판하다 65:1-7
2) 여호와의 종과 적 65:8-16
3) 신천 신지의 약속 65:17-25

15. 이스라엘의 소망 66장
ㄱ) 부패한 예배 66:1-4
ㄴ) 주님께서 신실한 자들 곁에 서시다 66:5
ㄷ) 불경한 자들에게 보응하시다 66:6
ㄹ) 새 이스라엘의 기적적인 탄생 66:7-9
ㅁ) 새 민족은 기뻐하라 66:10-11
ㅂ) 주님께서 자기 민족과 함께 하시다 66:12-14
ㅅ) 주님께서 자신의 대적들을 심판하시다 66:15-17
ㅇ) 만민이 모이다 66:18-24

참고도서

한글성경 개역개정, 아가페 굿모닝 성경, 2006. (필자의 신구약 성경 주해는 모두 개역 개정판을 기본으로 했다).

강병도편, *이사야 17, 호크마종합주석,* 서울특별시: 기독지혜사, 1993.

그랜드 종합 주석 10, 제자원 성서아카데미, 경기도 고양시: 제자원, 그랜드 종합 주석, 2004.

김수홍. *그리스도의 말씀이 연합에 미친 영향.* 수원시: 도서출판 영음사, 2020.

헨리, 매튜. *이사야;* 매튜헨리주석, 12, 박문재 옮김, 경기도 고양시: 크리스챤, 2008.

박윤선, *이사야서*(상 1-33장), 구약주석, 서울특별시: 영음사, 1985.

박윤선, *이사야서, 성경주석,* 서울특별시: 영음사, 1964.

이상근, *이사야,* 구약주해, 대구 직할시: 성등사, 1991.

이순한, *이사야서주석,* 서울특별시: 서울특별시:한국 기독교교육연구원, 1998.

카일, 델리취, *이사야 (상)*, 구약주석(27), 최성도 역, 서울특별시: 도서출판 기독교문화사, 1983.

__________, *이사야(하),* 구약주석(29), 최성도 역, 서울특별시: 도서출판 기독교문화사, 1983.

루폴드, H. C. *이사야서 (상),* 최종태 역, 신구약성경주석, 서울특별시: 도서출판 크리스챤서적, 1988.

__________. *이사야서 (하)*, 최종태 역, 신구약성경 주석, 서울특별시: 도

서출판 크리스찬서적, 1988.

Baxter, J. Sidlow. *Explore the Book.* Grand Rapids: Zondervan Publishing House, 1966.

Black, Matthew & Rowley, H.H. *Peake's Commentary on the Bible.*

Calvin, John, *이사야 III, 14,* 존. 칼빈성경주석출판위원회 역편, 성서교재 간행사.

____________, *이사야 IV, 15,* 존. 칼빈성경주석출판위원회 역편, 성서교재간행사.

Jamieson, R. Fausset, A.R. & Brown D. *Commentary on the Whole Bible,* Grand Rapids: Zondervan, 1976.

Lange, John Peter. *Commentary on the Whole Scripture*, Grand Rapids: Zondervan, 1876.

Maclaren, Alexander. *Expositions of Holy Scripture*, Grand Rapids: Baker Book House, 1984.

D. & Motyer, J.A. *The New Bible Commentary*, Grand Rapids: Eerdmans, 1970.

Oswalt, John N. *The Book of Isaiah* (NICOT), Eerdmans, 1986, 1998. (two vols.)

Sweeney, Marvin A. *Isaiah 1-39 With an Introduction to Prophetic Literature* (FOTL, xvi), Eerdmans, 1996.

Watts, John D. W. *Isaiah* (Word Biblical Commentary), Word Books, 1987. (two vols.)

Young, Edward J. *Isaiah* (NICOT), Eerdmans, 1965. (three vols.)

oel Youngblood, *Isaiah*, Wipf & Stock, 1998.

Rawlinson, G. *Isaiah(1), 풀핏성경주석, 제 26권*, 책임 번역 박수암, 대구시: 보문출판사, 1979.

____________. *이사야(하), 풀핏성경주석, 제 27권,* 책임번역 박수암, 대구시: 보문출판사, 1979.

Clements, Roland E. *Isaiah 1-39* (New Century), Eerdmans, 1980.

Clifford, Richard J. *Fair Spoken and Persuading: An Interpretation of Second Isaiah*, Paulist Press, 1984.

Hanson, Paul D. *Isaiah 40-66* (Interpretation), Westminster John Knox, 1995.

Kaiser, Otto. *Isaiah 1-12* (OTL), Westminster John Knox, 1983.

____________. *Isaiah 13-39* (OTL), Westminster John Knox, 1974.

Kidner, Derek, "Isaiah" in *The New Bible Commentary*, Eerdmans, 1967: 588-625.

Knight, George A. F. *Servant Theology: A Commentary on the Book of Isaiah 40-55* (ITC), Eerdmans, 1984

__________________. *The New Israel: A Commentary on the Book of Isaiah 56-66* (ITC), Eerdmans, 1985.

Motyer, Alec, *Isaiah* (Tyndale), Inter Varsity, 1999.

Ridderbos, Jan, (tr. John Vriend), *Isaiah* (Bible Student), Zondervan, 1985.

Christopher R. Seitz, *Isaiah 1-39*, (Interpretation), Westminster John Knox, 1993.

______________. "Isaiah 40-66" in *New Interpreter's Bible*, Abingdon. Tucker, Gene M. "Isaiah 1-39" in *New Interpreter's Bible*, Abingdon.

Westermann, Claus, *Isaiah 40-66: A Commentary* (OTL), Westminster John Knox, 1995.

Whybray, R. Norman, *Isaiah 40-66* (New Century), Eerdmans, 1980. Wolf, Herbert, *Interpreting Isaiah: The Suffering and Glory of the Messiah*, Zondervan, 1985.

Morgan, G. Campbell. *An Exposition of the Whole Bible*, Old Tapen: Fleming H. Revell, 1959.

Myer, F.B. *Bible Commentary*, Wheaton: Tyndale, 1984.

Nicoll W. Robertson ed. *The Expositor's Bible*, Chicago: W.P. Blessing Co. n.d.

Walvoord, John F. & Zuck Roy B. ed. *The Bible Knowledge Commentary*, Wheaton: Victor, 1985.

【 사전 】

바이블렉스 8.0

데릭 윌리엄스, *IVP 성경사전*, 이정석 외 한국기독학생회 출판부 역, 한국기독학생회 출판부(IVP), 1992,

Achtemeier, Paul J. *Harper's Bible Dictionary*, New York: A Division of Harper Collins Publishers, 1985.

Baker, David W. *Dictionary of the Old Testament: Pentateuch,* Leichester: InterVarsity Press, 2003.

Douglas, J. D. *New Bible Dictionary*, (2nd edition), Wheaton: Tyndale House Publishers, 1982.

Tenney, Merrill C. *The Zondervan Pictorial Bible Dictionary,* Grand Rapids: Regency, 1967.

Tregelles, Samuel Prideaux. *Gesenius' Hebrew and Chaldee Lexicon,* Grand Rapids: Eerdmans, 1969.

Unger, M. F. *Unger's Bible Dictionary.* Chicago: Moody, 1957.

이사야 주해

이사야서(the Book of Isaiah)는 세 부분으로 나누어진다. 1-35장은 대체로 심판을 말하고 있고, 40-66장은 구원을 약속했으며, 중간의 36-39장은 역사적 부분으로, 두 부분의 교량 역할을 한다. 두 부분(1-35장, 40-66장)은 시(詩)문체로 기록되었고, 중간 부분(36-39장)은 산문체로 기록되어 있다.

I. 심판 1-35장

본서의 상반부(1-35장)는 이스라엘과 유다가 심판받을 일(1-12장)을 기록하고 있고, 또 만국이 심판받을 일(13-27장)을 기록하고 있으며, 화와 복(28-35장)을 받을 일을 노래하고 있다.

A. 이스라엘과 유다 심판 11-12장

이스라엘과 유다, 즉 하나님의 선민에 대한 심판이 먼저 선포된다. 내용은 1) 유다의 죄를 먼저 선포하고(1-5장), 2) 이사야가 부름 받는 일이 삽화적으로 소개된(6장) 후, 3) 예언은 멀리 메시아 왕국(7-12장)에 초점을 두고 있다.

1. 유다 심판 1-5장

먼저 유다의 죄에 대해 하나님의 고발이 서론적으로 드러나고(1장) 있고, 다음으로 유다의 죄가 지적되며(2:1-4:1), 그러나 유다의 회복의 소망을 확인(4:2-6)한 후, 끝으로 그 모든 사실을 포도원 노래로 요약한다(5장).

제 1 장

ㄱ. 하나님께서 고발하시다 1장

유다의 죄에 대해 하나님께서 고발하시기 전 먼저 표제가 소개된다(1절). 그리고 다음으로 하나님께서 유다의 죄를 고발하시고(2-17절), 다음으로 하나님께서 유다 민족을 변론에 초대하신다(18-20절). 거기에 대한 선지자의 슬픔이 있은(21-23절) 후, 시온의 회복이 전개된다(24-31절).

1) 책 제목 1:1

1절은 본서의 책 제목으로 예언의 주제와 시대를 드러내 준다. 그러나 이 책 제목은 이스라엘과 유다의 심판(1-12장)을 주안점으로 드러낸다.

사 1:1. 유다 왕 웃시야와 요담과 아하스와 히스기야 시대에 아모스의 아들 이사야가 유다와 예루살렘에 관하여 본 계시라.

이 아래의 글들은 아모스의 아들 이사야[1]가 유다 왕 웃시야와 요담과 아하스와 히스기야 시대를 거치면서 유다와 예루살렘에 대하여 받아 본 이상[2]이라는 뜻이다.

여기 "유다 왕 웃시야[3]와 요담[4]과 아하스[5]와 히스기야[6] 시대", 즉 웃시

---

1) "이사야": '여호와께서 구원하신다'는 뜻이다.

2) "이상": 이 낱말은 '본 것'이란 뜻이다. 이 낱말은 '예언'을 가리키는 말로 구약에 많이 등장한다(창 15:1; 민 12:6; 24:4; 삼상 3:1; 시 89:19; 사 21:2; 22:1; 단 2:19; 7:2; 8:1; 나 1:1).

3) "웃시야" 왕은 또 '아사랴'라는 이름을 가지고 있다. 이 왕은 주전 798-747년 어간에 통치했다. 웃시야 왕은 아주 선한 왕으로 여호와 신앙에 너무 열심히 많아 자기가 제사장의 일까지 하려다가 벌을 받아 한센병자가_되었다. 그의 통치 마지막 10년은 그의 아들 요담이 섭정했다(왕하 15:1-7).

4) "요담" 왕은 주전 757-742년간 통치했다. 이 중 10년간은 부왕 웃시야를 도와 섭정했다. 그는 경건한 왕이었으나 통치기간이 짧고, 이렇다 할 별 업적은 없었다(왕하 15:32-36).

5) "아하스" 왕: 주전 742-727년간 통치했는데 아주 악한 왕이었다. 북 이스라엘 왕들을

야가 죽던 해(주전 747년)로부터 히스기야가 죽던 해(주전 698년)까지 49년에 달했고, 웃시야 치세에서 수년간, 또 므낫세 치세 때 십 수 년 간 활동한 것으로 보아 이사야의 선지 활동 기간은 47년으로부터 64년까지로 추측된다(Rawlinson). 아무튼 아모스의 아들 이사야가 활동한 것은 60년이 넘는 것으로 보인다. 이사야가 이렇게 긴 세월동안 선지자로 수고할 수 있었던 것은 하나님의 은혜가 아닐 수 없었다. 우리가 오랜 동안 하나님의 일을 감당할 수 있다는 것은 하나님의 은혜로만 가능하다.

또 한편 이사야는 고난의 종이었다. 그는 아하스 왕 때 아람과 이스라엘의 연합군의 침략을 받았고(왕하 16:5), 또 히스기야 왕 때에는 앗수르의 산헤립에게 예루살렘이 포위를 당하는(왕하 18:13) 등 두 번이나 큰 국란(國亂)을 겪었다. 또 국내적으로도 이사야는 아하스 시대에 침묵을 지켰고, 므낫세에 의해 톱으로 켬을 당하는 죽임을 당했는데, 그는 생애의 종말까지 고난을 당했다. 이사야의 이런 고난을 통과한 삶은 그의 선지 사역을 빛나게 했다.

"유다와 예루살렘에 관하여 본 계시"라는 말은 그의 말씀이 이사야 자신의 사상이 아니고 초자연적으로 그에게 임한 계시인 것을 알려준다. 말씀의 초자연성은 우리의 신앙을 발생시킨다(박윤선). 선지자는 하나님의 계시를 본 자요, 본 것을 전하는 자였다.

2) 여호와께서 드러내시다 1:2-4

이사야는 온 천하를 향하여 여호와께서 드러내시는 여호와의 말씀을 들으라고 한다. 여호와께서는 유다를 탄생케 하셨고 양육하셨는데 그들이 여호와를 거역했다는 것을 드러내신다. 소나 나귀 같은 짐승들도 주인을 알아보는데 여호와의 백성은 주님을 알지 못하고 걷어찼다는 것이다. 이사야

본받아 우상 숭배를 했고, 다메섹의 우상을 도입하여 숭배했으며 아람과 이스라엘 연합군의 침공을 받았고, 앗수르 왕의 힘을 빌려 그 공격으로부터 모면했다(왕하 16장).

6) "히스기야" 왕: 주전 727-698년간 통치했다. 히스기야는 남 왕국의 대표적 선한 왕이었다. 종교개혁을 일으켰고, 이사야 선지자의 협조를 받아 여호와를 의지함으로 앗수르 왕 산헤립의 공격을 격퇴하기도 했다. 히스기야는 또 내치도 잘 수행했다(왕하 18-20장).

는 그것이 슬픈 사실이라고 말한다.

<여호와의 말씀>

사 1:2. 하늘이여 들으라 땅이여 귀를 기울이라 여호와께서 말씀하시기를 내가 자식을 양육하였거늘 그들이 나를 거역하였도다.

이사야는 하늘이여, 들으라! 땅이여! 귀를 기울이라! 여호와께서 말씀하시기를 내가 자식을 돌보아 길러 자라게 하였거늘, 그들이 나를 거역하였도다! 라고 원통함을 말씀하신다.

이사야는 하늘의 해와 달과 별들과 그리고 땅덩어리에게 유다의 배신을 들으라고 초대한다. 그러나 유다의 배신에 대한 외침은 유다 백성만 들어야 할 것이 아니라 우주 전체가 들어야 하는 내용이었다. 이사야는 여호와의 말씀을 그대로 인용함으로 그의 예언을 시작하고 있다.

사 1:3. 소는 그 임자를 알고 나귀는 그 주인의 구유를 알건마는 이스라엘은 알지 못하고 나의 백성은 깨닫지 못하는도다 하셨도다.

3절은 2절 하나님 말씀의 연장이다. 즉, 소도 제 임자를 알고, 나귀도 주인이 저를 어떻게 먹여 키웠는지 알건마는, 이스라엘은 알지 못하고, 나의 백성은 깨닫지 못하는구나 라고 원통하게 여기신다.

하나님께서는 이스라엘 백성의 하나님께 대한 배은망덕을 짐승들(소, 나귀)에 비한다. 짐승들까지도 그 주인이 베풀어준 내용, 즉 구유에 사료를 채워주는 주인에 대한 고마움을 아는데 이스라엘(북 왕국)은 알지 못하고 나의 백성(유다 백성과 이스라엘 백성)은 깨닫지 못하고 지나친다고 탄식하신다. 오늘 우리가 하나님의 은혜를 알지 못하고 깨닫지 못한다면 짐승만도 못한 사람인 것이다.

사 1:4. 슬프다 범죄한 나라요 허물 진 백성이요 행악의 종자요 행위가 부패한 자식이로다 그들이 여호와를 버리며 이스라엘의 거룩하신 이를 만홀히 여겨 멀리하고 물러갔도다.

2-3절은 이스라엘 백성과 유다 백성에 대한 하나님의 탄식을 기록했고, 본 절은 이사야의 탄식이 기록되고 있다. 이사야는 이스라엘 백성과 유다 백성이 하나님의 은혜를 망각하고 배신한 것을 생각할 때 참으로 슬프기 한량없다는 것을 드러낸다.

즉, 슬프다! 죄를 지은 민족이요, 허물을 등에 짐을 지 듯 지은 백성이 되었으며, 악을 행하는 민족이 되었고, 완전히 타락한 자식들이 되었구나! 결과적으로 너희가 주님을 버렸고, 이스라엘의 거룩하신 분을 업신여겨, 하나님으로부터 물러가고 말았구나! 라고 탄식한다.

"그들이 여호와를 버렸다"는 말은 이스라엘 백성들이 죄를 지은 결과로 여호와를 멀리했다는 뜻이다. 죄를 한 가지라도 지으면 그만큼 하나님이 멀어지는 것이다. 한 가지 죄만 짓는 것이 아니라 많은 죄를 짓는다면 하나님과는 그만큼 더 멀어지는 것이다. 우리는 죄를 한 가지만 지어도 그 죄를 그리스도 앞에 자백해야 한다. 요일 1:9절에 "만일 우리가 우리 죄를 자백하면 그는 미쁘시고 의로우사 우리 죄를 사하시며 우리를 모든 불의에서 깨끗하게 하실 것이요"라고 말씀하신다.

그리고 본 절에 "이스라엘의 거룩하신 이를 만홀히 여겨 멀리하고 물러갔다"는 말씀도 이스라엘(유다) 백성이 죄를 지은 결과로 '이스라엘을 거룩하게 만들어주는 분(하나님은 우리를 말씀으로 거룩하게 해주시고 성령으로 거룩하게 해 주시는 분이시다)을 업신여겨 물러갔다'는 뜻이다. 우리가 죄를 짓는 것은 하나님을 만홀히 여기는 일이고 업신여기는 일이다. 이는 참으로 무서운 일이다.

3) 이스라엘의 처절한 현실 1:5-9

하나님은 유다 민족에게 매를 더 맞으려고 패역을 거듭하느냐고 물으신다(5절). 유다 민족이 이미 패역하여 매를 맞았는데도 패역함을 버리지 않기에 더 맞겠느냐고 하신 것이다(6-9절).

사 1:5. 너희가 어찌하여 매를 더 맞으려고 패역을 거듭하느냐 온 머리는

병들었고 온 마음은 피곤하였으며.

하나님은 어찌하여 너희는 매를 더 맞을 일만 계속하느냐? 어찌하여 여전히 배반을 일삼느냐? 머리는 온통 상처투성이고 마음속은 온통 골병이 들어 있지 않느냐고 말씀하신다.

여기 "매를 더 맞으려고"라고 물은 것은 유다 민족이 이미 매를 맞은 것을 전제하는 말씀이다. 유다 민족은 이미 매를 많이 맞았다는 것을 드러내는 말이다(6-9절). 그래서 비참하게 되었는데 아직도 정신을 차리지 못하고 더 맞으려고 배반을 일삼느냐는 것이다.

"패역을 거듭하느냐"(Why will you continue to rebel)는 말은 '배반하는 일을 계속하느냐'는 뜻이다. 매를 맞았는데도 정신을 차리지 못하고 계속해서 배반한다는 것은 있을 수 없는 일이다. 이는 마치 담배를 피우고 술을 마셔서 몸에 큰 병이든 사람이 정신을 차리지 못하고 계속해서 담배를 피우고 술을 마시는 것과 같은 것이다.

"온 머리는 병들었고 온 마음은 피곤하였다"는 말은 상처로 인해 매를 더 맞으면 위험하게 되는 몸 상태를 뜻하는 말이다. "온 머리는 병 들었고 온 마음은 피곤하였다"는 말은 신체의 가장 중요한 부분인 머리와 심장이 상했다는 뜻이다. 이 말씀은 다음 부분에서 더 자세히 설명되고 있다.

사 1:6. 발바닥에서 머리까지 성한 곳이 없이 상한 것과 터진 것과 새로 맞은 흔적뿐이거늘 그것을 짜며 싸매며 기름으로 부드럽게 함을 받지 못하였도다.

유다 민족은 이미 하나님을 배반했기에 개인적으로나 국가적으로 맞을 대로 맞았다는 것이다. 즉, "발바닥에서 머리끝까지 성한 데가 없이 터진 것과 매 맞은 것과 또 새로 맞아 생긴 상처뿐인데도, 그것을 짜내지도 못하고, 싸매지도 못하고, 상처가 가라앉게 기름을 바르지도 못하게 되어 비참하게 되었구나"라고 말씀하신다. 이렇게까지 되었는데도 그들은 죄를 자복하지 않고 회개하지 않았다. 우리는 영적으로 무너지지 않음으로 말미암아 주께로부터 한 가지 징계만 받아도 얼른 죄를 자복하여 새 삶을 찾고, 기쁨의 삶을 찾아야 할 것이다.

사 1:7. 너희의 땅은 황폐하였고 너희의 성읍들은 불에 탔고 너희의 토지는 너희 목전에서 이방인에게 삼켜졌으며 이방인에게 파괴됨 같이 황폐하였고.

유다 민족은 하나님을 멀리 떠나 몸에만 징계를 받은 것이 아니라 땅도 성읍들도 불에 타버렸으며 토지까지도 이방인에게 넘겨졌다고 한다. 즉, "너희의 땅이 황폐하게 되고, 너희의 성읍들이 송두리째 불에 탔으며, 너희의 토지에서 난 것을, 너희가 보는 앞에서 이방 사람들이 약탈해 갔다. 이방 사람들이 너희의 땅을 박살냈을 때처럼 황폐해지고 말았구나"라고 말씀하신다. 하나님을 배반하면 우리 것은 남아나는 것이 없게 되는 것이다. 외국군의 침입을 받는 것은 비참한 것이다. 유다에 침입한 외국군이 어느 나라 군인들이냐 하는 것에 여러 설명이 있다. 1) 유다의 아마샤 왕 때의 이스라엘 군의 침입(대하 25:21-24), 2) 요람 왕 때의 아람군의 침입(왕하 15:32-38; 대하 27:1-2), 3) 아하스 왕 때의 에돔과 블레셋의 침입(대하 28:17-18), 4) 히스기야 왕 때의 앗수르의 사르곤 II세의 침입이라는 견해가 있다. 이 중에 하나일 것이다. 아무튼 외국군의 침입은 유다의 범죄에 대한 하나님의 징계라는 것이다.

사 1:8. 딸 시온은 포도원의 망대 같이, 참외밭의 원두막 같이, 에워 싸인 성읍 같이 겨우 남았도다.

유다인의 범죄로 사람이나 토지만 아니라 나라 전체가 황폐하게 되어 시온 성(예루살렘 성도)만이 겨우 남은 꼴이 되었다는 것이다. 즉, 도성 시온이 외롭게 남아 있는 것이 마치 포도원의 초막과 같이 남아 있고, 참외밭을 지키는 원두막과 같이 남아 있으며, 포위된 성읍과 같이 외롭게 남아 있다고 말씀하신다. 주민들의 범죄는 전 국민을 비참하게 만들뿐 아니라 도시들도 완전히 파괴시켰음을 보여주고 있다.

사 1:9. 만군의 여호와께서 우리를 위하여 생존자를 조금 남겨 두지 아니하셨더면 우리가 소돔 같고 고모라 같았으리로다.

만군의 여호와(하늘의 해와 달과 별들을 지으신 여호와)께서 우리 중에 몇 명이라도 살아남게 하시지 않으셨다면, 우리는 마치 소돔처럼 되고 고모라처럼 될 뻔했다고 말한다.

남 유다인들이 조금 남을 수 있게 된 것도 하나님의 긍휼로 가능한 일이었다. 하나님의 긍휼이 아니라면 유다가 소돔과 고모라와 같이 완전히 망했을 것이라는 말씀이다. 오늘 우리가 살아남아 있는 것도 하나님의 긍휼 때문인 줄 알아야 한다.

4) 당시의 형식적 예배 1:10-15

이스라엘(유다 사람들도 이스라엘 사람들이니 이스라엘이라고 표기해도 되는 것이다) 사람들은 계속 죄를 짓고 있으면서 혹시 죄를 용서받을 수 있을까 해서 형식적으로 각종 예배를 드리고 있었다. 그래서 이사야는 여호와의 말씀, 하나님의 법에 귀를 기울이라고 호소하고 있다.

사 1:10. 너희 소돔의 관원들아 여호와의 말씀을 들을지어다 너희 고모라의 백성아 우리 하나님의 법에 귀를 기울일지어다.

이사야는 여기 유다 민족의 관원들을 향하여 "너희 소돔의 관원들아"[7]라고 부르고 있다. 이렇게 부르는 이유는 유다가 소돔과 고모라처럼 아주 망해야 마땅한 도시라는 것을 부각시키기 위함이다. 그리고 이사야는 유다 민족을 향하여 "여호와의 말씀을 들으라"하고, 또 "우리 하나님의 법에 귀를 기울이라"고 권한다. 두 문장은 동의어들이다. 여기 여호와의 말씀이나 하나님의 법이란 하나님께서 주시는 계시의 말씀을 앞으로 계속해서 들으라는 것이다.

사 1:11. 여호와께서 말씀하시되 너희의 무수한 제물이 내게 무엇이 유익하뇨

---

7) 소돔과 고모라 두 도시는 범죄하여 불 심판을 받아 전멸한 도시들이다(창 19:24-28). 그래서 멸망의 대명사가 되었다. 예루살렘과 소돔의 비교는 3:9에 다시 등장한다.

나는 숫양의 번제와 살진 짐승의 기름에 배불렀고 나는 수송아지나 어린 양이나 숫염소의 피를 기뻐하지 아니하노라.

이사야는 여호와의 말씀, 즉 하나님의 법을 전한다. 즉, 여호와께서는 무엇 때문에 나에게 이렇게 많은 제물을 바치느냐? 나는 이제 숫양의 번제물과 살진 짐승의 기름기가 지겨워졌고, 나는 이제 수송아지와 어린 양과 숫염소의 피도 지겨워졌다고 하신다.

여호와께서는 여호와를 멀리 떠나 악을 행하면서 바치는 각종 제사를 거부하신다고 하신다. 하나님은 이미 번제를 원치 않으신다고 하셨고, 하나님에게 순종하는 것을 좋아하신다고 하셨으며(삼상 15:22-23), 또 수소의 고기와 염소의 피를 마시겠느냐고 하셨는데(시 50:3), 인생들이 드리는 무수한 제물이 하나님에게 무엇이 유익하겠느냐고 본 절에서 또 말씀하신다. 하나님께서는 이제는 각종 제물(본 절)도 원치 않으시고, 각종 절기를 틈타 찾아오는 것도 싫어하시며(12-14절), 심지어 하나님께 기도하는 것까지도 싫어하신다고 하신다(15절).

본 절의 "숫양의 번제"란 말은 숫양을 완전히 태워서 하나님께 헌신제로 드리는 제사를 뜻한다(레 1장 참조). 그리고 "살진 짐승의 기름"이란 화목제의 기름을 가리키는 말인데 기름과 내장은 여호와께 돌렸고, 고기는 제사장이 먹었다(레 2장 참조). 그리고 본 절의 "수송아지나 어린 양이나 숫염소의 피"란 '속죄제의 제사를 지칭한다(레 4장 참조). 하나님은 인생이 악을 행하면서 드리는 그 어떤 제물도 원치 않으신다고 하신다. 오늘날 성도들끼리 싸우면서 드리는 예물을 하나님께서 좋아하실 것인가. 먼저 싸움을 그치고 화해한 다음에 예물을 드려야 할 것이다.

사 1:12. 너희가 내 앞에 보이러 오니 이것을 누가 너희에게 요구하였느냐 내 마당만 밟을 뿐이니라.

이사야는 하나님의 의중을 이렇게 대변한다. 즉, 너희가 내 앞에 보이러 오고 있지만 누가 너희에게 그렇게 나에게 보이러 오기를 요구하였느냐?

나는 그것을 원하지 않았으니 공연히 나의 마당 뜰만 밟을 뿐이라고 하신다.

본 절의 "너희가 내 앞에 보이러 오니"란 말은 이스라엘인들(유다 백성들도 같았다)이 삼대절기를 맞이하여 하나님의 전에 올라가 성전 예배드린 것을 지칭한다. 그들은 마땅히 모세의 율법에 따라 성전에 올라가 하나님께 예배해야 하지만 그들의 일상에서 악을 기뻐하며 행하는 삶을 버리지 않은 채 예배하는 것은 하나님께서 원하지 않으셨다.

사 1:13. 헛된 제물을 다시 가져오지 말라 분향은 내가 가증히 여기는 바요 월삭과 안식일과 대회로 모이는 것도 그러하니 성회와 아울러 악을 행하는 것을 내가 견디지 못하겠노라.

하나님께 보이러 오는 것을 원치 않으시니 하나님은 이렇게 명하신다. 즉, 다시는 헛된 제물을 가져 오지 말라. 제물은 쓸모없는 것들이다. 분향하는 것도 나에게는 역겨운 일이고, 초하루와 안식일과 대회로 모이는 것도 더 이상은 참을 수 없으며, 거룩한 집회를 열어 놓고 못된 짓을 함께 하는 것도 내가 더 이상 견딜 수 없다고 하신다.

본 절의 "헛된 제물"이란 '식물성 제물을 지칭하는 것(레 2:1-11)으로 고운 가루에 기름을 섞어 만든 무교병으로 감사의 제물이었다. 그러나 믿음을 떠난 제사는 하나님께 역겨운 제물이었다.

그리고 "분향"이란 분향단 위에서 제사장이 매일 사르는 분향을 뜻한다(출 30:8). 이것은 율법에 따라 드리는 것이지만 악행하기를 멈추지 않고 분향 드리는 것은 하나님께 가증한 일이었다.

"초하루와 안식일과 대회로 모이는 것"도 가증한 것이라고 하신다. 즉, "초하루"란 말은 월삭을 이르는 말로 매월 첫날에 하나님께 번제와 상번제를 드렸으며, 안식일에도 하나님께 번제와 상번제를 드렸다(출 23:12; 민 28:9, 11-15). "대회로 모이는 것"이란 초막절의 끝 날에 모이는 것(레 23:36; 민 29:35; 느 8:18), 유월절의 제7일에 모이는 것(신 16:8) 같이 절기 중의 특별한 모임이나, 그 외에 종교적인 특별한 모임(왕하 10:20;

대하 7:9; 욥 1:14) 등을 지칭한다. 하나님은 본 절의 절기에 백성들이 악을 행하면서 모이는 모임을 더 이상 볼 수 없다는 것이다. 우리가 악을 행하면서 절기를 지키거나 제물을 드리는 것은 하나님께서 원치 않으심을 반드시 기억해야 한다.

사 1:14. 내 마음이 너희의 월삭과 정한 절기를 싫어하나니 그것이 내게 무거운 짐이라 내가 지기에 곤비하였느니라.

본 절은 전 절을 구체적으로 반복해서 말씀한다. 즉, 나는 참으로 너희의 초하루 행사와 정한 절기들이 싫다. 그것들은 오히려 나에게 큰 짐이 될 뿐이라. 그것들을 짊어지기에는 내가 너무 지겹다고 하신다.

무슨 일이라도 하실 수 있으신 전능하신 하나님께서 짐이 된다고 말씀하시는 것은 그 일이 지극히 싫다는 의미이다. 우리는 하나님의 이 말씀을 깊이 명심해야 한다.

사 1:15. 너희가 손을 펼 때에 내가 내 눈을 너희에게서 가리고 너희가 많이 기도할지라도 내가 듣지 아니하리니 이는 너희의 손에 피가 가득함이라.

본 절의 "손을 편다"는 말은 '기도한다'는 뜻이다. 그러니까 "손을 편다"는 말과 "많이 기도한다"는 말은 동의어로 사용되었다. 악을 자복하지 않고 행하는 모든 행위는 하나님 앞에 상달되지 않는다는 것이다. 월삭에 제사를 드리는 일과 정한 절기에 제사를 드리는 일(전 절)도 하나님으로부터 거부당할 뿐 아니라 본 절의 하나님 앞에 기도하는 일까지도 하나님께서 듣지 아니하시겠다고 하신다.

하나님께서 기도를 듣지 않으시는 이유는 "너희의 손에 피가 가득하기" 때문이라고 하신다. 즉, 비윤리적 행위가 가득하기 때문이라는 것이다. 오늘날도 많은 기독교인들이 기도해도 기도의 응답을 받지 못하는 이유는 다른 성도와 싸우기 때문이요, 또 하나님의 법을 지키지 않기 때문이다.

5) 회개하라 권고하다 1:16-20

악을 버리지 못하고 계속해서 악을 저지르면서 형식적으로 제사를 드리는 유다인들에게 하나님께서는 회개를 권고하신다. 마음의 죄를 씻으며(16절), 선행을 배워 선행을 하면서 살라(17절)고 권고하신다. 그리고 드디어는 하나님께서 악을 행하는 백성들에게 "서로 변론하자"고 권하신다. 다시 말해 '우리 서로의 이견 차이를 해결하고 하나님과의 바른 관계를 맺자'고 권하신다(18절). 그렇게 하면 이스라엘의 죄는 눈과 같이 희어질 것이라고 하시고(18절), 큰 은혜를 받게 될 것이라고 하신다(19절). 그러나 만일 유다인들이 죄를 자복하지 않으면 망할 것이라고 말씀해주신다(20절).

사 1:16. 너희는 스스로 씻으며 스스로 깨끗하게 하여 내 목전에서 너희 악한 행실을 버리며 행악을 그치고.

본 절은 여호와께서 이스라엘(유다라고 묘사해야 더 정확하다) 백성들의 죄 자복을 권하신다. 즉, 너희는 죄를 씻어 스스로 정결하게 하라. 내가 보는 앞에서 너희의 악한 행실을 버리고 악한 일을 그치라고 권하신다. 본 절의 죄를 버리라는 말씀을 네 가지로 묘사하신다(스스로 씻으라. 스스로 깨끗하게 하라. 내 목전에서 너희 악한 행실을 버리라. 행악을 그치라). 모두 다 똑같은 내용이다. 한 마디로 죄를 자백하라는 말씀이다. 사실 하나님 앞에 죄를 자백만 하면 모든 것은 다 해결된다. 참으로 놀라운 일이다.

사 1:17. 선행을 배우며 정의를 구하며 학대 받는 자를 도와주며 고아를 위하여 신원하며 과부를 위하여 변호하라 하셨느니라.

본 절의 선행을 배우라는 말씀은 다섯 가지(선행을 배우라. 정의를 구하라. 학대 받는 자를 도와주라. 고아를 위하여 신원하라-대신 싸워주라-. 과부를 위하여 변호하라)로 묘사되어 있는데 내용은 다 다른 내용들이다. 이렇게 내용은 다르나 성령 충만을 받아서 실천하면 쉬운 것이다. 이유는 성령께서는 하나님이시니 우리에게 성령이 역사하시면 힘든 일도 쉽게 행할 수 있도록 하시기 때문이다.

"선행을 배워야 할" 것이다. 선을 행한다는 것은 쉽지 않으니 부지런히 배워야 한다. 그리고 "정의를 구해야" 한다. 우리는 무의무탁한 자들을 상대하여 공의를 행해야 한다. 이는 어려운 일이지만 성령이 우리를 주장하시면 크게 어렵지 않게 일하게 하신다. 그리고 우리는 "학대 받는 자를 도와주어야" 할 것이고, "고아를 위하여 신원해야"하며, "과부를 위하여 변호"해야 할 것이다. 이런 일도 성령이 우리를 주장하시는 동안에는 어렵지 않게 감당할 수 있는 것이다.

사 1:18. 여호와께서 말씀하시되 오라 우리가 서로 변론하자 너희의 죄가 주홍 같을지라도 눈과 같이 희어질 것이요 진홍 같이 붉을지라도 양털 같이 희게 되리라.

이제 본 절에 와서 여호와께서는 이스라엘(유다라고 표기하는 것이 더 정확한 말이다) 백성들을 향하여 오라 우리가 서로 변론하자고 하신다. 즉, 오라 우리가 서로 변론하자. 너희의 죄가 주홍빛과 같다 하여도 눈과 같이 희어질 것이며, 진홍빛과 같이 붉어도 양털과 같이 희어질 것이라고 하신다.

여기 "서로 변론하자"(נִוָּכְחָה)[8]는 말은 '서로의 의견 차이를 해결하자'는 뜻이다. 법정에서 '하나님께서 죄인을 향하여 죄를 물으실 때 죄를 자복하는 것'을 말하는 것이다. 한 마디로 인생 측에서 잘못했다고 고백하면 끝나는 일이다. 우리가 죄를 자백하면 하나님과의 관계가 바로 되는 것이다. 그렇게 되면 우리의 죄가 주홍 같이 붉었을지라도 눈과 같이 희어질 것이며, 우리의 죄가 진홍 같이 붉었을지라도 양털과 같이 아주 희어질 것이라고 하신다. 아무리 죄가 진하다고 해도 자백만 하면 아주 깨끗해진다는 것이다.

사 1:19. 너희가 즐겨 순종하면 땅의 아름다운 소산을 먹을 것이요.

---

8) 하나님은 때때로 인간에게 변론을 제의하셨다(창 18:23-32; 출 4:1-17; 욥 23:3-7). 본 절에서는 이스라엘 백성들의 죄 문제로 변론을 제의하신 것이다. 그 해결법은 인간측이 죄를 자백하는 것이고, 그렇게 자백만 하면 깨끗하게 되는 것이다.

본 절의 "너희가 즐겨 순종하면"이란 말은 하나님의 "오라 우리가 변론하자"(18절)는 말씀에 순종하여 우리가 죄를 자백하는 것을 뜻한다. 우리가 순종해서 죄를 자백하면 복을 받을 것이라고 하신다. 여기 "땅의 아름다운 소산을 먹을 것이라"는 말씀은 먹는 것만 아니라 모든 복을 받을 것을 뜻하는 말이다. 죄 용서도 받고 마음에 평안도 얻고 가정에 평안이 임하며 먹는 것도 받고 기도에 응답도 받는 것을 뜻한다.

사 1:20. 너희가 거절하여 배반하면 칼에 삼켜지리라 여호와의 입의 말씀이니라.

본 절은 전 절(19절)과는 달리 이스라엘 백성들이 하나님의 변론에 응하지 않고 죄를 자백하지 않고 배반하면 아주 망할 것이라는 말씀을 하신다. 즉, 그러나 너희가 거절하고 배반하면, 칼날이 너희를 삼킬 것이다. 이것은 주님께서 친히 하신 말씀이라고 하신다. 하나님의 초청에 응하지 않아 죄를 자백하지 않으면 망하는 일만 있을 수밖에 없다는 것이다.

6) 예루살렘이 심히 부패하다 1:21-23

예루살렘은 하나님의 초청을 받고도 죄를 자복하지 않고 계속해서 창기로 남아 있었고 살인의 도성으로 남아 있었다는 것이며 고관들은 도둑들과 짝하는 사람들이 되었다는 것이다.

<죄로 가득 찬 성읍>

사 1:21. 신실하던 성읍이 어찌하여 창기가 되었는고 정의가 거기에 충만하였고 공의가 그 가운데에 거하였더니 이제는 살인자들뿐이로다.

예루살렘 성은 과거에는 정의로웠고 공의가 그 가운데 충만한 도시였는데 이제는 창기들이 들끓는 도시가 되어 버렸고 살인자들뿐인 도성이 되었다는 것이다. 즉, 그 신실하던 성읍이 어찌하여 창녀가 되었는가. 그 안에 정의가 충만하였고, 공의가 가득하였는데, 이제는 살인자들이 판을 치는 도성이 되었다는 것이다. 예루살렘 성은 옛날 다윗 시대와 솔로몬 시대에는 정의가 충만했고, 공의가 충만했으며(왕상 3:9-28), 여호사밧 시대에도 정의와 공의가 충만했는데(대하 19:5-11), 이제는 창녀들이 가득한 도시가 되었고 살인자들이 충만한 도시가 되었다는 것이다.

사 1:22. 네 은은 찌꺼기가 되었고 네 포도주에는 물이 섞였도다.

본 절도 역시 예루살렘이 타락했음을 묘사한다. 즉, "너 예루살렘 시민이 만든 은은 불순물이 가득한 찌꺼기가 되었고, 네가 만든 가장 좋은 포도주에는 물이 섞여 있구나"라고 탄식한다.

은(銀)은 보석의 일종으로 귀인들이나 방백들을 지칭하고, 포도주도 유다의 방백으로 볼 수 있을 것이다. 은이 찌끼가 되었고, 물이 섞인 포도주는 모두 타락을 묘사하는 말이다.

사 1:23. 네 고관들은 패역하여 도둑과 짝하며 다 뇌물을 사랑하며 예물을 구하며 고아를 위하여 신원하지 아니하며 과부의 송사를 수리하지 아니하는도다.

본 절은 고관들의 타락을 묘사한다. 고관들은 패역하여 다섯 가지 죄악을 범하고 있었다. 즉, 너희 이스라엘의 지도자들은 주님께 반역하는 자들이요, 도둑의 짝들이다. 모두들 뇌물이나 좋아하고, 보수나 계산하면서 쫓아다니고, 고아의 송사를 변호하여 주지 않고, 과부의 하소연쯤은 귓전으로 흘린다고 탄식한다.

고관들은 뇌물을 좋아하여 뇌물을 받고 도적을 놓아주었고, 돈을 탐하는 방백들은 돈을 내지 못하는 고아나 과부의 재판을 아주 무시해버리고 말았다. 방백들은 여호와를 배반하였고 그들의 재판은 공의와 공평을 잃고 아주 부패하게 되었다.

7) 심판으로 이스라엘은 구속된다 1:24-31

예루살렘 성의 죄는 슬퍼할 수밖에 없었으나 예루살렘 성의 죄는 심판을 받은 다음에야 회복된다는 것이다. 즉, 부패한 방백들은 심판을 받아 제거되고(24-25절, 28-30절), 결국 회복하여 의(義)의 성읍이 되고 신실한 고을이 된다는 것이다(26-27절).

사 1:24. 그러므로 주 만군의 여호와 이스라엘의 전능자가 말씀하시되 슬프다 내가 장차 내 대적에게 보응하여 내 마음을 편하게 하겠고 내 원수에게 보복하리라.

예루살렘이 심히 부패했으므로 여호와께서 이스라엘 백성들을 보응하신 다음에 회복시켜 주시겠다고 하신다. 즉, "그러므로 주 곧 만군의 주님, 이스라엘의 전능하신 분께서 말씀하시기를 내가 나의 대적들(이스라엘 백성들)에게 나의 분노를 쏟겠고, 내가 나의 원수들(이스라엘 백성들)에게 보복하여 한을 풀겠다고 하신다.

여기 여호와께서는 부패한 이스라엘 사람들을 향하여 "대적"이라 하시고 "원수"라고 묘사하신다. 이렇게 두 번이나 자기 백성들을 향하여 대적이라, 원수라고 묘사하신 것은 그만큼 이스라엘 민족의 죄를 미워하신 것을 드러내신다. 여호와께서는 자기의 백성들을 향하여 원수를 갚으신 후에야 마음이 편해지겠다고 하신다. 오늘도 우리가 여호와의 대적, 여호와의 원수 노릇을 하고 있는 것은 아닌지 항상 살펴야 한다.

사 1:25. 내가 또 내 손을 네게 돌려 네 찌꺼기를 잿물로 씻듯이 녹여 청결하게 하며 네 혼잡물을 다 제하여 버리고.

본 절은 전 절의 반복으로 여호와께서 손을 돌려 이스라엘의 죄를 깨끗이 씻으시며 예루살렘의 혼잡물을 다 제하여 버리시겠다고 하신다. 즉, 이제 다시 내가 너를 때려서라도 잿물로 찌꺼기를 깨끗이 씻어내듯 네 찌꺼기를 씻어내고, 너에게서 모든 불순물을 없애 깨끗하게 하시겠다고 하신다. 지금도 여호와께서는 그의 능력으로 각 사람들의 더러운 마음과 육체로부터 더러움을 씻어내셔서 정결한 인간을 만들어 내실 수 있으시다.

사 1:26. 내가 네 재판관들을 처음과 같이, 네 모사들을 본래와 같이 회복할 것이라 그리한 후에야 네가 의의 성읍이라, 신실한 고을이라 불리리라 하셨나니.

여호와께서는 예루살렘 성 사람들의 죄를 잿물로 씻듯 깨끗하게 하셔서 (25절) "네 재판관들을 처음과 같이, 네 모사들(충언자들)을 본래와 같이 회복할 것이라"고 하신다. 죄를 씻지 않으면 재판관들을 처음과 같이 모사들을 본래와 같이 회복할 수가 없는 것이다. 즉, 옛날처럼 내가 사사들을 너에게 다시 세워주고, 처음에 한 것처럼 슬기로운 지도자들을 너에게 다시 보내주겠다. 그런 다음에야 너를 '의의 성읍'이라, 또는 '신실한 성읍'이라 부르겠다고 하신다.

그러면 어느 때에 의의 성읍이라 신실한 고을이라 불릴 것인가를 두고 견해가 갈린다. 1) 바벨론 포로로부터 돌아올 때 그런 성읍이 될 것이라는 견해(Rawlinson). 2) 신약 시대의 그리스도의 교회로 말미암아 그런 시대가 올 것이라는 견해(Lange). 3) 다른 이들은 그리스도의 재림 때에 그런 때가 올 것이라고 주장하는 견해(눅 23:42)가 있다. 이 견해들 중에서 가장 바람직한 견해는 3)번 견해이다. 이에 비해 다른 견해들은 빈약한 견해로 보인다.

사 1:27. 시온은 정의로 구속함을 받고 그 돌아온 자들은 공의로 구속함을 받으리라(Zion shall be redeemed with justice, and those in her who repent, by righteousness-ESV).

시온(유다 민족 전체를 지칭한다)은 하나님의 정의로 구속함을 받을 것이고, 회개한 백성은 공의로 구속함을 받을 것이라고 하신다. 여기 "정의로 구속함을 받는다"는 말은 하나님의 정의로 구속해 주신다는 뜻이다.

하나님의 백성들이 고난 받을 때, 소망이 없는 듯 보이나 때가 이르면 하나님께서 구원하신다. 여기 "돌아온 자들"이란 말은 바벨론에서부터 돌아온 자들을 의미하거나 아니면 죄를 자복하고 주님께로 돌아온 자들을 뜻한다. 여기 ESV(English Standard Version)는 주님께 죄를 자복하고 돌아온 자들을 뜻하는 것으로 번역했다. 주님께로 돌아온 자들은 하나님의 공의로 구속해 주신다. 우리가 구원에 이르는 것은 인간의 의나 인간의 공의로 구원되는 것이 아니라 오직 하나님의 의로 구원되는 것이다.

사 1:28. 그러나 패역한 자와 죄인은 함께 패망하고 여호와를 버린 자도 멸망할 것이라.

유다 주민은 하나님의 의로 구속함을 받는다. 즉, 죄를 자복하고 믿는 자들은 하나님의 공의로 구원을 받지만(27절), 그러나 하나님께로 돌아오지 않은 자들은 패망하고, 여호와를 버린 자도 멸망할 것이라고 본 절은 말씀한다. 즉, 거역하는 자들과 죄인들은 모두 함께 멸망하고, 주님을 버린 자들 역시 모두 멸망을 당할 것이라고 한다. 거역하는 사람들은 항상 멸망할 수밖에 없다.

사 1:29. 너희가 기뻐하던 상수리나무로 말미암아 너희가 부끄러움을 당할 것이요 너희가 택한 동산으로 말미암아 수치를 당할 것이며.

본 절은 전 절에 이어 유다 주민이 패역한 자와 죄인이 되어 멸망할 것이고(28절) 유다 인들이 우상으로 숭배하던 상수리나무로 말미암아 부끄러움을 당할 것이고 또 유다 인들이 택하여 이방 신들을 숭배하던 동산으로 말미암아 수치를 당할 것이라고 탄식한다. 즉, 유다 민족이 상수리나무 아래에서 우상 숭배를 즐겼으니, 수치를 당할 것이며, 또 동산에서 이방 신들을 즐겨 섬겼으므로 창피를 당할 것이라고 알려준다.

사 1:30. 너희는 잎사귀 마른 상수리나무 같을 것이요 물 없는 동산 같으리니.

유다 민족 너희는 우상 숭배와 이방신 숭배로 말미암아(29절) 잎이 시들어 버린 상수리나무처럼 될 것이며, 물이 없는 동산과 같이 메마르게 될 것이라고 한다. 죄를 지어 망하는 사람들은 시냇가에 심겨진 푸른 나무와 같이 복 있는 자(시 1:3)와 대조되는 신세가 된다는 것이다.

사 1:31. 강한 자는 삼오라기 같고 그의 행위는 불티 같아서 함께 탈 것이나 끌 사람이 없으리라.

죄를 지으면서 계속해서 여호와를 배반하는 사람들은 아무리 강한 자라도 삼오라기 같이 타고 그의 행위는 불티 같아서 함께 탈 것인데 그 불을 꺼줄 사람이 없을 거라는 것이다. 즉, 강한 자가 삼오라기 같이 되고, 그가 한 일은 불티와 같이 타게 될 것이다. 이 둘이 함께 불타도 꺼 줄 사람 하나 없다는 것이다. 참으로 비참한 형편이 될 것임을 나타낸다.

ㄴ. 유다의 죄 2:1-4:1

이 부분(2:1-4:1)의 내용은 1) 표제가 등장하고(1절), 2) 종말의 메시아 왕국의 영광이 보인 후(2:2-4), 3) 우상 숭배와 교만의 죄가 상론된다(2:5-22). 다음으로 4) 정부의 죄가 나오고(3:1-15). 5) 상류층 부인들의 죄가 구체적으로 지적된다(3:16-4:1).

제 2 장

1) 표제 2:1

1장에서와 마찬가지로 본 장에서도 1절에 표제가 먼저 등장한다. 본 표제에서 역시 이사야가 받은 것을 말한다. 이사야는 자기가 스스로 생각해 낸 메시지를 말하는 것이 아니라 주님으로부터 받은 것을 말한다.

사 2:1. 아모스의 아들 이사야가 받은 바 유다와 예루살렘에 관한 말씀이라.

아모스의 아들 이사야는 자기가 생각해 낸 것이 아니라 위로부터 받은 계시를 전한다. 이사야는 유다와 예루살렘에 관한 말씀을 받아서 만방에 선포한다. 즉, 이제부터 말씀하는 것(2-5장)은 아모스의 아들 이사야가 유다와 예루살렘을 두고, 계시로 받은 말씀이라고 한다.

이 계시는 이사야가 요담 왕(주전 757년-742년간 통치)의 치세 때 받은 것으로 본다.

2) 메시아 왕국의 영광 2:2-4

이 메시아 왕국의 영광은 이사야가 주님으로부터 받은 메시지이다. 말일에, 즉 신약 시대에 신약 교회에 펼쳐지게 될 메시아의 영광을 나타낸다.

사 2:2. 말일에 여호와의 전의 산이 모든 산 꼭대기에 굳게 설 것이요 모든 작은 산 위에 뛰어나리니 만방이 그리로 모여들 것이라.

마지막 때(신약 시대)[9]가 오면, 여호와의 성전이 서 있는 산이 모든 산 중에서 으뜸가는 산이 될 것이며, 모든 언덕보다 높이 솟아오를 것이니, 모든 민족이 물밀듯이 그 성전 산으로 모여들 것이다.

---

9) "말일에"라는 말은 구약 시대의 끝을 가리키는 말로 그리스도의 초림 때로부터 시작하여 메시아 시대 를 지칭하는 말이다(히 1:2; 행 2:16-21, Alexander, Gray, Rawlinson, 박윤선).

"만방이 그리로 모여들 것이라"는 말은 역사의 종말에는 수많은 사람들이 여호와께 돌아온다는 뜻이다. 지금 아직 많은 사람들이 교회로 모여 들지 않았으나 곧 하나님의 역사 앞으로 점점 모여들 것이다.

사 2:3. 많은 백성이 가며 이르기를 오라 우리가 여호와의 산에 오르며 야곱의 하나님의 전에 이르자 그가 그의 길을 우리에게 가르치실 것이라 우리가 그 길로 행하리라 하리니 이는 율법이 시온에서부터 나올 것이요 여호와의 말씀이 예루살렘에서부터 나올 것임이니라.

많은 백성이 여호와께 나아오면서 말하기를, "자! 가자! 우리가 모두 여호와의 산으로 올라가자. 야곱의 하나님이 계신 성전으로 어서 올라가자. 주님께서 우리에게 주님의 길을 가르치실 것이니, 주님께서 가르치시는 길을 따르자! 율법(신약시대의 율법까지를 포함하는 말씀)이 시온에서 나오며, 주님의 말씀이 예루살렘에서 나오기 때문에 올라가서 주님의 가르침을 받자" 고 권고한다는 것이다.

오늘 우리도 하나님의 법으로부터, 그리고 주님의 말씀으로부터 복음을 들어 구원에 이르러야 할 것이다. "야곱의 하나님의 전에 이르자"는 말은 본서에서 이곳에 한번만 나오는 말이다. 본서에는 "이스라엘의 하나님"이란 말이 자주 등장한다(41:17; 45:3; 48:2).

사 2:4. 그가 열방 사이에 판단하시며 많은 백성을 판결하시리니 무리가 그들의 칼을 쳐서 보습을 만들고 그들의 창을 쳐서 낫을 만들 것이며 이 나라와 저 나라가 다시는 칼을 들고 서로 치지 아니하며 다시는 전쟁을 연습하지 아니하리라.

많은 백성들이 여호와의 전으로 올라가면서 계속해서 말하기를(3절) 신약시대에 나타나실 주님께서는 민족들 사이의 분쟁을 판결하시고, 뭇 백성 사이의 갈등을 해결하실 것이니, 주님의 복음을 따르는 자들이 칼을 쳐서 보습(쟁기의 날)을 만들고, 창을 쳐서 낫을 만들 것이며, 나라와 나라가 칼을 들고 서로를 치지 않을 것이며, 다시는 군사 훈련도 하지 않을 것이라고 말한다.

"무리가 그들의 칼을 쳐서 보습을 만들고 그들의 창을 쳐서 낫을 만드는" 일은 그리스도의 섭리로 되는 일이다. 그리스도께서 세계 모든 민족들 사이에 중재하셔서 전쟁이 필요 없게 하신다는 것이다.

3) 유다 민족의 죄상 2:5-9

이사야는 말일(末日), 즉 신약 시대에 있게 될 신약 교회의 메시아 영광이 펼쳐질 것을 말한(2-4절) 후 유다 민족의 죄상을 말한다.

사 2:5. 야곱 족속아 오라 우리가 여호와의 빛에 행하자.

선지 이사야는 유다 민족의 죄를 낱낱이 열거하기(5-9절) 전에 "오라! 야곱 족속아! 우리가 함께 주님의 빛 가운데서 살자"라고 권고한다.

여기 "야곱 족속"(בֵּית יַעֲקֹב)이란 말은 '야곱의 집'이라는 뜻이다. 이는 이사야가 즐겨 부르는 칭호였다(8:17; 10:20; 14:1; 29:22; 46:3; 48:1; 58:1 등). '야곱의 집'이란 말은 선민을 지칭하는 말인데, 이는 구체적으로 유다와 예루살렘을 가리키는 칭호였다.

"오라"(come)란 말은 강하게 권고하기 위해 사용한 말이다. "여호와의 빛"이란 말은 '여호와의 계시'를 뜻한다. 그러니까 "여호와의 빛에 행하자"는 말은 '여호와의 계시를 각자가 받아서 그 계시대로 살자!'는 것이다. 오늘도 각자가 여호와의 계시를 받아서 그 계시대로 살아야 하는 것이다. 계시를 받기 위해서는 성경을 읽고 묵상해야 한다. 그리고 성령 충만을 구하여 여호와의 계시, 여호와의 말씀 안에서 살아야 한다.

사 2:6. 주께서 주의 백성 야곱 족속을 버리셨음은 그들에게 동방 풍속이 가득하며 그들이 블레셋 사람들 같이 점을 치며 이방인과 더불어 손을 잡아 언약하였음이라.

이사야는 본 절부터 9절까지 주님께서 주님의 백성 야곱 족속(유다와 예루살렘)을 버리신 이유를 8가지로 말한다. 첫째, "그들에게 동방 풍속이 가득했기" 때문이라고 한다. 이는 유다와 예루살렘에 동방, 즉 수리아, 앗수르, 바벨론 및 암몬 등지의 미신과 우상 숭배의 풍속이 가득했다는 뜻이다. 둘째, "블레셋 사람들 같이 점을 쳤기" 때문이다(레 19:26; 신 18:10-12; 왕하 21:6). 점치는 술객이 유다와 예루살렘에 들어와 점을 쳐서 유다인들과 예루살렘 사람들도 점을 치게 된 것이다. 셋째, "이방인과 더불어 손을 잡아 언약하였기" 때문이다. 이는 이방인과 더불어 손을 잡고 풍속을 함께 나누었다는 뜻이다. 이는 유다인들이 거룩을 완전히 소멸한 것을 뜻한다. 성도는 이방인과 달리 거룩해야 한다.

사 2:7. 그 땅에는 은금이 가득하고 보화가 무한하며 그 땅에는 마필이 가득하고 병거가 무수하며.

넷째, "그 땅에는 은금이 가득하고 보화가 무한하다"는 것이었다. 이것이 무슨 죄인가 할 수도 있으나 유다인들이 은금과 보화를 하나님보다 더 중요하게 여겼기 때문에 죄가 되었다는 것이다. 다섯째, "그 땅에는 마필이 가득하고", "병거가 무수했다"는 것이다. 하나님께서는 일찍이 말을 수입하지 말라(신 17:16)고 하셨다. 왜냐하면 그것들을 믿느라 하나님을 믿지 않기 때문이다.

사 2:8. 그 땅에는 우상도 가득하므로 그들이 자기 손으로 짓고 자기 손가락으로 만든 것을 경배하여.

여섯째, 그 땅에는 우상, 즉 그들이 자기 손으로 짓고 자기 손가락으로 만든 것들을 가득하게 만들어 놓고(렘 2:28 참조) 경배했다. 오늘날에도 사람들에게는 우상이 가득하다. 각 사람은 하나님보다 돈을 더 사랑한다. 그러므로 돈 우상은 우주에 충만하다.

사 2:9. 천한 자도 절하며 귀한 자도 굴복하오니 그들을 용서하지 마옵소서.

오늘날 우주의 모든 사람(천한 자와 귀한 자 모두)이 우상에게 굴복한다는 것이다. 이사야는 주님을 향하여 우상 숭배자들을 용서하지 말라고 말씀한다. 현대인에게는 돈 우상뿐만 아니라 과학 만능 주의가 팽배하다. 과학을 하나님보다 더 믿으니 과학이 우상이 된 것이다.

4) 두려운 심판이 올 것이다 2:10-11

이사야는 유다인들을 향하여 조그마한 구멍 뚫린 곳에라도 들어가서 하나님의 두려운 심판을 피하라고 권한다. 그 심판의 날에는 조금이라도 교만했던 사람들이 다 심판 받게 될 것을 말한다.

사 2:10. 너희는 바위 틈에 들어가며 진토에 숨어 여호와의 위엄과 그 광대하심의 영광을 피하라.

이사야는 유다인들을 향하여 너희는 바위 틈으로 들어가고, 티끌 속 구멍 속에 숨어서, 주님의 그 찬란한 영광 앞에서 피하라고 부탁한다. 우상을 섬겼던 교만한 자들은 앞으로 하나님의 면전에서 조그마한 구멍 속으로라도 들어가라는 것이다.

사 2:11. 그 날에 눈이 높은 자가 낮아지며 교만한 자가 굴복되고 여호와께서 홀로 높임을 받으시리라.

이사야는 유다인들의 심판 날이 되어 사람들의 거만한 눈초리가 풀이 죽고, 사람들의 거드름이 꺾이고, 오직 주님만 홀로 높임을 받으시게 될 것이라고 말한다. 이 날에는 높이 올라 있던 유다인들의 교만은 완전히 사라질 것이라고 말한다. 이유는 여호와께서 홀로 높임을 받으실 것이기 때문이다.

5) 겉치레 죄에 대한 심판 2:12-17

이 부분(12-17절)에서는 유다인들의 죄가 심판 받을 것을 말한다.

사 2:12. 대저 만군의 여호와의 날이 모든 교만한 자와 거만한 자와 자고한

자에게 임하리니 그들이 낮아지리라.

그 날은 만군의 주님께서 준비하신 날이다. 모든 교만한 자와 거만한 자와 모든 오만한 자들이 낮아질 것이다. 교만한 자는 누구든지 온전히 낮아질 것이다.

사 2:13-16. 또 레바논의 높고 높은 모든 백향목과 바산의 모든 상수리나무와 모든 높은 산과 모든 솟아 오른 작은 언덕과 모든 높은 망대와 모든 견고한 성벽과 다시스의 모든 배와 모든 아름다운 조각물에 임하리니.

본 절(13절)부터 16절까지의 모든 묘사는 교만한 인생들의 교만을 묘사하는 말이다. 즉, 또 그 날은 높이 치솟은 레바논의 모든 백향목과 바산의 모든 상수리나무(13절)와 모든 높은 산들과 모든 솟아오른 언덕들(14절)과 모든 높은 망대들과 모든 튼튼한 성벽들(15절)과 다시스의 모든 배들과 탐스러운 모든 조각물이 다 낮아질 것이다(16절). 모든 교만한 것들이 낮아지니 교만한 자들이 낮아지지 않을 수 없을 것이다. 따라서 우리는 항상 낮은 마음을 품고 살아야 한다. 항상 낮은 마음을 가지고 사는 것은 기도로 가능하다. 우리 모두는 항상 낮은 마음 주시기를 하나님께 부르짖으며 간구해야 한다.

사 2:17. 그 날에 자고한 자는 굴복되며 교만한 자는 낮아지고 여호와께서 홀로 높임을 받으실 것이요.

이사야는 그 날에 인간의 거만이 꺾이고 사람의 거드름은 풀이 죽을 것이라고 전한다. 그리고 오직 주님만 홀로 높임을 받으신다고 말한다. 우리는 이런 날이 되기 전에 주님께 매일 겸손 주시기를 기도해야 한다. 본 절은 11절과 유사한 묘사이다. 그 주해를 참조하라.

6) 우상들이 맞이할 운명 2:18-21

이 부분(18-21절)에서 그 날에는 우상들이 맞이할 운명이 결정된다고 말한다.

사 2:18. 우상들은 온전히 없어질 것이며.

이사야는 그 날에는 우상들이 다 사라질 것이라고 말한다. 모든 우상, 즉 돈 우상, 명예 우상, 이성 우상 등 사람이 의지했던 모든 종류의 우상들 모두는 그 날에 하나도 남겨짐 없이 다 사라진다.

사 2:19. 사람들이 암혈과 토굴로 들어가서 여호와께서 땅을 진동시키려고 일어나실 때에 그의 위엄과 그 광대하심의 영광을 피할 것이라.

그 날에는 사람들이 바위 동굴과 땅굴로 들어가서 땅을 뒤흔들며 일어나시는 주님의 그 두렵고 찬란한 영광 앞에서 피할 것이다. 본 절 주해를 위하여 10절 주해를 참조하라.

사 2:20. 사람이 자기를 위하여 경배하려고 만들었던 은 우상과 금 우상을 그 날에 두더지와 박쥐에게 던지고.

사람들은 그 날에 자기들이 경배하려고 만든 은 우상과 금 우상을 두더지와 박쥐에게 던져 버린다는 것이다. 우상들의 무가치함을 깨닫기에 그 우상들을 모두 두더지와 박쥐에게 던지는 것이다. 당시 일반적으로는 우상을 은과 금으로 만들었는데(30:22; 31:7; 출 20:23; 시 115:4; 135:15), 간혹 돌로 만드는 수도 있었다.

사 2:21. 암혈과 험악한 바위 틈에 들어가서 여호와께서 땅을 진동시키려고 일어나실 때에 그의 위엄과 그 광대하심의 영광을 피하리라.

본 절 주해를 위해 10절과 19절 주해를 참조하라.

7) 지도자들을 향한 주님의 고발 2:22-3:15

이사야는 우상들이 심판 받을 것을 말한(18-21절) 후 이제 이 부분(2:22-3:15)에서는 아무 것도 의지하지 말라고 권한다.

사 2:22. 너희는 인생을 의지하지 말라 그의 호흡은 코에 있나니 셈할 가치가 어디 있느냐.

이사야는 유다 민족을 향하여 너희는 사람을 의지하지 말라. 그의 숨이 코에 달려 있으니, 숫자에 넣을 가치가 어디에 있느냐고 알려 준다. 인생은 하나님만을 믿어야지 사람을 믿어서는 안 된다는 것이다.

"그의 호흡은 코에 있나니"(창 2:7; 7:22; 욥 7:7; 27:3)란 말은 '그 생명이 단지 코의 호흡에 달려 있다'는 뜻이다. 다시 말해 호흡이 멈추면 그 생명도 죽는 약한 인생이란 뜻이다. 우리는 우상 숭배도 멈춰야 하지만 하나님 아닌 인생을 의지함도 중단해야 하는 것이다.

제 3 장

<예루살렘의 멸망>

사 3:1. 보라 주 만군의 여호와께서 예루살렘과 유다가 의뢰하며 의지하는 것을 제하여 버리시되 곧 그가 의지하는 모든 양식과 그가 의지하는 모든 물과,

이사야는 주 만군의 주님께서 예루살렘과 유다에서 백성이 의지하는 것을 모두 없애 버리실 것이라고 하신다. 그들이 의지하는 모든 양식과 모든 음료수를 없애실 것이다. 아주 가난하게 하실 것이라는 뜻이다. 우리는 우리 집에 있는 양식이나 돈을 의지하고 살 것이 아니라 마치 그것들이 없는 것처럼 그것들을 의지 하지 말고 살면서 언제든지 하나님만 의지하고 살아야 한다.

사 3:2-3. 용사와 전사와 재판관과 선지자와 복술자와 장로와 오십부장과 귀인과 모사와 정교한 장인과 능란한 요술자를 그리하실 것이며.

2-3절에는 유다 민족이 의지하는 것들 열 한 가지를 열거한다. 먼저 군사적으로 힘이 되는 인물들, 즉 용사와 전사와 오십부장 등을 의지했고, 또 민간인 지도자들인 재판관, 선지자, 장로, 귀인, 모사 등을 의지했으며, 또 무엇인가 신기한 것을 말해주는 사람들, 즉 복술자(점쟁이), 요술자(마술적 주문을 외우면서 사람을 현혹하는 자) 등을 의지했다. 유다인들은 또 정교한 장인을 의지했다. 이들은 시민의 삶에서 필요한 사람들이었다. 그러나 이들을 하나님보다 더 의지하며 사는 것은 불신앙적인 차원의 문제이다. 하나님은 우리가 하나님 아닌 세상의 다른 것들을 의지하며 사는 것을 아주 싫어하신다. 왜냐하면 하나님 아닌 것은 사람에게 진정한 의지의 대상이 될 수 없기 때문이다.

우리가 하나님을 의지하고 살 때, 하나님께서 우리를 가장 잘 도우실 수 있는 분이심을 알게 된다. 이 땅에서나 하늘에서나 우리 믿음과 의지의 대상은 하나님 한 분만으로 충분하다. 우리는 전적으로 하나님만을 의지하고 단순하게 살아야 한다.

사 3:4. 그가 또 소년들을 그들의 고관으로 삼으시며 아이들이 그들을 다스리게 하시리니.

이사야는 하나님께서 유다인들이 의지할만한 것들을 제거하신(2-3절) 다음 이제 본 절에 와서는 소년들을 그들의 고관으로 삼으시며 아이들로 하여금 유다인들을 다스리게 하실 것이라고 말한다. 이는 참으로 문자적으로 하는 말이 아니라 소년들이나 아이들처럼 유치한 사람들을 지도자로 세우는 수밖에 없는 나라가 될 것이라는 뜻이다.

그리고 실제로 유다 왕국의 말기에는 아주 어린 사람들이 왕위에 올라 나라를 다스렸다. 므낫세는 12세에(왕하 21;1), 아몬은 22세에(왕하 21:19), 요시야는 8세에(왕하 22:1), 여호아하스는 23세에(왕하 23:31), 그리고 시드기야는 21세에(왕하 24:18) 등극하여 나라를 다스렸다(이상근). 위의 예를 통해 본 절이 문자적으로도 어느 정도 이루어졌다는 사실을 알게 된다.

사 3:5. 백성이 서로 학대하며 각기 이웃을 잔해하며 아이가 노인에게, 비천한 자가 존귀한 자에게 교만할 것이며.

이렇게 지도층이 유치해지니(4절) 나라의 정치가 엉망이 되었다. 하나님을 의지하지 않을 수 없게 되었다. 즉, 백성이 서로 억누르고, 사람이 서로 치고 받으며, 이웃이 서로 싸우고, 젊은이가 노인에게 대들고, 천한 자가 존귀한 사람에게 예의 없이 행할 것이다. 나라가 이 지경이 된 것은 전적으로 유다인의 책임인 것이다.

사 3:6-7. 혹시 사람이 자기 아버지 집에서 자기의 형제를 붙잡고 말하기를

네게는 겉옷이 있으니 너는 우리의 통치자가 되어 이 폐허를 네 손아래에 두라 할 것이면 그 날에 그가 소리를 높여 이르기를 나는 고치는 자가 되지 아니하겠노라 내 집에는 양식도 없고 의복도 없으니 너희는 나를 백성의 통치자로 삼지 말라 하리라.

한 사람이 제 집안의 식구 중 하나를 붙잡고 "너는 옷이라도 걸쳤으니, 우리의 통치자가 되어 다오. 이 폐허에서 우리를 다시 일으켜 다오 하고 부탁을 하여도 바로 그 날에 한 집에 있는 그가 큰소리로 부르짖으며 자신에게는 묘안이 없고, 자기의 집에는 빵도 없고 옷도 없고 아무 것도 없으니 나를 이 백성의 통치자로 세우지 말라"고 말한다는 것이다.

여기 "이 폐허"란 말은 '거의 망한 상태'를 뜻한다. 유다 나라가 거의 무정부 상태가 되어 유다인들이 자기 가까이에 있는 아무나 붙잡고 우리의 통치자가 되어 달라고 부탁하면서 이 폐허 같은 상태를 좀 가려달라고 했을 때 부탁을 받은 사람은 나에게 아무 것도 없으니 통치자가 되어 주지 못하겠다고 말하는 것이다. 즉, 부탁 받은 사람은 자기에게 아무 것도 없으므로 자신이 통치자가 될 수 없다고 말한다는 것이다. 유다 나라가 비참에 빠졌을 때 아무도 유다 나라를 구해낼 수 없다는 것이다. 우리는 하나님만 의지해야 살 수 있는 것이다.

사 3:8. 예루살렘이 멸망하였고 유다가 엎드러졌음은 그들의 언어와 행위가 여호와를 거역하여 그의 영광의 눈을 범하였음이라.

본 절은 예루살렘이 망한 이유, 즉 유다가 망한 이유를 말한다. 그들이 망한 이유는 그들이 말과 행동으로 주님을 대항하며, 하나님의 영광스러운 현존을 모독하였기 때문이라고 한다.

개인이나 가정이나 국가가 망하는 것은 우연한 일이 아니라 그 언어와 행실이 여호와를 대항하여 죄를 범한 까닭이라는 것이다. 그들이 여호와를 거역하여 하나님의 영광의 눈을 범했기 때문에 그들은 망했다.

사 3:9. 그들의 안색이 불리하게 증거하며 그들의 죄를 말해 주고 숨기지 못함이 소돔과 같으니 그들의 영혼에 화가 있을진저 그들이 재앙을 자취하였도다.

8절에서는 유다인들이 당돌하게 행한 범죄의 내용을 말하고, 본 절에서는 유다인들이 그들 자신들이 범인이라는 것을 숨기지 못하고 있는 것을 말한다. 즉, 그들의 안색이 자신들의 죄를 그대로 고발한다. 그들이 소돔[10)]과 같이 자기들의 죄를 그대로 드러내 보이며, 숨길 수도 없어 그대로 드러내는 것이다. 그들에게 화가 미칠 것이다. 그들은 스스로 재앙을 불러들인다.

"그들의 영혼에 화가 있을진저"란 말은 '그들의 죄가 너무 심하여 그들의 영혼에 화가 있을 수밖에 없게 되었다'는 것을 말한다. 그들은 너무 심한 죄를 지어 재앙을 자취하고 말았다는 것이다.

사 3:10-11. 너희는 의인에게 복이 있으리라 말하라 그들은 그들의 행위의 열매를 먹을 것임이요 악인에게는 화가 있으리니 이는 그의 손으로 행한 대로 그가 보응을 받을 것임이니라.

본 절들(10-11절)은 이 부분(2:22-3:15)의 결론으로 주어진 말로 의로운 사람에게 복이 있으리라 말하기를 그들이 한 일에 보답을 받고, 기쁨을 누릴 것이라고 말하며, 악인들에게 화가 미칠 것이고 재난이 그들을 뒤덮을 것이며 그들이 저지른 그대로 보복을 받을 것이라고 말한다.

이것이 곧 하나님의 심판이다. 의로운 사람들은 의로운 행위의 열매를 거두어 복을 받게 되고, 의인을 악인과 함께 멸하는 것은 하나님의 뜻이 아님을 성경은 말한다(창 18:23). 악인들은 그들이 행한 악의 보응을 받아 화가 있을 것은 아주 당연한 일이다. 그들은 악을 행하는 중에 더욱 악해졌고, 더욱 타락하여 마침내 돌이킬 수 없는 상태에 빠져 망하는 것이다. 그 지경에 이르기 전에 죄를 자복하여 일어서야 한다.

---

10) "소돔과 같다"는 말은 소돔의 죄가 너무 확실하여 숨길 수 없었다는 뜻이다. 사람이 죄악이 너무 심하면 숨길 수 없게 된다는 것이다.

사 3:12. 내 백성을 학대하는 자는 아이요 다스리는 자는 여자들이라 내 백성이여 네 인도자들이 너를 유혹하여 네가 다닐 길을 어지럽히느니라.

이사야는 하나님께서 유다인들이 의지할만한 것들을 제거하신(2-3절) 다음 4절에서는 소년들을 그들의 고관으로 삼으시며 아이들로 하여금 유다인들을 다스리게 하실 것이라고 말씀했는데 이제 본 절에 와서 다시 4절로 돌아가서 유다 나라의 형편을 재설한다. 즉, "아이들(무지한 자들)이 내 백성을 억누르며, 여인들(무지한 자들)이 백성을 다스린다. 내 백성아, 네 지도자들이 길을 잘못 들게 하며, 가야 할 길에서 벗어나게 하고 있구나"라고 말한다. 본 절은 유다인들이 벌 받은 상태가 얼마나 비참한 것인가를 다시금 보여준다.

<여호와께서 백성을 심판하시다>

사 3:13. 여호와께서 변론하러 일어나시며 백성들을 심판하려고 서시도다.

본 절부터 15절까지는 유다인들이 받아야 할 죗값을 말한다. 다시 말해 그들이 받아야 할 심판을 말한다. 즉, 주님께서 재판하시려고 법정에 들어오시며 그의 백성을 심판하시려고 법정에 앉으신다. 죄를 지으면 반드시 하나님께서 심판하신다는 것이다. 이 부분(13-15절)의 죄악은 백성들의 지도자들의 죄악(14-15절)에 의한 심판이었다.

사 3:14. 여호와께서 자기 백성의 장로들과 고관들을 심문하러 오시리니 포도원을 삼킨 자는 너희이며 가난한 자에게서 탈취한 물건이 너희의 집에 있도다.

이사야는 여호와께서 백성의 장로들과 백성의 지도자들을 세워 놓고 재판을 시작하신다는 것을 전한다. 주님은 "나의 포도원을 망쳐 놓은 자들이 바로 너희며, 가난한 사람들을 약탈해서 자기들 집을 가득 채운 자들이 바로 너희들이다"라고 말씀 하신다. "포도원을 삼켰다"는 말은 '유다 나라를 망쳤다'는 뜻이다.

사 3:15. 어찌하여 너희가 내 백성을 짓밟으며 가난한 자의 얼굴에 맷돌질하느냐 주 만군의 여호와 내가 말하였느니라 하시도다.

주님은 "어찌하여 너희는 나의 백성을 짓밟으며, 가난한 사람들의 얼굴을 마치 맷돌질하듯 짓뭉갰느냐? 나 만군의 하나님의 말이다"고 말씀 하신다.

"가난한 자의 얼굴에 맷돌질한다"는 말은 '가난한 자들의 얼굴을 맷돌에 집어넣고 맷돌로 돌려 뭉갰다는 뜻이다. 아주 완전히 망하게 했다는 뜻이다. 성경은 가난한 자를 압제하는 것이 큰 죄라고 말씀한다(잠 14:31; 19:17; 21:13; 22:16, 22; 28:3, 27; 29:7).

8) 상류층 부인들의 죄 3:16-4:1

유다 나라가 외국과 무역이 번영하고(2:16; 왕하 14:22) 앗수르(왕하 16:7-10)나 바벨론과의 접촉도 빈번해진 결과(왕하 20:12) 유다 나라 상류 부녀들의 사치와 범죄가 더 심해졌다. 그리하여 유다 상류층 부인의 사치 생활(16-17절)과 그에 대한 하나님의 심판(3:18-4:1)이 진행될 것을 밝힌다.

사 3:16. 여호와께서 또 말씀하시되 시온의 딸들이 교만하여 늘인 목, 정을 통하는 눈으로 다니며 아기작거려 걸으며 발로는 쟁쟁한 소리를 낸다 하시도다.

본 절 초두의 "여호와께서 또 말씀하시되"라는 말씀은 하나님의 심판이 시작되었음을 밝힌다. 즉, 시온의 딸들이 교만하여 목을 길게 빼고 다니고, 호리는 눈짓을 하고 다니며, 꼬리를 치고 걸으며, 발목에서 잘랑잘랑 소리를 내면서 다닌다고 말한다.

남쪽 유다 나라가 심판 받는 이유는 시온의 상류층 여자들의 교만 때문이었다. 교만은 반드시 패망을 가져온다. 그들이 교만해져서 네 가지 이상한 모습을 하고 다녔다. 1) 늘인 목을 하고 다녔다. 머리를 높이고 목을 길게 빼고 다닌 것을 말한다. 2) 정을 통하는 눈으로 다녔다. 남성들을 유혹하는 눈으로 다녔다. 3) 아기작거리며 걸어 다녔다. 어린 아이들처럼 아기작거리며 애교를 부리며 다녔다. 4) 발로는 쟁쟁한 소리를 내고 다녔다. 발목 둘레에 작은 방울을 달아 소리가 나게 하고 멋을 부리며 다녔다. 유다 여자들의 교만은 결국 나라를 망하게 하는 데까지 이르게 했다.

사 3:17. 그러므로 주께서 시온의 딸들의 정수리에 딱지가 생기게 하시며 여호와께서 그들의 하체가 드러나게 하시리라.

본 절은 유다 나라의 상류층 여자들이 교만한(16절) 결과 주님께서 시온의 딸들 정수리에 딱지가 생기게 하시며, 주님께서 그들의 하체를 드러내신다는 것이다. "정수리에 딱지가 생기게 하신다"는 뜻은 '저희가 애착하던 머리털이 떨어지게 하시려고 머리에 종처가 나게 하신다'는 뜻이다. "여호와께서 그들의 하체가 드러나게 하시리라"는 말은 여인들의 하체가 드러나게 하셔서 부끄러움을 당하게 하신다는 뜻이다. 교만한 마음과 교만한 삶은 이처럼 부끄러운 결과를 가져온다.

사 3:18-23. 주께서 그 날에 그들이 장식한 발목 고리와 머리의 망사와 반달 장식과 귀 고리와 팔목 고리와 얼굴 가리개와 화관과 발목 사슬과 띠와 향합과 호신부와 반지와 코 고리와 예복과 겉옷과 목도리와 손 주머니와 손 거울과 세마포 옷과 머리 수건과 너울을 제하시리니.

유다 나라의 상류층 여자들이 교만하여 사치한 생활을 한 결과 수많은 문제가 발생한 것을 묘사한다. 1) 여인들의 발목 고리는 애굽의 12왕조 때부터 있었는데 걸을 때 소리를 내었다는 것이다. 훗날 이 발목 고리는 금이나 은 또는 상아와 같은 보석류가 되었다. 2) 머리의 망사는 머리를 가린 망사모를 지칭하는 것으로 그물 아래로 금이나 은실의 띠가 있어 두 귀를 연결시켰다. 3) 반달 장식은 목에 거는 반월형의 사치품이었다(18절). 4) 귀 고리는 고대 애굽과 앗수르 때부터 사용되었다. 5) 팔목 고리는 고대 앗수르에서는 남자들이 착용했고, 애굽에서는 남녀가 함께 사용했다. 6) 얼굴 가리개(19절)는 여인들이 외출할 때 얼굴을 가리는 데 사용했는데 동양의 보편적 풍속이었다. 더구나 아랍 여성들에게는 필수적인 장식이었다. 7) 화관에 대해서는 제사장의 관의 기록이 남아 있다(출 39:28). 8) 발목 사슬은 발목에 달았던 짧은 사슬로 걸을 때 멋있게 보였다. 9) 띠는 겉옷 위에 착용하는 것으로 신부가 결혼식 때 착용했다(49:18; 렘 2:32). 10) 향합은 향을 담는 합이었다. 11) 호신부(20절)는 글을 새긴 보석이나 쇠붙이를 넣은 것으로 악마에게서 몸을 보호하기 위해 지니고 다녔다. 12) 반지는 인장 지환이라는 뜻으로(창 41:42), 부인들의 장식용 귀중품으로 동서고금을 막론하고 존재했다. 13) 코 고리(21절)는 코의 두 구멍 사이에 부착하여 입에까지 늘어뜨렸다. 이스라엘에서는 족장 시대부터 사용했다(창 24:22). 14) 예복은 축제 때나 공식 모임 등에만 입었다. 15) 겉옷은 일상복 위에 걸치는 겉옷으로 상류층 부인들이 착용했다. 16) 목도리는 목을 감싸는 넓은 천을 뜻한다. 17) 손 주머니(22절)는 돈을 넣는 지갑으로 남녀가 함께 사용했다. 18) 손 거울은 구리 등 금속판을 잘 닦아 만들었다. 19) 세마포 옷은 고운 세마포로 만든 속옷이었다. 20) 머리 수건은 여러 색채의 천으로 꼬아 머리를 두르는 천이었다. 21) 너울은 머리로부터 전신을 두르는 사치품이었다(23절). 하나님께서 위의 모든 사치품 등을 제하실 것이라고 하신다.

사 3:24. 그 때에 썩은 냄새가 향기를 대신하고 노끈이 띠를 대신하고 대머리가 숱한 머리털을 대신하고 굵은 베 옷이 화려한 옷을 대신하고 수치스러운 흔적이 아름다움을 대신할 것이며.

본 절은 유다 나라가 심판 받을 때에 나타나는 5가지 여성들의 현상을 진술한다. 1) 썩은 냄새가 향기를 대신할 것이라고 한다. 그들의 향기롭던 몸에서는 썩은 냄새가 날 것이라는 뜻이다. 2) 노끈이 띠를 대신할 것이라고 한다. 화려한 띠 대신에 노끈이나 새끼줄로 의복을 묶게 될 것이라는 뜻이다. 3) 대머리가 숱한 머리털을 대신할 것이라고 한다. 아름답던 머리숱은 없어지고 대머리들이 될 것이란 뜻이다. 4) 굵은 베 옷이 화려한 옷을 대신할 것이라고 한다. 화려한 옷을 입던 사람이 굵은 베옷을 입게 될 것이라는 뜻이다. 5) 수치스러운 흔적이 아름다움을 대신할 것이라고 한다. 아름답던 얼굴은 노예의 얼굴로 대치될 것이라는 뜻이다.

사 3:25. 너희의 장정은 칼에, 너희의 용사는 전란에 망할 것이며.

전 절은 유다 나라의 여자들이 심판 받는 것을 진술했고, 본 절은 남자들이 심판 받을 일을 진술한다. 즉, 여자들을 따르던 남자들이 칼에 쓰러지며, 여자들과 함께 살던 용사들이 전쟁터에서 쓰러질 것이라고 말한다. 이 예언은 바벨론 포로 때 남자들이 포로로 잡혀갈 것이고 군인들이 전쟁터에서 죽임 당할 것을 말하는 예언이다. 여자들의 교만과 사치가 한 나라를 무너뜨린다는 사실을 보여준다.

사 3:26. 그 성문은 슬퍼하며 곡할 것이요 시온은 황폐하여 땅에 앉으리라.

본 절은 바벨론 포로 때 남자들이 칼에 죽고 전란에 죽어 유다 나라가 썰렁해질 것을 예언한다. 즉, 시온의 성문들에 모이는 사람들이 없어 슬퍼하며 곡할 것이요, 황폐된 시온(유다 나라를 비유하는 말임)은 땅 바닥에 주저앉아 곡할 것이라는 말이다.

이 "성문"이란 도시의 시민들이 모여 정치를 하고 재판을 하며 피차 사교를 하던 장소로 언제나 붐비었으나 바벨론 포로 이후에는 모든 주민들이 죽거나 포로로 끌려가서 아무도 모이지 못하므로 썰렁하게 되어 그 도시 사람들은 통곡 할 것이란 뜻이다.

그리고 여기 "시온"이란 말은 '예루살렘 성'을 지칭하는 곳이나 유다 나라 전체를 가리키는 비유이다. 유다 나라의 여자들이 "땅에 앉으리라"는 말은 심각한 슬픔을 만났다는 표현이다(47:1; 욥 2:13; 애 2:10). 여자들의 교만과 사치는 이처럼 나라에 비극을 가져온다. 우리는 작은 죄까지도 자백하고 살아야 할 것이다.

제 4 장

사 4:1. 그 날에 일곱 여자가 한 남자를 붙잡고 말하기를 우리가 우리 떡을 먹으며 우리 옷을 입으리니 다만 당신의 이름으로 우리를 부르게 하여 우리가 수치를 면하게 하라 하리라.

본 절은 여자들의 남편들이 바벨론에 끌려가고 전란에 죽어서 과부가 되어 비참해질 것을 예언하는 내용이다. 즉, "나라가 망하는 날이 오면 일곱 여자가 한 남자를 붙잡고 이렇게 애원하게 될 것이다. 우리의 먹을 것은 우리가 챙기고, 우리의 입을 옷도 우리가 마련할 터이니, 다만 우리가 당신을 우리의 남편이라고 부르게만 해 주세요. 시집도 못 갔다는 부끄러움, 과부가 되었다는 부끄러움을 당하지 않게 해 주세요"하고 애원하게 될 것이라고 말한다. 교만하고 사치하며 남자들을 가볍게 보던 여자들은 이제 비참하게 될 것이라는 예언이다.

ㄷ. 회복의 소망 4:2-6

국민들의 죄(2:1-4:1)로 나라가 망하고 난 후에는 포로 되어 간 국민이나 본토에 남아 있는 국민 모두 죄를 그치고 하나님만을 바라보게 되니 하나님께서는 회복의 소망을 주신다. 하나님께서는 언제나 우리에게 소망 주시기를 원하신다.

사 4:2. 그 날에 여호와의 싹이 아름답고 영화로울 것이요 그 땅의 소산은 이스라엘의 피난한 자를 위하여 영화롭고 아름다울 것이며.

본 절 초두의 "그 날에"란 말은 '하나님께서 유다 나라를 청결하게 하신 때'를 뜻한다. 유다 나라의 남자들이 바벨론에 포로가 되어 가고 혹은 전란에서 죽은 후 성령(4절)으로 사람들의 심령이 깨끗하게 되는 메시아의 때를 지칭하는 말이다. 그 날이 되면, 즉 메시아의 때가 되면 여호와께서 주시는 싹(메시아 자신)이 아름답고 영화롭게 날 것이고, 유다 나라에 난 소산(메시아 자신)은 이스라엘에 남아 있는 자들을 위하여 영화롭고 아름답게 되실 것이란 예언이다. 하나님은 멀리 유다 민족에게 메시아의 날을 바라보게 하신다.

사 4:3. 시온에 남아 있는 자, 예루살렘에 머물러 있는 자 곧 예루살렘 안에 생존한 자 중 기록된 모든 사람은 거룩하다 칭함을 얻으리니.

본 절의 세 가지 명칭, 즉 1) 시온에 남아 있는 자, 2) 예루살렘에 머물러 있는 자, 3) 예루살렘 안에 생존한 자 중 기록된 모든 사람은 생명책에 녹명(기록)된 자들을 지칭한다(시 139:16; 단 12;1; 행 13:48; 빌 4:3; 계 3:5). 다시 말해 생명을 위하여 녹명된 자들을 지칭한다. 이들은 모두 "거룩하다 칭함을 얻을 것이라"는 것이다. 이들은 모두 하나님의 영(4절)으로 거룩하게 된다는 것이다. 그리고 이 거룩의 개념은 신약에 와서 그대로 성도들에게 적용이 된다(살전 4:3; 벧전 1:2, 15; 2:9; 요일 3:2, 3).

사 4:4. 이는 주께서 심판하는 영과 소멸하는 영으로 시온의 딸들의 더러움을 씻기시며 예루살렘의 피를 그 중에서 청결하게 하실 때가 됨이라.

본 절은 예루살렘 안에 생존한 자 중 기록된 모든 사람이 거룩하다 칭함(3절)을 얻는 시기가 언제냐를 말해준다. 그 시기는 주님께서 딸 시온의 부정(모든 유다인의 부정을 지칭한다)을 씻어 주시고, 심판의 영과 불의 영을 보내셔서, 예루살렘의 피를 말끔히 닦아 주실 때에 가능하다는 것이다. 다시 말해 "심판의 영"으로 죄를 책망하시고 죄를 벌하실 때에 가능하고, 소멸하시는 영께서 사람을 회개시켜 죄를 없애주실 때에 가능한 것이다. 성령님께서는 두 가지 역사를 겸하여 행하신다. 성령님의 역사가 없이는 죄를 미워하거나 버릴 자가 없다. 사람이 성령님의 역사를 받는 정도에 비례하여 죄를 떠나게 마련이다.

사 4:5. 여호와께서 거하시는 온 시온 산과 모든 집회 위에 낮이면 구름과 연기, 밤이면 화염의 빛을 만드시고 그 모든 영광 위에 덮개를 두시며.

여호와께서 성령님으로 유다인들의 더러움을 씻으시며 예루살렘의 피를 정결하게(4절) 하신 다음에 주님께서는, 시온 산의 모든 지역과 거기에 모인 회중 위에, 낮에는 연기와 구름을 만들어 덮으시고, 밤에는 타오르는 불길로 빛을 만드셔서 예루살렘을 건축의 차양[11]처럼 덮어서 보호하실 것이다. 이는 전적으로 하나님의 보호가 함께 하시는 것을 뜻한다.

사 4:6. 또 초막이 있어서 낮에는 더위를 피하는 그늘을 지으며 또 풍우를 피하여 숨는 곳이 되리라.

시온 산과 모든 집회 위에는 덮개(5절)뿐만 아니라 초막이 있어서 낮에는 더위를 피하는 그늘을 만들어주며 또 바람을 피하여 숨는 곳이 되게 하신다는 것이다. 본 절도 역시 하나님의 전적인 영적 보호가 있을 것을 말해주는 말이다. 오늘 우리는 하나님의 영적인 보호를 받으며 살고 있다.

---

11) 차양: 빛을 가리거나 비를 막기 위하여 처마 끝에 덧대는 좁은 지붕.

제 5 장

ㄹ. 범죄한 백성에 대한 하나님의 심판 5장

본 장은 앞 장하고도 연결이 되지 않고 뒤따르는 장과도 연관이 되지 않는다. 뿐만 아니라 본 장 안에서도 서로 연관이 없고 각부들 모두가 고립적이다(Rawlinson). 본 장의 내용은 1) 포도원 노래(1-7절), 2) 화가 있기를 바란다(8-24절), 3) 여호와의 진노하심(25-30절)을 선포한다.

1) 포도원 노래 5:1-7

이 부분(1-7절)은 하나님께서 심판을 예고한다. 여기 포도원은 하나님의 교회를 지칭하는 것으로 그리스도의 예언적 비유에도 등장한다(마 21:33-41; 막 12:1-9; 눅 20:9-16).

<포도원 노래>

사 5:1. 나는 내가 사랑하는 자를 위하여 노래하되 내가 사랑하는 자의 포도원을 노래하리라. 내가 사랑하는 자에게 포도원이 있음이여 심히 기름진 산에로다.

여기 "나"라는 것은 이사야 선지자를 지칭하고, "내가 사랑하는 자"란 말은 '하나님'을 지칭한다. 그러니까 본 절의 내용은 내(이사야)가 사랑하는 이(하나님)에게 노래를 해 드리겠네. "그(하나님)가 가꾸는 포도원을 노래해 드리겠네. 내가 사랑하는 사람은 기름진 언덕에서 포도원(이스라엘)을 가꾸고 계시네"라고. 여기 "기름진 산"이란 말은 '이스라엘의 땅 가나안'을 지칭한다. 여기 "산"이란 말은 '심판의 산'을 뜻하는 말이다.

사 5:2. 땅을 파서 돌을 제하고 극상품 포도나무를 심었도다. 그 중에 망대를

세웠고 또 그 안에 술틀을 팠도다 좋은 포도 맺기를 바랐더니 들포도를 맺었도다.

본 절은 하나님께서 하신 일을 노래한다. 즉, "하나님께서 땅을 일구고 돌을 골라내고(여기 돌을 골라냈다는 말은 가나안 7족을 제거하셨다는 것을 뜻한다), 아주 좋은 포도나무(이스라엘 민족이 세계의 우수한 민족인데 게다가 또 율법까지 주셨으니 최고의 민족이라 할 수 있다)를 심었네. 그 한가운데 망대를 세웠고(선지자들을 세워주셨다), 거기에 포도주를 짜는 곳(큰 반석을 파서 만들며 위에서 포도를 눌러 짜고 아래서 그 즙을 받았다)도 파 놓고, 좋은 포도가 맺기를 기다렸는데(하나님은 좋은 수확을 기대하셨다), 그런데 열린 것이라고는 들포도뿐이었다(이스라엘의 역사에는 불의만 가득했다, 7절)네"라고 탄식하신다.

오늘 우리도 하나님께서 원하시는 열매를 맺지 못하고 있는 것은 아닌지, 또 불의가 가득한 것은 아닌지 우리 자신을 늘 살펴야 한다.

사 5:3. 예루살렘 주민과 유다 사람들아 구하노니 이제 나와 내 포도원 사이에서 사리를 판단하라.

하나님은 이제 예루살렘 주민과 유다 사람들을 불러 놓으시고 이제 구하노니 나와 내 포도원(교회) 사이에서 사리를 판단해 보라고 요구하신다. 누가 잘 했고, 누가 잘못했는지를 판단해 보라고 도전하신다. 이는 나단 선지자가 다윗을 불러 놓고 다윗 자신의 범죄를 스스로 판단하게 함과 같다(삼하 12:1-4).

사 5:4. 내가 내 포도원을 위하여 행한 것 외에 무엇을 더할 것이 있으랴 내가 좋은 포도 맺기를 기다렸거늘 들포도를 맺음은 어찌 됨인고.

하나님은 본 절에서도 예루살렘 주민과 유다 사람들에게 하나님 자신이 잘못하신 것이 무엇이 있느냐고 물으신다. 하나님 자신이 예루살렘 주민과 유다 사람들에게 좋은 열매 맺기를 기대하시고 모든 조건을 다 갖추어 주었는데 들포도(불의)를 맺었으니 이것이 어찌 된 일이냐고 물으신다.

사 5:5-6. 이제 내가 내 포도원에 어떻게 행할지를 너희에게 이르리라 내가 그 울타리를 걷어 먹힘을 당하게 하며 그 담을 헐어 짓밟히게 할 것이요 내가 그것을 황폐하게 하리니 다시는 가지를 자름이나 북을 돋우지 못하여 찔레와 가시가 날 것이며 내가 또 구름에게 명하여 그 위에 비를 내리지 못하게 하리라 하셨으니.

하나님께서 유다인들에게 모든 것을 다 갖추어 주셨는데 유다인들은 불의의 열매를 가득히 맺었으니 하나님께서 유다 민족에게 5-6절과 같이 행하시겠다고 하신다. 1) 하나님께서 유다 나라의 국경을 허시고, 2) 외국인으로 인하여 유다 나라가 당하게 하시며, 3) 외국군에게 짓밟히게 하실 것이고(이상 5절), 4) 유다 나라로 하여금 황폐하게 하실 것이라고 하시며(주전 586년 바벨론으로 하여금 유다 나라를 짓밟게 하셨다), 5) 유다 나라를 황폐하게 하리니 다시는 가지를 자름이나 북을 돋우지 못하여 찔레와 가시가 나게 할 것이며, 6) 유다 나라 위에 비를 내리지 못하게 하리라고 하신다.

사 5:7. 무릇 만군의 여호와의 포도원은 이스라엘 족속이요 그가 기뻐하시는 나무는 유다 사람이라 그들에게 정의를 바라셨더니 도리어 포학이요 그들에게 공의를 바라셨더니 도리어 부르짖음이었도다.

본 절은 이사야가 포도원 노래를 해설하고 하나님께서 유다 나라를 심판하시는 이유를 설명한다. 이스라엘은 만군의 주님의 포도원이고, 유다 백성은 주님께서 심으신 포도나무다. 주님께서는 그들이 선한 일 하는 것을 기대하셨는데, 보이는 것은 살육뿐이었다는 것이다. 주님께서는 그들이 옳은 일 하기를 기대하셨는데, 들리는 것은 그들에게 희생된 사람들의 울부짖음뿐이었다고 말한다. 오늘 하나님께서는 신약 교회에 성령님의 열매를 기대하시는데, 신약 교회가 하나님께서 원하시는 것만큼 열매를 맺고 있는지 의문이 든다.

2) 이스라엘이 만들어낸 신포도 5:8-24

이 부분(8-24절)은 이스라엘 백성이 맺은 신 포도를 열거한다. 신 포도를 맺었기 때문에 "화"가 선언된다. 이스라엘 백성들이 맺은 불의가 구체적으로 제시된다.

<사람이 저지르는 악한 일>

사 5:8. 가옥에 가옥을 이으며 전토에 전토를 더하여 빈 틈이 없도록 하고 이 땅 가운데에서 홀로 거주하려 하는 자들은 화 있을진저.

본 절부터 24절까지는 여섯 번이나 화가 선언된다. (1) 첫 번째 화가 선언된다. 즉, 너희가 더 차지할 곳이 없을 때까지 집에 집을 더하고, 밭에 밭을 더 늘려 나가 땅 한가운데서 홀로 살려고 했으니 너희에게 재앙이 닥쳐야 마땅하다! 부자들은 이웃에 대한 관심은 없고 자기들만 잘 살려고 했는데, 이는 큰 잘못이었다(눅 12:16-21; 눅 16:19-31 참조). 부자들은 넓은 땅에 높은 집을 짓고 자신들을 괴롭힐만한 이웃들과 멀리 떨어져서 살기를 원했다. 이와 같이 혼자만 잘 살기를 원하여 격리되어 살기를 원하는 것 자체가 형벌을 자초한 셈이다.

사 5:9. 만군의 여호와께서 내 귀에 말씀하시되 정녕히 허다한 가옥이 황폐하리니 크고 아름다울지라도 거주할 자가 없을 것이며.

본 절과 다음 절은 혼자만 잘 살기를 원하는 이기주의자들이 잘못된다는 것을 말한다. 본 절은 부자들이 허다한 가옥이 황폐하리라고 말하며, 다음 절은 아무리 넓은 땅에 많은 것을 심는다 해도 수확이 별로 없을 것이라는 것을 말한다.

사 5:10. 열흘 갈이 포도원에 겨우 포도주 한 바트가 나겠고 한 호멜의 종자를 뿌려도 간신히 한 에바가 나리라 하시도다.

본 절은 부자들이 혼자 많은 토지를 가지고 있어 씨를 뿌려도 수확이 별로 없을 것이라고 말한다. 즉, 또한 열흘 갈이 포도원이 포도주 한 바트밖에 내지 못하며, 한 호멜의 씨가 겨우 한 에바밖에 내지 못한다는 것이다. 여기 "한 바트"는 23리터에 해당하며, "한 에바"는 바트와 같은 용량이다. 이 넓은 토지에 많은 양의 열매를 내어야 했는데 겨우 포도주 한 바트를 얻는다는 것이다. 한 에바의 수량은 평년작의 10분의 1에 해당하는 양이라고 한다. 이기주의자의 앞날에는 하나님께서 수확을 주시지 않는다.

사 5:11. 아침에 일찍이 일어나 독주를 마시며 밤이 깊도록 포도주에 취하는 자들은 화 있을진저.

(2) 본 절은 두 번째 화가 선언된다. 즉, 아침에 일찍이 일어나 독한 술을 찾는 사람과, 밤이 늦도록 포도주에 얼이 빠져 있는 향락주의자에게 화가 있을진저! 저들은 일은 하지 않고 낮이나 밤이나 술을 즐겼고, 연락을 좋아했다. 이들은 화를 받을만하다.

사 5:12. 그들이 연회에는 수금과 비파와 소고와 피리와 포도주를 갖추었어도 여호와께서 행하시는 일에 관심을 두지 아니하며 그의 손으로 하신 일을 보지 아니하는도다.

그들, 즉 술에 취하고 연락에만 관심이 있는 그들은 연회에는 수금(비파)과 거문고와 소고(탬버린)와 피리와 포도주를 갖추었어도, 주님께서 하시는 일에는 관심을 두지 않고, 주님께서 손수 이루시는 일에도 아무 관심을 두지 않는다는 것이다. 본 절에 등장하는 네 가지 악기(수금, 비파, 소고, 피리)는 원래 하나님께 경배할 때에 사용한 악기들이었다(삼상 10:5). 이제 연락에 미쳐 있는 사람들은 하나님을 경배하는 용도의 악기를 자신의 쾌락을 위해 사용하는 것이다.

사 5:13. 그러므로 내 백성이 무지함으로 말미암아 사로잡힐 것이요 그들의 귀한 자는 굶주릴 것이요 무리는 목마를 것이라.

본 절 초두의 "그러므로"(therefore)란 말은 유다인들이 '술에 취하고 연락에만 관심이 있었으므로'(12절)란 뜻이다. 유다인들이 '술에 취하고 연락에만 관심이 있었으므로'(12절) 결국은 본 절의 "내 백성(유다인들)이 무지해져서" 세 가지 벌을 받게 되었다는 것이다. 1) "사로잡힐 것이고", 2) "그들의 귀한 자는 굶주리게 될 것이며", 3) "무리는 목마르게 될 것이라"고 예언한다.

여기 본 절의 "무지함으로 말미암아"란 말에 대한 해석을 두고 견해가 갈려있다. 1) 전 절(12절)의 "여호와께서 행하시는 일에 관심을 두지 아니하며"라는 말을 받아 유다인들이 '하나님께 대한 지식이 없었기 때문이라'고 해석하는 편(Gray, 박윤선), 2) 이 말을 '앞을 내다보는 통찰력이 없어진 것'이라고 해석하는 편(Rosenmueller, Gesenius, Delitzsch, 이상근)으로 갈린다. 그러나 이 견해는 차이가 있는 것이 아닌 것으로 보아야 할 것이다. 하나님께 대한 지식이 없어지면 자연적으로 앞을 내다보는 통찰력이 없게 되는 것은 당연한 일이다. 하나님께 대한 지식이 없게 되면 앞을 내다보는 통찰력도 없어지고 모든 것이 중지되는 것이다. 이 예언은 주전 586년의 바벨론 포로에서 그대로 성취되었다. 오늘도 술에 취하고 향락에 몰두하는 사람들은 하나님에 대한 지식이 없어지고 앞을 내다보지 못하며 결국 마귀에게 사로잡히게 되고, 영적으로 굶주리게 되며, 목마르게 된다. 현대인들 대부분은 이런 벌을 받고 있다.

사 5:14. 그러므로 스올이 욕심을 크게 내어 한량 없이 그 입을 벌린즉 그들의 호화로움과 그들의 많은 무리와 그들의 떠드는 것과 그 중에서 즐거워하는 자가 거기에 빠질 것이라.

본 절도 유다인들이 받을 벌을 예언하고 있다. 즉, 그러므로 스올(무덤)[12]

---

12) "스올": 구약 성경에서 셰올, 즉 스올은 약 60회 나온다. 스올에 대한 표현은 돌아오지 못할 어둡고 암울한 곳으로(욥 10:21, 22; 시 143:3), 적막한 곳으로(시 94:17; 시 115:17) 나타난다. 그곳 스올에 거하는 자는 아무 것도 알지 못한다(욥 14:21; 전 9:5, 10). 중대한 것은 여호와는 사자들을 기억하지 아니하시며, 그들은 여호와로부터 단절되어 역사(history)에서 그의 활동 밖에 있는 신학적인 진술이다(시 88:5, 11). 죽은 자들은 종교 의식과 그 영향력을 벗어나 있다. 사망에서는 선포나 찬송이 없다(시 6:5; 시 88[87]:10-12; 사 38:18).

그럼에도 불구하고 여호와의 권능은 사자의 영역에서도 끝나지 않는다(암 9:2; 시 139:8).

이 입맛을 크게 다시면서, 그 입을 한없이 벌릴 것이니, 그들의 영화와 많은 무리와 그들의 떠드는 소리와 즐거워하는 소리가, 다 그 스올(무덤, 고통 받는 곳)로 빠져 들어가게 될 것이라고 예언한다.

사 5:15. 여느 사람은 구푸리고 존귀한 자는 낮아지고 오만한 자의 눈도 낮아질 것이로되.

본 절도 역시 유다인들이 벌 받을 것을 예언한다. 즉, 그래서 천한 사람도 굴욕을 당하고 귀한 사람도 낮아지며, 눈을 치켜뜨고 한껏 거만을 부리던 자들도 낮아지게 될 것이라고 예언한다. 본 절은 2:11, 17의 반복이다. 여호와께서만 홀로 영광을 받으실 것이라고 한다(다음 절).

사 5:16. 오직 만군의 여호와는 정의로우시므로 높임을 받으시며 거룩하신 하나님은 공의로우시므로 거룩하다 일컬음을 받으시리니.

술에 취하고 향락에만 전념하던 유다인들은 결국 벌을 받아 바벨론에 포로되어 갈 것이고, 오직 여호와만 영광을 받으실 것이라고 예언한다. 즉, 그러나 만군의 여호와(하늘의 일월성신을 지으신 하나님)께서는 공평하셔서 높임을 받으실 것이고, 거룩하신 하나님은 의(義)로우시므로 거룩하신 분으로 영광을 받으실 것이라고 말한다.

그때까지는 여호와께서 사자들의 처소에 관여하지 않으신다. "사자들의 거처는 여호와와 그의 피조물간의, 명확히 규정지을 수 없는 제 3영역으로 남아 있었다"(G. Von Rad, Old Testament Theology). 오직 예외적으로 믿음(욥 14:13-22)이나 시인의 상상력(사 14:9이하; 겔 32:20이하)만이 죽은 자의 처소에 관여한다. 죽음 저편의 소망에 대한 암시는 간헐적으로 나올 뿐이다(욥 19:25-27; 시 49장; 시73:23이하). 그래서 구약 성경에는 부활의 소망이 나타나 있다(H. H. Rowley; H. Bietenhard).

성경의 스올(음부)에 대한 표현 중 그 위치에 관한 것은 약간 모호하다. 대부분의 경우에 있어서 이 음부가 사람이 사후에 가는 곳이긴 하나 아래로 내려가는 곳으로 언급된다. 이 음부가 무덤 자체와 얼마나 일치하는가에 대해서는 의문이다. 이 단어는 욥 26:6과 잠 15:11절과 잠 27:20의 세 곳에서 "아바돈"(멸망의 웅덩이)이란 단어와 함께 비슷한 뜻으로 사용되어 있다. 욥 26:5에는 이 음부가 지하의 큰물에 위치해 있는 것으로 나온다: "음령들이 큰물과 수족 밑에서 떠나니...". 또한 사 38:10에는 하데스의 문에 대한 언급이 있다: "내가 말하기를 내가 중년에 음부의 문에 들어가고 여년을 빼앗기게 되리라"(참조: PEB, 바이블렉스에서).

사 5:17. 그 때에는 어린 양들이 자기 초장에 있는 것 같이 풀을 먹을 것이요 유리하는 자들이 부자의 버려진 밭에서 먹으리라.

본 절 초두의 "그 때에"(then)란 말은 '유다 나라가 바벨론의 침략을 받아 사람들이 바벨론으로 끌려 갈 때'를 지칭하는 말이다. 바벨론의 침략으로 유다 왕국이 황무지가 될 때, 그 폐허에서 어린 양들은 마치 초장에서 풀을 뜯는 것처럼 풀을 먹을 것이며, 낯선 사람들은 망한 부자들의 밭에서 그 산물을 먹을 것이라는 예언(Gray, Rawlinson, 박윤선, 이상근)이다.

사 5:18. 거짓으로 끈을 삼아 죄악을 끌며 수레 줄로 함 같이 죄악을 끄는 자는 화 있을진저.

(3) 본 절은 세 번째로 화를 선언한다. 거짓으로 끈을 만들어 악을 잡아당기는 사람, 즉 수레의 줄을 당기듯이 죄를 끌어당기는 자들에게 화가 있어야 한다는 것이다. 사람이 악을 끊어야 사는 법인데 악을 끊지 못하고 계속해서 악을 행하는 교만한 사람들은 화를 받을 수밖에 없다. 악을 지었다 하면 얼른 죄를 자복해야 하는데 그것을 못하고 악에 끌려 다니고 또 계속 악을 행하는 교만한 사람들은 화를 받을 수밖에 없는 것이다.

사 5:19. 그들이 이르기를 그는 자기의 일을 속속히 이루어 우리에게 보게 할 것이며 이스라엘의 거룩한 이는 자기의 계획을 속히 이루어 우리가 알게 할 것이라 하는도다.

악을 끊지 못하고 계속해서 교만하게 죄를 짓는 자들은 기껏 한다는 말이 하나님더러 "서둘러서 심판을 하시라고 해 보아라. 그분이 하고자 하시는 일을 빨리 함으로 우리로 얼른 보게 해 보아라. 계획을 빨리 이루시라고 하여라. 이스라엘의 거룩하신 분(하나님을 조롱하는 뜻에서 이 칭호를 쓰고 있다)께서 세우신 계획이 빨리 이루어져야 우리가 그것을 알 게 아니냐!"고 말한다는 것이다. 이들은 인간 세상에서 교만하게 사는 사람들이고, 하나님을 향해서도 교만하게 빨리 심판해 보라고 도전하는 사람들이다. 참으로 고약한 사람들이 세상에 많이 있다.

사 5:20. 악을 선하다 하며 선을 악하다 하며 흑암으로 광명을 삼으며 광명으로 흑암을 삼으며 쓴 것으로 단 것을 삼으며 단 것으로 쓴 것을 삼는 자들은 화 있을진저.

(4) 본 절에서 넷째 화가 선언된다. 즉, 악한 것을 선하다고 하고 선한 것을 악하다고 하는 자들, 어둠을 빛이라고 하고 빛을 어둠이라고 하며, 쓴 것을 달다고 하고 단 것을 쓰다고 하는 자들에게 화가 있기를 바란다는 것이다. 가치 판단을 뒤집는 사람들, 남을 속이는 사람들, 자신들의 악행을 정당화하는 사람들, 불신앙을 고집하는 사람들에게는 언제나 화가 있을 수밖에 없다(9:2; 삼상 2:9; 삼하 22:29; 욥 29:3; 시 112:4; 잠 2:13; 전 2:13). 화를 선언하지 않아도 하나님께서는 잠잠하지 않으시고 벌을 반드시 내리신다.

사 5:21. 스스로 지혜롭다 하며 스스로 명철하다 하는 자들은 화 있을진저.

(5) 본 절에서 다섯째 화가 선언된다. 즉, 스스로 지혜롭다 하며, 스스로 명철하다(슬기롭다) 하는 자들에게 재앙이 닥치기를 바란다는 것이다(28:9; 29:14 참조). 자기도취하는 자들은 고쳐지기가 쉽지 않다. 그들은 항상 자기가 지혜롭다 생각하며 살고, 자기가 똑똑하다고 착각하며 산다. 이들은 성경을 읽지 않고 묵상하지 않아서 자신이 어떤 자임을 알지 못한다. 그래서 자신이 지혜롭다 혹은 명철하다고 착각하며 산다.

사 5:22. 포도주를 마시기에 용감하며 독주를 잘 빚는 자들은 화 있을진저.

(6) 본 절에서 여섯 번째 화가 선언된다. 즉, 포도주를 마시기에 아주 용감하고, 온갖 독한 술을 섞어 마시고도 끄떡도 하지 않는 자들에게 재앙이 닥친다는 것이다. 술을 즐기고 향락을 일삼는 사람들은 다른 사람들로부터 뇌물을 받아서 홍청망청하는 것이다. 뇌물을 받고 홍청망청하는 사람들은

그렇게 술을 마시고 향락에 도취하는 것이 정치를 잘 하는 것으로 착각한다.

사 5:23. 그들은 뇌물로 말미암아 악인을 의롭다 하고 의인에게서 그 공의를 빼앗는도다.

"그들", 곧 '포도주를 마시기에 용감하며 독주를 잘 빚는 자들'(22절)은 "뇌물로 말미암아 악인을 의롭다고 선언하고, 의인에게서 공의를 빼앗아 죄인을 만든다"고 말한다. 뇌물을 받아 사는 자들은 세상을 완전히 뒤집고 사는 사람들이다.

사 5:24. 이로 말미암아 불꽃이 그루터기를 삼킴 같이, 마른 풀이 불 속에 떨어짐 같이 그들의 뿌리가 썩겠고 꽃이 티끌처럼 날리리니 그들이 만군의 여호와의 율법을 버리며 이스라엘의 거룩하신 이의 말씀을 멸시하였음이라.

본 절 초두의 "이로 말미암아"란 말은 '위의 여섯 가지 화로 말미암아'란 뜻이다. 여섯 가지 화로 말미암아 이스라엘에게는 끔찍한 결과가 생긴다는 것이다. 즉, 지푸라기가 훨훨 타는 불길에 휩싸이듯이, 마른 풀이 불꽃에 타들어 가고 또 그들의 뿌리가 썩어지겠고, 꽃잎이 말라서, 티끌처럼 없어질 것이라고 한다. 그들은 만군의 여호와의 율법을 버리고, 이스라엘의 거룩하신 분의 말씀을 멸시한 자들이다.

3) 여호와께서 진노하시다 5:25-30

8-24절은 여섯 가지 화가 선언되었고, 이 부분(25-30절)에서는 하나님의 진노가 선언된다.

사 5:25. 그러므로 여호와께서 자기 백성에게 노를 발하시고 그들 위에 손을 들어 그들을 치신지라 산들은 진동하며 그들의 시체는 거리 가운데에 분토 같이 되었도다 그럴지라도 그의 노가 돌아서지 아니하였고 그의 손이 여전히 펼쳐져 있느니라.

본 절 초두의 "그러므로"(עַל־כֵּן)란 말은 '8-24절 전체에 묘사되어 있는 유다인의 죄 때문에'라는 뜻이다. 그 죄 때문에 여호와께서 자기 백성에게 "노를 발하시고"(신 29:20; 왕하 24:20; 렘 4:30) "그들 위에 손을 들어 치셨다" (신 29:23; 스 10:14; 시 78:31; 사 16:6; 렘 48:30 참조)는 것이다. 그 결과 산들은 진동하게 되었고(이는 앗수르의 침공 예언으로 보인다), 백성들의 시체는 거리 가운데에 분토같이 흩어지게 되었다.

하나님의 진노가 이렇지라도 그의 진노가 진정되지 않았고 하나님의 손이 여전히 펼쳐져 있었다는 것이다. 외국의 침략은 하나님의 진노를 표시하는 도구였다.

사 5:26. 또 그가 기치를 세우시고 먼 나라들을 불러 땅 끝에서부터 자기에게로 오게 하실 것이라 보라 그들이 빨리 달려올 것이로되.

본 절은 전 절에 이어 여호와께서 그의 진노를 멈추시지 않으시고 계속해서 진노하시고 있다는 것을 묘사한다. 즉, 주님께서 깃발을 올리셔서 먼 곳의 외국 민족들을 부르시고, 휘파람으로 그들을 땅 끝에서부터 부르신다는 것이다. 그들이 빠르게 달려온다는 것이다. 유다 나라가 회개하지 않으니 하나님은 진노를 쉬지 않으신다.

사 5:27. 그 중에 곤핍하여 넘어지는 자도 없을 것이며 조는 자나 자는 자도 없을 것이며 그들의 허리띠는 풀리지 아니하며 그들의 들메끈은 끊어지지 아니하며.

본 절은 전 절과 연관되어 있는데 침략군이 지치지 않는다는 것을 묘사한다. 즉, 그들 가운데 아무도 지치거나 비틀거리는 사람이 없고, 졸거나 잠자는 사람도 없으며, 허리띠가 풀리거나 신발 끈이 끊어진 사람도 없이 잘 달려온다는 것이다. 하나님께서 이들 침략군들을 쓰신다는 것을 말한다.

사 5:28. 그들의 화살은 날카롭고 모든 활은 당겨졌으며 그들의 말굽은 부싯돌 같고 병거 바퀴는 회오리바람 같을 것이며.

본 절도 역시 침략군(앗수르 군대)이 완벽하게 달려오고 있는 것을 묘사한다. 즉, 침략군들의 화살은 예리하게 날이 서 있고, 모든 활시위는 쏠 준비가 되어 있는 것을 보게 된다. 달리는 말발굽은 부싯돌처럼 보이고, 병거 바퀴는 회오리바람과 같이(66:15; 렘 4:13 참조) 잘 구르고 있다. 침략군들이 이렇게 완벽하게 움직이는 것은 하나님께서 쓰시는 중이기 때문이었다.

사 5:29. 그들의 부르짖음은 암사자 같을 것이요 그들의 소리지름은 어린 사자들과 같을 것이라 그들이 부르짖으며 먹이를 움켜 가져가 버려도 건질 자가 없으리로다.

본 절도 역시 침략군이 강한 기세로 달려드는 것을 묘사한다. 즉, 그 침략군의 함성은 암사자의 부르짖음과 같고, 그 고함 소리는 새끼 사자의 으르렁거림과 같이 들린다. 그들이 소리치면서 전리품을 움켜 가 버리지만 아무도 그것을 빼앗지 못할 정도로 강력하다는 것이다.

여기 암사자의 부르짖음은 수사자의 부르짖음보다 강하다는 것이다(창 49:9; 민 24:9; 나 2:11 참조). 사자들이 부르짖을 때에 다른 짐승들은 다 도망간다는 것이다. 하나님께서 침략군들을 하나님의 도구로 사용하시는 동안에는 그들이 강하게 나타나는 법이다.

사 5:30. 그 날에 그들이 바다 물결 소리 같이 백성을 향하여 부르짖으리니 사람이 그 땅을 바라보면 흑암과 고난이 있고 빛은 구름에 가려서 어두우리라.

"그 날에", 즉 '침략군이 쳐들어오는 날에' 침략군들이 바다 물결 소리같이 이스라엘 백성을 향하여 부르짖을 것이니, 사람이 이스라엘 땅을 바라보면 흑암[13]과 고난이 있고 햇빛은 구름에 가려서 어두울 것이라고 한다.

---

13) 여기 "흑암"이란 '비참'(마 22;13), '무지'(요 3:19), '불신'(마 4:16), '죽음'(욥 10:21), '죄악'(고후 6:14) 등을 뜻한다.

제 6 장

2. 이사야를 부르시다 6장

본 장의 내용은 1) 하나님께서 이사야에게 나타나신 일(1-5절), 2) 이사야가 사죄 받은 일(6-7절), 3) 이사야가 사명을 확인한 일(8-13절) 등으로 나누어진다.

1) 선지자의 환상 6:1-3

<이사야를 선지자로 부르시다>

사 6:1. 웃시야 왕이 죽던 해에 내가 본즉 주께서 높이 들린 보좌에 앉으셨는데 그의 옷자락은 성전에 가득하였고.

이사야는 "웃시야 왕이 죽던 해에, 나는 높이 들린 보좌에 앉아 계시는 주님을 뵈었는데, 그의 옷자락이 성전에 가득 차 있는 것을 보았다"고 말한다. 여기 "웃시야 왕이 죽던 해"[14]란 주전 758년을 의미하는데, 웃시야는 16세에 즉위하여 52년간을 통치하면서 국위를 크게 올려놓았다(왕하 15:1; 대하 26:1-5). 웃시야는 하나님의 사업에도 열심이었고, 그 열성이 지나쳐 제사장의 직무까지 대행하려다가 징계를 받아 한센병 환자가 되기도 했다(대하 26:16-21). 이 웃시야 왕은 이사야의 종형이었다. 이사야는 자기의 종형 웃시야 왕이 죽었을 때 적지 않은 타격과 실망을 안고 성전에 올라갔을 것으로 보인다. 이와 같은 실망의 때에 하나님께서 나타나셔서 역사하신다.

이사야는 "내가 본 것이 있다"고 말한다. 이는 이사야가 성전에서 환상을 본 것을 뜻한다. 이사야가 본 환상은 "주께서 높이 들린 보좌에 앉으신 것"을

---

14) 이사야는 벌써 이전에 사명을 받았고(1:1), 훗날 웃시야가 죽던 해에 큰 영적 체험을 한 것으로 보인다(Calvin, Lange, Rawlinson).

보았다. 여기 "보좌"란 말은 '땅 위의 왕좌'를 묘사하는 말이고, 언약궤로 만들어진 지상 보좌에 대한 하늘 보좌의 원형을 말한다(Delitzsch). 웃시야 왕의 죽음으로 인해 낙심하게 된 이사야는 웃시야 왕의 보좌에 비할 수 없는 하나님의 보좌를 발견한 것이다.

여기 "그의 옷자락은 성전에 가득했다"는 표현은 하나님의 옷자락이 너무 길어 성전에 가득했다는 것이다. 그것은 곧 하나님의 쉐키나(Shechinah)의 영광을 표시하는 것이다(이상근).

사 6:2. 스랍들이 모시고 섰는데 각기 여섯 날개가 있어 그 둘로는 자기의 얼굴을 가리었고 그 둘로는 자기의 발을 가리었고 그 둘로는 날며(Above him stood the seraphim. Each had six wings: with two he covered his face, with two he covered his feet, and with two he flew-ESV)**.**

높이 들린 보좌 위로는 스랍들(שְׂרָפִים)[15]이 서 있는 것을 보았는데, 스랍들은 저마다 날개 여섯을 가지고 있었다. 둘로는 얼굴을 가리고 있었고, 둘로는 발을 가리고 있었으며, 나머지 둘로는 날고 있었다. 하나님을 모시고 서 있는 이들은 왕을 모시고 서 있는 근위병들인 셈이다. 이 "스랍"이란 뜻이 각주에 기록한 바와 같이 '태움'이란 뜻이니 '성결'을 뜻하는 말이다. 이들은 하나님 곁에 서 있는 성결한 존재들이다.

"그 둘로는 자기의 얼굴을 가리었고, 그 둘로는 자기의 발을 가리었으며, 그 둘로는 날았다"는 것이다. 스랍의 두 날개로 얼굴을 가린 것은 여호와 앞에 경외하는 태도를 보인 것이며, 둘로 발을 가린 것은 더러운 발을 가린 것을 뜻한다. 다시 말해 천사가 거룩한 것을 보여주는 것이며, 날개 둘로 나는 것은 그들의 봉사 활동을 보여준다.

---

15) 스랍들: '태운다'(히 12:29 참조)는 뜻인데 이는 '천사들'이다. 이 낱말은 성경 중에 다른 곳에는 없고 여기 한 곳뿐이다. 이 스랍이란 천사는 실제적인 천사들이며, 각자 다른 존재들이다(Delitzsch).

사 6:3. 서로 불러 이르되 거룩하다 거룩하다 거룩하다 만군의 여호와여 그의 영광이 온 땅에 충만하도다 하더라.

본 절 문장 초두의 "서로 불러 이르되"(And one called to another and said-ESV)란 말은 '그리고 그들은 큰 소리로 노래를 부르며 화답했다'는 뜻이다. 이는 천사들이 두 그룹(group)으로 나누어져 서로 응답하는 식으로 찬양을 했다는 뜻이다.

찬양의 내용은 본 절에 그대로 등장한다. 즉, "거룩하다 거룩하다 거룩하다 만군의 여호와여 그의 영광이 온 땅에 충만하도다"라는 내용이다. 여기 "거룩하다"(קָדוֹשׁ)란 말은 '구별되어 계신다'는 뜻이다. 하나님은 인간 세계와도 초월해 계시고 또 우상들과도 초월해 계시다는 뜻이다. 우리는 하나님을 인간 세계와 섞을 생각을 하지 말 것이며 세상의 우상들과 똑같으신 분으로 여기지도 말아야 할 것이다. 힌두교의 세계에서는 예수님을 자기들의 신들, 즉 3억 3천만 신들 중에 하나로 취급한다. 우리는 하나님께서 홀로 구별되어 존재하시는 분으로 알아야 할 것이다.

"거룩하시다"는 말을 세 번 반복한 것은 참으로 거룩하시다는 것을 강조하는 말이고(Knobel, Gray), 또한 성삼위일체에 대한 찬양(성부도 거룩하시고, 성자도 거룩하시며, 성령도 거룩하시다는 뜻)으로 보아야 할 것이다(Delitzsch, Lange).

"만군의 여호와여 그의 영광이 온 땅에 충만하도다"라는 말은 '하늘의 일월성신을 지으신 창조주의 영광(위대하심, 지혜, 권능)이 온 땅에 충만하다'고 외치는 말이다. 지금도 천사들은 우주 만물 안에 하나님의 영광, 즉 하나님의 엄위하심과 지혜와 권능이 충만하다고 선포하고 있다. 오늘 우리도 우주에 하나님의 영광이 충만하다고 찬양해야 할 것이다.

2) 그 환상에 대한 이사야의 반응 6:4-5

천사들의 찬양 소리로 인하여 문지방의 터가 요동한 것과 성전에 연기가 충만한 현상 때문에 이사야는 이제 하나님 앞에서 자신이 죽었다고 여긴다.

하나님의 진노 앞에 누가 떨지 않을 수 있겠는가.

사 6:4. 이같이 화답하는 자의 소리로 말미암아 문지방의 터가 요동하며 성전에 연기가 충만한지라.

"이같이 화답하는 자의 소리로 말미암아"란 말은 '우렁차게 부르는 천사들의 노랫소리 때문에' 두 가지 현상이 있었다. 하나는 "문지방의 터가 요동했고", 또 하나는 "성전에 연기가 충만"했다. 문지방의 터가 요동한 것은 천사들의 소리가 우렁찼던 것을 보여준다. 그리고 성전에 연기가 충만했던 것은 백성들의 죄에 대한 하나님의 진노의 표시이다(출 33:9, Ewald, Lange, 박윤선). 출 19:18; 왕상 8:10; 대하 5:13; 시 18:8; 겔 10:4). 하나님의 이 현림(現臨)이 진노의 표가 된다는 것을 9-10절이 증명한다. 9-10절에서 이사야가 하나님의 보내심을 받아 말씀을 전했는데 백성들은 그것을 받지 않아 멸망을 받고야 마는 것을 볼 수 있다.

사 6:5. 그 때에 내가 말하되 화로다 나여 망하게 되었도다 나는 입술이 부정한 사람이요 나는 입술이 부정한 백성 중에 거주하면서 만군의 여호와이신 왕을 뵈었음이로다 하였더라.

그 때에 내가 부르짖기를 "재앙이 나에게 미쳤구나! 이제 나는 죽게 되었구나! 나는 입술이 부정한 사람인데 또 입술이 부정한 백성 가운데 살고 있으면서, 왕이신 만군의 주님을 만나 뵙게 되었구나!"라고 외쳤다.

여기 "화로다 나여! 망하게 되었다"고 외치게 된 것은 이사야가 "하나님을 본 자는 죽는다"는 사실을 잘 알기에 이렇게 외친 것이었다(창 32:30; 출 33:20; 6:22; 13:22). 이사야는 지금까지 백성의 죄를 지적하고 저들에게 화를 선언했으나(3:9, 11; 5:8, 11, 18, 20, 21, 22) 이제는 자신이 망하게 된 것을 알고 고백한 것이다. 죄를 자백하고 구원 받는 과정에서 먼저 자신의 죄를 해결 받지 않고는 남에게 죄를 해결하라고 외칠 수가 없는 것이다.

"나는 입술이 부정한 사람이요 나는 입술이 부정한 백성 중에 거주하면서 만군의 여호와이신 왕을 뵈었음이로다"라고 외친다. 입술의 죄는 다른 모든 죄를 대표한다. 우리 입술의 죄란 마음의 생각을 드러내는 것이기 때문이다 (마 15:18). 여기 이사야는 자기의 죄와 백성의 죄를 고백한다. 이사야는 부정한 백성 중에 살면서 자기도 그들과 다를 것이 없는 죄인임을 깨닫고 고백한다.

3) 이사야가 사죄를 받다 6:6-7

이사야가 백성들 중에 거하면서 저지른 자신의 죄를 고백했을 때 스랍 중의 하나가 이사야를 찾아와서 번제단에서 취한 핀 숯으로 그의 입술을 지져 죄를 제거해 주는 것을 경험한다.

사 6:6. 그 때에 그 스랍 중의 하나가 부젓가락으로 제단에서 집은 바 핀 숯을 손에 가지고 내게로 날아와서.

그 때에 스랍들 가운데서 하나가, 번제단(제물을 잡는 단)에서 타고 있던 숯을, 불집게로 집어, 손에 들고 내 쪽으로 날아와서 다음 절과 같이 말해주었다. 여기 핀 숯은 하늘에서 내려온 것이니 인적 사역이 아닌 신적 사역을 말하는 것이다.

사 6:7. 그것을 내 입술에 대며 이르되 보라 이것이 네 입에 닿았으니 네 악이 제하여졌고 네 죄가 사하여졌느니라 하더라.

본 절은 스랍이 하는 말이다. 즉, 그것을 나(이사야)의 입술에 대며 말하기를 이것이 너(이사야)의 입술에 닿았으니, 너의 악은 사라지고, 너의 죄는 사해졌다고 말한다.

"그것을 나의 입술에 댔으니"란 말은 '핀 숯을 부정한 이사야의 입술에 대어 정결하게 했다'는 뜻이다. 입술을 정결하게 한 것은 모든 죄를 정결하게 한 것을 의미한다. 핀 숯을 이사야의 입술에 대고 스랍은 말하기를 "네 악이 제하여졌고 네 죄가 사하여졌느니라"고 선언한다. 입술의 죄가 정결하게 된 것은 모든 죄가 정결하게 된 것을 뜻한다는 것이었다.

4) 그를 위임하다 6:8-9a

이사야가 죄를 사함 받은 후 하나님은 이사야를 전도자로 보내신다.

사 6:8. 내가 또 주의 목소리를 들으니 주께서 이르시되 내가 누구를 보내며 누가 우리를 위하여 갈꼬 하시니 그 때에 내가 이르되 내가 여기 있나이다 나를 보내소서 하였더니.

그 때에 나는 주님께서 말씀하시는 음성을 들었다. 내(주님)가 누구를 보낼까? 누가 우리를 대신하여 갈 것인가 라고 말씀하신다. 그때 내(이사야)가 아뢰었다. "제(이사야)가 여기에 있습니다. 저를 보내어 주십시오"라고 아뢴다.

주님은 사죄를 받은 사람을 보내신다. 우리는 주님의 음성이 있을 때 얼른 지원해야 한다. "나를 보내주소서"하고 말씀드려야 한다. 여기 "누가 우리를 위하여 갈꼬"라는 질문의 우리는 성삼위일체 하나님을 위하여 갈 것인가 하고 부르신 것(Calvin, Rawlinson, 이상근)으로 보는 것이 바를 것이다.

사 6:9a. 여호와께서 이르시되 가서 이 백성에게 이르기를.

이사야가 사죄를 받고 자신을 보내달라고 요청했을 때 주님께서는 이렇게 말씀하신다. "너는 가거라" 하셨다. 오늘 우리도 주님의 보냄을 받아야 할 것이다.

5) 그의 메시지 6:9b-13

이사야의 메시지는 하나님께서 말하라고 한 그대로의 메시지였다.

사 6:9b-10. 너희가 듣기는 들어도 깨닫지 못할 것이요 보기는 보아도 알지 못하리라 하여 이 백성의 마음을 둔하게 하며 그들의 귀가 막히고 그들의 눈이 감기게 하라 염려하건대 그들이 눈으로 보고 귀로 듣고 마음으로 깨닫고 다시 돌아와 고침을 받을까 하노라 하시기로.

9절 하반절과 10절은 주님께서 이사야에게 전하라고 하신 메시지 내용이다. 즉, "너희가 듣기는 늘 들어라. 그러나 깨닫지는 못한다. 너희가 보기는 늘 보아라. 그러나 알지는 못한다 하고 일러라. 너는 이 백성의 마음을 둔하게 하여라. 그들의 귀가 막히고, 그들의 눈이 감기게 하라. 그리하여 그들이 볼 수 없고, 들을 수 없고 또 마음으로 깨달을 수 없게 만들어라. 그들이 보고 듣고 깨달아 내게로 돌이켜서 고침을 받게 될까 걱정이다"라고 하신다.

여기 "듣기는 들어도 깨닫지 못할 것이요 보기는 보아도 알지 못하리라"(keep on hearing, but do not understand; keep on seeing, but do not perceive-ESV)는 말은 '들을 기회가 있을 때에 계속해서 들어도 깨닫지 못할 것이요, 계속해서 보아도 알지 못하리라'는 뜻으로 그들은 들어도 깨닫지 못하고, 볼 때에 보아도 알지 못한다는 뜻이다. 다시 말해 그들 이스라엘 백성들에게는 충분한 기회가 주어졌지만 그들은 도무지 회개하지 않았다는 뜻이다. 이스라엘 백성들은 들으나 마나, 보나 마나 알지도 못하고 깨닫지도 못한다는 것이다. 아무튼 그들은 이래저래 알지 못하고 깨닫지 못하는 민족이라는 뜻이다. 결국 죄를 자백하지 않는 사람은 백날 들어도 알지 못하고 백날 보아도 알지 못한다는 것이다.

"이 백성의 마음을 둔하게 하며 그들의 귀가 막히고 그들의 눈이 감기게 하라"는 말은 '이 백성들의 마음이 살찌게...눈에 칠을 하게 또는 눈을 봉하게' 하라는 뜻이다. 아무튼 이스라엘 민족은 감각을 잃어버리고, 귀는 막혀 듣지 못하며, 눈은 감겨 보지 못했다는 것이다. 그런고로 이사야가 아무리 열심히 하나님의 말씀을 외쳐도 백성들은 깨닫지 못하여 전혀 반응이 없는 상태였다는 것이다. 결과적으로 이사야의 예언은 백성을 더욱 완고하게 했고, 따라서 백성들은 회개하여 하나님의 고치심을 받을 수 없게 되었다. 이스라엘 민족은 아무리 들어도 죄의식이 없는 사람들처럼 깨달음이 없었다는 것이다. 복음을 들어도 깨달음이 없는 사람만큼이나 불행한 사람은 없을 것이다.

사 6:11-12. 내가 이르되 주여 어느 때까지니이까 하였더니 주께서 대답하시되 성읍들은 황폐하여 주민이 없으며 가옥들에는 사람이 없고 이 토지는

황폐하게 되며, 여호와께서 사람들을 멀리 옮기셔서 이 땅 가운데에 황폐한 곳이 많을 때까지니라.

이사야는 주님으로부터 이스라엘 민족이 회개할 수 없는 민족이라는 음성(9b-10절)을 듣고 주님께 질문한다. 즉, 그 때에 내(이사야)가 여쭙기를 주님! 언제까지 그렇게 하실 작정이시냐고 질문하자 주님께서 이렇게 대답하신다. 성읍들이 황폐하여 주민이 없어질 때까지, 사람이 없어서(바벨론 포로가 될 것을 암시한다) 집마다 빈 집이 될 때까지, 밭마다 모두 황무지가 될 때까지 나 주(주님)가 사람들을 먼 나라로 흩어서 이 곳 땅이 온통 버려질 때까지 그렇게 하겠다고 하신다.

다시 말해 세 가지 현상이 나타날 때까지 이스라엘 민족은 회개하지 않는다는 것이다. 첫째, 성읍들에 주민이 없어질 때까지, 둘째, 사람이 다 포로로 잡혀가서 집들이 텅텅 빌 때까지, 셋째, 모든 국민들의 생계를 위하여 밭들을 경작할 사람이 없어서 황무지가 될 때까지 국민이 먼 나라로 흩어질 것(바벨론 포로가 되는 것)이라는 것이다. 왕하 24:14; 25:12, 22 참조.

사 6:13. 그 중에 십분의 일이 아직 남아 있을지라도 이것도 황폐하게 될 것이나 밤나무와 상수리나무가 베임을 당하여도 그 그루터기는 남아 있는 것 같이 거룩한 씨가 이 땅의 그루터기니라 하시더라.

주민의 십분의 일이 아직 그 땅에 남아 있다 해도, 그들도 다 불에 타 죽을 것이다. 그러나 밤나무나 상수리나무가 잘릴 때에 그루터기는 남듯이, 거룩한 씨는 남아서, 그 땅에서 그루터기가 될 것이라고 한다.

유다 민족이 거의 다 바벨론에 포로가 되고 겨우 10분의 1이 남아 있다 해도 이들도 또 멸망한다는 것이다. 바벨론 포로 때 느부갓네살 왕은 유다 땅에 빈천한(가난한) 국민을 남겨두어 그 땅이 완전히 피폐해지지 않도록 해주었는데(왕하 25:12; 렘 39:10), 그들이 그 땅에 남아서 토지를 경작하지 않고 애굽으로 도피해 가고 말았다(렘 44:11-27). 그러나 이렇게 되었다고 해도 마치 "밤나무와 상수리나무가 베임을 당하여도 그 그루터기는 남아 있어서 새싹을 틔워주는 것" 같이 "거룩한 씨가 이 땅의 그루터기(stump, 남은 밑동)"가 된다는 것이다. 밤나무와 상수리나무가 베임을 당하면 이제 끝나는 것같이 보이지만 그루터기는 남아서 새싹을 틔워주는 것처럼 모두 다 타락한 것처럼 보여도 타락하지 않은 사람들이 남아서 아브라함의 계통을 잇고 결국은 예수 그리스도를 믿는 사람들이 있다는 것이다. 바울은 엘리야 시대에 바알에게 무릎을 꿇지 않은 사람 7,000명이 있었다는 것을 근거해서 아직도 남은 자(왕하 19:18)가 있어서 구원받을 사람들이 있다는 긴 글을 썼다(롬 9-11장).

제 7 장

3. 메시아 왕국 7-12장

이 부분의 내용은 1) 임마누엘(7장), 2) 마헬살랄하스바스(8장), 3) 네 가지 이름(요약, 큰 복, 사라질 것이다, 큰 복을 가져올 자)을 가진 어린 아이(9:1-7), 4) 이스라엘의 죄(9:8-10:4), 5) 앗수르에 화 있을진저(10:5-34), 6) 이새의 줄기에서 나올 메시아의 사역(11장), 7) 장차 올 그 큰 날을 찬양하다(12장) 라는 내용으로 구성되어 있다.

이 부분(7-12장)은 1-5장에 연속하는 부분이다. 6장은 이사야가 부름 받은 것을 진술하는 삽화의 장(章)이었다. 이사야의 글의 성격상(1-35장은 심판, 40-66장은 구원) 유다의 죄를 공격한 후 메시아 왕국의 소망을 제시할 차례가 된 것이다.

ㄱ. 임마누엘 7장

아람 나라와 북이스라엘이 연합하여 남유다를 칠 때 유다 왕 아하스는 앗수르와 동맹하여 아람과 이스라엘의 연합군을 막는다. 그러나 그 행위는 다시 앗수르의 침공을 부르는 일이 되고 말았다. 이런 복잡한 국제적 격동 속에서 하나님의 임마누엘의 징조가 보인다.

7장의 내용은 1) 아람의 침략(1-9절), 2) 하나님의 임마누엘의 징조(10-16절), 3) 다시 임박한 앗수르의 침략이 닥치는 일(17-25절)로 구성된다.

1) 아람이 침공하다 7:1-9

예루살렘이 아람 나라와 북이스라엘 동맹군의 침략을 받고(1-2절), 이사야는 유다 왕 아하스에게 아람과 북이스라엘의 침략을 두려워하지 말고 여호와만 의지하여 담대하라고 권한다(3-9절).

<아하스 왕에게 삼가며 조용하라 하시다>

사 7:1. 웃시야의 손자요 요담의 아들인 유다의 아하스 왕 때에 아람의 르신 왕과 르말리야의 아들 이스라엘의 베가 왕이 올라와서 예루살렘을 쳤으나 능히 이기지 못하니라.

웃시야의 손자요 요담의 아들인 유다 왕 아하스[16]가 나라를 통치하고 있을 때 아람 왕 르신[17]과 르말리야의 아들 이스라엘 왕 베가[18]와 연합하여 예루살렘을 치려고 올라왔지만 예루살렘 도성을 정복할 수 없었다는 것이다.

아람과 이스라엘이 동맹하여 유다를 친 것은 주전 734년경이었다(왕하 16:5-9). 그들이 동맹하여 예루살렘을 친 목적은 친앗수르 파인 아하스를 폐하고 친아람 왕을 세워 아람과 이스라엘과 유다가 강력한 반앗수르 동맹을 구축하려는데 있었던 것으로 보인다(이상근).

사 7:2. 어떤 사람이 다윗의 집에 알려 이르되 아람이 에브라임과 동맹하였다 하였으므로 왕의 마음과 그의 백성의 마음이 숲이 바람에 흔들림 같이 흔들렸더라.

아람(시리아) 군대가 에브라임(이스라엘의 별명)[19]에 주둔하고 있다는 말이 다윗 왕가에 전해지자(이 때는 주전 734년경) 곧 아하스 왕의 마음과 백성의 마음이 마치 거센 바람 앞에서 요동하는 수풀처럼 흔들리게 되었다.

---

16) "아하스": 주전 742-727년간에 유다 나라를 통치했던 악한 왕이었다. 아하스는 아람 왕 르신과 르말리야의 아들 이스라엘 왕 베가와 연합하여 예루살렘을 치려고 올라왔을 때 이들을 막으려고 앗수르 왕 디글랏-빌레셀의 힘을 빌렸다. 앗수르 군대가 다메섹을 점령했을 때 그곳에 가서 우상 단의 구조와 제도를 보고 이를 예루살렘에 도입하여 섬겼다(왕하 16:5-20).

17) "아람 왕 르신": 아람(수리아의 별명) 왕 르신은 르신 2세이다. 다메섹 아람은 소바 왕 하닷에셀에게서 도망하고 솔로몬을 대적한 르신에 의해 건국되었다(왕상 11:23-25).

18) "이스라엘 왕 베가": 원래는 이스라엘의 장관이었으나 그의 상전인 므나헴의 아들, 이스라엘 왕 브가히야를 살해하고 대신 왕이 되어 20년간 나라를 통치했다. 그는 앗수르의 디글랏-빌레셀 2세의 침략을 받아 많은 국토를 잃은 후에 호세아가 반역하여 그를 죽였다.

19) "에브라임": 이는 이스라엘의 별명이다. 이런 별명이 생긴 이유는 이스라엘 10지파 중에서 에브라임이 지도적 지파였음으로 생긴 것이다. 원래는 이스라엘과 아람 사이는 적대적이었으나(왕상 15:20; 20:1-3; 22:3-36; 왕하 5:2; 6:8-24; 8:29; 10:32; 13:3), 앗수르의 위협 때문에 다 함께 위기를 만난 셈이었으므로 동맹한 것이다.

여기 아람과 이스라엘이 동맹한 이유는 다윗 왕가를 전복시키고 남유다에 그들과 동맹할 수 있는 새 왕을 세우는 것이 목적이었다. 아무튼 이런 동맹의 소식이 전해지자 남유다 왕과 백성들은 큰 공포를 느끼는 수밖에 없었다.

사 7:3. 그 때에 여호와께서 이사야에게 이르시되 너와 네 아들 스알야숩은 윗못 수도 끝 세탁자의 밭 큰 길에 나가서 아하스를 만나.

남유다 왕 아하스와 백성들이 떨고 있을 때 이사야의 사역이 시작된다. 이사야의 사역은 3-9절 사이에 나타난다. 즉, 그 때에(주전 734년경) 주님께서 이사야에게 말씀하신다. 너는 너의 아들 스알야숩(שְׁאָר יָשׁוּב)[20]을 데리고 가서, 아하스를 만나거라. 그가 '세탁자의 밭'으로 가는 길, 윗못 물 빼는 길 끝에 서 있을 것이라고 말씀해주신다.

주께서 이사야에게 "너와 네 아들 스알야숩은 윗못 수도 끝 세탁자의 밭 큰 길에 나가서 아하스를 만나라"는 명령을 하신다. 여기 "윗못"이란 말은 '예루살렘에 있는 못들 중의 하나인 위쪽에 있는 못'이라는 뜻이다. 그 윗못 수도 끝에는 세탁자들이 세탁한 것을 말리는 들이 있었고, 그곳에 큰 길이 있었다는 것이다. 히스기야 왕 때 예루살렘을 공격한 앗수르 왕 산헤립이 랍사게를 이곳으로 보내어 히스기야의 궁내 대신 만난 것을 보면 (36:1-3) 이곳이 회담하기에 아주 편리한 장소였던 것으로 보인다(Williams, Kraft). 여호와께서는 이사야에게 아하스를 만나는 회담 장소까지 지시하시면서 만나라고 하신다. 사역자는 하나님의 계시를 따라 움직이면 된다.

사 7:4. 그에게 이르기를 너는 삼가며 조용하라 르신과 아람과 르말리야의 아들이 심히 노할지라도 이들은 연기 나는 두 부지깽이 그루터기에 불과하니 두려워하지 말며 낙심하지 말라.

---

20) "스알야숩": '남은 자가 돌아오리라'는 뜻(10:21). 이사야는 이 아들의 이름을 하나님의 계시에 의해서 지었을 것이다. 이 아들의 이름의 뜻은 이사야의 예언의 초점이기도 했다. 여호와께서는 이사야에게 명령하셔서 아들을 데리고 아하스를 만나도록 명령하셨다.

여호와께서는 이사야에게 유다 왕 아하스를 만나 그에게 이르라고 하신다. 즉, 왕은 정신을 바짝 차리고, 침착하게 행동하라고 일러라. 아람의 르신과 르말리야의 아들이 크게 분노한다 해도, 그들은 타다 꺼진 두 부지깽이에서 나오는 연기에 지나지 않으니 두려워하거나 겁내지 말라고 이르라고 하신다.

"너(아하스 왕)는 삼가며 조용하라"는 말은 '두려워 말고, 하나님을 의지하여 조용하라'(출 14:14)는 뜻이다. 다시 말해 필요 없는 두려움을 가지지 말아야 하고, 하나님을 철저히 의지하여 믿음을 가지라는 말이다.

그리고 "르신과 아람과 르말리야의 아들이 심히 노할지라도 이들은 연기 나는 두 부지깽이 그루터기에 불과하다"는 말은 이 두 왕은 아무것도 아니라는 뜻이다. 이들 두 왕은 두 부지깽이에 불과하여 그루터기에서 나는 연기와 같이 쉽게 없어질 존재라는 것이다. 세상 세력은 하나님 앞에서 아무것도 아니라는 것을 말한다. 오늘도 우리는 세상 세력은 아무것도 아닌 줄 알아야 한다.

사 7:5-6. 아람과 에브라임과 르말리야의 아들이 악한 꾀로 너를 대적하여 이르기를 우리가 올라가 유다를 쳐서 그것을 쓰러뜨리고 우리를 위하여 그것을 무너뜨리고 다브엘의 아들을 그 중에 세워 왕으로 삼자 하였으나.

5-6절 말씀도 역시 이사야의 메시지이다. "아람과 에브라임과 르말리야의 아들"이란 아람 왕과 북쪽 나라 이스라엘 왕들이다. 아람(시리아) 군대가 남쪽 나라 유다의 아하스 왕에게 맞서, 에브라임 백성(북쪽 이스라엘 백성들)과 그들의 왕 르말리야의 아들과 함께 악한 계략을 꾸미면서 올라가 유다를 쳐서 겁을 주고, 자기들에게 유리하도록 유다를 흩어지게 하며, 그 곳에다가 다브엘의 아들(이 사람은 친아람적이고, 반앗수르적인 인물임에는 틀림없다)을 왕으로 세워 놓자고 한다고 이사야가 말해준다.

여기 아람 왕과 이스라엘 왕이 동맹하여 예루살렘을 침략한 목적이 분명하다. 이들 두 왕이 동방의 신흥 대제국인 앗수르를 두려워하여 반(反)앗수르 전선을 구축하여 유다 왕도 자기들 세력 속에 끌어넣으려 했으나 유다 왕

아하스가 응하지 아니함으로 유다를 침공하여 아하스를 제거하고 친아람 인물인 다브엘의 아들을 유다 왕으로 세우려 한 것이었다. 아람 왕과 이스라엘이 동맹하여 반앗수르 세력을 만들고자 했다.

사 7:7. 주 여호와의 말씀이 그 일은 서지 못하며 이루어지지 못하리라.

본 절도 역시 이사야의 말이다. 이사야의 말은 이사야의 말이 아니라 "주 여호와의 말씀"이었다. 이사야는 주 여호와의 말씀을 지금 전한다. 즉, 아람과 에브라임과 르말리야의 아들(5절)의 계략은 성공하지 못할 것이니라. 절대로 그렇게 되지 못하리라고 하신다. 세상의 모든 계획은 하나님의 허락이 없이는 절대로 성공하지 못한다는 것을 보여준다.

사 7:8-9. 대저 아람의 머리는 다메섹이요 다메섹의 머리는 르신이며 육십오년 내에 에브라임이 패망하여 다시는 나라를 이루지 못할 것이며 에브라임의 머리는 사마리아요 사마리아의 머리는 르말리야의 아들이니라 만일 너희가 굳게 믿지 아니하면 너희는 굳게 서지 못하리라 하시니라.

본 절 초두의 "대저"란 말은 '왜냐하면'이란 뜻으로 아람과 이스라엘의 도모가 성공하지 못할 것을 본 절이 전하는 것이다. 즉, 아람(시리아)의 머리는 다메섹이며, 다메섹의 머리는 르신이기 때문이다. 에브라임(북쪽 나라 이스라엘)은 육십 오년 안에 망하고, 뿔뿔이 흩어져서, 다시는 한 민족이 되지 못할 것이다(이상 8절). 에브라임의 머리는 사마리아요, 사마리아의 머리는 고작해야 르말리야의 아들이다. 만일 너희가 믿음 안에 굳게 서지 못한다면, 너희는 절대로 굳게 서지 못한다(이상 9절)고 말해준다.

여기 "아람(시리아)의 머리는 다메섹이며, 다메섹의 머리는 르신"이란 말은 아람의 수도는 "다메섹"이니 만큼 언제나 다메섹일 것이고 그 이상 더 영토를 확장해 나가지 못한다는 것이다. 그리고 "르신"은 다메섹의 머리가 될 뿐이요, 예루살렘의 머리는 될 수 없다는 뜻이다.

그리고 "에브라임(북쪽 나라 이스라엘)은 육십 오년 안에 망하고, 뿔뿔이 흩어져서, 다시는 한 민족이 되지 못할 것이라"는 말은 훗날 문자 그대로 이루어졌다. 다시 말해 이 예언의 성취는 예언을 하던 해인 아하스 2년에서 므낫세 왕 22년까지 65년이 걸렸는데(대하 33:11), 므낫세 22년에 앗수르 왕 에살핫돈이 에브라임을 침략하여 그 나라를 멸망시켰다(Usher, Delitzsch, Lange, 박윤선, 이상근). "에브라임의 머리는 사마리아요"라는 말은 그 이상 더 클 수 없다는 뜻이다.

"만일 너희가 굳게 믿지 아니하면 너희는 굳게 서지 못하리라"는 말은 유다 왕 아하스와 그의 백성이 이사야의 이 예언을 믿지 아니하면 실패를 보리라는 뜻이다. 다시 말해 이사야의 이 예언을 믿고 하나님께 귀속(歸屬)하면 장차 타국의 침해를 받지 아니하려니와 만일 그들이 이 예언을 믿지 못하고 앗수르를 믿어 그 원조를 의뢰하면 그 앗수르로 말미암아 유다가 실패 볼 것을 의미한다(박윤선).

2) 임마누엘의 징조 7:10-16

주께서 적군의 침략 앞에서 떠는 아하스 왕과 유다 백성들에게 하나님을 든든히 의지하라고 종용하였으나 별로 믿으려는 반응이 없자 이제는 임마누엘의 징조를 보이겠다고 하신다. 그 징조란 다름이 아니라 임마누엘의 징조로 동정녀가 잉태하여 아들을 낳고 그 이름을 임마누엘이라 한다는 것이다.

<임마누엘의 징조>

사 7:10. 여호와께서 또 아하스에게 말씀하여 이르시되.

주님께서 아하스에게 다시 말씀하신다. 주님께서 아하스에게 다시 말씀하시는 것은 주님의 사랑을 보여주시는 것이다. 주님께서는 아하스와 유다 백성들에게 사랑을 중단하시지 않는다.

사 7:11. 너는 네 하나님 여호와께 한 징조를 구하되 깊은 데에서든지 높은 데에서든지 구하라 하시니.

너는 주님 너의 하나님에게 징조(어떤 이적이거나 혹은 어떤 예언이거나 혹은 어떤 상징적 행위를 뜻한다)를 보여 달라고 부탁해보아라. 저 깊은 곳 스올에 있는 것이든, 혹은 저 위의 높은 곳에 있는 것이든, 무엇이든지 보여 주시라고 해보아라고 하신다.

확신을 가지기 위해서 어떤 이적, 어떤 예언, 어떤 상징적 행위를 구하라고 하신 것은 하나님의 놀라운 사랑이었다. 징조를 구하되 깊은 스올의 것이든, 혹은 천상의 것이든 구하라고 하시는 것은 하나님의 능력을 보여주시려는 것이고, 또 하나님의 사랑을 보여주시려는 것이었다.

사 7:12. 아하스가 이르되 나는 구하지 아니하겠나이다 나는 여호와를 시험하지 아니하겠나이다 한지라.

하나님께서 아하스 왕에게 표적을 구하라고 하신데 대해 아하스는 말씀드리기를 "저(아하스)는 절대로 징조를 구하지도 않고, 주님을 시험하지도 않겠습니다"라고 말씀드린다. 왜냐하면 그는 표적 구하는 것을 하나의 불신앙으로 여겼기 때문이다(출 17:17; 신 6:16). 여기서 아하스는 표면적으로 참 신앙인으로 보였으나 사실은 그와 정반대로 오히려 불신앙적 인물이었다. 아하스는 벌써 자신의 계획이 따로 있었던 것이다. 그것은 앗수르 군과 동맹하여 아람과 이스라엘의 연합군을 격퇴하려는 것이었다. 그런고로 아하스는 이사야를 통한 하나님의 징조 구함을 거절했다. 아하스의 이 태도는 하나님 앞에서 가증한 불순종의 태도였다.

사 7:13. 이사야가 이르되 다윗의 집이여 원하건대 들을지어다 너희가 사람을 괴롭히고서 그것을 작은 일로 여겨 또 나의 하나님을 괴롭히려 하느냐.

아하스가 하나님 앞에 징조를 구하지 않겠다고 말씀드리자 이사야는 "다윗 왕실은 들으시오. 다윗 왕실은 백성의 인내를 시험한 것만으로는 부족하여, 이제 하나님의 인내까지 시험해야 하겠소"라고 말한다.

"너희가 사람을 괴롭히고서 그것을 작은 일로 여겨 또 나의 하나님을 괴롭히려 하느냐"는 말은 '아하스가 이사야를 통해 주신 하나님의 제안(징조를 구하라는 제안)을 거절한 것은 먼저는 이사야를 모욕한 것이고, 나아가 하나님까지 모욕한 것이라'는 뜻이다.

여기 "그것을 작은 일로 여겨"라는 말은 '너의 보기에 작은 일로 여겨서'란 뜻이다. 그러므로 저희가 그렇게 "사람(선지자)을 괴롭게 한 것"은 작은 일이 아니라 큰 죄악이라는 뜻이다.

사 7:14. 그러므로 주께서 친히 징조를 너희에게 주실 것이라 보라 처녀가 잉태하여 아들을 낳을 것이요 그의 이름을 임마누엘이라 하리라.

문장 초두의 "그러므로"(therefore)란 말은 '아하스가 하나님의 징조를 구하지 아니하므로'란 뜻이다. 아하스가 하나님의 징조를 구하지 아니하겠다 하므로 '주님께서 친히 징조를 주실 것이라'고 하신다. "처녀가 잉태하여 아들을 낳을 것이며, 그가 그의 이름을 임마누엘이라"하실 것이다. 아하스가 하나님의 징조를 거부했으나 하나님은 그냥 아하스의 거절을 묵인하시지 않고 거의 강제로 주신다. 하나님의 강제적인 사랑을 보이신 것이다.

여기 "처녀가 잉태하여 아들을 낳을 것이며"라는 문장의 "처녀"(עַלְמָה)란 낱말이 구약에 7회가 등장하는데(창 24:43; 출 2:8; 시 68:25; 잠 30:19; 아 1:3; 6:3; 그리고 본 절), 본 절의 "처녀"(עַלְמָה)란 말에 대한 해석은 여러 가지이다. 1) 꼭 처녀를 의미하는 것이 아니라 '결혼할 수 있는 성숙한 여자'를 가리킨다는 견해(young woman-RSV, Amplified), 미국 개혁판(RSV)이 이 단어를 결혼할 수 있는 '젊은 여자'라고 번역하여 큰 물의를 일으킨 바 있었다. 2) 이사야 당시의 어떤 처녀를 지칭한다는 견해(Isenbiel, Bauer, Cube, Steudel), 그러니까 본 단어는 예수 그리스도의 모친 되신 마리아에게서 될 일을 가리킨 것이 아니라는 주장이다. 3) 여기 등장하는 "처녀"는 실제적 인물이 아니고 가상적인 인물이라는 학설이다. 그런 가상적 인물이 잉태하여 아들을 낳아 어머니 아버지를 찾을 때 즈음해서 아람과 에브라임이 패배를 당하게 될 것이라는 주장이다(Eichhorn, Paulus, Henslen, Ammon), 4) 여기 "처녀"라는 말은 히스기야 왕의 어머니를 의미했다는 견해. 그러나 이사야가 이 예언을 할 때에 히스기야는 벌써 9살이었으므로 이 학설은 성립될 수 없다. 5) 여기 "처녀"라는 말이 이사야의 아내를 지칭하였다는 견해. 그러나 이때에 이사야에게는 벌써 아들이 있었다는 것이다. 6) 마태는 여기 "처녀"라는 말을 '예수 그리스도를 잉태하실 마리아'로 지칭했다(마 1:20-25, Lowth, Gesenius, Ewald, Delitzsch, Kay, Lange). 여러 견해 중 6)번의 견해가 타당하다. 우리는 사도이면서 또 성경 기자인 마태가 "알마"를 '처녀'로 번역한 것을 간과해서는 안 될 것이다.

혹 어떤 이들은 구약에서 또 하나의 단어 "베툴라아"(בְּתוּלָה)가 처녀라는 전문 용어라고 주장하는데 "베툴라아" 보다도 "알마"(עַלְמָה)가 전문 용어라고 본다(출 2:8). 특별히 창 24장에서 리브가를 가리켜 거듭거듭 "알마"(עַלְמָה)라고 묘사했다. 우리는 헬라어로 번역된 구약, 곧 70인역에서 이 말을 "팔데노스"(처녀라는 뜻)로 번역한 사실과 마태 사도가 그 낱말을 그대로 인용한 사실에서 히브리어 알마가 처녀를 지칭하는 전문 용어로 결론내린다(박윤선).

본 절의 "그의 이름을 임마누엘이라 하리라"는 문장의 "임마누엘"이란 뜻은 마태가 번역한 것처럼 "하나님께서 우리와 함께 계심"이란 의미이다. "임마누엘"은 예수 그리스도의 신분과 사역을 대언하는 이름이다. 예수님은 신인(神人)으로 하나님께서 인간의 옷을 입으신 분이시다. 그 안에서 하나님은 인간과 같이 계시는 것이다.

사 7:15. 그가 악을 버리며 선을 택할 줄 알 때가 되면 엉긴 젖과 꿀을 먹을 것이라(He shall eat curds and honey when he knows how to refuse the evil and choose the good-ESV)**.**

그(그 아이)가 악을 거절하고 선을 택할 나이가 될 때에, 그 아이는 버터와 꿀을 먹을 것이라는 뜻이다. 본 절은 처녀가 낳은 아들이 도덕적 분별력을 가지게 될 때에 아람과 이스라엘에 패망이 올 것이라는 뜻이다.

여기 “그”라는 사람이 누구냐를 두고 해석이 갈린다. 1) 전혀 해석을 보류한 주석가들(G. Rawlinson), 2) ‘처녀가 낳은 아들(영아)’이라고만 해석하는 주석가들(호크마 주석, 이상근), 3) 동정녀 마리아에게서 태어나실 예수 그리스도를 지칭한다는 주석가들(그랜드 종합 주석). 4) 장차 오실 그리스도를 지칭하는 동시에 당시의 백성을 가리키기도 한다는 견해, 다시 말해 임마누엘 아이로 비유된 하나님 백성은 이사야 시대에도 있었다는 주장이다(박윤선). 이상 네 가지 주장 중에 4)번의 주장을 택하는 수밖에 없다. 임마누엘 아이들은 이사야 시대에나 오늘에도 존재하고 있다.

“버터와 꿀”을 먹을 것이란 말은 고급 음식을 먹을 것이란 뜻이 아니라 적군의 침략으로 농토가 피폐해져서 주민은 목축에 의해 버터를 먹고 야생의 꿀로 연명하게 될 것이란 뜻이다. 여기 버터는 우유로 만든 음식이고, 꿀은 야생의 식물인고로 두 가지 식물은 고급의 식물로 간주되었으나(신 32:13-14; 욥 20:17; 삼하 17:29), 본문의 경우 복이 아니라 저주를 묘사하는 말이다(Gesenius, Ewald, Delitzsch, Dilmann, 이상근). 즉, 적군의 침입으로 농토가 황폐하게 되고 주민은 겨우 목축에 의해 버터를 먹게 되고 야생의 꿀로 연명하게 된다는 뜻이다.

사 7:16. 대저 이 아이가 악을 버리며 선을 택할 줄 알기 전에 네가 미워하는 두 왕의 땅이 황폐하게 되리라.

본 절 초두의 “대저”(for)라는 말은 ‘왜냐하면’이라는 뜻의 접속사이다. 그러니까 본 절의 뜻은 일이 15절처럼 되는 이유는 “이 아이(임마누엘 아이로 비유된 하나님 백성)가 악을 버리며 선을 택할 줄 알기 전에 네(아하스)가 미워하는 두 왕의 땅이 황폐하게 될 것이기” 때문이라는 것이다. 그 아이(임마누엘 아이로 비유된 하나님 백성)가 잘못된 것을 거절하고 옳은 것을 선택할 나이가 되기 전에 아하스 왕께서 미워하는 저 두 왕(아람 왕 르신과 이스라엘 왕 베가)의 땅이 황무지가 될 것이란 것이다. 두 왕의 침략을 받은 유다 왕 아하스는 주전 732년 혹은 731년에 다메섹을 침략하여 르신을 죽이고 아람 왕국을 망하게 했으며 북이스라엘을 공격해서 많은 국토를 잃게 했다(왕하 15:29; 16:5-9). 히스기야가 아하스를 만난 것이 주전 734년경이었으니 불과 수년 내에 두 왕이 모두 망하고 만 것이다.

3) 앗수르의 침공이 임박하다 7:17-25

이사야는 하나님을 불신앙하는 아하스에게 이미 경고했으나(13절) 여기 다시 크게 경고한다. 그 이유는 아람과 이스라엘 두 나라를 멸한 앗수르 군대가 계속 진군하여 유다를 공격하기 때문이다. 그들은 벌 같은 존재요(17-19절), 유다의 국토를 황폐하게 할 삭도(削刀) 같은 존재였으며(20절), 그 때에 주민들은 버터와 꿀로 겨우 연명하고(21-22절), 결국 국토는 황폐되어 질려와 형극이 나는 것이다(23-25절).

사 7:17. 여호와께서 에브라임이 유다를 떠날 때부터 당하여 보지 못한 날을 너와 네 백성과 네 아버지 집에 임하게 하시리니 곧 앗수르 왕이 오는 날이니라.

이사야는 "에브라임이 유다를 떠날 때로부터 지금까지, 유다 백성이 겪어 본 적이 없는 재난을 주님께서 임금님과 임금님의 백성과 임금님의 아버지 집안에 내리실 것이오. 주님께서 앗수르의 왕을 불러들이실 것이오"라고 말한다. 그 앗수르 왕은 아하스가 하나님 대신에 의뢰했던 군대였다. 주님께서 아하스 왕을 불러들이신 것은 아하스 왕이 하나님을 의지하라는 이사야의 권면을 거절했던 불신앙에 대한 형벌이었다. 오늘도 누구든지 하나님을 의지하지 않으면 별수 없이 형벌을 만나게 된다.

사 7:18-19. 그 날에는 여호와께서 애굽 하수에서 먼 곳의 파리와 앗수르 땅의 벌을 부르시리니 다 와서 거친 골짜기와 바위 틈과 가시나무 울타리와 모든 초장에 앉으리라.

18-19절은 17절을 더 구체적으로 설명한다. 불신앙하는 아하스 왕에게는 여호와께서 재난을 불러들이신다. 즉, 그 날에 주님께서 휘파람을 불어 애굽

의 나일 강 끝에 있는 파리 떼를 부르시며, 앗수르 땅에 있는 벌 떼를 부르실 것이오(이상은 18절 말씀). 그러면 그것들이 모두 몰려와서 거친 골짜기와 바위 틈, 모든 가시덤불과 모든 풀밭에 내려앉을 것이오(이상은 19절 말씀이다) 라고 말한다.

애굽 군과 앗수르 군은 교대해서 성지를 침략해서 유린했다. 유다 왕국 최후의 왕이었던 요시야 왕 때 애굽의 바로 느고 군대가 유다에 침입해서 므깃도에서 요시야가 전사했다. 앗수르 군대는 히스기야 왕 때 예루살렘에 침입하여 포위했고(36-37장) 그 후에도 앗수르 군대와 바벨론 군대는 유다의 큰 위협이 되었다.

사 7:20. 그 날에는 주께서 하수 저쪽에서 세내어 온 삭도 곧 앗수르 왕으로 네 백성의 머리 털과 발 털을 미실 것이요 수염도 깎으시리라.

바로 "그 날에(18절) 주님께서 유브라데 강 건너 저편에서 빌려 온 삭도(면도칼), 곧 앗수르 왕을 시켜서 당신들(유다인들)의 머리 털과 발 털을 미실 것이요, 또한 수염도 밀어 버리실 것이오"라고 경고한다.

여기 앗수르 왕을 "하수 저쪽에서 세내어 온 삭도"라고 묘사한 것은 '유다 왕 아하스가 북쪽 이스라엘을 막기 위해 돈을 주고 앗수르를 불러들여 이스라엘을 막았기 때문에 생긴 말이다. 우리는 아무리 급해도 세상 세력을 의지할 생각을 해서는 안 될 것이다.

그리고 "머리 털과 발 털을 미실 것"이란 말은 '무기력하게 만들 것이란' 뜻이고, "수염도 밀어 버리실 것"이란 말은 '욕되게 만든다'는 묘사이다(삼하 10:4-5). 세상 세력을 의지하면 참으로 부끄럽게 된다는 것을 보여준다. 우리는 세상 그 어떤 세력보다 상상 할 수 없이 위대하신 하나님만 의지해야 한다.

사 7:21-22. 그 날에는 사람이 한 어린 암소와 두 양을 기르리니 그것들이 내는 젖이 많으므로 엉긴 젖을 먹을 것이라 그 땅 가운데에 남아 있는 자는

엉긴 젖과 꿀을 먹으리라.

"그 날", 곧 '앗수르가 침략하는 그 날에는' 비록 한 농부가 어린 암소 한 마리와 양 두 마리밖에 기르지 못한다 해도 그것들이 내는 젖이 넉넉하여 버터를 만들어 먹을 수 있을 것이오. 그 땅에 남아 있는 사람들이 모두 버터와 꿀을 먹을 수 있을 것이라고 말한다.

21절과 22절의 말씀은 앗수르 군대가 침략하여 유다를 공격하면 나라가 피폐해져서 가난하게 될 것이란 뜻이다. 남유다인들에게 먹을 것이란 한 사람이 어린 암소와 두 양밖에 기를 수 없다는 뜻이다. 거기서 나는 젖을 먹고 사는 수밖에 없게 된다는 것이다. 우리가 세상 세력을 의지하다가는 아주 망하게 되어 양식도 변변히 먹고 살지 못하는 것이다.

사 7:23. 그 날에는 천 그루에 은 천 개의 가치가 있는 포도나무가 있던 곳마다 찔레와 가시가 날 것이라.

"그 날", 곧 '앗수르가 침략하는 그 날'에는, 은(銀) 천 냥 값이 되는 천 그루의 포도나무가 있던 곳마다, 찔레나무와 가시나무로 덮일 것이라고 말한다.

본 절은 국토가 황폐되었다는 묘사로 값비싼 포도밭에 찔레와 가시나무가 무성하게 나게 될 것이라는 뜻이다. 그러니까 은 한 개의 값이 되는 포도나무가 있던 곳마다 찔레와 가시나무가 나게 될 것이란 뜻이다. 포도나무를 경작할 사람이 없으니 포도밭이 엉망이 된다는 뜻이다. 일국의 왕이 잘못 판단하여 외국의 세력을 의지할 때, 그 나라는 쉽게 망가지게 된다.

사 7:24. 온 땅에 찔레와 가시가 있으므로 화살과 활을 가지고 그리로 갈 것이요.

온 유다 땅이 온통 찔레와 가시로 덮일 것이므로, 사람들은 화살과 활을 가지고 그리로 사냥을 떠날 것이라고 말한다.

온 유다 땅이 사냥터가 된다는 뜻이다. 찔레와 가시로 덮인 농토는 가시로 덮일 것이므로 야수 떼들이 살게 되기 때문에 사람들은 바로 그곳으로 짐승을 잡고자 살과 활을 가지고 갈 것이라는 뜻이다.

사 7:25. 보습으로 갈던 모든 산에도 찔레와 가시 때문에 두려워서 그리로 가지 못할 것이요 그 땅은 소를 풀어 놓으며 양이 밟는 곳이 되리라.

보습(쟁기 날)으로 일구던 모든 산에도 찔레나무와 가시나무가 무성하게 덮일 것이므로, 당신들은 두려워서 그리로 들어가지도 못할 것이고, 다만 소를 놓아기르며, 양이 밟고 다니는 곳이 되게 할 것이오 라고 말한다. 앗수르가 유다 나라를 침략하면 유다 사람이 죽어 농토를 경작할 사람이 없어서 농토가 황폐하여 찔레나무나 가시들이 자라기 때문에 사람들이 그 땅에 가지 못하고 그 땅은 소나 먹이고 양이나 먹이는 곳이 될 것이다. 아하스 한 지도자의 실수로 나라가 외국 군대의 침입을 받아 황폐해져서 살 수 없는 곳이 되는 것이다.

제 8 장

ㄴ. 마헬살랄하스바스 8장

이사야는 아들을 낳고 그 아들의 이름을 여호와의 말씀대로 마헬살랄하스바스라 부른다. 마헬살랄하스바스란 이름은 "노략이 속하다"는 뜻으로 이사야는 앗수르 군대의 침입을 예언한다(1-8절). 그러나 여호와를 대적하며 그의 백성을 위협하는 모든 적들은 패망할 것을 선언한다(9-10절). 그런고로 하나님의 선민들은 두려워말고, 여호와를 의뢰해야 할 것이다(11-15절). 유다 왕과 백성들이 이사야의 예언을 배격하는 현실에서 이사야는 증거의 말씀을 싸매어 봉하고 오직 여호와를 기다리며 앙망한다(16-18절). 한편 백성들은 미신에 빠져서(19-20절), 흑암 중에 헤맨다(21-22절).

1) 앗수르 군대가 침입하다 8:1-8

이사야는 자기의 아내와 더불어 남자 아이를 낳고 그 이름을 마헬살랄하스바스라 이름 짓는다. 마헬살랄하스바스라 이름 지은 이유는 이 아이가 내 아빠 내 엄마라고 부를 줄 알기 전에 다메섹의 재물과 사마리아의 노략물이 앗수르 왕 앞에 옮겨질 것이기 때문이라는 것이다.

<이사야의 아들>

사 8:1. 여호와께서 내게 이르시되 너는 큰 서판을 가지고 그 위에 통용 문자로 마헬살랄하스바스라 쓰라.

주님께서 나에게 말씀하시기를 너(이사야)는 큰 서판(여러 사람들에게 보이기 위해 공적 장소에 계시되는 게시판)을 가지고 와서, 그 위에 두루 쓰는 글자(누구든지 읽을 수 있는 일반 문자)로 마헬살랄하스바스 라고 쓰라고 하신다. 여기 "마헬살랄하스바스"(מַהֵר שָׁלָל חָשׁ בַּז)란 '탈취는 급히, 약탈은 속히'라는 뜻으로 앗수르 군대가 속히 침략하여 탈취하고, 약탈한다는 예언이다. 이 예언은 앗수르가 불원한 장래에 다메섹과 사마리아를 노략하게 될 것이라는 예언이다. 큰 서판에 새긴 마헬살랄하스바스라는 이 이름은 사람들의 호기심과 관심을 끌기에 충분했을 것이다.

사 8:2. 내가 진실한 증인 제사장 우리야와 여베레기야의 아들 스가랴를 불러 증언하게 하리라 하시더니.

내(주님)가 진실한 증인 우리야 제사장과 여베레기야의 아들 스가랴를 불러 증언하게 하겠다고 하신다. 여기 "우리야 제사장"이란 유다 왕 아하스 왕 때의 제사장이었다(왕하 16:10-16). 우리야는 아하스의 우상 숭배 행동에 협조하여 다메섹 식양의 단을 만들기도 했으나 이사야를 위해 진실한 증인이 되었다. "여베레기야의 아들 스가랴"는 제사장 우리야와 같이 진실한 증인으로 간주되었다. 이 두 사람을 증인으로 삼은 이유는 서판에 예언을 쓴 자가 이사야인 사실과 또 그것을 쓴 시기에 대하여 그들로 증거 하게 하려는 것이었다.

사 8:3. 내가 내 아내를 가까이 하매 그가 임신하여 아들을 낳은지라 여호와께서 내게 이르시되 그의 이름을 마헬살랄하스바스라 하라.

그런 다음에 나는 예언자인 나의 아내를 가까이하였다. 그러자 그 예언자가 임신하여 아들을 낳았는데, 그 때에 주님께서 나에게 이렇게 말씀하셨다. 그의 이름을 마헬살랄하스바스 라고 하라고 하셨다.

여기 "내 아내"(נְבִיאָה)란 말은 '여선지자'로도 혹은 '선지자의 아내'로도 번역할 수 있으나 '여선지자'로 번역하는 것이 무흠할 듯하다. 이 칭호는 선지자의 아내나 딸들에게 흔히 적용되었다. 모세의 누이 미리암도 여선지자로 불렸다(출 15:20). "마헬살랄하스바스"라는 이름이 실제로 이사야의 아들에게 주어지지 않았고 하나의 환상이라는 주장이 있으나(Calvin), 실제로 붙여진 이름으로 보는 학자들이 있다(Gray, Rawlinson). 이 긴 이름이 이사야의 아들에게 붙여진 것은 앗수르 군대의 침입을 계속적으로 경계하기 위함이었다.

사 8:4. 이는 이 아이가 내 아빠, 내 엄마라 부를 줄 알기 전에 다메섹의 재물과 사마리아의 노략물이 앗수르 왕 앞에 옮겨질 것임이라 하시니라.

이 아이가 '아빠', '엄마'라고 부를 줄 알기도 전(세 살이 되기 전)에, 앗수르 왕이 다메섹의 아람에서 빼앗은 재물과 사마리아의 이스라엘에서 빼앗은 전리품을 가져갈 것이라는 것이다. 이 예언은 문자적으로 성취되었다(7:16참조).

문장 초두에는 "이는"이라는 이유 접속사(כִּי)가 있다. 이사야의 아들 이름을 "마헬살랄하스바스"라고 지은 이유를 본 절에서 제공하고 있다. 그것은 이 아이가 '아빠', '엄마'라고 부를 줄 알기도 전에, 앗수르 왕이 다메섹에서 빼앗은 재물과 사마리아에서 빼앗은 전리품을 가져갈 것이기 때문이라는 것이다.

5-8절. 이 부분은 앗수르 군대가 유다 나라를 침입한 것을 진술한다. 아람과 이스라엘을 유린한 앗수르 군대는 유다를 침략했으나 저지를 당한다.

<앗수르 왕의 침략>

사 8:5. 여호와께서 다시 내게 말씀하여 이르시되.

주님께서 또 나(이사야)에게 말씀하신다는 것이다. 여기 "또"라는 말을 쓴 것은 본 절 바로 앞에 간격이 있던 것을 암시한다(Lange). 여호와께서 "또" 말씀하시는 것은 다름 아니라 유다 백성이 여호와를 버렸다는 것을 말씀하기 위함이고(6절), 따라서 앗수르 군대가 유다를 침략할 것을 진술하려는 것이며(7절), 그럼에도 불구하고 유다는 앗수르를 저지할 것이라는 것을 진술하려는 것이다(8절).

사 8:6. 이 백성이 천천히 흐르는 실로아 물을 버리고 르신과 르말리야의

아들을 기뻐하느니라.

이사야는 본 절에서 이 백성(유다 백성)이 고요히 흐르는 실로아 물(여호와를 지칭하는 말이다)을 버리고, 르신과 르말리야의 아들을 좋아해서 가까이 한다는 것이다.

여기 "천천히 흐르는 실로아 물"이란 예루살렘의 수원의 하나를 지칭하는데(느 3:15; 요 9:7), "실로아 물"은 예루살렘 성전 남쪽의 티로폐온 골짜기 입구에 있는 못을 지칭한다. 이 물은 길이 16m, 너비 6m, 길이 6m의 못이다(Thompson). 장막절 때는 제사장이 이 못의 물을 매일 길어 제단 서쪽에 부었다(요 7:37).

"천천히 흐르는 실로아 물"이란 하나님을 상징한다. 이스라엘 백성들은 천천히 흐르는 실로아 물 같은 하나님의 은혜를 버리고 아람과 이스라엘을 두려워했기 때문에 흉흉한 유브라데 강물 같은 앗수르 군대를 맞이하게 된 것이다. 우리는 세상에서 천천히 흐르는 물이신 여호와를 바라보고 의지해야 할 것이다.

사 8:7. 그러므로 주 내가 흉용하고 창일한 큰 하수 곧 앗수르 왕과 그의 모든 위력으로 그들을 뒤덮을 것이라 그 모든 골짜기에 차고 모든 언덕에 넘쳐.

여기 "그러므로"(therefore)란 말은 '유다 나라 사람들이 천천히 흐르는 실로아 물(여호와)을 버렸으므로'란 뜻이다. 유다인들이 여호와를 버렸으므로 나 여호와가 저 세차게 넘쳐흐르는 유브라데 강물 같은 앗수르 왕과 그의 모든 위력을 이 백성 위에 뒤덮이게 하겠다. 그 때에 그 물이 온 샛강을 뒤덮고 둑 마다 넘치게 할 것이다(예루살렘을 포위하는 것을 지칭한다)고 하신다.

사 8:8. 흘러 유다에 들어와서 가득하여 목에까지 미치리라 임마누엘이여 그가 펴는 날개가 네 땅에 가득하리라 하셨느니라.

앗수르 군대가 유다로 밀려들고 소용돌이치면서 흘러 들어와 유다를 휩쓸고, 유다의 목에까지 찰 것이다. 임마누엘(하나님께서 우리와 함께 계신다는 뜻)을 바라보는 백성들에게 하나님께서 날개를 펴셔서 이 땅을 보호하실 것이라는 뜻이다. 지금도 임마누엘 되시는 예수님을 바라보는 백성들이 계신 곳은 결코 망하지 않는다는 것이다.

2) 적들이 패망하다 8:9-15

이 부분(9-15절)은 모든 적들이 패망할 것이니(9-10절), 하나님의 선민들은 두려워말고 여호와만 의지하라고 말한다(11-15절).

<여호와께서 깨우치시다>

사 8:9. 너희 민족들아 함성을 질러 보아라 그러나 끝내 패망하리라 너희 먼 나라 백성들아 들을지니라 너희 허리를 동이라 그러나 끝내 패망하리라 너희 허리에 띠를 띠라 그러나 끝내 패망하리라.

너희 민족들아!(하나님을 대적하며 하나님의 백성인 유다를 위협하는 민족들을 지칭한다) 전쟁을 위해 함성을 질러 보려무나. 그러나 결국은 패망하고 말 것이다(아람 군대와 이스라엘 군대 그리고 앗수르 군대까지 모두 패망하고 말 것이란 뜻). 먼 나라에서 온 민족들아! 귀를 기울이고 싸울 준비를 해 보아라. 그러나 마침내 패망하고 말 것이다. 싸울 준비를 해 보아라. 그러나 마침내 패망하고 말 것이라고 말씀하신다.

사 8:10. 너희는 함께 계획하라 그러나 끝내 이루지 못하리라 말을 해 보아라 끝내 시행되지 못하리라 이는 하나님이 우리와 함께 계심이니라.

너희(아람 군대, 이스라엘 군대, 앗수르 군대)는 함께 대적하기를 계획해 보아라. 끝내 성공하지 못할 것이다. 너희는 계획(전쟁 계획)을 말해 보아라. 마침내 이루지 못할 것이다. 이유는 하나님께서 우리와 함께 계시기 때문이라고 말씀하신다. 임마누엘의 하나님은 결코 유다를 대적하여 일어나는 그 어떤 민족도 유다에게서 승리를 거두지 못하게 하실 것이란 뜻이다.

사 8:11. 여호와께서 강한 손으로 내게 알려 주시며 이 백성의 길로 가지 말 것을 내게 깨우쳐 이르시되.

주님께서 그 힘센 손으로 나를 붙잡고 알려주시며 이 백성의 길을 따라가지 말라고 나에게 경고의 말씀을 하신다.

여기 "강한 손으로 내게 알려 주시며"란 말은 '강한 손으로 나(이사야)를 잡으시고 알려 주신다'는 뜻이다(왕하 3:15; 렘 20:7; 겔 1:3; 3:14, 22). "이 백성의 길로 가지 말 것을 내게 깨우쳐 이르셨다"는 말씀은 '아하스 왕을 비롯한 불신앙의 무리들을 따라가지 말 것을 이사야에게 깨우쳐 이르셨다'는 뜻이다. 당시 아하스 왕은 여호와를 의지하지 않고 앗수르에게 예물을 보내며 그 힘으로 아람과 이스라엘의 연합군을 물리치고자 했다(왕하 16:5-9). 나라의 고관들과 지도층들도 왕을 따라 여호와를 떠나 있었다. 이런 흐름 속에서 이사야를 따르는 소수의 무리가 있었는데(8절), 여호와께서는 이 소수의 무리에게 다수 국민들의 불신앙적 길을 따르지 말라고 경고하시는 것이다.

사 8:12. 이 백성이 반역자가 있다고 말하여도 너희는 그 모든 말을 따라 반역자가 있다고 하지 말며 그들이 두려워하는 것을 너희는 두려워하지 말며 놀라지 말고.

여호와께서는 이사야를 따르는 소수의 무리에게 경고하신다. 즉, 너희(이사야의 말을 믿고 따르는 사람들)는 이 백성이 모의하는 음모(이사야를 반역자로 몰고자 하는 말)에 가담하지 말라. 그들(아하스를 따르는 불신앙의 무리)이 두려워하는 것(아람과 이스라엘의 연합군)을 두려워하지 말며, 무서워하지도 말라고 경고하신다. 나라가 어려울 때 하나님만 바라보라는 말은 이렇게 반역자 취급을 받으나 바로 그런 소수의 무리가 나라를 구하는 것이다.

사 8:13. 만군의 여호와 그를 너희가 거룩하다 하고 그를 너희가 두려워하며 무서워할 자로 삼으라.

여호와께서는 이사야와 그를 따르는 소수의 무리에게 너희는 만군의 주(하늘의 일월성신을 만드신 분) 그분만을 거룩하다(피조물들과 구별된 분)고 하여라. 그분만이 너희가 두려워할 분(경외할 분)이시고, 그분만이 너희가 무서워할 분으로 알라고 말씀하신다. 결코 세상 세력을 두려워해서는 안 될 것이다.

사 8:14. 그가 성소가 되시리라 그러나 이스라엘의 두 집에는 걸림돌과 걸려 넘어지는 반석이 되실 것이며 예루살렘 주민에게는 함정과 올무가 되시리니.

여호와는 성소(성도들의 거처가 되시고 피난처가 되신다)도 되시지만, 이스라엘의 두 집안(여호와를 떠난 두 왕가들)에게는 거치는 돌도 되시고 걸리는 바위도 되시며, 예루살렘 주민에게는 함정과 올가미도 되시느니라.

본 절의 "이스라엘의 두 집"이란 '북쪽 이스라엘과 또 남쪽의 유다 왕가'를 지칭한다. 북쪽 이스라엘은 아람과 동맹하여 유다를 공격했고 또 유다 왕가는 앗수르의 힘을 빌려 이스라엘을 막아보고자 했다. "걸림돌과 걸려 넘어지는 반석이 되실 것이라"는 말은 '여호와는 그를 떠난 불신앙자에게는 우선 걸리는 돌이 되시고 거치는 반석이 되시며 나아가 거기에 빠지게 되는 함정이 되시고 올무가 되신다'는 뜻이다. 하나님은 그를 신앙하는 자에게는 큰 피난처가 되시지만 그를 반역하는 자에게는 함정이 되고 올무가 되신다는 것이다.

사 8:15. 많은 사람들이 그로 말미암아 걸려 넘어질 것이며 부러질 것이며 덫에 걸려 잡힐 것이니라.

남 유다와 북 이스라엘의 많은 불신앙자들이 여호와에게 걸려 넘어지고 다치며 덫에 걸리듯이 걸리고 사로잡힐 것이다. 다만 소수의 남은 자가 구원을 얻을 것이다. 많은 불신자들은 넘어지고 소수의 신자들은 구원에 이를 것이다.

3) 여호와를 기다리다 8:16-22

유다 왕과 백성들이 이사야의 예언을 배격하는 현실에서 이사야는 증거의 말씀을 싸매어 봉하고 오직 여호와를 기다리며 앙망한다(16-18절). 한편 백성들은 미신에 빠져서(19-20절), 흑암 중에 헤맨다(21-22절).

<율법과 증거의 말씀을 따르라>

사 8:16. 너는 증거의 말씀을 싸매며 율법을 내 제자들 가운데에서 봉함하라.

여호와께서는 이사야에게 이 증거의 말씀을 밀봉하고 이 율법을 봉인해서 나의 제자들이 읽지 못하게 하라고 하신다. 여기 증거의 말씀이란 앗수르는 필경 패하고 유다의 남은 백성들(믿는 자들)은 구원의 소망이 있으리라는 말씀(사 7:1-8:15)을 그 때의 경건한 무리 가운데 싸매어 두라고 하신다. 여호와께서 그렇게 부탁하신 이유는 그 때의 일반 백성이 여호와의 말씀을 믿지 않았을지라도 필경 그 말씀 성취의 날은 확실히 임하기 때문이다(박윤선). 단 12:4, 9; 계 22:10 참조).

사 8:17. 이제 야곱의 집에 대하여 얼굴을 가리시는 여호와를 나는 기다리며 그를 바라보리라.

이사야는 여호와의 증거의 말씀 봉함 명령(16절)을 순종하여 이제 야곱의 집에 대하여 얼굴을 숨기시는 여호와를 나는 기다리면서 그를 바라보겠노라고 한다. 이사야는 여호와께서 구원해 주실 것을 내다 본 것이다. 우리는 여호와를 어디까지나 기다려도 부끄럽지 않은 것이다.

사 8:18. 보라 나와 및 여호와께서 내게 주신 자녀들이 이스라엘 중에 징조와 예표가 되었나니 이는 시온 산에 계신 만군의 여호와께로 말미암은 것이니라.

본 절 초두의 "보라!"라는 말씀은 본 절의 내용이 심히 중요함을 강조하는 말이다. 즉, 나 자신과 주님께서 나에게 주신 내 아이들이 여기에 있다. 나 자신과 아이들은 시온 산에 계시는 만군의 여호와께서 이스라엘에게 보여 주시는, 살아 있는 징조와 예표가 될 것이다.

"징조가 된다"는 말은 미래의 어떤 사항에 대한 어떤 이적이거나 예언 등 상징적인 표를 뜻한다(7:11 주해 참조). 다시 말해 미래의 어떤 사항에 대한 보장이 된다는 뜻이다. 그리고 "예표"란 말은 '초자연적인 원인을 지적하는 어떤 기적적인 것이거나 또는 미래에 어떤 것과 감추어진 그 자체 이상을 지시하는 예표'이다(Delitzsch). 이사야와 그의 두 아들들의 존재와 이름이 이스라엘 중에서 징조와 예표가 될 것이다. "이는 시온 산에 계신 만군의 여호와께로 말미암은 것이니라"는 말은 이사야의 두 아들이 징조와 예표가 된 것은 우연에 의해 된 것이 아니라 시온 산에 계신 임마누엘의 하나님에 의해서 된 일이라는 것이다. 놀라운 격려의 말씀이다.

사 8:19. 어떤 사람이 너희에게 말하기를 주절거리며 속살거리는 신접한 자와 마술사에게 물으라 하거든 백성이 자기 하나님께 구할 것이 아니냐 산 자를 위하여 죽은 자에게 구하겠느냐 하라.

그런데도 사람들이 너희에게 말하기를 속살거리며 중얼거리는(신접한 자와 무당의 행동을 묘사하는 말) 신접한 자와 무당에게 물어 보아라. 산 자의 문제에 교훈과 지시를 받으려면 죽은 자에게 물어 보아야 한다고 말하거든 여호와의 백성들은 마땅히 하나님께 구하는 것이 마땅하지 아니하냐. 산자를 위하여 죽은 자에게 구하겠느냐고 질책하라는 것이다. 우리는 죽은 자들에게 물어보라고 말하는 사람을 만나면 엄히 꾸짖어야 할 것이다. 우리는 전적으로 하나님께 물어야 한다.

사 8:20. 마땅히 율법과 증거의 말씀을 따를지니 그들이 말하는 바가 이 말씀에 맞지 아니하면 그들이 정녕 아침 빛을 보지 못하고.

이사야를 따르는 사람들은 마땅히 율법과 증거의 말씀을 따라야 마땅하다는 것이다. 불신앙의 무리들이 신접한 자와 마술사를 따르는 현실에서 신앙인들은 오직 율법과 증거의 말씀을 따라야 한다는 것이다. 그러나 "그들", 곧 '불신의 유다 왕과 유다 백성들'이 "말하는 바가 율법과 증거의 말씀에 맞지 아니한다면 틀림없이 빛이 없는 세상에서 헤매며 비참하게 될 것이다.

사 8:21-22. 이 땅으로 헤매며 곤고하며 굶주릴 것이라 그가 굶주릴 때에 격분하여 자기의 왕과 자기의 하나님을 저주할 것이며 위를 쳐다보거나 땅을 굽어보아도 환난과 흑암과 고통의 흑암뿐이리니 그들이 심한 흑암 가운데로 쫓겨 들어가리라.

21절과 22절은 20절을 해석하는 부분이다. 여호와를 신앙하지 않는 무리가 적의 공격을 받아 자기들의 거처를 떠나 왕과 하나님을 저주하면서 황폐한 국토를 방황하면서 비참한 삶을 살게 된다는 내용이다. 즉, 그들은 괴로움과 굶주림으로 이 땅을 헤매며 지낼 것이다. 그리고 굶주리고 분노한 나머지, 위를 쳐다보며 왕과 신들을 저주하며 살 것이다(이상 21절). 그런 다음에 땅을 내려다보겠지만, 보이는 것은 다만 고통과 흑암, 무서운 절망뿐일 것이니, 마침내 그들은 짙은 흑암 속에 떨어져서 빠져 나오지 못할 것이다.

21절의 "자기의 왕과 자기의 하나님을 저주할 것이라"는 말은 자기들의 환난의 근원을 위에 있는 왕과 하나님으로 생각하여 왕과 하나님을 저주하면서 살 것이란 뜻이다. 실제 환난의 근원은 각자 자기 자신에게 있는 것이다.

21절의 "위를 쳐다보거나" 22절의 "땅을 굽어보아도"란 말은 어디를 보아도 '환난과 흑암과 고통의 흑암뿐'이라는 것이다. 죄가 있는 곳에 모두다 절망이고 비참이라는 것이다.

제 9 장

ㄷ. 메시아 왕국 예언 9:1-7

본서는 심판(1-35장)과 구원(40-66장)으로 양분되어 있는데 심판을 진술하는 부분에서도 구원의 메시지는 간헐적으로 주어진다(4:2-6; 7:14; 9:17; 11장, 12장, 25-27장, 32-35장). 본장 1-7절에서도 구원의 메시지가 등장한다. 이스라엘의 흑암과 고난은 메시아의 탄생에서 끝나게 되는 것을 진술한다. 이 부분(9:1-7)은 7:14의 진술보다 메시아 진술이 더 구체적이다. 이 부분에서는 메시아의 이름(기묘자, 모사, 전능하신 하나님, 영존하시는 아버지, 평강의 왕) 까지 등장한다.

1) 요약 9:1

1절에서는 메시아가 등장하심으로 이스라엘의 고난이 끝나는 것을 말한다.

<평강의 왕>

사 9:1. 전에 고통 받던 자들에게는 흑암이 없으리로다 옛적에는 여호와께서 스불론 땅과 납달리 땅이 멸시를 당하게 하셨더니 후에는 해변 길과 요단 저쪽 이방의 갈릴리를 영화롭게 하셨느니라.

어둠 속에서 고통 받던 백성들에게 어둠이 걷혀질 날이 올 것이다. 옛적에는 주님께서 스불론 땅과 납달리 땅으로 멸시를 받게 버려두셨으나, 후에는 주님께서 서쪽 지중해로부터 요단 강 동쪽 지역에 이르기까지, 그리고 이방 사람이 살고 있는 갈릴리 지역까지 이 모든 지역을 영화롭게 하실 것이다.

본 절은 대구법(對句法)으로 되어 있다. "고통을 받던 자들"과 "흑암이 없는 백성들"이 대구(對句)이고, "스불론 땅[21] 및 납달리 땅[22]"과 "해변 길[23] 및 요단 저쪽[24] 이방의 갈릴리"[25]라는 말이 대구로 되어 있다. 이렇게 대구가 생긴 이유는 메시아가 등장하실 것이기 때문이다. 메시아가 등장하시는 곳마다 서로 상반되는 일이 발생한다.

2) 큰 복 9:2-3

1절은 메시아가 등장하심으로 이스라엘의 고난이 끝나게 되었다는 것을 말하고, 2-3절은 큰 복이 임하는 것을 진술한다. 그 큰 복이란 어두움에 살던 백성들이 큰 빛을 보게 되었다는 것이고(2절), 이스라엘이 창성하게 되고, 즐거움이 찾아 왔다(3절)는 것이다.

사 9:2. 흑암에 행하던 백성이 큰 빛을 보고 사망의 그늘진 땅에 거주하던 자에게 빛이 비치도다.

어둠 속에서 방황하던 백성이 큰 빛을 보게 되었고, 죽음의 그늘진 땅에 거주하던 사람들에게 빛이 비쳤다는 것이다.

메시아는 세상의 빛이시고(요 8:12), 각 사람에게 비취는 참 빛이시다(요 1:9). 빛은 몇 가지 특성을 가지고 있다. 1) 빛은 어둠을 밝혀준다. 하나님을 알지 못하던 소경으로 하여금 하나님을 알도록 만들어준다. 2) 빛은 사람을 성결하게 만든다. 복음의 말씀을 받는 자는 그 마음이 성결해진다(시 119:9). 3) 빛은 생명을 소생시킨다. 하나님의 말씀을 받는 자들은 신령한 생명이 풍성하여진다. 요 1:4 참조(박윤선). 아무튼 메시아는 우리의 영육간의 모든 문제를 해결하시는 분이시다.

---

21) "스불론 땅": 요단 강 서쪽 지역의 아래 부분 갈릴리 지방을 지칭한다.

22) "납달리 땅": 스불론의 서쪽 지역 상부 갈릴리 지방을 지칭한다. 스불론 땅과 납달리 땅 모두가 갈릴리 땅이다. 이 두 지방(스불론 땅, 납달리 땅)은 앗수르와 바벨론이 침공할 때마다 먼저 유린을 당하며 멸시를 당했다(왕하 15:29). 그리스도가 성장하신 곳은 스불론 땅이었고 나사렛이었다. 그리스도의 공생애의 본거지는 스불론과 납달리의 경계인 해변의 가버나움이었다(마 4:13-16; 9:1).

23) "해변 길": 갈릴리 바다의 해변 길을 지칭한다(Rashi, Delitzsch, Lange).

24) "요단 저쪽": 요단 강 상류 지방이면서 갈릴리 바다의 동편을 지칭한다.

25) "이방의 갈릴리": 갈릴리 지방은 이스라엘과 그 이웃 나라들 간에 영토 분쟁이 있었던 곳(수 20:7; 21:32; 왕상 9:11)으로 이방인이 많아 이렇게 불린 것이다.

본 절의 "보고"(רָאוּ)란 말은 현재 동사인데 선지자가 미래의 일을 현재의 광경을 대면하듯 말한 것이다.

사 9:3. 주께서 이 나라를 창성하게 하시며 그 즐거움을 더하게 하셨으므로 추수하는 즐거움과 탈취물을 나눌 때의 즐거움 같이 그들이 주 앞에서 즐거워하오니.

"메시아께서 이 나라를 창성하게 하셨다"는 말씀은 육적 이스라엘을 창대하게 하셨다는 뜻보다는 영적 이스라엘 신자들을 더 많게 하셨다는 뜻이다(박윤선). 그리스도로 말미암아 이렇게 교회가 왕성하게 됨에 따라서 즐거움이 많아진다는 뜻이다. 그 즐거움은 탈취물을 나눌 때의 즐거움과 풍성한 추수 때의 즐거움 같은 것이라고 말한다. 주님께서 주시는 것에 즐거워했던 것처럼 이제는 그들이 주님 앞에서 주님만으로 만족하여 충만한 즐거움을 크게 누린다.

3) 사라질 것이다 9:4-5

복음이 임하면 어깨에 무겁게 멘 멍에와 채찍과 압제자의 막대기가 사라질 것이며(4절), 어지럽게 싸우는 군인들의 신과 피 묻은 겉옷이 불에 섶과 같이 살라질 것이라(5절)는 것이다.

사 9:4. 이는 그들이 무겁게 멘 멍에와 그들의 어깨의 채찍과 그 압제자의 막대기를 주께서 꺾으시되 미디안의 날과 같이 하셨음이니이다.

본 절 초두에는 이유를 말하는 접속사 왜냐하면(כִּי)이란 말이 등장해서 전 절의 즐거움의 이유를 본 절이 제시한다. 즐거움이 임하는 이유는 주님께서 미디안을 치시던 날처럼, 그들을 내리누르던 멍에를 부수시고, 그들의 어깨를 짓누르던 통나무와 압제자의 몽둥이를 꺾으실 것이기 때문이라는 것이다. 복음은 모든 무거움을 꺾는 것이다. 메시아께서는 모든 무거운 일을 해결해 주시는 분이시다.

"미디안의 날과 같이 하셨기 때문이라"는 말은 기드온이 불과 300명을 데리고 미디안 대군을 격파한 사실과 같다는 것이다(삿 7:19-25). 여기 "미디안의 날"이 인용된 것은 그 승리가 군사력에 의하지 않고 이스라엘에게서 택한 소수의 무리에 의해 이루어진 일이기 때문이다. 이는 순전히 하나님의 은혜로 된 것을 드러내기 위함이다.

사 9:5. 어지러이 싸우는 군인들의 신과 피 묻은 겉옷이 불에 섶 같이 살라지리니(For every boot of the tramping warrior in battle tumult and every garment rolled in blood will be burned as fuel for the fire-ESV).

본 절 초두에는 이유를 말하는 접속사(yKi)가 있어 그리스도로 말미암아 모든 무거운 짐들이 없어지게 되는 이유를 본 절이 제공하고 있다. 즉, 침략자의 어지럽게 싸우는 군화들과 피 묻은 군복들이 모두 땔감이 되어서 불에 타 없어질 것이기 때문이라고 말한다. 다시 말해 그리스도께서 나타나셔서 인류의 죄를 대신하셔서 십자가에서 죽으심으로 그리스도 안에서는 전쟁이 필요가 없어져 전쟁의 도구가 필요 없으니 모두 불에 탈 것을 말씀하는 것이다(겔 39:9). 이제 어느 나라든지 그리스도로 무장하고 있으면 전쟁의 문제는 식은 죽 먹기에 지나지 않을 것이다. 지금 지구상에 남아 있는 공산주의 나라는 그리스도를 부인하기 때문에 전쟁에서 패하기 마련이다.

4) 큰 복을 가져올 자 9:6-7

사 9:6. 이는 한 아기가 우리에게 났고 한 아들을 우리에게 주신 바 되었는데 그의 어깨에는 정사를 메었고 그의 이름은 기묘자라, 모사라, 전능하신 하나님이라, 영존하시는 아버지라, 평강의 왕이라 할 것임이라.

본 절 초두에는 이유를 말하는 접속사(yKi)가 있어 본 절이 전 절의 이유를 제공함을 알게 한다. 즉, 한 아기가 우리를 위해 태어났다. 우리가 한 아들을 모셨다. 그는 우리의 통치자가 될 것이다. 그의 이름은 기묘자이시고, 모사이시며, 전능하신 하나님이시고, 영존하시는 아버지이시며, 평화의 왕이라고 불릴 것이다.

"한 아기가 우리에게 났다"라는 과거사로 묘사된 것은 앞으로 확실히 태어나실 것이기 때문에 과거사로 묘사된 것이다. 그리고 "한 아들을 우리에게 주신 바 되었다" 역시 과거사로 묘사된 것도 앞으로 확실히 우리에게 주실 것이 확실하기 때문에 과거사로 묘사된 것이다. 그리고 "그의 어깨에는 정사를 메었다"는 말은 메시아가 왕으로 그의 어깨에 지배권을 가지셨다는 뜻이다. 예수님은 지금 온 세상을 지배하고 계신다. 그래서 온 세상에 우연은 하나도 없다. 왜냐하면 모두 예수님께서 주장하고 계시기 때문이다.

예수님의 이름은 내용적으로 놀랍게도 '기묘하신 분'이시다. 예수님은 탄생에서도 기묘하신 분이심이 입증되었고, 그의 교훈에서도 기묘하심이 입증되었으며, 그의 행위에서도 기묘하심이 입증되었고, 죽음과 부활에서도 기묘하심이 나타났다. 어디 하나라도 기묘하심이 나타나지 않으심이 없는 신기한 분이시다.

또 예수님은 '모사'이시다. 예수님은 인간의 모든 문제를 위해 완전한 지혜를 가지시고 상담해주시고 인도해 주신다(11:2; 고전 1:30). 우리가 예수님에게 문제를 드리면, 그는 우리에게 완전한 지혜를 주신다.

예수님은 '전능하신 하나님'이시다. 간혹 세상 일간지에 심심치 않게 "예수는 신이신가?"라는 글이 올라온다. 수천 년 전에 답이 나온 질문인데(시 45:6; 요 1:1; 마 16:16) 아직도 그 질문들을 하고 있다. 불신의 세계에서는 영원히 그 질문을 되풀이 할 것이다.

예수님은 '영존하시는 아버지'이시다. 예수님은 영원히 존재하시는 분으로 인류를 영원으로 인도하시는 아버지로서의 사랑을 가지고 계시는 분이시다. 예수님은 주관자로서 우리에게 영생을 주신다.

예수님은 '평강의 왕'이시다. 예수님은 죄인들을 하나님과 화목하게 하시는 중보자이시다(고후 5:19). 그리고 그리스도께서는 신자들에게 평안을 주실 뿐 아니라 사람들 간에도 평강을 주시는 분이시다(살전 2:7; 5:23; 벧후 3:14). 예수님께서 재림하실 때에는 이 세상에 전쟁도 없게 하신다.

사 9:7. 그 정사와 평강의 더함이 무궁하며 또 다윗의 왕좌와 그의 나라에 군림하여 그 나라를 굳게 세우고 지금 이후로 영원히 정의와 공의로 그것을 보존하실 것이라 만군의 여호와의 열심이 이를 이루시리라.

메시아의 왕권은 점점 더 커 가고 나라의 평화도 계속해서 끝없이 이어질 것이다. 메시아가 다윗의 보좌와 왕 위에 앉아서 이제부터 영원히, 공평과 정의로 그 나라를 굳게 세우실 것이다. 만군의 여호와의 열심이 이것을 반드시 이루실 것이다.

"메시아의 정사와 평강의 더함이 무궁하다"는 말은 '메시아의 통치하심과 평강 주심은 계속해서 더해진다'는 뜻이다. 즉, 메시아의 통치하심과 평강 주심은 무궁하다는 것이다. 이런 통치와 평강은 세상 나라에서는 찾아볼 수 없고 그리스도의 영적 왕국에서만 있는 일이다.

그리고 메시아께서 "다윗의 왕위에 군림하여 굳게 세우신다"는 말씀이다. 참으로 메시아께서는 다윗의 자손으로 오셔서(삼하 7:12-16) 다윗의 왕위에 앉으셔서 그 나라를 굳게 세우실 것이다.

메시아께서는 다윗의 왕위에 앉아서 "영원히 정의와 공의로 그 나라를 보존하실 것"이다. 그리스도의 나라는 무력으로 보존되는 것이 아니고 의로써 영원히 보존되는 것이다.

위의 모든 일은 만군의 여호와(하늘의 모든 것을 창조하신 하나님)께서 그의 열심으로 이루실 것이다. 여기 "열심"이란 말은 좋은 의미의 시기심(민 5:14; 신 32:6; 전 4:4)을 가리킨다. 여호와께서는 자기의 독생자를 버리실지언정 그의 택하신 백성은 버리시지 않으신다.

ㄹ. 이스라엘의 죄 9:8-10:4

이 부분(9:8-10:4)은 북 왕국 이스라엘의 죄에 대한 여호와의 진노에 대해 진술한다. 1) 북 왕국 이스라엘의 교만 죄(9:8-12), 2) 북 왕국의 불신앙의 죄(9:13-17), 3) 북 왕국의 도덕적인 부패(9:18-21), 4) 약자를 구박한 죄(10:1-4)에 대하여 노하신 일을 지적한다. 이 부분(9:8-10:4)은 4절씩 나누어진

시(詩)문체로 되어 있고, 네 번째 절 하반절에는 "그럴지라도 여호와의 진노가 돌아서지 아니하며 그의 손이 여전히 펴져 있으리라"는 후렴구로 구성되어 있다.

1) 자만에 의해 패배 당할 것이다 9:8-12

여호와께서는 북 왕국 이스라엘의 교만 죄에 대해 노하신다는 내용이다.

<주께서 이스라엘을 벌하시리라>

사 9:8. 주께서 야곱에게 말씀을 보내시며 그것을 이스라엘에게 임하게 하셨은즉.

주님께서 야곱을 대항하여 죄를 자백하라고 말씀을 보내셨다. 그 말씀이 이스라엘 백성에게 이를 것이라고 하신다.

본 절의 "야곱"이란 말과 "이스라엘"이란 말은 동의어로 사용되어 있다. 북쪽 이스라엘에 주님께서 죄를 자백하라는 말씀을 보내셨으나 그들은 죄를 자백하지 않는다는 것이다. 그들이 죄를 자백하고 주님을 신앙했더라면 9:9-10:4의 비참한 내용은 전개되지 않았을 것이다.

사 9:9. 모든 백성 곧 에브라임과 사마리아 주민이 알 것이어늘 그들이 교만하고 완악한 마음으로 말하기를.

주님께서 북쪽 이스라엘에게 죄를 자백하라고 말씀을 보내셨으나(8절) 이스라엘은 죄를 자백하지 않았다는 것을 본 절이 말한다. 즉, 모든 백성 곧 에브라임과 사마리아 주민은 주님께서 그들을 심판하실 것을 마침내는 알게 될 터인데도, 교만하고 오만한 마음으로 서슴지 않고 다음과 말할 것이라는 것이다.

본 절의 "에브라임"이란 말은 북쪽 지파 중에서 가장 큰 지파를 말하는 것이고, "사마리아 주민"이란 북 왕국 이스라엘을 지칭하는 말이다(7:2, 5, 8-9 참조). 북쪽 이스라엘의 죄는 "교만하고 완악한 마음"을 자백하지 않은 것이다. 교만함을 자백하고 주님을 신뢰했더라면 지극히 복된 민족이 되었을 것이다.

사 9:10. 벽돌이 무너졌으나 우리는 다듬은 돌로 쌓고 뽕나무들이 찍혔으나 우리는 백향목으로 그것을 대신하리라 하는도다.

이스라엘 사람들은 벽돌집이 무너지면 다듬은 돌로 다시 쌓고, 뽕나무가 찍히면 백향목을 대신 심겠다고 말한다. 하나님께서 무너뜨리시면 자기들이 다시 쌓을 것이라고 호언장담한다는 것이다. 하나님께서 무너뜨리시면 그것이 벌인 줄 알고 얼른 죄를 자백해야 하는데 죄는 자백하지 않고 인간적인 수단으로 다시 원상복구를 하겠다는 것이다. 참으로 교만한 소리이다.

사 9:11. 그러므로 여호와께서 르신의 대적들을 일으켜 그를 치게 하시며 그의 원수들을 격동시키시리니.

이스라엘의 인간적인 교만 때문에 주님께서 그들을 치시려고 르신(아람 왕)의 적(르신이 보낸 적)을 일으키셨고 그들의 원수를 부추기셨다는 내용이다.

여기 르신이 보낸 적군은 앗수르 군대였을 것이다. 이것은 이스라엘과 동맹한 르신이 죽은 후에 그 후계자들이 앗수르와 합작하여 이스라엘을 침략할 것을 가리킬 것이다(왕하 16:9; 17:3, 박윤선).

사 9:12. 앞에는 아람 사람이요 뒤에는 블레셋 사람이라 그들이 모두 입을 벌려 이스라엘을 삼키리라 그럴지라도 여호와의 진노가 돌아서지 아니하며 그의 손이 여전히 펴져 있으리라.

이스라엘이 이렇게 침해를 당할 때에(11절) 아람 사람들도 그 원수가 되고, 블레셋 사람들도 그렇게 될 것이라는 뜻이다. 즉, 동쪽에서는 아람 사람들이 그리고 서쪽에서는 블레셋 사람들이 그 입들을 크게 벌려 이스라엘을 삼켰다. 그래도 주님께서는 진노를 풀지 않으시고, 심판을 계속하시려고 여전히 손을 펴고 계신다는 것이다. 하나님의 심판은 인간이 하나님 앞에 돌아올 때까지 계속된다.

우리가 여기서 볼 수 있는 것은 전날에 이스라엘과 친구였던 아람(사 7:1, 2)이 이제 와서는 원수가 된다는 점이다. 악한 자들의 세계에는 끝까지 친구가 되는 법이 없다. 그 원인은 그들은 각기 자기 자신을 사랑함을 최고 목적으로 생각하기 때문이다.

2) 북 왕국의 불신앙의 죄. 9:13-17

사 9:13. 그리하여도 그 백성이 자기들을 치시는 이에게로 돌아오지 아니하며 만군의 여호와를 찾지 아니하도다.

이스라엘이 자기들의 죄 때문에 하나님의 심판을 받았는데도(12-16절) 그들은 자신들을 치신 분에게로 돌아오지 않았고, 만군의 주님을 찾지도 않았다. 그들은 여전히 그들 자신의 불신앙을 고집했다. 본 절의 "만군의 여호와"란 말의 주해를 위해 1:9주해 참조.

사 9:14. 그러므로 여호와께서 하루 사이에 이스라엘 중에서 머리와 꼬리와 종려나무 가지와 갈대를 끊으시리니.

이스라엘이 자기들을 치신 자에게로 돌아오지 않으므로(13절), 주님께서 이스라엘의 머리와 꼬리, 종려나무 가지와 갈대를 하루에 자르실 것이라고 한다. 머리와 꼬리가 무엇이냐에 대해서는 다음 절(15절)에 나온다.

"종려나무 가지"는 '지위가 높고 영화로운 사람들'을 지칭하고(시 92:12; 아 7:7-8), "갈대"라는 말은 저지대에서 자라는 식물로 '서민들'을 지칭한다. 이와 같은 묘사는 19:15에 다시 보인다.

사 9:15. 그 머리는 곧 장로와 존귀한 자요 그 꼬리는 곧 거짓말을 가르치는 선지자라.

전 절의 "머리"라는 말은 '백성들의 지도자인 장로와 신분이 높은 존귀한 자'를 지칭하고, "꼬리"는 곧 '거짓말을 가르치는 선지자'라는 것이다. 거짓말을 가르치는 선지자를 꼬리라고 한 이유는 저들이 거짓말을 함으로 도덕적으로 백성들로부터 멸시와 천대를 받았기 때문이다.

사 9:16. 백성을 인도하는 자가 그들을 미혹하니 인도를 받는 자들이 멸망을 당하는도다.

본 절은 백성을 인도하는 백성의 지도자와 인도를 받는 꼬리가 함께 망한다는 내용이다(14절). 어느 나라든지 인도자가 잘못되면 인도자도 망하고 인도를 받는 사람들도 망하게 된다.

사 9:17. 이 백성이 모두 경건하지 아니하며 악을 행하며 모든 입으로 망령되이 말하니 그러므로 주께서 그들의 장정들을 기뻐하지 아니하시며 그들의 고아와 과부를 긍휼히 여기지 아니하시리라 그럴지라도 여호와의 진노가 돌아서지 아니하며 그의 손이 여전히 펴져 있으리라.

그러므로 주님께서 그들의 젊은이들에게 자비를 베풀지 않으실 것이며, 그들의 고아와 과부를 불쌍히 여기지 않으실 것이다. 그들은 모두가 불경건하여 악한 일을 하고, 입으로는 어리석은 말만 하고 있다. 그래서 주님께서는 진노를 풀지 않으시고, 심판을 계속하시려고 여전히 손을 펴고 계신다는 내용이다.

본 절 초두에는 "그러므로"(therefore)라는 말이 나온다. 전 절들(14-16절)의 북 왕국 인물들의 불신앙 때문에 여호와께서 심판을 하셔야 하는 것이다. 인도자들이나 인도를 받는 자들이나 모두 하나님을 불신앙했기 때문에 주님께서는 젊은이들을 기뻐하지 아니하시며, 고아들과 과부들에게 긍휼을 베풀지 아니하셨다.

북 왕국의 높고 낮은 백성은 "모두 경건하지 아니하며 악을 행하며 모든 입으로 망령되이 말했기" 때문에 그냥 성하게 지낼 리는 없는 사람들이었다. 오늘 우리 사회도 북 왕국 인사들 같으면 성한 채로 남아 있지 못할 것이다.

하나님은 북 왕국을 이처럼 심판하셨으나 여전히 그의 심판의 손은 펴고 계셨다. 그래서 여기서도 역시 하나님께서 심판의 손을 거두시지 않으신다는 후렴구가 나온다. 즉, "그럴지라도 여호와의 진노가 돌아서지 아니하며 그의 손이 여전히 펴져 있으리라"고 하신다. 심판을 계속 받아야 하는 나라는 참으로 비참하다.

3) 도덕적인 부패 때문에 진노가 임한다 9:18-21

사 9:18. 대저 악행은 불 타오르는 것 같으니 곧 찔레와 가시를 삼키며 빽빽한 수풀을 살라 연기가 위로 올라가게 함과 같은 것이라.

본 절은 북 왕국 이스라엘의 악행(도덕적 부패)이 하나님의 심판을 불러온다는 것을 말한다. 즉, 참으로 악행(惡行)이 불처럼 타올라서 찔레나무와 가시나무를 삼켜 버리고, 빽빽한 숲을 사르니, 이것이 연기 기둥이 되어 휘돌며 올라간다는 것이다.

본 절은 북 왕국의 악행을 산불에 비하여 묘사한다. "찔레와 가시"는 불에 타기 좋은 재료이다. 그리고 "빽빽한 수풀"도 불에 타기 좋은 재료로 일단 불에 타면 그 불의 기세는 무섭게 달아오른다. 북 왕국의 악행은 무서운 심판을 불러오기에 안성맞춤이었다.

사 9:19. 만군의 여호와의 진노로 말미암아 이 땅이 불타리니 백성은 불에 섶과 같을 것이라 사람이 자기의 형제를 아끼지 아니하며.

만군의 여호와(하늘의 일월성신을 지으신 여호와)의 진노로 말미암아 두 가지 현상이 나타난다는 것이다. 하나는 북 왕국이 불탈 것이고 또 하나는 백성은 불에 섶과 같이 탈 것이고, 사람이 자기의 형제를 아끼지 아니하고 해칠 것이라고 한다.

사 9:20. 오른쪽으로 움킬지라도 주리고 왼쪽으로 먹을지라도 배부르지 못하여 각각 자기 팔의 고기를 먹을 것이며.

만군의 여호와의 진노로 말미암아 19절과 같은 화도 있을 뿐 아니라 본 절과 같은 화도 발생한다는 것이다. 즉, 오른쪽에서 뜯어 먹어도 배가 고프고, 왼쪽에서 먹어도 배부르지 않아, 각각 제 팔뚝의 살점을 뜯어 먹을 것이라고 한다.

땅의 황폐로 인하여 굶주린 백성들은 극악한 내란 상태에 빠져 서로 공격하며 서로의 고기를 뜯어 먹어 보나 만족하지 못할 것이라는 내용이다(레 26:26; 렘 19:9). 사람들은 서로 이웃의 살을 먹으나 배부르지 못하며, 사회적 무질서는 극에 달하게 되는 것이다.

사 9:21. 므낫세는 에브라임을, 에브라임은 므낫세를 먹을 것이요 또 그들이 합하여 유다를 치리라 그럴지라도 여호와의 진노가 돌아서지 아니하며 그의 손이 여전히 펴져 있으리라.

므낫세와 에브라임 지파들은 다 같이 요셉의 자손들로 북 왕국의 지도적 지파들이었다(대상 9:3; 대하 30:1; 34:9). 이 두 지파는 서로 사이가 좋지 않아 질투했다(삼상 10:27; 삼하 20:1; 왕상 12:16; 15:27). 그런데 이들이 또 합세하여 남 왕국 유다를 치는 데는 일치단결했다(왕하 15:37; 대하 28:6-8).

북 왕국이 이처럼 여호와의 진노를 받았지만, 하나님은 그의 심판을 멈추시지 않으셨고, 계속 심판하시려고 그의 손을 펴고 계셨다. 즉, "그럴지라도 여호와의 진노가 돌아서지 아니하며 그의 손이 여전히 펴져 있으리라"는 것이다. 우리는 계속해서 심판을 받는 사람들이 되어서는 안 될 것이다.

제 10 장

4) 사회적 불의 때문에 보응의 날이 옴 10:1-4

사 10:1. 불의한 법령을 만들며 불의한 말을 기록하며.

여기 불의한 법령을 만들며 양민을 괴롭히는 법령을 제정하는 자들아, 너희에게 재앙이 닥친다는 것을 알려둔다.

여기 불의한 법령을 만드는 사람들이 누구냐를 두고 견해가 갈린다. 1) 지금까지처럼(9:8-21) 이스라엘의 법을 만드는 사람들이라는 견해(Lange, 그랜드 종합 주석, 호크마 주석), 2) 유다 나라의 재판장들과 관원들을 지칭한다는 견해(Ewald, Cheye, Leupold, 박윤선), 3) 이스라엘과 유다 나라의 재판장이나 법의 행정가 등이라는 견해(Gray, Rawlinson, 이상근)가 있는데, 위 세 가지의 견해 중에 3)번의 견해를 택한다. 이유는 문맥(10-11절)과 내용 때문이다.

이스라엘의 법을 만드는 사람들이 법을 만들어 아랫사람들(가난한 자들, 과부들, 고아들)을 불공평하게 판결하여 괴롭힌다는 것이다. 이들은 아랫사람들을 약탈하기 때문에 다음 절에서 이들에게 화가 있음이 선포된다.

사 10:2. 가난한 자를 불공평하게 판결하여 가난한 내 백성의 권리를 박탈하며 과부에게 토색하고 고아의 것을 약탈하는 자는 화 있을진저.

불의한 법령을 만들어서(1절) 가난한 자들을 불공평하게 판결하여 불쌍한 나의 백성에게서 권리를 박탈하며 과부들을 노략하고, 고아들을 약탈하는 자들(1:23; 3:13 주해 참조)에게 화가 있을 것이라는 말씀이다.

사 10:3. 벌하시는 날과 멀리서 오는 환난 때에 너희가 어떻게 하려느냐

누구에게로 도망하여 도움을 구하겠으며 너희의 영화를 어느 곳에 두려느냐.

주님께서 징벌하시는 날에, 먼 곳(앗수르나 바벨론)으로부터 주님께서 재앙을 끌어들이시는 날에, 너희가 어찌 하려느냐? 누구에게로 도망하여 도움을 구하겠으며, 너희가 영광스럽게 여겼던 그 재산을 어디에 감추어 두려느냐고 한다. 하나님의 화가 닥칠 때 그 화를 어떻게 처리하겠느냐고 묻는다.

사 10:4. 포로 된 자 아래에 구푸리며 죽임을 당한 자 아래에 엎드러질 따름이니라. 그럴지라도 여호와의 진노가 돌아서지 아니하며 그의 손이 여전히 펴져 있으리라.

너희는 포로들 밑에 깔려 밟혀서 죽음을 당하거나, 시체 더미 밑에 깔려 질식할 것이다. 기가 막힌 환난을 당하게 된다. 그럴지라도 주님께서는 진노를 풀지 않으시며 심판을 계속하시려고 여전히 손을 펴고 계신다는 말씀이다(9:12 참조).

ㅁ. 앗수르에 화 있을진저 10:5-34

이스라엘과 유다가 받아야 할 심판은 앗수르를 통해 실행되어 왔는데, 이제 심판의 도구였던 앗수르의 죄와 그 심판이 선고된다. 그들은 하나님의 뜻대로 반영하지 못하고 자기들의 뜻대로 심판을 자행했다. 그런고로 이제는 앗수르가 심판을 받게 되었다. 이 부분(5-34절)의 내용은 1) 앗수르의 죄(5-14절), 2) 앗수르가 받아야 할 벌(15-19절), 3) 이스라엘의 남은 자(20-27절), 4) 앗수르의 진군(28-34절)에 대하여 진술한다.

1) 앗수르는 특별 사명을 잘못 해석함 10:5-11

앗수르는 하나님의 특별 사명을 잘못 해석했고, 따라서 잘못 수행했다.

<하나님의 도구인 앗수르>

사 10:5. 앗수르 사람은 화 있을진저 그는 내 진노의 막대기요 그 손의 몽둥이

는 내 분노라.

하나님은 이사야를 통하여 하나님의 화를 선언하신다. 하나님은 앗수르의 사명을 깨우치신다. 즉, 앗수르는 나(하나님)의 진노를 표출하는 막대기요, 그의 손에 있는 몽둥이는 바로 나의 분노를 드러내는 몽둥이였다. 그래서 그 동안 하나님께서는 범죄한 백성들을 벌하시는 막대기로 앗수르를 사용하셨다. 그러나 앗수르는 하나님의 뜻을 벗어난 몽둥이가 되었으므로 화가 임하게 되는 것이다. 오늘날 성도들 주위에도 수많은 막대기들이 있다. 그런고로 하나님만 바라보아야 한다.

사 10:6. 내가 그를 보내어 경건하지 아니한 나라를 치게 하며 내가 그에게 명령하여 나를 노하게 한 백성을 쳐서 탈취하며 노략하게 하며 또 그들을 길거리의 진흙 같이 짓밟게 하려 하거니와.

본 절은 앗수르의 사명을 규명하고 있다. 즉, 내(하나님)가 앗수르를 경건하지 않은 민족에게 보내며, 앗수르에게 명하여 나(하나님)를 분노하게 한 백성을 치게 하며 그 백성들을 닥치는 대로 노략하게 하며 또 길거리의 진흙 같이 짓밟도록 했는데 그들은 딴 짓을 행했다(다음 절)는 것이다.

한 예를 들자면 유다 왕 히스기야 통치 14년에 앗수르가 유다를 쳤는데 앗수르의 산헤립이 유다를 침공하면서 “내가 이제 올라와서 이 땅을 벌하는 것이 여호와의 뜻이 없음이겠느냐. 여호와께서 내게 이르시기를 올라가 그 땅을 쳐서 멸하라 하셨느니라”(36:10)고 했으나, 그것은 자기들 스스로의 소리이지 결코 하나님께서 주신 사명이 아니었다.

사 10:7. 그의 뜻은 이같지 아니하며 그의 마음의 생각도 이같지 아니하고 다만 그의 마음은 허다한 나라를 파괴하며 멸절하려 하는도다.

앗수르 왕은 그렇게 할 뜻이 없었고, 마음에 그럴 생각도 품지 않았다. 오직 그의 마음속에는, 어떻게 하면 더 많은 민족들을 파괴하고, 어떻게 하면 그 민족들을 멸망하게 할까 하는 생각뿐이었다. 마음이 교만하여 자신의 힘으로 정복자가 된 줄로 착각하고 돌아다니며 파괴를 일삼았다.

사 10:8. 그가 이르기를 내 고관들은 다 왕들이 아니냐.

앗수르의 방백들은 말하기를 우리는 모두 다른 나라의 왕 수준이다. 앗수르의 방백들은 모두 다른 나라로 치면 왕들의 왕에 해당하는 것이라(36:4; 왕하 18:24; 겔 26:7)고 떠들어댔다.

사 10:9. 갈로는 갈그미스와 같지 아니하며 하맛은 아르밧과 같지 아니하며 사마리아는 다메섹과 같지 아니하냐.

본 절은 앗수르가 여러 도시들을 내세우면서 앗수르야말로 무적의 나라라는 것을 자랑한다. 즉, 갈로는 갈그미스처럼 망하지 않았느냐? 하맛도 아르밧처럼 망하지 않았느냐? 사마리아도 다메섹과 같이 망하지 않았느냐고 큰 소리를 친다.

"갈로는 갈그미스와 같지 아니하며"라는 어투는 앗수르 군대가 정복한 여섯 도시들을 북으로부터 남으로 차례로 열거하여 앗수르를 대하여 대항할 세력은 세상에 없다고 호언장담하는 어투이다(이상근).

"갈로"는 시날 땅(바벨론이 자리 잡은 땅)에 있는 도시이고(창 10:10), "갈그미스"는 유브라데 강 위쪽에 있는 도시였다. 그리고 "하맛"은 수리아의 도시인데, 오론테스(Orontes) 강가에 있던 도시였다. "아르밧"은 "하맛"에서 멀지 않은 곳에 위치해 있는 도시였다(왕하 18:34). "사마리아"는 북쪽 이스라엘의 수도였고, "다메섹"은 수리아의 수도였다. 이들 도시가 아무리 강한 도시들이라 해도 앗수르가 모두 정복할 수 있었다는 것을 호언장담하는 것이다.

사 10:10. 내 손이 이미 우상을 섬기는 나라들에 미쳤나니 그들이 조각한 신상들이 예루살렘과 사마리아의 신상들보다 뛰어났느니라(As my hand has reached to the kingdoms of the idols, whose carved images were greater than those of Jerusalem and Samaria-ESV).

내(앗수르) 손이 이미 우상을 섬기는 나라들을 점령했다. 내(앗수르) 손이 예루살렘과 사마리아가 가진 우상보다 더 많은 우상을 섬기는 왕국들을 장악하였다. 그 나라의 우상들은 예루살렘이나 사마리아의 우상들보다 나은 것들이었으므로 앗수르가 유다나 예루살렘도 쉽게 정복할 수 있다는 뜻이다. 앗수르의 교만은 극에 달한 것이었다.

사 10:11. 내가 사마리아와 그의 우상들에게 행함 같이 예루살렘과 그의 우상들에게 행하지 못하겠느냐 하는도다.

내(앗수르)가 사마리아와 그 조각한 우상들을 손에 넣은 것같이 예루살렘과 그 우상들을 내 손에 넣지 못하겠느냐고 말한다.

앗수르 왕은 자기 자신을 모든 신상 위에 유일의 신으로 생각했다. 그러나 앗수르 왕 산헤립은 예루살렘 침략에 실패했고, 니느웨에서 그의 신 니스록을 경배할 때에 그 아들들에게 살해당하고 말았다(37:36-38).

2) 조금 후에 앗수르를 내리치실 것이다 10:12-14

주님은 앗수르를 조금 더 사용하신 후에 내리치실 계획이시다.

사 10:12. 그러므로 주께서 주의 일을 시온 산과 예루살렘에 다 행하신 후에 앗수르 왕의 완악한 마음의 열매와 높은 눈의 자랑을 벌하시리라.

그러므로 주님께서 시온 산과 예루살렘에서 하실 일을 다 이루시고 말씀하실 것이다. 주께서 앗수르 왕을 벌할 것이다. 멋대로 거드름을 피우며, 모든 사람을 업신여기는 그 교만을 벌하겠다고 하신다.

앗수르 왕이 심히 교만한 것(11절)을 그냥 둘 수 없어 심판하실 것인데 당장 심판하시지 않고 앗수르를 시온 산과 예루살렘 심판에 사용하신 후에 앗수르 왕의 완악한 마음과 자랑하는 높은 눈을 벌하겠다고 하신다.

사 10:13. 그의 말에 나는 내 손의 힘과 내 지혜로 이 일을 행하였나니 나는

총명한 자라 열국의 경계선을 걷어치웠고 그들의 재물을 약탈하였으며 또 용감한 자처럼 위에 거주한 자들을 낮추었으며.

본 절과 다음 절은 앗수르 왕의 교만한 생각을 진술한다. 즉, 앗수르 왕은 말하기를 내가 민족들의 경계선을 허물어버렸고, 그들의 재물도 탈취했으며, 용맹스럽게 주민을 진압했다. 참으로 나는 현명한 사람이라고 말한다.

사 10:14. 내 손으로 열국의 재물을 얻은 것은 새의 보금자리를 얻음 같고 온 세계를 얻은 것은 내버린 알을 주움 같았으나 날개를 치거나 입을 벌리거나 지저귀는 것이 하나도 없었다 하는도다.

본 절도 역시 앗수르 왕의 교만한 생각이다. 내 손이 민족들의 재물을 새의 보금자리를 얻음 같이 움켰고, 버려진 알들을 모으듯 온 땅을 차지하였으나, 날개를 치거나, 입을 벌리거나, 소리를 내는 자가 없었다. 즉, 앗수르에게 저항하는 세력이 아무도 없었다고 말하는 것이다.

3) 앗수르는 산림 불처럼 전소될 것이다 10:15-19

주님은 앗수르의 교만 때문에 그들을 벌하시되 병든 사람처럼 만들어주시고, 불탄 사람처럼 하시겠다고 하신다.

사 10:15. 도끼가 어찌 찍는 자에게 스스로 자랑하겠으며 톱이 어찌 켜는 자에게 스스로 큰 체하겠느냐 이는 막대기가 자기를 드는 자를 움직이려 하며 몽둥이가 나무 아닌 사람을 들려 함과 같음이로다.

본 절은 앗수르의 죄에 대해 결론을 낸다. 즉, 도끼가 어찌 찍는 사람에게 뽐내겠으며, 톱이 어찌 켜는 사람에게 스스로 큰 체하겠느냐? 이것은 마치 막대기가 막대기를 잡은 사람을 움직이려 하며, 몽둥이가 나무 아닌 사람을 들어 올리려 하는 것과 같은 꼴이구나 라고 말한다. 앗수르는 하나님께서 수리아나 이스라엘, 또는 유다를 징계하시기 위해 사용한 도구일 뿐인데, 도구인 앗수르가 자신을 사용하신 하나님을 향하여 자랑한 꼴이 된 것이다.

사 10:16. 그러므로 주 만군의 여호와께서 살진 자를 파리하게 하시며 그의 영화 아래에 불이 붙는 것 같이 맹렬히 타게 하실 것이라.

문장 초두에 나오는 "그러므로"(therefore)란 말은 '앗수르가 심히 교만했으므로'란 뜻이다. 앗수르의 죄에 대한 하나님의 심판을 두 가지 모양으로 묘사한다. 하나는 건강한 자가 병들어 파리하게 되는 것이고, 또 하나는 불에 삼림이 소멸되는 것같이 되는 것이다. 다시 말해 만군의 주 하나님께서 질병을 보내어 살진 자들을 파리하게 하실 것이라 하시며, 생사람의 가슴에 불을 질러 화병에 걸려 죽게 하실 것이라고 하신다. 앗수르는 엄청난 대제국을 형성했지만, 100여년 만에 그 권력이 갑자기 꺾이므로 주전 600년에는 신바벨론에게 패망하고 말았다.

본 절의 "영화 아래에 불이 붙는 것 같이 맹렬히 타게 하실 것이라"(under his glory a burning will be kindled, like the burning of fire-ESV)는 말은 '앗수르가 대제국을 이룩하고 그 영화와 위세에 도취되어 있을 때 주님께서 그들에게 화염이 맹렬히 타게 하실 것이라'는 뜻이다.

사 10:17. 이스라엘의 빛은 불이 되고 그의 거룩하신 이는 불꽃이 되실 것이니라 하루 사이에 그의 가시와 찔레가 소멸되며.

하나님은 이스라엘의 빛이 되셔서 비추어주시고 형통하게 하시지만, 또 한편 이스라엘의 거룩하신 분은 앗수르에게는 불꽃이 되셔서 앗수르의 하류 계급인 가시나무와 찔레나무를 하루 사이(순식간)에 태워서 사르실 것이라고 하신다.

사 10:18. 그의 숲과 기름진 밭의 영광이 전부 소멸되리니 병자가 점점 쇠약하여 감 같을 것이라.

본 절은 전 절(전 절은 하류 계급이 소멸될 것을 언급한다)에 이어 앗수르의 상류 계급이 소멸될 것을 뜻한다. 즉, 그 울창한 숲과 기름진 옥토(상류층 계급)를 모조리 태워서, 폐허로 만드실 것이다. 마치 병자가 기력을 잃는 것과 같게 하실 것이라고 한다. 하나님의 행하심으로 앗수르가 순식간에 소멸될 것이라고 하신다.

사 10:19. 그의 숲에 남은 나무의 수가 희소하여 아이라도 능히 계수할 수 있으리라.

숲은 겨우 몇 그루의 나무만 남아서 어린 아이도 그 수를 기록할 수 있을 것이라고 한다. 앗수르의 처참한 멸망을 보여준다.

4) 심판 후 이스라엘의 남은 자가 돌아옴 10:20-23

앗수르가 하나님의 심판을 받은 후 이스라엘의 남은 자가 돌아온다. 이스라엘의 남은 자가 죄를 자복하고 돌아오면 아버지가 받아주신다.

<남은 자만 돌아오리라>

사 10:20. 그 날에 이스라엘의 남은 자와 야곱 족속의 피난한 자들이 다시는 자기를 친 자를 의지하지 아니하고 이스라엘의 거룩하신 이 여호와를 진실하게 의지하리니.

앗수르가 심판을 받은 날 이스라엘의 남은 자와 야곱 족속의 피난한 자들이 돌아온다. 즉, 이스라엘 가운데서 남은 사람들과 야곱 족속 가운데서 살아남은 사람들이 다시는 자기들을 친 자(앗수르)를 의뢰하지 않고, 오직 이스라엘의 거룩하신 분인 주님만을 진심으로 의지하고 돌아올 것이다. 오늘 우리는 세상을 의지하지 아니하고 우리를 도우실 여호와를 의뢰해야 할 것이다.

사 10:21. 남은 자 곧 야곱의 남은 자가 능하신 하나님께로 돌아올 것이라.

남은 사람들이 돌아올 것이다. 야곱의 자손 가운데서 남은 사람들이 전능하신 하나님께 돌아올 것이라는 것이다.

사 10:22 이스라엘이여 네 백성이 바다의 모래 같을지라도 남은 자만 돌아오

리니 넘치는 공의로 파멸이 작정되었음이라.

이스라엘아! 네 백성이 바다의 모래처럼 많다고 해도, 그들 가운데서 오직 남은 사람들만이 돌아와 구원을 얻을 것이다. 너의 파멸이 공의로운 판결에 따라서 이미 결정되었으니 말이다.

"네 백성이 바다의 모래 같다"는 말은 '하나님께서 아브라함에게 그의 자손의 수(數)가 바다의 모래같이 많을 것을 언약하셨고(창 22:17), 실제로 그 언약은 성취되었다(왕상 4:20). 그러나 죄로 인해 그 다수가 멸망을 당하고 회개한 소수의 무리만 남은 자의 무리가 된 것이다.

"넘치는 공의로 파멸이 작정되었음이라"는 말은 하나님은 백성들의 죄로 말미암아 공의를 발동하셔서 이미 이방인이나 이스라엘이나 심판하시기로 작정하신 것이다(28:22 참조). 우리는 항상 하나님 앞에서 두려워 떠는 마음, 즉 경외의 마음을 가지고 살아야 할 것이다(빌 2:12).

사 10:23. 이미 작정된 파멸을 주 만군의 여호와께서 온 세계 중에 끝까지 행하시리라.

하나님께서 이미 파멸하기로 작정하신 것을 온 세계 안에서 끝까지 강행하실 것이다. 죄를 심판하시는 것은 이미 작정하셨다. 앞서 이스라엘과 유다가 징계를 받았고, 이제는 앗수르가 멸망을 당할 것이 확실하다. 하나님은 지금도 세계 중에 그 심판을 진행하고 계신다.

5) 시온은 앗수르가 전복될 때 구원됨 10:24-27

하나님께서 유다 나라 사람들에게 앗수르의 침략을 두려워말라고 권면하신다(24절). 그 이유는 앗수르가 하나님의 권능의 심판으로 거꾸러뜨림을 당할 것이기 때문이다(25-27절).

<주께서 앗수르를 멸하시리라>

사 10:24. 그러므로 주 만군의 여호와께서 이르시되 시온에 거주하는 내 백성들아 앗수르가 애굽이 한 것처럼 막대기로 너를 때리며 몽둥이를 들어

너를 칠지라도 그를 두려워하지 말라.

본 절 초두의 "그러므로"(therefore)란 말은 '여호와께서 앗수르를 파멸할 것이기 때문에'라는 뜻이다. 그러기 때문에 시온에 사는 나의 백성들(회개한 백성들)아, 앗수르가 몽둥이를 들어 너(시온의 백성들)를 때리고, 애굽이 그랬듯이 철퇴를 들어 너(시온의 백성들)를 내리친다 하여도, 앗수르를 두려워하지 말라 하신다.

오늘날에도 죄를 자백한 백성들에게는 따뜻한 애칭(나의 백성아! 라는 애칭)과 더불어 확실한 보장의 말씀(끝까지 보살펴 주마! 란 말씀)이 끊임없이 주어진다.

사 10:25. 내가 오래지 아니하여 네게는 분을 그치고 그들은 내 진노로 멸하리라 하시도다.

본 절은 여호와께서 시온에 거주하는 하나님의 백성들(남은 백성들)에게는 분을 그치시고 앗수르 사람들은 진노로 멸망시키겠다고 하신다.

잠 24:17-18에 "원수가 넘어질 때에 즐거워하지 말고, 그가 걸려서 쓰러질 때에 마음에 기뻐하지 말라. 주님께서 이것을 보시고 좋지 않게 여기셔서, 그 노여움을 너의 원수로부터 너에게로 돌이키실까 두렵도다"라고 말씀하셨다.

사 10:26. 만군의 여호와께서 채찍을 들어 그를 치시되 오렙 바위에서 미디안을 쳐죽이신 것 같이 하실 것이며 막대기를 드시되 바다를 향하여 애굽에서 하신 것 같이 하실 것이라.

본 절은 여호와께서 채찍을 들어 앗수르를 치시는 일을 두고 두 번의 역사적 사건을 예를 들어 말씀하신다. 하나는 "오렙 바위에서 미디안(이스라엘을 침략한 미디안을 죽이신 것같이 하신다, 삿 7:25)을 쳐 죽이신 것 같이 하실 것이라"고 하시고, 또 하나는 "막대기를 드시되 바다를 향하여 홍해에서 애굽 인을 죽이신 것 같이 하실 것이라"(출 9:3-4; 14:16, 27)고 하신다. 아무튼 미디안과 애굽은 다 같이 이스라엘 위에 채찍을 가하며 압제하다가 하나님의 채찍에 맞은 나라들이다.

사 10:27. 그 날에 그의 무거운 짐이 네 어깨에서 떠나고 그의 멍에가 네 목에서 벗어지되 기름진 까닭에 멍에가 부러지리라.

그 날이 오면 주님께서 앗수르가 지워 준 무거운 짐을 너(시온에 사는 여호와의 백성들)의 어깨에서 벗기시고, 앗수르의 멍에를 너의 목에서 벗기실 것이다. 네가 살이 쪄서 멍에가 부러질 것이라는 뜻이다.

본 절의 "기름진 까닭에 멍에가 부러지리라"는 말은 "앗수르의 무거운 짐이 네 어깨에서 떠난다", "앗수르의 멍에가 네 목에서 벗어진다"는 뜻임에는 분명하나 묘사가 독특하여 살펴볼 필요가 있다. 앗수르가 유다 민족을 종 삼기 위해 멍에를 씌웠으나 유다 민족은 기름 부음을 받은 그리스도에게 속했기 때문에 그 멍에가 부러진다(박윤선, 이상근)는 뜻이라고 한다.

6) 앗수르가 진군하다 10:28-32

이 부분(28-32절)은 예루살렘을 향한 앗수르 군대가 진군하는 모습을 묘사한 것이다. 여기 거명된 지명들은 북쪽에서 남쪽을 향한 순서로 되어 있다.

<침략자들의 공격>

사 10:28. 그가 아얏에 이르러 미그론을 지나 믹마스에 그의 장비를 두고.

앗수르 왕이 리몬에서부터 올라와서 그가 아얏(대상 7:28, 예루살렘 동북쪽 50km 지점의 아이로 믿어진다, 수 7:2)에 이르러 미그론(아이에서 도보로 8분쯤 걸리는 거리에 있는 곳, 부르그 마그라 불린다)을 지나 믹마스(예루살렘 동북쪽 12km 지점이다)에다가 그의 군수품을 보관하였다. 여기 "그의 장비를 두었다"는 말은 '앗수르의 군수품을 보관했다'는 뜻이다.

사 10:29. 산을 넘어 게바에서 유숙하매 라마는 떨고 사울의 기브아는 도망하도다.

험한 산을 넘어서 게바에서 하룻밤을 묵겠다고 하니 라마 사람들은 떨었고 사울의 고향 기브아 사람들은 도망하였다는 것이다.

여기 "산"이란 말은 '믹마스 어귀'(삼상 13:23)를 뜻한다. 이는 믹마스와 게바 중간에 있는 깊은 골짜기를 이름이다. 그리고 "게바"는 '게바'(Geba) 또는 '예바'(Jeba)라는 곳으로 예루살렘 동북쪽 10km 지점의 언덕이다. 아마도 앗수르 군대는 이 언덕의 남쪽 벽을 타고 전진했을 것으로 추정한다(Gray). 그리고 "라마"는 게바와 예루살렘 사이에 있는 고을이며, 지금의 이름은 "엘람"(Er-Ram)이라 불린다. "사울의 기브아"는 '사울이 탄생한 기브아'(삼상 11:4; 15:34; 삼하 21:6)란 뜻이며, 베들레헴 남동쪽 약 12km 지점에 있고, 라마에서 예루살렘 쪽으로 3km 가깝다. 현재의 고을 이름은 '투레일 엘 풀'(Tuleil-el-Ful)이다.

사 10:30. 딸 갈림아 큰 소리로 외칠지어다 라이사야 자세히 들을지어다 가련하다 너 아나돗이여.

딸 갈림아! 큰소리로 외쳐라. 라이사야! 귀를 기울여라. 가련한 아나돗아! 대답하라는 것이다.

여기 "갈림"을 "딸"이라고 부른 것은 그곳이 아름다운 도시이기 때문이다(Barnes, 삼상 25:44). "라이사"는 예루살렘 부근에 있고, "아나돗"은 예루살렘 북쪽으로 한 시간 15분쯤 걸으면 닿는 곳이다(수 21:18).

사 10:31. 맛메나는 피난하며 게빔 주민은 도망하도다.

맛메나 사람은 도망치고 게빔 주민은 그 뒤를 따른다는 것이다. 이 두 지방에 대해서는 알려진 바가 없다. 아마도 예루살렘 북편 아나돗 사이에 있던 고을들로 보인다. 이 고을들의 주민들은 앗수르 군대가 접근함에 따라 두려워 도망한 것으로 보인다.

사 10:32. 아직 이 날에 그가 놉에서 쉬고 딸 시온 산 곧 예루살렘 산을 향하여 그 손을 흔들리로다.

바로 그 날에 벌써 앗수르 군들이 놉 마을에 들어왔다. 딸 시온 산에서, 예루살렘 성을 향하여 손을 흔들리로다.

여기 "손을 흔들다"는 말은 '예루살렘을 쉽게 정복할 수 있다'는 표시이다. 다시 말해 이제 곧 공략한다는 표시이다. 앗수르 군의 빠른 진격을 묘사하는 말이다.

7) 여호와께서 앗수르 산림을 벌목하심 10:33-34

이 부분(33-34절)은 앗수르 군대가 유다의 성읍들을 유린하고 예루살렘 바로 앞까지 진격했으나 여호와께서 앗수르 군을 도끼로 나무를 찍어 넘기듯이 멸망시키고 유다를 구원하신다는 것을 드러낸다. 예루살렘을 포위하고 유다의 하나님과 백성을 능욕하던 앗수르 군은 하룻밤 사이에 185,000명이 죽임을 당하고 물러갔다.

사 10:33. 보라 주 만군의 여호와께서 혁혁한 위력으로 그 가지를 꺾으시리니 그 장대한 자가 찍힐 것이요 그 높은 자가 낮아질 것이며.

본 절 초두에는 "보라"(behold)라는 낱말이 있어서 본 절을 아주 주의해서 살펴야 한다는 것을 말한다. 즉, 주님! 곧 만군의 여호와께서 그들을 나뭇가지 치시듯 요란하게 치실 것이니, 큰 나무들이 찍히듯, 우뚝 솟은 나무들이 쓰러지듯, 그들이 그렇게 쓰러질 것이라고 한다.

여기 "만군의 여호와"라는 말의 주해를 위해서 1:9 주해를 참조하라. "그 가지를 꺾으시리니"란 말은 여호와께서 앗수르 군대를 나뭇가지 꺾으시듯 하실 것이라는 뜻이다. 만군의 여호와께서 앗수르 군대를 멸망시키시니 "그 장대한 자가 찍히고 그 높은 자가 낮아진다"는 것이다.

사 10:34. 쇠로 그 빽빽한 숲을 베시리니 레바논이 권능 있는 자에게 베임을 당하리라.

빽빽한 삼림의 나무를 도끼로 찍듯이 앗수르 군대를 찍으실 것이다. 레바논이 전능하신 분 앞에서 쓰러질 것이다. 여기 "레바논"이란 말은 앗수르 군대를 지칭한 말인데 유다를 시온 산이라 하고(32절), 앗수르는 레바논 산이라 한 것이다. 여기 "권능 있는 자"란 '여호와 하나님'을 뜻하는데, 앗수르 군대는 여호와의 권능에 의하여 파멸될 것(사 37:36)이라고 한다.

제 11 장

ㅂ. 이새의 줄기에서 나올 메시아의 사역 11장

11장의 내용은 1) 이새의 줄기에서 나온 왕의 사역(1-9절), 2) 그 왕에게 모여드는 백성들(10-16절)이라는 내용으로 구성되어 있다.

1) 이새의 줄기에서 나온 왕 11:1-9

이새의 줄기에서 나온 왕에게는 왕의 직분을 수행할 수 있는 영이 임하실 것이고(1-3a), 왕이 일을 수행하시는 방식은 공의를 따라 일을 하실 것이며 (3b-5), 왕(메시아)께서 재림하신 후에는 자연계에서 엄청난 변화가 일어날 것이라(6-9절)고 말한다.

1-3a. 메시아에게 임하시는 영.

<평화의 나라>

사 11:1. 이새의 줄기에서 한 싹이 나며 그 뿌리에서 한 가지가 나서 결실할 것이요.

이새의 줄기에서 한 싹이 나며 그 뿌리에서 한 가지가 자라서 열매를 맺는다는 것이다.

여기 "이새"란 말은 '다윗의 아버지'를 지칭하는 말인데, "이새의 줄기"란 '다윗 왕통'을 지칭하는 말이다. 본 절의 "줄기"와 "뿌리"는 동의어로 사용되었고, "싹"이란 말과 "가지"란 말도 동의어로 사용되어 모든 낱말들이 "미천함"을 드러내어 보여주는 낱말들이다. 이런 미천한 낱말들은 예수 그리스도의 초림 사역을 묘사하기에 적합하다. 예수 그리스도가 이새의 줄기에서 나오신다는 말씀도 예수님께서 초림하실 때의 모습이 보잘 것이 없음을 말하려는 것이고 또 예수 그리스도를 "한 싹"이라 묘사한 것이나 "한 가지"로 묘사한 것도 예수 그리스도의 초림이 보잘 것이 없음을 묘사하려는 것이다.

그런데 "결실할 것이라"는 말은 예수 그리스도께서 초림 시 흠모할 만하거나 보잘 것이 없으신 분이었으나 '열매를 맺을 것'이란 말은 그냥 그대로 그렇게 없어지지 아니하시고 무럭무럭 자라 열매 맺으실 것을 지칭한다. 그는 인류의 대속을 위해서 그의 사역을 십자가 대속으로 열매 맺으실 것을 말한 것이다.

사 11:2. 그의 위에 여호와의 영 곧 지혜와 총명의 영이요 모략과 재능의 영이요 지식과 여호와를 경외하는 영이 강림하시리니.

초림하실 때, 보잘 것 없이 보이실 메시아 위에 여호와의 영(רוּחַ יְהוָה), 곧 지혜와 총명의 영이요 모략과 권능의 영이시며 지식과 주님을 경외하게 하는 영이 그에게 내려오실 것이라는 예언이다. 여기 "여호와의 영"이란 말은 '성령님'을 지칭한다. 아무리 보잘 것이 없으실 메시아이지만 완전하신 성령님이 임하시니 완전한 사역을 감당하게 되셨다. 메시아는 성령으로 기름부음을 받으시고(눅 4:18; 요 5:19), 성령으로 인치시며(요 6:27), 성령으로 옷 입으시고(눅 4:14), 충만하셨다(눅 4:1). 메시아는 성령으로 인도를 받으셨고(눅 4:1-2), 성령님을 입으신 채 십자가에서 자신을 바치셨으며(히 9:14), 성령님의 사역으로 부활하셨다(롬 8:11).

"지혜와 총명의 영"이란 말은 각각 '사물의 본성을 파악하는 능력을 밝혀주시는 영이시며, 사물의 차이를 파악하는 능력을 밝혀주시는 영'이라는 뜻이다. 그리고 "모략과 재능의 영"이란 말은 각각 '올바른 판단을 내리는 능력을 주시는 영과 올바른 판단을 수행하는 능력을 주시는 영'이란 뜻이다. 이는 그의 나라를 온전히 다스리실 메시아의 통치 능력의 충족성을 나타낸다. 다음 "지식과 여호와를 경외하는 영"이란 말은 '성령님께서 메시아로 하여금 여호와를 아는 지식을 주시고, 여호와를 경외하게 하시는 분이란 뜻으로 이러한 성령님의 능력들은 예수 그리스도께서 메시아 직분을 수행하심에 반드시 필요한 능력들이다.

사 11:3a. 그가 여호와를 경외함으로 즐거움을 삼을 것이며(And his delight shall be in the fear of the Lord-ESV).

초림하시는 주님은 여호와를 경외하는 것을 즐거움으로 삼으신다. 예수 그리스도는 오직 여호와를 경외하는 일만을 즐거움 삼으신다는 것이다. 그러니 오늘을 사는 우리도 여호와를 경외하는 것을 즐거움 삼아야 할 것이다.

3b-5. 메시아께서 일을 수행하시는 방식.

사 11:3b. 그의 눈에 보이는 대로 심판하지 아니하며 그의 귀에 들리는 대로 판단하지 아니하며.

메시아는 눈에 보이는 대로 재판하지 않으시며, 귀에 들리는 대로 판결하지 않으신다는 것이다. 메시아의 판단력은 오류와 편견을 가진 인간의 분별력과는 구별되어 완전하신 것임을 보여준다. 다시 말해 메시아께서는 인간의 내면까지 확실히 아시므로(마 9:4; 요 9:25) 사람을 외모로 판단하지 아니하신다. 메시아는 전지하시니 전지하신대로 판단하신다.

사 11:4. 공의로 가난한 자를 심판하며 정직으로 세상의 겸손한 자를 판단할 것이며 그의 입의 막대기로 세상을 치며 그의 입술의 기운으로 악인을 죽일 것이며.

본 절은 메시아의 사역 네 가지를 말씀한다. 즉, 메시아는 가난한 사람들을 공의에 따라 선정을 베푸시고(32:1), 세상에서 비천한 사람들을 바르게 판단하신다는 것이며(마 5:2-5; 눅 4:17-21), 그리고 메시아께서 하시는 말(히 4:12)은 몽둥이가 되어 잔인한 자를 치시고, 그가 내리는 선고는 사악한 자를 사형에 처하신다고 한다.

사 11:5. 공의로 그의 허리띠를 삼으며 성실로 그의 몸의 띠를 삼으리라.

본 절도 역시 메시아의 사역 두 가지를 더 말씀한다. 즉, 메시아는 정의로 허리를 동여매시고, 성실로 그의 몸의 띠를 삼으신다는 것이다. 다시 말해 메시아는 공의와 성실로 몸을 단장하신다(시 145:17; 엡 6:14). 메시아는 그를 따르는 사람들로 하여금 그의 나라가 어떤 나라임을 보여주신다. 즉, 그의 나라에는 불의와 허위가 없어지고, 오직 평화와 복으로 충만한 세상이 된다.

6-9절. 메시아께서 재림하신 후에 자연계에 일어날 변화.

사 11:6. 그 때에 이리가 어린 양과 함께 살며 표범이 어린 염소와 함께 누우며 송아지와 어린 사자와 살진 짐승이 함께 있어 어린 아이에게 끌리며.

메시아의 사역(4-5절)이 따르는 곳에는 엄청난 변화가 찾아온다. 즉, 그 때에는 이리가 어린 양과 함께 살며, 표범이 새끼 염소와 함께 누우며, 송아지와 새끼 사자와 살진 짐승이 함께 풀을 뜯고 어린 아이가 그것들을 이끌고 다닌다는 것이다. 여기 "이리", "표범", "사자"라는 짐승은 모두 맹수들이다. 그리고 "어린 양", "염소", "송아지", "어린 아이" 등은 맹수들이 공격하는 대상들이다. 메시아의 나라에서는 이 두 편이 모두 함께 살 수 있게 된다는 것이다. 맹수들이 어린 아이에게 끌린다는 말은 독기가 완전히 사라진 것을 보여주는 말씀이다.

사 11:7. 암소와 곰이 함께 먹으며 그것들의 새끼가 함께 엎드리며 사자가 소처럼 풀을 먹을 것이며.

본 절도 메시아의 사역(4-5절)이 따르는 곳에 엄청난 변화가 찾아온다는 예이다. 즉, 암소와 곰이 함께 먹으며 지내고, 그것들의 새끼가 함께 누워 지내며, 사자가 소처럼 풀을 먹는 세상이 된다는 것이다.

사 11:8. 젖 먹는 아이가 독사의 구멍에서 장난하며 젖 뗀 어린 아이가 독사의 굴에 손을 넣을 것이라.

본 절도 메시아의 사역(4-5절)이 따르는 곳에 엄청난 변화가 찾아온다는 예를 또 든다. 즉, 젖 먹는 아이가 독사의 구멍 곁에서 장난하고, 젖 뗀 아이가 독사의 굴에다가 손을 넣고 장난한다는 것이다.

독사의 독이 없어져서 이제 갓난아이가 독사의 굴속에 손을 넣고 장난쳐도 결코 위험하지 않는 아름답고 신기한 세계가 된다는 것이다.

사 11:9. 내 거룩한 산 모든 곳에서 해 됨도 없고 상함도 없을 것이니 이는 물이 바다를 덮음 같이 여호와를 아는 지식이 세상에 충만할 것임이니라.

메시아 왕국의 거룩한 산 모든 곳에서는 맹수가 맹수적인 성격을 잃어 서로 해치거나 파괴하는 일이 없게 될 것이다(35:9; 욥 5:23). 이는 물이 바다를 채우듯, 주님을 경외하는 참 지식이 땅에 충만하게 될 것이기 때문이다. 주님을 아는 지식이란 하나님을 경외하는 지식이고(잠 1:7), 여호와를 사랑하는 지식이다. 참으로 주님을 경외하고 참으로 주님을 사랑하게 되면 사람도 맹수적인 성향을 잃게 마련이다.

2) 백성들이 그 왕에게로 모여들 것이다 11:10-16

메시아 왕국은 해를 끼치지 않는 평화의 왕국(6-9절)이므로, 이제 백성들은 여러 곳에서 이 왕국으로 모인다는 것이다.

<남은 백성이 돌아오리라>

사 11:10. 그 날에 이새의 뿌리에서 한 싹이 나서 만민의 기치로 설 것이요 열방이 그에게로 돌아오리니 그가 거한 곳이 영화로우리라.

메시아가 통치하는 날이 오면, 이새의 뿌리에서 한 싹이 나서, 만민(유다인과 이방인을 총칭하는 말)의 깃발로 세워질 것이며, 민족들이 그에게로 모여들어서, 그가 있는 곳 교회(합 2:20; 마 28:20)가 영광스럽게 될 것이라는 뜻이다. 이렇게 되는 때는 신천 신지가 실현될 때일 것이다(65:17; 계 21-22장).

사 11:11. 그 날에 주께서 다시 그의 손을 펴사 그의 남은 백성을 앗수르와 애굽과 바드로스와 구스와 엘람과 시날과 하맛과 바다 섬들에서 돌아오게 하실 것이라.

메시아가 통치하시는 날이 오면, 주님께서 다시 손을 펴셔서, 그의 남은 백성들, 곧 앗수르와 애굽과 바드로스(상부 애굽)와 구스(에티오피아)와 엘람(티그리스 강 동쪽에 있는 비옥한 땅)과 시날(바벨론, 창 10:10)과 하맛(레바논 북쪽 땅)과 바다 섬들(지중해의 섬들과 해안 지방)에서 남은 자들을 자기의 소유로 삼으실 것이다. 여기 남은 백성이란 구원 받을 백성들을 지칭한다(6:13 주해 참조). 백성들이 돌아올 곳 8군데가 소개되었는데 세계 여러 곳에서 남은 자들(구원 받을 백성들)이 돌아올 것이라는 뜻이다. 꼭 8군데만을 지칭하는 것은 아니다. 세계 곳곳에서 구원 받을 백성들이 교회로 나아온다는 뜻이다.

사 11:12. 여호와께서 열방을 향하여 기치를 세우시고 이스라엘의 쫓긴 자들을 모으시며 땅 사방에서 유다의 흩어진 자들을 모으시리니.

메시아가 통치하시는 날이 오면 주님께서, 뭇 나라 백성들이 볼 수 있도록 깃발을 세우실 것이고, 쫓겨난 이스라엘 사람들이 그 깃발을 보고 찾아오게 하실 것이며, 흩어진 유다 사람들이 땅의 사방(세계 여러 곳)에서 그 깃발을 찾아오도록 하실 것이다.

사 11:13. 에브라임의 질투는 없어지고 유다를 괴롭게 하던 자들은 끊어지며 에브라임은 유다를 질투하지 아니하며 유다는 에브라임을 괴롭게 하지 아니할 것이요.

메시아가 통치하시는 날이 오면 에브라임의 증오가 없어지고, 유다를 괴롭히던 자들은 없어질 것이며 에브라임이 유다를 질투하지 않게 되고, 유다도 에브라임을 괴롭히지 않을 것이라고 한다. 상대방에 대한 질투심이 없어지고 서로 이해하고 사랑하는 마음으로 충만할 것이다.

사 11:14. 그들이 서쪽으로 블레셋 사람들의 어깨에 날아 앉고 함께 동방 백성을 노략하며 에돔과 모압에 손을 대며 암몬 자손을 자기에게 복종시

키리라.

메시아가 통치하시는 날이 오면 에브라임과 유다가 화합하고 연합하여 주위의 접경 국가들을 정복할 것이다. 서쪽으로는 블레셋을 공격하고, 함께 동쪽 백성을 약탈하며, 에돔과 모압을 장악할 것이다. 암몬 사람들을 굴복시킬 것이다. 본 절은 꼭 군사적인 행동에 의하여 접경 국들을 정복시킨다기보다는 사람의 속에 있는 맹수적인 성격이 없어져서(13절 참조) 평화가 찾아올 것을 드러내는 말이다.

사 11:15. 여호와께서 애굽 해만을 말리시고 그의 손을 유브라데 하수 위에 흔들어 뜨거운 바람을 일으켜 그 하수를 쳐 일곱 갈래로 나누어 신을 신고 건너가게 하실 것이라.

메시아가 통치하시는 날이 오면 주님께서 애굽 바다의 해만(바다의 혀 같이 생긴 홍해)을 말리시고, 뜨거운 바람을 일으키셔서, 유브라데 강물을 말리실 것이다. 주님께서 유브라데 강을 쳐서 일곱 개울을 만드실 것이니 누구나 신을 신고 건널 수 있을 것이다. 여호와께서는 유다와 이스라엘의 접경 국가들을 정복하셔서 모두를 화평하게 만드실 것이라는 뜻이다.

사 11:16. 그의 남아 있는 백성 곧 앗수르에서 남은 자들을 위하여 큰 길이 있게 하시되 이스라엘이 애굽 땅에서 나오던 날과 같게 하시리라.

메시아께서 통치하시는 날이 오면 주님께서 남은 백성 곧 앗수르에 남은 자들(구원 받을 자들)이 돌아오도록 큰 길을 내실 것이니, 이스라엘이 애굽 땅에서 올라오던 날과 같게 하실 것이다(19:23; 40:3).

구원을 받을 자들이 세계 어느 곳에 있든지 주님께서 길을 내셔서 교회로 나오게 하실 것이고 십자가 앞으로 나아오도록 성령을 주실 것이라는 뜻이다.

제 12 장

ㅅ. 장차 올 그 큰 날을 찬양하다 12장

12장은 감사함을 찬양으로 표현하라는 것을 말한다. 여기 감사의 찬양은 두 부분으로 나누어진다. 첫째는 하나님께서 구원해주신 것을 감사하는 것이고(1-2절), 둘째는 그 구원을 온 세계에 선포하는 일이다(4-6절).

1) 찬양을 드리겠다는 이스라엘의 결심 12:1-2

이스라엘이 해방되고 회복되는 날에 찬양을 드리겠다는 것이다.

<감사 찬송>

사 12:1. 그 날에 네가 말하기를 여호와여 주께서 전에는 내게 노하셨사오나 이제는 주의 진노가 돌아섰고 또 주께서 나를 안위하시오니 내가 주께 감사하겠나이다 할 것이니라.

그 날이 오면 너는 이렇게 찬송해라. 주님! 전에는 주님께서 나에게 진노하셨으나, 이제는 주님의 진노를 거두시고, 나를 위로하여 주시니, 주님께 감사 찬송을 드립니다. 전에는 하나님의 진노를 받아 이방의 포로가 되었는데, 이제는 하나님의 은혜로 해방을 받았으니 여호와께 감사 찬송한다는 것이다.

사 12:2. 보라 하나님은 나의 구원이시라 내가 신뢰하고 두려움이 없으리니 주 여호와는 나의 힘이시며 나의 노래시며 나의 구원이심이라.

본 절 초두의 "보라"(behold)는 말은 본 절이 중요한 내용을 포함하고 있으니 아주 유심히 관찰하라는 뜻이다. 즉, 하나님은 나의 구원이시다. 나는 주님을 신뢰한다. 나에게는 두려움이 없다. 주 여호와는 나의 힘이시고, 나의 노래이시며, 나의 구원이 되신다. 그러니 감사와 찬양을 드린다.

2) 그날의 복에 대한 요약적 진술 12:3

3절은 인생의 영적 구원을 물에 비하여 말한다. 영적으로 받는 구원을 물에 비한 것은 신구약 성경에 풍부하다(시 36:9; 사 55;1; 렘 2:13; 13:17; 겔 47:1-12; 슥 14:8; 요 4:14; 7:38, 39; 계 22:1, 2).

사 12:3. 그러므로 너희가 기쁨으로 구원의 우물들에서 물을 길으리로다.

너희가 구원의 우물에서 기쁨으로 물을 길을 것이라고 한다.

본 절의 "기쁨으로" 우물들에서 구원의 물을 긷게 된다고 묘사한 말은 1) 사죄 받음이 기뻐서(시 51:8) 그런 묘사를 한 것이고, 2) 구원을 받으면 하나님을 소유하게 되니 기쁨으로 구원의 우물에서 구원을 퍼낸다고 묘사한 것이며(시 89:15), 3) 죄를 사함 받으면 주님과 더불어 교제하는 기쁨이 생기기 때문이며(요 16:22), 4) 주님에게 감심으로 복종하게 되기 때문에 생긴 표현이라는 것이며(시 40:7, 8), 5) 보지 못하는 예수님을 즐거워하기 때문이라(벧전 1:8)고 했다(박윤선). 영적 구원을 받는 것을 두고 "구원의 우물들에서 물을 긷는다"는 표현을 사용한 이유는 1) 하나님 백성에게 임하는 구원의 은사가 너무도 풍성한 까닭이고, 2) 영적 구원을 받는 것이 사람에게 대하여 유쾌함과 만족을 주는 것이 마치 메마른 광야의 목마른 여행자에게 샘물과 같기 때문이다(박윤선).

3) 그런 찬양을 드리라는 권고 12:4-6

하나님의 구원(2-3절)에 대하여 이스라엘(복수 명령)은 감사를 드려야 한다고 권고한다.

사 12:4. 그 날에 너희가 또 말하기를 여호와께 감사하라 그의 이름을 부르며 그의 행하심을 만국 중에 선포하며 그의 이름이 높다 하라.

"그 날에", 즉 '이스라엘이 구원을 받는 날에' 이스라엘은 말하기를 주님께 감사하라. 그의 이름을 부르라. 그가 하신 일을 만민에게 알리며 그의 높은 이름을 선포하라(시 9:11; 77:12; 107;22; 118:17)고 말한다. "그의 이름을 높이라"는 말은 '주님 자신을 높이라'는 뜻이다.

사 12:5. 여호와를 찬송할 것은 극히 아름다운 일을 하셨음이니 이를 온 땅에 알게 할지어다.

본 절은 전 절의 반복으로 여호와를 찬송할 이유를 말해준다. 찬송할 이유는 여호와께서 극히 아름다운 일(구원하신 일)을 이루셨기 때문이다. 여호와를 찬송하되 온 땅에 알게 하라고 명령한다.

사 12:6. 시온의 주민아 소리 높여 부르라 이스라엘의 거룩하신 이가 너희 중에서 크심이니라 할 것이니라.

시온의 주민아(예루살렘 주민들아)! 소리를 높여서 노래하여라. 너희 가운데 계시는 이스라엘의 거룩하신 분은 참으로 위대하신 분이시다. 이스라엘의 거룩하신 이가 위대하신 이유는 위대하신 구원을 이루셨기 때문이다.

제 13 장

B. 만국에 대한 심판 13-27장

이스라엘과 유다의 심판(1-12장)에 이어 이제는 만국이 심판을 받아야 할 것을 말씀하신다. 여기에 진술된 나라들은 이스라엘과 관련된 나라들로 이스라엘에 대한 범죄가 그들이 심판을 받아야 할 원인이 된 것이다. 만국이 심판을 받아야 하는 것은 교회를 함부로 대했기 때문이다. 이 부분의 내용은 1. 만국의 심판(13-23장), 2. 하나님의 최후 심판과 승리(24-27장) 라는 내용이다.

1. 만국에 대한 심판 13-23장

이 부분(13-23장)에는 만국이 등장해서 심판 받을 것을 언급한다. 1) 바벨론(1)(13:1-14:23), 2) 앗수르(14:24-27), 3) 블레셋(14:28-32), 4) 모압(15-16장), 5) 다메섹과 이스라엘(17장), 6) 에티오피아(18장), 7) 애굽(19-20장), 8) 바벨론(2)(21:1-10), 9) 에돔(21:11-12), 10) 아라비아(21:13-17), 11) 예루살렘(22장), 12) 두로(23장) 등에 대한 심판을 거론한다.

ㄱ) 바벨론 심판(1) 13:1-14:23

이 부분(13:1-14:23)의 내용은 바벨론이 멸망한 일(13장), 이스라엘이 회복된 일(14:1-4a), 바벨론이 꺾인 일(14:4b-23) 등이 진술된다. 바벨론은 주전 606년에 메대와 연합하여 앗수르를 멸망시켜 대제국을 이룩했고, 주전 538년에 메대-바사의 연합군에 의해 멸망당했다.

본장의 내용은 표제(1절), 바벨론을 멸망시킨 군대가 도래한 일(2-5절), 바벨론의 멸망 자체(6-16절), 멸망 후의 바벨론 황폐의 비참한 상태(17-22절)

등이 열거된다. 본 장 전체가 시(詩)체로 묘사되어 있다.

(1) 표제 13:1

<바벨론에 대한 경고>

사 13:1. 아모스의 아들 이사야가 바벨론에 대하여 받은 경고라.

다음은 아모스의 아들 이사야가 바벨론에 대하여 받은, 엄중한 경고가 되는 예언이라는 것이다.

본 절의 주해를 위해 1:1 주해를 참조하라. 본 절은 이 부분의 표제로 계시를 받은 자를 밝힘으로 이 계시가 확실한 계시임을 드러낸다. "아모스의 아들"이라고 밝힌 것은 이사야의 내력을 밝히기 위함이다. "받은 경고"(hz:j; aC;m'-The oracle...saw-ESV)란 말은 '본 경고'란 뜻이다. 이사야의 경고는 언제나 자신이 "본"데 근거한다(1:1; 2:1; 6:1 등). 그리고 "경고"란 말은 '신탁'이란 뜻이다.

(2) 공격 위해 용사들을 소집함 13:2-3

사 13:2. 너희는 민둥산 위에 기치를 세우고 소리를 높여 그들을 부르며 손을 흔들어 그들을 존귀한 자의 문에 들어가게 하라(On a bare hill raise a signal; cry aloud to them; wave the hand for them to enter the gates of the nobles-ESV)**.**

너희는 민둥산(벌거숭이가 된 산) 위에 공격 신호 깃발을 세우고, 소리를 높여서 용사들을 소집하여라. 바벨론의 존귀한 자들이 사는 문들로 그 용사들이 쳐들어가도록, 손을 들어 공격 신호를 보내라는 것이다.

바벨론을 멸망시킬 군대를 초청하라는 말이다. 민둥산 꼭대기에 기호(군기)를 세우고, 소리를 높여 부르며 또 손을 흔들어 먼 곳에 있는 군대를 불러 오라는 말이다. 여기 바벨론을 멸망시킨 군대는 메대 군과 바사 군이었다.

"존귀한 자의 문에 들어가게 하라"는 말은 바벨론 군을 함락시키고 궁궐과 그 외 존귀한 자들의 문 안으로 들어가며 바벨론 군을 점령하도록 하라는 말이다. 하나님께서 바벨론을 멸하도록 한 것은 바벨론이 유다 나라를 괴롭혔기 때문이다.

사 13:3. 내가 거룩하게 구별한 자들에게 명령하고 나의 위엄을 기뻐하는 용사들을 불러 나의 노여움을 전하게 하였느니라.

나는 이미 내가 거룩히 구별한 사람들(즉, 메대와 바사의 군대들)에게 명령을 내렸고, 사기가 충천한 나의 용사들(즉, 메대와 바사의 군대들)을 불러, 나의 분노(바벨론을 심판하려는 하나님의 의중)를 원수들(바벨론 군대)에게 전하게 했다고 말씀하신다.

(3) 소집된 무리에 대하여 묘사하다 13:4-5

이 부분(4-5절)은 바벨론을 멸망시키려고 모인 메대, 바사에 대하여 묘사한다.

사 13:4. 산에서 무리의 소리가 남이여 많은 백성의 소리 같으니 곧 열국 민족이 함께 모여 떠드는 소리라 만군의 여호와께서 싸움을 위하여 군대를 검열하심이로다.

산 위에서 들리는 저 웅성거리는 소리를 들어보아라. 큰 무리가 떠드는 소리다. 저 소리를 들어 보아라. 나라들이 소리 치고 나라들이 모여서 떠드는 소리다. 만군의 주님께서 바벨론을 공격하려고 메대와 바사의 군대를 점호하시고 계신다.

여기 "산 위에서"란 말은 원래 메대, 바사는 산 위에 세워진 나라로서 그 나라들은 산 전쟁에 능숙한 민족이었다(Herodotus). 예레미야도 바벨론을 공격한 군대가 아라랏(창 8:4) 등 산지에서 출발한다는 것을 말하고 있다. 여기 "열국 민족"이란 '메대, 바사 민족'을 뜻한다.

"만군의 여호와께서 싸움을 위하여 군대를 검열하심이로다"라는 말은 '우주에서 최고로 능하신 여호와께서 메대와 바사의 군대를 동원하셔서 바벨론을 멸망시키기 위하여 메대, 바사 군대를 점호하시는 중이라'는 뜻이다.

사 13:5. 무리가 먼 나라에서, 하늘 끝에서 왔음이여 곧 여호와와 그의 진노의 병기라 온 땅을 멸하려 함이로다.

주님의 군대가 먼 나라에서 온다. 하늘 끝 저 너머에서 온다. 그들이 주님과 함께 그 진노의 무기로 온 땅을 멸절시키러 온다.

여기 "먼 나라"나 "하늘 끝"이란 말은 동의어로서 메대, 바사를 묘사하는 말이다. 히브리인들은 동편의 한계는 유브라데 강으로 생각했고 그 너머에 있는 곳은 땅 끝이란 말로 묘사했다.

"무리가 하늘 끝에서 왔다"고 표현한 것은 바벨론 대제국 내에서 메대, 바사가 바벨론 공격하는 것에 호응한 부분이 있음을 보이는 말이다. 그리고 여기 "여호와와 그의 진노의 병기"란 말은 여호와께서 바벨론을 침노하실 때 여호와께서 그의 진노의 병기가 된 메대, 바사 나라 군대와 함께 오신 것을 뜻한다. 여호와께서 홀로 바벨론을 치실 수 있으시나 여호와께서 일을 하실 때는 통상적으로 사람을 사용하심을 보여준다.

(4) 주님의 날을 공포하다 13:6-8

메대, 바사 군대가 바벨론을 멸절시키기 전에 주님께서 바벨론 사람들에게 전쟁의 공포를 주신다. 주님께서 그들에게 애곡하라 하신다.

사 13:6. 너희는 애곡할지어다 여호와의 날이 가까웠으니 전능자에게서 멸망이 임할 것임이로다.

바벨론 사람들은 슬피 울어라! 주님께서 오실 날이 가깝다. 전능하신 분께서 오시는 날이 되면 파멸의 날이 곧 이른다는 것을 알라고 하신다.

바벨론 국민들이 애곡해야 할 이유는 "여호와의 날(심판의 날, 욜 1:15)이 가까웠기 때문이라"는 것이다. 다시 말해 "전능하신 자(멸망시키는 자, 창 17:1; 28:3; 35:11; 겔 1:24; 10:5)가 바벨론을 멸절시키실 날"이 임할 것이기 때문이라는 것이다.

사 13:7. 그러므로 모든 손의 힘이 풀리고 각 사람의 마음이 녹을 것이라.

"그러므로"(therefore)란 말은 '바벨론 사람들이 바벨론의 심판의 날이 임할 것을 알기 때문에'라는 뜻이다. 그래서 사람들의 손이 맥이 풀려 축 늘어지고(겔 7:17), 간담이 녹을 것이라(신 20:8; 수 2:11)는 뜻이다.

사 13:8. 그들이 놀라며 괴로움과 슬픔에 사로잡혀 해산이 임박한 여자 같이 고통하며 서로 보고 놀라며 얼굴이 불꽃 같으리로다(They will be dismayed: pangs and agony will seize them; they will be in anguish like a woman in labor. They will look aghast at one another; their faces will be aflame-ESV).

바벨론 사람들이 공포에 사로잡히게 되고, 괴로워하고 아파하는 것이 마치 해산하는 여인이 몸부림치듯 할 것이다. 그들은 놀라 서로 쳐다보며, 공포에 질릴 것이다.

바벨론 사람들은 1) 공포에 사로잡히게 될 것이고, 2) 괴로워하고 아파하는 것이 마치 해산하는 여인이 고통을 당하는 것같이 몸부림치게 될 것이며, 3) 그들은 놀라서 서로 쳐다보고 공포에 질려 버린다는 것이다.

(5) 주님의 날에 파멸되다 13:9-16

이 부분(9-16절)은 여호와의 심판의 날에 바벨론이 파멸되는 모습을 묘사하고 있다.

사 13:9. 보라 여호와의 날 곧 잔혹히 분냄과 맹렬히 노하는 날이 이르러 땅을 황폐하게 하며 그 중에서 죄인들을 멸하리니.

본 절 초두에는 "보라!"(behold)는 말이 나와 본 절을 아주 주의해서 관찰하라고 말한다. 주님께서 심판하시는 날(6절 주해 참조)이 되었다. 곧, 무자비한 날, 진노와 맹렬한 분노의 날, 땅을 황폐하게 하고 그 땅에서 죄인들을 멸절시키는 주님의 날이 되었다고 말한다.

여기 "그 중에서 죄인들을 멸할 것이라"고 말한다. '바벨론 중에서 죄인, 즉 교만한 자(13:11), 사치한 자(14:11; 47:8), 우상 숭배자(50:38), 및 참람한 죄를 유도한 자'를 말한다.

사 13:10. 하늘의 별들과 별 무리가 그 빛을 내지 아니하며 해가 돋아도 어두우며 달이 그 빛을 비추지 아니할 것이로다.

나라가 멸망하는 것을 묘사하는 비유적 표현이 성경에 많이 있다(사 24:23; 34:4; 겔 32:7, 8; 욜 2:10; 3:15; 암 8:9; 마 24:29). 천체들이 어두워지는 것으로 묘사되기도 한다. 즉, 하나님의 큰 진노가 임할 때 자연계나 천체에도 변화가 있었으므로 바벨론의 멸망 때에도 그럴 것이라는 것이다. 동시에 바벨론의 멸망은 종말적인 인간 종말의 예언이며 그림자가 되기도 한다.

사 13:11. 내가 세상의 악과 악인의 죄를 벌하며 교만한 자의 오만을 끊으며 강포한 자의 거만을 낮출 것이며.

본 절은 바벨론 멸망의 원인을 다시 밝힌다. 즉, 내가 세상의 악과 흉악한 자들의 악행을 벌하겠고, 교만한 자들의 오만을 꺾어 놓으며, 포학한 자들의 거만을 낮추어 놓겠다고 말씀한다.

사 13:12. 내가 사람을 순금보다 희소하게 하며 인생을 오빌의 금보다 희귀하게 하리로다.

본 절은 바벨론이 멸망하는데 있어 인구가 많이 죽을 것을 진술한다. 즉, 내가 사람들의 수(數)를 순금보다 희귀하게 만들겠고, 오빌의 금보다도 드물게 만들겠다고 말씀하신다. 본문의 주지는 바벨론이 메대, 바사의 공격으로 멸망하고 그 후에도 계속적으로 침략을 받게 함으로 바벨론 주민을 아주 희소하게 만들겠다고 하신다.

사 13:13. 그러므로 나 만군의 여호와가 분하여 맹렬히 노하는 날에 하늘을 진동시키며 땅을 흔들어 그 자리에서 떠나게 하리니.

본 절은 바벨론이 멸망하는 날 천지가 진동하리라고 말한다. 이 묘사역시 바벨론이 멸망하는 날은 인류 종말의 멸망을 보여주는 것이다. 즉, 하늘이 진동하고 땅이 흔들리게 만들겠다. 만군의 주님(1:9 주해 참조)께서 진노하시는 날에 그 분노가 맹렬히 불타는 날에 이 일이 이루어질 것이라고 한다.

사 13:14. 그들이 쫓긴 노루나 모으는 자 없는 양 같이 각기 자기 동족에게로 돌아가며 각기 본향으로 도망할 것이나.

본 절은 바벨론에 거주하던 외국인들이 당황하여 취할 행동을 묘사한다. 즉, 바벨론에 살던 외국 사람들은 마치 쫓기는 노루와 같이 혹은 모으는 이 없는 양 떼와 같이 각기 자기 민족에게로 돌아가고, 각기 자기 나라로 도망 칠 것이라고 한다.

바벨론에 와서 살던 외국인들은 부와 권위 때문에 혹은 상업 등의 목적을 위해서 바벨론에 모여 살았는데 이제 바벨론이 멸망하게 되니 그들은 쫓기는 노루나 모으는 이 없는 양떼와 같이 각기 자기의 살길을 찾아 자기 민족에게로 도망하는 것이다.

사 13:15. 만나는 자마다 창에 찔리겠고 잡히는 자마다 칼에 엎드러지겠고.

본 절은 바벨론에 살던 외국인들이 바벨론이 망할 때 미처 도망하지 못하고 침략군을 만나면 창에 찔리고 잡혀 칼에 엎드러진다는 내용이다.

사 13:16. 그들의 어린 아이들은 그들의 목전에서 메어침을 당하겠고 그들의 집은 노략을 당하겠고 그들의 아내는 욕을 당하리라.

바벨론 사람들이나 외국인 어린 아이들은 메대, 바사 군대를 만나 메어침을 당하고(시 137:9; 호 13:16), 재산은 노략을 당할 것이며, 아내들은 능욕을 당한다는 것이다(애 5:11; 슥 14:2). 비참한 지경이 된다는 내용이다.

(6)메대는 바벨론 파멸을 위한 하나님의 대리자 13:17-19

사 13:17. 보라 은을 돌아보지 아니하며 금을 기뻐하지 아니하는 메대 사람을 내가 충동하여 그들을 치게 하리니.

본 절 초두의 "보라"(behold)라는 말은 본 절의 내용이 아주 중요하다는 것을 드러내는 말이다. 즉, 내가 메대 사람들을 불러다가 바벨론을 공격하게 했는데, 메대 군인들은 은(銀) 따위에는 관심도 없고 금 같은 것도 좋아하지 않는다.

메대 군인들은 오직 하나님으로부터 받은 사명, 즉 바벨론을 정복하고 바벨론의 통치를 중단시키는 일에만 전념하지, 다른 일에는 관심 갖지 않았다는 것이다. 메대 군인들은 오직 하나님의 대리자로서만 충실했다는 것이다.

사 13:18. 메대 사람이 활로 청년을 쏘아 죽이며 태의 열매를 긍휼히 여기지 아니하며 아이를 애석하게 보지 아니하리라.

메대 군인들은 활로 젊은이들을 쏘아 갈기갈기 찢어 죽이며, 갓난아이들을 가엾게 여기지 않고, 아이들을 불쌍히 여기지 않고 멸절하기에만 열중한다.

성경에 의하면 고대 메대인들, 바사인들, 엘람인들, 그리고 파단(Parthan) 사람들은 모두 활 쏘는데 능숙했다는 것이다(22:6; 렘 49:35).

하나님께서 메대 사람들과 같은 잔인한 사람들을 바벨론 공격에 사용하신다고 하여, 그런 하나님 자신이 잔인하신 분이라고 우리는 생각할 수 없다. 그 이유는 바벨론 자신이 잔인했기 때문이다. 하나님은 오직 공의로우신 분이시다. 누구든지 이 세상에서 잔인한 화를 받았다고 생각할 때에는 자기의 죄악이 잔인했던 것을 기억하고 회개할 뿐이다(박윤선).

사 13:19. 열국의 영광이요 갈대아 사람의 자랑하는 노리개가 된 바벨론이 하나님께 멸망 당한 소돔과 고모라 같이 되리니.

본 절은 세계 나라들 가운데서 가장 찬란했던 바벨론, 바빌로니아 사람의 영예요 자랑거리였던 바벨론을 하나님께서 멸망시키실 때에, 그 나라가 마치 소돔과 고모라처럼 될 것이라는 내용이다.

여기 "갈대아 사람"이란 원래 바벨론의 한 부족 이름으로 메소포타미아 지방의 남방, 해안 가까운 지방의 이름이었다(창 11:28, 31의 "갈대아 우르"가 바벨론 동남 212km나 떨어진 점에서). 그러나 본문의 경우처럼 바벨론인의 대명사가 되었으니 이는 유다인의 용법이었고, 바벨론 자신들의 용법은 아니었다(23:13; 욥 1:17; 렘 21:4; 겔 12;13 등, 이상근).

"하나님께 멸망 당한 소돔과 고모라 같이 되리니"란 말은 갑자기 멸망한 점에서, 그리고 철저히 멸망한 점에서, 그리고 멸망한 장소가 너무나 황무한 점에서 바벨론의 멸망이 소돔과 고모라와 같을 것이라는 뜻이다.

(7) 바벨론의 완전한 폐허 13:20-22

이 부분(20-22절)은 바벨론이 완전히 폐허가 된 점을 부각시킨다.

사 13:20. 그 곳에 거주할 자가 없겠고 거처할 사람이 대대에 없을 것이며 아라비아 사람도 거기에 장막을 치지 아니하며 목자들도 그 곳에 그들의 양 떼를 쉬게 하지 아니할 것이요.

바벨론이 터 잡았던 곳에는 영원토록 사람이 살지 못할 것이고, 거처할 사람이 오고 오는 세대에도 없을 것이라는 점에서 바벨론은 완전한 폐허가 된다는 것이다. 심지어 떠돌아다니는 아랍 사람도 거기에는 장막을 치지 않을 것이고, 목자들도 거기에서는 양 떼에게 풀을 뜯기지 않을 것이라는 점에서 완전한 폐허를 이룰 것이라는 내용이다.

사 13:21. 오직 들짐승들이 거기에 엎드리고 부르짖는 짐승이 그들의 가옥에 가득하며 타조가 거기에 깃들이며 들양이 거기에서 뛸 것이요.

바벨론이 터 잡았던 곳에는 영원토록 사람이 살지 못할 것이고, 오직 들짐승들만이 살 곳이 될 것이라는 예언이다. 즉, 거기에는 다만 들짐승들이나 뒹굴고, 사람이 살던 집에는 부르짖는 짐승들이 가득하며, 타조들이 거기에 깃들이고, 산양들이 그 폐허에서 뛰어 놀 것이라는 예언이다.

반스(Barnes)에 의하면 본 절의 예언은 다음 몇 가지로 확실하다는 것이다. 1) 이 예언은 그것이 성취되기 170년 전에 선포되었다는 것, 2) 이 예언이 선포될 때에 그 내용대로 성취될 가능성은 그 당시의 세계 사정으로 보아 전연 상상할 수 없었다는 사실이다. 그 이유는 (1) 그 때에 유다인들은 아직 바벨론의 압제도 받기 전이라는 것이었다. (2) 이때에 메대는 앗수르의 속국이었으니 독립국이라는 것은 상상도 못할 뿐 아니라 바사와 합하여 일대 강국이 되리라는 것도 생각할 수 없던 사실이었다. (3) 바벨론은 비옥한 평원에 있었으니 만큼, 그것이 황폐되어 짐승들의 굴이 되리라는 것은 상상할 수 없는 일이었다. 과연 이 예언대로 16세기에 와서 거기에 집 한 채도 없는 적막한 폐허로 남았다(C. J. Rich, Memoirs on the Ruins of Babylon). 하나님의 예언은 반드시 이루어진다.

사 13:22. 그의 궁성에는 승냥이가 부르짖을 것이요 화려하던 궁전에는 들개가 울 것이라 그의 때가 가까우며 그의 날이 오래지 아니하리라.

본 절도 전 절과 마찬가지로 바벨론의 터에는 들짐승들이 사는 곳이 될 것이라는 예언이다. 즉, 화려하던 궁전에는 승냥이(갯과의 짐승-이리와 비슷하나 더 작고 꼬리는 길다)가 울부짖고, 화려하던 신전에서는 늑대가 울 것이다. 그 때가 다가오고 있다. 그 날은 절대로 연기되지 않을 것이라는 예언이다.

제 14 장

(8) 이스라엘의 회복 14:1-2

바벨론 멸망의 확실한 예언 가운데서 이스라엘이 회복될 것이라는 예언이 삽화적으로 주어진다. 바벨론을 심판한다는 것은 이스라엘이 회복된다는 것을 말하기도 하는 것이다(4:2-6; 7-12장).

<포로에서 돌아오다>

사 14:1. 여호와께서 야곱을 긍휼히 여기시며 이스라엘을 다시 택하여 그들의 땅에 두시리니 나그네 된 자가 야곱 족속과 연합하여 그들에게 예속될 것이며.

여호와께서 야곱을 불쌍하게 여기시고, 이스라엘을 다시 택하셔서, 그들을 고향 땅에서 살게 하실 것이다. 그 때에 외국 사람들도 야곱과 연합하여 야곱 족속에게 예속될 것이라고 한다.

본 절의 "야곱"이란 말과 "이스라엘"이란 말은 동의어로 사용되었다. 여기 "긍휼히 여기시며"란 말은 '다시 택하여 그들의 땅으로 돌려보내신다'는 뜻이다. "다시 택하여"(בָּחַר עוֹד-again choose Israel)란 말은 '그래도 역시 택하여'라고 해석할 수 있다. 다시 말해 '그래도 버리지 않고 택한 백성으로 사랑하기를 계속하신다'는 뜻이다. 이 말씀은 이스라엘 족속이 본래부터 택한 백성이었지만 불택자와 같이 극도로 불행한 자리에 빠졌던 것을 이제 하나님께서 구원하여 원상태로 회복하실 것을 예언한 말씀이다. 곧, 바벨론 포로기를 지내고 귀환함으로 다시 이스라엘이 하나님과의 선민 관계를 회복한다는 뜻이다. 본 절은 결코 하나님께서 다시 택하신다는 2중 선택을 말함이 아니다. 하나님께서 한번 택하시면 그 택하심으로 영원히 택하심인 것이다.

그리고 "나그네 된 자가 야곱 족속과 연합하여 그들에게 예속될 것이라"는 말은 이방인들의 개종자들도 야곱 족속과 연합하여 야곱 족속에게 예속될 것이라는 뜻이다. 이 말씀은 신약 시대에 될 일을 예언한 것이기도 하다. 신약 시대에 수많은 이방인들이 교회에 들어올 일을 예언한 것이다.

사 14:2. 민족들이 그들을 데리고 그들의 본토에 돌아오리니 이스라엘 족속이 여호와의 땅에서 그들을 얻어 노비로 삼겠고 전에 자기를 사로잡던 자들을 사로잡고 자기를 압제하던 자들을 주관하리라.

이스라엘 포로들이 바벨론 땅에서 함께 거하던 여러 민족이 이스라엘 사람의 귀환을 도울 것이며, 이스라엘 백성은, 주님께서 주신 땅에서 외국 사람을 남종과 여종으로 부릴 것이다(스 1:4, 6; 느 2:7-9). 이스라엘은 자기들을 사로잡았던 옛 바벨론 사람들을 사로잡고, 자기들을 억누르던 자들을 주관하게 될 것이 예언된 것이다(60:4-5, 10).

(9) 바벨론을 비웃는 조소 14:3-21

이 부분(3-21절)은 5개의 소절로 바벨론 왕을 조롱하는 조롱조 만가가 진술된다. 1) 바벨론 왕의 압제가 끝날 일(4b-8), 2) 바벨론 왕이 죽어 음부로 떨어질 일(9-11절), 3) 바벨론 왕이 교만하게 굴을 일(12-15절), 4) 바벨론 왕의 시체가 치욕 받을 일(16-19절), 5) 바벨론 왕의 자손이 치욕 받을 일(20-21절)이 진술된다.

<스올로 내려간 바벨론 왕>

사 14:3. 여호와께서 너를 슬픔과 곤고와 및 네가 수고하는 고역에서 놓으시고 안식을 주시는 날에.

본 절은 여호와께서 이스라엘을 해방하시는 날이 있을 것을 말씀하신다. 즉, 주님께서 너희에게 고통과 불안을 없애 주시고, 강제 노동에서 벗어나서 안식하게 하실 때가 있을 것을 말씀하신다. 포로 된 자들 중에서는 바벨론 궁중의 내관이 되기도 하고(왕하 20:18; 단 1:8) 또 자유업을 하는 사람이 있기도 했다는 것이다. 그러나 일반 포로들의 큰 고생을 짐작하는 것은 어렵지 않을 것이다(시 137편, 겔 34:27-29).

사 14:4a. 너는 바벨론 왕에 대하여 이 노래를 지어 이르기를.

너희는 바벨론 왕을 조롱하는 이 노래를 부르라고 권한다. 이스라엘 백성이 바벨론 포로 생활에서 해방되는 날 이 아래의 노래를 불러 조롱하라는 것이다.

사 14:4b. 압제하던 자가 어찌 그리 그쳤으며 강포한 성이 어찌 그리 폐하였는고.

4절 하반절부터 8절까지 계속되는 이 노래, 즉 압제하던 폭군이 꼬꾸라지다니! 웬일이냐, 강포하던 그 성이 어찌 그리 폐하였는가! 웬일이냐. 이스라엘 민족은 바벨론에서 해방되던 날 8절까지의 이 노래를 불러야 했다.

사 14:5. 여호와께서 악인의 몽둥이와 통치자의 규를 꺾으셨도다.

노래는 계속된다. 즉, 주님께서 악한 통치자의 권세를 꺾으셨구나! 악한 통치자의 규(지팡이-바벨론 왕의 패권 상징한다)를 꺾으셨구나!

사 14:6. 그들이 분내어 여러 민족을 치되 치기를 마지아니하였고 노하여 열방을 억압하여도 그 억압을 막을 자 없었더니.

본 절은 전 절의 "몽둥이"와 "규"(지팡이)를 설명한다. 즉, 바벨론은 열방을 향하여 끊임없이 화를 내며 백성들을 억눌러 억압을 그칠 줄 모르고, 정복한 민족들을 억압해도 막을 사람이 없더니!

사 14:7. 이제는 온 땅이 조용하고 평온하니 무리가 소리 높여 노래하는도다.

바벨론 왕이 꺾임으로 이제는 온 땅이 조용하고 평온해지니 온 백성들은 소리를 높여 그 압제자의 거꾸러짐을 기뻐한다.

사 14:8. 향나무와 레바논의 백향목도 너로 말미암아 기뻐하여 이르기를 네가 넘어져 있은즉 올라와서 우리를 베어 버릴 자 없다 하는도다.

향나무와 레바논의 백향목도 네(바벨론)가 망한 것을 보고 이르기를 네가 엎어졌으니, 이제는 우리를 베러 올라올 자가 없게 되었구나 하며 기뻐한다.

폭군 바벨론 왕이 넘어질 때 심지어 자연계의 나무들까지 기뻐하게 된다는 것이다. 또 실제로 앗수르 왕이나 바벨론 왕은 큰 건축을 좋아하여 레바논의 백향목을 마구 베어 넘겼으나 이제 바벨론을 멸절시킨 바사 왕은 그렇지 않음으로 기뻐한다는 것이다(Rawlinson).

9-11절. 이 부분은 바벨론 왕의 멸망에 대한 만가의 제 2소절로 바벨론 왕이 음부에 떨어짐을 기뻐한다.

사 14:9. 아래의 스올이 너로 말미암아 소동하여 네가 오는 것을 영접하되 그것이 세상의 모든 영웅을 너로 말미암아 움직이게 하며 열방의 모든 왕을 그들의 왕좌에서 일어서게 하므로.

바벨론 왕이 죽어 음부에 내려가니 먼저 죽어 거기에 가 있던 잠든 세상 모든 통치자의 망령(亡靈-죽은 사람의 넋)들이 깨어서 바벨론 왕을 영접하면서 너도 이곳에 오게 되었느냐고 조소한다. 그들이 바벨론 왕을 영접하면서 조소하는 것은 바벨론 왕이 살아 있을 때 모든 영웅들과 왕들 위에 초연하여 그들을 권력으로 굴복시켰고 또 바벨론 왕이 영원히 죽지 않을 듯이 거만하게 행동했기 때문이다.

바벨론 왕이 "열방의 모든 왕을 그들의 왕좌에서 일어서게" 한 것은 그들이 바벨론 왕을 존경하는 마음으로 그렇게 한 것이 아니라 이게 웬일이냐 너도 이곳에 오는구나 하는 관심에서 일어서는 것이다.

사 14:10. 그들은 다 네게 말하여 이르기를 너도 우리 같이 연약하게 되었느냐 너도 우리 같이 되었느냐 하리로다.

먼저 음부에 떨어진 망령들이 너에게 한 마디씩 할 것이다. 즉, 너도 별 수 없이 우리처럼 무력해졌구나. 우리와 똑같이 비참한 신세가 되었구나!

사 14:11. 네 영화가 스올에 떨어졌음이여 네 비파 소리까지로다 구더기가 네 아래에 깔림이여 지렁이가 너를 덮었도다.

네(바벨론 왕) 영화가 네 거문고 소리와 함께 음부로 떨어졌으니, 구더기를 요로 깔고, 지렁이를 이불로 덮고 있구나!

12-15절. 노래의 제 3소절로 바벨론 왕의 교만을 타락한 사단에 비한다.

사 14:12. 너 아침의 아들 계명성이여 어찌 그리 하늘에서 떨어졌으며 너 열국을 엎은 자여 어찌 그리 땅에 찍혔는고.

너 아침의 아들, 새벽별아! 네가 하늘에서 떨어지다니! 민족들을 짓밟아 맥도 못 추게 하던 네가, 통나무처럼 찍혀서 땅바닥에 찍혀 나뒹구는 존재가 되다니!

여기 "너 아침의 아들 계명성"(הֵילֵל)이란 말은 '빛나는 자'란 뜻이다. 이 말은 1) 고대에 흔히 그랬던 것처럼 바벨론 왕을 한 빛나는 별로 비한다는 해석(Gray, Rawlinson)이 있다. 2) 사단의 타락을 가리킨다고 본다(Tertulian, Gregory the Great, Chrysostom, Stier, Alford, Ryre, 이상근). 이 두 해석 중에 2)번의 해석이 더 바르다고 본다. 이 해석은 유대교의 전통적인 사단론이다. 사단은 원래 천사장의 하나로 하나님께 봉사했으나 한층 더 올라가 하나님과 동등 되기를 원하다가 하늘에서 쫓겨나서 사단이 되었고, 그를 따르던 일단의 천사들이 마귀가 되었다는 것이다. 이 사상은 성경 여러 곳에서 엿볼 수 있다(겔 28:11-19; 욥 38:32; 눅 10:18; 유 1:6; 계 12:8).

위와 같은 해석을 취한다면 바벨론 왕의 꺾임을 사단의 타락에 비한 것으로 보는 것이다. 에스겔이 두로 왕을 사단에 비한 것(겔 28:11-19)과 같다. 천사장이 자신의 본분과 위치를 깨닫지 못하고 교만하다가 하늘에서 떨어져 사단이 된 것처럼 바벨론 왕이 자신은 하나님 심판의 그릇인 것을 깨닫지 못하고 자만하다가 열국을 지배하던 위치에서 떨어진 것이다.

사 14:13. 네가 네 마음에 이르기를 내가 하늘에 올라 하나님의 뭇 별 위에 내 자리를 높이리라 내가 북극 집회의 산 위에 앉으리라.

네(바벨론 왕)가 평소에 네 마음으로 늘 장담하기를, 내가 가장 높은 하늘로 올라가서 하나님의 뭇 별들(천사들)보다 더 높은 곳에 나의 보좌를 두고, 내가 저 멀리 북쪽 끝에 있는 산 위에, 신들(천사들)이 모여 있는 그 산 위에 자리 잡고 앉겠다고 하더니!

"하나님의 뭇 별 위에 내 자리를 높이리라"는 말은 '하늘에 올라가(10:13-14; 37:24-25) 하나님의 천사들 위에 자신의 보좌를 베풀리라'는 뜻이다. 다시 말해 하나님을 밀어내고 스스로 그 보좌에 좌정하겠다는 뜻이다. 하나님의 보좌에 좌정하겠다는 생각이야 말로 교만하기 그지없는 생각이 아닐 수 없다.

그리고 "내가 북극 집회의 산 위에 앉으리라"는 말은 '바벨론의 벨(Bel) 신의 산으로 바벨론 북동쪽에 위치한 로반디스(Rowandiz) 산이나 엘벤드(Elwend) 산을 가리키는 것으로 추정된다(Rawlinson). 바벨론 왕은 스스로 그 산에 좌정하여 최고의 신이 되겠다는 것이다. 바벨론 왕의 마음은 최고의 교만으로 가득 차 있었다.

사 14:14. 가장 높은 구름에 올라가 지극히 높은 이와 같아지리라 하는도다.

바벨론 왕은 내가 저 구름 위에 올라가서, 가장 높으신 분(하나님)과 같아지겠다고 하였던 것이다. 하나님과 동등 됨을 원하는 것이 사단의 소원이었고(창 3:5) 바벨론 왕의 생각이었다. 바벨론 왕의 극도에 달한 자만심을 볼 수 있다. 이는 사단으로부터 받은 생각이 아닐 수 없다.

사 14:15. 그러나 이제 네가 스올 곧 구덩이 맨 밑에 떨어짐을 당하리로다.

그러나 이제는 네가 스올(Sheol)로, 곧 땅 밑의 구덩이에서도 맨 밑바닥(구더기와 지렁이가 있는 곳, 11절)으로 떨어져 버렸구나! 이는 높아지려는 사단, 높아지려는 바벨론 왕의 길이다.

16-19절. 노래의 제 4소절로 바벨론 왕의 죽음의 치욕적인 상태를 묘사한다.

사 14:16-17. 너를 보는 이가 주목하여 너를 자세히 살펴 보며 말하기를 이 사람이 땅을 진동시키며 열국을 놀라게 하며 세계를 황무하게 하며 성읍을 파괴하며 그에게 사로잡힌 자들을 집으로 놓아 보내지 아니하던 자가 아니냐 하리로다.

16-17절은 "죽은 바벨론 왕의 시체를 자세히 살피던 사람"이 말하는 내용을 진술한 것이다. 1) "이 사람이 땅을 진동시켰던" 사람이 아니냐고 말한다. 바벨론 왕이 살아있을 때 땅을 떠들썩하게 하던 사람이 아니냐고 말한 것이다. 2) "열국을 놀라게 하던" 사람이 아니냐(이상 16절)고 말한다. 많은 나라 사람들을 놀라게 한 사람이 아니냐는 진술이다. 3) "세계를 황무하게 하며 성읍을 파괴하던" 사람의 시체가 아니냐는 진술이다. 바벨론 왕은 왕으로 재위 중에 세계를 황무하게 했으며 무수한 성읍을 파괴한 것으로 이름이 나 있던 사람이었다(이상 17절). 4) "그(바벨론 왕)에게 사로잡힌 자들을 집으로 놓아 보내지 아니하던 자가 아니냐"고 진술한다. 느부갓네살 왕이 유다 왕 여호야긴을 37년간이나 집으로 돌려보내지 않았던 사실(왕하 25:27)을 가리킬 수 있을 것이다(Rawlinson). 바벨론 왕의 시체를 사람들이 보고 알아본다는 것이다.

사 14:18-19. 열방의 모든 왕들은 모두 각각 자기 집에서 영광 중에 자건마는, 오직 너는 자기 무덤에서 내쫓겼으니 가증한 나무 가지 같고 칼에 찔려 돌구덩이에 떨어진 주검들에 둘러싸였으니 밟힌 시체와 같도다.

18-19절은 열방의 다른 왕들의 무덤과 바벨론 왕의 무덤을 비교한다. 즉, 다른 나라의 왕들은 모두 화려한 무덤에 누워 있는데(왕상 2:34 참조), 바벨론 왕 자신은 무덤도 없이 오물처럼 밖으로 내 버려져, 칼에 찔려 죽은 군인들의 시체 더미 밑에 깔려 있다가, 지하 세계의 밑바닥으로 내려갈 것이로구나! 너의 시체를 사람들이 짓밟을 것이로구나! 라고 표현된 것이다.

20-21절. 이 부분은 바벨론 왕의 죽음에 대한 만가의 제 5절을 진술한 것이다. 그리고 바벨론 왕의 자손이 받을 치욕을 진술한 것이다.

사 14:20. 네가 네 땅을 망하게 하였고 네 백성을 죽였으므로 그들과 함께 안장되지 못하나니 악을 행하는 자들의 후손은 영원히 이름이 불려지지 아니하리로다 할지니라.

본 절은 바벨론 왕이 지은 죄 때문에 바벨론 왕이 바벨론의 나라를 황폐하게 하였고, 바벨론 백성을 죽였으니, 바벨론 왕은 다른 왕들과 함께 자기 무덤에 묻히지 못할 것이고, 왕의 자손도 이 세상에서 살아남지 못할 것이라는 내용이다.

한 사람의 죄악은 그 자신 한 사람에게만 불행의 영향을 끼치는 것이 아니라 후손에게도 큰 영향을 미치는 것임을 알아야 할 것이다.

<여호와께서 바벨론을 멸하시리라>

사 14:21. 너희는 그들의 조상들의 죄악으로 말미암아 그의 자손 도륙하기를 준비하여 그들이 일어나 땅을 차지하여 성읍들로 세상을 가득하게 하지 못하게 하라.

여기 "너희"란 말은 '메대, 바사 군대'를 가리킨다(Delitzsch). 즉, 너희는 그들(바벨론) 조상들의 죄를 물어야 하니, 그 자손을 학살할 준비를 하라(출 20:5; 34:7; 신 5:9; 렘 32:18; 애 5:7). 그들이 일어나 땅을 차지하지 못하도록 막아라. 그들이 이 땅 위에 성읍의 기초를 놓지 못하도록 막으라고 말한다. 악인들이 일어나 왕성하도록 그냥 두면 그들은 얼른 세상에 가득할 것이다. 바벨론 사람들이 다시 나라를 건국하지 못하도록 하라는 말을 한 것이다. 훗날 다리우스 왕(Darius Hystaspis) 때 자칭 벨사살 왕(단 5:1)의 자손이 일어나 바벨론의 재건을 도모했으나 그가 거짓인 것도 판명되었고, 결국 죽임을 당했다.

(10) 바벨론에 대한 심판 14:22-23

이 부분(22-23절)은 바벨론이 마침내 땅 위에서 멸절될 것을 예언한다.

사 14:22. 만군의 여호와께서 말씀하시되 내가 일어나 그들을 쳐서 이름과 남은 자와 아들과 후손을 바벨론에서 끊으리라 나 여호와의 말이니라.

만군의 여호와(하늘의 일월성신을 만드신 주님)께서 말씀하시기를 "내가 일어나 바벨론을 치고 내가 바벨론을 멸하겠다. 그 명성도 없애고, 살아남아서 바벨론의 이름을 이어갈 자를 하나도 남기지 않고 바벨론에서 끊으리라"고 하신다.

사 14:23. 내가 또 그것이 고슴도치의 굴혈과 물 웅덩이가 되게 하고 또 멸망의 빗자루로 청소하리라 나 만군의 여호와의 말이니라 하시니라.

만군의 여호와께서 말씀하시기를 "또 내가 그 도성 바벨론을 고슴도치의 거처가 되게 하고, 또 물웅덩이로 만들 것이며, 멸망의 빗자루로 말끔히 쓸어버리겠다"고 하신다.

"고슴도치"는 몸길이가 20-30cm, 짧고 뭉툭한 몸집인데, 얼굴과 배, 꼬리, 네 다리 이외는 짧고 굵은 가시로 덮여 있는 고슴도칫과의 짐승이다. 몸빛은 암갈색이며 주둥이가 길고 꼬리는 짧다. 밤에만 활동하며 주로 곤충, 지렁이, 나무 열매 따위를 먹는 짐승이다. "굴혈"이란 '소굴'(巢窟), 혹은 '굴속'이란 뜻이다. 바벨론을 "고슴도치의 굴혈"이 되게 한다는 예언은 인적이 끊긴 바벨론 땅을 고슴도치의 서식지가 되게 할 것이란 예언이다. 바벨론은 한때 세계를 호령하던 나라였는데 그들 나라가 고슴도치의 서식지가 되게 하겠다는 것은 참으로 세력을 쓰던 나라들이 종말을 당하여 비참하게 망할 것을 보여주는 말이다.

"물 웅덩이가 되게 하겠다"는 예언은 훗날 그대로 성취되었다. 원래 유브라데 강은 바벨론 성 가운데로 흘러갔으나 바사 왕 고레스가 이 도시를 점령한 다음에 그 물줄기를 다른 곳으로 흘러가게 돌렸기 때문에 이곳에는 물 웅덩이만 남게 되었다는 것이다.

"멸망의 빗자루로 청소하리라"는 말은 비로 마당을 쓸어 깨끗하게 하듯 바벨론을 멸망의 비로 쓸어버려 남는 것이 없게 하겠다는 예언이다. 바벨론은 메대, 바사에 의해 멸망당했고, 그 후 그리스의 알렉산더 대왕의 공격으로 완전히 없어져 버렸다.

ㄴ) 앗수르를 심판하다 14:24-27

이 부분(24-27절)은 앗수르의 멸망을 예언한 진술로, 앗수르의 죄가 앗수르를 멸망하게 한 것이다(10:5-34). 필경은 앗수르가 예루살렘을 공략하다가 실패하고 말았다(36-37장).

<여호와께서 앗수르를 파하시리라>

사 14:24. 만군의 여호와께서 맹세하여 이르시되 내가 생각한 것이 반드시 되며 내가 경영한 것을 반드시 이루리라.

만군의 여호와(하늘의 일월성신을 지으신 하나님)께서 맹세하여 말씀하시기를 내가 생각한 것을 반드시 실행하며, 내가 뜻한 것을 반드시 그대로 이루겠다고 하신다. 하나님께서 한번 맹세하신 것은 반드시 이루신다는 진술이다.

사 14:25. 내가 앗수르를 나의 땅에서 파하며 나의 산에서 그것을 짓밟으리니 그 때에 그의 멍에가 이스라엘에게서 떠나고 그의 짐이 그들의 어깨에서 벗어질 것이라.

본 절은 앗수르 군이 유다 영토 내에서 패퇴할 것을 예언한 것이다. 즉, 만군의 여호와께서 말씀하시기를(24절) 내가 나의 땅에서 앗수르 사람들을 파멸시키고, 나의 산 위에서 그들을 짓밟을 것이니, 앗수르 사람들이 나의 백성에게 메운 멍에를 내가 유다에게서 벗겨 주겠다. 앗수르 사람들이 씌운 멍에가 유다에게서 벗겨지고 그가 지운 짐이 그들의 어깨에서 벗겨질 것이라고 하신다.

본 절은 앗수르의 산헤립이 예루살렘을 침범하다가 하루 사이에 185,000명이 죽어 모두 송장이 된 것을 지칭한 것(37:36-38)이다.

사 14:26. 이것이 온 세계를 향하여 정한 경영이며 이것이 열방을 향하여 편 손이라 하셨나니.

이것, 즉 하나님께서 앗수르와 바벨론을 멸망시키신 일과 유다와 그들의 포로에서 해방된 것이 두 나라와 유다만을 위한 계획이 아니라, 주님께서 온 세계와 만국에도 영향을 끼치실 계획으로 두 나라를 패퇴시키신 것이라는 내용이다. 왜냐하면 앗수르와 바벨론은 당시 전 세계를 지배하는 대제국들이었기 때문이다.

사 14:27. 만군의 여호와께서 경영하셨은즉 누가 능히 그것을 폐하며 그의 손을 펴셨은즉 누가 능히 그것을 돌이키랴.

만군의 여호와께서 계획하셨으니, 누가 감히 그것을 막겠느냐? 심판하시려고 손을 펴셨으니, 누가 감히 그 손을 막겠느냐고 말씀하신다. 앗수르와 바벨론을 심판하시려고 계획하신 것을 누가 막겠느냐는 것이다. 아무도 막을 사람이 없다는 것이다.

ㄷ) 블레셋의 멸망을 예언하다 14:28-32

13-23장까지 이방 나라 10개국에 대한 심판 예언 중 세 번째인 블레셋 멸망에 대한 예언(28-32절)이다. 28절은 예언이 주어진 시기를 말하고, 29-31절은 블레셋이 확실히 멸망한다는 것을 말하며, 32절은 블레셋이 반 앗수르 동맹을 위해 유다에 보내온 사신들에 대한 답변으로서 오직 여호와 앞에서만 안정을 구하고 그들과의 동맹을 거절할 것을 언급하고 있다.

<여호와께서 블레셋을 소멸시키시리라>

사 14:28. 아하스 왕이 죽던 해에 받은 이 경고가 임하니라.

유다의 아하스 왕이 죽던 주전 727년경 그 해에는 또한 앗수르의 디글랏 빌레셀 3세가 죽던 해였으므로 블레셋 사람들은 이제 앗수르의 지배로부터 벗어났다고 기뻐했다. 그 때에 여호와께서 다음과 같은 경고의 말씀을 주셨다.

사 14:29. 블레셋 온 땅이여 너를 치던 막대기가 부러졌다고 기뻐하지 말라 뱀의 뿌리에서는 독사가 나겠고 그의 열매는 날아다니는 불뱀이 되리라.

모든 블레셋 사람들이여! 너를 치던 몽둥이가 부러졌다고 기뻐하지 말라. 뱀이 죽은 자리에서 독사가 나오기도 하고, 그것이 낳은 알이 날아다니는 불뱀이 되기도 한다는 것이다.

블레셋은 애굽에서 욥바에 이르는 지중해 해안 지대에 살면서 이스라엘의 최대의 적(敵)이었다. 애굽의 라암세스 3세(RaamsesIII 1205-1175 B.C.) 때 그들은 애굽을 침략했으나 실패하고 귀로에 지중해 해안에 정착하게 된 것이다. 블레셋은 이스라엘의 가장 강한 숙적으로 사울 왕이 블레셋 전쟁에서 전사했고(삼상 21장), 다윗에게 정복당했으나(삼하 8:1), 여호람 시대에 반역했다(대하 21:16-17). 그 후 웃시아 왕이 다시 정복했으나(대하 26:6-7) 아하스 시대에 다시 반역했다(대하 28:18).

여기 "너를 치던 막대기가 부러졌다고 기뻐하지 말라"는 말은 블레셋을 억압하던 왕이 죽었다고 기뻐하지 말라는 것이다. 이는 앗수르의 디글랏빌레셀 3세(B.C. 745-727년)가 죽었다고 기뻐하지 말라고 보는 것이 바른 견해인 듯하다. 왜냐하면 아하스는 블레셋을 치던 막대기가 아니라 도리어 블레셋의 매에 맞던 북이었기 때문이다(대하 28:18). 또한 디글랏빌레셋 3세는 B.C. 734년 북 이스라엘과 남 유다는 물론 블레셋의 가사까지 정복하는 등 이스라엘뿐만 아니라 블레셋에게도 큰 고통을 주었기 때문이다. 왕하 15장.

"뱀의 뿌리에서는 독사가 나겠고 그의 열매는 날아다니는 불 뱀이 되리라"는 말의 해석에 대해서는 두 가지 견해가 있다. 1) 아하스, 히스기야, 메시아를 가리킨다는 견해(Keil, Lange), 2) 앗수르 왕 디글랏빌레셀, 사르곤, 산헤립을 가리킨다는 견해(Gray, Rawlinson). 앞문장의 해석에 따라 2)번의 견해가 타당한 것으로 보인다.

사 14:30. 가난한 자의 장자는 먹겠고 궁핍한 자는 평안히 누우려니와 내가 네 뿌리를 기근으로 죽일 것이요 네게 남은 자는 살륙을 당하리라.

본 절은 이스라엘 백성과 블레셋 백성의 미래를 대조한다. 즉, 나의 땅 이스라엘에서는 극빈자들이 배불리 먹겠고, 궁핍한 사람들이 평안히 누워 쉴 것이다. 그러나 내가 너희 블레셋 사람을 모조리 굶어 죽게 하겠고, 너희 가운데서 남은 자는 칼날에 죽게 할 것이라는 말이다.

사 14:31. 성문이여 슬피 울지어다 성읍이여 부르짖을지어다 너 블레셋이여 다 소멸되리로다 대저 연기가 북방에서 오는데 그 대열에서 벗어난 자가 없느니라.

블레셋의 성문들이여! 슬피 울어라! 블레셋의 성읍들이여! 울부짖어라! 너 블레셋이여! 녹아 없어져라! 북쪽에서부터 강한 앗수르 군대가 진군하여 올 것이니, 블레셋 성읍들이 불태워지게 되고, 너희 군인들 가운데서 그것을 피하여 벗어날 자가 없게 될 것이다.

사 14:32. 그 나라 사신들에게 어떻게 대답하겠느냐 여호와께서 시온을 세우셨으니 그의 백성의 곤고한 자들이 그 안에서 피난하리라 할 것이니라.

블레셋 특사(特使)들에게 무엇이라고 답변할 것이냐? "여호와께서 시온을 세우셨으니, 고통당하던 그의 백성이 그리로 피한다"고 답변하여라.

여기 "그 나라 사신들"이란 말이 무엇을 뜻하느냐를 두고 몇 가지 견해가 있다. 1) 블레셋이 당하는 것을 보고 어떻게 예루살렘은 무사했느냐 라고 묻고자 남 유다를 찾아온 주변의 여러 나라의 사신들일 것이라는 견해 (Delitzsch), 2) 남 유다의 항복을 받아내기 위해 찾아온 앗수르의 사신들이라는 견해(사 36:1-20), 3) 반 앗수르 동맹을 맺자고 제의하러 남 유다에 온 블레셋 사신들을 지칭한다는 견해(Gray, Rawlinson)이다. 이상의 견해들 중 3)번의 견해가 문맥에 맞는 것으로 본다. 이유는 그 사신들은 한정적으로 앞에서 언급한 블레셋을 가리키기 때문이다. 따라서 본문은 블레셋 사람들이 남 유다에게 반 앗수르 동맹을 맺자고 제의할 때 '어떻게 답변할 것인가'라고 남 유다 백성들에게 묻는 선지자의 질문이다.

"여호와께서 시온을 세우셨으니 그의 백성의 곤고한 자들이 그 안에서 피난하리라"는 말은 '위의 질문에 대한 선지자의 자답'이다. 즉, 오직 여호와만이 남 유다를 지키시며 보호하시는 참 동맹자이시므로 블레셋과는 동맹을 맺을 필요가 없다는 것을 강조하는 말이다. 이를 통해 선지자는 간접적으로 남 유다 백성들에게 오직 여호와 하나님만을 의지하는 참 신앙의 회복을 촉구하고 있다고 하겠다.

ㄹ) 모압을 심판하다 15-16장

블레셋이 이스라엘의 서편 쪽에서 이스라엘을 위협한 것에 대한 심판이 14:28-32에서 언급되었고, 이제는 이스라엘의 동편 쪽을 위협한 모압의 심판이 15-16장에서 선언된다. 이 부분(15-16장)의 내용은 (1) 갑자기 닥친 모압의 심판(15장), (2) 모압의 교만과 멸망(16장)으로 구성되어 있다.

제 15 장

(1) 갑자기 닥친 심판 15장

15장은 모압이 갑자기 패망을 당한 일과 애절한 애통이 모압 전국에 가득 찼기에 만가가 울려 퍼진다.

ㄱ) 모압에 임한 심판 15:1-9

본문은 바벨론, 앗수르, 블레셋에 이어 네 번째로 아브라함의 조카 롯의 후손인 모압 족속(창 19:37)의 멸망에 대한 예언을 기록한 두 장(15, 16장) 중 그 전반부에 해당하는 부분이다. 이 부분의 내용을 보면 모압의 멸망이 갑자기 닥칠 것이며(1-4절), 모압의 위인들이 피난을 가지만 그곳에서도 재앙이 덮쳐 멸망하게 될 것을 예언하고 있다(5-9절).

<여호와께서 모압을 황폐하게 하시리라>

사 15:1. 모압에 관한 경고라. 하룻밤에 모압 알이 망하여 황폐할 것이며 하룻밤에 모압 기르가 망하여 황폐할 것이라.

다음 절부터는 모압을 두고 내리신 엄한 경고의 말씀이다. 알이 망하는 그 밤에 모압이 망한다. 길이 망하는 그 밤에 모압이 망한다는 것이다.

"모압"은 롯이 큰 딸을 통하여 얻은 아들의 자손이다(창 19:31-37). 이 족속은 요단 강 동편, 사해 가까이에 거주했다. 그 지방은 원래 엠미라는 선주민의 땅이었으나 모압 족속이 거주하는 땅이 되었다(신 2:10-11). 사사 시대에 모압의 에글론 왕이 이스라엘을 압박했으나 에훗에 의해 정복되었다(삿 3:12-30). 그 후에는 두 민족이 평화롭게 지내는 사이가 되었고 이스라엘이 이곳으로 피난 와서 룻 같은 모압 여인이 메시아의 족보에까지 들게 되었다.

"하룻밤에"란 말은 모압의 패망이 갑가기 닥친다는 것을 묘사하는 말이다. 두 번이나 이 말이 반복된 것은 그 사실을 더욱 강조하는 것이다.

"모압 알"과 "모압 길"이란 말은 모압의 두 지역을 뜻하는 말이다. "알"은 '아이'를 뜻한다(렘 49:3). 이곳은 아르논(Arnon) 남단에 위치한 모압의 수도였다. "길"은 모압의 주된 요새로 알의 동남쪽이며, 사해 동남쪽 17km에 위치해 있다. 수도와 요새가 황폐했으니 모압의 패망이 완전한 것을 짐작할 수가 있다.

사 15:2. 그들은 바잇과 디본 산당에 올라가서 울며 모압은 느보와 메드바를 위하여 통곡하는도다 그들이 각각 머리카락을 밀고 각각 수염을 깎았으며.

갑작스런 패망을 당한 모압인들의 반응을 묘사한다. 즉, 바잇과 디본 사람들이 그모스 산당에 올라가 통곡하고, 모압 사람들은 느보(헤스본 동남쪽 약 6km 지점에 위치한 도시)와 메드바(요단 강 동편에 있는 성읍으로 북이스라엘 왕 오므리에 의해 정복되었다가 40년 만에 모압 왕 메사가 회복했다고 한다)의 멸망을 보고 통곡한다. 여기 통곡했다는 말은 모압인들이 의지하는 바알, 그모스와 같은 우상들에게 부르짖으나 아무 소용이 없음을 암시하는 말이다(렘 48:7, 13). 모압인들은 모두 머리를 밀었고, 수염을 깎았다. 이는 슬픔의 표시였다.

사 15:3. 거리에서는 굵은 베로 몸을 동였으며 지붕과 넓은 곳에서는 각기 애통하여 심히 울며.

모압인들이 굵은 베로 허리를 동이고, 길거리에 나와 앉아 울고, 지붕 위에 올라가 통곡하며, 광장에서도 통곡하니, 볼에 눈물이 마를 날이 없게 될 것이라는 예언이다.

모압의 파멸이 전(全) 국가적인 것으로, 이를 애도하는 슬픔의 행렬이 모든 거리에까지 파급되었음을 보여준다. 여기 머리털과 수염을 깎고(2절) 굵은 베옷을 입는 것은 고대 근동 국가들에서 흔히 볼 수 있었던 애도 방식이었다(22:12; 렘 41:5; 미 1:6; 욘 3:5-6).

사 15:4. 헤스본과 엘르알레는 부르짖으며 그들의 소리는 야하스까지 들리니 그러므로 모압의 군사들이 크게 부르짖으며 그들의 혼이 속에서 떠는도다.

모압의 파멸이 전 국가적인 것이기(3절) 때문에 헤스본과 엘르알레에서 부르짖는 소리가 저 멀리 야하스에까지 들리게 될 것이라는 예언이다. 따라서 모압의 용사들이 두려워 떨며 넋을 잃게 될 것이라고 한다.

"헤스본"은 요단 강 동편 약 32km 지점이며 아모리 왕 시혼이 수도로 삼았던 곳이다(민 21:21-27).

"엘르알레"는 헤스본 동북쪽 1.6km 지점에 위치한 성읍으로 헤스본과 함께 모세에 의해 르우벤 지파에게 주어졌으나 후에 다시 모압인들의 손에 넘어갔다(민 32:3, 37; 렘 48:34).

"야하스"는 아르논 북쪽 디본과 가까운 곳에 있는 모압의 성읍이다(민 21:23). "그러므로 모압의 군사들이 크게 부르짖으며 그들의 혼이 속에서 떠는도다"라는 말은 하나님의 모압 심판으로 모압의 도시들(헤스본, 엘르알레, 야하스)이 야단이므로 모압의 군인들까지 부르짖으며 그들의 혼이 속에서 떨게 된다는 뜻이다. 멸망을 맞이한 모압의 군인들까지도 그 멸망을 막을 수가 없어서 슬퍼하고만 있을 수밖에 없다는 것이다. 하나님 앞에서 모든 민족들은 겸손하게 처신해야 할 것을 알 수 있다.

사 15:5. 내 마음이 모압을 위하여 부르짖는도다 그 피난민들은 소알과 에글랏 슬리시야까지 이르고 울며 루힛 비탈길로 올라가며 호로나임 길에서 패망을 울부짖으니.

모압의 여러 도시들이 울부짖는 것(전 절)을 보니 내(이사야) 마음속까지 아프구나. 사람들이 저 멀리 소알과 에글랏 슬리시야에까지 도망 치고, 그들이 슬피 울면서 루힛 고개로 오르는 비탈길을 올라가고, 호로나임 길에서 소리 높여 통곡하니 그들이 이렇게 망하게 되었구나라고 한다.

여기 "그 피난민들은 소알과 에글랏 슬리시야까지 이른다"는 말은 '그 피난민들은 소알(소돔과 고모라 심판 때에 롯이 도피했던 사해 남단에 위치해 있는 도시, 창 19:20-22)과 에글랏 슬리시야(렘 48:34, 3년 된 암소라는 뜻, 고유 명사인 듯)라는 곳까지 피난을 목적으로 도망친다는 것이다. 그리고 "그들이 슬피 울면서 루힛 고개로 오르는 비탈길을 올라간다"는 말은 그들이 피난하기 위해 가는 것을 의미한다. 그리고 "호로나임 길에서 패망을 울부짖는다"는 말은 사람이 거처할 수 있는 많은 굴들이 있는 호로나임 길에서 패망을 부르짖으면서 몸을 숨기기 위해서 피난 간다는 것을 나타내는 것으로 보인다.

사 15:6. 니므림 물이 마르고 풀이 시들었으며 연한 풀이 말라 청청한 것이 없음이로다.

본 절은 사해 남단으로 흘러들어가는 몇 개의 물줄기로 몇 개의 우물에서 물이 시작해서 모압 땅을 적셔주었는데 그 물들이 마르게 되어 풀들조차 말랐다는 것을 진술한다. 즉, 니므림 샘들이 말라서 메마른 땅으로 바뀌고, 풀이 시들고, 초목이 모조리 사라지고, 푸른 것이라고는 하나도 볼 수가 없게 되었다는 것이다.

사 15:7. 그러므로 그들이 얻은 재물과 쌓았던 것을 가지고 버드나무 시내를 건너리니.

"그러므로"(therefore), 즉 '니므림의 물줄기도 마르고 풀들이 마르므로'(6절) 그들은 그 땅에서 더 이상 살수 없게 되자 그들의 재물과 쌓아 놓은 재물을 챙겨가지고, 버드나무 시내(모압 남방 암몬과의 국경 지대에 있는 세일 강의 북쪽 지류일 것이다, Keil)인 남방 국경을 건너 에돔 땅으로 피난한다는 것이다.

사 15:8. 이는 곡성이 모압 사방에 둘렸고 슬피 부르짖음이 에글라임에 이르며 부르짖음이 브엘엘림에 미치며.

문장 초두에는 이유를 말하는 접속사(yKi)가 나타나 모압 사람들이 피난하지 않을 수 없는 이유를 말한다. 그 이유는 모압 사람들의 곡하는 소리가 모압 땅 사방에 울려 퍼지고, 그들이 슬피 우는 소리가 에글라임에까지 들리며, 그 울부짖는 소리가 브엘엘림에까지 이르기 때문이다. "에글라임"은 사해 남단(겔 47:10), "브엘엘림"은 모압 동북쪽에 위치한 "브엘"과 동일한 지역일 것(민 21:16-18)으로 추정된다.

사 15:9. 디몬 물에는 피가 가득함이로다 그럴지라도 내가 디몬에 재앙을 더 내리되 모압에 도피한 자와 그 땅에 남은 자에게 사자를 보내리라.

디몬의 물이 피로 가득찼다. 그런데도 내(여호와)가 또 다른 재앙 하나를 더 보내겠다. 모압에서 도피한 자들과 그 땅의 남은 자들에게 사자(lion)를 보내어 그들을 찢어버리게 하겠다고 말씀하신다.

본 절 초두의 "디몬"(דִּימוֹן)이란 말은 '피'라는 뜻으로 2절의 "디본"을 다르게 표기한 것이다. 이와 같이 이사야가 "디본"을 "디몬"으로 표기한 이유는 살육의 강도를 강조하기 위함이다. 따라서 본문은 모압의 전 국토에서 대규모의 살육이 벌어질 것을 암시해 준다.

"그럴지라도 내가 디몬에 재앙을 더 내리겠다"고 말하는 것은 모압에 대한 하나님의 심판이 철저하게 이루어질 것임을 선언한 것이다. 다시 말해 모압 사람들이 이 심판에서 벗어날 수 없음을 거듭 말하고 있는 것이다.

"모압에 도피한 자와 그 땅에 남은 자에게 사자를 보내리라"는 말씀은 여호와께서 모압을 심판하시는데 있어 여호와의 심판을 수행할 사자(lion)를 보내시겠다는 예언이다. 이 예언은 B.C. 645년 앗수르 왕 앗술 바니발과 그후 B.C. 605년 경 바벨론 왕 느부갓네살의 모압 침략에 의해 성취되었다 (Josephus).

제 16 장

(2) 모압의 교만과 멸망 16장

모압이 왜 심판을 받을 것인지를 말한다. ㄱ) 모압이 이스라엘에 종속함으로 자비를 받을 것을 권면 받았으나(1-5절), ㄴ) 모압은 교만해서 그 청원을 거절한다. ㄷ) 결국 모압의 심판이 닥친다는 것이다.

ㄱ) 피난민들이 도피처를 호소하다..16:1-5

모압이 심판을 면할 수 있는 두 가지 방법이 있었다. 첫째, 남 유다에 조공을 받침으로 화친하라는 것이었다(1-2절). 이는 오늘날 모압과 같이 심판 받아 마땅한 사람들은 다윗 왕위의 궁극적인 계승자인 예수 그리스도께 복종함으로써 구원 받을 수 있는 영적 교훈을 주는 것이다. 둘째, 이사야 당시 앗수르의 침략으로 인해 피난민들이 된 남 유다의 여러 성읍 백성들을 도와줌으로써 다윗 왕가가 하나님의 인자하심으로 다시 굳게 설 때 그 복에 동참하라는 것(3-5절)이었다.

<모압이 통곡하고 근심하리라>

사 16:1. 너희는 이 땅 통치자에게 어린 양들을 드리되 셀라에서부터 광야를 지나 딸 시온 산으로 보낼지니라.

심판을 면하려면 남 유다에 조공을 받쳐 화친하라는 것이었다. 즉, 모압 백성아! 예루살렘의 통치자에게 어린 양들을 조공으로 보내라. 셀라에서 광야를 거쳐, 나의 딸 시온 산으로 조공을 보내라고 말한다.

본 절의 "너희는 이 땅 통치자에게 어린 양들을 드리라"고 권한 말은 모압에서 피난하여 사해 남단 버드나무 시내를 건너온 모압인들은 "셀라에서부터 광야를 지나 딸 시온 산으로 조공을 보내라"고 권한다. 다시 말해 어린 양을 조공으로 남 유다로 보내라는 권고이다(왕하 3:4). 이는 모압의 진정한 안전은 다윗 왕가의 궁극적 계승자로 오실 예수 그리스도께 복종함으로써 가능함을 나타낸다.

사 16:2. 모압의 딸들은 아르논 나루에서 떠다니는 새 같고 보금자리에서 흩어진 새 새끼 같을 것이라.

있을 곳을 잃어 날아다니는 새들처럼, 털린 둥지에서 흩어진 새끼 새들처럼 모압의 전체 국민들이 아르논의 나루터, 곧 아라비아의 북부 산지에서 시작하여 서쪽으로 약 32km의 물줄기를 따라 엔게디의 맞은편에 위치한 사해로 흘러들어가는 긴 강으로 모압과 아모리의 경계를 이루는 강(민 21:13)에서 헤매고 있다.

본 절은 모압이 남 유다에 조공을 바쳐야만 하는 이유가 모압 전체가 하나님의 심판으로 인해 남 유다에 도움을 청하지 않으면 멸망할 수밖에 없는 위태로운 상황에 처해 있기 때문임을 보여준다.

사 16:3. 너는 방도를 베풀며 공의로 판결하며 대낮에 밤 같이 그늘을 지으며 쫓겨난 자들을 숨기며 도망한 자들을 발각되게 하지 말며(Give counsel; grant justice; make your shade like night-at the height of noon; shelter the outcasts; do not reveal the fugitive;-ESV)**.**

모압인들이 유다 백성에게 애원하기를 "우리가 어떻게 해야 할지 말하여 주십시오. 우리를 위하여 중재하여 주십시오. 뜨거운 대낮에 시원한 그늘을 지게 하는 나무처럼, 우리가 그대의 그늘에서 쉴 수 있도록 보호하여 주십시오. 우리는 피난민들이니 아무도 우리를 해치지 못할 곳에 우리를 숨겨 주십시오"라고 애원한다.

본 절의 "너"가 누구를 가리키느냐에 따라 본 절에서 5절까지의 뜻이 완전히 달라진다. 이에 대해서는 두 가지 견해가 있다. 1) "너"가 남 유다를 가리킨다는 견해(LXX, NIV, RSV, Gray, Rawlinson, 호크마 주석, 이상근).

이 경우 3-5절은 남 유다에게 그들은 하나님의 은혜로 다윗 왕가의 궁극적 계승자이신 메시아 그리스도께서 통치하시는 그 나라를 유업으로 받았으므로 하나님의 심판으로 반드시 멸망당하여 흩어질 모압의 피난민들에게 은혜를 베풀라는 선지자의 권면으로 볼 수가 있다.

(2) "너"가 모압을 가리킨다는 견해(KJV, Kay, 루폴드, 그랜드 종합 주석, 박윤선). 이런 경우 3-5절은 모압에게 앗수르의 피난민이 된 남 유다 백성들을 도와줌으로써 다윗 왕가의 궁극적 계승자이신 메시아 예수 그리스도께서 남 유다를 회복하실 때 그 복에 참여하라는 선지자의 권면으로 해석될 수 있다. 위의 두 견해는 모두 가능하나 문맥의 흐름으로 보아 2)번의 견해가 더 타당하다. 즉, 선지자(이사야)는 여호와의 심판으로 멸절되지 않기 위해 1절에서 어린 양을 조공으로 바칠 것을 권면한데 이어 본 절에서는 남 유다 피난민들을 선대할 것을 권면하고 있는 것이라고 볼 수 있다.

본 절의 "너는 방도를 베풀라"는 말은 '지혜롭게 행동하라'는 뜻이고, 또 "공의로 판결하라"는 말은 '하나님의 판단에 따라 행동하라'는 뜻이다. 따라서 본문은 모압 백성에게 앞 절(1절)에서 말한 권면을 지혜롭게 생각하고 따르라는 것과 하나님께서 그의 판단에 따라 이미 남 유다를 그의 백성으로 삼으셨으므로 남 유다를 대항하지 말고 도와주라는 이사야 선지자의 권면이다.

그리고 "쫓겨난 자들을 숨기며 도망한 자들을 발각되게 하지 말라"는 말은 앗수르의 핍박으로 인해 모압 땅으로 쫓겨난 자를 숨겨주고 다시 도와주라(룻 1:1; 삼상 22:3-4)는 선지자의 권면이다.

사 16:4. 나의 쫓겨난 자들이 너와 함께 있게 하되 너 모압은 멸절하는 자 앞에서 그들에게 피할 곳이 되라 대저 토색하는 자가 망하였고 멸절하는 자가 그쳤고 압제하는 자가 이 땅에서 멸절하였으며.

"나의 쫓겨난 자들이 너와 함께 있게 하되 너 모압은 멸절하는 자 앞에서 그들에게 피할 곳이 되라"는 말은 전 절과 마찬가지로 앗수르의 침략으로 모압에 피난 온 남 유다 백성들에게 모압은 친절을 베풀라는 권면이다.

"대저 토색하는 자가 망하였고 멸절하는 자가 그쳤고 압제하는 자가 이 땅에서 멸절하였다"는 말은 "대저"(왜냐하면)라는 접속사 때문에 모압이 남 유다에게 친절을 베풀어야 하는 이유를 말하는 것이다. 즉, "우리가 이 땅에서 살도록 허락하여 주십시오. 우리를 죽이려고 하는 자들에게서 우리를 보호하여 주셔야 합니다. 폭력이 사라지고, 파괴가 그치고, 압제자들이 이 땅에서 자취를 감출 것이기 때문에 우리를 보호해 주시라"는 것이다. 여기 세 가지 동사가 과거사로 묘사된 것은 앞으로 될 일이지만 확실히 될 일이기 때문이다.

사 16:5. 다윗의 장막에 인자함으로 왕위가 굳게 설 것이요 그 위에 앉을 자는 충실함으로 판결하며 정의를 구하며 공의를 신속히 행하리라.

다윗의 가문에서 히스기야 왕이 나와 신실과 사랑으로 그 백성을 다스릴 것이다. 옳은 일이면 지체하지 않게 하고, 정의가 이루어지는 것을 보여 줄 것이다. 히스기야만 아니라 장차 예수 그리스도께서 등장하셔서 선한 정치를 할 것인데 그 때 모압도 하나님의 복을 받게 될 것이니 지금 유다 민족을 잘 보아 주라는 것이다.

ㄴ) 더 한 층의 재난 16:6-12

모압이 유다 민족을 위한 선지자의 부탁(1-5절)을 거절한 것은 참 교만한 행위였다. 모압은 작은 민족이지만 일시 동안 평안하고 물질적으로는 풍부하게 살고 있었기 때문에 장차 있을 환난을 내다보지 못했다. 잠 16:18에 "교만은 멸망의 앞잡이니라"고 말한다.

사 16:6. 우리가 모압의 교만을 들었나니 심히 교만하도다 그가 거만하며 교만하며 분노함도 들었거니와 그의 자랑이 헛되도다.

유다 백성이 대답하기를 "우리는 모압이 교만하다는 소문을 들었다(25:11; 렘 48:29). 그들이 매우 교만하고 오만하고 거만하여 화를 잘 내지만,

사실 그들의 자랑은 허풍뿐이라"는 것도 들어 알고 있다.

모압이 하나님의 심판 메시지를 듣지 않았던 것은 그들의 강력한 요새와 풍부한 경제력(왕하 3:4) 때문인데, 이런 상황에서 심판이라는 예언을 수용할 수 없었던 것은 오만함으로 똘똘 뭉쳐져 있었으므로 예언의 말씀을 받아들이지 않은 것이다. 인간의 입장에서 볼 때는 당연한 일일 것이다.

사 16:7. 그러므로 모압이 모압을 위하여 통곡하되 다 통곡하며 길하레셋 건포도 떡을 위하여 그들이 슬퍼하며 심히 근심하리니.

그러므로 모압 백성은 그들의 교만과 오만으로 인해 갑자기 임한 파멸로 그들이 당하는 고통을 못 이겨 통곡할 것이다. 길하레셋(15:1의 모압 길과 동일한 성읍일 것이다. Rawlinson)에서 늘 먹던 건포도 빵을 그리워하며 슬피 울 것이다.

모압은 포도의 명산지로 특히 건포도 떡이 유명했는데(렘 48:31-33) 여기서 건포도 떡은 모압의 모든 소산물을 대표하는 것이다. 따라서 본문에서 모압 사람들이 건포도 떡을 위하여 근심한다는 것은 전쟁으로 그 땅이 황폐화되어 땅의 소산을 얻지 못할 것임을 시사한다.

사 16:8. 이는 헤스본의 밭과 십마의 포도나무가 말랐음이라 전에는 그 가지가 야셀에 미쳐 광야에 이르고 그 싹이 자라서 바다를 건넜더니 이제 열국의 주권자들이 그 좋은 가지를 꺾었도다.

본 절 초두에는 이유를 말하는 접속사(כִּי)가 있어 모압인들이 슬퍼하는(7절) 이유를 본 절이 제공하고 있다. 즉, 헤스본의 밭과 십마의 포도원이 황무지가 되고 말 것이다. 한때는 포도나무 가지가 저 멀리 야스엘까지 뻗어 나가고, 동쪽으로는 광야에까지 퍼져 나가고, 서쪽으로는 그 싹이 자라서 사해 너머로까지 뻗어 가더니 이제는 열국의 주권자들이 그 좋은 가지를 꺾어버리고 말 것이다.

"헤스본"과 "십마"는 아주 비옥한 지대로서 특히 포도나무가 많았던 것으로 알려져 있다. "전에는 그 가지가 야셀에 미쳐 광야에 이르렀다"는 말은 전에는 포도 농사가 잘 되었음을 묘사하는 말이다. 그리고 "그 싹이 자라서 바다를 건넜다"는 말은 '포도 수확이 사해 바다(민 32:1, 35; 수 12:35)를 건너갔다'는 뜻이다. "이제 열국의 주권자들이 그 좋은 가지를 꺾었다"는 말은 이전에 번창했던 모압의 산업이 주변 강대국의 노략의 대상이 될 것을 뜻한다. 그 좋은 가지를 꺾은 자는 앗수르의 왕이었다(Rawlinson).

사 16:9. 그러므로 내가 야셀의 울음처럼 십마의 포도나무를 위하여 울리라 헤스본이여, 엘르알레여, 내 눈물로 너를 적시리니 너의 여름 실과, 네 농작물에 즐거운 소리가 그쳤음이라.

그러므로 야스엘이 울듯이 내(이사야)가 통곡한다. 말라비틀어진 십마의 포도나무를 두고 통곡한다. 헤스본이여! 엘르알레여! 내(이사야의) 눈물로 너를 적실 것이다. 너의 여름 실과와 농작물을 거두는 너의 흥겨운 소리가 너에게서 그쳤음이라. 여기 동사들이 과거형으로 묘사된 것은 앞으로 분명히 실행될 일이기 때문에 과거형으로 표현한 것이다.

사 16:10. 즐거움과 기쁨이 기름진 밭에서 떠났고 포도원에는 노래와 즐거운 소리가 없어지겠고 틀에는 포도를 밟을 사람이 없으리니 이는 내가 즐거운 소리를 그치게 하였음이라.

이제는 기름진 밭에서 기쁨도 사라지고 즐거움도 사라졌다. 포도원에서 노랫소리가 들리지 않고, 기뻐 떠드는 소리도 나지 않고, 포도주 틀에는 포도를 밟는 사람도 없어지게 되었다. 즐거움과 기쁨이 떠나고 노래와 즐거운 소리가 없어진다는 것은 포도 수확의 기쁨과 즐거움이 없어진다는 것을 뜻하는 말이다. 이것은 우연한 것이 아니라 여호와께서 그 흥겨운 소리를 그치게 하신 것이다.

사 16:11. 이러므로 내 마음이 모압을 위하여 수금 같이 소리를 발하며 내

창자가 길하레셋을 위하여 그러하도다.

"이러므로", 즉 '여호와께서 모압을 심판하셔서 즐거움과 기쁨을 없어지게 하시니' 선지자도 모압을 생각하여 나(이사야)의 심장이 수금 줄이 튀듯 떨리고, 길하레셋을 생각하니, 나의 창자가 뒤틀린다고 말한다. 선지자는 하나님을 대리하여 모압을 위해 슬픔을 표현하는 것이다.

사 16:12. 모압이 그 산당에서 피곤하도록 봉사하며 자기 성소에 나아가서 기도할지라도 소용없으리로다.

모압 백성이 자기들의 산당에 올라가서 아무리 정성으로 제사를 드린다고 해도, 그리고 그 성소에 들어가서 아무리 수많은 기도를 드린다 해도, 아무 소용이 없을 것임을 보여준다.

ㄷ) 재앙의 때를 가리키는 후기.....16:13-14

사 16:13. 이는 여호와께서 오래 전부터 모압을 들어 하신 말씀이거니와.

이사야가 지금까지 모압이 심판을 받을 것이라고 말한 것은 여호와께서 벌써 이사야보다 20년 전에 아모스 선지자를 통하여 하신 말씀이라는 것이다(암 2:1-3). 여호와께서 아모스 선지자를 통해서 하신 말씀을 이제 다시 이사야를 통해서 모압의 심판을 예언한 것이다. 이렇게 똑같은 예언을 한 것은 여호와께서 모압을 생각해 주신 것이다. 우리가 심판을 면할 수 있는 것은 여호와께서 말씀하심 같이 죄를 자복하는 것 밖에는 다른 비법이 없다(요일 1:9).

사 16:14. 이제 여호와께서 말씀하여 이르시되 품꾼의 정한 해와 같이 삼 년 내에 모압의 영화와 그 큰 무리가 능욕을 당할지라 그 남은 수가 심히 적어 보잘것없이 되리라 하시도다.

그러나 이제 주님께서 다시 이렇게 말씀하시기를 삼 년 기한으로 머슴살이를 하게 된 머슴이 그 햇수를 세듯이, 이제 내가 삼 년을 센다. 삼 년

안(3년 안이라는 말은 꼭 3년을 말하는 것이 아니라 어떤 정한 기한 안에 심판하신다는 뜻이다)에 모압의 영화가 그 큰 무리와 함께 모두 능욕을 당할 것이다. 그리고 남은 사람이라야 얼마 되지 않아 보잘 것이 없을 것이다. 죄를 자복하지 않는 자는 언젠가 반드시 심판을 받을 줄 알아야 할 것이다.

제 17 장

(3) 다메섹과 이스라엘의 심판 17장

다메섹 심판과 유다가 당할 심판은 혼합적으로 나타난다. 다메섹과 유다가 동맹 관계에 있기 때문으로 본다. 이 부분의 내용은 ㄱ) 다메섹에 대한 심판(1-3절), ㄴ) 이스라엘에 대한 심판(4-11절), ㄷ) 앗수르에 대한 심판(12-14절)으로 되어 있다.

ㄱ) 다메섹 심판 17:1-3

모압 심판 예언 다음으로는 그 북방에 있는 다메섹이 심판 받을 것이 예언된다. 다메섹이 이스라엘과 동맹하여 유다를 위협하였기 때문에 이미 징벌을 받은 것이 밝혀졌다(7:1-9). 그런데 여기서도 다메섹은 이스라엘과 새롭게 등장하는 아로엘과 함께 심판을 받는다.

<여호와께서 에브라임과 다메섹을 멸하시리라>

사 17:1. 다메섹에 관한 경고라. 보라 다메섹이 장차 성읍을 이루지 못하고 무너진 무더기가 될 것이라.

다음 경고의 말은 다메섹(수리아의 수도)을 두고 하신 엄한 경고의 말씀이다. 다메섹은 성읍 축에도 들지 못하고 허물어진 무더기가 될 것이라는 것이다.

본장 1-3절은 이방 민족에 대한 심판 예언 중 다섯 번째에 해당하는 아람의 수도 "다메섹"의 심판에 대한 예언이다. 다메섹의 멸망에 대해서는 이미 7:1-9에서 밝힌 바 있으나 여기에서는 보다 확정적으로 선포하고 있다. 여기 "다메섹"은 아람 전체를 대표하는 말이다. 따라서 본 예언은 아람 왕국 전체에 대한 것이라 할 수 있다. 흔히 수리아라고도 불리는 아람 민족은 르신 왕 때 이스라엘 르말랴의 아들 베가 왕과 연합하여 남 유다를 친 적이 있었다(왕하 16장). 이처럼 남 유다에게 위협적인 존재인 아람의 멸망에 대한 예언은 하나님의 경건한 자들을 위로하기 위함이었다.

"보라 다메섹이 장차 성읍을 이루지 못하고 무너진 무더기가 될 것이라"는 말을 살필 때 먼저 "보라!"는 말에 주의를 기울여야 할 것이다. 이 말이 문장 처음에 나온 것은 다메섹의 파괴가 심상치 않다는 것을 주의시키는 말이다. 역사상 아람의 수도 다메섹이 외적의 침입으로 인해 자주 파괴되었음에도 불구하고 재빨리 재건되었던 배경에서 볼 때, 본문의 멸망 선포는 이전의 파괴보다 더 심각한 전체적인 파괴가 있을 것임을 가리킨다고 할 수 있다. 한편 다메섹은 본 예언대로 주전 732년 앗수르 왕 디글랏빌레셀 3세에 의해 완전히 멸망되어 다시 회복하지 못하고 폐허가 되고 말았다(왕하 16:9, 그랜드 종합 주석).

사 17:2. 아로엘의 성읍들이 버림을 당하리니 양 무리를 치는 곳이 되어 양이 눕되 놀라게 할 자가 없을 것이며.

또한 아로엘의 성읍들이 버림을 당하게 될 것이다. 그 성읍들은 양 떼의 차지가 되며, 양 떼가 누워도 그들을 놀라게 할 자가 없을 것이다.

본 절의 "아로엘"은 요단 동편의 길르앗 전역을 지칭하는 명칭으로 사용된 듯하다(Lange). 구약에서 "아로엘"이란 명칭은 1) 남 유다의 성읍(삼상 30:28), 2) 요단 강 동편이며 르우벤 지파가 차지한 옛 아모리의 성읍인 '랍바의 아로엘'(신 2:36; 3:12), 3) 갓 지파가 차지한 옛 암몬의 성읍인 "랍바의 아로엘"(민 32:34; 수 13:25) 등 세 곳이다. 선지자는 하나님의 심판이 아람 지역을 거쳐 요단 동편 땅을 지나 북 이스라엘 쪽으로 향하는 것으로 묘사하고 있다.

본 절의 "놀라게 할 자가 없을 것이라"는 말은 완전 무인지경이 될 것이란 말이다.

사 17:3. 에브라임의 요새와 다메섹 나라와 아람의 남은 자가 멸절하여 이스라엘 자손의 영광 같이 되리라 만군의 여호와의 말씀이니라.

에브라임은 무방비 상태가 될 것이고, 다메섹은 주권을 잃을 것이다. 이스라엘 자손에게서 영광이 사라지듯이, 아람의 남은 백성도 수치를 당할 것이다. 만군의 여호와께서 하신 말씀이다.

본 절의 "에브라임"은 북조 이스라엘의 별명이다(7:2 주해 참조). 여기 "에브라임의 요새"란 말은 앗수르 군대가 이스라엘을 침략하려면 다메섹을 거쳐야 하므로 다메섹은 이스라엘의 요새가 되는 것이다.

"다메섹 나라"는 앗수르의 디글랏빌레셀(주전 745-727년 재위)에 의해 주전 732년에 멸망했고, 다메섹 나라의 왕 르신도 죽음을 당했기 때문에 나라가 망하고 말았다.

"아람의 남은 자"란 말은 수리아의 별명으로, 앗수르의 디글랏빌레셀의 충격으로 다메섹 왕 르신도 죽고 수리아 왕국이 멸망하고 말았다. 그러나 그 백성 중에 남은 자가 있었을 것이나 그들도 멸절을 당한다는 것이다.

"이스라엘 자손의 영광 같이 되리라"는 말은 현재 누리고 있는 다메섹의 영광은 여로보암 2세 때 잠시 흥왕했다가 쇠약해져서 많은 외적의 침략으로 고난을 당하다가 결국 멸망한 북 왕국 이스라엘과 같이(왕하 17:3, 23) 되리라는 뜻이다. 결국 본 절의 "에브라임의 요새와 다메섹 나라와 아람의 남은 자"는 모두 다메섹의 멸망을 가리키는 3중의 표현이다. 그리고 다메섹의 멸망의 표준은 이스라엘의 멸망이었다(이상근). 본 절의 예언은 4-11절의 예언을 미리 가리키고 있는 것이다.

ㄴ) 이스라엘 심판에 대한 예언 17:4-11

이 부분(4-11절)은 이스라엘이 앗수르에게 멸망당할 일을 예언한다. 그러나 이 심판의 예언은 이스라엘이 장차 회개하여 회복될 일도 겸하여 가리키고 있다.

사 17:4. 그 날에 야곱의 영광이 쇠하고 그의 살진 몸이 파리하리니.

다메섹이 심판 받는 날에 야곱의 영화가 시들고 건강하던 몸이 야윌 것이다.

본 절은 이스라엘이 심판 받는 일과 다메섹이 심판 받는 일을 동시에 언급하고 있다. 이스라엘은 다메섹과 동맹하여 유다를 압박한 때가 있었으므로(7:1-2), 이제 두 나라의 심판도 함께 논의되고 있다. 원래 북 이스라엘은 남 유다와 마찬가지로 하나님의 거룩한 백성으로서 다른 민족과는 구별된 영광스런 족속이었지만 그들은 이런 탁월한 지위에 맞는 삶인 거룩히 사는 데는 관심이 없었다. 오히려 같은 형제국인 남 유다를 공격하기 위해서 이방 민족인 아람과 연합함으로 스스로를 천하게 만들었다. 이런 이유로 하나님께서는 북 이스라엘을 서서히 파멸시키기로 작정하셨는데 이런 쇠퇴의 과정을 '몸이 파리하리니'라는 말로 표현하고 있는 것이다.

사 17:5. 마치 추수하는 자가 곡식을 거두어 가지고 그의 손으로 이삭을 벤 것 같고 르바임 골짜기에서 이삭을 주운 것 같으리라.

이스라엘은 곡식을 거두고 난 텅 빈 들판처럼 멸망 받을 것이다. 곡식을 거두는 자가 곡식을 다 거두어 버린 그 들판, 사람들이 이삭마저 다 줍고 내버린 그 들판, 이삭을 다 줍고 난 르바임 들판처럼 될 것이다.

앗수르 군에 의해 이스라엘이 포로 되어 가고 거기 소수의 남은 자가 있을 것이다. 심판은 추수에 비견되는 것이 신약의 교훈이기도 하다(마 13:30; 계 14:14-20).

"르바임 골짜기"는 베들레헴에서 예루살렘으로 가는 길목의 좌측에 있는 비옥하기로 유명한 평원이다. 이곳에서 이삭을 줍는 광경은 흔히 볼 수 있었다.

사 17:6. 그러나 그 안에 주울 것이 남으리니 감람나무를 흔들 때에 가장 높은 가지 꼭대기에 과일 두세 개가 남음 같겠고 무성한 나무의 가장 먼 가지에 네다섯 개가 남음 같으리라 이스라엘의 하나님 여호와의 말씀이니라.

그들은 열매를 따고 난 올리브 나무처럼 될 것이다. 마치 올리브 나무를 흔들 때에 가장 높은 가지에 있는 두세 개의 열매나, 무성한 나무의 가장 먼 가지에 남은 네다섯 개의 열매와 같이 될 것이다. 주 이스라엘의 하나님께서 하신 말씀이다.

사람들이 이삭마저 다 줍고 내버린 그 들판에서 혹시라도 남은 것이 있을까하여 올리브 나무를 흔들어 볼 때 가장 높은 가지에 두 서너 개의 열매가 남아 있는 것과 같다는 것이다. 그 정도로 적게 남은 자가 있다는 것이다(6:13 참조).

사 17:7. 그 날에 사람이 자기를 지으신 이를 바라보겠으며 그의 눈이 이스라엘의 거룩하신 이를 뵙겠고.

이스라엘이 하나님의 징계를 받는 날에 남은 백성들은 자기들을 지으신 분에게 눈길을 돌리고 이스라엘의 거룩하신 분을 바라볼 것이다. 본 절은 남은 백성들로 하여금 우상을 버리고 하나님께 돌아와 살 것을 권고하는 말이다.

사 17:8. 자기 손으로 만든 제단을 바라보지 아니하며 자기 손가락으로 지은 아세라나 태양상을 보지 아니할 것이며.

남은 자들은 자기들의 손으로 만든 제단들을 거들떠보지도 않고, 자기들의 손가락으로 만든 아세라 상들(가나안의 월신)과 태양신상(베니게의 우상)을 생각도 하지 않을 것이다. 남은 자들은 이 세상에 사는 동안에 돈도 명예도 출세욕도 바라보지 않는다.

사 17:9. 그 날에 그 견고한 성읍들이 옛적에 이스라엘 자손 앞에서 버린 바 된 수풀 속의 처소와 작은 산 꼭대기의 처소 같아서 황폐하리니.

이스라엘이 하나님의 징계를 받는 날이 오면 그 견고한 성읍들이 폐허가 될 것이다(2-6절). 마치 이스라엘 자손 앞에서 도망 친 히위 족과 아모리족의 성읍들처럼, 황폐하게 될 것이라고 하신다.

다시 말해 이스라엘의 견고한 성읍들이 앞으로 임할 앗수르의 침략으로 말미암아 내어버린 성읍과 같이 폐허가 되리라는 것이다. 북 이스라엘은 자신들의 군사적 방어력을 믿고 외적의 침입을 충분히 막아낼 수 있다고 믿었지만 하나님께서는 그것을 무용지물로 만들어 적군의 점령지로 만드실 것이라고 한다.

사 17:10. 이는 네가 네 구원의 하나님을 잊어버리며 네 능력의 반석을 마음에 두지 아니한 까닭이라 그러므로 네가 기뻐하는 나무를 심으며 이방의 나무 가지도 이종하는도다.

본 절 초두에는 이유를 말하는 접속사(כִּי)가 있어 전 절의 황폐하게 되는 이유를 본 절이 제공하고 있다. 즉, 네가 하나님 너의 구원자를 잊어버리고, 네가 피할 견고한 반석을 기억하지 않았기 때문이라는 것이다. "그러므로 네가 기뻐하는 나무를 심으며 이방의 나무 가지도 이종하는도다"란 말은 '하나님을 마음에 두지 아니함으로 결국은 이방 종교를 들여오고 있다'는 뜻이다(Lange, Rawlinson). 네가 이방 신을 섬기려고 이방의 묘목으로 신성한 동산을 만들고 있다는 뜻이다.

사 17:11. 네가 심는 날에 울타리를 두르고 아침에 네 씨가 잘 발육하도록 하였으나 근심과 심한 슬픔의 날에 농작물이 없어지리라.

나무를 심는 그 날에 네가 그 나무 주위에 울타리를 두르고, 그 다음날 아침에 네가 심은 씨에서 싹이 났다 해도, 네가 그것을 수확할 무렵에는 흉작이 되어(40:7-8) 너의 슬픔이 크게 되고 말 것이다.

"근심과 심한 슬픔의 날"이란 말은 '북 이스라엘의 멸망의 날'을 뜻하는 말이다. 본문은 북 이스라엘이 섬기는 농경신인 아세라나 바알(8, 11절)과 같은 우상의 무능력을 정면으로 고발한 말이다. 왜냐하면 아세라나 바알이 참으로 능력 있는 신(神)이라면 어떠한 상황에서도 그들을 잘 섬기고 있는 북 이스라엘에게 풍년을 줄 수 있어야 하는데 그렇지 못하기 때문이다. 즉, 이사야는 아세라나 바알을 정면으로 부정하고 있다(그랜드 종합 주석).

ㄷ) 앗수르 군대의 멸망 예언...17:12-14

앗수르 제국의 멸망에 대한 예언은 지금까지 이미 두어 차례 주어졌다(10:5-19; 14:24-27). 본 절(12-14절)에서는 이방 국가 다메섹을 의지한 북 이스라엘의 멸망을 예언한 앞 단락 4-11절과 관련하여 여호와를 저버리고 이방 국가를 의지하는 것이 얼마나 헛된가를 교훈할 목적으로 당대에 근동의 세계를 휩쓸던 막강한 앗수르 군대조차도 하나님의 심판으로 멸절될 것임을 예언하고 있다. 그리고 이 예언은 주전 701년 예루살렘을 공격했던 산헤립 군대의 멸절로 성취되었다(왕하 18:17; 19:35-37).

<주께서 열방을 꾸짖어 흩으시리라>

사 17:12. 슬프다 많은 민족이 소동하였으되 바다 파도가 치는 소리 같이 그들이 소동하였고 열방이 충돌하였으되 큰 물이 몰려옴 같이 그들도 충돌하였도다.

가련하다! 저 많은 민족의 요란한 소리가 마치 바다에 파도치는 소리처럼 요란하고, 많은 백성들이 몰려오는 소리가 마치 거대한 물결이 밀려오는 소리 같구나.

본문 초두의 "슬프다!"(가련하다)라는 선지자의 탄식은 멸절된 앗수르 군대의 입장에서 소리를 친 것이지만 다른 한편으로 이는 그렇게 막강하던 앗수르 군대도 권능의 하나님 앞에서는 허망할 뿐이며, 나아가 이 세상의 권력이라는 것이 역사의 주권자이신 하나님을 떠났을 때는 항상 이렇게 허망할 수밖에 없음을 교훈하는 것이다.

본 절의 앗수르 군대의 멸망 예언은 다메섹을 의지한 북 이스라엘의 멸망을 예언한 4-11절과 함께 남 유다에게 여호와를 저버리고 이방 세력을 의지하는 것이 얼마나 헛된 일인가를 교훈한다. 한편 본문은 북 이스라엘을 진멸하고 또 다시 남 유다를 멸하기 위해 돌진해 오는 앗수르 군대의 위세를 묘사하는 구절이다. 이사야 선지자는 앗수르 군대의 위세를 "바다 파도"나 "큰 물결"로 비유함으로써 북 이스라엘에 대한 하나님의 심판이 아주 임박했음을 암시하고 있다.

사 17:13. 열방이 충돌하기를 많은 물이 몰려옴과 같이 하나 주께서 그들을 꾸짖으시리니 그들이 멀리 도망함이 산에서 겨가 바람 앞에 흩어짐 같겠고 폭풍 앞에 떠도는 티끌 같을 것이라.

비록 많은 백성이 거대한 물결이 밀려오는 것 같이 소리를 내어도, 주님께서 그들을 꾸짖으시리니 그들이 멀리 도망 칠 것이다. 그들은 산에서 바람에 흩어지는 겨와 같고, 폭풍 앞에 흩날리는 티끌과 같을 것이다.

본 절은 앗수르의 산헤립 군대가 남 유다 침입 당시 하나님의 초자연적인 권능에 의해 185,000명이라는 많은 군사를 하룻밤에 잃어버리고, 서둘러 도망하기에 급급했던 일(왕하 19:36; 37:37)을 기억하기에 충분한 사건이다.

사 17:14. 보라 저녁에 두려움을 당하고 아침이 오기 전에 그들이 없어졌나니 이는 우리를 노략한 자들의 몫이요 우리를 강탈한 자들의 보응이니라.

본 절에는 "보라!"라는 단어가 나타나 본 절을 유의해 보아야 할 것을 권한다. 앗수르 군대가 저녁때에 두려운 일을 당하고, 아침이 오기 전에 사라질 것이니(37:36; 왕하 19:35-36), 이것이 바로 우리를 노략한 자가 받을 몫이고, 우리를 약탈한 자가 받을 마땅한 값이라는 것이다.

오늘 우리 여호와를 신앙하는 자들은 세상에 아무 두려운 세력이 없다. 두려움이 있다는 것은 하나님을 신앙하지 않는다는 것이다.

제 18 장

(4) 에티오피아에게 주는 권면 18장

13-17장에서 언급한 열방에 대한 예언들은 주로 그들에 대한 책망과 저주 및 멸망의 선포였다. 그러나 이 부분(18:1-7절)에서 주어지고 있는 구스(에디오피아)에 대한 예언은 당대 근동의 세계 위에 전제 군주처럼 군림하던 앗수르를 졸지에 멸망케 하시는(5절) 하나님의 섭리를 보고 만군의 여호와께 드릴 예물을 가지고 시온 산으로 오라는 권면을 주고 있다.

ㄱ) 외교적인 충고 18:1-2

1-2절은 앗수르에 대한 두려움 때문에 동맹을 맺기 위해 남 유다를 찾아온 구스의 사자들에게 안심하고 고국으로 돌아가라고 권면한다.

<여호와께서 구스를 두고 하신 말씀>

사 18:1. 슬프다 구스의 강 건너편 날개 치는 소리 나는 땅이여(Ah, land of whirring wings that is beyond the rivers of Cush-ESV).

구스(에티오피아)의 강 건너편, 벌레들이 날개 치는 소리가 나는 땅에 재앙이 닥칠 것이라는 내용이다.

"구스의 강 건너 편"이란 '나일 강의 상류 청나일(Blue Nile) 윗 지대'를 가리키는 말이다. 그리고 "날개 치는 소리"(칠찰 케나파임 - צִלְצַל כְּנָפָיִם)란 말이 무엇을 뜻하느냐 하는 데는 몇 가지 다른 해석들이 있다. 1) '황충이 날개 치는 소리'를 뜻한다는 해석(Delitzsch, Gray), 2) '꽹과리 소리'를 의미한다는 해석, 3) '날개 그늘'(shadow of wings)의 뜻이라는 해석, 4) '에티오피아의 군대들이 이동하는 소리'라는 해석(Rawlinson) 등이 있다. 위의 몇 가지 해석 중에 4)번의 해석이 가장 합당한 해석인 듯이 보인다. 즉, 앗수르의 침입에 대비한 구스의 부산한 전쟁 준비 현황을 뜻한다는 해석이다. 이 전쟁 준비 현황을 '에티오피아에 흔한 쇠파리들이 날개 치는 소리'에 비했다는 것이다(Rawlinson).

사 18:2. 갈대 배를 물에 띄우고 그 사자를 수로로 보내며 이르기를 민첩한 사절들아 너희는 강들이 흘러 나누인 나라로 가되 장대하고 준수한 백성 곧 시초부터 두려움이 되며 강성하여 대적을 밟는 백성에게로 가라 하는도다.

"갈대 배를 물에 띄우고 그 사자를 수로로 보내며 이르기를 민첩한 사절들아"란 말은 '앗수르의 위협에 직면한 구스인들이 주변의 국가들에게 도움을 청하기 위하여 사절들을 나일 강과 갈대 배를 이용해 물에 띄우고, 사절단을 뱃길로 보내면서 그들이 가서 할 말을 일러주었다는 것이다.

"너희는 강들이 흘러 나누인 나라로 가되 장대하고 준수한 백성 곧 시초부터 두려움이 되며 강성하여 대적을 밟는 백성에게로 가라"고 말한다는 것이다. 한글 개역 성경의 본문은 그 내용이 마치 본 절 상반절과 연결되어 구스 왕이 앗수르의 위협에 직면하여 신속하게 대처하기 위해 주변 국가에 원조를 요청하기 위해 그의 사신들을 파견하고 있는 장면을 묘사하는 듯 하는 느낌을 준다. 그러나 본문의 '강들이 흘러 나누인 나라'는 나일 강의 지류가 많이 흐르고 있는 애굽을 가리키며, '강대하고 준수한 백성'은 신체적으로 키가 크고 얼굴이 잘 생긴 구스인들을 가리키는 말로 (Herodotus, Lange), 본문은 앗수르의 위협에 직면하여 이미 다른 나라에 원조를 요청하기 위해 가 있는 구스 왕가의 사신을 향해 이사야가 권고하는 말이다. 다시 말해 하나님께서 앗수르를 격퇴하실 것이므로 구스의 사신들은 아무 염려 말고 본국으로 돌아가라는 말이다. 이는 이사야 선지자가 장차 미래에 일어날 일을 마치 불을 보듯 훤히 내다보면서 미래의 입장에서 구스의 사절단에게 한 말이다. 따라서 본문의 "가되"는 "가라"로, "돌아가되"는 "돌아가라"로 번역함이 자연스럽다. 그리하여 공동번역은 본문의

'걸음이 날랜 특사들아, 돌아가거라. 키 크고 털이 없는 민족에게로, 만인이 무서워하는 백성에게로, 강줄기가 여러 갈래 뻗은 땅에 사는 사람들에게로, 힘이 세어 남을 짓밟기 좋아하는 민족에게로 가라'고 번역하고 있다(그랜드 종합 주석).

ㄴ) 앗수르에 대한 의도 18:3-6

하나님의 심판으로 인한 앗수르의 파멸 사실을 지상의 만민에게 선포하라고 권한다.

사 18:3. 세상의 모든 거민, 지상에 사는 너희여 산들 위에 기치를 세우거든 너희는 보고 나팔을 불거든 너희는 들을지니라.

세상의 모든 주민들아! 땅에 사는 사람들아! 이 산 저 산에 깃발이 오르거든 너희는 쳐다보아라. 나팔 소리가 울리거든 너희는 잘 들어 보라고 말한다. 왕하 19:20-34 참조.

본문은 앗수르 군대의 진격을 묘사한다. 그러나 그것은 앗수르 군대의 멸망을 예표하는 기호였다. 다시 말해 여호와께서 그 위세 당당한 앗수르 군대를 격멸하실 것이니 이 사실을 구스의 사자들이 세상의 거민들에게 알게 할 것이라는 것이다.

사 18:4. 여호와께서 내게 이르시되 내가 나의 처소에서 조용히 감찰함이 쬐이는 일광 같고 가을 더위에 운무 같도다.

여호와께서 나에게 "태양은 말없이 비치며 열을 내고 이슬은 햇살이 따사로운 가을철에도 조용히 내린다. 나도 처소에서 가만히 지켜보리라"고 말씀하신다.

하나님의 조용하심은 날뛰며 공격하는 앗수르 군대와 그들의 공격에 당황하여 동분서주하는 구스와는 대조가 된다. 하나님은 조용한 중에서 쬐이는 일광같이 또 열기를 식히는 운무와 같이 역사하신다.

사 18:5. 추수하기 전에 꽃이 떨어지고 포도가 맺혀 익어갈 때에 내가 낫으로 그 연한 가지를 베며 퍼진 가지를 찍어 버려서.

본 절은 포도나무로 앗수르의 갑작스런 멸망을 비유한다. 즉, 꽃이 피었다가 지고 포도 알은 영글어 따려는 순간에 가지들이 낫으로 잘리고 순을 꺾일 것이라고 한다.

다시 말해 앗수르 군대는 성공적으로 진군하여 최후의 승리를 거두고 그 진군의 열매를 거두기 직전에 경멸을 당한다는 것이다. 앗수르는 예루살렘 공격에서 그대로 멸절되고 말았다(37:36-38).

사 18:6. 산의 독수리들과 땅의 들짐승들에게 던져 주리니 산의 독수리들이 그것으로 여름을 지내며 땅의 들짐승들이 다 그것으로 겨울을 지내리라 하셨음이라.

앗수르 군대의 죽은 시신이 모두 버려져 산새들과 들짐승들의 밥이 되리라. 독수리가 그것으로 여름을 지내고 모든 들짐승이 그것으로 겨울을 나리라고 하신다.

ㄹ) 에티오피아의 장래 18:7

앗수르의 파멸을 본 구스 사람들이 예물을 가지고 만군의 여호와의 전이 있는 시온 산으로 나아오게 될 것을 말씀 하신다.

사 18:7. 그 때에 강들이 흘러 나누인 나라의 장대하고 준수한 백성 곧 시초부터 두려움이 되며 강성하여 대적을 밟는 백성이 만군의 여호와께 드릴 예물을 가지고 만군의 여호와의 이름을 두신 곳 시온 산에 이르리라.

그 때가 되면 키 크고 털이 없는 민족, 강줄기가 여러 갈래로 뻗은 땅에 사는 민족, 힘이 세어 남을 짓밟기 좋아하는 민족, 만민이 무서워하는 백성에게서 만군의 여호와께 드릴 예물을 가진 자들이 만군의 여호와의 이름을 모신 시온 산으로 오리라고 한다.

본 절은 하나님께서 기적적으로 앗수르 군대를 격멸하신 사실을 들은 구스 백성들이 여호와의 권능을 깨닫게 되고, 예루살렘으로 사자들을 보내어 하나님께 예물을 바친다는 것이다. 이 말씀은 신약 시대 구스 내시가 예루살렘에 올라가 하나님께 경배한 사실의 예언이기도 하다(박윤선).

제 19 장

(5) 애굽 심판 9장

19장은 애굽의 심판(1-17절)과 회복(18-25절)에 대해 진술한다.

ㄱ) 애굽 심판 9:1-17

이 부분(1-17절)의 내용은 애굽인이 하나님으로부터 벌을 받을 일(1-4절), 패망을 당할 일(5-10절), 지도자들이 실책을 당하는 일(11-15절), 애굽이 무력해 지는 일(16-17절) 등을 진술한다.

1-4절. 애굽인이 하나님으로부터 벌을 받을 일.

<여호와께서 애굽에 임하시리라>

사 19:1. 애굽에 관한 경고라. 보라 여호와께서 빠른 구름을 타고 애굽에 임하시리니 애굽의 우상들이 그 앞에서 떨겠고 애굽인의 마음이 그 속에서 녹으리로다.

애굽에 다음과 같은 선언이 내려진다. 보라! 여호와께서 빠른 구름을 타시고 애굽에 임하실 것이다. 애굽의 우상들은 그 앞에서 벌벌 떨고 애굽 사람들의 간장은 녹아내릴 것이다.

본 절에 진술된 "애굽에 관한 경고"란 말은 본 절의 표제이다. 이런 표제들은 13:1; 14:28; 15:1; 17:1에도 있다. "보라"라는 경고문은 본 절을 아주 주의해서 관찰하라는 표시로 주어진 것이다. "여호와께서 빠른 구름을 타고 애굽에 임하시리라"는 말은 여호와께서 애굽에 심판을 신속히 시행하시겠다는 것을 드러내는 말이다.

"애굽의 우상들이 그 앞에서 떨 것이고 애굽인의 마음이 그 속에서 녹으리로다"라는 말은 여호와께서 애굽인들의 우상 숭배를 심판하시겠다는 것을 드러내신 것이며, 여호와께서 우상을 파괴하시는 것을 보고 애굽인들의 간담이 녹을 것이라(신 20:8; 수 2:11)는 뜻이다. 애굽인들은 우상을 하늘같이 여겼는데 여호와께서 우상을 치시는 것을 본 애굽인들이 그 앞에서 떨지 않을 수 없었다.

사 19:2. 내가 애굽인을 격동하여 애굽인을 치리니 그들이 각기 형제를 치며 각기 이웃을 칠 것이요 성읍이 성읍을 치며 나라가 나라를 칠 것이며.

여호와께서 애굽 사람들 사이에 싸움을 붙이시리니(37:36; 삿 7:22) 동기간에 서로 맞붙어 싸울 것이고, 이웃끼리 서로 다투며, 도시와 도시가 맞서고, 나라가 서로 원수가 되어 싸울 것이라고 말씀하신다. 여호와께서 애굽 사람들 사이에 싸움을 붙이시는 것도 일종의 벌이었다. 가정 안에나 교회 안에 분쟁이 생기는 것도 하나님께서 내리시는 일종의 벌인 것을 알아야 한다. 주로 기도를 게을리 할 때 그런 벌을 받는다.

애굽의 경우 단순히 즉흥적 현상은 아니었다. 일찍이 중왕조 시대(제11왕조에서 제17왕조 때까지)에서 제13왕조 이후 동방의 힉소스(Hyksos)족이 들어와 애굽을 통치했고, 애굽의 본 족속은 나일 강 상류 지방으로 추방되어 테베(Thebe)로 몰려갔다가 내려와 힉소스 족을 추방하고 새 왕조(제18왕조로부터 제31왕조까지)를 시작한 사실이 있었다. 본 절의 예언과 관련되는 것으로는 제22왕조 말(주전 735년 경) 상(上) 애굽의 피안키 왕(Piankhi)과 하 애굽 멤피스(Memphis)를 중심한 탑네크트(Tapnekht)왕 사이에 분쟁이 있었고, 그 때 왕자들도 각자 다른 편에 서서 서로 대적했다. 이 분쟁은 주전 650년 경 삼마틱 왕(Psamatik)에 의해 종식되었다(이상근).

사 19:3. 애굽인의 정신이 그 속에서 쇠약할 것이요 그의 계획을 내가 깨뜨리리니 그들이 우상과 마술사와 신접한 자와 요술객에게 물으리로다(and the spirit of the Egyptians within them will be emptied out, and I will confound their counsel; and they will inquire of the idols and the sorcerers, and the mediums and the necromancers;-ESV).

애굽인의 사기가 떨어지게 하겠고 내가 그들의 계획을 혼란에 빠지게 하겠다. 그래서 그들이 우상과 박수, 무당과 점쟁이에게 묻게 될 것이다.

"애굽인의 정신이 그 속에서 쇠약할 것이라"는 말은 '애굽인의 지혜가 어두워질 것'을 가리킨다(Calvin). 이것도 일종의 벌이다. 지혜가 어두워지는 것은 건강이 쇠약해져서 그런 현상이 일어나기도 하지만 젊은 사람들에게 이런 현상이 일어나는 것은 하나님으로부터 내려온 벌일 수가 있다.

그리고 "내가 그들의 계획을 혼란에 빠지게 하겠다"는 말 역시 하나님의 벌로 생기는 일이다. 사람이 하나님의 말씀에 집중하지 않고 하나님에게 집중하지 않으면 마음속이 깜깜해지는 벌을 받는다.

결과적으로 "그들이 우상과 박수, 무당과 점쟁이에게 묻게 될 것이라"는 말 역시도 하나님의 벌로 생기는 현상이다. 사람이 하나님에게 전적으로 집중하지 않으면 별 수 없이 지혜가 사라지고 계획이 사라지게 되니 세상의 우상들에게 묻게 되고 그들이 대답하지 않으니 박수들에게 묻게 되며 그들도 대답하지 않으니 무당에게 묻게 되고 또 그들이 대답하지 않으니 사람들은 점쟁이에게 가서 묻게 되는 것이다.

사 19:4. 그가 애굽인을 잔인한 주인의 손에 붙이리니 포학한 왕이 그들을 다스리리라 주 만군의 여호와의 말씀이니라.

그(여호와)가 애굽인을 잔인한 군주의 손에 넘길 것이니, 폭군이 그들을 다스릴 것이다. 주 만군의 여호와께서 하신 말씀이다.

여호와께서 애굽 사람들을 잔인한 군주의 손에 붙이셔서 통치를 받게 하는 것도 애굽인들에게 내리는 큰 벌이다. 세계 역사 속에서 악한 독재자들의 존재 이유를 우연한 것에서 찾으면 안 된다. 오히려 이에 대해서 우리가 마음에 새겨야 되는 사실은 하나님 신앙을 거부한 결과들 중 한 결과라는 판단이다.

여기 "잔인한 주인"이란 말은 "포악한 왕"이라는 말과 동의어로 사용되었다. 여기 "잔인한 군주"가 누구였느냐를 두고 여러 왕이 지명된다. "세도스"(Sethos)라 하고 혹은 "푸싸메티쿠스"(Psammetichus)라 하며(이들은 애굽 왕들임), 혹은 느부갓네살, 캄비세스(Cambyses), 오쿠스(Ochus)라고 한다(이들은 외국에서 온 정복자들임). 애굽은 이런 정복자들을 많이 가지고 있었다. 특별히 12왕 중의 하나로서 애굽을 통일시킨 푸싸메티쿠스(B.C. 670년)는 대단히 포학한 군주였다. 그리고 그의 아들 느고(Necho, B.C. 616-597)도 포악하여 많은 백성들을 잡아다가 혹독하게 일을 시켰다. 삼상 8:10-18에 보면 사무엘은 하나님 대신 사람을 왕으로 세우기 원하는 것을 죄악시했다. 우리는 항상 하나님을 우선시하고 살아야 할 것이다.

5-10절. 애굽이 패망을 당할 것이다. 하나님의 벌은 애굽에 속한 피조 세계에까지 임한다는 것이다.

사 19:5. 바닷물이 없어지겠고 강이 잦아서 마르겠고.

본 절의 "바닷물"이란 말과 "강"이란 말은 동의어로 사용되었다. 나일 강을 바다로 부른 것(18:2; 나 3:8)은 고대로부터(Homer, Herodotus)의 관례였다(Delitzsch, Gray, Lange). 나일 강이 넓어서가 아니라 해마다 정기적으로 범람할 때는 진짜 바닷물처럼 되기 때문이었다. 그래서 "백나일"(White Nile)은 '흰 바다', "청나일"(Blue Nile)은 '검푸른 바다'라고 불렀다. 이렇게 나일 강이 마른 것은 극심한 한발로 인한 것이었다. 하나님의 벌은 피조 세계에까지 영향을 미친다.

사 19:6. 강들에서는 악취가 나겠고 애굽의 강물은 줄어들고 마르므로 갈대와 부들이 시들겠으며.

강들에서는 악취가 날 것이고, 애굽의 강물은 물 깊이가 얕아질 것이며, 파피루스와 갈대도 시들어 버릴 것이다.

하나님의 벌로 극심한 한파가 닥쳐 강들에서는 악취가 날 것이고 강물이 줄어들고 마르므로 파피루스와 갈대도 시들 것이라는 뜻이다.

사 19:7. 나일 가까운 곳 나일 언덕의 초장과 나일 강 가까운 곡식 밭이 다 말라서 날려가 없어질 것이며.

나일 강 가와 나일 어귀의 풀밭과 강변에 심은 모든 곡식 밭이 말라 바람에 날려 사라지고 말 것이다. 하나님의 벌은 이렇게 농업 부문에까지 임한다는 것이다. 우리 사회에 흉년이 닥치는 것은 우연한 것이 아니라 하나님의 벌로 찾아오는 것이다.

사 19:8. 어부들은 탄식하며 나일 강에 낚시를 던지는 자마다 슬퍼하며 물 위에 그물을 치는 자는 피곤할 것이며.

하나님의 벌은 농업뿐만 아니라 본 절의 어업에까지 임하는 것을 보여준다. 즉, 나일 강에서 고기를 잡는 어부들이 슬퍼하며 통곡하고, 나일 강에 낚시를 던지는 모든 낚시꾼과 강에 그물을 치는 사람들이 잡히는 것이 없어서 고달파 할 것이다.

"낚시를 던지는 자마다 슬퍼하며 물 위에 그물을 치는 자는 피곤할 것이라"는 말은 어부들이 그들의 수고에도 불구하고 아무런 소득을 얻지 못하게 되자 절망적인 탄식만 하게 될 것이라는 내용이다.

사 19:9. 세마포를 만드는 자와 베 짜는 자들이 수치를 당할 것이며.

본 절은 섬유업자들이 비탄할 것을 말한다. 즉, 가는 베를 짜는 사람이 베 짜는 일을 그만두고, 흰 천을 짜는 사람도 실망하여 천 짜는 일을 그칠 것이다.

세마포는 애굽의 특산물이었다. 솔로몬 왕은 그의 세마포를 애굽의 상고들을 통해 수입했으며(왕상 10:28) 베니게의 해운업의 배들은 애굽의 세마포로 기를 삼았다(겔 27:7). 큰 한발로 나일 강이 마르고, 강이 마름으로 갈대 종류가 말라 죽고 갈대 종류가 없으므로 섬유업이 폐업되어 섬유업 종사자들이 수치를 당하고, 비탄에 빠졌다.

사 19:10. 그의 기둥이 부서지고 품꾼들이 다 마음에 근심하리라.

본 절의 "기둥"과 "품꾼들"은 사회의 두 구성 집단, 즉 고위 관리자들과 하층 노동자들을 의미한다(Gesenius, Delitzsch). 높고 낮음을 불문하고 사회의 모든 계층이 하나같이 고통 받게 된다는 뜻으로 본다.

11-15절. 지도자들의 실책을 지탄한다.

사 19:11. 소안의 방백은 어리석었고 바로의 가장 지혜로운 모사의 책략은 우둔하여졌으니 너희가 어떻게 바로에게 이르기를 나는 지혜로운 자들의 자손이라 나는 옛 왕들의 후예라 할 수 있으랴.

소안[26]의 지도자인 너희는 어리석었고, 지혜롭다고 하는 바로(애굽 왕을 일컫는 말)의 참모인 너희도 어리석은 제안만 하고 있으니, 어찌 바로에게 우리가 옛 현인들과 옛 왕들의 후예라고 감히 말할 수 있겠느냐? 이런 유력한 도시의 방백들은 보통 유력한 인사들이었겠으나 이때에는 지극히 어리석었다.

"바로의 가장 지혜로운 모사의 책략"은 바로의 최고 정치 고문으로 사실상 국정은 그들의 모략에 의해 운영되었으나 그 모략 역시 어리석었다. 이와 같이 애굽의 정치가들과 지도자들의 실책이 망국의 원인이 되었다.

사 19:12. 너의 지혜로운 자가 어디 있느냐 그들이 만군의 여호와께서 애굽에 대하여 정하신 뜻을 알 것이요 곧 네게 말할 것이니라.

애굽의 임금아! 너를 섬기는 현인(지혜로운 자)이 어디에 있느냐? 그들을

---

26) "소안": 애굽의 제6왕조(B.C. 2,625-2,475)부터 제12왕조(B.C. 2,000-1,788) 사이에 번영했던 애굽의 중요한 도시로 70인 역(LXX)에는 "다니스"로 되어 있다. 나일 강 하류, 삼각주 지역의 동편에 위치하여 동방국가들과의 접촉이 빈번했다. 한 때 애굽의 수도이기도 했고 또 역대 왕들의 별궁이 있었던 곳이다. 그리스 문헌은 이를 "큰 도시"로 전하고, 성경에도 자주 언급된다(30:4; 민 13:22; 시 78:2; 겔 30:14, 이상근).

시켜서 만군의 여호와께서 애굽에 대하여 무엇을 계획하셨는지를 알게 하여 너에게 보이라고 해보아라.

애굽의 마술사들이며, 왕의 고문들의 지혜가 어디 있느냐? 저희는 지혜 있는 것처럼 말하나 다가오는 애굽의 심판도 알지 못한다. 여호와의 심판이 임할 때에야 하나님의 뜻을 알게 될 것이다. 다시 말해 이는 애굽의 지혜 있다는 자들에 대한 빈정대는 경책이며, 같은 논조는 41:21-23; 43:9; 48:14에도 보인다.

사 19:13. 소안의 방백들은 어리석었고 놉의 방백들은 미혹되었도다 그들은 애굽 종족들의 모퉁잇돌이거늘 애굽을 그릇 가게 하였도다.

본 절은 11절의 반복이다. 11절에 "놉"이 첨가되어 있다. 본 절의 뜻은 소안의 지도자들은 어리석었고, 멤피스의 지도자들은 제 꾀에 속고 있었다는 것이다. 이로 인해 애굽의 주춧돌들인 지파들이 애굽을 그릇된 길로 이끌었다. 방백들이 어리석게 된다는 것은 하나님께서 내리신 벌이 틀림없다.

놉은 "멤피스"(Memphis)로 보며(Delitzsch, Gray), 카이로 남쪽 17km에 위치하고 있으며, 중요한 도시였다. 애굽의 중(中)왕조 중(11-17왕조) 13-17왕조 기간인 300년간은 동방의 셈파인 힉소스(Hyksos)파에 의해 애굽의 하부 지방은 점령당했고, 그 때의 수도는 멤피스였다. 제18왕조에 이르러 나일 강 상류 지방으로 추방되어 "테에베"(Thebe)에 도읍했던 함파가 다시 하류 지방을 차지했으나 멤피스는 여전히 유력하여 애굽 제2의 도시로 발전되었다. 이스라엘 백성에게는 멤피스가 애굽에서 가장 유력한 도시로 간주된 듯하다(렘 2:16: 44:1; 46:14, 19; 겔 30:13-19; 호 9:6).

사 19:14. 여호와께서 그 가운데 어지러운 마음을 섞으셨으므로 그들이 애굽을 매사에 잘못 가게 함이 취한 자가 토하면서 비틀거림 같게 하였으니.

여호와께서 친히 그들에게 어지러운 마음을 부으셔서, 그들이 애굽을 잘못 다스리게 하셨다. 그래서 마치 취한 자가 토하면서 비틀거리듯, 애굽을 그 꼴로 만들었다. 지도자들에게 어지러운 마음을 섞으신 것도 하나님의 벌이었다. "여호와의 행하심이 없는데 재앙이 어찌 성읍에 임하겠느냐"(암 3:6)고 하셨다.

사 19:15. 애굽에서 머리나 꼬리며 종려나무 가지나 갈대가 아무 할 일이 없으리라.

애굽에서는 되는 일이 없고, 우두머리나 말단에 있는 사람이나, 종려나무처럼 귀한 자나 갈대처럼 천한 자나, 가릴 것 없이, 모두 쓸모가 없이 될 것이다. 하나님께서 허락하신 전화(戰禍)로 인해 애굽 산하의 모든 백성은 속수무책이 되었다.

16-17절. 하나님의 심판으로 애굽이 무력해질 것이라는 내용이다.

<애굽 사람이 여호와께 경배하리라>

사 19:16. 그 날에 애굽이 부녀와 같을 것이라 그들이 만군의 여호와께서 흔드시는 손이 그들 위에 흔들림으로 말미암아 떨며 두려워할 것이며.

애굽이 심판 받는 날(앗수르의 공격을 받는 날)이 오면 애굽 사람이 마치 겁 많은 여인처럼 되어 만군의 여호와께서 그들 위에 팔을 펴서 휘두르시며 심판하시는 것을 보고서 두려워하며 떨 것이라고 말한다.

"부녀와 같을 것이라"는 말은 '무력해질 것이라'는 뜻이다(렘 51:30). 여호와께서 역사하시는 손이 흔드실 때(11:15; 30:32), 애굽은 크게 두려워하는 부녀들처럼 무력하게 된다는 것이다.

사 19:17. 유다의 땅은 애굽의 두려움이 되리니 이는 만군의 여호와께서 애굽에 대하여 정하신 계획으로 말미암음이라 그 소문을 듣는 자마다 떨리라.

애굽 사람은 유다 땅을 무서워할 것이다. 만군의 여호와께서 그들을 치려고 세우신 계획을 상기할 때마다 '유다'라는 이름만 들어도 애굽 사람들은 모두 무서워할 것이라고 말한다.

유다 왕 므낫세는 앗수르에게 항복했고(대하 33:11), 앗수르 왕 앗슈바니발(Ashurbanipal, 668-627 B.C. 통치)이 애굽을 침공할 때 유다 군대도 가담했던 것이다. 그런고로 애굽인에게 유다의 이름은 두려움의 대상이 되었다. "이는 만군의 여호와께서 애굽에 대하여 정하신 계획으로 말미암음이라"는 말은 앗수르 침략에 대한 이사야의 관찰이다. 애굽은 이를 단순한 군사적 침략으로만 알고 두려워했으나 선지자 이사야는 그것이 하나님의 정하신바 애굽에 대한 심판인 것을 밝힌다. 이사야는 애굽인들이 하나님 앞에 죄를 자복하기 원하는 마음으로 말하고 있다.

ㄴ) 애굽을 회복시키심 19:18-25

이 부분(18-25절)은 애굽이 여호와를 찾게 될 것이라는 내용이다. 여호와께서는 한 구원자를 보내셔서 애굽을 구원하사 애굽이 유다와 앗수르와 함께 복된 나라가 될 것이라고 말씀하신다. 이 부분의 내용은 애굽이 심판을 받은 후 유다의 영향을 받아 여호와께 제단을 쌓고 여호와께 돌아온다는 것이다(18-22절). 그리고 애굽이 유다와 앗수르와 함께 복된 나라가 될 것이라는 내용이다(23-25절). 애굽의 회개에 앗수르의 회개도 따른다는 것이다.

사 19:18. 그 날에 애굽 땅에 가나안 방언을 말하며 만군의 여호와를 가리켜 맹세하는 다섯 성읍이 있을 것이며 그 중 하나를 멸망의 성읍이라 칭하리라.

본 절부터 22절까지는 애굽이 심판을 받은 후 유다의 영향을 받아 여호와께 제단을 쌓고 여호와께 돌아올 것임을 진술한다. 즉, 그 날이 오면 애굽 땅의 다섯 성읍에서는 사람들이 가나안 말을 하며, 만군의 여호와만을 섬기기로 충성을 맹세할 것이다. 그 다섯 성읍 가운데서 한 성읍은 '멸망의 성읍'이라고 불릴 것이다.

여기 "그 날에"란 말은 '애굽이 심판 받는 그 때에'라는 뜻이다. 즉, 애굽이 앗수르 침략을 위시하여 바사나 헬라나 로마의 침략을 당하여 국권이 유린되는 그 때를 의미한다. 이 세상 나라들은 국권이 떨어질 때에 신령한 은혜를 받는다. 이사야는 800년 전 당시로부터 먼 훗날, 신약 시대에 될 일을 미리 말하고 있다.

"애굽 땅에 가나안 방언을 말하며"라는 말은 '유다인의 방언을 가리키는 바, 예수 그리스도에 대하여 전도하는 말씀'을 가리킨다. 선지자는 여기서 단순히 언어의 교류를 의미하지 않고 유다 인에게서 난 구원 운동이 애굽에서 진행될 것을 말한다. 사실상 애굽 인들은 외국 침략으로 말미암아 국력이 떨어진 때에 그리스도의 복음을 받았다(박윤선).

"다섯 성읍"이란 말은 많은 것 가운데서 지극히 적은 것을 뜻하는 수이다(레 26:8; 고전 14:19). 따라서 본문은 애굽이 비록 멸망당할지라도 하나님께서 택하여 세우신 소수의 남은 자들은 구원 받을 것이라는 의미로 보아야 할 것이다.

"멸망의 성읍"(장망성, עִיר הַהֶרֶס)이란 말을 뜻으로 풀어보면 '장차 망하기로 예정된 성읍'이란 뜻이다. 이 도시의 이런 이름은 여기, 즉 애굽의 회복을 말하는 문맥에서 어울리지 않는다. 그런고로 대개의 학자들은 하헤레스(הַהֶרֶס)가 하헤레스(הַחֶרֶס)의 오기(誤記)일 것이라고 주장한다. 만약 학자들의 주장이 옳다면 '장망성'이 아니고 '태양의 성읍'이 될 것이다. 다시 말해 태양신을 섬기는 성읍이라는 뜻이 될 것이다. 실제로 15개의 히브리어 사본들과 심마쿠스역(Symmachus), 탈굼역(Targum), 벌게이트역(Vulgate) 등에서 이 단어는 '태양의 성읍'으로 표기되어 있다. 만약 이 사실이 옳다면 본문의 의미는 다음과 같을 것으로 보인다. 즉, '다섯 성읍 가운데 하나인, 태양신을 섬기던 바로 그 우상의 성읍조차 하나님께 돌아와 가나안 방언으로 하나님께 예배드리게 될 것이다'(Oswalt)는 의미이다. 현재로서는 이 해석을 능가하는 해석이 없는 것으로 보인다.

사 19:19. 그 날에 애굽 땅 중앙에는 여호와를 위하여 제단이 있겠고 그 변경에는 여호와를 위하여 기둥이 있을 것이요.

애굽이 심판을 받은 그 때가 오면 애굽 땅 한가운데 여호와를 섬기는 제단 하나가 세워지겠고, 애굽 국경 지대에는 여호와께 바치는 돌기둥 하나가 세워질 것이다. 여기 "제단"이란 말과 "기둥"이란 말은 구약식 표현이다.

이전에 우상 숭배의 중심지였던 애굽 땅 중앙에 우상의 제단 대신 하나님께 경배하는 제단이 생기게 될 것이라는 예언이다. 이는 하나님께서는 세계 어느 민족에게든지 찬양과 경배를 받으실 분임을 확인시켜 주는 것이다. 또한 본 예언은 궁극적으로는 메시아의 재림 시에 일어날 사건을 예언한 것으로, 비록 당시는 하나님을 모르는 세상의 민족들이 그를 경멸하고 무시하고 심지어 그의 백성들을 억압한다고 할지라도 예수 그리스도께서 오실 때에는 만민이 그의 영광을 찬양하며 경배하기 위해 그 발 앞에 엎드릴 것을 말하는 것이다(계 15:3-4).

사 19:20. 이것이 애굽 땅에서 만군의 여호와를 위하여 징조와 증거가 되리니 이는 그들이 그 압박하는 자들로 말미암아 여호와께 부르짖겠고 여호와께서는 그들에게 한 구원자이자 보호자를 보내사 그들을 건지실 것임이라.

이 제단과 이 기둥이 만군의 여호와께서 애굽 땅에 계시다는 징표와 증거가 될 것이다. 그래서 그 곳 백성이 압박을 받을 때에, 여호와께 부르짖어서 살려 주실 것을 간구하면, 여호와께서 한 구원자를 보내시고, 억압하는 자들과 싸우게 하셔서, 백성을 구원하실 것이다.

애굽 땅에 세워진 제단과 기둥이야말로 '애굽 땅에 하나님의 백성이 살고 있다는 표적이 됨과 동시에 하나님께서 그들과 함께 하심을 나타내는 증거가 될 것이라는 말이다.

"여호와께서는 그들에게 한 구원자이자 보호자를 보내사 그들을 건지실 것임이라"는 말에서 한 구원자, 보호자가 가리키는 분은 인류를 죄와 사망에서 해방시키기 위해 하나님께서 보내주신 "예수 그리스도"이시다.

사 19:21. 여호와께서 자기를 애굽에 알게 하시리니 그 날에 애굽이 여호와를 알고 제물과 예물을 그에게 드리고 경배할 것이요 여호와께 서원하고 그대로

행하리라.

여호와께서는 이렇게(20절) 자신을 애굽 사람들에게 알리실 것이며 그 날에 애굽 사람들은 주님을 올바로 알고, 희생제물과 번제를 드려서, 여호와께 예배하고, 또 여호와께 서원하고 그대로 실천할 것이다.

"여호와께서 자기를 애굽에 알게 하시리니 그 날에 애굽이 여호와를 안다"는 말은 계시 종교의 특성을 잘 보여주는 말이다. 먼저 여호와께서 자신을 백성들에게 알려주셔야 사람들이 여호와를 알게 되는 것이다.

사 19:22. 여호와께서 애굽을 치실지라도 치시고는 고치실 것이므로 그들이 여호와께로 돌아올 것이라 여호와께서 그들의 간구함을 들으시고 그들을 고쳐 주시리라.

여호와께서 애굽을 치시겠으나, 치시고 나서는 곧바로 어루만져 낫게 하실 것이므로, 그들이 여호와께로 돌아오고, 여호와께서는 자기에게 돌아온 그들의 간구를 들으시고 그들을 고쳐 주실 것이다.

여호와께서 애굽인들을 치시는 것은 그들의 죄 때문이었다(1-17절). 그러나 이제 여호와께서 그들을 고치시는 이유는 그들이 여호와께 죄를 자복하고 돌아오기 때문이다(18-25절). 애굽은 제3세기부터 제7세기까지는 기독교 국가였다. 이 예언이 성취된 것이었다. 그 후 애굽은 회교로 넘어갔고, 현재는 콥틱 교회(Coptic Church)라는 것이 남아 있다.

23-25절. 애굽이 유다와 앗수르와 함께 복된 나라가 된다는 내용이다. 애굽의 회개에 앗수르의 회개가 따른다는 것이다.

사 19:23. 그 날에 애굽에서 앗수르로 통하는 대로가 있어 앗수르 사람은 애굽으로 가겠고 애굽 사람은 앗수르로 갈 것이며 애굽 사람이 앗수르 사람과 함께 경배하리라.

그 날이 오면(신약 시대가 되면) 애굽에서 앗수르로 통하는 큰길이 생겨, 앗수르 사람은 애굽으로 가고, 애굽 사람은 앗수르로 갈 것이며, 애굽 사람이 앗수르 사람과 함께 여호와께 경배할 것이라는 내용이다.

본 절부터 25절까지는 종말이 되어 복음이 전 세계적으로 전파되어 서로 원수가 되었던 민족들이 화해하여 다 함께 한 마음으로 하나님께 예배드릴 것이라는 예언을 진술한 것이다. 다시 말해 본 절은 복음이 애굽에만 전파되는 것이 아니라 애굽 외에 남 유다의 원수였던 앗수르에까지 전파된다는 것이다. 이 예언은 알렉산더 대왕 시대 때부터 성취되기 시작했고(Rawlinson) 오순절에 이르러 완전히 성취되었다(행 2:9-10). 복음은 모든 분리를 극복하고 오직 하나님 앞에서 성도를 하나로 묶어주는 강력한 능력을 가지고 있다(엡 2:14-18).

알렉산더 대왕 이후 여호와 신앙은 애굽과 앗수르에 함께 확산되었다. 그리고 오순절 때 예루살렘에 모여 성령의 은사를 받았는데, 모인 백성들 중에는 애굽과 리비아 등 애굽 지방에서 온 성도들과 바대인, 메대인, 엘람인, 또 메소포타미아 지방에서 온 성도들이 있었다(행 2:9-10). 이것은 이사야의 예언이 그대로 이루어진 것이다.

사 19:24. 그 날에 이스라엘이 애굽 및 앗수르와 더불어 셋이 세계 중에 복이 되리니.

성령 강림이 있을 신약 시대의 **오순**절 날이 오면 이스라엘과 애굽과 앗수르 이 세 나라가 이 세상 모든 나라에 복을 주게 될 것이다.

이 오순절 날이 오면 이스라엘을 중심으로 하여 세 나라가 여호와 신앙을 가지고 복의 나라들이 될 것이라는 내용이다. 그러나 여기 세 나라들은 문자적으로 세 나라만을 말하는 것이 아니라 이방 나라들이 그리스도의 복음으로 다 같이 복에 참여할 것을 가리키는 것이다.

사 19:25. 이는 만군의 여호와께서 복 주시며 이르시되 내 백성 애굽이여, 내 손으로 지은 앗수르여, 나의 기업 이스라엘이여, 복이 있을지어다 하실 것임이라.

만군의 여호와께서 “이 세 나라에 복을 주시며 이르시기를 나의 백성 애굽아! 나의 손으로 지은 앗수르여! 나의 소유 이스라엘이여! 복을 받으라”고 하신다는 것이다.

구약 시대에는 이스라엘에게만 허락되었던 하나님의 복이 앞으로 이방 민족에게도 선포됨으로 종말에 가서는 세계 모든 민족이 하나님의 복에 참여하게 될 것을 보여주고 있다.

제 20 장

(6) 애굽과 에티오피아를 의지하지 말라.20장

블레셋의 아스돗은 이웃 나라들과 연합하여, 애굽과 구스(에티오피아)를 의지하여 앗수르에 대해 반란을 일으켰다. 앗수르의 사르곤 왕은 군대를 보내어 주전 711년 아스돗을 함락시켰다. 이사야는 유다가 아스돗의 유혹에 빠져 그와 연합하지 말며, 애굽과 구스를 의지하지 말 것을 가르쳤다.

<벗은 선지자의 예표>

사 20:1. 앗수르의 사르곤 왕이 다르단을 아스돗으로 보내매 그가 와서 아스돗을 쳐서 취하던 해니라.

그 해(年)에 앗수르 왕 사르곤이 보낸 다르단 장군이 아스돗으로 와서, 아스돗을 점령하였다. 본 절은 선지자가 애굽에 대하여 새로운 예언을 한 연대를 드러내고 있다.

본 절의 "사르곤" 왕이란 사르곤 2세(Sargon II, 주전 721-705 재위)를 지칭한다. 사르곤 2세는 20세기 중엽까지는 별로 잘 알려지지 않았으나 앗수르의 폐허에서 발굴된 비문에 의해 그가 앗수르 열왕 중에서 가장 영웅적인 왕이라는 사실이 밝혀졌다. 사르곤 왕은 살만에셀(Shalmaneser)의 후계자이며 예루살렘을 공략한 산헤립의 부친이었고, 가장 위대한 정복자로 사마리아, 애굽, 아람(수리아), 메디아, 알메이아, 소아시아 및 사이프러스 등을 정복했으며, 구 바벨론도 그 치하에 넣었던 것으로 전해졌다. 그가 아스돗을 공격한 것은 두 차례였는데, 첫 번째는 그의 통치 9년(주전 713년) 때, 두 번째는 11년(주전 711년) 때였다(이상근).

"아스돗"이란 앗수르에서 애굽으로 통하는 요충지이며, 블레셋의 5성읍(가사, 아스돗, 아스글론, 가드, 에그론) 중에서 가장 강력한 성읍이었다.

사 20:2. 그 때에 여호와께서 아모스의 아들 이사야에게 말씀하여 이르시되 갈지어다 네 허리에서 베를 끄르고 네 발에서 신을 벗을지니라 하시매 그가 그대로 하여 벗은 몸과 벗은 발로 다니니라.

그 때에 여호와께서 아모스의 아들 이사야에게 말씀하시기를, 갈지어다. 네 허리에 두른 베옷을 벗고, 발에서 신을 벗으라 하셨다. 그래서 이사야는 주님의 말씀대로, 옷을 벗고 맨발로 다녔다.

아모스의 아들 이사야가 허리에 두른 베옷을 벗고 발에서 신을 벗고 맨발로 다닌 모습은 전쟁 포로의 모습이었다. 여기 이사야가 입은 옷이 (1) 엘리야나 세례 요한이 입었던 옷처럼 털옷이었느냐?(왕하 1:8; 마 3:4), 아니면 (2) 베옷(שַׂק, Sackcloth)이었느냐이다(Kay, Gray, 이상근). 이 두 옷 중에 (2)번을 취해둔다.

베옷은 애통하거나 회개하는 뜻으로 몸에 걸치는 의복의 일종(창 37:34; 삼하 3:31; 왕상 20:31; 21:27; 왕하 6:30; 19:1)인데, 일반적으로 선지자들의 예복으로 여겨졌다. 이 옷을 바로 갖춰 입기 위해서는 허리에 띠를 둘러야 했다. 의복에 중요한 의미를 부여했던 동방에서는 이 겉옷을 벗는 것만으로도 벌거벗은 것으로 간주되었다(삼하 6:20, Delitzsch). 속옷 외에는 아무것도 걸치지 않고 더구나 신발도 신지 않은 상태로 사람들 앞에 나타나는 것이 참으로 수치스러운 일이었음에도 이사야는 주님의 명령에 즉각적으로 순종했다. 우리는 항상 주를 경외하므로 떨면서 주님의 명령에 순종해야 할 것이다.

사 20:3. 여호와께서 이르시되 나의 종 이사야가 삼 년 동안 벗은 몸과 벗은 발로 다니며 애굽과 구스에 대하여 징조와 예표가 되었느니라.

그 때에 여호와께서 말씀하셨다. 나의 종 이사야가 삼 년 동안 벗은 몸과 맨발로 다니면서, 이집트와 에티오피아에게 표징과 징조가 되었다는 말씀이었다.

"나의 종 이사야"란 말은 아주 영광스런 칭호로 구약에서 특별한 하나님의 종들에게 적용되었다. 모세에게(민 12:7), 갈렙에게(민 14:24), 욥에게(욥 1:8; 42:7), 엘리야김에게(22:20), 스룹바벨에게(학 2:23) 적용되었다.

"삼년 동안"이란 주전 713년부터 주전 711년까지이다. 즉, 사르곤 왕이 아스돗을 처음 포위했을 때부터 두 번째 포위하여 함락시킨 때까지이다. 그 동안 이사야는 벗은 몸과 벗은 발, 즉 포로의 모습으로 살면서 장차 애굽과 구스가 포로가 될 것을 나타냈다. 즉, 그러므로 그들을 의지하지 말 것을 몸으로 보인 것이다.

사 20:4. 이와 같이 애굽의 포로와 구스의 사로잡힌 자가 앗수르 왕에게 끌려갈 때에 젊은 자나 늙은 자가 다 벗은 몸과 벗은 발로 볼기까지 드러내어 애굽의 수치를 보이리니.

앗수르 왕이 애굽에서 잡은 포로와 구스에서 잡은 포로를, 젊은이나 늙은이 할 것 없이 모두 벗은 몸과 맨발로 끌고 갈 것이니, 애굽 사람이 수치스럽게도 그들의 엉덩이까지 드러낸 채로 끌려갈 것이라는 내용이다.

이사야의 예언대로 애굽과 구스는 앗수르에게 패하여 포로가 되었고, 이사야의 예언대로 벗은 몸과 벗은 발로 끌려갔다. 마침내 이사야의 예언 후 12년만인 주전 701년, 이 말씀은 산헤립 왕에 의해 성취된 것으로 안다.

사 20:5. 그들이 바라던 구스와 자랑하던 애굽으로 말미암아 그들이 놀라고 부끄러워할 것이라.

그리하여(then) 그들이 의지하던 구스와 그들의 자랑으로 여기던 애굽으로 말미암아 그들이 두려워하고 부끄러워하게 되는 것이다.

여기 "그들"은 유다 민족을 지칭한다. 그들이 앗수르의 공격을 받으면서 바라고 의지하며 또 자랑까지 한 대상이 구스와 애굽이었다. 그러므로 유다 민족은 의지하던 애굽과 구스가 앗수르에게 패하고 포로가 되어 끌려가는 것을 볼 때에 놀라고 부끄러워 했다.

사 20:6. 그 날에 이 해변 주민이 말하기를 우리가 믿던 나라 곧 우리가 앗수르 왕에게서 벗어나기를 바라고 달려가서 도움을 구하던 나라가 이같이 되었은즉 우리가 어찌 능히 피하리요 하리라.

그 날이 되면 이 해변에 사는 백성이 이렇게 말할 것이다. 즉, 우리가 의지하던 나라, 앗수르 왕에게서 구해 달라고, 우리를 살려 달라고, 도움을 청한 나라가 이렇게 되었으니, 이제 우리가 어디로 피해야 한단 말이냐고 말할 것이다.

여기 "해변 주민"은 '유다 민족'을 지칭한다. 유다 민족은 앗수르에서 벗어나기 위해 애굽과 구스를 바라고 있었는데, 애굽과 구스가 먼저 포로가 되어버렸으니 그들이 어찌 앗수르의 공격에서 피할 수 있겠느냐는 것이다. 우리는 어떤 어려움을 당해도 세상 아무 세력도 의지하지 말고 오직 여호와 하나님만 의지해야 할 것이다.

제 21 장

(7) 바벨론 심판(II) 21:1-10

바벨론의 심판은 이미 예언되었다(13:1-14:23). 여기(21:1-10) 다시 거론된다. 전자는 바벨론 심판에 대해 전후 관계를 말했고 여기서는 그 멸망상이 보다 더 분명하게 묘사되어 있다. 바벨론은 주전 538년 경 바사의 고레스 왕에 의해 멸망했고, 유다 민족은 곧 해방되어 귀국했다.

<바벨론 멸망에 관한 묵시>

사 21:1. 해변 광야에 관한 경고라. 적병이 광야에서, 두려운 땅에서 네겝 회오리바람 같이 몰려왔도다.

본 절은 해변 광야를 두고 하신 엄한 경고의 말씀이다. 남쪽 광야에서 불어오는 회오리바람처럼 적병(메대, 바사)이 광야에서 쳐들어온다. 저 무서운 땅에서 몰아쳐 온다고 말한다.

"해변 광야에 관한 경고라"는 말은 이 부분의 표제이다. 여기 "해변 광야"란 말은 '바벨론'을 지칭한다(Delitzsch, Gray, 박윤선, 이상근). "해변"이라 함은 '유브라데 강'을 지칭하고, "광야"라 함은 유브라데 강의 서편 광야로 바벨론의 영토를 지칭하는 말이다. 유브라데 강을 "바다"라고 부른 것은 나일 강을 바다라 부른 것과 같은 용법이다(11:15; 19:5).

"네겝 회오리바람 같이"란 말은 '남방 회오리바람 같이'란 뜻이다. "네겝"은 유다 남방의 사막 지대를 가리킨다. 유다 남방의 사막 지대에서 불어오는 회오리바람은 대상들의 천막을 찢어놓는 공포의 바람이었다(욥 37:9; 슥 9:14). 이 바람은 고레스가 긴데스(Gyndes)를 횡단해 급속히 닥쳐오는 모습을 묘사한 것이다(Delitzsch). 하나님께서는 바벨론을 심판하시기 위해 메대, 바사를 이용하셨다.

사 21:2. 혹독한 묵시가 내게 보였도다 속이는 자는 속이고 약탈하는 자는 약탈하도다 엘람이여 올라가고 메대여 에워싸라 그의 모든 탄식을 내가 그치게 하였노라 하시도다.

나(이사야)는 바벨론이 참혹하게 멸망할 혹독한 계시를 보게 되었다. 배신하는 자가 배신하고 파괴하는 자가 파괴한다! 엘람아! 공격하여라! 메대야! 에워싸거라! 내가 바벨론의 횡포를 그치게 하고 억압받는 사람들의 탄식 소리를 주께서 그치게 하시겠다고 하신다.

"속이는 자는 속이고 약탈하는 자는 약탈하도다"라는 말에 대한 해석이 다르다. 1) 바사가 전술을 따라 속이고 약탈한다는 뜻이라는 견해(Rawlinson, 이상근), 2) '과거에 바벨론이 남들을 속였기 때문에 이제는 바벨론이 약탈을 당할 것이라'는 견해(Calvin, Lange, 박윤선)이다. 여기에서는 2)번의 견해가 더 뜻을 분명하게 한다. 큰 나라들도 남들을 약탈한 대로 약탈을 당한다는 것이다.

"엘람이여 올라가고 메대여 에워싸라"에서 "엘람"은 바벨론 동방, 즉 바사만 북편에 거했고, 그돌라오멜 시대에는 강력한 왕국을 형성하고 있었다(창 14:1). "메대"는 이란의 일족으로 주전 1,000년경부터 바벨론 동부, 바사의 북편에서 활동했다(13:17 주해 참조). 바사는 주전 558년 메대에서 독립하여 550년경에는 메대와 엘람을 정복하여 그 휘하에 넣고 주전 538년에 바벨론을 멸망시켰다. 그런고로 여기 "엘람", "메대"는 다 같이 고레스 왕이 지휘한 바사군을 가리키는 것이다. 선지자 이사야는 바사군에게 올라가 베벨론을 포위하라고 격려하고 있는 것이다.

"그의 모든 탄식을 내가 그치게 하였노라"는 말은 바벨론의 압제로 인해 탄식하던 열방들, 특히 바벨론 포로 생활에서 신음하는 유다인들의 탄식이 이제는 바벨론의 멸망으로 그치게 된다는 것이다(이상근).

사 21:3. 이러므로 나의 요통이 심하여 해산이 임박한 여인의 고통 같은 고통이 나를 엄습하였으므로 내가 괴로워서 듣지 못하며 놀라서 보지

못하도다.

그러자 나는 허리가 끊어지는 것처럼 아팠는데 아기를 낳는 산모의 고통이 이런 것일까 하는 정도로 온 몸이 견딜 수 없이 아팠다. 그 말씀을 듣고 귀가 멀었고 그 광경을 보고 눈이 멀었다.

바벨론의 심판을 예언한 선지자는 바벨론이 당해야 할 고통을 대신 당했다. 선지자는 모압의 심판을 예언했을 때도 역시 모압이 당해야 할 고통을 미리 당했다(15:5; 16:11). 선지자가 바벨론을 대신해서 당한 고통은 해산하는 여인의 고통 같은 고통이었다. 선지자는 인간고에 깊이 동정하는 고통을 당했다.

사 21:4. 내 마음이 어지럽고 두려움이 나를 놀라게 하며 희망의 서광이 변하여 내게 떨림이 되도다.

내 마음은 어지러워졌고, 두려움이 닥쳐와서 나는 놀라고 말았다. 내가 그토록 보고 싶어 하던 희망찬 새벽빛은 도리어 나를 무서워 떨게 하였다.

여기 "희망의 서광이 변하여 내게 떨림이 되었다"는 말은 '하루의 고역을 벗고 쉴 수 있는 평화스럽고 평안한 밤이 변하여 오히려 두려움이 되었다'는 뜻이다. 이는 바벨론이 환락과 유흥으로 흥청거리고 있는 밤(5절)에 멸망할 것임을 시사한다(Matthew Henry). 우리 성도들은 항상 깨어 있어 유혹과 환난에 대처하여 예수님 오실 때까지 깨어있어야 할 것이다.

사 21:5. 그들이 식탁을 베풀고 파수꾼을 세우고 먹고 마시도다 너희 고관들아 일어나 방패에 기름을 바를지어다.

선지자의 눈에 사람들이 잔칫상을 차려 놓고 방석을 깔고 앉아서 먹고 마신다. 갑자기 누가 명령한다. 너희 지휘관들아! 일어나 방패에 기름을 바르라고 말한다.

여기 "식탁을 베풀고 파수꾼을 세우고 먹고 마신다"는 말은 바벨론의 마지막 왕인 벨사살이 그 나라의 위기 속에서도 태연스럽게 잔치를 베풀고 먹고 마실 것을 예언한 것이다(단 5:1-4). 벨사살 왕이 연회를 하던 그날 밤에 적병에게 피살되었는데(단 5:30), 이것이야말로 그의 기쁨의 순간이 가장 큰 무서움으로 떨어진 일이었다. 사람이 회개하지 않으면 갑작스러운 벌을 받게 된다. 죄를 자복하는 성도에게 이런 날벼락 같은 환난은 닥치지 않는다.

"너희 고관들아 일어나 방패에 기름을 바를지어다"란 말은 바벨론 고관들에게 그들이 지금 술 마실 때가 아니고 방패에 기름을 바르고 전쟁을 준비해야 할 때인 것을 깨우치는 말이다. 사람은 방탕하면 안 된다는 것을 말하는 것이다.

사 21:6. 주께서 내게 이르시되 가서 파수꾼을 세우고 그가 보는 것을 보고하게 하되.

주님께서 나(선지자)에게 말씀하시기를 너(선지자)는 파수꾼에게 가서 파수꾼을 세우고 그가 보는 대로 보고하라고 일러주어라.

주님께서는 바사 군대가 진격해 오는 모습을 살피기 위해 파수꾼을 세우라고 하신다.

사 21:7. 마병대가 쌍쌍이 오는 것과 나귀 떼와 낙타 떼를 보거든 귀 기울여 자세히 들으라 하셨더니.

기마병과 함께 오는 병거를 보거나 나귀나 낙타를 탄 사람이 나타나면 주의하여 살펴보라고 하여라.

본 절의 군대 행진 모습은 바사의 군대 모습이라는 것이다. 기마병이 쌍쌍이 두 줄로 전진하는 것은 바사의 유명한 전법이었다고 한다.

사 21:8. 파수꾼이 사자 같이 부르짖기를 주여 내가 낮에 늘 망대에 서 있었고 밤이 새도록 파수하는 곳에 있었더니.

파수꾼(이사야 자신, 삼하 18:24; 왕하 9:17 참조)이 사자의 목소리를 가지고 외치기를 "하나님! 제가 온종일 망대 위에 서 있었고, 밤이 새도록 파수하는 곳을 계속 지키고 있었습니다"라고 보고 드린다.

이사야가 하나님의 명령을 받들어 망대(파수하는 곳)에 서 있으면서 메대, 바사 군이 오는 것을 파수해 본 이유는 바벨론을 멸망시키러 오는 메대, 바사 군은 하나님의 명령을 받아 오는 것이기 때문이었다. 바벨론은 하나님의 명령으로 멸망 받아야 했다.

사 21:9. 보소서 마병대가 쌍쌍이 오나이다 하니 그가 대답하여 이르시되 함락되었도다 함락되었도다 바벨론이여 그들이 조각한 신상들이 다 부서져 땅에 떨어졌도다 하시도다.

문장 초두에 "보소서!"란 말이 나오는 것은 본 절 본문이 아주 중요한 내용이라는 것을 알려준다. 즉, "갑자기 병거가 쌍쌍이 몰려오고 기마병이 무리를 지어 옵니다!"라고 외치자 하나님께서 소리치시기를 "바벨론이 함락되었다! 바벨론이 함락되었다! 조각한 신상들이 모두 땅에 떨어져서 박살났다"고 말씀하신다는 것이다.

바벨론 멸망의 원인은 우상 숭배라는 것을 하나님께서 알리시는 것이다. 우상 숭배하는 개인이나 가정, 사회는 언젠가 망한다는 것을 보여준다. 인간을 우상으로 삼고 사는 사람들, 돈을 우상 삼아 사는 사람들, 세상 세력을 우상으로 알고 사는 사람들은 필경 망한다는 것을 보여준다. 우리는 하나님만을 바라보고 살아야 한다.

사 21:10. 내가 짓밟은 너여, 내가 타작한 너여, 내가 이스라엘의 하나님 만군의 여호와께 들은 대로 너희에게 전하였노라.

아! 내가 짓밟던 나의 겨레(이스라엘), 타작마당에서 으깨던 나의 동포(이스라엘)여! 내가 이스라엘의 하나님 만군의 주님께서 나에게 말씀하신 것을, 이렇게 내가 너희들에게 전하였노라.

"이스라엘의 하나님 만군의 여호와께 들은 대로" 이사야는 이스라엘 민족에게 만군의 여호와로부터 들은 대로 전했다는 것이다. 전한 내용은 이스라엘이 바벨론에 끌려가 타작을 당했으나 이제는 타작이 끝났다는 것을 전한다는 것이다.

(8) 에돔 심판 21:11-12

이 부분(11-12절)은 두마에 관해 경고한 내용을 진술한 것이다. "두마"는 '죽음과 같은 정적'이라는 뜻이다. 두마라는 말은 에돔을 가리키는 말인데, 에서의 후손들이 이룩한 나라이다. 에돔(두마) 심판은 이방 국가 10개국에 대한 심판 예언 중 여덟 번째 예언이다.

<두마에 관한 경고>

사 21:11. 두마에 관한 경고라. 사람이 세일에서 나를 부르되 파수꾼이여 밤이 어떻게 되었느냐 파수꾼이여 밤이 어떻게 되었느냐

"두마에 관한 경고"란 말은 이 부분(11-12절)의 표제이다. 먼저 "두마"(דּוּמָה)는 '침묵', 즉 '죽음과 같은 정적'이라는 뜻이므로 그 뜻으로 에돔에 대한 심판을 요약하려는 것이다. 로린슨(Rawlinson)에 의하면 두마란 이름을 지닌 성읍은 최소한 두 곳 이상 있으나 본문이 에돔의 성읍을 지닌 성읍을 가리키는 것이 분명하다(LXX, Rosenmueller, Delitzsch, Gray). "경고"란 말에 대해서는 13:1 주해를 참조하라.

본 절의 해석을 보면, 본 절은 두마를 두고 하신 엄한 경고의 말씀이다. 세일에서 누가 나를 부른다. "파수꾼아! 밤이 얼마나 지났느냐? 파수꾼아! 날이 새려면 얼마나 더 남았느냐?"고 묻는다.

본 절의 "세일"이라는 말은 에서의 거주지이다(창 33:16). 에서는 곧 에돔이다(창 36:1). 세일 산은 사해 동남부에 위치하여 에돔의 중심부를 이룩했다.

"사람이 세일에서 나를 부르되"란 말은 '사람이 세일 산에서 선지자 이사야를 불렀다'는 뜻이다. 에돔 나라도 이스라엘처럼 강국(바벨론)의 압제 하에서 신음하고 있었기 때문에 해방될 때를 알고자하여 선지자를 부른 것으로 보인다.

"파수꾼이여 밤이 어떻게 되었느냐, 파수꾼이여 밤이 어떻게 되었느냐"고 두 번을 물은 것은 안타까운 마음에 두 번 물은 것으로 보인다. 에돔인은 선지자에게 지금 시국이 어떻게 돌아가고 있느냐고 물은 것이다. 여기에서 "밤"은 '멸망의 때'를 가리키고, "아침"은 '구원의 때'를 가리키는 말이다.

사 21:12. 파수꾼이 이르되 아침이 오나니 밤도 오리라 네가 물으려거든 물으라 너희는 돌아올지니라 하더라.

파수꾼이 대답한다. 아침이 곧 올 것이다. 그러나 또다시 밤이 온다. 묻고 싶거든, 물어 보아라. 다시 와서 물어 보라고 대답한다.

에돔에 좋은 때가 오겠고, 다음으로 어둡고 어려운 때가 올 것이라는 뜻이다. 곧 앞으로 새 시대(아침)가 오긴 오겠지만 역시 밤중과 같은 죄악이 동반된다는 것이다. 이 세상에서는 시대가 바뀌어도 사람들은 별수가 없다. 죄악이 완전히 해결되지 않은 시대에는 언제나 괴로움이 있는 법이다. 그러나 선지자는 에돔인의 물음이 잘못된 것은 아니라는 의미에서 "네가 물으려거든 물으라"고 말한다. 선지자는 다시 그 물음의 중심 문제를 해결해 주었으니, 곧 "너는 돌아올지니라"고 말해준다. 인생의 행복은 시대가 바뀌어 지는데 있는 것이 아니고, 사람이 바뀌어 지는데 있다. 다시 말해 사람들이 죄를 떠나 하나님께 돌아가는데 있다(박윤선).

(9) 아라비아 심판 21:13-17

에돔 심판을 진술한 후(11-12절), 이방 국가 10개국 중 아홉 번째 국가인 아라비아의 멸망(13-17절)에 대한 예언을 한다. 여기서 아라비아라 함은 아라비아 반도 전체를 지칭함이 아니라 에돔과 인접해 있는 에돔과 바벨론 사이에 위치한 드단, 게달의 후손들이 거주하고 있는 사막 지대를 말하는 것이다. 이는 방향으로 보아 북서 아라비아를 말한다. 아라비아의 심판 시기는 하나님께서 정하신 때(16절)에 정확하게 도달함을 강조하고 있다. 아라비아 심판은 앗수르 왕 산헤립(주전 706-681년)의 공격으로 성취되었다.

<아라비아에 관한 경고>

사 21:13. 아라비아에 관한 경고라. 드단 대상들이여 너희가 아라비아 수풀에서 유숙하리라.

"아라비아에 관한 경고라"는 말은 이 부분(13-17절)을 위한 표제이다. 이 예언의 대상은 에돔과 바벨론 사이에 위치한 아라비아이다(렘 49:28-33). 아라비아는 솔로몬의 통치 때부터 이스라엘과 상업적으로 활발한 교류가 있었다(왕상 10:14-15). 또한 아라비아는 이스라엘을 침입하는 동방의 호전적인 민족들을 막아주는 방패 역할을 해 주었다. 그런고로 남 유다는 아라비아를 크게 의존했다. 따라서 하나님께서는 남 유다를 향하여 오직 의존할 분은 하나님밖에 없음을 강력히 말씀하셨다.

본 절의 해석을 보면, 하나님께서는 아라비아(북서 아라비아)를 두고 엄한 경고의 말씀을 하신다. 드단 사람들아! 아라비아의 메마른 덤불 속에서 밤을 지새우는 드단의 행상들아!

하나님은 드단 대상들(대상들이라 함은 재물을 위하여 이곳저곳을 돌아다니며 장사하는 사람들을 지칭한다)에게 환난이 임하여 갈 곳이 없이 되어 수풀에서 우거할 것이라고 알려주신다.

"드단 대상들"은 아브라함의 구스 족 출신의 후처인 그두라의 후손(창 25:3)으로 아라비아 반도 남북의 중앙부에 거주하면서 북부 및 베니게의 항구 도시까지 왕래하며 장사를 하는 족속이었다(겔 27:10). 이들은 장사를 하면서 재물을 축적하여 마음이 교만해져서 심판의 대상이 되었다. 하나님께서는 앗수르를 사용하셔서 아라비아와 그 대상들을 공격하셨다(주전 700년). 우리는 어떤 직업에 종사하든지 교만하지 말고 주님만을 바라보아야 할 것이다.

사 21:14. 데마 땅의 주민들아 물을 가져다가 목마른 자에게 주고 떡을 가지고 도피하는 자를 영접하라.

데마(Tema) 땅에 사는 사람들아! 목마른 피난민들에게 마실 물을 주어라. 아라비아의 피난민들에게 먹거리를 가져다주라고 말한다.

여기 데마(Tema)라는 곳은 현재의 테마(Taima)라는 성읍으로 페트라(Petra)와 팔미라(Palmyra) 사이의 대상로에 위치한 성읍이다.

"물을 가져다가 목마른 자에게 주라"는 말은 앞으로 아라비아의 대상들이 앗수르의 침략을 받아 피난하게 될 터인데 그들을 도와주라는 뜻이다. 그리고 "떡을 가지고 도피하는 자를 영접하라"는 말도 마찬가지로 앗수르의 침략에 의하여 피난하게 되면 그들에게도 떡을 주라는 말인 것이다(렘 25:23 참조).

사 21:15. 그들이 칼날을 피하며 빼 칼과 당긴 활과 전쟁의 어려움에서 도망하였음이니라.

데마인들에게 칼이 드단 대상들을 치려고 해서 그들이 칼날을 피하여 도망 다니게 되고, 화살이 그들을 꿰뚫으려 하고, 전쟁이 그들의 목숨을 노려 고통당하게되므로 그들에게 도움을 줄 수 있도록 영접하라고 말한다. 사람들이 교만하면 한 순간에 비참하게 된다는 것을 알 수 있다.

사 21:16. 주께서 이같이 내게 이르시되 품꾼의 정한 기한 같이 일 년 내에 게달의 영광이 다 쇠멸하리니.

주님께서 나에게 이렇게 말씀하시기를 일 년 기한으로 머슴살이를 하게 된 머슴이 날 수를 하나 둘 세듯이 이제 내가 일 년을 센다. 일 년 만에 게달의 모든 허세가 사라질 것이라고 하신다. 여기 "게달"이란 민족은 이스마엘의 열 두 아들 중 둘째 아들로 아라비아 사막에 사는 베드윈족을 일컫는 말이다(창 25:13; 대상 1:29). 여기서는 아라비아 부족들을 대표하는 의미로 사용되었다(Keil). 여기 1년이라는 기한은 아주 짧은 기한을 뜻하는 말이다. 아라비아의 풍요로움이 하루아침에 사라지고, 그들이 반드시 멸망할 것임을 나타내는 말이다.

사 21:17. 게달 자손 중 활 가진 용사의 남은 수가 적으리라 하시니라 이스라엘의 하나님 여호와의 말씀이니라.

게달 자손 중 활 쏘는 용사들의 남는 수가 매우 적을 것이라는 사실을 주 이스라엘의 하나님 여호와께서 말씀하신다.

본 절은 게달의 장수들이 침략자를 막기 위해 싸우다가 많이 죽어 그 수가 적게 남을 것이라는 예언을 진술한 것이다(Matthew Henry). 본문은 아라비아가 하나님의 심판대로 반드시 멸망할 것을 다시 한 번 강조하는 것이다. 우리는 하나님의 계획은 조금의 오차도 없이 반드시 이루어진다는 것을 믿고 어떠한 환난과 고통 속에서도 하나님의 구원 계획이 완전히 성취될 그 때를 소망하면서 죄를 자복하며 살아야 한다.

제 22 장

(10) 예루살렘 심판 22장

1-5장은 유다의 일반적 죄에 대해 심판한 것을 진술했는데, 22장은 유다가 앗수르의 침략을 당할 때 하나님을 의지하지 않고 애굽을 의지했기 때문에 심판 당한다는 것을 진술한다. 이 부분(1-25절)의 내용은 예루살렘이 심판 당할 일(1-14절), 셉나의 죄에 대해 하나님께서 심판하실 일(15-25절)을 진술한다.

ㄱ) 예루살렘 심판 22:1-14

이 부분(1-14절)은 앗수르의 산헤립이 예루살렘을 공격할 때(주후 701년) 때 벌어졌던 상황을 진술한 것이다. 내용은 1) 앗수르의 위험(1-7절), 2) 유다인의 불신앙(8-11절), 3) 유다인의 불회개(12-14절)를 진술한다.

<환상의 골짜기에 관한 경고>

사 22:1. 환상의 골짜기에 관한 경고라. 네가 지붕에 올라감은 어찌 함인고.

"환상의 골짜기에 관한 경고라"는 말은 이 부분(1-7절)의 표제이다. 예루살렘을 "환상 골짜기"라 칭한 것은 '예루살렘에 자주 하나님의 환상이 나타났기 때문에 생긴 이름'이다. 여기 "경고"(מַשָּׂא)란 말의 뜻에 대해서는 13:1 주해를 참조하라.

"네가 지붕에 올라감은 어찌 함인고"란 말은 '예루살렘 사람들이 이런 때를 맞이하여 쾌락에 빠져 잔치를 하기 위해 지붕에 올라감은 어찌된 일인가'라는 말이다(Rawlinson). 본 절은 예루살렘 주민들의 무분별한 즐거움을 질타하는 것이다(13절 참조).

사 22:2-3. 소란하며 떠들던 성, 즐거워하던 고을이여 너의 죽임을 당한 자들은 칼에 죽은 것도 아니요 전쟁에 사망한 것도 아니라. 너의 관원들도 다 함께 도망하였다가 활을 버리고 결박을 당하였고 너의 멀리 도망한 자들도 발견되어 다 함께 결박을 당하였도다.

폭동으로 가득 찬 성읍! 시끄러움과 소동으로 가득 찬 도성아! 이번 전쟁에 죽은 사람들은 칼에 맞아 죽은 것도 아니고, 싸우다가 죽은 것도 아니다(2절). 너희 지도자들은 모두 도망치기에 바빴고, 활도 한 번 쏘아 보지도 못하고 사로잡히고 말았다. 사로잡힌 너희들도, 아직 적군이 멀리 있는데도, 지레 겁을 먹고 도망치다가 붙잡혀서 포로가 되었구나 라고 말한다.

"소란하며 떠들던 성, 즐거워하던 고을"은 예루살렘 성을 가리키는 말인데 그 도시는 하나님을 저버리고 향락으로 흘렀다. 그러므로 이제 하나님의 징계가 임하여 많은 사람이 전쟁 포로가 된다는 것이다.

"너의 죽임을 당한 자들은 칼에 죽은 것도 아니요 전쟁에 사망한 것도 아니라. 너의 관원들도 다 함께 도망하였다가 활을 버리고 결박을 당하였고 너의 멀리 도망한 자들도 발견되어 다 함께 결박을 당하였다"는 말은 모두 과거사로 묘사되었다. 이렇게 이 동사들이 과거형으로 표현된 것은 미래에 확실하게 될 일이기 때문에 과거 동사로 묘사된 것이다. 예루살렘이 앗수르 나라의 침략 받을 것을 묘사한 것이다.

사 22:4. 그러므로 내가 말하노니 돌이켜 나를 보지 말지어다 나는 슬피 통곡하겠노라 내 딸 백성이 패망하였음으로 말미암아 나를 위로하려고 힘쓰지 말지니라.

본 절은 선지자가 백성들에게 부탁하는 말로 나로 하여금 계속해서 슬퍼하게 두라는 말이다. 예루살렘의 멸망을 바라본 선지자는 백성들과 함께 즐거워할 수가 없었다. 왜냐하면 예루살렘이 확실하게 멸망하게 될 것을 아는 자로서의 큰 슬픔이 있기 때문에 위로 받기를 거절한 것이다. 선지자는 유다를 생각할 때 너무 슬펐다.

"나를 위로하려고 힘쓰지 말라"는 말은 '나를 위로하려고 힘쓰지 말고 그냥 두어서 계속해서 유다 민족을 슬퍼하게 하라'는 의미이다.

사 22:5. 환상의 골짜기에 주 만군의 여호와께로부터 이르는 소란과 밟힘과 혼란의 날이여 성벽의 무너뜨림과 산악에 사무쳐 부르짖는 소리로다.

만군의 하나님(하늘의 일월성신을 지으신 전능하신 하나님)께서 친히 '환상 골짜기'(예루살렘)에, 혼란과 학대와 소란이 크게 일어나게 하셨다. 성벽이 헐리고 살려 달라고 아우성치는 소리가 산에까지 사무쳤다고 말씀하신다.

"소란과 밟힘과 혼란의 날이여"라는 말은 '앗수르 군대의 공격에 앞으로 예루살렘이 소란하게 되고 밟히게 되며 혼란의 날이 빚어질 날이 임할 것'이라는 뜻이다.

"성벽의 무너뜨림과 산악에 사무쳐 부르짖는 소리로다"라는 말은 '예루살렘 거민들의 부르짖는 소리가 성벽에까지 가서 산울림으로 돌아오고 사람들이 살려 달라고 아우성치는 소리가 산에까지 사무쳤다'는 뜻이다.

사 22:6. 엘람 사람은 화살통을 메었고 병거 탄자와 마병이 함께 하였고 기르 사람은 방패를 드러냈으니.

엘람 군대는 화살통을 메고 왔고, 기마대와 병거대가 그들과 함께 왔으며, 기르 군대는 방패를 들고 왔다.

여기 "엘람 사람"은 앗수르의 속국 사람들로 자그로스 산맥(Zagros)과 티그리스 강 하류에 이르는 평원 지대에 거주하는 부족이며 일찍 독립국가였으나(창 14:1, 9) 사르곤 왕(Sargon II) 때부터 앗수르의 지배하에 들어왔다.

"기르 사람"은 역시 앗수르의 속국으로 시루스 강(Cyrus) 지방이며, 앗수르 경내에 속했다. 앗수르 왕은 이곳으로 다메섹의 포로를 이주 시켰다(왕하 16:9). 또 이곳이 아람의 원 고향이었다(암 9:7, 이상근).

사 22:7. 병거는 네 아름다운 골짜기에 가득하였고 마병은 성문에 정렬되었도다.

네 기름진 골짜기들(기드론, 여호사밧, 르바임, 기혼, 및 힌놈의 골짜기들)에는 앗수르 군대 병거 부대의 병거들로 가득하게 되었고, 예루살렘의 사면 성문들은 기마 부대의 주둔지가 되어 병거와 마병들은 성내로 향하라는 진격 명령만을 기다리고 있었다는 것이다. 참으로 일촉즉발의 위기가 감돌고 있었다.

8-11절. 이런(1-7절) 위험한 시기인데도 유다인들은 불신앙이었다.

사 22:8. 그가 유다에게 덮였던 것을 벗기매 그 날에야 네가 수풀 곳간의 병기를 바라보았고.

하나님께서 유다의 약점들을 드러내시니 그 날에야 남 유다인들은 '수풀 궁'에 있는 무기를 바라보았다고 한다. 이로써 남 유다 백성들은 자신들의 취약성을 깨닫게 되었으나 그들은 하나님께 돌아와 죄를 자복하기보다는 대적들을 물리칠 수 있는 인간적인 방법만을 모색하게 되었다. 다시 말해 수풀 궁에 있는 무기를 바라보았다는 것이다.

하나님께서 남 유다 백성들로 하여금 그들이 절대 위기에 처했음을 깨닫게 해주셨다. 그러나 그들은 하나님 앞에서 죄를 자복하기보다는 하나님 없이 그들 스스로의 살길을 강구하는 일에만 급급했다. 여호와를 떠난 사람들의 특징은 위기를 만났을 때 '수풀 곳간의 무기고' 바라보기만 전념한다. 우리는 언제든지 죄를 자복하는 일에 전심을 다하고 주님께 부르짖어야 한다.

사 22:9. 너희가 다윗 성의 무너진 곳이 많은 것도 보며 너희가 아랫못의 물도 모으며.

너희가 다윗 성(예루살렘)에 뚫린 곳이 많은 것을 보았고, 아랫못의 물도 저장하였다.

남 유다인들은 예루살렘 성의 무너진 곳을 보며 이를 수축했다. 히스기야 왕이 예루살렘 성을 수축했고(대하 32:5) 포로 귀환 후에 느헤미야의 감독하에 성을 재건했다(느 3:15, 16; 12:37).

"아랫못의 물도 모았다"는 말에서 "아랫못"은 윗못 수도와 대조되는 못으로 산헤립의 공격에 대비하여 히스기야가 저수지의 물을 저장하여 만든 못이었다.

사 22:10. 또 예루살렘의 가옥을 계수하며 그 가옥을 헐어 성벽을 견고하게도 하며.

앗수르에 의해 예루살렘 성이 포위당한 후에 예루살렘 주민들이 예루살렘 성벽 주위의 가옥을 헐어 뚫린 성벽을 견고하게 보수했다.

가옥의 수를 계수하여 먼저는 방위 병력의 능력을 조정했고, 그 다음에는 주거를 나누어 가지도록 했다. 그리고는 일부 가옥들을 헐어 그 재료를 가지고 성벽을 수축하여 견고하게 했다. 이는 남 유다가 그 동안 그들의 국방에 얼마나 소홀히 했는가를 보여주는 단면이다. 남 유다 사람들은 향락에 빠져 자신들의 위험에 대해 전혀 대비하지 못하고 살았던 것이다.

사 22:11. 너희가 또 옛 못의 물을 위하여 두 성벽 사이에 저수지를 만들었느니라 그러나 너희가 이를 행하신 이를 앙망하지 아니하였고 이 일을 옛적부터 경영하신 이를 공경하지 아니하였느니라.

"너희는 옛 못에 물을 대려고 두 성벽 사이에 저수지를 만들었다. 그러나 너희는 일이 이렇게 되도록 도우신 분을 의지하지 않고, 이 일을 옛적부터 계획하신 분에게는 관심도 없었다"고 본 절은 말한다.

여기 "옛 못"이란 예루살렘 성내의 수원지들 중의 하나로 그 위치를 분명히 말할 수는 없으나 윗 못(7:3)을 지칭하는 것으로 보인다. 그리고 "두 성벽"이란 성문 양편에 성벽 안에 또 안벽을 쌓아 이중(二重)이 되게 한 곳을 가리킨다.

"두 성벽 사이에 저수지를 만들었다"는 말은 옛 못의 물을 두 성벽(성문 양편의 성벽 안에 또 안벽을 쌓아 이중이 되게 한 곳) 사이로 이끌어 저수지를 만든 것을 뜻한다. 아무튼 예루살렘 방어에 최선을 다했다는 말이다.

"그러나 너희가 이를 행하신 이를 앙망하지 아니하였고 이 일을 옛적부터 경영하신 이를 공경하지 아니하였느니라"고 말한다. 저수지를 만드는데 큰 도움을 주신 하나님을 앙망하지 않은 것은 큰 잘못이었다. 우리는 우리의 모든 것을 주장하시는 하나님을 항상 바라보고 감사를 넘치게 해야 할 것이다.

12-14절. 유다인이 죄를 자복하지 않은 죄.

사 22:12. 그 날에 주 만군의 여호와께서 명령하사 통곡하며 애곡하며 머리털을 뜯으며 굵은 베를 띠라 하셨거늘.

그 날에 주 만군(하늘의 일월성신)의 하나님께서 너희에게 통곡하고 슬피 울라고 하셨다. 그리고 머리 털을 밀고 상복을 몸에 두르라고 하셨다.

여기 네 가지 행위(통곡, 슬피 우는 것, 머리 털을 미는 것, 상복을 몸에 두르는 일)는 모두 회개의 행위였다. 그러나 유다 민족은 죄를 자복하지 않을뿐더러, 전심으로 주께 돌이키지 않았다.

사 22:13. 너희가 기뻐하며 즐거워하여 소를 죽이고 양을 잡아 고기를 먹고 포도주를 마시면서 내일 죽으리니 먹고 마시자 하는도다.

그런데 너희가 어떻게 하였느냐? "너희는 오히려 홍청망청 소를 잡고 양을 잡고 고기를 먹고 포도주를 마시면서 내일 죽을 것이니, 오늘은 먹고 마시자 하지 않았느냐"고 말씀하신다.

남 유다인들의 죄는 죄를 자복하지 않을 뿐만 아니라, 더 나아가 죄를 가볍게 여기고 하나님의 심판을 무시하며 어차피 멸망한다면 멸망하기 전에 홍청망청 소를 잡고, 양을 잡고, 고기를 먹고 포도주를 마시면서 하나님의 영광이 아닌 자기들의 영광과 만족, 기쁨을 구했다. 그러니까 죄 위에 죄를 더 한 것이었다. 이는 그들을 진실로 사랑하시는 하나님의 마음에 큰 상처를 입게 하는 행사(行思)였다. 우리는 매일 죄를 자복하면서 최고이신 하나님과 더 친밀한 관계의 삶을 살아야 한다.

"내일 죽을 것이니, 오늘은 먹고 마시자" 하는 사상, 또 그런 삶의 태도는 개인이나 가정이나 나라를 멸망 가운데 이끄는 것임에 틀림없다. 어려움을 당했을 때 향락 위주로 살았던 삶은 큰 문제를 가져온다. 2020년 전 세계가 코로나 19의 위기를 맞이했을 때도 정신 차리지 않고 향락의 장소를 찾은 많은 사람들이 있었다. 우리는 회개하는 일, 즉 하나님께 돌이키는 일에 마음을 드려야 한다.

사 22:14. 만군의 여호와께서 친히 내 귀에 들려 이르시되 진실로 이 죄악은 너희가 죽기까지 용서하지 못하리라 하셨느니라 주 만군의 여호와의 말씀이니라.

그래서 만군의 주님께서 나의 귀에 대고 이렇게 말씀하셨다. 회개해야 할 때 회개는 않고 향락에 취한 죄는 너희가 죽기까지 용서받지 못한다. 주 만군의 하나님께서 말씀하신 것이다.

회개하기만 하면 죄를 용서받는데 회개하지 않으니 하나님께서는 우리가 죽는 날까지 용서하지 못하신다는 것이다. 참으로 두려운 말씀이다.

ㄴ) 셉나의 죄 22:15-25

이 부분(15-25절)은 남 유다 백성들의 완악함에 가장 큰 영향을 끼친 남 유다 관리들의 부패상에 대한 책망과 심판을 진술한다. 1) 히스기야 시대의 국고 책임자였던 셉나(왕하 18:18, 26, 37)가 권력을 이용해 부정 축재를 했기 때문에 심판을 받을 것이라는 내용(15-19절), 2) 셉나를 대신하여 등장한 엘리아김도 막강한 권력을 가지고 나라 전체의 유익보다는 자기 가문의 영광만을 추구하다가 종국에는 타락하여 심판을 받게 되리라는 내용(20-25절)으로 구성되어 있다.

<셉나에게 경고하시다>

사 22:15. 주 만군의 여호와께서 이르시되 너는 가서 그 국고를 맡고 왕궁 맡은 자 셉나를 보고 이르기를.

1-14절에서 남 유다 전체의 죄악을 지적하고 하나님의 심판을 선포한 선지자 이사야는 이제 본 절(15절)에서부터 19절까지 셉나라는 특정 인물의 죄를 지적하고 심판을 선포하고 있다. 즉, "주 만군의 하나님께서 이렇게 말씀하신다. 너(이사야)는 궁중의 일을 책임진 총 책임자 셉나에게 가서 내(여호와) 말을 전하라"고 말씀하신다.

여기 "셉나"는 재무 장관과 국내 대신을 겸했던 최고의 고관이었음을 시사한다. 셉나는 앗수르 왕 산헤립이 예루살렘을 포위했을 때 히스기야가 보낸 세 명의 고관 중에 한 사람이었다(36:3). 36:3에는 셉나가 서기관으로, 엘리아김이 궁내대신으로 언급된다.

사 22:16. 네가 여기와 무슨 관계가 있느냐 여기에 누가 있기에 여기서 너를 위하여 묘실을 팠느냐 높은 곳에 자기를 위하여 묘실을 팠고 반석에 자기를 위하여 처소를 쪼아내었도다.

셉나 네가 이곳과 무슨 상관이 있기에, 이곳에 누가 있기에, 여기에다 너의 무덤을 팠느냐? 높은 곳에 무덤을 파는 자야! 바위에 누울 자리를 쪼아내는 자야! 라고 말한다. 셉나는 예루살렘에서 자신의 무덤을 팔 자격이 없는 사람이었다.

"높은 곳에 자기를 위하여 묘실을 팠고 반석에 자기를 위하여 처소를 쪼아내었다"는 말은 셉나가 높은 곳에 자기를 위하여 묘실을 팔 자격도 없었는데, 자기를 위하여 묘실을 팠고 자기를 위하여 그런 장소를 쪼아 냈다는 것이다. 왕족은 높은 곳에 반석을 쪼아 만든 묘실에 시신을 장례하고 입구를 큰 돌로 막았고(대하 32:33), 평민의 묘는 낮은 곳에 있었다(왕하 23:6; 렘 26:23). 셉나는 신분에 어울리지 않는, 즉 왕의 묘소 같은 묘실을 자기를 위해 만들었다.

사 22:17. 나 여호와가 너를 단단히 결박하고 장사 같이 세게 던지되.

셉나! 너는 권세가 있는 자이다. 그러나 주님께서 너를 단단히 묶어서 너를 세차게 내던지신다.

하나님께서 셉나를 단단히 묶어 광야로 추방하실 것이므로 그가 거기에서 죽게 된다는 것이다(17-18절). 그리고 그의 직분은 엘리야김이 대신 맡을 것이라고 말씀하신다(18-25절). 강자였던 셉나는 더 큰 강자에 의해 사정없이 광야로 쫓겨 나갈 것이다. 예루살렘에서 왕자의 무덤을 만들어 묻히고자 한 셉나에게 적합한 심판이었다(이상근).

사 22:18. 반드시 너를 모질게 감싸서 공 같이 광막한 곳에 던질 것이라 주인의 집에 수치를 끼치는 너여 네가 그 곳에서 죽겠고 네 영광의 수레도 거기에 있으리라.

본 절은 이방인인 셉나에게 높은 지위를 준 그의 주인 히스기야와 여호와의 성전이 있는 예루살렘에 폐를 끼쳤기 때문에 셉나가 여호와의 심판으로 이방 땅에서 수치를 당하며 죽으리라는 예언이다. 즉, 너(셉나)를 여러 사람이 가지고 노는 공처럼 둥글게 둘둘 말아서 넓고 아득한 땅(아마도 애굽 땅)으로 굴려 버려 네가 거기서(아마 애굽 땅에서) 죽게 될 것이라고 말씀하신다. 네가 자랑하던 그 화려한 병거들 옆에서 너를 죽게 할 것이다. 너는 너(히스기야)의 상전의 집에서 수치거리가 될 것이다.

사 22:19. 내가 너를 네 관직에서 쫓아내며 네 지위에서 낮추리니.

내(하나님)가 너(셉나)를 너의 관직에서 쫓아내겠다. 그(앗수르의 산헤립)가 너를 그 높은 자리에서 끌어내릴 것이다. 앗수르 왕 산헤립이 랍사게를 예루살렘으로 보냈을 때 셉나는 원래의 지위보다 낮은 서기관이었다(36:3). 이 좌천이 셉나 축출의 시작점으로 보인다. 그 후 셉나가 애굽으로 도피한 것으로 추측하기도 한다(Rawlinson).

사 22:20. 그 날에 내가 힐기야의 아들 내 종 엘리아김을 불러.

그 날이 되면 내가 힐기야의 아들인 나의 종 엘리아김을 부르겠다. "엘리아김"이란 말은 '여호와의 종'이라는 뜻이다. 엘리아김은 원래 궁내 대신이었다. 이 엘리아김은 예루살렘이 포위되었을 때 산헤립에게 보낸 세 사람의 사신 중 한 사람이었다(36:3). 이제 엘리아김은 셉나의 직책까지 겸하게 되었다.

사 22:21. 네 옷을 그에게 입히며 네 띠를 그에게 띠워 힘 있게 하고 네 정권을 그의 손에 맡기리니 그가 예루살렘 주민과 유다의 집의 아버지가 될 것이며.

네(셉나의) 관복을 엘리아김에게 입히고, 네(셉나의) 띠를 엘리아김에게 띠게 하고, 네(셉나의) 권력을 그(엘리아김)의 손에 맡길 것이니, 그가 예루살렘에 사는 사람들과 유다 집안의 아버지가 될 것이라고 한다.

"유다 집의 아버지가 될 것이라"는 말은 '유다 집의 보호자 위로자 인도자가 될 것이라'(욥 29:16)는 뜻이다. 이는 모든 권력이 인간 왕에게서 나온 것이 아니라 하나님께로부터 나온 것임을 명백히 알려주는 말씀이다.

사 22:22. 내가 또 다윗의 집의 열쇠를 그의 어깨에 두리니 그가 열면 닫을 자가 없겠고 닫으면 열 자가 없으리라.

하나님께서 또 다윗 집의 열쇠를 엘리아김의 어깨에 둘 것이니, 그가 열면 닫을 자가 없고, 그가 닫으면 열 자가 없을 것이라고 하신다.

여기 "그가 열면 닫을 자가 없겠고 닫으면 열 자가 없으리라"는 말씀은 엘리아김에게 막강한 권력을 주실 것이라는 뜻이다. 즉, 엘리아김은 그 직무에 있어 그리스도의 그림자가 된 것이다.

사 22:23. 못이 단단한 곳에 박힘 같이 그를 견고하게 하리니 그가 그의 아버지 집에 영광의 보좌가 될 것이요.

단단한 곳에 잘 박힌 못같이, 내(여호와)가 그를 견고하게 하겠으니, 그가 가문의 영예를 빛낼 것이라고 하신다.

여호와께서 엘리아김을 "못이 단단한 곳에 박힘 같이 견고하게 만들어 주겠다"고 하신다. 그리고 여호와께서 엘리아김이 그의 아버지 집에 영광의 보좌가 되게 해주시겠다고 하신다.

사 22:24. 그의 아버지 집의 모든 영광이 그 위에 걸리리니 그 후손과 족속 되는 각 작은 그릇 곧 종지로부터 모든 항아리까지니라.

엘리아김 가문의 영광이 엘리아김에게 걸릴 것이다. 종지에서 항아리에 이르기까지, 모든 작은 그릇들과 같은 그 자손과 족속의 영광이, 모두 엘리아김에게 걸릴 것이다.

엘리아김의 출세는 그 집 전체의 영광이 되어 모든 후손과 가문이 함께 즐거워하고 영광에 도취된다는 것이다. "각 작은 그릇 곧 종지로부터 모든 항아리까지"라는 말은 작은 그릇부터 큰 항아리까지, 엘리아김의 가족이라면 어떤 특색도 없는 많은 수의 인원이 엘리아김의 권력에 동참하게 된다는 뜻이다. 그러나 엘리아김은 그 영광에 참여한 것을 잘 감당하지 못하고 교만하여 하나님으로부터 다음 절(25절)처럼 심판을 받기에 이른다.

사 22:25. 만군의 여호와께서 이르시되 그 날에는 단단한 곳에 박혔던 못이 삭으리니 그 못이 부러져 떨어지므로 그 위에 걸린 물건이 부서지리라 하셨다 하라 나 여호와의 말이니라.

만군의 여호와께서 말씀하시기를 그 날이 오면, 단단한 곳에 잘 박힌 못이 삭아서 부러져 떨어져서, 그 위에 걸어 둔 것들이 산산조각이 날 것이다. 이 말씀은 주님께서 엘리아김을 두고 하신 말씀이다(Delitzsch, Lange, 박윤선, 이상근). 크게 출세하게 된 사람들은 살얼음판을 걷는 사람처럼 아주 몸조심을 해야 한다.

제 23 장

(11) 두로를 심판하시다 23장

23장은 두로, 즉 베니게에 내려진 하나님의 심판을 진술한 것이다. 두로에 내려진 심판은 유다에 내려진 심판과 같은 것이 그 특색이다. 23장의 내용은 두로의 심판(1-14절)과 회복(15-18절)으로 구성되어 있다.

그런데 두로가 어느 세력에 의해 심판을 당했는가 하는 것이 문제이다. 1) 바벨론에 의한 것인가(Eihorm, Hitzig, Rosenmueller), 2) 앗수르에 의한 것인가(Gesenius, Knobel Eswald, Gray)로 나누어진다. 이 두 견해 중에 2)번의 견해가 더 유력한 것으로 보인다. 주전 572년 바벨론의 느부갓네살 왕의 침공에 의해 멸망하고, 이어서 주전 333년 알렉산더 대제(大帝)에 의해 마침내 완전히 무너지고 말았다.

ㄱ) 두로 심판 23:1-14

이 두로의 심판은 세 소절로 된 시조체(Cheyne, Gray)로, (1) 두로의 애가(1-5절), (2) 하나님의 예정(6-9절), (3) 심판의 결과(10-14절)로 구성되어 있다.

1-5절. 두로의 애가.

<두로와 시돈에 대한 경고>

사 23:1. 두로에 관한 경고라. 다시스의 배들아 너희는 슬피 부르짖을지어다 두로가 황무하여 집이 없고 들어갈 곳도 없음이요 이 소식이 깃딤 땅에서부터 그들에게 전파되었음이라.

"두로에 관한 경고라"는 말은 이 부분의 표제이다. 그리고 본 절의 내용은 다시스의 배들아! 너희는 슬피 울어라. 두로가 파멸되었으니, 들어갈 집도 없고, 닻을 내릴 항구도 없도다. 깃딤 땅에서 너희가 이 소식을 들었다.

두로는 흔히 시돈과 함께 나타나는(마 11:21, 22; 15:21; 막 3:8; 눅 10:13, 14) 베니게의 이대(二大) 항구이다. 베니게는 고래로 해운국으로 번영했고, 두로와 시돈은 그 대표적 도시들로 결국 베니게의 대명사였다.

본 절의 "다시스"는 (1) 바사만의 다시스(Gray)라는 견해, (2) 서바나 남부의 다시스라는 견해(Delitzsch, Rawlinson)가 있다. 본 절의 다시스로는 (2)번의 견해가 더 타당한 것으로 보인다.

"다시스의 배들이 슬피 부르짖을 것"은 두로와의 무역에서 특히 번영했던 다시스가 패망하는 두로로 인해 큰 타격을 받았기 때문이다.

"깃딤 땅에서부터"에서 깃딤 땅은 구브로 섬의 항구(창 10:4)로 두로에서 다시스로 가는 배들이 정착하는 곳이었다. 두로의 배들이 다시스로 갔다가 두로로 들어오기 전 깃딤에 들렀을 때, 고국인 두로의 패망 소식을 들었다는 것이다.

사 23:2. 바다에 왕래하는 시돈 상인들로 말미암아 부요하게 된 너희 해변 주민들아 잠잠하라.

바다에 항해하는 자들이 부유하게 만들어 준 너희 섬 백성들아, 시돈의 상인들아, 잠잠하라!

여기 "시돈 상인들"이란 베니게의 상인들이었다. 두로가 번창하는 데는 시돈의 영향이 컸다. 시돈 상인들이 운반하는 상품으로 두로는 부요하게 되었고, 또 두로의 선박에는 시돈 상고들이 많았다(겔 27:8).

사 23:3. 시홀의 곡식 곧 나일의 추수를 큰 물로 수송하여 들였으니 열국의 시장이 되었도다.

시홀은 애굽과 팔레스틴의 경계를 이루는 강이며(수 13:3; 대상 13:5;, 렘 2:18), 나일 강과 동일시된다(렘 2:18; 사 23:3; 바이블렉스). 본 절의 뜻은 시홀의 곡식 곧 나일의 수확(애굽의 곡식)을 배로 수송하여 들였으니, 두로는 곧 뭇 나라의 시장이 되었다는 뜻이다.

여기 "시홀의 곡식"이란 '애굽의 곡식'을 뜻한다. "큰 물로 수송했다"는 말은 '지중해로 수송했다'는 뜻이다. 결국 본 절의 뜻은 애굽의 곡식이 지중해를 통해 두로에 이르고 여기서 모든 나라들이 무역했으므로 두로를 부요하게 했다는 것이다.

사 23:4. 시돈이여 너는 부끄러워할지어다 대저 바다 곧 바다의 요새가 말하기를 나는 산고를 겪지 못하였으며 출산하지 못하였으며 청년들을 양육하지도 못하였으며 처녀들을 생육하지도 못하였다 하였음이라.

그러나 너 시돈아! 너 바다의 요새야! 네가 수치를 당하였다. 너의 어머니인 바다가 너를 버리고 이렇게 말한다. 나는 산고를 겪지도 않았고, 아이를 낳지도 못하였다. 아들들을 기른 일도 없고, 딸들을 키운 일도 없다.

두로의 멸망을 앞두고 베니게의 모성(母城)인 시돈, 즉 베니게 전체가 부끄러워하게 되었다는 것이다. 그 이유는 두로가 멸망하여 자녀가 없는 성이 되고 말았기 때문이라는 것이다. 다시 말해 두로는 자녀를 낳기 위한 생산의 고통도 없었고 청년 남자나 처녀를 양육하는 수고도 하지 않게 된 것이다.

"바다의 요새"란 '바다의 힘'이란 뜻이다. 지중해의 해운 도시로 번영하여 베니게의 힘이요, 요새 같은 두로가 망했으니 시돈이며, 베니게가 부끄럽지 않을 수 없게 되었다는 것이다.

사 23:5. 그 소식이 애굽에 이르면 그들이 두로의 소식으로 말미암아 고통 받으리로다.

두로가 파멸되었다는 소식이 애굽에 전해지면, 애굽마저도 충격을 받고 낙심할 것이로다.

두로의 멸망 소식은 두로뿐 아니라 애굽에도 적지 않은 충격이 된다는 것이다. 우리 한 사람의 운명은 한 사람에 국한되는 것이 아니라 주위에 다른 사람들에게도 적지 않은 영향을 끼친다.

6-9절. 두로의 멸망은 하나님의 예정이었다.

사 23:6. 너희는 다시스로 건너갈지어다 해변 주민아 너희는 슬피 부르짖을지어다.

베니게의 주민아! 다시스로 건너가라. 섬나라 백성아! 너희는 슬피 부르짖을지어다.

여기 다시스는 서바나의 다시스로 당시에 두로의 식민지였다(23:1주해 참조). 두로와 같은 해변의 거민들은 난을 맞게 될 때 배를 타고 피난했다. 주전 701년 산헤립이 두로를 공격했을 때 두로 왕은 구브로로 피난했고 알렉산더 대왕이 공격했을 때 두로 백성들은 아프리카의 카르타고로 도피했다(Rawlinson).

"해변 거민아"는 두로 및 베니게 백성들을 지칭한다(23:2 주해 참조).

사 23:7. 이것이 옛날에 건설된 너희 희락의 성 곧 그 백성이 자기 발로 먼 지방까지 가서 머물던 성읍이냐.

본 절에 와서 두로를 새삼스럽게 소개한다. 즉, 이 성읍이 너희가 그렇게 좋아하던 도성 두로라는 성읍이냐? 그토록 오랜 역사를 가지고 저 먼 곳에까지 가서 식민지를 세우던 도성이냐? 첫째, 두로는 오랜 도시였다. 둘째, 두로는 희락의 도시였다. 물품이 풍성하고 번영한 도시는 자연히 희락으로 기울어질 수밖에 없었다. 셋째, 두로는 식민하는 도시였다. 다시스와 같이 먼 도시가 두로의 식민지였다.

사 23:8. 면류관을 씌우던 자요 그 상인들은 고관들이요 그 무역상들은 세상에 존귀한 자들이었던 두로에 대하여 누가 이 일을 정하였느냐.

빛나는 왕관을 씌워주던 두로, 그 상인들은 귀족들이요, 그 무역상들은 세상이 우러러보던 사람들이었는데, 두로를 두고 누가 이런 심판의 일을 계획하겠느냐?

이사야는 이와 같은 질문을 제기함으로써 독자들로 하여금 여호와 하나님만이 이 우주 만물과 세상 역사의 주관자이심을 깨닫게 하는 것이다.

사 23:9. 만군의 여호와께서 그것을 정하신 것이라 모든 누리던 영화를 욕되게 하시며 세상의 모든 교만하던 자가 멸시를 받게 하려 하심이라.

그 일을 계획하신 분은 만군의 여호와시다. 온갖 영화를 누리며 으스대던 교만한 자들을 비천하게 만드시고, 이 세상에서 유명하다는 자들을 보잘 것 없이 만들려고, 여호와께서 이런 계획을 세우셨다는 것이다.

두로의 멸망을 여호와께서 계획하신 것이라는 의미이다. 우리는 죄가 가득한 세상에 살면서 죄를 미워하시는 하나님을 기억하므로 매순간 자기 자신을 살펴야 한다.

10-14절. 심판의 결과. 두로가 훼파를 당하여 시돈은 피난가게 되었으며 갈대아도 황무하게 되었다는 내용을 진술한다.

사 23:10. 딸 다시스여 나일 같이 너희 땅에 넘칠지어다 너를 속박함이 다시는 없으리라(Cross over your land like the Nile, O daughter of Tarshish; there is no restraint anymore-ESV).

"딸"이란 말은 도시나 백성에 대해 애칭으로 붙인 낱말이다(22:4 참조). 즉, 다시스의 혼란을 애처롭게 생각해서 붙인 낱말이다. 본 절은 다시스의 주관자인 두로가 패망했기에 다시스가 혼란에 빠진 것을 나일 강의 범람에 비해 묘사한 것이다. 수도 두로가 붕괴되었으니 더 이상 구속 받을 필요가 없다는 뜻이다. 여기 다시스만 언급되었지만, 실제로 이제는 다시스 같이 압제를 받았던 모든 도시가 자유를 얻게 된 것이다.

"너를 속박함이 다시는 없으리라"는 말은 두로의 세력이 사라졌으니 이제 너를 구속할 세력이 더 이상은 없다는 뜻이다.

사 23:11. 여호와께서 바다 위에 그의 손을 펴사 열방을 흔드시며 여호와께서 가나안에 대하여 명령을 내려 그 견고한 성들을 무너뜨리게 하시고.

본 절의 "그의 손을 펴사"란 말과 "명령을 내려"란 말은 동의어로 사용되었다. 본 절을 더 쉽게 풀어보면 여호와께서 바다 위에 그의 팔을 펴셔서, 왕국들을 뒤흔들어 놓으시고, 여호와께서 가나안(베니게를 가리킨다)에 대하여 명령을 내리셔서 그 견고한 요새들(두로와 시돈)을 무너뜨리게 하셨다는 것이다.

하나님의 능력은 열방을 무너뜨리시기에 충분하시고 견고한 지역들도 무너뜨리시기에 충분하시다. 우리는 하나님의 능력을 의지하고 든든히 서야 할 것이다.

사 23:12. 이르시되 너 학대 받은 처녀 딸 시돈아 네게 다시는 희락이 없으리니 일어나 깃딤으로 건너가라 거기에서도 네가 평안을 얻지 못하리라 하셨느니라.

그래서 주님께서 이렇게 말씀하시기를 처녀 딸 시돈아! 너는 망했기에 네가 다시는 우쭐대지 못할 것이다. 너는 일어나서 구브로 섬의 깃딤으로 건너가 보아라. 그러나 거기에서도 네가 평안하지 못할 것이라고 하신다.

두로의 패망으로 시돈이 영향을 받아 학대를 받고 또 희락도 없을 것이라고 한다. "너는 일어나서 구브로 섬의 깃딤으로 건너가 보아라"는 말은 일단 국난을 맞은 시돈 거민들이나 두로 거민, 또 베니게 거민들은 가까운 구브로 섬으로 피난을 가는 것이 상례였다. 깃딤은 다시스에 비하면 한결 가깝고 또 피난하기도 쉬웠다.

사 23:13. 갈대아 사람의 땅을 보라 그 백성이 없어졌나니 곧 앗수르 사람이 그 곳을 들짐승이 사는 곳이 되게 하였으되 그들이 망대를 세우고 궁전을 헐어 황무하게 하였느니라.

바벨론 사람의 땅을 보라. 바벨론 백성이 없어졌다. 곧 앗수르 사람이 바벨론 사람의 땅을 들짐승이 사는 곳으로 만들었다. 앗수르 사람들이 도성 바깥에 흙 언덕을 쌓고, 성을 공격하여, 궁전을 헐어 황폐하게 하였다.

본 절의 "갈대아 사람의 땅"이란 '바벨론 땅'을 말한다(13:19; 47:1, 5; 48:14; 렘 21:4; 25:12; 38:2; 50:1; 겔 12:13; 23:14). 본문의 내용은 구 바벨론이 앗수르에게 패배당한 사실을 가리킨다. 다시 말해 앗수르의 사르곤(Sargon II, 주전 721-705 통치)은 주전 710년에 구 바벨론을 정복했고, 바벨론이 주전 705년 반역하고 독립하자, 주전 704년에 사르곤의 아들 산헤립(Sennacherib, 주전 705-681 통치)이 다시 바벨론을 정복했으며, 그 후 그의 손자인 앗슐바니발(Ashurbanipal, 주전 668-627 통치)도 바벨론을 정복했다. 본문의 경우는 사르곤의 정복을 지칭할 것으로 보인다. 그는 주전 710년 구 바벨론을 멸망시켰고, 그 여세로 두로를 멸망시켰다(이상근).

사 23:14. 다시스의 배들아 너희는 슬피 부르짖으라 너희의 견고한 성이 파괴되었느니라.

본 절은 두로가 자랑하던 견고한 성이 여호와의 심판으로 파괴될 것을 예언한 것이다. 즉, 다시스의 배들아! 너희는 슬피 부르짖어라. 너희의 견고한 성이 파괴되고 말았다는 것이다.

아직 일어나지 않은 미래의 일을 과거 동사로 표현한 이유는 그 일이 반드시 일어날 것이기 때문이다. 훗날 알렉산더 대왕은 이 도시를 완전히 파괴하고 말았다.

ㄴ) 두로 회복 23:15-18

두로 심판의 예언 끝에 70년 후에 회복이 될 것이라는 예언이다(4:2-6; 7-12장). 여기 "70"년이란 숫자를 두고 두로의 역사가 유다의 역사와 공통되는 부분이 있다고 말한 것이다.

사 23:15. 그 날부터 두로가 한 왕의 연한 같이 칠십 년 동안 잊어버린 바 되었다가 칠십 년이 찬 후에 두로는 기생의 노래 같이 될 것이라.

그 날, 즉 두로가 망할 날부터 한 왕의 수명과 같은 칠십 년 동안 두로가 잊어버린 바 되겠으나, 칠십 년이 지난 뒤에는, 두로가 창녀의 노래에 등장하는 주인공처럼 될 것이다.

"한 왕의 연한 같이"란 말은 한 왕조의 통치 기간만큼의 길이를 가리킨다. 문제는 그것이 무엇을 지칭하느냐 하는 것이다. (1) 인생의 길이를 지칭한다는 견해(Gesenius), (2) 한 왕의 통치 기간을 말한다는 견해(Eichhorn), (3) 불변의 기간을 지칭한다는 견해(Delitzsch), (4) 알렉산더의 그리스 같은 한 왕조의 기간을 뜻한다는 견해(단 7:17, Duhm, 박윤선, 이상근). 이 여러 견해들 중 4)번의 견해를 취한다. 이스라엘의 70년간의 바벨론 포로 기간이 끝날 때 두로도 역시 회복되었다고 보면 될 것이다.

"두로는 기생의 노래 같이 될 것이라"는 말은 기생이 부른 노래와 같이 된다는 뜻이다. 그 노래 중에 일부가 다음 절에 소개되고 있다. 이 노래를 왜 기생 노래라고 불렀는가 하면 그들이 다시 번영하게 되었을 때 안타깝게도 하나님을 떠난 상태로 물질적 이윤과 향락적 번영을 누렸기 때문에 "기생의 노래"라고 부르는 것이다(17절).

사 23:16 잊어버린바 되었던 너 음녀여 수금을 가지고 성읍에 두루 다니며 기묘한 곡조로 많은 노래를 불러서 너를 다시 기억하게 하라 하였느니라.

본 절은 "기생의 노래"(전절)의 일부분이다. 즉, 망각 속으로 사라졌던 너 가련한 창녀야! 수금을 들고 성읍을 두루 다니며, 감미롭게 수금을 타고 노래를 실컷 불러 보아라. 남자들마다 네 노랫소리를 듣고, 다시 너를 기억하여 네 주위로 모여들게 해보아라.

사 23:17. 칠십 년이 찬 후에 여호와께서 두로를 돌보시리니 그가 다시 값을 받고 지면에 있는 열방과 음란을 행할 것이며.

칠십 년이 차면 여호와께서 두로를 불쌍히 여겨 주셔서(렘 27:22; 29:10) 옛날처럼 다시 해상 무역을 하게 하실 것이다. 그 때에 두로는 다시 제 몸을 팔아서 땅 위에 있는 세상의 모든 나라의 돈을 끌어들일 것이다.

두로는 여호와를 염두에 두지 않고 탐심을 가지고(골 3:5) 세상과 벗 삼아 지내며 세상과 간음할 것이다(약 4:4).

사 23:18. 그 무역한 것과 이익을 거룩히 여호와께 돌리고 간직하거나 쌓아 두지 아니하리니 그 무역한 것이 여호와 앞에 사는 자가 배불리 먹을 양식, 잘 입을 옷감이 되리라.

그러나 두로가 장사를 해서 벌어들인 소득은 여호와의 몫으로 돌릴 것이다. 두로가 제 몫으로 간직하거나 쌓아 두지 않을 것이며 주님을 섬기며 사는 사람들이 두로가 벌어 놓은 것으로, 배불리 먹을 양식과 좋은 옷감을 사게 될 것이다.

본문은 두로가 바벨론 포로에서 귀환한 남 유다 민족에게 재정적인 도움을 주게 될 것을 예언한 것이다. 주님을 믿는 두로 사람들이 사리사욕을 위하여 축재하지 않고 재물을 주님께 바쳐 주님의 종들이 사용하도록 한다는 것이다. 오늘 우리는 사람들이 주께 급선회하여 주님을 섬기고 주님을 봉사하는 사람들이 있을 수 있음을 알아야 할 것이다.

2. 하나님의 최후 심판과 승리 24-27장

이사야는 13-23장에서는 세계 각국(바벨론, 앗수르, 블레셋, 모압, 아람, 애굽, 구스, 아라비아, 유다, 두로 등)에 내려진 심판 예언에 이어 24-27장에서는 만국의 심판을 전체적으로 그리고 종말적으로 선언하는 것으로 본다. 대부분의 학자들도 이 부분의 심판을 세계적이며 종말적인 예언으로 본다(Eusebius, Jerome, Delitzsch, Lange, Rawlinson). 24-27장의 내용은 1) 최후의 심판(24장), 2) 구원의 찬미(25-26장), 3) 하나님의 백성(27장)으로 구성되어 있다.

제 24 장

ㄱ) 세계적인 심판 24:1-13

24장은 세상의 보편적이며 종말적 심판을 다룬다. 24장의 내용은 (1) 여호와께서 심판하시다(1절). (2) 심판은 세계적이며 철저하시다(2-4절). (3) 원인은 인간에 의한 오염 때문이다(5-6절). (4) 즐거움이 모두 제거되다(7-9절). (5) 심판의 예들(10-12절). (6) 심판은 철저하시다(13절).

(1) 여호와께서 심판하시다 24:1

<여호와께서 땅을 벌하시리라>

사 24:1. 보라 여호와께서 땅을 공허하게 하시며 황폐하게 하시며 지면을 뒤집어엎으시고 그 주민을 흩으시리니.

본 절 초두의 "보라"(הִנֵּה)라는 말은 본 절의 내용이 아주 중요함을 드러내는 말이다. 즉, 보라! 주님께서 땅을 텅 비게 하시고, 황폐하게 하시며, 땅의 표면을 뒤엎으시며, 그 주민을 흩으실 것이라고 하신다.

여기 "땅"이 어느 땅이냐를 두고 견해가 갈린다. 1) 혹자들은 '유다 땅'이라는 견해(Ewald, Genesius), 2) '전 세계의 땅'을 지칭하는 것으로 보는 견해(Rosenmueller, Kay, Delitzsch, Rawlinson, 그랜드 종합 주석, 이상근)인데, 이 두 견해 중 2)번의 견해가 타당할 것이다. 2)번 견해 선택의 이유는 개별 국가에 대한 심판 예언이 이미 13-23장에 있었으므로 본 장의 예언에서 나오는 "땅"은 '전 세계'를 지칭하는 것으로 보는 것이 타당하다고 본다(65:17; 창 1:1, 10; 렘 10:12).

종말에 여호와께서 세계를 심판하실 때 온 땅은 황폐하게 하시며 지면을 뒤집어엎으시고 그 주민을 흩으신다고 하신다. 즉, 온 땅을 공허하게 하시고,

황무하게 하시며, 그 거민을 뿔뿔이 흩으신다는 것이다.

(2) 심판은 세계적이며 철저하시다 .24:2-4

사 24:2. 백성과 제사장이 같을 것이며 종과 상전이 같을 것이며 여종과 여주인이 같을 것이며 사는 자와 파는 자가 같을 것이며 빌려 주는 자와 빌리는 자가 같을 것이며 이자를 받는 자와 이자를 내는 자가 같을 것이라.

하나님의 전 세계 심판이 백성과 제사장에게 똑같이 미칠 것이고, 종과 그 주인에게 똑같이 미칠 것이며, 하녀와 그 안주인에게, 사는 자와 파는 자에게, 빌려 주는 자와 빌리는 자에게, 이자를 받는 자와 이자를 내는 자에게, 똑같이 미칠 것이라는 것이다.

본 절의 "같을 것이며"라는 말이 6번 나오는 것을 보면 하나님의 심판이 모든 계층에 공정하게 임할 것임을 알 수 있고, 다른 한편으로는 이렇게 심판을 맞이해야 하는 종말의 부패상이 심각함을 알 수 있다.

사 24:3. 땅이 온전히 공허하게 되고 온전히 황무하게 되리라 여호와께서 이 말씀을 하셨느니라.

본 절 주해를 위해서 1절 주해를 참조하라.

사 24:4. 땅이 슬퍼하고 쇠잔하며 세계가 쇠약하고 쇠잔하며 세상 백성 중에 높은 자가 쇠약하며(The earth mourns and withers, the world languishes and withers; the highest people of the earth languish-ESV)**.**

땅이 메마르며 시들 것이고 세상이 생기가 없어지고 시들게 되며, 땅에서 높은 자리를 차지한 자들도 생기가 없어질 것이다.

"땅이 슬퍼하고 쇠잔하게 된다"는 것은 땅에 있는 모든 것이 다 박하고 메마르고 결핍하게 될 것을 의미한다. 특별히 사회도덕이 그렇게 되고 또한 자연 혜택도 그렇게 된다는 것이다(박윤선).

그리고 "세상 백성 중에 높은 자가 쇠약하게 된다"는 말을 통해 하나님의 벌을 받을 때는 높은 자도 심판에서 결코 예외가 될 수 없다는 사실을 알게 된다.

(3) 원인은 인간에 의한 오염 때문 24:5-6

인간이 오염되는 이유는 하나님의 율법을 지키지 않으며 하나님의 언약을 파한 까닭이다. 그리고 저주가 땅을 삼키는 이유는 거민들이 정죄를 받아 전쟁의 화를 당함으로 불타서 남은 자가 적기 때문이다.

사 24:5. 땅이 또한 그 주민 아래서 더럽게 되었으니 이는 그들이 율법을 범하며 율례를 어기며 영원한 언약을 깨뜨렸음이라.

땅이 사람 때문에 더럽혀질 것이니 그 이유는 사람이 율법을 어기고 법령을 거슬러서, 영원한 언약을 깨뜨렸기 때문이다.

두 가지 이유는 매우 중요하다. 즉, 율법을 범하는 일과 하나님의 언약을 깨뜨리는 일은 땅을 오염시키는 두 가지의 큰 이유가 된다.

사 24:6. 그러므로 저주가 땅을 삼켰고 그 중에 사는 자들이 정죄함을 당하였고 땅의 주민이 불타서 남은 자가 적도다.

"그러므로"(therefore), 즉 '두 가지 이유(율법을 범하는 일과 하나님의 언약을 파한 일) 때문에' 땅은 저주를 받게 되고, 거기에서 사는 사람이 형벌을 받게 되었다. 그러므로 땅의 주민들이 불에 타서, 살아남는 자가 얼마 되지 않을 것이라고 한다.

"땅의 주민들이 불에 탈 이유"는 전쟁의 화를 당할 것을 말하는 것이다. 지금 세계 여러 곳에 쌓여 있는 핵은 지구 멸망에 큰 역할을 할 것이다.

(4) 즐거움이 모두 제거되다 24:7-9

하나님께서는 인류가 향락에 빠져 하나님을 믿지도 않고 방탕했으니(딤후 3:4) 이제는 향락할 물질이 없게 하셔서 인류의 마음도 즐겁지 않게 될 것을 말씀하신다.

사 24:7. 새 포도즙이 슬퍼하고 포도나무가 쇠잔하며 마음이 즐겁던 자가 다 탄식하며.

새 포도즙이 마르며 포도나무가 시들어버릴 것이다. 마음에 기쁨이 가득 찼던 사람들이 모두 탄식한다.

향락을 주던 물품들이 없어지니 향락을 즐기던 자들이 향락할 일이 없어져서 즐겁게 살 수 없게 된다는 것이다.

사 24:8. 소고 치는 기쁨이 그치고 즐거워하는 자의 소리가 끊어지고 수금 타는 기쁨이 그쳤으며.

소고를 치는 흥겨움도 그치고, 기뻐 뛰는 소리도 멎어지며, 수금 타는 기쁨도 그칠 것이라고 한다.

축하하는 자리가 없어지니 그 자리에서 사용하던 악기들도 없어진다는 것이다. "소고"는 '작은 북'을 의미하고, "수금"은 비파나 거문고 같이 줄로 타는 악기를 일컫는다. 이런 악기들이 없어지고 이런 악기에 맞추어 부르던 노래 소리까지도 없어진다는 것이다.

사 24:9. 노래하면서 포도주를 마시지 못하고 독주는 그 마시는 자에게 쓰게 될 것이라(No more do they drink wine with singing; strong drink is bitter to those who drink it-RSV, ESV)**.**

말세의 사람들이 노래는 부를 것이나 포도주를 마시지 못할 것이고, 독한 술은 그 마시는 자에게 쓰디쓰게 될 것이다.

"독주는 그 마시는 자에게 쓰게 될 것이라"는 말은 말세에 독주의 맛이 아주 쓰게 될 것인데, 그 이유는 세상의 패망 때문이다.

(5) 심판의 예들 24:10-12

사 24:10. 약탈을 당한 성읍이 허물어지고 집마다 닫혀서 들어가는 자가 없으며.

도시들은 약탈을 당하여 무너져 온통 혼란에 빠지게 되고, 그리고 집집마다 문을 단단히 걸어 잠그고 피난하게 되어 일체 교제하는 자들도 없게 된다는 것이다.

사 24:11. 포도주가 없으므로 거리에서 부르짖으며 모든 즐거움이 사라졌으며 땅의 기쁨이 소멸되었도다.

성읍이 황폐해짐으로 말미암아 포도주(여기 포도주는 모든 식량을 대표하는 음식이다)가 떨어져 거리는 비탄에 빠지게 되고, 모든 취흥은 자취를 감추고 흥겨운 노래도 사라지게 된다는 것이다.

사 24:12. 성읍이 황무하고 성문이 파괴되었느니라.

거리에 남은 것은 잿더미뿐 성읍은 황무해지고 성문(상업이 이루어지던 곳)이 산산이 부서지고 말게 된다는 것이다. 모든 시장들이 산산이 부서질 것을 말한다.

(6) 심판은 철저하시다 24:13

사 24:13. 세계 민족 중에 이러한 일이 있으리니 곧 감람나무를 흔듦 같고 포도를 거둔 후에 그 남은 것을 주움 같을 것이니라.

이런 변을 겪고 난후의 세계의 백성들은 올리브를 떨고 몇 알 남는 것이 없는 것 같이 남은 자가 얼마 남지 않을 것이고, 포도를 거두고 몇 송이 남는 것이 없듯이 될 것이다.

이는 최후 심판 때에는 이 세상의 무수한 사람들 가운데 믿음을 지킨, 지극히 적은 소수의 남은 자만이 구원을 얻게 될 것임을 의미한다.

(ㄴ) 살아남은 자가 하나님을 영화롭게 하다 24:14-16a

사 24:14. 무리가 소리를 높여 부를 것이며 여호와의 위엄으로 말미암아 바다에서부터 크게 외치리니.

살아남은 자가 갑자기 목청을 높여 우렁차게 외쳤다. 여호와께 영광을 돌리는 저 소리가 바다에서 울려오는구나.

무리가 소리를 높여 부르짖은 것은 하나님의 심판 가운데서 구원 받은 남은 자들의 기쁨의 외침이었다. 그리고 여호와께 영광을 돌리는 소리가 바다에서 울려 온 것은 이방 민족 전체에서 울려 온 것을 뜻한다. 이는 이방 민족임에도 불구하고 구원 받은 큰 즐거움 때문이다.

사 24:15. 그러므로 너희가 동방에서 여호와를 영화롭게 하며 바다 모든 섬에서 이스라엘의 하나님 여호와의 이름을 영화롭게 할 것이라.

해 뜨는 쪽에서도 여호와께 영광을 돌려라. 바다 쪽에서도 이스라엘의 하나님 여호와의 이름을 찬양하라.

본 절 초두의 "그러므로"(therefore)란 말은 '앞 절 내용이 원인이 되었기 때문에'라는 뜻이다. 즉, 무리가 목청을 높여 우렁차게 외쳤고, 또 여호와께 영광을 돌리는 소리가 바다에서 울려오기(14절) 때문에 해가 뜨는 동양이나 유다 땅의 서편 곧 서양 바다 모든 섬 모든 곳에 있는 소수의 남은 자들이 여호와께 영광을 돌리라는 것이다. 이와 같이 성도들은 우리의 찬양과 기쁨의 진정한 근원은 오로지 하나님뿐이라는 것을 알아야 한다(골 3:12).

사 24:16a. 땅 끝에서부터 노래하는 소리가 우리에게 들리기를 의로우신 이에게 영광을 돌리세 하도다.

본 절의 "땅 끝에서부터"라는 말은 '매우 먼 나라에서부터'라는 뜻이다(마 28:18-20). 따라서 본문은 이 세상 끝 날에는 전 세계에 흩어져 있는 남은 자들이 여호와의 의로우심을 인하여 여호와께 영광을 돌릴 것이라는 예언이다.

사 24:16b. 그러나 나는 이르기를 나는 쇠잔하였고 나는 쇠잔하였으니 내게 화가 있도다 배신자들은 배신하고 배신자들이 크게 배신하였도다(But I say,

"I waste away, I waste away. Woe is me! For the traitors have betrayed, with betrayal the traitors have betrayed"-ESV).

16절 하반절은 갑자기 이사야 자신의 비관적인 탄식의 말을 드러내고 있다. 그 이유는 종말에 있을 궁극적인 구원과는 대조적으로 당시 현재의 세상에 대한 하나님의 임박한 심판 때문이었다.

"배신자들은 배신하고 배신자들이 크게 배신하였다"(For the traitors have betrayed, with betrayal the traitors have betrayed)는 말은 선지자가 비관적인 말을 하게 된 직접적인 원인을 제공하고 있다. 여기 "배신자들"이란 '하나님께서 주신 언약에 충실하지 못하고 범죄한 이스라엘의 불경건한 자들'을 지칭한다. 아무튼 하나님의 법을 거스르는 모든 자들을 지칭한다. 본문에서 이사야는 반복법을 사용하여 심판의 경고에도 불구하고 이스라엘 민족의 죄악의 강도가 계속해서 세지고 있음을 강조하고 있다.

ㄷ) 그 심판은 피할 수 없다 24:17-20

17-20절에 기록된 하나님의 심판은 온 땅의 주민들에게 임할 것인데, 그 목적 가운데 하나는 사람들을 두렵게 하여 낮아지게 하므로 복음을 믿게 하려는 것이다.

사 24:17. 땅의 주민아 두려움과 함정과 올무가 네게 이르렀나니.

땅에 사는 사람들아! 무서운 일과 함정과 올가미가 너희들에게 이르렀다고 말한다.

본 절은 땅에 사는 모든 악한 자들에게 하나님의 두려운 심판이 예비되어 있음과 그 심판은 함정과 올무와 같이 언제 임할는지 모르는, 피할 수 없는 필연적인 것임을 말한다. 본문을 통해 성도들은 하나님의 심판의 날에 구원의 기쁨을 누리기 위해서는 반드시 자신을 하나님 앞에서 성결하게 해야 된다는 사실을 잘 알 수 있다.

사 24:18. 두려운 소리로 말미암아 도망하는 자는 함정에 빠지겠고 함정

속에서 올라오는 자는 올무에 걸리리니 이는 위에 있는 문이 열리고 땅의 기초가 진동함이라.

본 절은 앞 절(17절)의 두려움과 함정과 올무가 어떻게 인생들에게 임하는가를 보여준다. 즉, 무서운 소리를 피하여 달아나는 사람은 함정에 빠지겠고, 함정 속에서 기어 올라오는 사람은 올가미에 걸릴 것이다. 이렇게 될 수밖에 없는 이유는 하늘의 홍수 문들이 열리고(창 7:11) 땅의 샘도 터져 땅 위에 덮치기 때문이다.

사 24:19. 땅이 깨지고 깨지며 땅이 갈라지고 갈라지며 땅이 흔들리고 흔들리며.

땅덩어리가 여지없이 깨질 것이며, 땅이 아주 갈라지고, 갈라지며 땅이 몹시 흔들릴 것이라는 것이다.

사 24:20 땅이 취한 자 같이 비틀비틀하며 원두막 같이 흔들리며 그 위의 죄악이 중하므로 떨어져서 다시는 일어나지 못하리라.

본 절은 앞 절(19절)을 좀 더 자세히 설명하고 있다. 즉, 땅이 술 취한 사람처럼 몹시 비틀거릴 것이다. 폭풍 속의 오두막처럼 흔들릴 것이다. 세상은 자기가 지은 죄의 무게에 짓눌릴 것이니, 쓰러져서 다시는 일어나지 못할 것이다.

ㄹ) 심판 후 여호와께서 통치하신다 24:21-23

여호와께서는 종말에 땅의 왕들을 심판하실 것이고 여호와께서 친히 왕이 되셔서 통치하실 것이다.

사 24:21. 그 날에 여호와께서 높은 데에서 높은 군대를 벌하시며 땅에서 땅의 왕들을 벌하시리니.

종말의 어느 날이 되면 여호와께서 위로는 하늘의 군대, 즉 귀신들(유 1:6)을 벌하실 것이고 아래로는 땅에 있는 세상의 군왕들(시 2편)을 벌하실 것이다.

사 24:22. 그들이 죄수가 깊은 옥에 모임 같이 모이게 되고 옥에 갇혔다가 여러 날 후에 형벌을 받을 것이라.

본 절은 여호와께서 귀신들과 군왕들을 죄수처럼 토굴(무저갱) 속에 모으시고, 오랫동안 감옥에 가두어 두셨다가 예수님께서 재림하실 때에 처형하실 것을 말한다.

사 24:23. 그 때에 달이 수치를 당하고 해가 부끄러워하리니 이는 만군의 여호와께서 시온 산과 예루살렘에서 왕이 되시고 그 장로들 앞에서 영광을 나타내실 것임이라.

만군의 여호와께서 왕이 되실 때 그리스도께서 의의 태양으로 비취실 터이니 하늘의 달과 해는 무색하게 될 것이다. 여호와께서 영적인 시온 산(하늘의 시온 산)에 앉으셔서 세상을 다스릴 것이며, 장로들(보좌 앞의 24장로들)은 그 영광을 볼 것이다.

제 25 장

ㅁ) 심판을 찬양하는 노래 25장

25장의 내용은 (1) 의로우신 심판자 하나님을 찬양하다(1-5절). (2) 백성을 위해 예비하신 선한 일을 찬양하다(6-8절). (3) 모압을 멸망시키시다(9-12절).

(1) 의로운신 심판자 하나님 찬양 25:1-5

<찬송>

사 25:1. 여호와여 주는 나의 하나님이시라 내가 주를 높이고 주의 이름을 찬송하오리니 주는 기사를 옛적에 정하신 뜻대로 성실함과 진실함으로 행하셨음이라.

여호와여! 주님은 나의 하나님이십니다. 내가 주님을 높이고 주님의 이름을 찬양하겠습니다. 이유는 주님께서는 놀라운 일들을 이루셨고, 예전에 세우신 계획대로 신실하고 진실하게 이루셨기 때문입니다.

모세는 출애굽 할 때 "여호와여! 주님은 나의 하나님이십니다. 내가 주님을 높이고 주님의 이름을 찬양하겠습니다"라고 말했다(출 15:2; 시 118:28). 모세는 "주는 기사를 옛적에 정하신 뜻대로 성실함과 진실함으로 행하셨다"고 고백했는데, 이사야도 역시 그러하신 주님을 고백하고 찬양한다.

사 25:2. 주께서 성읍을 돌무더기로 만드시며 견고한 성읍을 황폐하게 하시며 외인의 궁성을 성읍이 되지 못하게 하사 영원히 건설되지 못하게 하셨으므로.

본 절은 앞 절의 "기사"를 자세하게 설명한다. 즉, 주님께서는 유다 민족의 원수 나라들의 성읍들을 돌무더기로 만드셨고, 견고한 성읍들을 폐허로 만드셨습니다. 그리고 우리의 대적들이 지은 도성들을 더 이상 도성이라고 할 수 없게 만드셨으니, 아무도 그것을 재건하지 못할 것이라는 내용이다.

우리는 역사상에서 강한 나라들이 돌무더기 같이 된 사실을 볼 수 있다. 그것은 하나님께서 하신 일이다. 우리는 하늘의 일월성신을 지으신 만군의 주님을 믿으면서 든든하게 살아가야 할 것이다.

사 25:3. 강한 민족이 주를 영화롭게 하며 포학한 나라들의 성읍이 주를 경외하리이다.

그러므로 강한 민족(바사 같은 나라)이 주님을 영화롭게 할 것이며, 포악한 민족들의 성읍이 주님을 경외할 것이라는 내용이다.

하나님의 징계를 받고 패망하게 된 이스라엘의 강적들이 주님을 영화롭게 할 것이라는 뜻이다.

사 25:4. 주는 포학자의 기세가 성벽을 치는 폭풍과 같을 때에 빈궁한 자의 요새이시며 환난 당한 가난한 자의 요새이시며 폭풍 중의 피난처시며 폭양을 피하는 그늘이 되셨사오니.

주님께서는 흉악한 자들의 기세가 성벽을 뒤흔드는 폭풍과 같을 때에 참으로 가난한 사람들의 요새가 되어주시고, 곤경에 빠진 불쌍한 사람들의 요새가 되어주시며, 폭풍우를 피할 피난처가 되어주시며, 뙤약볕을 막는 그늘이 되어 주십니다.

여기에서 이스라엘 성민을 압제하던 적의 세력을 "폭풍", "환난", "폭양" 등으로 묘사한다. 그리고 이런 적들의 공격에서 이스라엘의 성민들을 보호하시는 여호와의 은혜를 "요새", "피난처", "그늘"로 묘사한다. 아무튼 여호와는 이스라엘의 보호가 되어 주신다는 것이다. 여호와는 오늘도 우리를 비상하게 보호해 주신다.

사 25:5. 마른 땅에 폭양을 제함 같이 주께서 이방인의 소란을 그치게 하시며 폭양을 구름으로 가림 같이 포학한 자의 노래를 낮추시리이다.

주님께서는 한 낮의 메마른 땅에 내리 쪼이는 따가운 태양의 빛을 제하시듯 이방 사람의 함성을 잠잠하게 해주셨고, 뜨거운 태양빛을 구름 그늘로 가리시는 것 같이 포악한 자들의 노랫소리를 그치게 해주셨습니다.

외적들의 침략과 그들의 훤화(36장)를 마른 땅에 내리쬔 폭양에 비하며, 여호와께서 그들 외적들을 격퇴하심(37:36-38)을 구름으로 그 폭양을 가리는 것에 비한다. 주님은 오늘 우리들을 그의 능력으로 완전히 보호해 주심을 믿어야 한다.

(2) 백성을 위해 예비하신 선한 일 25:6-8

<여호와께서 연회를 베푸시리라>

사 25:6. 만군의 여호와께서 이 산에서 만민을 위하여 기름진 것과 오래 저장하였던 포도주로 연회를 베푸시리니 곧 골수가 가득한 기름진 것과 오래 저장하였던 맑은 포도주로 하실 것이며.

하늘의 일월성신을 창조하신 권능의 여호와께서 이 세상 모든 민족을 여기 시온 산으로 불러 모으셔서 풍성한 잔치를 베푸실 것이니, 곧 기름진 것들과 오래 저장했던 포도주, 제일 좋은 살코기와 잘 익은 포도주로 잔치를 베푸실 것이다.

여기 시온 산이란 예루살렘을 뜻하는 것으로 신약에서는 교회를 지칭하는 말이다. 그리고 여기 기름진 것들과 오래 저장했던 포도주, 제일 좋은 살코기, 잘 익은 포도주 네 가지 모두는 그리스도의 복음을 상징하는 것들이다. 복음은 기름진 것과 같고, 오래 저장했던 포도주처럼 맛있는 것이며, 제일 좋은 살코기이고, 잘 익은 포도주와 같은 것이다. 우리가 받아 믿는 복음은 이처럼 우리에게 맛을 주는 것이다.

사 25:7. 또 이 산에서 모든 민족의 얼굴을 가린 가리개와 열방 위에 덮인 덮개를 제하시며.

만군의 여호와께서는 시온 산에서 연회를 베푸실 뿐(6절) 아니라 또 한 가지 모든 민족의 얼굴을 가린 가리개와 열방 민족 위에 덮였던 덮개를 제하실 것이라고 하신다.

여기 "얼굴을 가린 가리개"와 "열방 위에 덮인 덮개"는 동의어로, 우리에게 덮여있는 어두움과 슬픔 등을 여호와께서 제하신다는 뜻이다. 우리가 교회에서 복음을 받아들이면 우리의 어둠은 사라지고 우리의 모든 슬픔은 한 순간에 사라진다. 세상 사람들은 슬픔을 없애기 위하여 별의 별 짓을 다하나 우리는 그리스도 안에서 순식간에 해결한다.

사 25:8. 사망을 영원히 멸하실 것이라 주 여호와께서 모든 얼굴에서 눈물을 씻기시며 자기 백성의 수치를 온 천하에서 제하시리라 여호와께서 이같이 말씀하셨느니라.

여호와께서 죽음을 영원히 멸하실 것이고, 또 모든 사람의 얼굴에서 눈물을 말끔히 닦아 주실 것이며, 그의 백성이 그 동안 세상에서 당한 모든 수치를 없애 주실 것이라고 말씀하신다.

여호와께서 죽음을 멸하신다는 말씀은 이사야와 동시대의 선지자 호세아도 선언했다(호 13:14). 죽음을 영원히 멸하신다는 것은 내세의 생명으로 채워주신다는 것을 뜻한다. 이 사실은 신약에 와서 더욱 분명히 밝혀지고 있다(고전 15:24; 딤후 1:10; 계 21:4).

그리고 "주 여호와께서 모든 얼굴에서 눈물을 씻기신다"는 말씀은 주 여호와께서 모든 성도들에게서 고난과 슬픔을 제거해 주신다는 것을 뜻한다. 오늘 누구든지 그리스도를 믿는 사람들은 믿는 순간부터 슬픔이 사라지는 것을 알게 된다.

그리고 "자기 백성의 수치를 온 천하에서 제하시리라"는 말씀은 자기 백성의 수치가 그리스도 안에서 사라짐을 뜻한다. 그리스도께서는 우리의 수치를 모두 제거해주신다. "여호와께서 이같이 말씀하셨느니라"는 말씀에 대하여 24:3의 주해를 참조하라.

(3) 모압을 멸망시키시다 25:9-12

<여호와께서 모압을 벌하시리라>

사 25:9. 그 날에 말하기를 이는 우리의 하나님이시라 우리가 그를 기다렸으니 그가 우리를 구원하시리로다 이는 여호와시라 우리가 그를 기다렸으니 우리는 그의 구원을 기뻐하며 즐거워하리라 할 것이며(It will be said on that day, "Behold, this is our God; we have waited for him, that he might save us. This is the LORD; we have waited for him; let us be glad and rejoice in his salvation"-ESV).

그 날(하나님께서 모압을 멸해주신 날)이 오면, 이스라엘 사람들은 이렇게 말을 할 것이다. 바로 이분(모압을 멸하신 분)이 우리의 하나님이시다. 우리가 하나님을 의지하고 기다렸으니, 하나님께서 우리를 구원하시는 구나. 바로 이분이 우리의 주님이시다. 우리가 주님을 기다리고 의지해 왔다. 하나님께서 우리를 구원하여 주셨으니 기뻐하며 즐거워하자고 말할 것이다.

오랜 동안 이방 왕들이 이스라엘을 압제했고 박해해 왔는데 이제는 이스라엘인들이 대망하던 대로 하나님께서 이방 왕들의 압제에서 이스라엘을 풀어주시니 하나님의 구원을 기뻐하고 즐거워하자고 함성을 지르게 되었다는 것이다. 우리의 구원자는 하나님이시니 우리는 언제나 하나님을 의지해야 할 것이다.

사 25:10. 여호와의 손이 이 산에 나타나시리니 모압이 거름물 속에서 초개가 밟힘 같이 자기 처소에서 밟힐 것인즉.

주 여호와의 능력의 손이 이 시온 산에서 나타나셔서 모압이 마치 지푸라기가 거름 물구덩이에서 짓밟히듯이, 제자리에서 짓밟히게 되게 하실 것이다.

여기 "이 산에 나타나실 것이란"말은 시온 산 곧 예루살렘에 나타나실 것이란 뜻으로 신약 시대의 교회에 나타나실 것이란 뜻이다. 그리고 여기 "모압"이 특히 거명된 것은 선민의 모든 원수들의 대표적 나라가 되기 때문일 것이다. "모압"이 대표가 된 데는 여러 견해가 있다. 1) 모압이 이스라엘에 대한 가혹한 태도 때문이라는 견해(왕하 24:2; 겔 25:8-11, Rawlinson), 2) 모압의 부정한 기원(롯과 그의 장녀 간에 태어났으니, 창 19:37 때문)이라는 견해. 3) 그들의 교만 때문이라는 견해(11절; 렘 48:11, Lange, 박윤선) 등이 있다. 이들 견해 중 3)번의 견해가 문맥에 가장 합당한 것으로 보인다.

"모압이 거름물 속에서 초개가 밟힘 같이 자기 처소에서 밟힐 것이라"는 말은 모압의 교만 때문에 비참해질 것이라는 뜻이다. 다시 말해 똥구덩이 속의 초개 같이 밟힐 것이라는 말이다. 모압의 종말은 그의 기원과 더불어 그 교만으로 인하여 참으로 비참해진다는 것이다. 교만으로 인해 비참해지지 않을 개인이나 국가는 세상에 없다.

사 25:11. 그가 헤엄치는 자가 헤엄치려고 손을 폄 같이 그 속에서 그의 손을 펼 것이나 여호와께서 그의 교만으로 인하여 그 손이 능숙함에도 불구하고 그를 누르실 것이라.

본 절은 모압이 스스로 하나님의 손에서 빠져나오려고 힘을 써 보았지만 헛수고였다는 것을 말한다. 즉, 헤엄치는 사람이 팔을 휘저어서 헤엄을 치듯이, 그 멸망의 거름 물구덩이에서 두 팔을 휘저어 빠져 나오려고 해보아도 여호와께서는 모압의 팔을 그의 교만과 함께 가라앉게 하실 것이라고 한다.

사 25:12. 네 성벽의 높은 요새를 헐어 땅에 내리시되 진토에 미치게 하시리라.

여호와께서 모압의 높은 성벽의 요새를 허시고 땅에 내리셔서 진토에 미치게 하실 것이라고 하신다.

모압의 견고한 성벽은 모압의 완벽한 안전 보장을 위해서 건설되었으나 이제 하나님께서 그 성벽을 헐어 진토에 미치게 하셨으니 그 나라가 별 수 없이 망하게 되었다는 것이다.

제 26 장

ㅂ) 유다를 구원하시다 26장

25장에서 하나님 나라가 건설될 것이라는 예언을 한 이사야는 이제 본장 에 들어와 유다가 구원될 것을 말한다. 그런데 여기 유다가 구원될 것을 예언하는 본 장의 예언의 시기를 놓고 견해가 갈린다. 1) 바벨론에서의 구원을 예언한 것이라는 견해(Gray, 박윤선), 2) 종말적 구원을 예언한 것이라는 견해(Delitzsch, Lange, Rawlinson, 이상근)로 갈리는 것이다. 이 두 견해 중에 어느 한 견해를 택하기 보다는 25장의 예언이나 26장의 유다가 구원될 것이라는 예언은 먼저 유다 나라가 바벨론으로부터 구원 받을 일과 또 다음으로 종말에 교회가 구원받을 일을 말한다고 보는 것이 바를 것이다. 여기 본장의 내용은 1) 유다 나라가 구원받을 일(1-19절), 2) 택한 백성들은 밀실에 들어가 하나님의 구원을 기다려야 한다(20-21절)는 것을 말한다.

(1) 믿음으로 주님을 의지하라 26:1-7

<여호와께서 백성에게 승리를 주시리라>

사 26:1. 그 날에 유다 땅에서 이 노래를 부르리라 우리에게 견고한 성읍이 있음이여 여호와께서 구원을 성벽과 외벽으로 삼으시리로다.

그 구원의 날이 오면 유다 땅에서 이런 노래를 부를 것이다. "우리의 성 되시는 여호와는 견고하시다. 주님께서 친히 성벽과 방어벽이 되셔서 우리를 구원 하신다"는 내용의 노래이다.

하나님께서 구원하시는 날(벧후 3:12)이 되면 구원 받은 백성들은 "우리에게 견고한 성읍이 있음이여 여호와께서 구원을 성벽과 외벽으로 삼으시리로다"라는 노래를 부를 것이다. 즉, 여기 우리에게 견고한 성읍이 있다고 한 말은 남 유다인들이 바벨론 포로 생활에서 돌아온 후의 유다 땅의 예루살렘 성을 지칭하지만 궁극적으로는 새 예루살렘 성을 지칭하는 말이다. 요한계시록에 의하면 새 예루살렘 성은 크고 높은 성곽이 있고 열두 문이 있으며 동서남북에 각각 세 개의 문이 있는 것으로 진술되어 있다(계 21:12-13). 이 성에 대한 진술을 통해 새 예루살렘 성은 아주 견고하고 완전한 안전성을 가지고 있다는 것을 알게 된다.

우리 본문에 "여호와께서 구원을 성벽과 외벽으로 삼으시리로다"는 말은 여호와께서 여호와의 구원을 성벽과 외벽 삼으신다는 뜻이다. 다시 말해 여호와의 구원은 완전하셔서 그 자체가 성벽과 외벽이 되신다는 뜻이다. 우리는 오늘도 이런 노래를 불러야 하는 것이다.

사 26:2. 너희는 문들을 열고 신의를 지키는 의로운 나라가 들어오게 할지어다.

성문들을 열라. 믿음을 지키는 의로운 나라들로 하여금 들어오게 하라. 여기 본 절의 "너희"는 천사들을 지칭한 것(시 91:12; 마 18:10, Keil, Rawlinson)으로 보인다. 천사들을 제외하고 누가 하늘 문을 열 수 있겠는가.

하나님께서 천사들에게 명령하셔서 하나님을 믿는 의로운 나라 사람들(33:14; 35:8-10; 시 15:1-5; 24:3-6)로 하여금 의로운 하나님 나라 안으로 들어오게 하라고 명령하신다.

사 26:3. 주께서 심지가 견고한 자를 평강하고 평강하도록 지키시리니 이는 그가 주를 신뢰함이니이다(You keep him in perfect peace, whose mind is stayed on you, because he trusts in you-ESV)**.**

주님께서는 주님을 의지하는 사람들은 주를 향해 늘 한결같은 마음을 가진 사람들이므로, 그들에게 평화에 평화를 더하여 지켜 주시기 원하신다.

여기 "심지가 견고한 자"란 말은 '여호와를 든든히 의지하는 사람들'을 지칭한다. 그리고 "평강하고 평강하도록"이란 말이 이중적 묘사로 평강을 강조한 말이다. 우리는 세상에서 다른 세력을 두려워하지 말고 오로지 주님만 믿어야 할 것이다.

사 26:4. 너희는 여호와를 영원히 신뢰하라 주 여호와는 영원한 반석이심이로다.

너희는 영원토록 주님을 신뢰하라. 이유는 주 여호와만이 너희의 영원한 반석이시기 때문이라는 것이다.

주 여호와는 모든 성도가 영원히 의지할 영원한 만세 반석이시다(17:10). 여호와는 우리의 영원한 만세반석이시니 영원히 의지할 분이시다.

사 26:5. 높은 데에 거주하는 자를 낮추시며 솟은 성을 헐어 땅에 엎으시되 진토에 미치게 하셨도다.

본 절 초두에는 이유를 말하는 접속사가 있어(כִּי) 여호와를 영원히 신뢰해야 할(4절) 이유를 본 절이 제공하고 있다. 그 이유는 여호와는 높은 데에 거주하는 자들을 낮추시며 또 높이 솟은 성(교만한 자들)을 헐어 땅에 엎으시되 진토에 이르게 하시는 분이기 때문이라는 것이다. 하나님을 신뢰하지 않으면 누구든지 사정없이 낮아질 수 있으니 우리는 하나님을 철저히 신뢰함의 복을 깨달아 누려야 한다.

사 26:6. 발이 그것을 밟으리니 곧 빈궁한 자의 발과 곤핍한 자의 걸음이리로다(The foot tramples it, the feet of the poor, the steps of the needy -RSV, ESV).

전에 억압받던 사람들이 이제는 무너진 그 성을 밟고 다닌다. 가난한 사람들이 그 성을 밟고 다닌다. 본 절의 "빈궁한 자"나 "곤핍한 자"란 일차적으로 바벨론에 포로 되어 갔던 유다 백성들을 지칭하고 또 종말의 성도들을 지칭한다. 이들의 적이 과거에 높은데 거하면서 유다 백성들(성도들)을 압제했으나 이제는 그들이 하나님의 심판을 받아 낮아지게 되고 그들의 성읍도 헐리게 되니(5절) 유다 백성들(성도들)이 그들을 밟으며 그들 위를 걸어 다닌다는 것이다.

하나님을 믿고 겸손히 행하는 자가 승리하는 이유는 하나님 앞에서 자기를 낮추는 자를 하나님께서 높여주시기 때문이다. 우리는 항상 우리를 낮추며 하나님을 굳게 신뢰해야 한다.

사 26:7. 의인의 길은 정직함이여 정직하신 주께서 의인의 첩경을 평탄하게 하시도다(The path of the righteous is level; you make level the way of the righteous-ESV).

의로운 사람의 길은 정직합니다. 의로우신 주님께서는 의로운 사람의 길을 평탄하게 하십니다. 의로우신 주님(신 32:4; 시 25:8; 92:16)께서 의인의 길을 평탄하게 해주신다(시 4:8; 27:11; 118:8)는 것이다.

우리는 항상 예수 그리스도께서 우리를 대신하여 십자가에서 대속의 죽음을 죽으심을 믿고 항상 성령 충만을 구하는 중에 의롭게 살아서 평탄한 길을 걸어야 하겠다.

(2) 하나님의 심판들을 묵상하다 26:8-15

사 26:8. 여호와여 주께서 심판하시는 길에서 우리가 주를 기다렸사오며 주의 이름을 위하여 또 주를 기억하려고 우리 영혼이 사모하나이다(In the path of your judgments, O LORD, we wait for you; your name and remembrance are the desire of our soul-ESV).

여호와여! 세상에 우리가 고통을 당하고 핍박을 당하는 긴 세월 중에서도 심판이 우리들을 핍박하는 자들에게 임하기를 간절히 기대하면서 우리는 기다렸습니다. 우리는 성급하게 서두르지 않습니다. 이유는 때가 되면 심판이 임할 것을 우리가 확신하기 때문입니다.

"주의 이름을 위하여 또 주를 기억하려고 우리 영혼이 사모하나이다"란 말은 '지루한 기다림 중에서도 우리는 주님의 이름과 주님을 사모했습니다'라는 뜻이다. 하나님께서 실제로 목전에 임재하지 않으신다 하여도 우리는 항상 주님을 기억하고 있었습니다(Rawlinson)라는 의미로도 표현할 수 있다.

사 26:9. 밤에 내 영혼이 주를 사모하였사온즉 내 중심이 주를 간절히 구하오리니 이는 주께서 땅에서 심판하시는 때에 세계의 거민이 의를 배움이니이다.

내 영혼이 밤(21:11, 환난의 때)에 주님을 간절히 사모합니다. 나의 마음이 역경 중에서 주님의 구원을 간절하게 사모합니다. 여호와께서 불의한 자에 대해 심판하실 때에, 세상에 사는 사람들은 비로소 의가 무엇인지 배우게 될 것입니다.

"내 영혼이 주를 사모하였은즉 내 중심이 주를 간절히 구한다"고 같은 말을 반복한 것은 심히 강조한 것을 보여준다. 심령 깊이 하나님을 사모하는 것을 보여준 것이다.

사 26:10. 악인은 은총을 입을지라도 의를 배우지 아니하며 정직한 자의 땅에서 불의를 행하고 여호와의 위엄을 돌아보지 아니하는도다.

본 절은 악인들이 세상에서 어떻게 행동하는지를 설명한다. 즉, 비록 주님께서 악인에게 은혜를 베풀어주셔도 악인들은 옳은 일을 배우려 하지 않는다. 악인들이 의인들이 사는 땅에 살면서도 여전히 불의한 일만 저지른다. 주님의 위엄 따위는 안중에도 두지 않는다.

좀 더 단축해서 말하면 악인들은 하나님의 은총을 입고 살면서도 의로운 일을 배우려 하지도 않고 오히려 불의만을 저지르면서 하나님의 심판 같은 것은 안중에 두지 않는다는 것이다.

본 절의 "정직한 땅에서"란 말은 '정직한 자들이 살아가는 땅에서 살면서도'란 뜻이다. 일차적으로는 이스라엘 땅에서 살면서도 악인들은 여전히 의를 배우지 아니하고 오히려 불의만을 저지른다는 것이다. 그리고 악인들은 종말의 의인들이 사는 곳에서 하나님께서 의인들에게 주시는 은총을 함께 누리면서도 의를 배우지 아니하며 불의만을 저지르고 산다는 것이다. 그들은 하나님께서 내리실 심판을 염두에 두지도 않는다는 것이다. 악인들이 살아가는 것을 보면 두려운 점이 한 두 가지가 아니다.

사 26:11. 여호와여 주의 손이 높이 들릴지라도 그들이 보지 아니하오나 백성을 위하시는 주의 열성을 보면 부끄러워할 것이라 불이 주의 대적들을 사르리이다.

본 절은 이사야가 악인들을 여호와께 보고하는 내용이다. 즉, 여호와여! 여호와께서 심판하시려고 팔을 높이 들어 올리셨으나(신 32:27; 30:33; 33:14), 악인들은 주님께서 손을 드신 것을 보지 못하고 있습니다. 그러나 주님께서 주님의 백성을 얼마나 뜨겁게 사랑하시는지를 주님의 대적에게 보여 주셔서 그들로 부끄러움을 당하게 하여 주십시오. 그리고 주님께서 예비하신 심판의 불로 그들을 태워 주십시오.

악인들은 하나님께서 만드신 세상에서 살면서도 하나님께서 내려주시는 은총도 깨닫지 못하고 또 심판하시려는 의도도 깨닫지 못하고 살아가고 있다. 그들은 천방지축이다.

사 26:12. 여호와여 주께서 우리를 위하여 평강을 베푸시오리니 주께서 우리의 모든 일도 우리를 위하여 이루심이니이다.

본 절은 여호와께서 성도들에게 항상 평강을 주시며 또 다른 일도 모두 성도들을 위하여 이루어주심을 감사하는 내용이다. 즉, 주님이시여! 주님께서 우리에게 평강을 주실 것을 확신합니다. 주님께서 우리를 위하여 해주시는 모든 일도 모두 주님께서 우리를 위하여 해주신 일입니다 라고 감사한다.

하나님께서 현재 신약 시대에도 우리를 위해 일을 해주시는 것은 마찬가지이다. 하나님은 지금도 우리를 위하여 모든 것을 합력하여 선을 이루어 주신다.

사 26:13. 여호와 우리 하나님이시여 주 외에 다른 주들이 우리를 관할하였사오나 우리는 주만 의지하고 주의 이름을 부르리이다.

본 절은 악인들이 살고 있는 이 세상에서 성도들이 어떻게 살겠다는 것을 주님께 보고하는 내용이다. 즉, 여호와 우리의 하나님이시여! 이제까지 우리는 주님 말고 다른 세상 권세자(앗수르 왕이나 바벨론 왕들, 그리고 세상의 우상들)들이 우리를 다스렸습니다만 그런 중에도 우리는 오직 주님만 의지해 왔고 앞으로도 우리는 오직 주님께만 기도하면서 살겠습니다(시 44:18-23; 고전 12:2; 살전 1:9) 라고 말한다.

이렇게 주님만 의지해야 할 일은 구약 시대에만이 아니고, 신약 시대에도 동일한 것이다. 성도는 오로지 주님만 의지하고 살아야 한다. 우리가 과거에 일제 강점기 시대를 살 때, 일본이 우리 국민에게 일본의 신사(일본에서 황실의 조상이나 국가에 공로가 큰 사람을 신으로 모신 사당)를 참배하게 강요한 일은 우리 국민에게 큰 잘못을 저지른 행위였다. 또한 1938년에 우리 기독교 노회에서 신사 참배를 하도록 결의한 것 역시 엄청난 죄를 저지른 것이었다. 오늘 우리는 돈 우상, 명예 우상의 홍수 속에서도 오로지 주님만 바라보고 주님께만 기도하며 살아야 한다.

사 26:14. 그들은 죽었은즉 다시 살지 못하겠고 사망하였은즉 일어나지 못할 것이니 이는 주께서 벌하여 그들을 멸하사 그들의 모든 기억을 없이하셨음이니이다.

여호와께서 그들(각종 우상들, 세상의 주재자들)을 벌하시어 멸망시키시고, 그들을 모두 성도들의 기억에서 사라지게 하셨으니, 죽은 그들이 다시 살아나지 못하고, 사망한 그들을 다시 일어나지 못하게 되었으니 얼마나 감사한 일인지 모른다는 것이다.

오늘 우리의 머릿속에서도 모든 우상들을 제거해야 하는 것이다. 우리의 향락 위주의 삶과 맛집을 찾아 여러 시간을 찾아다니는 삶 등도 다

청산해야 한다.

사 26:15. 여호와여 주께서 이 나라를 더 크게 하셨고 이 나라를 더 크게 하셨나이다 스스로 영광을 얻으시고 이 땅의 모든 경계를 확장하셨나이다.

본 절은 주님께서 하신 일을 두고 주님을 찬양한다. 즉, "주님이시여! 주님께서 이 민족을 큰 민족으로 만드셨습니다. 주님께서 이 나라를 큰 나라로 만드셨습니다. 이 일로 주님께서는 영광을 받으셨습니다. 주님께서 이 땅의 모든 경계를 확장하셨습니다"라고 찬양한다.

주님께서 이방의 적들을 평정해 주시고 또 우상들을 제거해 주시니 이스라엘 나라는 튼튼해지고 국경이 넓어졌다는 것이며 또 신천 신지도 앞으로 무한히 넓을 것을 말하는 것이다(계 21장).

(3) 소망의 기도 26:16-19

사 26:16. 여호와여 그들이 환난 중에 주를 앙모하였사오며 주의 징벌이 그들에게 임할 때에 그들이 간절히 주께 기도하였나이다.

본 절은 유다의 환난 중에 성도들이 기도했다는 것을 말한다. 즉, "여호와시여! 주님께서 그들을 징계하실 때에, 주님의 백성들이 환난 가운데서 주님을 간절히 찾았습니다. 그들이 간절히 주님께 기도하였습니다"라고 말한다.

여기 "그들이 환난 중에"라는 말과 "주의 징벌이 그들에게 임할 때에"라는 말은 동의어이다. 이는 그들이 어려움을 당했을 때 그들이 주님 앞에 기도했다는 뜻이다.

사 26:17. 여호와여 잉태한 여인이 산기가 임박하여 산고를 겪으며 부르짖음 같이 우리가 주 앞에서 그와 같으니이다.

본 절도 성도들이 환난 때에 기도하여 주님께서 환난을 해결해 주셨음을 고백한다. 즉, 마치 임신한 여인이 해산할 때가 닥쳐와서(13:8; 21:3; 호 13:13;

미 4:10; 갈 4:19), 고통 때문에 몸부림치며 소리 지르듯이 우리도 주님 앞에서 그렇게 괴로워하였다고 고백한다.

사 26:18. 우리가 잉태하고 산고를 당하였을지라도 바람을 낳은 것 같아서 땅에 구원을 베풀지 못하였고 세계의 거민을 출산하지 못하였나이다.

본 절도 역시 우리의 구원은 우리의 고난 받음으로 이룩되는 것은 아니라는 것을 말해준다. 즉, "우리가 임신하여 산고를 치렀어도, 바람밖에는 아무것도 낳지 못하였습니다. 우리는 이 땅에 구원을 베풀지 못하였고, 이 땅에서 살 주민을 낳지도 못하였습니다"라고 말한다. 우리가 고난을 받는다는 것은 그저 어려움을 겪는 것에 그치는 것이다. 즉, 고통 이외에는 아무런 것도 얻지 못하는 것임을 알 수 있다.

그러나 우리가 고난을 받으면서 죄를 자백할 때에는 구원을 받는 것이고 또 세상을 변화시키는 것이다.

사 26:19. 주의 죽은 자들은 살아나고 그들의 시체들은 일어나리이다 티끌에 누운 자들아 너희는 깨어 노래하라 주의 이슬은 빛난 이슬이니 땅이 죽은 자들을 내놓으리로다.

본 절은 주님을 믿다가 죽은 자들이 앞으로 종말의 날에 일어나서 주님을 찬양할 것을 말한다. 즉, 주님의 백성들 가운데서 주님을 믿다가 죽은 사람들이 다시 살아날 것이며, 그들의 시체가 다시 일어날 것이다. 무덤 속에서 잠자던 사람들이 깨어나서, 즐겁게 주님을 찬양할 것이다. 주님의 이슬은 생기를 불어넣는 이슬이므로, 이슬을 머금은 땅이 오래 전에 죽은 사람들을 다시 내놓을 것이 분명하다(겔 37:1-14). 이제 앞으로 땅이 죽은 자들을 다시 내놓을 것이다.

(4) 주님의 건설적인 심판을 기다리라 26:20-21

1-19절은 성도들의 종말의 구원을 말했는데 여기(20-21절)서는 성도들이 기도실에 들어가 구원을 기다릴 것을 권한다.

<심판과 회복>

사 26:20. 내 백성아 갈지어다 네 밀실에 들어가서 네 문을 닫고 분노가 지나기까지 잠깐 숨을지어다.

내 백성아! 네 기도실에 들어가서, 문을 닫고, 내(여호와) 진노가 지나기까지 잠시 기도하라고 부탁한다.

여기 "내 백성아!"라는 말은 주님을 믿는 백성들에게 크게 위로가 되는 말이다. 이 말씀은 주님의 백성이 아닌 자들이 세상에 무수히 많다는 것을 말하는 것이다.

종말이 되었을 때 주님께서 우리에게 할 일을 알려주시니 얼마나 감사한 일인가! 즉, 종말의 때에 밀실에 들어가서 기도하라고 알려주시니 우리는 기도에 전념해야 할 것이다. 여호와의 진노가 지나기까지 우리가 기도함으로 그 진노를 피해야 할 것이다.

사 26:21. 보라 여호와께서 그의 처소에서 나오사 땅의 거민의 죄악을 벌하실 것이라 땅이 그 위에 잦았던 피를 드러내고 그 살해 당한 자를 다시는 덮지 아니하리라.

본 절은 여호와께서 종말을 당하여 불신자들을 상대하실 것을 선지자가 언급한다. 즉, 여호와께서 그 처소에서 나오셔서 땅 위에 사는 사람들의 죄악을 벌하실 것이니, 그 때에 땅은 그 속에 스며든 피를 드러낼 것이며, 살해당한 사람들을 더 이상 숨기지 않을 것이라고 한다.

여기 "여호와께서 그의 처소에서 나오사"란 말은 여호와께서 본격적으로 불신 세계를 벌하시려고 일어나시는 것을 묘사하는 말이다(미 1:3). 이는 불신자들에게는 무서운 말이다.

여호와께서 "땅의 거민의 죄악을 벌하실" 때에 땅이 하는 일이 진술된다. 여호와께서 땅의 불신 거민을 심판하실 때 그 동안 땅은 악인들이 성도들의 피를 흘려 땅속에 스며들게 한 피를 드러낼 것이라는 것이다. 땅이 토해낸 피는 하나님께 자신들의 신원을 호소하게 되는 것이다(창 4:11; 욥 16:18; 겔 24:7-8). 그 때가 되면 최후의 심판이 열릴 것인데 "의인 아벨이 흘린 피로부터 성전에서 죽임을 당한 사가랴의 피까지"(마 23:35) 모든 피가 자신들의 신원을 하나님께 알릴 것이다. 종말의 심판 때에는 세상 불신자들이 지은 모든 죄와 피가 가만있지 않고 하나님 앞에 보고될 것이다.

제 27 장

ㅅ) 하나님의 백성 27장

25장에서는 하나님께서 이방 민족과 우상을 심판하신 사실을 찬양하는 노래를 불렀고, 26장에서는 하나님께서 이스라엘을 구원하신 일을 말씀했는데, 이제 본 장에 들어와서는 구원을 받은 하나님의 백성에 대해 진술한다.

본 장의 내용은 (1) 여호와의 포도원 노래(1-6절), (2) 하나님께서 그 백성을 징계하신 일(7-11절), (3) 하나님께서 그 백성을 회복하신 일(12-13절)을 진술한다.

(1) 여호와의 포도원 노래 27:1-6

1절은 하나님의 백성의 적들에 대한 징계에 대해 기록했고, 2-6절은 하나님의 백성의 포도원에 대한 노래를 진술한다. 이 부분에서 노래를 부른 것은 하나님의 백성이 구원받은 것을 노래하는 내용이다.

사 27:1. 그 날에 여호와께서 그의 견고하고 크고 강한 칼로 날랜 뱀 리워야단 곧 꼬불꼬불한 뱀 리워야단을 벌하시며 바다에 있는 용을 죽이시리라.

본 절은 여호와의 한 날이 오면 여호와께서 이스라엘의 적들에 대해 심판하실 것을 진술한다. 즉, 그 날이 오면 주님께서 그의 견고하고 크고 강한 칼로 심히 빠른 뱀 리워야단, 곧 꼬불꼬불한 뱀 리워야단을 처치하실 것이며 바다의 괴물을 죽이실 것이다.

여기 "그 날"이란 '여호와께서 심판하시는 날'을 이름이다. 본 절은 앞 장에서 말씀 하신 바 여호와께서 이스라엘의 적들에 대해 하나님께서 심판하시는 날을 지칭한다(26:1 참조).

본 절의 "견고하고 크고 강한 칼"이란 하나님의 강력한 심판의 능력을 비유적으로 묘사한 말이다(사 31:8; 34:5-6; 46:16).

"리워야단"(לִוְיָתָן)이란 문자적으로 '꼬인 것' 또는 '꼬불꼬불한 뱀'이란 뜻이다. 이는 '숲에 숨어 적을 공격하는 뱀'을 이름이다(14:29; 욥 3:8; 26:13; 시 74:14; 104:26). 이 뱀이 구체적으로 무엇을 의미하느냐를 두고 견해가 갈린다. 1) 앗수르, 애굽, 두로(Kimchi), 2) 바벨론, 바사, 애굽(Cheyne), 3) 팔디아, 수리아, 애굽(Duhm), 4) 앗수르, 바벨론, 애굽(K.&D., 박윤선, 이상근), 5) 마귀, 짐승, 거짓 선지자(Rawlinson) 등으로 나누어진다. 이 견해들 중 4)번 견해와 5)번 견해가 타당하다고 인정되나 '리워야단'이란 택한 백성들의 모든 적들을 총칭하는 것으로 보아야 할 것이다. 이유는 앗수르, 바벨론, 애굽 말고 다른 나라가 적으로 등장하는 경우 우리가 어떻게 설명할 것인가를 고려할 때 하나님을 대적하는 모든 적을 지칭한다고 보는 것이 적합하기 때문이다. 오늘 신약 시대에는 택한 백성들을 괴롭히는 적들이 수없이 많이 나타나고 있다. 이들은 모두 리워야단이다. 우리가 리워야단을 이기는 비결은 간단하다. 여호와께 우리의 적을 아뢰면 여호와께서 견고하고 크고 강한 칼로 간단히 물리쳐 주신다.

사 27:2. 그 날에 너희는 아름다운 포도원을 두고 노래를 부를지어다.

1절은 전 장에 이어 택한 백성들을 괴롭히는 적의 실체에 대해 말했고, 이제 2-6절은 이스라엘의 구원을 노래한다. 즉, 그 날, 곧 이스라엘(택한 백성들)이 구원 받는 날이 오면, 저 아름다운 포도원을 두고, 너희(성도들)는 다음과 같은 노래를 부르라고 말한다. 포도원에 대해서는 5:1 주해를 참조하라. 오늘 우리는 이 세상에서 공산주의와 사회주의와 모든 불신 세계로부터 구원을 받아 하나님의 나라를 만나면 감사하기에 하나님께 찬양 드려야 할 것이다.

사 27:3. 나 여호와는 포도원지기가 됨이여 때때로 물을 주며 밤낮으로 간수하여 아무든지 이를 해치지 못하게 하리로다.

3-6절까지는 하나님께서 포도원지기가 되셔서 돌보시는 것에 관해 감사하고 찬양하는 노래를 불러야 할 것이다. 즉, 나 여호와는 포도나무를 돌보는 포도원지기이다. 나는 때를 따라 포도나무에 물을 주기도 하며, 아무도 포도나무를 해치지 못하도록 밤낮으로 돌보는 포도원지기 역할을 감당하고 있다. 지금도 여호와는 성령으로 교회를 지키고 계신다(26:3; 42:6; 49:8; 시 121:5; 마 28:20; 고전 6:19; 12:13). 때때로 물을 주시고 밤낮으로 간수하여 아무든지 교회를 해치지 못하도록 하신다. 이 사실이 얼마나 감사한가!

사 27:4. 나는 포도원에 대하여 노함이 없나니 찔레와 가시가 나를 대적하여 싸운다 하자 내가 그것을 밟고 모아 불사르리라.

본 절도 역시 택한 백성들이 여호와께서 포도원을 지켜주시는 것을 감사해서 부르는 노래 내용이다. 즉, 나는 포도원에 대해 노여워할 일이 전혀 없다(5:47; 시 30:5). 거기에서 찔레와 가시덤불이 자라서 나를 대항하여 싸우려고 한다면, 나는 그것들에게 달려들어, 그것들을 모조리 불살라 버릴 것이다.

본 절의 "찔레와 가시가 나를 대적하여 싸운다 하자 내가 그것을 밟고 모아 불사르리라"고 말씀 하시는 분이 하나님이시다. 교회를 해치는 세력이 나타나면 여호와께서는 단호히 그것을 대적하여 일어나신다. 여호와께서는 불사르시기까지 하신다는 것이다.

사 27:5. 그리하지 아니하면 내 힘을 의지하고 나와 화친하며 나와 화친할 것이니라.

본 절은 교회의 적들을 향하여 여호와께서 다른 제의를 하신다. 하나님을 대적하기를 원하지 않는다면 하나님께 돌아와서 하나님을 믿고 따르라는 것이다.

사 27:6. 후일에는 야곱의 뿌리가 박히며 이스라엘의 움이 돋고 꽃이 필

것이라 그들이 그 결실로 지면을 채우리로다.

앞으로 이스라엘의 적들이 심판을 받아 망하거나 혹은 이스라엘의 적들이 회개한 후에 야곱이 뿌리를 내리고, 싹을 내며 꽃을 피울 것이고, 그 열매가 땅 위에 가득 차게 될 것이라는 예언이다.

본 절의 야곱이란 말과 이스라엘이란 말은 동의어로 쓰였다. 야곱이란 사람에게 하나님께서 이스라엘이란 이름을 주신 것이다.

본 절의 이스라엘은 교회를 지칭하는 말이다. 교회는 훗날 종말을 맞이하여 온 세상에 확산될 것을 말하는 것이다(37:31).

(2) 하나님의 백성을 징계하시다 27:7-11

이 부분(7-11절)의 하나님 백성에 대한 징계는 이스라엘의 적들에게 내리신 심판과는 판이하게 구분되는 것을 말한다. 하나님 백성이 받는 징계는 적들이 받는 심판과는 그 정도가 확연히 다르다는 것을 말하고(7-8절), 하나님께서 징계를 하시는 의도에서도 완전히 다르며(9절), 그리고 징계를 내리신 결과도 완전히 다른 것(10-11절)을 말한다.

사 27:7. 주께서 그 백성을 치셨던들 그 백성을 친 자들을 치심과 같았겠으며 백성이 죽임을 당하였던들 백성을 죽인 자가 죽임을 당함과 같았겠느냐.

여호와께서 야곱을 친 원수들을 치신 것처럼 그렇게까지 혹독하게 야곱을 치셨겠는가? 야곱을 살육하던 자들을 살육하신 것처럼 주님께서 그렇게 많이 야곱을 살육하셨는가 라는 것이다.

유다가 범죄 했을 때 하나님은 외국 민족들을 들어서 유다 민족을 치셨지만 훗날 유다 민족을 치신 외국 민족들의 악에 대해서는 하나님께서 그들을 가혹하게 치셨다. 유다가 범죄 했을 때 유다 민족은 바벨론에 포로 되어 가서 고생하다가 70년 만에 귀환했다. 그러나 훗날 바벨론은 아주 망하고 말았다.

사 27:8. 주께서 백성을 적당하게 견책하사 쫓아내실 때에 동풍 부는 날에

폭풍으로 그들을 옮기셨느니라.

본 절도 역시 여호와께서 이스라엘을 적당하게 치셨음을 진술한다. 즉, 여호와께서 유다 민족을 포로로 보내셔서 적절히 견책하셨고, 거센 동풍이 불 때에 거기에 좀 더 거센 바람을 보내셔서 유다 민족을 쫓아내셨을 뿐이다.

여기 "동풍 부는 날에 폭풍으로 그들을 옮기셨느니라"는 말은 '동편에서 침입해 온 앗수르나 바벨론이 침입해서 유다 민족을 동쪽으로 포로 되어 가게 하셨다는 것'을 말씀한다.

사 27:9. 야곱의 불의가 속함을 얻으며 그의 죄 없이함을 받을 결과는 이로 말미암나니 곧 그가 제단의 모든 돌을 부서진 횟돌 같게 하며 아세라와 태양상이 다시 서지 못하게 함에 있는 것이라.

본 절은 여호와께서 택한 백성들을 징계하신 의도가 택한 백성들을 친 원수들을 치신 것과는 다른 것을 말씀한다. 즉, 그렇게 해서 야곱이 죄를 자복하여 야곱의 죄악이 사함을 얻게 하시며, 또 죄를 용서받게 하시는 것이니, 곧 야곱이 이교 제단의 모든 돌을 헐어 흰 가루로 만들고, 아세라 여신상과 분향단을 다시는 세우지 않게 하시는 것이다.

오늘도 여호와께서는 택한 백성들을 징계하실 때 아주 망하도록 하시는 것이 아니라 돈을 좋아하던 사람들이 죄를 자복하고 하나님을 제일로 알고 섬기게 하시고, 명예를 좋아하던 백성들이 명예를 마음에서 털어버리게 하신다는 것이다.

사 27:10. 대저 견고한 성읍은 적막하고 거처가 황무하며 버림 받아 광야와 같은즉 송아지가 거기에서 먹고 거기에 누우며 그 나무 가지를 먹어 없이하리라(For the fortified city is solitary, a habitation deserted and forsaken, like the wilderness; there the calf grazes, there it lies down, and strips its branches-ESV).

본 절과 다음 절(10절)은 여호와께서 징계를 내리신 결과 택한 백성으로

하여금 아주 달라지게 하신다는 것을 진술한다. 즉, 견고한 성읍이 적막해지고 집터는 버려져서 아무도 살지 않으니, 마치 사막과 같아질 것이다. 그런고로 거기에서는 송아지가 풀을 뜯을 것이며, 송아지가 거기에 누워서, 나뭇가지들을 모두 먹어 치울 것이다.

본 절의 "견고한 성읍"이 어느 성읍을 지칭하느냐를 두고 견해가 갈린다. 1) 예루살렘 성읍을 지칭한다는 견해(Calvin, Delitzsch, Fohrer, Duhm, Fischer, Rudolph, Skinner, Young, Rawlinson), 2) 사마리아 성을 지칭한다는 견해(Marti, Clements, Wilberger, Vermeylen, Ploeger, Leupold), 3) 하나님의 백성을 압제하는 세상의 적국들을 지칭한다는 견해(Dillmann, Proksch, Alexander, Feldmann, Gray, Kissane, Kaiser, 박윤선, 이상근, 그랜드 종합주석, 호크마 주석) 등이 있다. 이 세 가지 견해 중에 3)번의 견해를 택한다. 이유는 10절과 11절의 내용이 하나님의 백성들을 심히 박해하다가 망한 세상의 적국들에게 합당한 내용이기 때문이다.

하나님은 이스라엘을 적당하게 징계하시고 견책하시는데(7-9절), 하나님의 백성들을 압제하는 세상의 적국들은 파멸에 처하신다는 것이다(10-11절).

사 27:11. 가지가 마르면 꺾이나니 여인들이 와서 그것을 불사를 것이라 백성이 지각이 없으므로 그들을 지으신 이가 불쌍히 여기지 아니하시며 그들을 조성하신 이가 은혜를 베풀지 아니하시리라.

본 절은 이사야가 세상 적국들을 나뭇가지에 비해 말한다. 즉, 나뭇가지가 말라 꺾어지면, 여인들이 와서 그것들을 땔감으로 주어다가 불을 피울 것이다. 이 백성(하나님의 백성들을 대적하는 세상 백성들)이 이렇게 지각(생각)이 없으니, 그들을 만드신 창조주 하나님께서 그들을 불쌍히 여기지 않으실 것이며, 그들을 지으신 창조주 하나님께서 그들에게 은혜를 베풀지 않으실 것이다.

세상의 불신 세계가 망하는 근본적인 이유는 하나님을 아는 지각이 없기 때문이라는 것이다(왕하 17:15; 렘 4:22). 그들이 하나님을 아는 깨달음이 없어서 하나님의 백성들을 심히 박해하고 고난에 빠뜨렸다는 것이다. 오늘 우리는 하나님을 아는 지각을 키워야 할 것이다.

(3) 하나님 백성을 회복하시다 27:12-13

이 부분(12-13절)은 제24-27장의 최종 결론으로 하나님의 백성들이 회복될 것이라는 예언을 말씀하고 있다. 다시 말해 유다 백성들이 바벨론으로부터 귀환할 것을 말하고 또 세계 각국에 흩어져 있던 하나님의 백성들이 여호와를 찬송할 것을 말하는 내용이다.

사 27:12. 너희 이스라엘 자손들아 그 날에 여호와께서 창일하는 하수에서부터 애굽 시내에까지 과실을 떠는 것 같이 너희를 하나하나 모으시리라.

너희 이스라엘 자손들아! 그 날이 오면 여호와께서 유브라데 강(창 31:21; 출 23:31; 신 11:24; 수 24:2-3, 14)으로부터 애굽의 시내(민 34:5; 왕상 8:65)에 이르기까지, 너희를 알곡처럼 일일이 모아들이실 것이다.

본 절의 말씀은 하나님께서 유브라데 강으로부터 애굽 시내에까지를 이스라엘 영토로 삼으셔서 이스라엘 백성을 사방에서 모으신다는 예언이다. 본 절의 "과실을 떠는 것 같이"란 말은 여호와께서 그의 백성을 모으시는 것을 묘사하기 위해 사용된 묘사이다. 마치 과실을 하나하나 떨어 내리는 것처럼 각지에 흩어져 있던 그 백성들을 한명한명 빠짐없이 모으신다는 것이다.

사 27:13. 그 날에 큰 나팔을 불리니 앗수르 땅에서 멸망하는 자들과 애굽 땅으로 쫓겨난 자들이 돌아와서 예루살렘 성산에서 여호와께 예배하리라.

그 날이 되면 여호와께서 하나님의 신호나팔로 세계 도처에서 하나님의 백성들을 모으실 것이라고 한다. 즉, 그 날이 오면 큰 나팔 소리가 울릴 것인데, 그 때 땅에서 망할 뻔한 사람들과 애굽 땅으로 쫓겨났던 사람들을 불러 모으신다는 것이다. 불려온 백성들이 예루살렘의 성산에서 주님을 경배할 것이라고 한다.

하나님의 신호가 있으면 이스라엘 백성들이 앗수르 땅과 애굽 땅에서 돌아올 것이고, 궁극적으로는 예수님의 재림 시에 세계 각국에 흩어져 있던 성도들이 하나님의 부름을 받아 하나님의 나라에 들어가서 여호와께 예배하게 될 것이다(대하 23:18; 계 5:9-14).

제 28 장

C. 화(禍)와 복의 노래 28-35장

이스라엘과 유다의 심판(1-12장), 및 만국의 심판(13-27장)을 논한 후, 제28-35장은 심판의 결론부로 "화와 복의 노래"를 부른다. 이 부분은 모세 율법의 요약이다(신 28장). 다시 말해 하나님께 순종하라는 것이다.

이 부분의 내용은 사마리아와 예루살렘에 임하는 화(28장), 유다에게 임하는 화(29-31장), 메시아 왕국의 복(32장), 외적 격퇴의 복(33장) 및 이스라엘의 최후영광(34-35장)에 대한 진술이다.

1. 사마리아와 예루살렘이 당할 화 28장

본 장의 내용은 사마리아에 임할 화(1-6절), 예루살렘에 임할 화(7-22절), 농부 비유(23-29절)로 되어 있다.

ㄱ) 사마리아가 당할 화 28:1-6

사마리아의 죄는 방종과 교만이었으므로 그들은 갑자기 다가온 환난에 멸망할 것이며, 일부 남은 자들만이 구원을 받는다.

<에브라임의 면류관이 밟히리라>

사 28:1. 에브라임의 술취한 자들의 교만한 면류관은 화 있을진저 술에 빠진 자의 성 곧 영화로운 관 같이 기름진 골짜기 꼭대기에 세운 성이여 쇠잔해 가는 꽃 같으니 화 있을진저(Ah! the proud crown of the drunkards of Ephraim, and the fading flower of its glorious beauty, which is on the head of the rich valley of those overcome with wine!-ESV).

술에 빠져 사는 자 에브라임(이스라엘의 별명)의 교만한 면류관인 너 사마리아(이스라엘의 수도)야! 너에게 재앙이 닥칠 것이다. 술에 압도되어 사는 주정꾼의 도성, 기름진 평야의 높은 언덕에, 화려한 왕관처럼 우뚝 솟은 사마리아야!, 시들어 가는 꽃 같은 운명의 너에게 앞으로 재앙이 닥치고 말 것이다.

본 절은 북쪽 나라 이스라엘에 앞으로 재앙이 닥칠 것을 예언하고 있다. 그것은 히브리어 본문의 '화있을 진저'(הוֹי)라는 말이 본 절 초두에 나타나 뜻을 강조하고 있음을 보아서도 알 수 있다.

또한 북쪽 이스라엘이 큰 재앙을 만날 수밖에 없는 이유는 그들은 술에 빠져 살았고 또 교만했기 때문이다. 교만한 자가 망하지 않은 경우를 보았는가? 사마리아의 귀족들은 술에 빠져 항상 방종했고(암 4:1; 6:6), 북쪽 나라의 지도자들은 교만했다(암 6:13). 여기 또 사마리아를 설명하는 낱말들을 보면 북쪽 이스라엘은 화를 받을 수밖에 없음을 알 수 있다. 즉, "영화로운 관 같이 기름진 골짜기 꼭대기에 세운 성"이라고 묘사된 것을 보면 알 수 있다. 사마리아는 골짜기와 봉우리가 의인화되어 그 성읍은 영화로운 면류관이라는 것이다.

그리고 또 이 성읍은 다시 시들어가는 꽃에 비하여 묘사되었다. 즉, "쇠잔해 가는 꽃 같다"는 것이다. 시들어가는 꽃 같이 앞으로 재앙이 닥친다는 것을 말한다. 우리는 일생을 통하여 술과는 먼 생활을 해야 할 것이며 교만과는 먼 삶을 살아야 할 것이다.

사 28:2. 보라 주께 있는 강하고 힘 있는 자가 쏟아지는 우박 같이, 파괴하는 광풍 같이, 큰 물이 넘침 같이 손으로 그 면류관을 땅에 던지리니.

본 절 초두에는 "보라"(הִנֵּה)라는 단어가 있어서 본 절을 아주 주의해서 보아야 한다는 것을 말하고 있다. 다시 말해 이스라엘에게 재앙이 닥쳐올 것을 아주 유의해야 한다는 것이다.

북쪽 나라 이스라엘이 망한다는 예언(1절)은 너무 분명한데 그러면 하나님께서는 누구를 시켜 이스라엘을 망하게 하실 것인가를 본 절이 밝히고 있다. 즉, 여호와께서 강하고 힘 있는 이를 보내신다는 것이다. 그것은 당시 앗수르를 보내서 북쪽 나라를 치실 것이었다. 주전 721년 앗수르가 와서 이스라엘의 수도 사마리아를 함락시켰다.

선지자는 앗수르의 세력을 3중으로 묘사한다. 앗수르가 마치 "쏟아지는 우박처럼, 파괴하는 광풍처럼, 거센 물결을 일으키는 폭풍우처럼" 이스라엘을 잡아 땅에 쓰러뜨리실 것이라고 하신다. 앗수르의 3중 묘사(쏟아지는 우박, 파괴하는 광풍, 큰 물이 넘침)는 무서움을 드러낸다. "우박은 위에서, 광풍은 옆에서, 큰 물은 아래서 공격해 온다"(이상근). 앗수르의 무서운 세력은 이스라엘이라고 하는 "면류관을 땅에 던질 것"이라고 말한다.

사 28:3. 에브라임의 술취한 자들의 교만한 면류관이 발에 밟힐 것이라.

본 절의 "에브라임"이란 말은 북쪽 나라 이스라엘의 10지파 중 가장 강한 지파로 이 지파 이름이 그대로 이스라엘의 별명이 되었다.

본 절을 좀 더 쉽게 풀어보면 술 취한 자 에브라임의 교만한 면류관인 너 사마리아야! 네가 짓밟힐 것이다. 본 절에도 역시 이스라엘의 망함의 원인이 드러나 있다. 술 취함, 교만이다. 술 취하고 교만하면 별 수 없이 망하고 마는 것이다. 우리는 성령에 취해야 할 것이고 평생을 아주 납작하게 낮아져서 살아야 할 것이다.

사 28:4. 그 기름진 골짜기 꼭대기에 있는 그의 영화가 쇠잔해 가는 꽃이 여름 전에 처음 익은 무화과와 같으리니 보는 자가 그것을 보고 얼른 따서 먹으리로다.

기름진 골짜기의 꼭대기에 화려하게 피어 있는 꽃과 같은 너 사마리아야! 시들어 가는 꽃과 같은 사마리아야! 너는 여름이 오기 전에 맨 먼저 익은 무화과와 같아서 사람들이 너를 보자마자 얼른 따먹을 것이다.

북쪽 나라 이스라엘은 큰 재앙을 받을 수밖에 없는 또 하나의 비유가 본 절에 나온다. 그것은 여름에 일찍 익은 무화과와 같다는 것이다. 무화과는 보통 10월경에 익으나 여름 전 6월경에 익는 무화과가 있어서 일찍 익는 무화과는 모양도 크고 맛도 일품이라 사람들의 눈에 띄면 얼른 따먹힌다는 것이다. 이와 같이 북쪽 나라는 일찍 익은 무화과 같아서 앗수르가 와서 재빨리 약탈했던 것이다.

사 28:5. 그 날에 만군의 여호와께서 자기 백성의 남은 자에게 영화로운 면류관이 되시며 아름다운 화관이 되실 것이라.

본 절의 "그 날"도 역시 북쪽 이스라엘이 앗수르에 의해서 망한 날인 것은 분명하다. 문맥이 그렇게 말한다. 그 날 다 망하는 것이 아니라 여호와께서 "남은 백성을 영화롭게 해주신다"는 것이며 "아름다운 화관"이 되게 해주신다는 것이다. 술에 취하지도 않았고 교만하지도 않았으며 항상 여호와를 바라보고 믿던 자들(요 4:9-26 참조)은 이렇게 복된 자리에 나아가는 것이다. 본 절의 "만군의 여호와"란 말의 주해를 위해서 1:9을 참조하라.

사 28:6. 재판석에 앉은 자에게는 판결하는 영이 되시며 성문에서 싸움을 물리치는 자에게는 힘이 되시리로다.

본 절도 역시 그 날(앗수르가 이스라엘을 멸망시킨 날) 이후 이스라엘이 다시 나라꼴이 되어갈 때 여호와께서 두 부류의 이스라엘 사람들에게는 큰 은혜를 베푸실 것이라고 말한다. 즉, 여호와께서는 재판관이 된 사람들에게 판결을 잘 할 수 있는 영을 주시고(1:15-27 참조), 성문에서 외적을 물리치는 군인들에게는 성읍 문으로 쳐들어온 적을 막는 용기를 주실 것이다. 오늘도 여호와께서는 우리에게 필요한 모든 것을 넉넉히 주신다.

ㄴ) 예루살렘이 당할 화 8:7-22

1-6절에서는 북 이스라엘이 망할 것을 말한 다음 이제 이 부분(7-22절)에서는 남쪽 나라 유다의 수도 예루살렘이 당할 화를 진술한다. 예루살렘이

망할 이유는 예루살렘의 죄 때문이다. 예루살렘 죄는 1) 예루살렘도 역시 술에 취하여 살았고(7-8절), 2) 선지자의 교훈을 조소한 일이 죄가 된 것이며(9-10절), 3) 하나님의 경계를 듣지 않은 것이 죄가 된 것이고(11-13절), 4) 지도층이 책망 받을 일을 했기(14-22절) 때문에 결국 망하게 되는 것이다.

사 28:7. 그리하여도 이들은 포도주로 말미암아 옆 걸음 치며 독주로 말미암아 비틀거리며 제사장과 선지자도 독주로 말미암아 옆 걸음 치며 포도주에 빠지며 독주로 말미암아 비틀거리며 환상을 잘못 풀며 재판할 때에 실수하나니.

여기 "그리하여도"(also)란 말은 '예루살렘도 역시'란 뜻으로 예루살렘도 사마리아와 마찬가지로 술에 취해 살았다는 것을 말하는 것이다. 남들이 술에 취해 비틀거릴 때에도 우리는 정신을 차리고 성령에 취하여(성령 충만한 중에) 살아야 하는 것이다. 본 절은 남 유다도 모든 계층의 사람들이 술에 취해 살았다는 것을 언급한다. 즉, 유다 사람이 포도주에 취하여 비틀거리고 살았고, 독한 술에 취하여 휘청거리며 살았다. 제사장과 예언자가 독한 술에 취하여 비틀거리고, 포도주 항아리에 빠져서 살았다. 독한 술에 취하여 휘청거리니, 종교가들이 환상을 제대로 못 보며, 재판관들은 판결을 올바로 하지 못한 채 살았다.

사 28:8. 모든 상에는 토한 것, 더러운 것이 가득하고 깨끗한 곳이 없도다.

본 절은 이스라엘의 술주정꾼들이 모든 곳에다가 술을 토해 놓아서 더러운 곳뿐이라고 말한다. 즉, 술상마다 토한 것이 가득하여, 더럽지 않은 곳이 없었다는 것이다. 유다의 지도층과 종교계의 타락이 전국을 추하게 만들어 놓고 만 것이다. 사회는 흐리어졌고 종교계도 흐려져서 참으로 볼 수 없는 정도가 되었다.

<여호와께서 그들이 붙잡히게 하시리라>

사 28:9. 그들이 이르기를 그가 누구에게 지식을 가르치며 누구에게 도를

전하여 깨닫게 하려는가 젖 떨어져 품을 떠난 자들에게 하려는가.

본 절은 유다의 지도자들과 종교가들이 술에 취하여 추태를 부리고 있고, 그들의 정신이 혼미한 상태인데, 그들이 누구에게 지식을 가르치며, 도를 전하여 깨닫게 하려는 것인가를 이사야 선지자가 고발하는 내용이다. 즉, 누가 저 선지자의 말을 들어야 한단 말인가? 우리는 알만큼 알았으니 선지자는 젖 뗀 아이들에게나 가르치라고 하여라. 젖을 먹지 않는 어린 아이들에게나 가르치라고 말한다는 것이다.

사 28:10. 대저 경계에 경계를 더하며 경계에 경계를 더하며 교훈에 교훈을 더하며 교훈에 교훈을 더하되 여기서도 조금, 저기서도 조금 하는구나 하는도다.

저 이사야는 우리에게 한 자 한 자, 한 절 한 절, 한 장 한 장씩 무엇인가를 가르치려 한다고 말한다. 무엇을 제대로 가르치려 하지 않고 이것도 찔끔 저것도 찔끔 가르쳐 보려 하고 있다고 빈정거렸다.

사 28:11. 그러므로 더듬는 입술과 다른 방언으로 그가 이 백성에게 말씀하시리라.

본 절은 유다의 지도자들과 종교가들이 술에 취하여 이사야의 교훈에 대하여 세련되지 못한 말을 한다고 빈정거렸기 때문에 하나님은 지도자들과 종교가들에게 참으로 앗수르인들의 더듬는 입술과 다른 방언을 듣게 하시겠다고 하신다. 유다의 종교가들은 자기들이 하나님의 종에 대해서 빈정거렸기 때문에 크게 벌을 받아 앗수르인들의 지배를 받으면서 앗수르 방언을 듣게 하시겠다는 것이다. 오늘 우리는 하나님의 종에 대해서 절대로 빈정거리지 말아야 한다.

사 28:12. 전에 그들에게 이르시기를 이것이 너희 안식이요 이것이 너희 상쾌함이니 너희는 곤비한 자에게 안식을 주라 하셨으나 그들이 듣지 아니하

였으므로.

주님께서 전에 유다 백성에게 말씀하시기를 이것은 너희가 평안히 쉬는 방법이요 고달픈 사람들이 편히 쉬는 법이란다. 그러니 너희들은 유다 백성에게 율법을 가르쳐서 평안히 쉬게 해주라고 하셨으나 남 유다인들은 여호와의 말씀을 들으려 하지 않았다. 그러므로 하나님은 전쟁을 통하여 남 유다인들을 징벌하신다는 것이다. 실로 진정한 평화와 안식은 여호와를 신앙하며 율법을 지키는데서 유지되는 것이었다(신 28:1-14).

만약 누구라도 세상에서 여호와를 믿는 일을 게을리 한다든지 율법 지키기를 소홀히 하면 세상에서 평화를 만나지 못하고 안식을 얻지 못하는 것이다.

사 28:13. 여호와께서 그들에게 말씀하시되 경계에 경계를 더하며 경계에 경계를 더하며 교훈에 교훈을 더하며 교훈에 교훈을 더하고 여기서도 조금, 저기서도 조금 하사 그들이 가다가 뒤로 넘어져 부러지며 걸리며 붙잡히게 하시리라.

취한들의 조소의 말 그대로 여호와께서 남 유다인들에게 선포하신다. 아마도 본 절의 조소는 이사야를 통하여 선포하셨을 것으로 보인다. 여호와께서는 당당하게 선포하셨을 것이다. 즉, 그래서 여호와께서는 그들에게 말씀하시되 경계에 경계를 더하며 경계에 경계를 더하며 교훈에 교훈을 더하며 교훈에 교훈을 더하고 여기서도 조금, 저기서도 조금 하셔서 그들이 가다가 뒤로 넘어져서 다치게 하시고, 덫에 걸려서 잡히게 하려 하신 것이다.

선지자의 말씀을 유다 사람들이 조롱하고 역겹게 여긴 죄(9-10절)로 이제는 참으로 역겨운 명령 아래서 고생하게 되었다. 하나님은 사람이 행한 대로 갚으신다(시 18:26). 많은 개신교도들의 피를 흘리게 한 프랑스 왕 찰스 9세는 그 자신이 온 몸에서 피가 흐르는 병에 걸려 죽었다(박윤선).

<시온의 기초 돌>

사 28:14. 이러므로 예루살렘에서 이 백성을 다스리는 너희 오만한 자여

여호와의 말씀을 들을지어다.

본 절 초두의 "이러므로"(Therefore)란 말은 바로 앞 절의 '예루살렘 지도자들이 죄를 지었으므로'란 뜻이다. 그들이 죄를 지었으므로 예루살렘에서 이 백성들을 다스리는 너희 오만한 자들(9-10절)이여! 여호와의 말씀을 들으라고 하신다.

사 28:15. 너희가 말하기를 우리는 사망과 언약하였고 스올과 맹약하였은즉 넘치는 재앙이 밀려올지라도 우리에게 미치지 못하리니 우리는 거짓을 우리의 피난처로 삼았고 허위 아래에 우리를 숨겼음이라 하는도다.

본 절은 예루살렘의 지도자들의 오만한 소리이다. 저들은 말하기를 우리는 죽음과 언약을 맺었고 스올과 협약을 맺었다. 거짓말을 하여 위기를 모면할 수도 있고, 속임수를 써서 몸을 감출 수도 있으니, 재난이 닥쳐와도 우리에게는 절대로 미치지 않을 것이라고 큰 소리를 친 것이다. 큰 소리를 쳐도 너무 심하게 큰 소리를 쳤다.

"넘치는 재앙이 밀려올지라도 우리에게 미치지 못할 것이니" 아무 문제가 없을 것이라고 말한다. 앗수르가 아무리 침공해 온다고 해도 아무 일이 없을 것이라고 큰 소리를 친 것이다. 그리고 "우리는 거짓을 우리의 피난처로 삼았고 허위 아래에 우리를 숨겼으니" 아무 문제가 없을 것이라고 한다. 다시 말해 그들은 자신들을 위협하는 사망과 음부와 동맹을 맺었기 때문에 아주 안전하다는 것이다. 이러한 그들의 자랑은 사망과 음부의 권세가 하나님께 있다는 사실을 인정하지 않는 것으로 하나님의 능력 자체를 무시하는 태도이다. 한편 여기서 이들의 언약은 유다가 애굽과 동맹을 맺어 앗수르의 침공에 대비하고 앗수르에 조공을 바쳐 침공을 무마한 사실을 지칭한다. 그러나 우리는 하나님과의 언약만이 인간을 죄와 사망으로부터 구원할 수 있다는 사실을 알아야 된다(욥 5:23; 호 2:18; 마 26:28; 고전 3:22).

사 28:16. 그러므로 주 여호와께서 이같이 이르시되 보라 내가 한 돌을 시온에

두어 기초를 삼았노니 곧 시험한 돌이요 귀하고 견고한 기촛돌이라 그것을 믿는 이는 다급하게 되지 아니하리로다(therefore thus says the Lord GOD, Behold, I am the one who has laid as a foundation in Zion, a stone, a tested stone, a precious cornerstone, of a sure foundation: Whoever believes will not be in haste.-ESV)**.**

문장 초두의 "그러므로"(therefore)란 말은 본 절이 앞 절의 결론임을 드러내는 말이다. 다시 말해 앞 절에서는 유다가 애굽을 의지한다고 했으나 애굽을 의지하는 것은 백해무익한 것이니 본 절의 말씀이 나온 것이다. "그러므로 주 여호와께서 본 절의 말씀을 하신다"는 것이다.

본 절은 앞 절의 결론일 뿐 아니라 아주 중요하다는 것을 말씀한다. 즉, "보라"(הִנְנִי)란 말이 본 절 내용 처음에 등장한다. 다시 말해 "보라 내가 한 돌을 시온에 두어 기초를 삼았다"는 것이다. 이 말씀처럼 중요한 말씀이 없으니 주의하라는 의미이다.

본 절 내용을 좀 더 쉽게 풀어보면 "내(여호와)가 한 돌을 시온에 두어 기초를 삼았는데 그 돌이 바로 주춧돌이다. 얼마나 견고한지 시험하여 본 돌이다. 이 귀한 돌을 시온에 두어서 기초가 되게 했다는 것이니, 이 돌을 의지하는 사람은 다급하게 되지 않을 것이라"는 것이다.

여기 "내(여호와)가 한 돌을 시온에 두어 기초를 삼았다"는 말은 메시아를 언급하는 구절로 성경에 여러 차례 인용되어 있다(시 118:22; 마 21:42; 행 4:11; 롬 9:33; 엡 2:20; 벧전 2:6-8). 유다 백성들이 참으로 의지할 참 대상은 거짓과 허위의 애굽이 아니라 오직 하나님께서 시온에 두신 돌(세상 세력은 쉽사리 깨지나 그리스도는 절대로 부서지지 않으시는 돌이시다) 되시는 그리스도이시라는 것이다. 그리스도를 돌이라고 한 이유는 그리스도는 하나님의 집(교회)을 성립시키는 모퉁잇돌[27]의 역할을 하시기 때문이다(롬 9:33;

27) 예수님은 하나님께서 택하신, 곧 인정하신 보배롭고 요긴한 모퉁잇돌이시다. 다시 말해 모퉁이 돌이 벽과 벽 사이를 연결하여 건축물을 지탱하는 중심적인 역할을 하는 돌인 것처럼 예수님은 유다인과 이방인을 하나로 묶는 역할을 하셔서 하나의 교회를 이루시는 분이시다(엡 2:20, 김수흥의 공동서신주해에서).

10:11; 벧전 2:6). 구약 시대에는 여호와께서 시온에 임재 해 계셨는데, 신약 시대에 와서는 세계 곳곳에 시온이 서 있다. 지금 세계 곳곳에는 교회가 서 있다.

그런데 이 돌(그리스도)은 "시험한 돌이요 귀하고 견고한 기촛돌이라"(a tested stone, a precious cornerstone, of a sure foundation)는 것이다. 이 구절은 예수 그리스도를 세 가지로 묘사하고 있다. 즉, 시험받으신 돌이라는 것, 귀하신 돌이라는 것, 견고한 기촛돌이라는 것이다. 예수님을 "시험한 돌"이라고 함은 '견고한 것으로 알려진 돌'이라는 뜻이다(박윤선). 그리고 예수 그리스도는 귀하신 돌이시다. 즉, 예수 그리스도만큼 귀하신 분은 우주에 없으시다. 그리고 예수 그리스도는 참으로 견고하신 돌이시다. 세상의 무수한 세력은 다 부서지나 예수 그리스도는 절대로 부서지지 않으시는 견고하신 분이시다.

우리가 이런 돌을 의지할 때 우리는 절대로 "다급하게 되지 아니한다"는 것이다. 다시 말해 당황하지 아니한다는 뜻이다. 우리는 지금까지 예수님을 믿을 때 한 번도 당황해보지 않았다. 반드시 우리의 기대를 충족해주셨다.

사 28:17. 나는 정의를 측량줄로 삼고 공의를 저울추로 삼으니 우박이 거짓의 피난처를 소탕하며 물이 그 숨는 곳에 넘칠 것인즉(And I will make justice the line, and righteousness the plumb line; and hail will sweep away the refuge of lies, and waters will overwhelm the shelter."-ESV)**.**

본 절은 여호와께서 유다 민족을 심판하신 일에 대해 말씀하신다. 즉, 내(여호와)가 공평으로 줄자를 삼고, 공의로 저울을 삼아서 심판한다고 하신다(암 7:8 참조). 여호와의 유다 심판은 앗수르를 통하여 하실 것이라고 한다. 하나님은 앗수르를 우박과 물로 비유하셨다. 즉, 거짓말로 위기를 모면한 사람은 우박(앗수르)이 휩쓸어 가고, 속임수로 몸을 감춘 사람은 물(앗수르)에 떠내려 갈 것이라고 하신다. 우리는 하나님의 심판이 이 땅에 임할 때를 기억하고 잘못된 것이 없는 삶을 살아야 한다.

사 28:18. 너희가 사망과 더불어 세운 언약이 폐하며 스올과 더불어 맺은 맹약이 서지 못하여 넘치는 재앙이 밀려올 때에 너희가 그것에게 밟힘을 당할 것이라.

본 절은 예루살렘의 지도자들이 오만한 말을 한 것을 근거하고 여호와께서 심판하시는 말씀이다. 15절에 보면 "예루살렘의 지도자들은 말하기를 우리는 죽음과 언약을 맺었고 스올과 협약을 맺었다. 거짓말을 하여 위기를 모면할 수도 있고, 속임수를 써서 몸을 감출 수도 있으니, 재난이 닥쳐와도 우리에게 절대로 미치지 않을 것이라고 큰 소리를 쳤다"는 것이다.

유다의 지도자들이 큰 소리를 친 것을 근거하고 여호와께서는 본 절에서 "너희가 죽음과 맺은 너희의 언약은 깨질 것이고, 스올(죽음)과 맺은 너희의 협약은 파기될 것이다. 앗수르를 통하여 재앙이 닥쳐올 때에, 너희가 그것을 피하지 못하고, 꼼짝없이 당하고 말 것이다"고 말씀하신다. 예루살렘은 거의 문자적으로도 앗수르 군에게 짓밟힘을 당했다.

사 28:19. 그것이 지나갈 때마다 너희를 잡을 것이니 아침마다 지나가며 주야로 지나가리니 소식을 깨닫는 것이 오직 두려움이라.

앗수르의 침공이 지나갈 때마다 너희가 피하지 못하고 그 재난에 잡힐 것이다. 그 재난이 아침마다 너희를 치고, 밤낮을 가리지 않고 너희를 엄습할 것이다. 이 말씀을 알아듣는 것조차도 두려움이 될 것이다. 앗수르의 침공은 참으로 자주 예루살렘에 임했다. 사르곤 II세가 한번 침공하였고(주전 721-705년), 산헤립 왕이 두 번 침공했으며(주전 705년-681년), 에살하돈 왕이 네 번(주전 681-668년), 앗슐바니팔(주전 668-627년)이 두 번 침공했다. 이렇게 여러 번 침공할 때마다 예루살렘 주민들은 떨어야 했다. 이상 도합 8번 이상 침공했다(Rawlinson). 사실은 이렇게 떨 것이 아니라 죄를 자복하기만 하면 앗수르가 유다를 침공할 이유가 없어졌을 것이다.

"소식을 깨닫는 것이 오직 두려움이라"는 말은 앗수르 군이 지나간다는 소식을 깨닫는 것 자체가 예루살렘 주민들은 소름끼치는 두려움이라는 것이다. 우리는 두려워 떨기보다는 얼른 죄를 자복하는 것이 필요하다.

사 28:20. 침상이 짧아서 능히 몸을 펴지 못하며 이불이 좁아서 능히 몸을 싸지 못함 같으리라 하셨느니라.

본 절은 유다가 애굽과 동맹을 하여 앗수르의 공격을 막아보려고 했는데, 이런 유다 지도자들의 생각이 아주 짧았고 아주 모자랐다는 것을 침상의 길이가 짧은 것과 이불이 좁은 것에 비유하고 있다. 침상의 길이가 짧으면 사람이 능히 몸을 온전히 다 펴지 못하고, 이불이 좁은 경우 몸을 다 싸지 못하는 것과 같다는 것이다. 유다 지도자들은 생각이 많이 짧았다. 하나님을 의지해야 했는데 하나님의 도움을 버리고, 힘없는 애굽과 동맹을 맺는다는 것은 있을 수 없는 실수였다. 오늘 우리는 짧고, 그릇된 생각을 가지고 살아서는 안 될 것이다. 항상 하나님만 바라보아야 한다.

사 28:21. 대저 여호와께서 브라심 산에서와 같이 일어나시며 기브온 골짜기에서와 같이 진노하사 자기의 일을 행하시리니 그의 일이 비상할 것이며 자기의 사역을 이루시리니 그의 사역이 기이할 것임이라.

본 절은 여호와께서 앗수르를 통하여 유다를 벌하실 것을 두 가지 사건(브라심 산의 사건, 기브온 골짜기 사건)을 통하여 말씀하신다. 즉, 여호와께서는 당신이 계획하신 일, 그 신기한 일을 하시려고, 브라심 산에서 싸우신 것처럼 싸우실 것이다. 작정하신 일, 그 신비한 일을 하시려고, 기브온 골짜기에서 진노하신 것처럼 진노하실 것이라는 말이다.

"여호와께서 브라심 산에서와 같이 일어나신" 일이란 옛날에 다윗이 "브라심 산"에서 블레셋을 친 것 같이(삼하 5:20) 여호와께서 앗수르를 통하여 유다를 치실 것이라는 뜻이며, "기브온 골짜기에서와 같이 진노하사 자기의 일을 행하신" 일이란 여호수아가 "기브온"에서 가나안 사람들을 죽인 것같이(수 10:10-15) 여호와께서 앗수르를 통하여 유다를 벌하시겠다는 뜻이다.

"그의 일이 비상할 것이며 자기의 사역을 이루시리니 그의 사역이 기이할 것임이라"는 말씀은 '하나님께서 유다를 치시는 것이 보통 일이 아니라 비상할 것이고 기이한 일이라는 것'이라는 것이다.

사 28:22. 그러므로 너희는 오만한 자가 되지 말라 너희 결박이 단단해질까 하노라 대저 온 땅을 멸망시키기로 작정하신 것을 내가 만군의 주 여호와께로부터 들었느니라.

본 절 초두의 "그러므로"(therefore)란 말은 '예루살렘 지도자들이 죄를 지어 앗수르를 통하여 하나님의 심판을 받게 되었으므로'란 뜻이다. 그러므로 "너희는 오만한 자가 되지 말라"고 하나님께서 명령하신다. 위와 같이 하나님께서 앗수르를 통해서 유다를 치실 것인즉 유다는 오만한 자가 되지 말고 하나님께 돌아오라고 하신다. "너희 결박이 단단해질까 하노라"고 하신다. 하나님께 돌아와 회개하지 않으면 유다가 당할 심판이 더욱 단단해질까 두렵다는 것이다.

"대저 온 땅을 멸망시키기로 작정하신 것을 내가 만군의 주 여호와께로부터 들었느니라"(for I have heard a decree of destruction from the Lord GOD of hosts against the whole land-ESV)는 말은 '왜냐하면 만군의 여호와께서 유다 땅을 포함해서 온 세상을 멸하시기로 결정하셨다는 말씀을 나 이사야가 들었기 때문이라'는 의미이다. 하나님의 심판이 있을 것이 확실한데 유다 민족이 하나님께 나아와 회개하지 않을 수 없는 것은 사실이라는 것이다.

ㄷ) 농부 비유 28:23-29

하나님은 이사야를 통하여 유다 사람들에게 하나님의 심판을 선언하신 다음 이제는 씨 뿌리는 일과 타작하는 비유를 통하여 위로하신다. 씨 뿌리는 비유를 통해서는 하나님께서 은혜를 내리시겠다는 것을, 타작하는 비유를 통해서는 하나님의 징계의 뜻을 밝혀주신다.

<여호와의 모략과 지혜>

사 28:23. 너희는 귀를 기울여 내 목소리를 들으라 자세히 내 말을 들으라.

하나님은 유다 사람들에게 너희는 귀를 기울여 내 목소리를 청종하라. 내 말을 자세히 들어서 회개하라고 권하신다.

사 28:24. 파종하려고 가는 자가 어찌 쉬지 않고 갈기만 하겠느냐 자기 땅을 개간하며 고르게만 하겠느냐.

본 절부터 26절까지는 씨 뿌리는 비유를 통하여 하나님께서 유다 백성들을 위로하신다는 것을 말씀한다. 즉, 씨를 뿌리려고 밭을 가는 농부가 날마다 밭만 갈고 있겠느냐? 그리고 흙을 뒤집고 써레질만 하겠느냐고 말한다. 그 이상을 한다는 것이다. 다시 말해 파종한다는 것이다. 여기 밭은 사람의 마음을 비유한다. 하나님의 말씀을 통해 마음을 개간했다면 그 다음에는 밭의 흙을 부셔서 씨를 뿌리는 것이다. 여기에서 "씨"는 복음의 씨앗을 말하는 것이다.

사 28:25. 지면을 이미 평평히 하였으면 소회향을 뿌리며 대회향을 뿌리며 소맥을 줄줄이 심으며 대맥을 정한 곳에 심으며 귀리를 그 가에 심지 아니하겠느냐.

밭을 고르고 나면 소회향(회향의 한 가지 종류) 씨를 뿌리거나 대회향(목란과 식물의 열매) 씨를 뿌리지 않겠느냐? 밀을 줄줄이 심고, 적당한 자리에 보리를 심지 않겠느냐? 밭 가장자리에는 귀리도 심지 않겠느냐고 말씀한다.

밭을 개간하고 나면 소회향, 대회향, 그리고 밀이나 보리를 심기도 하고 귀리를 심기도 한다는 것이다. 하나님도 유다 민족에 대하여 오래 참으시고 계실 뿐 아니라 필경은 그들을 징계하여 정화된 백성을 준비하신다는 것이다.

사 28:26. 이는 그의 하나님이 그에게 적당한 방법을 보이사 가르치셨음이며 (For he is rightly instructed; his God teaches him-ESV).

왜냐하면 하나님께서 그에게 적당한 방법을 보여주셨기 때문이라는 것이다. 농부들은 하나님께서 보여주신 대로 농사를 짓기 때문에 농부들이 24-25

절처럼 농사를 짓는다는 것이다. 하나님은 이 세상의 모든 일을 그의 뜻대로 운행해 나가신다.

사 28:27. 소회향은 도리깨로 떨지 아니하며 대회향에는 수레 바퀴를 굴리지 아니하고 소회향은 작대기로 떨고 대회향은 막대기로 떨며.

본 절부터 29절까지는 타작하는 일을 통해서 하나님의 징계의 뜻을 보이신다. 즉, 소회향을 도리깨로 쳐서 떨지 않는다. 대회향 위로는 수레 바퀴를 굴리지 않는다. 소회향은 막대기로 가볍게 두드려서 떨고, 대회향도 막대기로 가볍게 두드려서 떤다고 한다. 이렇게 농부가 식물에 따라 그 탈곡 방법을 달리하듯 하나님께서도 각 사람마다 그 처한 환경에 따라 가장 알맞은 방법으로 이끄시고 섭리하신다는 것이다.

사 28:28. 곡식은 부수는가, 아니라 늘 떨기만 하지 아니하고 그것에 수레바퀴를 굴리고 그것을 말굽으로 밟게 할지라도 부수지는 아니하나니.

본 절도 타작 방법을 자세히 말한다. 즉, 사람이 곡식을 떨기는 하지만, 낟알이 바스러지도록 떨지는 않는다. 수레바퀴를 곡식 위에 굴릴 때에도 말발굽이 그것을 으깨지는 않는다고 말한다. 각 사람의 형편에 따라 하나님께서 징계하신다는 것이다.

사 28:29. 이도 만군의 여호와께로부터 난 것이라 그의 경영은 기묘하며 지혜는 광대하니라(This also comes from the LORD of hosts; he is wonderful in counsel, and excellent in wisdom-RSV, ESV).

이렇게 타작하는 것도 만군의 여호와께서 나온 것이다. 주님의 모략은 기묘하며, 지혜는 끝없이 넓다. 농부의 타작의 지혜도 파종의 지혜도 다 하나님께서 주셨다는 것으로 하나님께서는 그런 지혜로운 방법으로 백성들의 구원과 심판을 위해 역사하신다는 것이다.

"여호와의 경영은 기묘하며 지혜는 광대하다"는 것이다. 이 세상의 모든 유익한 지혜는 모두 하나님께서 주셨다는 것을 말씀한다. 다시 말해 타작도 종류를 따라 적당하게 하셔서 약한 자에게는 약하게 하시고, 강한 자에게는 강하게 하신다는 것이다. 다시 말해 하나님의 심판은 일시적으로 그리고 각 민족의 사정을 따라 적당히 하신다. 여호와는 그 민족 자체를 아주 말살하시지는 않으신다. 그리고 그 징계가 끝나면 곧 구원해주신다. 이처럼 하나님의 모략과 지혜는 기묘하고 광대하시다. 성경에 하나님의 지혜를 찬양한 성구는 많다(욥 6:13; 12:16; 잠 2:7; 3:21; 8:14; 18:1; 미 6:9).

제 29 장

2. 유다가 당할 화 29-31장

28:1-6에서는 북 이스라엘이 망할 것을 말했고, 28:7-22에서는 남쪽 나라 유다의 수도 예루살렘이 당할 화를 진술했는데, 이제 29-31장에서는 유다가 당할 화를 진술한다. 29-31장의 내용은 예루살렘(아리엘)이 당할 화(29장), 유다가 애굽과 협정한 화(30-31장)를 말한다. 유다의 위정자들은 애굽과 협정을 맺음으로 화를 면해보고자 한 것이다.

ㄱ) 아리엘이 당할 화 29장

29장의 내용은 아리엘(예루살렘)이 당할 화(1-8절), 예루살렘의 시민들의 영적 취함(9-14절), 그리고 예루살렘의 시민들은 애굽과 비밀 협정을 맺고 여호와를 의지하지 않았다(15-16절). 이사야는 유다를 구원하실 언약을 갱신한다(17-24절).

(1) 아리엘이 당할 화 29:1-8

아리엘(예루살렘)이 적군에게 포위될 것을 경계한 일(1-4절), 아리엘을 공격한 적군이 멸망할 사실을 말한다(5-8절).

<아리엘을 괴롭게 하리라>

사 29:1. 슬프다 아리엘이여 아리엘이여 다윗이 진 친 성읍이여 해마다 절기가 돌아오려니와(Ah Ariel, Ariel, the city where David encamped! Add year to year; let the feasts run their round-ESV).

너(아리엘-예루살렘)에게 재앙이 닥칠 것이다. 아리엘아! 아리엘아! 다윗이 진을 쳤던 성읍아! 해마다 절기들은 돌아오련만, "슬프다"(y/h)란 말은

'화 있을진저!' 혹은 '재앙이 닥칠 것이다'라는 뜻이다. 이 낱말이 이 부분(28-33장)에 여섯 번이나 나타난다(28:1; 29:1, 15; 30:1; 31:1; 33:1). 본 절의 화 선언은 두 번째 화 선언이다(28:1 주해 참조).

"아리엘"(אֲרִיאֵל)이란 말은 몇 가지 해석이 있다. 1) 하나님의 사자(獅子-고양잇과의 맹수)(Lange, Rawlinson), 2) 하나님의 도시라는 견해, 3) 하나님의 제단이라는 견해(Calvin, Delitzsch, Bochart, 박윤선, 이상근). 위의 세 견해 중 3)번의 견해가 문맥에 맞는다(겔 43:15, 16). 즉, 본 절의 "다윗의 진 친 성읍이여!"라는 말(삼하 5:6-9)과 또 "해마다 절기가 돌아온다"는 말이 아리엘이 예루살렘인 것을 알 수 있다. "해마다 절기가 돌아오려니와"라는 말은 '해마다 어김없이 3대 절기가 돌아오기는 하지만'이라는 뜻이다. 예루살렘 사람들은 매년 절기가 돌아오지만 참 제사를 드리지 못하고 형식적인 제사를 드렸으므로 예루살렘의 포위가 1년 내로 다가올 것이 명시된 것이다(Rawlinson, 박윤선).

사 29:2. 내가 아리엘을 괴롭게 하리니 그가 슬퍼하고 애곡하며 내게 아리엘과 같이 되리라.

내(여호와)가 너 아리엘을 포위하고 치겠다. '나의 번제단'이라고 불리던 너를 칠 터이니, 네가 슬퍼하고 통곡할 것이라고 말씀하신다.

아리엘(예루살렘)이 여호와께서 내리시는 징계 때문에 슬퍼하고 슬퍼할 것이다.

"내게 아리엘(하나님의 제단)과 같이 되리라"라는 말은 제단 앞 화로에 불이 타는 것처럼 예루살렘이 적의 공격을 받아 불탈 것이고, 하나님은 제단의 불을 바라보는 사람처럼 불타는 예루살렘을 대면하여 보실 것이다(박윤선). 아마 이 때 이사야는 성전 뜰에서 제단을 가리키면서 이 예언을 했을 것이다(이상근).

사 29:3. 내가 너를 사면으로 둘러 진을 치며 너를 에워 대를 쌓아 너를

치리니.

내(여호와)가 앗수르 군대를 통하여 너(예루살렘)의 사면을 둘러 진을 치며, 너를 뻥 둘러서 탑들을 세우고, 흙더미를 쌓아 올려 너의 성을 치겠다고 하신다(36장).

여호와께서는 앗수르 군대를 동원하셔서 예루살렘 사면에 둘러 진을 쳐서 예루살렘 성을 치시겠다는 것이다. 죄악이 있는 곳에 여호와의 심판이 있다.

사 29:4. 네가 낮아져서 땅에서 말하며 네 말소리가 나직이 티끌에서 날 것이라 네 목소리가 신접한 자의 목소리 같이 땅에서 나며 네 말소리가 티끌에서 지껄이리라.

본 절은 예루살렘이 앗수르의 침략을 받아 극도로 쇠약해질 것을 신접한 자의 목소리에 비유하여 예언한다. 즉, 그 때(앗수르가 예루살렘을 침략할 때)에 너(예루살렘)는 낮아져서 땅바닥에서 말할 것이며, 너의 말소리는 네가 쓰러진 먼지바닥에서 나는 개미 소리와 같을 것이다. 너의 목소리는 땅에서 나는 신접한 자의 소리와 같이 될 것이며, 너의 말은 먼지 바닥 속에서 나는 중얼거리는 소리와 같이 될 것이라는 내용이다.

예루살렘의 죄는 외국 앗수르의 침략을 불러와 예루살렘은 극도로 약해진다는 것이다.

사 29:5. 그럴지라도 네 대적의 무리는 세미한 티끌 같겠고 강포한 자의 무리는 날려 가는 겨 같으리니 그 일이 순식간에 갑자기 일어날 것이라.

"그럴지라도"(But)란 말은 '예루살렘이 앗수르의 침략으로 극히 약해질지라도'(4절) "네 대적(앗수르의 무리)의 무리의 숫자는 티끌같이 날아가고 말 것이고, 강포한 앗수르의 무리의 수는 날려가는 겨같이 힘없이 날아갈 것이니, 일이 그렇게 되는 일은 하나님에 의하여 순식간에 일어날 것(5:24; 17:13; 33:11; 41:15; 시 1:4; 35:5; 욥 21:8; 단 2:35; 호 13:3; 습 2:2 등 참조)이라고 말한다. 과연 앗수르 군대는 한 밤중에 갑자기 멸망하고 말았다(37:36; 왕하 19:35).

사 29:6. 만군의 여호와께서 우레와 지진과 큰 소리와 회오리바람과 폭풍과 맹렬한 불꽃으로 그들을 징벌하실 것인즉.

본 절은 하나님께서 앗수르 군을 6종의 하나님의 무기(우레, 지진, 큰 소리, 회오리바람, 폭풍, 불꽃)로 징벌하신다는 것을 말씀하신다. 하나님께서는 보통 사람을 통해서 치시지만 때로는 이렇게 직접 치시기도 하신다.

사 29:7. 아리엘을 치는 열방의 무리 곧 아리엘과 그 요새를 쳐서 그를 곤고하게 하는 모든 자는 꿈 같이, 밤의 환상 같이 되리니.

아리엘(예루살렘)을 치는 열방의 무리 곧 예루살렘과 그 요새를 쳐서 곤고하게 만드는 모든 자 곧 앗수르 군대와 그의 속국인 여러 군대는 순식간에 멸망하여 밤의 꿈이나 환상같이 허무하게 남는 것이 없게 된다고 말한다.

예루살렘을 치는 앗수르 군대는 단독 군대가 아니라 여러 군대가 한꺼번에 달려들었다는 것을 보여준다. 아무리 앗수르 군이 속국과 함께 달려들어도 하나님께서는 쉽게 해치우신다는 것을 보여주신다.

사 29:8. 주린 자가 꿈에 먹었을지라도 깨면 그 속은 여전히 비고 목마른 자가 꿈에 마셨을지라도 깨면 곤비하며 그 속에 갈증이 있는 것 같이 시온 산을 치는 열방의 무리가 그와 같으리라.

본 절은 앗수르의 예루살렘 공격은 아무 성공을 거두지 못할 것을 꿈의 비유로 말한다. 그저 꿈속에서나 무엇을 이루었지 꿈을 깨보면 아무런 것도 이룬 것이 없는 것 같을 것이라고 말한다. 즉, 굶주린 자가 꿈속에서 먹기는 하지만 깨어나면 먹은 것이 없어 더욱 허기를 느끼는 것처럼 그리고 목마른 자가 꿈속에서 마시기는 하지만 깨어보면 더욱 지쳐서 갈증을 느끼는 것처럼 시온 산을 치는 모든 나라의 무리가 그렇게 허탈할 것이라고 한다.

(2) 영적 취함 29:9-14

이 부분(9-14절)은 예루살렘 사람들의 영적인 상태를 말하고 있다. 예루살렘 시민들은 영적으로 해이함에 빠져 이사야의 예언을 이해하지 못하고(9-12절), 여호와로부터 멀리 떠나 살고 있음(13-14절)을 탄식하고 있다.

<입술로는 공경하나 마음은 떠났다>

사 29:9. 너희는 놀라고 놀라라 너희는 맹인이 되고 맹인이 되라 그들의 취함이 포도주로 말미암음이 아니며 그들의 비틀거림이 독주로 말미암음이 아니니라.

너희는 놀라고 놀라라. 너희는 눈이 멀어서 앞을 못 보는 사람이 되라. 포도주 한 모금도 마시지 않았는데 취할 것이다. 독한 술 한 모금도 마시지 않았는데 비틀거릴 것이라고 한다.

"너희는 놀라고 놀라라 너희는 맹인이 되고 맹인이 되라" (הִתְמַהְמְהוּ וּתְמָהוּ הִשְׁתַּעַשְׁעוּ וָשֹׁעוּ)는 말은 '너희는 머뭇거리며 의심해보아라 그 결과로 놀라리라. 너희는 즐겨라. 그 결과로 소경이 되리라'(Gesenius)는 뜻이다. 곧, 유다인들이 하나님의 심판 경고를 믿지 않는 고로 벌을 받아 어두워지리라는 것이다. 믿지 않고 머뭇거리면 결국 놀램, 곧 의심하는데 이르고, 불신앙하는 자기 생각을 즐기면 어두워져서 소경같이 될 것이라는 것이다(박윤선).

"그들의 취함이 포도주로 말미암음이 아니며 그들의 비틀거림이 독주로 말미암음이 아니니라"는 말은 예루살렘의 취함은 사마리아의 취함과는 달리 (28:1-8) 포도주나 독주에 취한 것이 아니라 영적 술에 취했으니 그것은 곧 영적 취함 다시 말해 영적 무감각 상태였다는 것이다(다음 절).

사 29:10. 대저 여호와께서 깊이 잠들게 하는 영을 너희에게 부어 주사 너희의 눈을 감기셨음이니 그가 선지자들과 너희의 지도자인 선견자들을 덮으셨음이라.

본 절 초두에는 "대저"라고 하는 이유 접속사(כִּי)가 있어 예루살렘 시민들이 9절과 같이 맹인이 되고 영적으로 취하고 영적으로 비틀거리게 된 이유를 본 절이 제공하고 있다. 즉, 여호와께서 너희에게 잠드는 영을 보내셔서, 너희를 깊은 잠에 빠지게 하셨다. 너희의 예언자로 너희의 눈 구실을 못하게 하셨으니, 너희의 눈을 멀게 하신 것이요, 너희의 선견자로 앞을 내다보지 못하게 하셨으니, 너희의 얼굴을 가려서 눈을 못 보게 하셨기 때문이라고 한다.

여호와께서 예루살렘 거민을 이렇게 되게 하신 것은 "저희가 마음에 하나님 두기를 싫어하매 하나님께서 저희를 그 상실한 마음대로 내어버려 두신 때문"인 것이다(롬 1:28). 본 절의 "선지자"란 말은 '하나님의 계시를 보고 고하는 자'를 지칭하고 "선견자"란 말은 '하나님의 계시 또는 환상을 보고 그 뜻을 깨달아 전하는 자'를 지칭한다. 여기 "선지자"는 성경에서 '눈'이라 하고 "선견자"는 '머리'라고 칭한다. 선지자는 하나님의 계시를 보고 전하기 때문이고, 선견자는 백성을 지도하기 때문이다. 그러나 선지자와 선견자들도 영적으로 취하여 눈은 감겼고, 머리는 덮여져 그들의 사명을 수행하지 못했다.

사 29:11. 그러므로 모든 계시가 너희에게는 봉한 책의 말처럼 되었으니 그것을 글 아는 자에게 주며 이르기를 그대에게 청하노니 이를 읽으라 하면 그가 대답하기를 그것이 봉해졌으니 나는 못 읽겠노라 할 것이요.

10절의 선지자들과 선견자들이 영적으로 몽롱해져서 눈이 감겼고 머리가 덮여져서 그 사명을 수행할 수 없으니 글을 아는 자에게 글을 읽어 달라고 하면 글을 아는 자들의 대답이 본 절의 말씀처럼 나올 것이라는 것이다. 즉, 이 모든 묵시가 너희에게는 마치 밀봉된 두루마리의 글처럼 될 것이다. 너희가 그 두루마리를 유식한 사람에게 가지고 가서 "이것을 좀 읽어 주시오" 하고 내주면, 그는 "두루마리가 밀봉되어 있어서 못 읽겠소"라고 말할 것이란 뜻이다.

사 29:12. 또 그 책을 글 모르는 자에게 주며 이르기를 그대에게 청하노니 이를 읽으라 하면 그가 대답하기를 나는 글을 모른다 할 것이니라.

11절은 글을 아는 자가 글을 읽어달라고 부탁받는 경우의 대답이고, 본 절은 글을 모르는 자가 하나님의 계시를 읽어달라고 부탁받는 경우 "나는 글을 모른다 할 것이라"고 대답을 할 것이다. 결국 글을 아는 자나 글을 모르는 자나 대답은 똑같은 것이다. 모두가 영적으로 몽롱하기 때문이다.

사 29:13. 주께서 이르시되 이 백성이 입으로는 나를 가까이 하며 입술로는 나를 공경하나 그들의 마음은 내게서 멀리 떠났나니 그들이 나를 경외함은 사람의 계명으로 가르침을 받았을 뿐이라.

여호와께서 예루살렘 거민들이 영적으로 몽롱해진 것을 보시고 "이 백성이 입으로는 나를 가까이 하며 입술로는 나를 공경하나 그들의 마음은 내게서 멀리 떠났다"고 말씀하신다. 입만 살아서 되는 것은 아니라는 것이다. 문제는 마음이 문제이다. 우리는 마음에 있는 죄를 자복하는 삶을 살아야 할 것이다.

여호와께서는 예루살렘 거민이 그렇게 영적으로 몽롱하게 된 이유를 말씀하신다. 그들이 하나님을 경외한다고 하는 것은 "사람의 계명으로 가르침을 받았을 뿐"이기 때문이라고 하신다. 예루살렘 거민들은 하나님께서 내신 계명을 받아 믿는 것이 아니라 사람의 논리, 사람의 관습, 사람의 주장 등을 따랐기 때문에 그렇게 된 것이다. 우리는 성경 말씀을 받아 온전히 신종(信從)해야 한다.

사 29:14. 그러므로 내가 이 백성 중에 기이한 일 곧 기이하고 가장 기이한 일을 다시 행하리니 그들 중에서 지혜자의 지혜가 없어지고 명철자의 총명이 가려지리라.

본 절 초두의 "그러므로"(therefore)란 말은 앞 절의 말씀 때문에 본 절의 결과가 생겼음을 말하기 위하여 "그러므로"란 말을 쓴 것이다. 예루살렘 거민들이 입술로는 하나님을 공경한다고 하나, 마음은 하나님으로부터 멀리 떨어져서 생활했기 때문에 그러므로 내가 다시 한 번 놀랍고 기이한 일로 이 백성을 놀라게 할 것이라고 하신다. 즉, 지혜로운 사람들에게서 지혜를 없애버리시고, 총명한 사람들에게서 총명이 사라지게 하실 것이라는 내용이다.

그런데 본 절의 "기이하고 가장 기이한 일"이 무엇이냐를 두고 견해가 갈린다. 1) 앗수르 군의 예루살렘 침입을 의미한다는 견해(Cheyne, Rawlinson, 이상근), 2) 예루살렘 거민들의 마음을 완고하게 하셔서 저들의 지혜와 총명이 어두워지게 하심을 가리킨다는 견해(Matthew Henry, Delitzsch, Leupold, 박윤선, 호크마 주석)가 있는데, 지금까지의 문맥으로 보아 2)번의 견해가 더 바른 것으로 보인다. 하나님께서 백성들의 지혜와 총명이 어두워지게 하시는 일이야말로 기이하고도 가장 기이한 일이다.

(3) 비밀 협정의 화 29:15-16

유다가 애굽과 비밀 협정을 맺고 여호와를 의지하지 않는 것이야 말로 화를 받을 일이다. 애굽과 비밀 협정을 맺어서 화를 받는 문제는 30-31장에서 더 상론될 것이다.

<이제부터는 교훈을 받으리라>

사 29:15. 자기의 계획을 여호와께 깊이 숨기려 하는 자들은 화 있을진저 그들의 일을 어두운 데에서 행하며 이르기를 누가 우리를 보랴 누가 우리를 알랴 하니.

여호와의 눈을 피해가면서 몰래 음모를 깊이 꾸미고 숨기려는 자들에게 재앙이 닥칠 것이다. 그들은 어두운 곳에서 남몰래 음모를 꾸미면서 말하기를 누가 우리를 보랴! 누가 우리를 알랴! 한다.

이사야는 예루살렘 지도자들이 앗수르도 의지하지 말며, 애굽도 의지하지 말라는 것이었고, 여호와만 의지하라는 것이었다(7:1-4; 20:1-4). 예루살렘 지도자들은 이사야 몰래 애굽과 비밀 협정을 맺었다. 애굽과 비밀 협정을 맺으면서 선지자에게 숨기면서 진행했다. 예루살렘 지도자들은 애굽과 비밀 협정을 맺으면서 이사야가 모를 것이라고 안심했다. 오늘 우리는 하나님께서 원치 않으시는 우리의 계획이 따로 있어서는 안 될 것이다. 모든 계획을 세울 때 하나님께 물어서 세워야 할 것이다. 그리고 그 계획을 진행해 나갈 때 하나님께 기도하면서 일을 진행해 나가야 할 것이다.

사 29:16. 너희의 패역함이 심하도다 토기장이를 어찌 진흙 같이 여기겠느냐 지음을 받은 물건이 어찌 자기를 지은 이에게 대하여 이르기를 그가 나를 짓지 아니하였다 하겠으며 빚음을 받은 물건이 자기를 빚은 이에게 대하여 이르기를 그가 총명이 없다 하겠느냐.

"너희의 패역함이 심하다"(turn things up side down)는 말은 '너희가 이치에 어긋나 있다' 혹은 '너희가 어리석다'는 뜻이다. 이사야 선지자는 유다의 지도자들을 향해서 당신들이 참 어리석다고 말한 것이다. 이사야는 유다 나라의 지도자들이 애굽과 비밀 협정을 맺는 것을 보고 참으로 어리석음이 심하다는 것을 토기장이의 비유로 책망한다. 즉, 진흙으로 옹기를 만드는 사람(토기장이)과 옹기장이가 주무르는 진흙(재료)이 어찌 똑같다고 생각할 수 있느냐? 만들어진 물건(토기)이 자기를 만든 사람(토기장이)을 두고 그가 나를 만들지 않았다고 말할 수 있느냐? 빚어진 것이 자기를 빚은 사람을 두고 그는 기술이 없다고 말할 수 있느냐?

오늘날 어떤 젊은이들은 자기의 부모를 두고 왜 나를 낳았느냐고 대든다. 어리석기 그지없는 소리이다. 패역하기 그지없는 소리이다. 우리가 세상에 난 것이 하나님의 뜻인 줄 알아야 하는 것이다. 우리는 우리의 무식, 우리의 어리석음을 탄식해야 할 것이다.

(4) 언약을 갱신하다 29:17-24

이사야는 유다의 지도자들이 애굽과 비밀 협정을 맺은 것을 두고 책망한(1-16절) 다음 유다를 구원하실 언약을 갱신한다.

사 29:17. 오래지 아니하여 레바논이 기름진 밭으로 변하지 아니하겠으며

기름진 밭이 숲으로 여겨지지 아니하겠느냐.

오래지 아니하여 레바논의 밀림이 기름진 밭으로 변하지 아니하겠으며 그 기름진 밭이 다시 밀림으로 변하지 아니하겠느냐. 그것은 시간문제인데, 그렇게 오래 걸리지는 않는다는 것이다.

레바논 산맥은 높은 산인데 그것이 기름진 밭으로 변한다는 것은 하나의 비유로 앗수르와 같이 교만하고 힘센 세력이 무너져서 평지처럼 되리라는 것이다. 그리고 "기름진 밭이 숲으로 여겨지지 아니하겠느냐"는 말은 기름진 밭과 같이 낮고 압제 받는 유다가 삼림처럼 높아지리라는 것이다. 다시 말해 앗수르와 유다의 높낮이가 바뀌는 때가 있지 않겠느냐는 것이다.

이 예언의 말씀은 신약 시대에 우리 성도들에게 적용되어 예수님을 영접하므로 말미암아 높은 신분이 된다는 것을 말하고 있다.

사 29:18. 그 날에 못 듣는 사람이 책의 말을 들을 것이며 어둡고 캄캄한 데에서 맹인의 눈이 볼 것이며.

하나님께서 유다를 구원하시는 날이 오면 듣지 못하는 사람이 두루마리의 글을 읽는 소리를 듣고, 어둠과 흑암에 싸인 눈 먼 사람이 눈을 떠서 볼 것이다.

이 원리는 신약 시대에 그대로 성도들에게 적용되었다. 예수님은 눈먼 자의 눈을 뜨게 해 주셨고 또 까막눈인 사람이 예수님을 영접해서 영안이 밝아진 사람들이 한 둘이 아니었다.

사 29:19. 겸손한 자에게 여호와로 말미암아 기쁨이 더하겠고 사람 중 가난한 자가 이스라엘의 거룩하신 이로 말미암아 즐거워하리니.

낮은 사람들이 주님 안에서 더없이 기뻐하며, 사람들 가운데 가난한 사람들이 이스라엘의 거룩하신 분 안에서 즐거워하게 될 것이다.

복음은 낮은 사람에게 찾아가 기쁨이 되어 주고, 또 가난한 자에게 찾아가 영적인 즐거움을 준다. 그리고 물질적으로 가난한 자에게도 찾아가 일용할 양식을 끊임없이 공급하여 주시는 원천이 되어 주신다. 그리스도를 믿는 사람들은 일용할 양식에 부족함을 느끼지 않는다.

사 29:20. 이는 강포한 자가 소멸되었으며 오만한 자가 그쳤으며 죄악의 기회를 엿보던 자가 다 끊어졌음이라.

문장 초두의 "이는"(כִּי)이란 말은 이유 접속사로 앞 절의 겸손한 사람이 기뻐하며, 가난한 자가 즐거워하게 되는 이유를 본 절이 제공하고 있음을 말해주는 것이다. 즉, 포악한 자가 사라질 것이고, 비웃는 오만한 사람이 자취를 감출 것이며, 죄를 지을 기회를 엿보던 자들이 모두 끊어질 것이기 때문이다.

본 절의 세 종류의 사람(포악한 자, 비웃는 오만한 사람, 죄를 지을 기회를 엿보던 자들)이 사라지고, 자취를 감추며, 끊어질 것이란 말은 이사야 당시의 앗수르가 그렇게 될 것이란 말도 되지만 그 당시 유다인들 중 그런 사람이 사라지고, 자취를 감추며, 끊어질 것이란 말도 되는 것이고, 오늘날 신약 시대를 사는 우리 성도들에게도 적용되는 말이다. 이유는 그런 종류의 사람은 어느 시대에도 존재하기 때문이다. 소위 골치 아픈 사람들이 없었던 시대는 없었다.

사 29:21. 그들은 송사로 사람에게 죄를 씌우며 성문에서 판단하는 자를 올무로 잡듯 하며 헛된 일로 의인을 억울하게 하느니라.

앞 절의 세 종류의 사람들은 이사야 당시에도 "송사를 일으켜" 사람들에게 죄를 뒤집어씌웠고, "성문에서 판단하는 재판관들을 올무로 잡았으며", "헛된 일로 의인들을 억울하게 했으며, 그런 사람들은 오늘도 무슨 일들을 꾸며 사람들을 괴롭히는 것이다. 우리는 이런 사람들이 우리 주위에 없도록 여호와 하나님께 기도해야 할 것이다.

사 29:22. 그러므로 아브라함을 구속하신 여호와께서 야곱 족속에 대하여

이같이 말씀하시되 야곱이 이제는 부끄러워하지 아니하겠고 그의 얼굴이 이제는 창백해지지 아니할 것이며.

본 절의 "그러므로"(therefore)란 말은 앞 절의 일이 본 절의 일과 같이 된 것을 말하기 위한 "그러므로"이다. 즉, 그러므로 아브라함을 구속하신 여호와께서, 이렇게 말씀하신다. "이제 야곱이 다시는 부끄러움을 당하지 않을 것이고, 이제 그의 얼굴이 다시는 수모 때문에 창백해지지는 않을 것이다"라고 하신다.

아브라함을 갈대아 우르에서 불러 내셔서 가나안으로 인도하신(이것이 하나님께서 아브라함을 구속하신 것이다, 창 12:1) 하나님께서 그의 후손 야곱 족속들을 구원하실 터이니 야곱 족속은 이제는 부끄러워하지 않게 되었고, 이스라엘의 얼굴이 이제는 창백해지지 아니할 것이라는 것이다.

여호와께서 아브라함을 구속하셨으니 그 후손인 아브라함 족속인 우리를 구원하실 터이므로 우리 역시 부끄러워할 일이 없겠고, 얼굴색을 창백하게 할 일이 없어졌다는 것이다.

사 29:23. 그의 자손은 내 손이 그 가운데에서 행한 것을 볼 때에 내 이름을 거룩하다 하며 야곱의 거룩한 이를 거룩하다 하며 이스라엘의 하나님을 경외할 것이며.

야곱의 자손은 여호와께서 그들 가운데서 친히 행한 구원을 볼 때에 야곱의 후손들은 내(여호와의) 이름을 거룩하다 할 것이고, 야곱의 거룩하신 분을 거룩하다고 하며, 이스라엘의 하나님을 경외하며 찬양하고 감사하게 될 것이다.

여호와께서 그리스도를 통하여 이룩하신 구원을 받고 여호와를 거룩하다 하지 않을 사람은 없는 것이며, 여호와를 경외하지 않을 사람이 누가 있겠는가.

사 29:24. 마음이 혼미하던 자들도 총명하게 되며 원망하던 자들도 교훈을

받으리라 하셨느니라.

그래서 마음이 흩어진 사람(those who go astray in spirit)이 복음을 받아 총명해지고, 원망 불평하던 사람이 교훈을 받고 하나님의 종을 원망하지 않고 감사하게 될 것이다.

누구든지 그리스도의 십자가 대속을 믿고 구원을 받으면 마음이 정상인의 마음이 되어 총명해지고 감사의 삶을 살게 되는 것이다. 감사일색, 범사감사의 삶이 얼마나 좋은 삶인가.

제 30 장

ㄴ) 애굽과의 동맹을 탄핵하다 30장

유다의 지도자들은 앗수르의 침략을 앞두고 애굽과의 협정을 맺어 이 국가적인 어려움을 극복하고자 했다. 이사야는 이때를 맞이하여 애굽과의 협정에 화가 있을 것을 선언하며 오직 여호와만 바라보고 여호와의 구원을 대망할 것을 권고했다.

본 장의 내용은 1) 제안된 애굽과의 협정을 탄핵하다(1-5절). 2) 그 동맹의 허구함을 말하다(6-7절). 3) 이스라엘의 그릇된 태도와 결과(8-14절). 4) 건전한 태도와 그 결과들(15-26절). 5) 열방들에 대한 하나님의 심판(27-33절)으로 분류된다.

(1) 제안된 애굽과의 동맹을 탄핵하다 30:1-5

이사야는 애굽과의 협정을 탄핵한다. 이사야는 하나님이 계신데 애굽과 협정해서 구원 받으려는 시도는 참으로 어리석음을 말한다.

<애굽과 맺은 맹약이 헛되다>

사 30:1. 여호와께서 이르시되 패역한 자식들은 화 있을진저 그들이 계교를 베푸나 나로 말미암지 아니하며 맹약을 맺으나 나의 영으로 말미암지 아니하고 죄에 죄를 더하도다.

여호와께서 이르시기를 거역하는 유다의 자식들아! 너희에게 화가 닥칠 것이다(28:1 주해 참조). 너희가 애굽과 동맹 맺는 계획을 추진하지만 그 계획을 추진하면서 나(여호와)에게서 물어서 추진한 것이 아니며, 애굽과 동맹을 맺지만, 나의 뜻을 따라 한 것이 아니다. 그러니 죄에 죄를 더할 뿐이다.

본 절에 유다가 패역했다(구부러진 행동을 한 것)고 말한 것은 유다가 애굽과 협정을 맺는 것을 두고 한 말이고, 애굽과 맹약을 맺는 것을 두고 한 말이다. 유다의 지도자들이 여호와께 묻지도 않고 애굽과 협정을 맺고 맹약을 맺은 것은 큰 죄였다. 오늘 우리는 무슨 일을 하던지 하나님께 여쭈어 보고 해야 할 것이다.

"죄에 죄를 더했다"는 말은 유다의 지도자들이 하나님께 지은 죄에 죄를 더하는 행위, 즉 애굽에 내려가서 애굽의 도움을 청한 것은 또 하나의 현저한 죄를 더한 행위라는 것이다.

사 30:2. 그들이 바로의 세력 안에서 스스로 강하려 하며 애굽의 그늘에 피하려 하여 애굽으로 내려갔으되 나의 입에 묻지 아니하였도다.

유다의 지도자들이 나(여호와)에게 물어 보지도 않고, 애굽으로 내려가서, 바로의 보호를 받아 강해지려 하고, 애굽의 그늘에 숨으려 하고 있다고 이사야는 탄식하는 것이다.

유다의 지도자들은 앗수르의 침략을 피하기 위해 하나님 대신 애굽을 택한 것이다. 순전히 불신앙적인 행위였다. 그것이 바로 1절에 말한 대로 죄에 죄를 보탠 것이다.

사 30:3. 그러므로 바로의 세력이 너희의 수치가 되며 애굽의 그늘에 피함이 너희의 수욕이 될 것이라.

본 절 초두의 "그러므로"(therefore)란 말은 유다의 지도자들이 여호와께 물어보지도 않고(1-2절) 애굽의 힘을 빌리려 한 것(2절)이 죄였으므로 그 결과 "바로의 세력이 너희의 수치가 되며 애굽의 그늘에 피함이 너희의 수욕이 될 것이라"는 것이다.

바로의 세력을 빌리려 한 것은 유다에게 수치스런 일이 되며, 애굽의 우산 속으로 들어가는 것이 유다의 수욕이 된다는 것이다. 오늘도 하나님의 힘을 받아 살고 하나님의 도움을 받아 살지 않고 세력을 힘입으려 하면 결국 그 세상 세력이 우리의 수치가 된다는 것을 알아야 할 것이다.

사 30:4. 그 고관들이 소안에 있고 그 사신들이 하네스에 이르렀으나.

유다의 고관들이 애굽의 소안(애굽의 동북쪽 국경, 타니스 19왕조의 수도였음)에 이르러서 애굽과 동맹을 맺었고, 또 유다의 사신들이 애굽의 하네스(애굽의 중앙부, 즉 나일 강의 한 섬에 건설된 성읍이었다. 이는 소안과 더불어 애굽의 수도였다)에 이르러 애굽과 동맹을 맺었다는 것이다. 유다의 사신들이 이처럼 애굽과 협정을 맺었으나 앗수르의 신흥국을 당해낼 수는 없었다.

사 30:5. 그들이 다 자기를 유익하게 하지 못하는 민족으로 말미암아 수치를 당하리니 그 민족이 돕지도 못하며 유익하게도 못하고 수치가 되게 하며 수욕이 되게 할 뿐임이니라.

유다의 지도자들은 쓸모없는 애굽 백성 때문에 오히려 수치만 당할 것이다. 너희는 애굽 백성에게서 아무런 도움도 유익도 얻지 못하고 오히려 수치와 치욕만 얻게 될 것이라고 말한다. 유다가 애굽으로 말미암아 유익을 얻지 못한 것은 앗수르의 산헤립이 예루살렘을 포위하여 유다를 모욕한 말에서도 나타난다(왕하 18:21, 24). 하나님을 의지하지 않고 세상 세력을 의지함은 항상 후회스러운 일뿐이고 개탄스러운 결과만 맺을 뿐이다.

(2) 그 동맹의 허구성 30:6-7

네겝(남방) 짐승들에 관한 경고라는 말을 통해서 유다의 지도자들이 애굽으로 가서 동맹을 맺는 어리석음을 경고한다.

사 30:6. 네겝 짐승들에 관한 경고라. 사신들이 그들의 재물을 어린 나귀 등에 싣고 그들의 보물을 낙타 안장에 얹고 암사자와 수사자와 독사와 및 날아다니는 불뱀이 나오는 위험하고 곤고한 땅을 지나 자기에게 무익한 민족에게로 갔으나.

본 절은 네겝(남방) 들짐승들에게 내리신 경고(심판)의 말씀이다. 유다의 사절단이 나귀 등에 선물을 싣고, 낙타 등에 보물(뇌물)을 싣고, 거친 광야를 지나서, 애굽으로 가고 있구나. 암사자와 수사자가 울부짖는 땅, 독사와 날아다니는 불뱀(나무와 나무 사이를 날아다니는 뱀) 등이 날뛰는 땅, 위험하고 곤고한 땅을 지나서, 아무런 도움도 주지 못할 백성에게 선물을 주려고 가고 있구나.

유다의 사신들은 자신들에게 아무런 도움을 주지 못하는 애굽의 환심을 얻으려고 보물을 낙타 등에 싣고 그 위험한 동물들이 출몰하는 땅을 지나 애굽으로 갔다. 그러나 앗수르의 힘을 막는 데는 역부족이었다. 우리는 만군의 주 여호와만을 의지해야 할 것이다.

사 30:7. 애굽의 도움은 헛되고 무익하니라 그러므로 내가 애굽을 가만히 앉은 라합이라 일컬었느니라.

이사야 선지자는 애굽이 너희를 도울 수 있다는 생각은 헛된 망상일 뿐이라고 말한다. 그래서 애굽은 맥을 못 쓰는 라합(오만, 교만이란 뜻)이라고 불러야 마땅하다. 오늘날도 세상 세력 중에는 가만히 앉아서 대접만 받는 애굽이 여기저기 많이 있음을 알아야 한다.

(3) 이스라엘의 그릇된 태도와 결과 30:8-14

이사야는 유다 백성들이 패역함을 서판에 기록하고 또 책에 기록하여 후세에 전하려 한다. 유다 백성들은 기어코 애굽과 협정을 맺으려 한 것이다.

<패역한 백성>

사 30:8. 이제 가서 백성 앞에서 서판에 기록하며 책에 써서 후세에 영원히 있게 하라(And now, go, write it before them on a tablet, and inscribe it in a book, that it may be for the time to come as a witness forever-ESV)**.**

여호와께서는 이사야에게 이제 너는 가서 유다 백성이 어떤 백성인지를 백성 앞에 있는 서판에 새기고, 책에 기록하여, 앞날에 영원한 증거가 되게 하여라. 여호와께서는 선지자 이사야에게 이제 너는 가서 당시 유다 백성들의 패역함을 서판(누구든지 볼 수 있는 글을 남겨 놓을 큰 판때기)에 기록해서 알 수 있게 하고 또 책(두루마리 책)에 기록하여 이 백성들이 패역했다는 것을 후세에 전하라 하시니 그 명령을 실행하기가 얼마나 어려웠을까 가히 짐작할 수가 있다. 이사야는 생명의 위협을 느꼈을 것이 분명하다.

사 30:9. 대저 이는 패역한 백성이요 거짓말 하는 자식들이요 여호와의 법을 듣기 싫어하는 자식들이라.

본 절은 여호와께서 이사야를 향해 유다 백성들이 패역함을 서판에 기록하고 또 책에 기록해야 하는 이유를 말한다. 서판에 기록하고 책에 기록해 놓아야 하는 이유는 첫째, 이 유다 백성은 반역하는 백성이요, 둘째, 거짓말을 하는 자손(여호와께 순종할 것을 말은 했으나 실천을 하지 않는 사람들이었다)으로 여호와의 율법을 전혀 들으려 하지 않는 자손이기 때문이라는 것이다.

유다 백성들이 여호와의 율법을 듣기 싫어하는 자식들이란 것은 선지자를 통하여 주시는 하나님의 말씀을 듣고서도 애굽으로 사신들을 보낸 것을 가리키는 것이다(6절).

사 30:10. 그들이 선견자들에게 이르기를 선견하지 말라 선지자들에게 이르기를 우리에게 바른 것을 보이지 말라 우리에게 부드러운 말을 하라 거짓된 것을 보이라(who say to the seers, “Do not see”; and to the prophets, “Do not prophesy to us what is right; speak to us smooth things, prophesy illusions”-ESV**).**

본 절은 앞 절에 등장한 “여호와의 법을 듣기 싫어하는 자식들”을 더 설명한다. 즉, 그들이 선견자들에게 이르기를 미리 앞일을 내다보지 말라하며, 예언자들에게 이르기를 우리에게 사실을 예언하지 말라! 우리를 격려하는 말이나 해라! 가상현실을 예언하라고 주문한다.

여기 "선견자"란 선지자를 가리키는 옛 이름이다(삼상 9:9). 유다 백성들은 선견자들에게 여호와께서 보여주시는 환상을 보지 말라고 부탁했다(왕상 22:19 참조). 그리고 선지자들에게는 "우리에게 바른 것을 보이지 말라. 우리에게 부드러운 말을 하라. 거짓된 것을 보이라"는 것이었다. 다시 말해 여호와께서 보여주시는 것을 그대로 다 우리에게 보여주지 말고 또 여호와께서 말씀해 주시는 것을 곧이곧대로 말하지 말고 거짓된 것을 보여라고 부탁했다.

본 절에 나오는 선견자나 선지자는 서로 다른 계급의 종교인이 아니라 똑같은 사람이 두 가지 일을 하는 것을 말한다. 여호와께서 환상을 보여주실 때는 선견자의 입장에 서는 것이다.

사 30:11. 너희는 바른 길을 버리며 첩경에서 돌이키라 이스라엘의 거룩하신 이를 우리 앞에서 떠나시게 하라 하는도다.

본 절은 유다 백성들이 선지자에게 앞 절보다 더 과격한 요구를 말한다. 즉, 그 여호와의 바른 길에서 떠나라! 그 길에서 벗어나라. 이스라엘의 거룩하신 분 이야기는 우리 앞에서 제발 그만하라고 부탁한다.

"이스라엘의 거룩하신 이"란 말은 이사야 선지자의 신관을 대변하는 이름으로 본서에 31회나 등장한다. 특히 이사야는 이스라엘의 거룩하지 못함을 책망할 때 이 성호를 사용했다(1:4; 5:25). 아마 유다 백성은 이사야에게 "여호와의 심판 등 너무 곧게 말하지 말고 좀 미끄럽게 듣기 좋은 말을 하고 제발 이스라엘의 거룩하신 자 운운하는 말은 하지 말아 달라"고 했을 것이다(이상근).

사 30:12. 이러므로 이스라엘의 거룩하신 이가 이같이 말씀하시되 너희가 이 말을 업신여기고 압박과 허망을 믿어 그것을 의지하니(Therefore thus says the Holy One of Israel, "Because you despise this word, and trust in oppression and perverseness, and rely on them-RSV, ESV).

그러므로 이스라엘의 거룩하신 분께서 이렇게 말씀하신다. 너희가 "이 말", 곧 '애굽을 의지하지 말라는 여호와의 말씀'(1-7절)을 업신여기고, 억압과 사악한 일을 옳은 일로 여겨서, 그것에 의지하였으니, 다음 절과 같은 결과가 있을 것이란 말이다. 유다 백성들은 애굽을 의지하지 말라는 여호와의 말씀을 거역하고(삼상 8:7; 15:23; 왕하 17:15), "압박과 허망"을 믿어 그것을 "의지했다"는 것이다. 여기 "압박"(עֹשֶׁק)이란 말은 '억압'이나 '상해'를 뜻하는 말이니 애굽에 보낼 뇌물들을 마련하기 위해 백성들에게 취한 강제적인 수탈 행위를 가리킨다(왕하 15:20, Delitzsch, Skinner, Rawlinson, 이상근, 그랜드 종합 주석, 호크마 주석). 그리고 "허망"(נָלוֹז)이란 말은 '왜곡됨', '뒤틀어짐', '사악함'을 뜻하는 말로 애굽에 의존하는 외교 정책을 가리킨다(Kay, Leupold). 유다 사람들은 애굽과 협상을 하는 것이 바른 것인 줄 믿고 그것을 의지했다. 오늘도 여호와의 말씀을 떠나 유다의 잘못된 행위나 정책을 옳은 것으로 알고 따르는 사람들이 있을 수 있다.

사 30:13. 이 죄악이 너희에게 마치 무너지려고 터진 담이 불쑥 나와 순식간에 무너짐 같게 되리라 하셨은즉.

유다 백성들의 이 죄악, 곧 애굽을 의지하는 죄악은 이제 거의 무너지기 시작하는 담에 비할 수 있다고 한다. 즉, 이 죄로 말미암아 유다는 붕괴될 높은 성벽처럼 될 거라는 것이다. 높은 성벽에 금이 가고, 배가 불룩 튀어나오면 순식간에 갑자기 무너져 내린다. 이것이 유다의 모습과 같다는 것이다. 유다가 애굽과 맺은 동맹은 유다에게 이익이 하나도 없고 오히려 유다를 비참하게 할 것이 확실한데도 유다의 위정자들은 그 사실을 간과함으로 유다를 무너지는 벽과 같게 만들었다.

사 30:14. 그가 이 나라를 무너뜨리시되 토기장이가 그릇을 깨뜨림 같이 아낌이 없이 부수시리니 그 조각 중에서, 아궁이에서 불을 붙이거나 물웅덩이에서 물을 뜰 것도 얻지 못하리라.

이사야는 본 절에서 하나님께서 유다를 아주 쉽게 부수시리라고 말씀한다. 즉, 토기장이가 항아리를 깨뜨림 같이 하나님께서 유다를 쉽게 부수실 것이라고 말씀한다. 어느 정도로 산산 조각이 날 것인가 하면 아궁이에서 불을 담아 낼 조각 하나 남지 않듯이, 웅덩이에서 물을 퍼낼 조각 하나 남지 않듯이 유다가 하나님의 손에서 철저히 부서질 것이라고 말씀한다.

(4) 건전한 태도와 그 결과들 30:15-26

이 부분(15-26절)을 두 부분으로 나눌 수 있을 것이다. 첫 부분은 15-18절인데 동맹이 아니라 신뢰하라는 것을 말한다. 그리고 다음 둘째 부분은 19-26절로 하나님의 백성을 위로하는 부분이다.

15-18절. 동맹이 아니라 신뢰이다.

사 30:15. 주 여호와 이스라엘의 거룩하신 이가 이같이 말씀하시되 너희가 돌이켜 조용히 있어야 구원을 얻을 것이요 잠잠하고 신뢰하여야 힘을 얻을 것이거늘 너희가 원하지 아니하고.

본 절부터 18절까지는 애굽과 동맹을 맺어 구원을 받는 것이 아니라 하나님을 신뢰해야 구원을 받고 나라가 안정될 수 있음을 말한다. 즉, 주 여호와 이스라엘의 거룩하신 하나님(백성들은 이 성호를 쓰지 말아 달라고 했으나 이사야는 오히려 하나님께서는 우리의 주님이시고 여호와이시며 이스라엘의 거룩하신 이라고 한다)께서 이렇게 말씀하시되 너희는 돌이켜(회개하고) 조용히 있어야 구원을 받을 것이며, 잠잠하고 신뢰하여야 힘을 얻을 것인데 그러나 너희는 그렇게 하려고 하지 않았고 다음과 같이 해야 한다고 했으니 그렇게 해야 할 것이다.

백성들은 참으로 힘든 편을 택해서 힘들게 살아가려고 작정한 것이다. 그러나 백성들의 구원 방법은 백성들을 구원하지 못했다.

사 30:16. 이르기를 아니라 우리가 말 타고 도망하리라 하였으므로 너희가

도망할 것이요 또 이르기를 우리가 빠른 짐승을 타리라 하였으므로 너희를 쫓는 자들이 빠르리니.

본 절은 유다 백성들의 주장이다. 백성들의 주장은 이사야의 권고와 같이 조용히 여호와를 신뢰하지 않고 그 방법을 거부했다. 즉, 우리는 차라리 말을 타고 도망가겠습니다 라고 말한 것이다. 너희가 그렇게 말하였으니 정말로 너희가 말 타고 도망가야 할 것이다. 너희는 또 이렇게 말하였다. 우리는 차라리 날랜 말을 타고 달아나겠다고 했으니 너희는 말을 타고 도망하게 될 것이다. 그래서 너희를 뒤쫓는 자들이 더 날랜 말을 타고 쫓아갈 것이다.

유다인들은 조용히 하나님을 신뢰했어야 하나 말을 타고 도망가겠다는 그 힘든 편을 택했으니 그렇게 하는 수밖에 없게 되었다. 오늘도 세상의 무수한 사람들은 세상 방법으로 복잡하게 살아가고 있다. 그러나 그들에게 구원은 없고 평안도 없는 것이다.

사 30:17. 한 사람이 꾸짖은즉 천 사람이 도망하겠고 다섯이 꾸짖은즉 너희가 다 도망하고 너희 남은 자는 겨우 산 꼭대기의 깃대 같겠고 산마루 위의 기치 같으리라 하셨느니라.

유다인들이 구원 얻는 방법으로 말을 타고 도망하는 편을 택했으니(16절) 실제 그렇게 되는 것을 묘사하는 말이다. 즉, 앗수르 군대 한 명이 유다 군대 뒤에서 소리를 치면 유다인 천 명씩이나 도망가고, 앗수르 군대 다섯 명이 나타나면, 유다 군대 모두 도망 갈 것이다. 너희가 도망가고 나면, 산꼭대기에는 너희의 깃대만 남을 것이고, 언덕 위에서는 깃발만이 외롭게 펄럭일 것이다.

앗수르 군대 앞에서 유다 군대는 맥 못 추고 모두 도망할 것을 이렇게 묘사한 것이다. 겨우 남아서 구원을 받는 사람은 산꼭대기에 세워놓은 깃대, 기치 같이 될 것이다.

<하나님을 기다리는 자는 복이 있도다>

사 30:18. 그러나 여호와께서 기다리시나니 이는 너희에게 은혜를 베풀려

하심이요 일어나시리니 이는 너희를 긍휼히 여기려 하심이라 대저 여호와는 정의의 하나님이심이라 그를 기다리는 자마다 복이 있도다(Therefore the LORD waits to be gracious to you; and therefore he exalts himself to show mercy to you. For the LORD is a God of justice; blessed are all those who wait for him- ESV)**.**

유다가 애굽과 동맹을 맺어 구원을 얻어 보려고 한 것은 큰 죄였지만(16-17절) 본 절은 여호와께서 유다에게 은혜를 베푸시려고 기다려 주신다는 것을 말씀하신다. 유다에게 은혜를 베푸시려고 일어나신다(구원의 행위를 하신다는 뜻, 박윤선)는 것이다. 이 얼마나 복된 말인지 알 수 없다. 오늘도 여호와 하나님은 우리에게 은혜와 긍휼을 베푸시려고 기다리신다. 우리가 여호와 하나님만 바라보면 틀림없이 구원을 받고 평강을 얻게 되는 것이다.

"대저(왜냐하면) 여호와는 정의의 하나님이심이라 그를 기다리는 자마다 복이 있다"는 말씀은 바로 앞에 나온 말씀에 여호와 하나님께서 우리를 구원해 주시는 이유를 설명하고 있다. 우리를 구원해 주시는 이유는 여호와께서 정의의 하나님이시라 누구든지 그를 기다리는 사람마다 구원을 받는다는 것이다. 여기 "정의의 하나님이시라"는 말씀에 대한 해석은 두 가지로 나뉜다. 1) 여호와는 공의의 하나님이시다. 따라서 그의 공의가 충족될 때까지는 그는 은혜를 베풀지 아니하신다는 견해(Young), 2) 여호와는 공의의 하나님이시다. 따라서 여호와는 징계를 베푸시는 동안에도 절제하시며 자비를 베푸셔서 그의 백성을 구원하신다는 뜻으로 보는 견해(렘 10:24; 30:11; 합 3:2, Calvin)이다. 두 견해 중 2)번의 견해가 타당하다. 하나님은 정의의 하나님이시기 때문에 그의 구원을 기다리는 사람은 복이 있다는 것이다.

19-26절. 하나님은 그의 백성을 위로하신다(1:24-31; 4:2-6 참조).

사 30:19. 시온에 거주하며 예루살렘에 거주하는 백성아 너는 다시 통곡하지 아니할 것이라 그가 네 부르짖는 소리로 말미암아 네게 은혜를 베푸시되 그가 들으실 때에 네게 응답하시리라.

본 절은 시온에 거주하는 백성, 예루살렘에 거주하는 백성이 여호와께 부르짖기만 하면 은혜를 베푸신다는 것을 말씀한다. 즉, 예루살렘에 사는 시온 백성아! 이제 너희는 울 일이 없을 것이다. 네가 살려 달라고 부르짖을 때에 주님께서 틀림없이 은혜를 베푸실 것이니, 유다 백성들의 부르짖음을 들으시는 대로 너에게 응답하실 것이라고 말한다.

사 30:20. 주께서 너희에게 환난의 떡과 고생의 물을 주시나 네 스승은 다시 숨기지 아니하시리니 네 눈이 네 스승을 볼 것이며.

본 절은 유다인들이 죄를 짓고 있을 때에 주님께서 그들에게 환난의 떡과 고생의 물을 주실 것이라 하신다. 굶어죽지 않을 정도의 떡과 물을 주실 것이라는 뜻이다(왕상 22:27, Delitzsch, Lange). 유다인들이 이렇게 육신적으로는 고생하지만 "네 스승은 숨기지 아니하실 것이라"고 한다. 여호와 하나님을 숨기지 않으시는 스승이라고 표현한 것이다. 죄를 지었을 때 죽지 않을 정도의 양식을 먹게 된다 할지라도 영의 하나님을 만난다면 그것은 큰 복이 아닐 수 없다. 우리는 육신이 고통을 당하는 중에 죄를 자복하노라면 하나님을 더욱 만나게 되니 그것이 복임을 알아야 할 것이다.

사 30:21. 너희가 오른쪽으로 치우치든지 왼쪽으로 치우치든지 네 뒤에서 말소리가 네 귀에 들려 이르기를 이것이 바른 길이니 너희는 이리로 가라 할 것이며.

유다 민족이 영적으로 어두워서 좌우로 치우칠 때 스승 되시는 여호와의 음성이 뒤에서 들려 바른 길로 인도하신다는 것이다. 그러면 유다 민족은 바른 길로 가게 된다는 것이다(시 139:1-10 참조). 오늘 우리가 바르게 가야할 길은 성경에 기록되어 있다. 매일 성경을 상고하고 묵상하면 광명천하에서 살게 된다.

사 30:22. 또 너희가 너희 조각한 우상에 입힌 은과 부어 만든 우상에 올린

금을 더럽게 하여 불결한 물건을 던짐 같이 던지며 이르기를 나가라 하리라.

본 절은 유다인들이 구원을 받는 조건으로 우상을 척결하는 것임을 밝힌다. 즉, 유다인들은 자기들이 조각하여 은을 입힌 우상들과, 유다인들이 부어 만들어 금을 입힌 우상들을, 부정하게 여겨, 마치 불결한 물건을 내던지듯 던지면서 눈앞에서 없어져라 하고 소리 쳐야 할 것이라고 한다.

신앙의 왕 히스기야는 왕위에 오르자 부왕 아하스가 세운 우상들을 말끔히 멸했다(왕하 18:4). 오늘 우리는 우상 되는 물질과 황금을 말끔히 치워야 하겠고 또 명예심도 치워야 하겠으며 그 외에 세상에 둔 마음을 말끔히 씻어야 할 것이다.

사 30:23. 네가 땅에 뿌린 종자에 주께서 비를 주사 땅이 먹을 것을 내며 곡식이 풍성하고 기름지게 하실 것이며 그 날에 네 가축이 광활한 목장에서 먹을 것이요.

본 절은 여호와께서 풍년을 주셔서 사람의 곡식도 풍성하고 가축의 먹이도 풍성하게 될 것이라고 말한다. 즉, 유다 민족이 땅에 씨앗을 뿌려 놓으면, 주님께서 비를 내려주셔서 그 땅에서 실하고 기름진 곡식이 자라게 하셔서 사람들의 먹이가 풍성하게 생기게 하실 것이고 또 그 때에 유다 민족이 기르는 가축도 넓게 트인 목장에서 풀을 실컷 뜯을 것이라고 말한다.

사 30:24. 밭가는 소와 어린 나귀도 키와 쇠스랑으로 까부르고 맛있게 한 먹이를 먹을 것이며.

본 절도 역시 하나님의 은혜로 풍년이 되어 가축들이 실컷 먹게 될 것이라고 말한다. 즉, 밭가는 소와 나귀도 키와 쇠스랑(가축의 사료를 키질하여 정미하게 하는 도구)으로 까부르고 맛있게 만들어 놓은 사료를 맛있게 먹게 될 것이라고 한다.

사 30:25. 크게 살륙하는 날 망대가 무너질 때에 고산마다 준령마다 그 위에

개울과 시냇물이 흐를 것이며.

앗수르에 큰 살륙이 일어나고 성의 탑들이 무너지는 때에 유다의 높은 산마다 솟은 언덕마다 개울과 시냇물이 흐를 것이라고 한다.

본 절 상반절("크게 살륙하는 날 망대가 무너질 때에"란 말)의 해석을 두고 크게 두 가지 해석이 있다. 1) 앗수르의 침략이 있을 것이라고 보는 견해(Leupold, 박윤선). 2) 유다의 대적 앗수르가 패망할 것이라는 뜻으로 보는 해석(Matthew Henry, 이상근, 그랜드 종합 주석, 호크마 주석)이다. 위의 두 해석 중에서 2)번을 택해둔다. 매튜 헨리는 "이 일은 하나님의 천사가 앗수르 군대의 진영에서 크게 살육하는 날, 그들이 예루살렘을 포위하기 위하여 세웠던 망대가 무너질 때에 있을 것이라 했다. 이 말씀은 문자대로 성취되었다. 즉, 앗수르 군대가 무수히 죽어가던 때에 이 땅에는 하나님의 긍휼을 담은 많은 비가 내렸을 것이라"고 말한다.

사 30:26. 여호와께서 자기 백성의 상처를 싸매시며 그들의 맞은 자리를 고치시는 날에는 달빛은 햇빛 같겠고 햇빛은 일곱 배가 되어 일곱 날의 빛과 같으리라.

여호와께서 자기 백성의 상처를 싸매어 주시고, 매 맞아 생긴 그들의 상처를 고치시는 날에는 달빛은 마치 햇빛처럼 밝아지고, 햇빛은 다른 날보다 일곱 배나 밝아져서 마치 일곱 날을 한데 모아 놓은 것 같이 밝아질 것이라고 말한다.

유다는 그의 적 앗수르가 멸망함으로 말미암아 그들에게서 받은 상처는 고침을 받게 된다는 것이다. 본 절은 또 종말에 이르러 교회의 회개가 있어 교회가 부흥할 것을 예언하는 말이다.

(5) 열방들에 대한 하나님의 심판 30:27-33

<여호와께서 앗수르를 치시리라>

사 30:27. 보라 여호와의 이름이 원방에서부터 오되 그의 진노가 불 붙듯

하며 빽빽한 연기가 일어나듯 하며 그의 입술에는 분노가 찼으며 그의 혀는 맹렬한 불 같으며.

본 절 초두의 "보라"(הִנֵּה)라는 말은 본 절이 중요하니 주의해서 이해하라는 말이다. 그리고 본 절의 내용은 주의해서 보라 여호와의 이름(권세와 영광)이 먼 곳에서부터 오되, 그의 진노가 불처럼 타오르며, 그의 노기가 치솟는 연기처럼 하늘을 찌를 것이라는 것이다. 그리고 그의 입술은 분노로 가득하고, 그의 혀는 마치 태워 버리는 불과 같다는 것이다.

"여호와의 이름이 원방에서부터 온다"는 말은 '여호와의 권위를 드러내는 능력 있는 사건이 하늘에서부터 생기게 될 것'이란 뜻이다. 이 권세는 유다를 침략한 앗수르를 패배시키는 초자연적인 사건이 생길 것을 가리킨다.

"그의 진노가 불붙듯 하며 빽빽한 연기가 일어나듯 한다"는 말은 '앗수르를 심판하시는 하나님의 위엄을 가리키는 비유적 묘사'이다. 이런 말씀은 시 18:11-14에도 진술되어 있다.

"그의 입술에는 분노가 찼으며 그의 혀는 맹렬한 불같다"는 말은 '여호와의 꾸짖는 말씀'을 가리킨다. 세상에서 택한 백성의 원수에 대하여 나타나는 여호와의 진노는 용서 없는 불같이 나타난다(박윤선).

사 30:28. 그의 호흡은 마치 창일하여 목에까지 미치는 하수 같은즉 그가 멸하는 키로 열방을 까부르며 여러 민족의 입에 미혹하는 재갈을 물리시리니.

여호와의 호흡은 마치 범람하는 강물 곧 목에까지 차는 물과 같다. 여호와께서 파멸하는 키로 민족들을 까부르시며, 미혹되게 하는 재갈을 백성들의 입에 물리실 것이다. 본 절은 여호와께서 앗수르를 치시는 것을 두고 세 가지 비유를 사용한다. 첫째 비유는 "그의 호흡은 마치 창일하여 목에까지 미치는 하수 같다"고 한다. 하나님의 입김이 앗수르를 치실 때 앗수르 사람들은 마치 물이 창일하여 목에까지 미칠 때처럼 허우적거릴 것이라는 것이다.

둘째 비유는 "여호와께서 멸하는 키로 열방을 까부르는 것" 같다고 한다. '여호와께서 앗수르를 멸망시키는 키로 까부르신다'는 것이다. 그런데 여기 앗수르 군대의 구성 요소가 여러 군민으로 되어 있는 것으로 말한다.

셋째 비유는 "여러 민족의 입에 미혹하는 재갈을 물리신다"는 것이다. 앗수르 군대는 여러 민족으로 구성되어 있는데 그 여러 국민의 입에 여호와께서 재갈을 먹이셔서 멸망의 길로 끌고 가신다는 것이다.

사 30:29. 너희가 거룩한 절기를 지키는 밤에 하듯이 노래할 것이며 피리를 불며 여호와의 산으로 가서 이스라엘의 반석에게로 나아가는 자 같이 마음에 즐거워할 것이라.

그러나 앗수르가 망하는 날 유다인들은 거룩한 절기를 지키는 밤에 하는 것처럼, 노래를 부르며, 피리를 불며, 여호와를 찬양하는 산(성전 산)으로 이스라엘의 반석(여호와)이신 분에게로 나아가는 사람과 같이 마음이 기쁠 것이라고 한다.

본 절의 절기는 특별히 유월절을 지키는 것으로 묘사되어 있다. 유월절 절기를 지킬 때는 그 전야에 시작된다(출 12:6-8, 42). 또 이런 유월절 절기를 지킬 때는 피리를 불며 시작했다.

사 30:30. 여호와께서 그의 장엄한 목소리를 듣게 하시며 혁혁한 진노로 그의 팔의 치심을 보이시되 맹렬한 화염과 폭풍과 폭우와 우박으로 하시리니 (And the LORD will cause his majestic voice to be heard and the descending blow of his arm to be seen, in furious anger and a flame of devouring fire, with a cloudburst and tempest and hailstones-ESV).

여호와께서 맹렬한 진노와, 태워 버리는 불과, 폭풍과 폭우와, 돌덩이 같은 우박을 내리셔서 주님의 장엄한 목소리(여호와의 절대적인 권위의 목소리)를 듣게 하시며, 내리치시는 팔(여호와의 기적적인 능력을 보이는 팔)을 보게 하실 것이다.

사 30:31. 여호와의 목소리에 앗수르가 낙담할 것이며 주께서는 막대기로

치실 것이라.

앗수르는 여호와의 목소리에 혼비백산(魂飛魄散)할 것이고, 여호와께서 앗수르를 몽둥이로 치실 것이다. 이때에 유다는 기뻐할 것이다(37:33-36 참조).

사 30:32. 여호와께서 예정하신 몽둥이를 앗수르 위에 더하실 때마다 소고를 치며 수금을 탈 것이며 그는 전쟁 때에 팔을 들어 그들을 치시리라.

여호와께서 앗수르 군대를 치시려고 예비하신 그 몽둥이를 그들에게 휘두르실 때에, 여호와의 백성은 소고를 치며 수금 소리로 장단을 맞출 것이니(29절; 출 15:1-21), 여호와께서 친히 팔을 들어 앗수르 군대들과 싸우실 것이다.

사 30:33. 대저 도벳은 이미 세워졌고 또 왕을 위하여 예비된 것이라 깊고 넓게 하였고 거기에 불과 많은 나무가 있은즉 여호와의 호흡이 유황 개천 같아서 이를 사르시리라.

본 절 초두에는 이유 접속사가 나타나 앞 절에 진술된 유다인의 기쁨의 이유를 제공하고 있다. 즉, 왜냐하면 도벳[28](불태워 죽이는 화장터)은 이미 준비된 것이다. 바로 앗수르 왕을 태워 죽일 곳이 마련된 것이다. 그 불구덩이가 깊고 넓으며, 태워죽일 불과 땔감이 넉넉하다. 이제 여호와께서 내쉬는 숨이 마치 유황의 강물처럼 그것을 사르고 말 것이다.

---

28) "도벳": 몰록신에게 사람을 불태워 바친 곳이었는데 예루살렘의 남쪽 힌놈의 골짜기에 있었다(왕하 23:10; 렘 7:31; 19:6, 11). 이 도벳은 이미 만들어져 있었고 깊고 넓게 예비 되었다.

제 31 장

ㄷ) 경고의 반복 31장

31장은 30장을 다시금 반복하면서도 짧게 진술한 30장의 축소판이다. 본 장의 내용은 (1) 애굽과의 협정이 불러올 화(1-3절), (2) 여호와의 구원(4-7절), (3) 앗수르가 멸망당할 일(8-9절)로 구성되어 있다.

(1) 애굽에 동맹을 청하는 일의 허구 31:1-3

여호와만 의지해야 한다는 주장이다. 절대로 애굽을 의지해서는 안 된다는 이야기이다.

사 31:1. 도움을 구하러 애굽으로 내려가는 자들은 화 있을진저 그들은 말을 의지하며 병거의 많음과 마병의 심히 강함을 의지하고 이스라엘의 거룩하신 이를 앙모하지 아니하며 여호와를 구하지 아니하나니.

도움을 구하러 애굽으로 내려가는 자들에게 재앙이 닥칠 것이다. 왜냐하면 그들은 군마를 의지하고, 많은 병거를 의지하며, 기마병의 막강한 힘을 믿으면서, 이스라엘의 거룩하신 분은 바라보지도 않고, 여호와를 구하지도 않았기 때문이다.

여호와 외에 그 어떤 것을 백 가지, 천 가지, 만 가지 구한다 해도 우리는 아무런 도움도 받지 못한다. 그 이유는 여호와께만 구원과 평강이 있기 때문이다.

사 31:2. 여호와께서도 지혜로우신즉 재앙을 내리실 것이라 그의 말씀들을 변하게 하지 아니하시고 일어나사 악행하는 자들의 집을 치시며 행악을 돕는 자들을 치시리니.

여호와께서도 지혜로우셔서 재앙을 내리신다는 것이다. 여호와께서는 이미 하신 말씀을 취소하지 않으신다. 주님께서 일어나셔서 악을 일삼는 자의 집을 치시며, 악한 일을 돕는 자를 치실 것이다.

여기 "여호와께서도 지혜로우신즉"이란 말은 '큰 풍자'이다. 애굽의 협정에 의하여 앗수르의 침공을 막으려 했던 유다의 위정자들만 지혜로운 것이 아니라 하나님도 유다의 지도자들 못지않게 지혜로우시다는 것이다(이상근). 그러므로 지혜로우신 여호와께서 재앙을 내리신다는 것이다.

여호와께서는 지혜로우신즉 "그의 말씀들을 변하게 하지 아니하시고 일어나사 악행하는 자들의 집을 치시며 행악을 돕는 자들을 치실 것이라"는 것이다. 그러나 애굽의 지도자들은 여호와만큼 지혜롭지 못해서 유다를 앗수르의 손에서 구원하지를 못하는 것이다. 우리는 참으로 지혜로우신 하나님을 의지하고 살아야 한다.

사 31:3. 애굽은 사람이요 신이 아니며 그들의 말들은 육체요 영이 아니라 여호와께서 그의 손을 펴시면 돕는 자도 넘어지며 도움을 받는 자도 엎드러져서 다 함께 멸망하리라.

본 절은 애굽이 하나님처럼 지혜자가 아닌 것을 말한다. 즉, 애굽 사람은 사람일 뿐이요, 하나님이 아니며, 애굽의 군마 또한 고깃덩어리일 뿐이요, 영이 아니다. 여호와께서 손을 들고 치시면, 돕던 자(애굽)가 넘어지고, 도움을 받던 자(유다)도 쓰러져서, 모두 함께 멸망하고 만다는 것이다.

(2) 남은 자는 구원하실 것이다 31:4-5

4-5절은 사자와 새의 비유를 가지고 여호와의 구원을 말한다(이 부분은 30:18-26의 반복이다). 여호와의 구원을 받으려는 자는 여호와께 돌아와 우상을 버려야 한다.

사 31:4. 여호와께서 이같이 내게 이르시되 큰 사자나 젊은 사자가 자기의 먹이를 움키고 으르렁거릴 때에 그것을 치려고 여러 목자를 불러 왔다 할지라도 그것이 그들의 소리로 말미암아 놀라지 아니할 것이요 그들의 떠듦으로

말미암아 굴복하지 아니할 것이라 이와 같이 나 만군의 여호와가 강림하여 시온 산과 그 언덕에서 싸울 것이라.

본 절은 여호와께서만 유다를 구원하실 수 있으시니 유다가 여호와만 믿고 의지해야 할 것을 교육한다. 즉, 여호와께서 이와 같이 나에게 말씀을 하셨다. 힘센 사자가 먹이를 잡고 으르렁거릴 때에, 목동들이 떼 지어 몰려와서 소리친다고 그 사자가 놀라겠느냐? 목동들이 몰려와서 고함친다고 그 사자가 먹이를 버리고 도망갈 것 같으냐? 강한 사자가 먹이를 버리고 도망가지 않듯 강하고 크신 만군의 주님께서도 그 능력과 위엄으로 시온 산과 언덕들을 보호하신다는 것이다.

본 절은 예루살렘을 위한 하나님의 보호가 강하심을 역설한다. 오늘 우리도 우리를 보호하시는 여호와의 강하심을 깨닫고, 여호와만 바라보고 의지하여 살 수 있다는 것이 얼마나 감사한 일인지 모르겠다.

사 31:5. 새가 날개 치며 그 새끼를 보호함 같이 나 만군의 여호와가 예루살렘을 보호할 것이라 그것을 호위하며 건지며 뛰어넘어 구원하리라 하셨느니라.

본 절 역시 여호와께서 예루살렘을 보호하신다는 것을 강하게 말씀한다. 즉, 새가 날개를 펴고 둥지의 새끼를 보호하듯, 만군의 여호와께서 예루살렘을 보호하신다. 여호와께서 예루살렘을 감싸 주고 건져 주시며, 다치지 않게 뛰어넘어서, 그 도성을 살리신다는 것이다.

새가 둥지에서 날개를 펴고, 새끼들을 사랑하는 것이 참 놀랍다. 새는 사자만큼 강하지는 못하지만 새끼들을 보호하는 면에서는 참으로 놀라운 사랑을 표출하고 있다. 성도가 안심하며 평안히 살 수 있는 이유 역시 하나님의 사랑 때문이다.

(3) 회개하라 31:6-7

6-7절은 유다 자손들에게 하나님 앞으로 돌아오라는 권고를 하는 동시에

우상을 버리라는 것을 말하고 있다.

사 31:6. 이스라엘 자손들아 너희는 심히 거역하던 자에게로 돌아오라.

본 절은 유다 민족을 향하여 여호와께 돌아오라고 권고한다. 즉, 이스라엘의 자손들아(유다의 자손들을 향해서 하는 말이다)! 너희는 심히 거역하던 여호와께로 돌이키라고 권한다. 여기 "너희는 심히 거역하던 자에게로 돌아오라"는 말에서 유다 민족이 여호와를 심히 거역한 사실이 드러난다. 유다 민족이 애굽과 협정을 맺는 데까지 이르렀다는 사실을 통해 우리는 그들이 여호와를 심히 거역했음을 알 수 있다.

사 31:7. 너희가 자기 손으로 만들어 범죄한 은 우상, 금 우상을 그 날에는 각 사람이 던져 버릴 것이며.

유다 사람들 각 사람이 손으로 직접 은(銀) 조각으로 만든 우상과 금덩이로 만든 우상을 만들어 죄를 지었으나, 여호와께로 돌아가는 날이 되면 그 우상을 다 내던져야 한다고(30:22) 말한다. 출 20:4-5 참조.

(4) 앗수르의 멸망 31:8-9

앗수르는 여호와께서 쓰시는 칼에 엎드러질 것이고, 여호와께서 쓰시는 칼에 삼킴 당할 것이라는 것이다. 앗수르 왕은 여호와를 두려워하여 물러갈 것이고, 앗수르의 방백들도 여호와의 기호를 보고 놀랄 것이라고 한다.

사 31:8. 앗수르는 칼에 엎드러질 것이나 사람의 칼로 말미암음이 아니겠고 칼에 삼켜질 것이나 사람의 칼로 말미암음이 아닐 것이며 그는 칼 앞에서 도망할 것이요 그의 장정들은 복역하는 자가 될 것이라.

앗수르 군대가 칼에 쓰러지겠으나 사람의 칼에 쓰러지는 것이 아니고, 칼에 멸망하겠으나, 인간의 칼에 멸망당하는 것이 아니라, 앗수르 군대가 여호와께서 쓰시는 칼 앞에서 도망할 것이요, 그 장정들이 강제 노동을 하는 신세가 될 것이라는 것이다. 여기 여호와의 칼이란 말은 여호와께서 기적으로 앗수르 군대를 처치할 것을 말하는 것이다. 실로 밤사이에 185,000명의 앗수르 군대가 죽임을 당한 것은 하나님의 기적에 의해 일어난 사건이었다(37:6; 왕하 19:35).

사 31:9. 그의 반석은 두려움으로 말미암아 물러가겠고 그의 고관들은 기치로 말미암아 놀라리라 이는 여호와의 말씀이라 여호와의 불은 시온에 있고 여호와의 풀무는 예루살렘에 있느니라.

앗수르의 반석(왕)은 두려워서 물러가겠고, 앗수르의 고관들은 기치(여호와의 기호)로 말미암아 놀랄 것이라고 한다. 즉, 앗수르 왕은 두려워서 달아날 것이고, 겁에 질린 그의 지휘관들은 그들이 속한 부대의 기를 버리고 도망할 것이다. 시온에 불을 가지고 계시며 예루살렘에 화덕을 가지고 계신 여호와께서 이와 같이 말씀하셨다.

이와 같이 여호와께서 임재하시는 예루살렘은 멸망할 수 없다는 것이 이사야 예언의 중요한 골자이다. 우리 교회가 예수님을 모시고 있으면 교회가 망할 이유가 없고 그 나라가 망할 이유가 없는 것이다.

제 32 장

ㄹ) 메시아 왕국이 받을 복 32장

32장은 유다 민족 앞에 메시아 왕국이 도래(到來)함을 말해준다. 앗수르의 압제 하에 살던 유다 민족에게 메시아 왕국이 도래함을 말해주는 것은 보통 기쁨이 아니었다. 본 장의 내용은 (1) 메시아의 통치(1-8절), (2) 부패한 부녀에 대한 경고(9-14절), (3) 메시아 왕국이 도래함(15-21절)을 말한다.

(1) 메시아의 통치 32:1-8

앞으로 임하실 메시아가 의와 공평으로 통치할 것을 밝힌다.

<의로 통치할 왕>

사 32:1. 보라 장차 한 왕이 공의로 통치할 것이요 방백들이 정의로 다스릴 것이며.

본 절 초두에는 "보라"(הֵן)라는 말이 등장하여 본 절을 아주 중요하게 여길 것을 주문하고 있다. 즉, 장차 한 왕이 나타나셔서 공의로 통치하실 것이고, 또 그 통치자들이 정의로 다스릴 것이라고 말한다. 여기 "한 왕"이 누구냐를 두고 견해가 갈린다. 1) 미래에 오실 메시아를 지칭한다는 견해(Lange, Rawlinson), 2) 당시의 선한 왕 히스기야를 지칭한다는 견해(Calvin, 박윤선, 이상근). 두 견해는 결국은 똑같은 견해이다. 히스기야는 메시아의 예표이다. 히스기야가 공의로 통치할 것은 바로 메시아가 통치할 것의 예표이다. 여기 "방백들"은 히스기야가 채용한 지도자들을 지칭한다. 그들도 역시 정의로 나라를 다스린다는 것이다. 이는 메시아가 이 땅에 오신 뒤에는 성령을 받은 성도들이 정의로 나라를 다스린다는 것을 의미한다.

사 32:2. 또 그 사람은 광풍을 피하는 곳, 폭우를 가리는 곳 같을 것이며 마른 땅에 냇물 같을 것이며 곤비한 땅에 큰 바위 그늘 같으리니(Each will be like a hiding place from the wind, a shelter from the storm, like streams of water in a dry place, like the shade of a great rock in a weary land-ESV)**.**

그 왕은 광풍을 피하는 곳과 같고, 폭우를 막는 곳과 같게 될 것이며, 메마른 땅에서 흐르는 냇물과 같을 것이고, 사막에 있는 큰 바위 그늘과 같을 것이다. 본 절의 문제는 "그 사람"(אִישׁ)이 누구냐를 두고 해석이 갈린다. 1) '각 사람'(each)으로 보아 이를 '통치자들'로 보는 견해(NIV, NASB, RSV, YLT, ESV, 표준 새 번역, 공동번역, Delitzsch, Leupold, 호크마 주석), 2) '그 사람'으로 보아 전절의 왕을 지칭한다는 견해(KJV, BBE, Calvin, Vitringa, Kay, 개역성경, 개역개정판, 박윤선, 이상근, 그랜드 종합 주석)로 갈린다. 이 두 견해 중 2)번의 견해를 택한다. 메시아는 모든 환난당한 자들의 피난처가 되시는 것이다. 메시아(히스기야는 예수 그리스도의 모형이다)는 "광풍을 피하는 곳, 폭우를 가리는 곳 같을 것이며 마른 땅에 냇물 같을 것이며 곤비한 땅에 큰 바위 그늘 같으신 분"이시다.

이 세상 임금들은 흔히 백성들을 압제하는 광풍, 폭우, 마른 땅과 같은 존재들이다. 그러나 히스기야는 선한 정치를 한 왕으로서 메시아를 예표하는 왕이었다. 예수 그리스도야말로 모든 환난에서 우리의 피난처가 되신다. 악한 독재자들을 볼 때마다 우리는 진심으로 예수 그리스도께 더욱 더 감사, 더 깊이 감사하게 된다.

사 32:3. 보는 자의 눈이 감기지 아니할 것이요 듣는 자가 귀를 기울일 것이며

본 절과 다음 절(4절)은 의로운 왕의 통치를 받는 백성들의 복에 대해 언급한다. 즉, 메시아께서 하시는 모든 일을 보는 사람마다 복이 있어서 눈이 감기지 않을 것임을 말한다(29:18; 35:5; 마 13:16). 메시아께서 행하시는 능력과 역사를 보고 또 보고 계속해서 보기 원함을 말한다.

그리고 "듣는 자가 귀를 기울일 것이라"는 말은 메시아의 말씀을 듣는 자가 듣고 또 듣고 그의 말씀을 잘 이해할 것을 가리킨다는 뜻이다(마 11:5; 13:9; 계 2:11; 3:22).

사 32:4. 조급한 자의 마음이 지식을 깨닫고 어눌한 자의 혀가 민첩하여 말을 분명히 할 것이라.

본 절은 메시아 왕국에서는 조급한 자들(급하게 서두르는 자들)의 마음이 지식을 깨닫게 되어 경솔하지 않을 것이고, 사려 깊게 행동할 것이며, 어눌한 자의 혀(이들은 지혜는 있으나 용기가 부족하여 말할 바를 못하던 자들이다)가 민첩하게 되어 의도한 것을 분명하게 말할 것이다. 이들은 메시아에 대해 한없이 말하게 된다는 것이다.

사 32:5. 어리석은 자를 다시 존귀하다 부르지 아니하겠고 우둔한 자를 다시 존귀한 자라 말하지 아니하리니.

메시아 왕국에서는 아무도 어리석은 사람을 더 이상 고상한 사람이라고 부르지 않을 것이고, 간교한 사람을 존귀한 사람이라고 말하지 않을 것이다. 이는 사람을 바로 평가하게 될 것이고, 인재 등용이 적재적소에 이루어지므로 사회가 안정되고 불평도 없어지게 된다(이상근).

사 32:6. 이는 어리석은 자는 어리석은 것을 말하며 그 마음에 불의를 품어 간사를 행하며 패역한 말로 여호와를 거스르며 주린 자의 속을 비게 하며 목마른 자에게서 마실 것을 없어지게 함이며.

본 절은 초두에는 이유 접속사(כִּי)가 있어 메시아 왕국에서는 어리석은 자를 존귀하다고 높이지 않을(5절) 이유를 제공하고 있다. 그 이유는 어리석은 사람(נָבָל - 속이 텅 빈 자)은 어리석은 말을 하고, 그 마음으로 악을 좋아하여 불경건한 일을 하며, 여호와께 함부로 말을 하고, 굶주린 사람에게 먹거리를 주지 않고, 목마른 사람에게 마실 물을 주지 않기 때문이다.

이사야는 본 절의 어리석은 자에 대해 진술할 때 나발(נָבָל)을 연상했을 것이다(Calvin, Rawlinson).

사 32:7. 악한 자는 그 그릇이 악하여 악한 계획을 세워 거짓말로 가련한 자를 멸하며 가난한 자가 말을 바르게 할지라도 그리함이거니와.

본 절은 악한 자에 대하여 진술한다. 즉, 악한 자는 원래 그 그릇(근성)이 악하여 악한 계획을 세워 거짓말로 가련한 자를 멸하며 가난한 자가 말을 바르게 할지라도 멸한다는 것이다.

이사야는 6절에서는 어리석은 자에 대하여 진술했고, 본 절에서는 악한 자(자신의 이익을 위해서는 수단 방법을 가리지 않고 수행하는 자)에 대해 진술하는 것인데, 본 절의 악한 자는 32장 5절의 "우둔한 자"와 똑같은 낱말이다.

이런 악한 자는 가난한 자가 말을 바르게 할지라도 멸해버리니 그릇되게 판결한다(1:17, 23; 3:14-15; 5:28). 다시 말해 재판을 공정하게 하지 않는다.

사 32:8. 존귀한 자는 존귀한 일을 계획하나니 그는 항상 존귀한 일에 서리라.

본 절은 앞 절(7절)의 악한 자와 6절의 어리석은 자와 대조되며, 그들 위에 초연한 자에 대해 진술한다. 즉, 그러나 고귀한 사람(공명정대하고 존귀한 자)은 고귀한 일을 계획하고, 그 고귀한 뜻을 펼치며 산다고 말한다. 따라서 공명정대하고 존귀한 자는 존귀한 일을 계획하면서 살기 때문에 그는 항상 존귀한 일을 하며 산다는 것이다. 우리는 존귀한 자로서 항상 존귀한 일을 계획하고, 존귀한 일을 하면서 살아야 할 것이다.

(2) 안일한 부녀에 대한 경고 32:9-14

앞선 5-8절에서는 귀족들의 부패상이 진술되었다. 이제 이 부분(9-14절)에서는 부녀들의 부패상이 진술된다. 이 부분은 예루살렘이 앗수르의 산헤립에 의해 포위되었을 때(주전 701년)의 일로 여겨진다.

<심판과 회복>

사 32:9. 너희 안일한 여인들아 일어나 내 목소리를 들을지어다 너희 염려 없는 딸들아 내 말에 귀를 기울일지어다.

9-14절에 "너희 안일한 여인들아"라는 말이 두 번 나타나고, "너희 염려 없는 딸들아'라는 말이 세 번 등장한다. 즉, 안일하게 사는 여인들아! 일어나서 나의 목소리를 들어라. 걱정거리가 없이 사는 딸들아! 내가 하는 말에 귀를 기울이라고 말한다.

안일한 여인들은 의자에 평안히 몸을 기울이고 살았을 것이다. 안일한 여인들은 일어나 정신을 차리고 선지자가 전해주는 여호와의 말씀을 들어야 했는데 여호와의 말에 귀를 기울이지 않은 것이다. 우리는 항상 여호와의 말씀에 귀를 기울여야 할 것이다.

사 32:10. 너희 염려 없는 여자들아 일 년 남짓 지나면 너희가 당황하리니 포도 수확이 없으며 열매 거두는 일이 이르지 않을 것임이라.

본 절은 안일하게 살면서 여호와의 말씀을 듣지 않고 순종하지 않는 사람들에게 농사가 안 되는 것을 보여준다. 즉, 걱정거리가 없이 사는 딸들아! 일 년이 채 되지 못하여 몸서리 칠 일이 생길 것이다. 다시 말해 포도농사가 망하여 거둘 것이 없을 것이라고 한다.

사람이 안일하게 살면서 여호와의 말씀도 듣지 않고 순종하지 않으면 안일한 삶의 기간도 일 년 남짓 지나면 끝난다는 것을 말한다. 앗수르 군대의 침략으로 포도 수확이 없게 된다는 것이다.

사 32:11. 너희 안일한 여자들아 떨지어다 너희 염려 없는 자들아 당황할지어다 옷을 벗어 몸을 드러내고 베로 허리를 동일지어다.

본 절은 안일하게 사는 여자들이 어떻게 살아야 할 것을 말씀한다. 즉, "안일하게 사는 여인들아! 떨어라! 걱정거리가 없이 사는 여인들아! 몸서리를 치거라. 맨몸이 되도록 옷을 다 벗어버리고 베로 허리를 둘러라"고 말한다.

"맨몸이 되도록 옷을 다 벗어버리고 베로 허리를 둘러라"는 말은 평상복을 벗어버리고 베옷을 입고 통회하라는 것이다. 이런 때는 통회하는 일밖에 다른 것은 없는 것이다.

사 32:12. 그들은 좋은 밭으로 인하여 열매 많은 포도나무로 인하여 가슴을 치게 될 것이니라.

앗수르 군대가 밭농사와 포도 농사를 망쳐 놓았으니, 안일하게 지내던 여자들은 베옷을 입고 가슴을 쳐야 한다는 것이다.

우리 또한 환난을 당할 때, 무엇보다도 베옷을 입고 통회해야 한다.

사 32:13. 내 백성의 땅에 가시와 찔레가 나며 희락의 성읍, 기뻐하는 모든 집에 나리니.

내 백성(유다 백성)이 사는 땅에 가시덤불과 찔레나무가 자랄 것이니 가슴을 치면서 통회하라는 것이고, 기쁨이 넘치던 모든 집과 흥겨운 소리가 그치지 않던 성읍을 기억하고 가슴을 치라는 것이다.

사 32:14. 대저 궁전이 폐한 바 되며 인구 많던 성읍이 적막하며 오벨과 망대가 영원히 굴혈이 되며 들나귀가 즐기는 곳과 양 떼의 초장이 되려니와.

본 절 초두에는 "대저"(כִּי)라는 이유 접속사가 있어 유다 백성이 가슴을 치고 회개해야 할(13절) 이유를 본 절이 제공하고 있다. 즉, 유다 백성이 살던 땅에 가시덤불과 찔레나무가 자라는 이유는 예루살렘 궁전이 파괴되고, 붐비던 도성은 텅 비게 되며, 망대와 탑이 영원히 돌무더기가 되어서, 들나귀들이 즐거이 뛰노는 곳과 양 떼가 풀을 뜯는 곳이 될 것이기 때문이다.

예루살렘이 완전히 파괴되고 궁전도 파괴되며 주민은 없어지고 귀족층의 주거지였던 산과 망대 등도 굴혈로 화하여 그곳에 들 나귀들과 양떼들이 풀을 뜯고 즐기는 곳이 된다는 것이다. 이 예언은 주전 586년 바벨론 포로 때에 문자적으로 이루어졌다.

본 절의 "오벨"이란 말은 '산'을 뜻하는 말(대하 27:3; 느 3:26)로 성전 산의 요새화된 동남쪽의 경사진 곳을 가리킨다. 이곳은 왕궁과 귀족들의 주거지였다(왕하 5:24 참조).

(3) 메시아 왕국 32:15-20

이 부분(15-20절)은 메시아 왕국에 대해 묘사한다. 메시아 왕국을 맞이하면 성도들은 성령의 부음을 받고, 자연계도 변화되며, 인간 사회에는 공의가 넘치게 된다.

사 32:15. 마침내 위에서부터 영을 우리에게 부어 주시리니 광야가 아름다운 밭이 되며 아름다운 밭을 숲으로 여기게 되리라.

마침내 여호와께서 저 높은 곳에서부터 다시 우리에게 영을 보내 주실 것이니 황무지는 기름진 땅이 되고, 광야는 온갖 곡식을 풍성하게 내는 곡창 지대로 변할 것이다.

본 절의 "마침내"란 말은 예루살렘의 패망은 영원한 것이 아니라 그 패망이 끝나는 때가 있어 드디어 여호와께서 유다 백성들에게 성령을 부어주신다는 것이다. 성령을 부어주시면 백성들에게 통회하는 마음이 일어나 황량했던 광야가 아름다운 기름진 땅으로 변화되고 광야는 온갖 곡식을 풍성하게 내는 곡창 지대가 된다는 것이다.

사 32:16. 그 때에 정의가 광야에 거하며 공의가 아름다운 밭에 거하리니.

성령이 부음 바 되면 정의가 광야(낮은 지역)에 거하게 되고 공의가 아름다운 밭(가장 높은 곳)에 거하게 된다는 것이다. 다시 말해 나라의 어느 곳에나 정의와 공의가 거하게 된다는 것이다.

사 32:17. 공의의 열매는 화평이요 공의의 결과는 영원한 평안과 안전이라.

성령을 부으신 결과 성도들이 성령을 받고 공의를 실행하게 되면 의의 열매가 맺혀져 평화가 찾아오고, 의가 결실을 맺게 되어 영원한 평안과 안전을 가져오게 된다(46:9; 렘 30:10; 요 14:27; 골 3:5)는 것이다.

사 32:18. 내 백성이 화평한 집과 안전한 거처와 조용히 쉬는 곳에 있으려니와

메시아 왕국에서 살게 되면 성령이 부음 바 되어 그리스도의 백성들은 평화로운 집에서 살게 되고 안전한 거처, 평온히 쉴 수 있는 곳에서 살게 될 것이다(욥 3:17; 시 95:11; 렘 6:16; 마 11:28; 히 4:9-11).

사 32:19. 그 숲은 우박에 상하고 성읍은 파괴되리라(It will hail when the forest falls down, and the city will be utterly laid low-ESV)**.**

본 절은 메시아 왕국 이전의 불화시대와 파괴를 일삼던 시대에 대해 언급한다. 여기 숲이 우박에 상하고 파괴될 성읍이 어디냐를 두고 견해가 갈린다. 1) "숲"은 앗수르를, "성읍"은 니느웨를 지칭하는 것으로 여겨 앗수르 제국이 하나님의 심판의 도구로 사용된 바벨론에게 멸망당할 것을 예언한 것으로 보는 것이다. 다시 말해 앗수르의 니느웨로 보는 견해(Lowth, Gesenius, Rosenmueller), 2) "숲"은 유다를, "성읍"은 예루살렘을 가리킨다고 보아 하나님의 구원의 손길이 있기 전에 유다의 예루살렘이 고난당하게 될 것을 의미한다고 보는 견해가 있다(Delitzsch, Knobel, Kay, Cheyne, 이상근). 이 두 견해 중 2)번의 견해를 택한다. 문맥의 흐름을 고려할 때 2)번을 택하는 것이다. 이는 하나님의 복이 임하기 전에 반드시 고난이 있음을 강조하는 이사야의 사상과도 합치된다.

사 32:20. 모든 물 가에 씨를 뿌리고 소와 나귀를 그리로 모는 너희는 복이 있느니라.

본 절은 다시 18절에 돌아가 메시아 왕국의 모습을 보여준다. 즉, 씨를 뿌리는 곳마다 댈 물이 풍부하고(30:25), 또 어디에서나 안심하고 소와 나귀를 놓아 키울 수 있는 사람들은 복이 있는 것이다.

하나님의 백성들은 생산성이 아주 높은 경작지를 마음대로 정해서 씨를 뿌리고, 소와 나귀가 그것을 먹도록 내버려 두어도 좋을 만큼 풍요로운 삶을 살게 될 것이라는 말이다.

제 33 장

ㅁ) 앗수르가 패망하다 33장

이사야는 잠시 메시아 왕국(32:15-20)에 대해 진술한 다음 이제는 다시 현실로 돌아와 현실을 진술한다. 이사야는 이제 앗수르의 산헤립이 예루살렘 침략의 태세를 갖춘다고 말한다.

본 장의 내용은 (1) 앗수르가 화를 당할 것이라는 진술(1-6절), (2) 여호와께서 구원하신다는 진술(7-16절), (3) 이상적 왕국에 대한 진술(17-24절)이 전개된다.

(1) 앗수르가 화를 당할 것이다 33:1-6

유다를 압박하던 앗수르가 멸망할 것을 예언한다. 예언은 기원체로 전개된다.

<은혜를 구하는 기도>

사 33:1. 너 학대를 당하지 아니하고도 학대하며 속이고도 속임을 당하지 아니하는 자여 화 있을진저 네가 학대하기를 그치면 네가 학대를 당할 것이며 네가 속이기를 그치면 사람이 너를 속이리라.

선지자는 앗수르를 향하여 앗수르가 유다 학대하기를 그치면 학대를 당할 것이라고 예언한다. 즉, 너 약탈 한 번 당하지 않고도, 남을 약탈하기만 한 자야! 너에게 재앙이 닥치게 될 것이다. 배반 한 번 당하지 않고도, 남을 배반하기만 한 자야! 너에게 앞으로 재앙이 닥칠 것이다. 너의 유다에 대한 약탈이 끝나면, 이제 네가 약탈을 당할 것이며, 너의 배반이 끝나면, 이제 네가 배반을 당할 것이다.

"너 학대를 당하지 아니하고도 학대하며 속이고도 속임을 당하지 아니하는 자"가 문맥에 의하여 '앗수르'를 지칭하는 것이 분명하다. 앗수르란 나라는 서양사에서 최초의 강대국으로 불려왔다. 앗수르야 말로 학대를 당해보지도 않고 이웃나라를 학대한 나라였고 특별히 유다를 학대했다.

본 절의 "화 있을진저"란 말은 화를 선고하는 중 마지막 화 선고이다. 앗수르는 학대를 당하지 않고도 학대했으니 그들이 학대하기를 마치면 학대를 당한다는 것이다.

앗수르는 남을 속이기까지 했으니 유다를 속이기를 끝내면 하나님으로부터 화를 당할 것이다. 유다의 히스기야가 산헤립이 정한 보상금을 바쳤으나 그는 약속을 어기고 예루살렘을 침공했다. 이는 유다를 속인 것이다. 앗수르가 이처럼 이웃 나라를 속였기 때문에 세월이 지난 후에 바벨론에 의해 압제를 당했다.

사 33:2. 여호와여 우리에게 은혜를 베푸소서 우리가 주를 앙망하오니 주는 아침마다 우리의 팔이 되시며 환난 때에 우리의 구원이 되소서.

앗수르가 망한 후 여호와께서 유다에게 은혜를 베푸시라고 기도한다. 즉, "여호와여! 우리에게 은혜를 베풀어 주십시오. 우리가 주님을 기다리고 있습니다. 아침마다(계속적으로) 우리의 능력이 되어 주시고, 우리가 어려울 때에 우리의 구원이 되어 주십시오"라고 애원한다.

하나님의 은혜란 다름 아니라 우리에게 능력을 베푸시는 것과 우리를 구원하시는 것이다.

사 33:3. 요란한 소리로 말미암아 민족들이 도망하며 주께서 일어나심으로 말미암아 나라들이 흩어졌나이다.

여호와께서 유다에게 능력을 베푸시라고 간구한 것은 여호와께서 그 동안 외국 군대에게 행하신 것을 보고 능력을 베푸시라고 한 것이었다. 즉, 여호와의 요란한 소리로 말미암아 앗수르 군대가 도망쳤고, 여호와께서 일어나셔서 우리 편이 되어 싸우시니, 앗수르의 연합군이 흩어질 것이라는 뜻이다.

사 33:4. 황충의 떼 같이 사람이 너희의 노략물을 모을 것이며 메뚜기가 뛰어오름 같이 그들이 그 위로 뛰어오르리라.

황충의 떼 같이 예루살렘 사람들이 앗수르의 노략물을 모을 것이고, 메뚜기가 뛰어 오름 같이 예루살렘 사람들이 앗수르의 진지에 뛰어오를 것이라는 내용이다.

사 33:5. 여호와께서는 지극히 존귀하시니 그는 높은 곳에 거하심이요 정의와 공의를 시온에 충만하게 하심이라.

여호와께서는 참으로 위대하시다! 저 높은 곳에 계시면서 시온에 공평과 의를 충만케 하신다.

여호와께서 이제야 높아지셨다는 의미가 아니다. 왜냐하면 여호와는 원래 높이 계신 분이기 때문이다. 여호와는 높은 곳에 거하시면서 시온에 정의와 공의를 충만하게 하신 분이시다. 여호와께서 하시는 일, 곧 앗수르 군대를 물리치시는 것을 보면서 그의 정의와 공의를 찬양하지 않을 사람은 없다. 우리는 여호와께서 하시는 일을 선전하여 여호와의 위대하심을 많은 사람들에게 알려야 한다(출 15:1-2 참조).

사 33:6. 네 시대에 평안함이 있으며 구원과 지혜와 지식이 풍성할 것이니 여호와를 경외함이 네 보배니라.

네가 여호와를 경외하니 네가 살고 있는 유다에 평안함이 있으며 또 구원이 있고 지혜가 있으며 지식이 풍성할 것이다. 네가 여호와를 경외하는 것이 보배로운 일이다.

히스기야 시대에도 이렇게 주님을 경외하는 자들은 평안 가운데, 구원을 맛보며 지혜의 삶을 살게 되고 지식의 삶을 살게 되는 것이다.

오늘도 예수님을 마음에 모시고 여호와를 경외하는 사람들은 넘치는 평강 안에서 구원과 지혜, 또한 지식이 풍성한 삶을 살 수 있다.

(2) 이스라엘이 가련한 상태에 빠짐 33:7-9

<높은 곳에 거할 자>

사 33:7. 보라 그들의 용사가 밖에서 부르짖으며 평화의 사신들이 슬피 곡하며.

본 절 초두에 "보라"(הֵן)란 말이 있어 본 절을 아주 주의해서 읽고 묵상해야 한다는 것을 말하고 있다. 즉, 용사들 곧 유다가 보낸 사신들이 거리에서 살려 달라고 울부짖었고, 평화 협상에 나섰던 사절(상반절의 사신들과 같은 사신들을 지칭한다)이 슬피 울었다는 것이다.

여기 유다의 히스기야가 앗수르에 사신들을 보낸 것은 한 번만이 아니었다. 유다의 사신들은 3차례 보내졌다. 1차로 앗수르가 유다를 침입할 당시 항복한다는 뜻으로 보내졌고(주전 701년, 왕하 18:14), 2차적으로는 같은 해 조공을 바치기 위해 니느웨로 사신들을 보냈다(왕하 18:15). 3차는 산헤립이 유다를 침공했을 때 화친을 목적으로 사신을 보냈다(왕하 18:17). 본문은 이처럼 산헤립을 달래기 위해 사신과 예물을 보냈으나 아무런 효과가 없자 사신들이 슬퍼한 것을 묘사한 것이다. 이와 같이 여호와께 죄를 범한 유다는 그의 대적들로부터 철저하게 수난을 당했다. 사실은 사신을 보내어 달랠 것이 아니라 모든 죄를 통회하고 여호와께 부르짖어야 했다.

사 33:8. 대로가 황폐하여 행인이 끊어지며 대적이 조약을 파하고 성읍들을 멸시하며 사람을 생각하지 아니하며.

큰길마다 황폐하여 행인이 끊어졌으며, 대적이 평화 조약을 파기했으며, 성읍들을 멸시하며, 아무 사람도 생각하지 아니하고 마구 대했다는 것이다.

여기 "대로가 황폐하여 행인이 끊어졌다"는 말은 예루살렘 거민들은 앗수르 군대의 협박으로 두려움 때문에 거리에 나오지를 못해서 대로가 황폐하게 되었다는 뜻이다.

또 "대적이 조약을 파했다"는 말은 앗수르의 산헤립이 히스기야로부터 돈을 받았을 때는 철군을 약속했다가 그 약조를 파하고 말았다는 뜻이다. 그리고 "성읍들을 멸시하며 사람을 생각하지 아니했다"는 말은 산헤립 군대가 예루살렘을 위협했을 때 예루살렘을 중심하여 유다의 모든 성읍들을 멸시했고 사람들을 무시했다(왕하 18:17-35; 19:10-13).

사 33:9. 땅이 슬퍼하고 쇠잔하며 레바논은 부끄러워하고 마르며 사론은 사막과 같고 바산과 갈멜은 나뭇잎을 떨어뜨리는도다.

유다가 앗수르의 침공을 받았을 때 유다 땅도 슬퍼했고 쇠잔하게 되었으며 레바논 산맥도 부끄러워했고 말랐으며 사론 평야가 사막과 같아졌으며 바산과 갈멜 산도 쓸쓸하게 나뭇잎을 모조리 떨어뜨렸다는 것이다.

여기 레바논, 사론, 바산, 갈멜은 이스라엘이 자랑할 만한 4경(景)으로 레바논은 희다는 뜻으로 이스라엘 북쪽의 길이 200km의 산맥이다. 유다가 산헤립에게 모욕을 당할 때 레바논도 함께 부끄러워했다는 것이다. 그리고 사론평야는 사막같이 되었다는 것이다.

그리고 "바산과 갈멜은 나뭇잎을 떨어뜨렸다"는 것이다. 바산은 요단 강 동편 땅이고, 상부 요르단의 평야로 헐몬 산에서 길르앗에 이른다. 그리고 갈멜은 요단 강 서편의 상부지대로 이곳에서 사론 평야와 에스드론 평야가 나누어진다. 이런 바산과 갈멜 같은 유명한 숲들도 낙엽 진 나무들처럼 쓸쓸해 한다는 것이다. 인간들이 하나님만 바라볼 때 자연도 기뻐 춤추는 법이다.

(3) 여호와께서 이스라엘을 붙드신다 33:10-16

여호와께서 위기에 처한 유다를 구원하신다는 것이며(10-13절), 앗수르의 멸망은 예루살렘의 회개를 촉진하여 회복하게 한다는 것이다(14-16절).

사 33:10. 여호와께서 이르시되 내가 이제 일어나며 내가 이제 나를 높이며 내가 이제 지극히 높아지리니.

본 절부터 13절까지는 여호와께서 당신 자신을 1인칭으로 묘사하시면서 유다를 구원하시겠다고 하신다. 즉, 여호와께서 말씀하시기를 이제는 내(여호와)가 활동을 시작하겠다. 이제는 내가 일어나서 나의 권능이 얼마나 큰지를 나타내 보이겠다고 하신다.

여기 "내가 이제 일어나며"라는 말씀과 "내가 이제 나를 높이며"라는 말씀과 "내가 이제 지극히 높아지겠다"는 말씀은 모두 동의어들이다. 여호와는 이제 일어나셔서 유다를 도우시겠다는 것이다.

사 33:11. 너희가 겨를 잉태하고 짚을 해산할 것이며 너희의 호흡은 불이 되어 너희를 삼킬 것이며.

본 절의 "너희"라는 말은 '앗수르'를 지칭한다. 즉, 너희 앗수르는 겨를 잉태하여 지푸라기를 낳는 꼴이다. 너희는 제 꾀에 속아 넘어가고 있는 꼴이다.

다시 말해 너희 앗수르는 겨(앗수르가 예루살렘을 멸망시키기 위해 만든 계획을 지칭함)를 잉태하여 짚(아무 것도 아닌 실체를 비유하는 말)을 해산할 것이며, 앗수르의 호흡은 불이 되어 자신(겨와 짚)을 불태울 것이다. 다시 말해 앗수르는 자멸한다는 것이다. 앗수르는 유다를 침략하고 결국 앗수르가 멸망한다는 것이다.

사 33:12. 민족들은 불에 굽는 횟돌 같겠고 잘라서 불에 사르는 가시나무 같으리로다.

본 절의 "민족들"이란 말은 앗수르 군대와 함께 유다를 침략한 속국 사람들을 지칭하는 말이다. 즉, 앗수르 군대와 함께 침략에 참여한 뭇 민족은 불에 탈 석회같이 될 것이며, 토막토막 잘라서 태우는 가시덤불같이 되고 말 것이다.

사 33:13. 너희 먼 데에 있는 자들아 내가 행한 것을 들으라 너희 가까이에 있는 자들아 나의 권능을 알라.

본 절의 "너희 먼 데 있는 자들"이나 "너희 가까이에 있는 자들"은 '모든 나라 사람들'을 지칭하는데 모든 사람들은 여호와께서 앗수르를 멸하신 크신 역사를 알라는 것이다. 그래서 모든 사람들은 여호와의 권능을 알아서 여호와를 신뢰해야 하는 것이다.

사 33:14. 시온의 죄인들이 두려워하며 경건하지 아니한 자들이 떨며 이르기를 우리 중에 누가 삼키는 불과 함께 거하겠으며 우리 중에 누가 영영히 타는 것과 함께 거하리요 하도다.

본 절의 "시온의 죄인들"이란 말과 "경건하지 아니한 자들"이란 말은 동의어이다. 앗수르가 멸망하는 것을 보고 시온의 경건하지 아니한 죄인들이 두려워하여 떨며 말하기를 우리들 가운데 누가 사르는 불이신 여호와를 견디어 내겠는가? 우리들 가운데 누가 꺼지지 않는 불 덩이신 여호와를 견디어 내겠는가라고 말한다. 여호와께서는 불 같으신 분으로서 앗수르를 멸하셨다(30:20, 30, 33; 신 4:24). 이 질문에 대한 답은 다음 절에 나타난다.

사 33:15. 오직 공의롭게 행하는 자, 정직히 말하는 자, 토색한 재물을 가증히 여기는 자, 손을 흔들어 뇌물을 받지 아니하는 자, 귀를 막아 피 흘리려는 꾀를 듣지 아니하는 자, 눈을 감아 악을 보지 아니하는 자,

본 절에 등장하는 사람들은 여호와와 함께 거할 수 있는 자들을 열거한 것이다. 본 절의 여섯 가지 종류의 사람들 중에 제일 앞에 나오는 "공의롭게 행하는 자"란 말은 뒤에 나오는 특징을 총괄적으로 나타내는 사람이다. 공의롭게 행하는 자들만이 하나님과 동행할 수 있다는 것이다.

"정직히 말하는 자"는 '정직한 마음을 가지고 정직하게 말하는 자'를 말한다. 그리고 "토색한 재물을 가증하게 여기는 자"란 말은 '남의 재물을 도둑질하지 않는 자'를 말한다. 그리고 "손을 흔들어 뇌물을 받지 아니하는 자"란 말은 '남이 전해주는 뇌물을 받지 않는 자'이다. "귀를 막아 피 흘리려는 꾀를 듣지 아니하는 자"란 말은 '남에게 손해를 끼치지 아니하는 자'를 말한다. 그리고 "눈을 감아 악을 보지 아니하는 자"란 말은 '전혀 악을 보려 하지 아니하는 자'를 지칭한다. 시 15편; 24:3-6 참조.

사 33:16. 그는 높은 곳에 거하리니 견고한 바위가 그의 요새가 되며 그의 양식은 공급되고 그의 물은 끊어지지 아니하리라.

본 절은 앞 절의 성결한 자들이 받을 복을 열거하고 있다. 첫째, 그는 높은 곳에 거하게 된다는 것이다. 다시 말해 하나님과 동행하는 사람이 된다는 것이다. 그리고 인간 사회에서도 높은 신분을 가지고 산다는 것이다. 둘째, 견고한 바위가 그의 요새가 된다는 것이다. 하나님께서 그런 자의 반석과 요새가 되어 주신다(시 18:2)는 것이다. 셋째, "그의 양식은 공급되고 그의 물은 끊어지지 아니한다"는 것이다. 공의를 일삼으며 사는 자들에게는 하나님께서 일상에 필요한 모든 것을 넉넉하게 공급해주신다. 그에게는 부족함이 없다(시 23:1).

(4) 위기를 회고하다 33:17-19

예루살렘의 백성들이 앗수르의 압제에서 벗어난 예루살렘의 안정된 모습을 보게 될 것을 회고한다.

<시온 성을 보라>

사 33:17. 네 눈은 왕을 그의 아름다운 가운데에서 보며 광활한 땅을 눈으로 보겠고(Your eyes will behold the king in his beauty; they will see a land that stretches afar-ESV)**.**

본 절은 유다인들이 앗수르 군대와의 전투에서 승리한 히스기야 왕의 영광스러운 모습을 볼 것을 예언한 것이며, 동시에 유다 백성들이 앗수르 군대가 망하여 물러간 뒤 예루살렘 성문을 열고 넓은 아름다운 광장을 볼 것을 예언한 것이다.

유다 사람들이 히스기야의 아름다운 모습을 보는 것은 장차 메시아의 영광스러운 모습을 볼 것의 예표이며, 유다 백성들이 사방으로 확장된 영토를 볼 것은 장차 메시아 왕국의 광활하고 또 아름다운 모습의 예표이다. 이제 우리는 장차 참으로 영광스러우신 메시아를 볼 것이며, 광활한 아름다운 메시아 왕국을 목격할 것이다.

사 33:18. 네 마음은 두려워하던 것을 생각해 내리라 계산하던 자가 어디 있느냐 공세를 계량하던 자가 어디 있느냐 망대를 계수하던 자가 어디 있느냐.

본 절은 유다 민족이 앗수르 군대의 침략 행위로 말미암아 두려움이 가득했던 과거를 생각해내던 것을 진술한다. 이사야 선지자는 앗수르 군대가 침략해서 전쟁 비용을 계산해서 그 비용을 받던 앗수르 사람이 없어졌고(K. Marti, Delitzsch, 박윤선), 또 공세를 계산하던 자들이 없어졌으며, 또 전쟁 시에 유다 민족이 사용하던 망대를 계수하여 앗수르 군대 장관에게 보고하던 앗수르 인들도 없어졌다는 것을 진술한다.

사 33:19. 네가 강포한 백성을 보지 아니하리라 그 백성은 방언이 어려워 네가 알아듣지 못하며 말이 이상하여 네가 깨닫지 못하는 자니라.

이사야 선지자는 유다 백성들을 향하여 이제는 예루살렘을 포위하고 강포했던 앗수르 군대를 더 이상 볼 수 없게 되었다는 것을 말한다. 즉, 포악한 앗수르 백성, 곧 네가 알아듣지 못하는 언어로 말을 하며 이해할 수도 없는 언어로 말하던 그 악한 앗수르 백성들을 다시는 더 보지 않게 되었다고 말해준다.

(5) 하나님의 도성이 안전에 처할 것임.33:20-24

20절부터 끝 절(24절)까지는 하나님의 도성 예루살렘이 안전하게 처할 것을 말한다.

사 33:20. 우리 절기의 시온 성을 보라 네 눈이 안정된 처소인 예루살렘을 보리니 그것은 옮겨지지 아니할 장막이라 그 말뚝이 영영히 뽑히지 아니할 것이요 그 줄이 하나도 끊어지지 아니할 것이며.

본 절은 유다 민족에게 앗수르 군대가 물러간 시온 성을 보라고 권면한다. 즉, 우리가 마음껏 절기를 지킬 수 있는 우리의 도성 시온(예루살렘)을 보라. 옮겨지지 않을 장막, 예루살렘 성을 보라. 우리가 살기에 얼마나 안락한 곳인가? 다시는 옮겨지지 않을 장막과도 같다. 그 말뚝이 영원히 뽑히지 않을 것이며, 그 줄이 하나도 끊어지지 않을 것이다. 이 성읍은 메시아 왕국의 그림자로 우뚝 서 있을 것이다.

사 33:21. 여호와는 거기에 위엄 중에 우리와 함께 계시리니 그 곳에는 여러 강과 큰 호수가 있으나 노 젓는 배나 큰 배가 통행하지 못하리라.

예루살렘 성에서는 여호와께서 우리의 능력이 되신다. 그래서 외적이 침입할 수 없는 곳이다. 예루살렘은 해발 762m나 되는 고지에 세워진 도시이기 때문에 큰 강이 없고, 그래서 식용수가 넉넉하지 못하다(이상근). 그러나 메시아 왕국에서는 이런 결함은 없다. 대적의 배가 그리로 들어오지 못하겠고, 적군의 군함이 들어올 엄두도 못 낼 것이다. 그곳은 여호와의 능력만 존재하니 외적은 절대로 들어올 수 없는 곳이다.

사 33:22. 대저 여호와는 우리 재판장이시요 여호와는 우리에게 율법을 세우신 이요 여호와는 우리의 왕이시니 그가 우리를 구원하실 것임이라.

본 절 초두의 "대저"(כִּי)라는 말은 '왜냐하면'이란 이유 접속사로 앞 절에서 말한 예루살렘에 외적이 침입할 수 없는 이유를 본 절이 제공하고 있다. 즉, 왜냐하면 주님께서는 우리의 재판관이시고, 주님께서는 우리에게 법을 세워 주시는 분이시며, 주님께서는 우리의 왕이시니, 우리를 구원하실 분이시기 때문이다.

여호와는 3권(3權-사법권, 입법권, 행정권)을 장악하고 계신 분으로 우리의 완전하신 구주이시다.

사 33:23. 네 돛대 줄이 풀렸으니 돛대의 밑을 튼튼히 하지 못하였고 돛을

달지 못하였느니라 때가 되면 많은 재물을 탈취하여 나누리니 저는 자도 그 재물을 취할 것이며(Your cords hang loose; they cannot hold the mast firm in its place, or keep the sail spread out. Then prey and spoil in abundance will be divided; even the lame will take the prey-ESV)**.**

본 절의 파손한 배를 어느 나라의 배로 보느냐에 따라 그 의미가 크게 달라진다. 1) 예루살렘 소속의 배로 보는 견해(Delitzsch, Oswalt, Drecher, Rawlinson, 호크마 주석, 이순한), 2) 앗수르 소속의 배로 보는 견해(Calvin, Ewald, Luzzatto, Matthew Henry, 박윤선, 이상근, 그랜드 종합 주석)가 있다. 앗수르 군대가 하나님의 심판을 받아 파멸의 지경에 이른 것을 묘사한 것으로 판단된다. 왜냐하면 21절에 비추어볼 때 여기서 파선한 배는 앗수르 것이 분명할 것이기 때문이다. 따라서 이 두 견해 중에 2)번의 견해가 바른 것으로 본다. 즉, 본문은 여호와의 은혜의 강으로 둘러싸여 보호를 받는 유다의 영광을 부각시키기 위해 앗수르의 패배를 파선 당한 배로 비유한 것이다. 그렇게 보는 것이 본 절의 전후 관계에도 적합하고, 유다의 영광된 모습을 밝히는 이 부분(17-24절)의 흐름에도 자연스럽고 21절과도 잘 부합한다.

본 절의 "때가 되면 많은 재물을 탈취하여 나누리니 다리를 저는 자도 그 재물을 취할 것이라"는 말은 하나님께서 앗수르를 치심으로 예루살렘 거민들이 아주 손쉽게 그들의 재물을 탈취할 것을 예언한 것이다(4절).

사 33:24. 그 거주민은 내가 병들었노라 하지 아니할 것이라 거기에 사는 백성이 사죄함을 받으리라.

유다 민족은 내가 병들었노라 하지 않을 것이라고 말한다. 유다에 사는 백성이 사죄함을 받기 때문이다. 죄와 병은 깊이 관련되어 있다(25:8; 53:4-5; 출 23:25; 렘 50:20; 마 9:2). 메시아 왕국에서는 모든 죄가 사유함을 받고 따라서 모든 질병도 없어진다.

제 34 장

ㅂ) 이스라엘의 최후 영광 34장

34-35장은 이사야서의 제1부(1-35장)의 결론이다. 이 두 장(34-35장)은 앞선 부분(28-33장)과 긴밀히 연락된다(Delitzsch, 이상근). 이제 선지자는 그의 제1부인 심판부를 매듭지으면서 만국의 심판을 요약하고, 그 후에 있을 이스라엘의 최후 영광을 예언하고 있다.

34장의 내용은 (1) 만국이 당할 심판(1-4절), (2) 에돔이 당할 심판(5-7절), (3) 에돔이 황폐하게 될 것이라는 진술(8-12절), (4) 예루살렘이 장래에 제시될 장면(13-15절), (5) 이 심판의 불가피성(16-17절)으로 구성되어 있다.

(1) 전 세계적 심판이 예고되다 34:1-4

<여호와께서 원수들을 벌하시리라>

사 34:1. 열국이여 너희는 나아와 들을지어다 민족들이여 귀를 기울일지어다 땅과 땅에 충만한 것, 세계와 세계에서 나는 모든 것이여 들을지어다.

민족들아! 가까이 와서 들어라. 백성들아! 귀를 기울여라. 땅과 거기에 가득한 것들아! 세상과 그 안에서 사는 모든 것들아! 들어라.

이사야는 하나님의 자녀들을 넘어 이제 세계 모든 민족들을 향하여 중요한 것이 있으니 다 들으라고 외친다. 본 절의 "열국이여"라는 말, "민족들이여"라는 말, "땅과 땅에 충만한 것"이라는 말, "세계와 세계에서 나는 모든 것"이란 말은 동의어로 세계 모든 인류를 포함하는 말이다. 이들은 하나님의 심판의 대상자들로 부름을 받고 있는 것이다. 이것을 보면 성도들은 하나님의 심판의 대상으로 부름을 받아서는 안 될 것이다.

사 34:2. 대저 여호와께서 열방을 향하여 진노하시며 그들의 만군을 향하여 분내사 그들을 진멸하시며 살륙 당하게 하셨은즉.

본 절 초두에는 "대저"(כִּי)라는 이유 접속사가 등장하여 하나님께서 세계 열방을 심판하실 이유를 본 절에서 제공하고 있다. 즉, 그 이유란 주님께서 모든 민족에게 진노하시고, 그들의 모든 군대에게 분노하셔서 그들을 진멸시키시려고 하시기 때문이다. 그들이 살해당하도록 버려두시기로 작정하셨기 때문이다.

하나님은 자신을 불신하는 불신 세력을 향하여 진노하신다는 것이다. 하나님은 세상 불신 세력을 향하여 심판하시되 철저하게 심판하시겠다는 것이다.

사 34:3. 그 살륙 당한 자는 내던진 바 되며 그 사체의 악취가 솟아오르고 그 피에 산들이 녹을 것이며.

죽은 자들이 내동댕이쳐져서 그 시체에서는 악취가 솟아오를 것이며, 홍수처럼 흘러내리는 피에 산들이 무너져 사태가 날 것이다.

하나님의 우주적인 심판에서 죽임을 당한 사람들의 사체는 온전히 매장되지 못하고 내던져져서 독수리의 밥이 될 것이다(렘 22:19; 36:30). 이런 사체에서는 "악취가 솟아올라" 천지를 진동할 것이다. 그리고 그 때 "그 피에 산들이 녹을 것"이다. 다시 말해 피의 양이 너무 많아 그들의 피로 산 사태가 날 것이다.

사 34:4. 하늘의 만상이 사라지고 하늘들이 두루마리 같이 말리되 그 만상의 쇠잔함이 포도나무 잎이 마름 같고 무화과나무 잎이 마름 같으리라(All the host of heaven shall rot away, and the skies roll up like a scroll. All their host shall fall, as leaves fall from the vine, like leaves falling from the fig tree-RSV, ESV).

해와 달과 별들(천체의 전부를 지칭하는 말)이 떨어져서 가루가 되고(마

24:29; 벧후 3:10), 하늘은 마치 두루마리처럼 말릴 것이다(현재의 우주 체제가 분쇄되어 마치 다 읽고 난 두루마리처럼 말아 올려 진다는 뜻이다). 포도나무의 잎이 말라 떨어지듯이, 무화과나무의 잎이 말라 떨어지듯이, 하늘에 있는 별들이 떨어질 것이다.

"그 만상의 쇠잔함이 포도나무 잎이 마름 같고, 무화과나무 잎이 마름 같으리라"는 말은 천체의 쇠잔함이 바로 뒤따르는 병행 구절에서 시적으로 묘사되고 있다. 즉, '포도나무나 무화과나무로부터 잎사귀가 떨어져 내림같이' 천체에 견고하게 매달려서 절대로 떨어질 것 같지 않던 별들도 떨어져 내릴 것이라는 뜻이다(마 24:29; 계 6:13).

(2) 에돔이 심판받다 34:5-7

유다의 원수인 에돔에 대한 하나님의 심판을 진술한다. 여기 에돔은 하나님을 대적하는 백성들 중에서 대표로 거명된 것이다.

사 34:5. 여호와의 칼이 하늘에서 족하게 마셨은즉 보라 이것이 에돔 위에 내리며 진멸하시기로 한 백성 위에 내려 그를 심판할 것이라.

나(여호와)의 칼이 하늘에서 흡족하게 마셨으니, 그 칼이 이제는 에돔을 칠 것이다. 내가 나의 칼에게, 에돔을 심판하여 진멸시키라고 명하였다고 하신다.

여호와의 칼이 많은 적들을 격멸하여 만족하게 마셨다는 것이다(렘 46:10). 본 절은 적을 격멸했다는 시적인 묘사로 적에 대한 하나님의 진노가 이 지구상에서 실현되기에 앞서 하늘에서 있었다는 뜻이다. 다시 말해 하나님의 심판의 예정을 말한 것이다.

"이것이 에돔 위에 내리며 진멸하시기로 한 백성 위에 내려 그를 심판할 것이라"는 말은 심판이 에돔 위에 실현된다는 것이다. 여기 에돔은 유다의 숙적으로 모든 적들의 대표로 등장한 것이다(렘 49:7; 말 1:4).

에돔은 역사적으로 이스라엘을 항상 대적했다(창 27:41; 32:7). 그 예를 들어보면 이스라엘이 출애굽해서 가나안으로 들어가는 여정에 에돔은 자기

경내를 통과하는 것을 불허했고(민 20:14-21), 다윗이 에돔을 복종시켰으나(삼하 8:14) 여호람 때에 이스라엘을 배반했다(대하 21:8-10). 또 에돔은 유다의 아하스 왕 때 유다를 쳤으며(대하 28:17), 이스라엘에 대해 항상 한을 품고 살았다(겔 35:5). 유다가 바벨론으로 포로 되어 갈 때 에돔은 기뻐했다(옵 1:10-13; 시 137:7, 이상근). 그런고로 여호와의 칼은 그들을 향해 가만히 있을 수 없었다.

사 34:6. 여호와의 칼이 피 곧 어린 양과 염소의 피에 만족하고 기름 곧 숫양의 콩팥 기름으로 윤택하니 이는 여호와를 위한 희생이 보스라에 있고 큰 살륙이 에돔 땅에 있음이라.

제물을 잡는 여호와의 칼이 피, 곧 어린 양과 염소의 피에 홍건해졌고, 숫양의 콩팥에서 나온 기름이 그 칼에 엉겨 붙어 홍건하니, 이렇게 된 것은 여호와의 칼이 그들의 피에 홍건히 젖었고, 그 기름이 그 칼에 엉겨 붙었기 때문이다. 주님께서 보스라에서 그 백성을 희생 제물로 잡으시고 에돔 땅에서 그 백성을 크게 살육하신 것이다.

본 절의 가축들 곧 "어린 양", "염소", "숫양" 등은 에돔 사람의 각계각층의 사람들을 비유한 것이다. "이는"이라는 말 다음에 나오는 문장을 보면 알 수 있다.

"이는 보스라에 있고 큰 살륙이 에돔 땅에 있음이라"는 말은 에돔의 주요 도시의 하나인 보스라(63:1; 창 36:33; 렘 49:13, 22)에서 수많은 사람이 죽을 것이고, 에돔 땅에서 큰 살육이 있을 것이라는 뜻이다.

사 34:7. 들소와 송아지와 수소가 함께 도살장에 내려가니 그들의 땅이 피에 취하며 흙이 기름으로 윤택하리라.

앞 절에 이어 본 절에서도 "들소", "송아지", "수소"와 같은 가축들이 나온다. 이들도 역시 에돔의 각계각층의 사람들을 비유한 것이다. 이들이 "함께 도살장에 내려간다"는 말은 에돔 사람들이 죽임을 당한다는 것을 말한다.

"그들의 땅이 피에 취하며 흙이 기름으로 윤택하리라"는 말은 '에돔 땅에 살육이 심하리라'는 표현이다.

(3) 에돔이 황폐될 것이다 34:8-12

사 34:8. 이것은 여호와께서 보복하시는 날이요 시온의 송사를 위하여 신원하시는 해라.

이때가 바로, 주님께서 복수하시는 날(심판의 날)이요 시온을 구하여 주시고, 대적을 파멸시키시는 해(시온을 신원하실 때)이며, 보상하여 주시는 해(年)라는 것이다.

본 절은 전후절과 연결하여 에돔을 심판하시는 날이 여호와의 보수의 날임을 말한다. 여기 "시온"이란 말은 '교회'를 지칭하는 말이고 "에돔"은 교회의 적을 지칭하는 말이다.

사 34:9. 에돔의 시내들은 변하여 역청이 되고 그 티끌은 유황이 되고 그 땅은 불 붙는 역청이 되며.

본 절은 에돔이 소돔과 고모라와 같이 하나님의 벌을 받을 것을 드러낸다(창 19:24-28 참조). 즉, 에돔의 강들이 역청(아스팔트)으로 변하고, 흙은 유황으로 변하며, 온 땅이 역청처럼 타오르게 될 것이라는 것이다.

위와 같은 예언은 문자적으로 상당 부분 성취되었다(Rawlinson). 즉, 에돔은 이사야 선지보다 300년 후의 선지자 말라기 시대에 이미 황무하게 되었고(말 1:3-4), 주전 165-65년 마카비 독립 운동 시기에 유다에 의해 쇠잔하여 결국 A.D. 900년경에는 이슬람교도들에 의해 완전히 멸망함으로써 오늘날 가장 폐허가 심한 유적지로 남게 되었다. 아무튼 에돔은 하나님의 원수의 모형으로 하나님에 의하여 철저하게 멸망할 수밖에 없는 땅으로 남게 되었다.

사 34:10. 낮에나 밤에나 꺼지지 아니하고 그 연기가 끊임없이 떠오를 것이며

세세에 황무하여 그리로 지날 자가 영영히 없겠고.

본 절도 역시 에돔이 하나님의 심판으로 멸망하게 될 장소로 비쳐지고 있다. 즉, 에돔의 그 불은 밤낮으로 꺼지지 않고 타서, 그 연기가 끊임없이 치솟으며, 에돔은 영원토록 황폐하여, 영원히 그리로 지나가는 사람이 없을 것이라고 한다.

사 34:11. 당아새와 고슴도치가 그 땅을 차지하며 부엉이와 까마귀가 거기에 살 것이라 여호와께서 그 위에 혼란의 줄과 공허의 추를 드리우실 것인즉.

본 절도 에돔이 황폐하여 들짐승의 차지가 된다고 말한다. 즉, 당아새(펠리컨)와 고슴도치가 그 땅을 차지하여 살겠고, 부엉이와 까마귀가 거기에서 자리를 잡고 살 것이다. 여호와께서 에돔을 '혼돈의 줄'과 '황무의 추'로 에돔을 재실 터이니, 에돔을 아주 황무하게 변모시키실 것이다.

사 34:12. 그들이 국가를 이으려 하여 귀인들을 부르되 아무도 없겠고 그 모든 방백도 없게 될 것이요.

에돔이 나라꼴을 이으려 하여 여기저기서 귀인들을 부르되 아무도 응하는 사람이 없겠고, 방백들도 얻지 못할 것이라고 말한다. 즉, 에돔에는 나라를 세울 통치자들이 없을 것이며, 백성을 다스릴 지도자도 없을 것이란 뜻이다. 아무 사람도 왕 될 만한 사람도 없고 지도자로 삼을 만한 사람도 구할 수 없는 형편이 된 것이다.

(4) 예루살렘이 장래에 제시될 장면 34:13-15

사 34:13. 그 궁궐에는 가시나무가 나며 그 견고한 성에는 엉겅퀴와 새품이 자라서 승냥이의 굴과 타조의 처소가 될 것이니.

본 절도 역시 에돔이 망하여 여기저기 나무들만 크는 나라, 짐승들의 처소가 될 것이라고 말한다. 즉, 에돔의 궁궐이 있던 곳에는 가시나무가 돋아나고, 그 요새자리마다 쐐기풀과 엉겅퀴만 무성할 것이다. 그 성은 승냥이 떼의 굴이 되고, 타조들의 거처(11절; 13:21; 32:13)가 될 것이라고 한다.

사 34:14. 들짐승이 이리와 만나며 숫염소가 그 동류를 부르며 올빼미가 거기에 살면서 쉬는 처소로 삼으며.

에돔 사람들이 살던 곳에서는 주민들이 살지 않고 짐승들만 우글거리는 장소가 된다는 것이다(13:21 주해 참조). 즉, 에돔에는 들짐승들이 이리 떼와 만나고, 숫염소가 소리를 내어 서로를 찾을 것이다. 밤 짐승이 거기에서 머물러 쉴 곳을 찾을 것이다.

사 34:15. 부엉이가 거기에 깃들이고 알을 낳아 까서 그 그늘에 모으며 솔개들도 각각 제 짝과 함께 거기에 모이리라.

본 절도 에돔에 들짐승들이 번식하고 있다는 것을 말한다. 즉, 부엉이가 자기들의 집을 만들어 거기에 깃들이고, 그 알을 낳아 까서, 제 몸으로 그늘을 만들어 덮을 것이다. 솔개들도 제 짝과 함께 그리로 모여 살 것이다. 부엉이와 솔개는 모두 짐승 들 중에 독종들에 속한다.

(5) 이 심판의 불가피성이 보증되다 34:16-17

사 34:16. 너희는 여호와의 책에서 찾아 읽어보라 이것들 가운데서 빠진 것이 하나도 없고 제 짝이 없는 것이 없으리니 이는 여호와의 입이 이를 명령하셨고 그의 영이 이것들을 모으셨음이라(Seek and read from the book of the LORD: Not one of these shall be missing; none shall be without her mate. For the mouth of the LORD has commanded, and his Spirit has gathered them-RSV, ESV)**.**

여호와의 책에서 찾아서 읽어 보아라. 이 짐승들 가운데서 어느 것 하나라도 빠진 것이 없을 것이고, 하나라도 그 성취된 짝이 없는 것은 없을 것이다. 이유는 여호와께서 친히 입을 열어 그렇게 되라고 명령하셨고, 여호와의 영이 친히 그 짝들이 있도록 하실 것이기 때문이다.

본 절의 "여호와의 책"이라는 말을 두고 몇 가지 견해들이 있다. 1) 모세의 율법을 지칭한다는 견해(Calvin), 2) 이사야 때까지의 모세의 율법서, 선지서 및 시가 등을 지칭한다는 견해, 이 견해는 바르나 너무 그 범위를 넓게 잡고 있다. 3) 본문의 특별한 예언 혹은 앞에 기록된 것을 포함한 본서 전체를 지칭한다는 견해(호크마 주석), 4) 이사야 자신이 예언한 것을 지칭한다(Matthew Henry, Delitzsch, Lange, Rawlinson, 이상근, 그랜드 종합 주석)는 견해이다. 이 견해들 중에 4)번의 견해가 가장 무흠할 것이다.

"이것들 가운데서 빠진 것이 하나도 없고 제 짝이 없는 것이 없으리니"란 말은 '선지자가 예언한 멸망이 이루어질 때 그 멸망 자체를 예언과 비교해 보면 이 예언이 하나도 빠짐없이 이루어졌다는 것을 알게 될 것이라'는 뜻이다(Matthew Henry).

이렇게 예언이 이루어지는 이유는 "이는 여호와의 입이 이를 명령하셨고 그의 영이 이것들을 모으셨기" 때문이라는 것이다. 선지자들의 책은 사람들의 책이 아니라 여호와의 입이 명령을 주셨고 또 여호와께서 그 명령이 이루어지게 하셨다는 것이다. 하나님께서 명령하신 것은 하나도 빠짐이 없이 다 이루어진다는 것을 알아야 할 것이다.

사 34:17. 여호와께서 그것들을 위하여 제비를 뽑으시며 그의 손으로 줄을 띠어 그 땅을 그것들에게 나누어 주셨으니 그들이 영원히 차지하며 대대로 거기에 살리라.

여호와께서 친히 그 짐승들에게 제비를 뽑아 땅을 나누어 주시고, 손수 줄을 그어서 그렇게 나누어 주셨으니, 그 짐승들이 영원히 그 땅을 차지할 것이며, 세세토록 거기에서 살게 될 것이다.

여호와께서 가나안 땅을 이스라엘에게 나누어주셨을 때처럼(민 26:55-56; 수 18:4-6), 에돔 땅을 들짐승들과 새들에게(11-15절) 나누어주실 것을 지칭하는 말이다.

제 35 장

ㅅ) 장차 하나님의 백성이 번영하리라 35장

이사야는 앞선 에돔의 심판과 대조하여 이스라엘은 회복되어 황폐한 광야가 기름진 동산이 된다고 말한다. 35장의 해석으로는 1) 유다가 회복될 것이다(Calvin), 2) 교회의 최후적인 복이 있을 것이다(Rawlinson), 3) 메시아 왕국이 임할 것이다(유다인 학자들, 그랜드 종합 주석, 호크마 주석)라는 등의 견해들이 있다.

(1) 유다 땅에 임할 임박한 변화 35:1-2

<거룩한 길>

사 35:1. 광야와 메마른 땅이 기뻐하며 사막이 백합화 같이 피어 즐거워하며.

광야와 메말랐던 유다 땅이 기뻐하게 될 것이며, 사막이었던 유다 광야가 백합화 꽃이 피는 것처럼 환히 즐거워하게 될 것이다.

에돔 나라가 광야(34:5-17)로 변모하는 것과 대조적으로 유다 광야가 기름진 땅으로 변하여 기뻐하게 된다는 것이다. 이는 유다가 바벨론 포로에서 귀환하여 국토를 재건하는 모습이다. 가나안 땅은 유다가 바벨론에 포로 되어 가 있는 동안 황폐하게 된 것을 재건하여 기름진 옥토로 개간한 것이다.

사 35:2. 무성하게 피어 기쁜 노래로 즐거워하며 레바논의 영광과 갈멜과 사론의 아름다움을 얻을 것이라 그것들이 여호와의 영광 곧 우리 하나님의 아름다움을 보리로다.

본 절도 역시 앞 절에 이어 유다가 가나안 땅을 회복하는 것을 진술한 것이다. 즉, 사막은 백합화 꽃이 무성하게 피어, 기쁜 노래로 즐거워하며, 즐겁게 소리 칠 것이다. 레바논의 영광과 갈멜과 샤론의 아름다움을 얻을 것이라. 레바논과 갈멜과 샤론이 주님의 영광을 보며, 우리 하나님의 영화를 볼 것이다.

"레바논의 영광과 갈멜과 사론의 아름다움을 얻을 것이라"는 말은 인간의 회복을 가리킨다. 인간들이 하나님의 영광과 아름다움을 보게 될 것을 말하는 것이다.

(2) 확신이 더욱 배양되어야 한다 35:3-4

사 35:3. 너희는 약한 손을 강하게 하며 떨리는 무릎을 굳게 하며.

너희는 맥 풀린 손이 힘을 쓰게 해주며, 떨리는 무릎을 굳세게 해주라고 말한다.

강한 자들이 약한 자들을 도와주어 함께 강하게 되라고 권고하는 것이다. 억압과 고통으로 손이 약하고 무릎이 약해진 사람들을 격려하고 도와주어 강하게 하는 것이 하나님의 명령이라고 한다.

사 35:4. 겁내는 자들에게 이르기를 굳세어라, 두려워하지 말라, 보라 너희 하나님이 오사 보복하시며 갚아 주실 것이라 하나님이 오사 너희를 구하시리라 하라.

두려워하는 사람을 격려하여 말하기를 굳세어라. 두려워하지 말라. 너희의 하나님께서 복수하러 오신다. 하나님께서 보복하러 오신다. 너희를 구원하여 주신다고 말하라는 것이다.

적의 위협을 받아 손이 약해지고, 무릎이 떨리는 자들에게 강하게 하라고 권면하라는 말이다. 사람이 강하게 되는 비결은 하나님을 의지하는 것이므로 하나님께서 오셔서 원수를 갚아주시고 저희를 구원하신다고 권고하라는 말씀이다.

(3) 신체적 장애로부터 구원될 것이다 35:5-7

사 35:5. 그 때에 맹인의 눈이 밝을 것이며 못 듣는 사람의 귀가 열릴 것이며.

메시아 시대가 되어 맹인들은 그리스도의 역사로 눈이 밝아질 것이며(마 11:4-5), 못 듣는 자들의 귀가 열릴 것이라는 말이다.

우리가 그리스도와 연합하면 영적으로도 눈이 밝아지고 못 듣는 사람들의 귀가 더욱 열릴 것이다.

사 35:6. 그 때에 저는 자는 사슴 같이 뛸 것이며 말 못하는 자의 혀는 노래하리니 이는 광야에서 물이 솟겠고 사막에서 시내가 흐를 것임이라.

메시아 시대가 되면 다리를 저는 사람이 사슴처럼 뛸 것이고, 말을 못하던 혀가 노래를 부를 것이다. 그리고 광야에서 물이 솟겠고, 사막에서 시냇물이 흐를 것이다.

"이는 광야에서 물이 솟겠고 사막에서 시내가 흐를 것임이라"는 말은 본 절 상반절의 일이 생기게 되는 이유를 제공하는 것이다. 광야에서 물이 솟겠고 사막에서 시내가 흐를 것이기 때문(30:25; 32:2; 41:18; 43:19)에 다리를 저는 사람이 사슴같이 뛰게 되고, 말 못하는 자의 혀가 노래를 하게 된다는 것이다. 메시아 시대가 되면 큰 변혁이 일어난다는 것이다.

사 35:7. 뜨거운 사막이 변하여 못이 될 것이며 메마른 땅이 변하여 원천이 될 것이며 승냥이의 눕던 곳에 풀과 갈대와 부들이 날 것이며.

메시아 시대가 되면 뜨겁게 타오르던 사막이 변하여 연못이 되고, 메마른 땅에 물이 쏟아져 나오는 샘이 될 것이며, 승냥이 떼가 뒹굴며 살던 곳에는, 풀 대신에 갈대와 왕골이 날 것이라고 말한다.

메시아 시대가 되면 엄청난 변혁이 생기게 되고 또 메시아를 만난 사람들은 상상할 수 없는 변혁을 만나게 된다는 것이다.

(4) 순례자들의 안전을 위한 대로 35:8-10

사 35:8. 거기에 대로가 있어 그 길을 거룩한 길이라 일컫는 바 되리니 깨끗하지 못한 자는 지나가지 못하겠고 오직 구속함을 입은 자들을 위하여 있게 될 것이라 우매한 행인은 그 길로 다니지 못할 것이며(And a highway shall be there, and it shall be called the Way of Holiness; the unclean shall not pass over it. It shall belong to those who walk on the way; even if they are fools, they shall not go astray-ESV)**.**

메시아 시대가 열리면 큰길이 생길 것이니, 그것을 '거룩한 길'이라고 부를 것이다. 깨끗하지 못한 자는 그리로 지나다닐 수 없고, 그 길은 구속함을 입은 자들만이 다닐 수 있는 것이다. 악한 사람은 그 길로 다닐 수 없고, 어리석은 사람은 그 길로 다니지도 못할 것이다.

"거기에 대로가 있다"는 말은 예수님께서 '우리의 대로가 되신다'(요 14:6)는 것이다. 예수님은 우리의 대로가 되셔서 우리를 천국으로 인도하신다.

"그 길을 거룩한 길이라"는 말은 예수님을 믿어 구원의 길을 가는 자에게 예수님은 우리의 거룩한 길이시다. 예수님을 믿지 않는 자들, 거듭나지 못한 자들은 그 길을 걸을 수가 없는 것이다.

"우매한 행인은 그 길로 다니지 못할 것이라"는 말은 '누구든지 자기가 미련한 줄 알고 주님만 의지하면 이 생명의 길을 갈 수 있다'는 뜻이다. 구속함을 받은 사람들은 아무리 단순하고 우매하다 해도 거기서 길을 잃고 헤매지는 않을 것이다.

사 35:9. 거기에는 사자가 없고 사나운 짐승이 그리로 올라가지 아니하므로 그것을 만나지 못하겠고 오직 구속함을 받은 자만 그리로 행할 것이며.

거기에는 사자가 없고, 사나운 짐승도 그리로 지나다니지 않을 것이다. 그 길에서는 그런 짐승들은 없을 것이다. 오직 구원받은 사람만이 그 길을 따라 고향으로 갈 것이다.

"거기에는 사자가 없고 사나운 짐승이 그리로 올라가지 아니한다"는 말은 거기에는 사자나 사나운 짐승이 행인을 괴롭히는 일이 없을 것이고, 오직 기쁨과 평안만이 있을 것이라는 뜻이다. 여기 "사자나 사나운 짐승"은 당시의 앗수르나 바벨론을 가리키고 멀리는 교회의 적들을 예언하는 것이다 (Rawlinson).

"오직 구속함을 받은 자만 그리로 행할 것이라"는 말은 '그리스도의 대속을 받은 자들'(출 6:6; 호 13:14)은 아무 해도 받지 아니하고 그 길을 걸을 수 있다는 뜻이다.

사 35:10. 여호와의 속량함을 받은 자들이 돌아오되 노래하며 시온에 이르러 그들의 머리 위에 영영한 희락을 띠고 기쁨과 즐거움을 얻으리니 슬픔과 탄식이 사라지리로다.

여호와의 속량함을 받은 사람들이 예루살렘으로 돌아오되 그들이 기뻐 노래하며 시온에 이를 것이다. 그들의 머리 위에 영원한 기쁨이 그들에게 머물게 될 것이고, 즐거움과 기쁨을 얻을 것이니, 슬픔과 탄식이 사라지게 될 것이다.

"여호와의 속량함을 받은 자들이 돌아오되 노래하며 시온에 이르러"라는 말은 51:11과 문자적으로 동일하다. 이 말은 본서 제1부(1-35장)의 결론에 해당하고 이스라엘의 완전한 최후 회복의 영광을 가리키는 것이다. 이로써 본서의 개관 벽두의 대상이었던 하늘과 땅(1:2)은 회복되고, 이스라엘의 국토도 부활되며, 배역하던 이스라엘 자손들도 속량을 받아 땅 위의 사방에서(11:11) 시온으로 돌아온다(이상근).

본 절은 이스라엘의 바벨론 귀환을 가리키고 종말적으로는 메시아 왕국으로 모여드는 교회의 영화로운 모습을 가리키는 것이라고 할 수 있다.

제 36 장

II. 역사적 기록 36-39장

36-39장은 이사야의 둘째 부분이다. 이는 1-35장의 심판 부분과 뒤따르는 40-66장의 중간에 끼어 있어 두 부분의 전환 역할을 하고 있다. 이 부분의 문체는 앞부분과 뒷부분이 시(詩)체인데 비해 산문체로 되어 있다.

그리고 36-39장의 내용은 앗수르 군대의 침략과 격퇴(36-37장) 및 히스기야의 치병(병 고침)과 실수(38-39장)의 두 사건으로 구성되어 있다.

A. 앗수르의 침략과 예루살렘에 보낸 사절 36장

본 장은 앗수르의 산헤립이 예루살렘을 침공하고, 랍사게를 시켜 예루살렘 시민들을 위협하며 능욕한 것을 진술한다. 36장의 내용은 1) 산헤립의 예루살렘 침공(1-3절), 2) 랍사게가 능욕한 일(4-10절), 3) 히스기야의 신하가 아람 방언으로 말하기를 청원한 일(11-12절), 4) 거절하고 계속해서 유다 방언으로 능욕한 일(13-21절), 5) 히스기야의 신하들이 유다 방언으로 능욕한 일을 왕에게 보고한 일(22절)로 구성되어 있다.

1. 산헤립과 히스기야 사신들과의 대화 36:1-3

<앗수르가 예루살렘을 협박하다(왕하 18:13-27; 대하 32:1-19)>

사 36:1. 히스기야 왕 십사년에 앗수르 왕 산헤립이 올라와서 유다의 모든 견고한 성을 쳐서 취하니라.

히스기야 왕 제 십사(14)년에, 앗수르 왕 산헤립이 올라와서, 유다의 견고한 모든 성읍을 공격하여 점령하였다.

본 장은 앗수르 산헤립 왕의 제1, 2차 예루살렘 침공 당시의 상황들을 긴박하게 묘사하고 있다(왕하 18:17).

"히스기야 왕 14년에 앗수르 왕 산헤립이 올라와서 유다의 모든 견고한 성을 쳐서 취하니라"는 말은 산헤립의 제2차 유다 침입에 대한 기록이다. 주전 705년-681년의 기간 동안 앗수르를 통치한 산헤립은 주전 701년에 원정에 나서 베니게를 비롯하여 주변 여러 나라들을 복속시켰고 또한 블레셋의 여러 성읍도 점령했다. 그리고 애굽과 에디오피아 연합군을 격파했다. 그런 다음 유다를 침략했는데, 바로 이 싸움에서 산헤립은 라기스와 엘드게 등을 비롯한 유다의 46개의 성읍을 점령했고, 150~200명 포로와 많은 가축들을 잡아갔다(그랜드 종합 주석).

이러한 산헤립의 침공에 대비해서 히스기야는 예루살렘 성을 더 견고하게 요새화했고, 기혼의 윗 샘과 성 주위의 시내들을 막아 적군의 물길을 차단했다(22:8-11; 대하 32:2-8).

그러나 계속되는 산헤립의 포위, 공격에 도저히 저항이 불가능해지자 히스기야는 앗수르의 산헤립에게 조공을 바치고 화친 조약을 맺었다(왕하 18:14-16). 그러나 산헤립은 이 조약을 깨뜨리고 같은 해 다시금 유다를 침공하여 예루살렘을 포위했으니 이것이 산헤립의 제2차 예루살렘 침공이었다(왕하 18:17).

산헤립의 포위 공격이 계속된다 하더라도 히스기야 왕과 신하들은 조공을 바치고 화친 조약을 맺는 대신 여호와 신앙을 더욱 강화하여 여호와께 부르짖었다면 앗수르 군을 넉넉히 물리쳤을 것이다. 이유는 여호와는 만군의 여호와 이시기 때문이다.

사 36:2. 앗수르 왕이 라기스에서부터 랍사게를 예루살렘으로 보내되 대군을 거느리고 히스기야 왕에게로 가게 하매 그가 윗못 수도 곁 세탁자의 밭 큰 길에 서매.

본 절은 앗수르 왕 산헤립이 히스기야에게 항복을 받아내기 위해 랍사게에게 많은 군사를 맡겨 예루살렘을 포위한 사실을 보여준다. 즉, 앗수르 왕은 라기스에서 랍사게에게 많은 병력을 주어, 예루살렘의 히스기야 왕에게로 보냈다. 랍사게는 세탁업자의 밭으로 가는 큰 길 가 위쪽 저수지의 수로 곁에 주둔했다.

"라기스"는 '고대 아모리인의 성읍(수 10:15)으로 여호수아에 의해 유다에 배분된 곳'이다(수 15:39). 수리아에서 애굽으로 통하는 교통의 요지(要地)로 예루살렘 서쪽 45km 지점에 위치해 있다.

"랍사게"는 산헤립이 유다를 치기 위해 제일 앞에 세운 장군을 지칭하는 말로 그 뜻은 '잔을 드는 자', '술 맡은 관원의 장', 또는 '군인들의 우두머리'라는 뜻을 가지고 있다. 따라서 이는 고유 명사가 아니고 일종의 관직명이다. 한편으로 왕하 18:17에 의하면 이때 랍사게와 군대 장관 "다르단"(Tartan)과 내시장 랍사게가 함께 예루살렘 포위 작전을 편 것으로 나타난다. 그럼에도 불구하고 여기서 랍사게만 언급된 것은 그가 히브리 방언에 능통한 대변이었기 때문이다(왕하 18:19, Rawlinson).

"그가 윗못 수도 곁 세탁자의 밭 큰 길에 서매"란 말은 랍사게가 대군을 거느리고 세탁업자의 밭으로 가는 큰 길 가 위쪽 저수지의 수로 곁에 섰다는 뜻이다.

여기 "세탁자의 밭 큰 길"이란 말은 옷을 세탁하기에 충분한 물이 있던 기드온 골짜기 부근(7:3)을, "윗못 수도구"는 예루살렘 성 밖 골짜기를 따라 아래로 흘러내리던 물을 모아 식수나 생활용수로 사용하기 위해 설치한 기혼 샘을 지칭한다(대하 32:30). 이 수도구는 예루살렘 성 밖에 있었는데 히스기야가 이곳을 막고 지하 수로를 통해 성 안쪽으로 흐르도록 했다(왕하 20:30). 그리하여 이 수도는 랍사게가 예루살렘을 포위하는 경우 성 안의 사람들에게 식수를 공급해주는 중요한 샘이 되었다. 그러나 앗수르 군은 식수 공급에 큰 어려움을 겪게 되었다(그랜드 종합 주석).

사 36:3. 힐기야의 아들 왕궁 맡은 자 엘리아김과 서기관 셉나와 아삽의 아들 사관 요아가 그에게 나아가니라.

본 절은 랍사게가 예루살렘을 포위하고 있을 때 힐기야의 아들을 비롯해서 세 사람이 랍사게로 나아간 것을 말한다. 즉, 그 때에 힐기야의 아들 궁내 대신 엘리야김과 서기관 셉나와 아삽의 아들 역사 기록관 요아가 랍사게를 맞으러 나갔다. "왕궁 맡은 자 엘리아김과 서기관 셉나와 아삽의 아들 사관 요아"는 히스기야가 산헤립의 신하 랍사게를 만나도록 보낸 외교관들이었다. 궁내 대신직과 국고 관장은 원래 셉나가 가지고 있던 직이었으나 그의 사리사욕 때문에 그 직은 엘리아김에게 돌아갔고, 셉나는 서기관직에 머무르게 되었다(20:21; 22:15 주해 참조). "사관 요아"는 왕과 나라의 업적을 기록하여 후세에 남기는 책임을 받은 자였다(왕하 4:3; 8:16). 왕하 18:18에도 세 사람의 이름은 똑같은 순서로 나타난다. 히스기야가 관원 셋을 보낸 이유는 산헤립이 보낸 신하의 숫자도 세 사람이었기 때문일 것이다(왕하 18:17).

2. 예루살렘의 항복을 요구하다 36:4-10

산헤립의 파송을 받은 랍사게가 유다 백성을 능욕하며 항복을 요구했다.

사 36:4. 랍사게가 그들에게 이르되 이제 히스기야에게 말하라 대왕 앗수르 왕이 이같이 말씀하시기를 네가 믿는 바 그 믿는 것이 무엇이냐.

산헤립의 파송을 받은 랍사게가 히스기야의 파송을 받은 세 사람에게 말하기를 히스기야에게 전하여라. 위대한 왕이신 앗수르의 임금님께서 이렇게 말씀하신다. 네가(히스기야를 두고 하는 말) 무엇을 믿고 이렇게 자신만만하냐고 소리를 친다.

"대왕 앗수르 왕이 이같이 말씀하시기를"이란 말은 앗수르 왕을 신격화하는 말로서 앗수르 왕의 명령을 전달하는 말이다. 여기 "대왕"이란 칭호는 애굽의 '바로'나, 로마의 '가이사'나, 일본의 '천황'처럼 자기 나라 왕을 신격화하는 칭호이다.

"네가 믿는 바 그 믿는 것이 무엇이냐"는 말은 히스기야가 믿는 믿음을 약화시키는 말이고 또 파송을 받은 세 신하로 하여금 여호와를 믿는 믿음을 아주 없애버리는 말이다.

사 36:5. 내가 말하노니 네가 족히 싸울 계략과 용맹이 있노라 함은 입술에 붙은 말 뿐이니라 네가 이제 누구를 믿고 나를 반역하느냐.

본 절은 앗수르 왕 산헤립이 파송한 랍사게의 말로서 히스기야의 큰 소리는 완전히 헛소리라는 것을 드러내는 말이다. 즉, 네(히스기야)가 전쟁을 할 전술도 없고, 군사력도 없으면서, 입술로만 전쟁을 할 수 있다고 생각하느냐? 네가 지금 누구를 믿고 나에게 반역하는 것이며, 큰 소리 치고 있느냐.

사 36:6. 보라 네가 애굽을 믿는도다 그것은 상한 갈대 지팡이와 같은 것이라 사람이 그것을 의지하면 손이 찔리리니 애굽 왕 바로는 그를 믿는 모든 자에게 이와 같으니라.

본 절 초두에는 "보라"(הִנֵּה)라는 말이 있어 본 절을 주의해서 보아야 한다는 것을 말하고 있다. 본 절은 랍사게가 히스기야를 향해서 큰 소리 치지 말라고 호통을 치는 것이다. 즉, 너(히스기야)는 부러진 갈대 지팡이 같은 것을 의지한다고 떠들고 있지만, 그것을 믿고 붙드는 자는 손만 찔리게 될 것이다. 애굽 왕 바로를 신뢰하는 자는 누구나 이와 같이 손만 찔리게 될 것이다.

유다는 아하스 왕 때에는 아람과 이스라엘의 연합군을 막기 위해서 앗수르를 의지했다(7:1-7). 그러나 이제 앗수르의 침공을 당한 형편이 되어 애굽을 의지하게 된 것이다. 애굽은 한 때 강성하여 주위의 국가들에게 두려움이 되었고, 앗수르까지도 두려워했으나 이때에는 자신들의 내란 등을 겪으면서 약하게 되어 의뢰할 대상이 되지 못했다(이상근). 그래서 애굽은 "상한 갈대 지팡이와 같은 형편"이 되었다. 우리는 오늘 그 어떤 나라를 의뢰하든지 그 나라는 상한 갈대 지팡이 꼴이라는 것을 기억해야 한다.

사 36:7. 혹시 네가 내게 이르기를 우리는 우리 하나님 여호와를 신뢰하노라 하리라마는 그는 그의 산당과 제단을 히스기야가 제하여 버리고 유다와 예루살렘에 명령하기를 너희는 이 제단 앞에서만 예배하라 하던 그 신이

아니냐 하셨느니라.

본 절도 역시 랍사게가 히스기야의 종교 개혁(왕하 18:3-7)을 종교 개악으로 오해해서 유다가 하나님의 도움을 받을 수 없을 것이라고 말한다. 즉, 너(히스기야)는 또 나(랍사게)에게, 너희가 주 너희의 하나님을 의지한다고 말하겠지마는, 유다와 예루살렘에 사는 백성들에게, 예루살렘에 있는 이 제단 앞에서만 경배하여야 한다고 하면서, 산당과 제단들을 다 헐어 버린 것이, 바로 너 히스기야가 아니냐! 사실은 히스기야의 제단 단일화(예루살렘에 한 군데에서만 예배하라는 것)는 종교 개혁이었다. 그러나 랍사게는 히스기야가 하나님 앞에 제사 드리는 장소를 줄인 것은 종교 개악(改惡)이라고 선전하면서 이렇게 종교를 개악해 가지고야 유다가 어떻게 복을 받을 수 있느냐고 악 선전을 한 것이었다. 세상 사람들은 이처럼 기독교 신앙에 대하여 바르게 알지도 못하면서 떠드는 것이다. 그러나 그러한 행동을 하는 이유는 자기들의 생각이 있기 때문이다. 그런데 중요한 것은 그러한 불신자들의 생각을 주께서 인정치 않는다는 사실이다. 그러므로 성도는 불신자들의 위협과 거짓에 믿음의 담대함을 잃지 말아야 한다.

사 36:8. 그러므로 이제 청하노니 내 주 앗수르 왕과 내기하라 내가 네게 말 이천 필을 주어도 너는 그 탈 자를 능히 내지 못하리라.

랍사게는 히스기야가 파송한 세 사람들의 대신들에게 아주 결론을 내자고 대든다. 즉, "자, 이제 나(랍사게)의 상전이신 앗수르의 왕과 겨루어 보아라. 내가 너(히스기야)에게 말 이천(2,000) 필을 준다고 한들, 네(히스기야)가 그 위에 탈 사람을 내놓을 수 있겠느냐"고 소리를 쳤다.

이제 앗수르 측에서 말 2,000필을 내놓을 터이니 유다 측에서 그 말들 위에 탈 기병 2,000명이나 내 놓을 수가 있겠느냐고 무시하고, 얕잡아 말한 것이다. 유다 측에서는 그만한 기병을 내놓을 수가 없다는 것이었다.

사 36:9. 그런즉 네가 어찌 내 주의 종 가운데 극히 작은 총독 한 사람인들

물리칠 수 있으랴 어찌 애굽을 믿고 병거와 기병을 얻으려 하느냐.

랍사게는 이제 결론을 내자고 말한다. 즉, 네(히스기야와 신하들)가 나의 상전의 부하들 가운데서 극히 작은 병사 하나라도 물리칠 수 있겠느냐? 그러면서도 애굽에서 병거와 기병의 지원을 얻으려고 시도하느냐? 그게 될 일이냐고 다그친다.

사 36:10. 내가 이제 올라와서 이 땅을 멸하는 것이 여호와의 뜻이 없음이겠느냐 여호와께서 내게 이르시기를 올라가 그 땅을 쳐서 멸하라 하셨느니라 하니라.

랍사게는 이제 자신과 대신들이 예루살렘을 에워싸고 히스기야를 향하여 이렇게 말하는 것이 우연한 것이 아니고 이 유다 땅을 아주 멸하는 것이 여호와의 뜻인 줄 알고 올라왔다고 큰 소리를 친다. 랍사게는 말하기를 "여호와께서 내게 이르시기를 올라가 그 땅을 쳐서 멸하라 하셨느니라"고 말한다.

랍사게가 유다를 치러 올라온 것이 하나님의 섭리로 올라온 것이 사실이겠지만 랍사게가 실제로 여호와의 음성을 들은 것은 아니었다. 자신이 여호와의 음성을 들었다고 거짓으로 큰 소리를 친 것은 히스기야에게 위협을 가하기 위함이었다.

3. 유다인 사신들이 아람어로 회담하자고 요청하다 36:11-12

유다의 사신들은 랍사게에게 유다 백성들이 잘 알아들을 수 있는 유다 방언으로 말을 하지 말고 아람 방언으로 말해달라고 했으나 랍사게는 계속해서 유다 방언으로 말을 이어갔다.

사 36:11. 이에 엘리아김과 셉나와 요아가 랍사게에게 이르되 우리가 아람 방언을 아오니 청하건대 그 방언으로 당신의 종들에게 말하고 성 위에 있는 백성이 듣는 데에서 우리에게 유다 방언으로 말하지 마소서 하니.

히스기야의 세 명의 사신들(엘리야김, 셉나, 요아)이 랍사게에게 말하기를 "성벽 위에서 백성이 듣고 있으니, 우리에게 유다 말[29]로 말씀하지 말아

주십시오. 우리들에게 아람 말[30]로 말씀하여 주십시오. 우리가 아람(수리아) 방언을 잘 알아듣습니다"라고 요청했다.

사 36:12. 랍사게가 이르되 내 주께서 이 일을 네 주와 네게만 말하라고 나를 보내신 것이냐 너희와 함께 자기의 대변을 먹으며 자기의 소변을 마실 성 위에 앉은 사람들에게도 하라고 보내신 것이 아니냐 하더라.

본 절은 히스기야의 사신들이 랍사게를 향하여 유다 방언으로 말을 전하지 말고 아람 방언으로 해달라고 말한데(11절) 대하여 랍사게가 계속해서 유다 방언으로 떠든 내용을 진술한 것이다. 즉, 나의 상전(앗수르 왕 산헤립)께서 나를 보내셔서, 이 말을 하게 하신 것은, 다만 너희의 상전(히스기야 왕)과 너희(세 사람의 사신들)만 들으라고 하신 것이 아니다. 너희와 함께 자기가 눈 대변을 먹고 자기가 본 소변을 마실, 성벽 위에 앉아 있는 저 백성에게도 이 말을 전하라고 나를 보내신 것이 아니냐고 한다.

"자기의 대변을 먹으며 자기의 소변을 마실 성 위에 앉은 사람들에게도 말을 해서 알아듣게 하라고 나를 보내신 것이 아니냐"란 말은 앗수르 군대의 장기 포위 속에 기갈이 막심하여 유다 국민들이 자기들의 대변을 음식 대신 먹고, 자기들의 소변을 물 대신 마시게 될 유다 백성들도 알아들으라고 앗수르 왕이 우리를 파견했다고 말한다. 이 말이야말로 유다 백성들에게는 가장 모욕적인 언사였다. 이는 막말이고, 괴로움과 수치를 주는 모욕이었다.

4. 거절하고 계속해서 유다 방언으로 능욕한 일 36:13-21

랍사게는 계속해서 유다 방언으로 말한다. 랍사게는 유다인들이 히스기야를 믿거나, 여호와를 의지하지 말고 앗수르에게 항복하라고 계속해서

---

29) 유다 방언: 당시 유다와 이스라엘 두 왕국에 통용되는 방언이었다. 랍사게는 계속해서 유다 방언으로 말해서 유다를 혼란시키려는 것이었다.

30) 아람 방언: 당시 아람 방언은 국제 통용어였다. 유브라데 하류 지방에서 지중해에 이르는 사이에서 널리 통용되었다. 유다의 사신들은 아람 방언을 알고 있으니 아람 방언으로 말해달라고 요청한 것이다.

외친다.

사 36:13. 이에 랍사게가 일어서서 유다 방언으로 크게 외쳐 이르되 너희는 대왕 앗수르 왕의 말씀을 들으라.

랍사게는 더욱 확고하게 말하기 위해서 일어나 서서 유다 방언으로 크게 외치기를 너희 유다 사람들은 앗수르 왕의 말을 들으라고 말한다. 랍사게는 지금 앗수르 왕의 말을 대변한다는 것이었다.

사 36:14. 왕의 말씀에 너희는 히스기야에게 미혹되지 말라 그가 능히 너희를 건지지 못할 것이니라.

앗수르 왕의 말씀에 너희 유다 사람들은 히스기야 왕에게 속아 살지 말아라. 히스기야 왕이 유다 백성을 절대로 구원해내지 못할 것이 분명하다고 말한다.

사 36:15. 히스기야가 너희에게 여호와를 신뢰하게 하려는 것을 따르지 말라 그가 말하기를 여호와께서 반드시 우리를 건지시리니 이 성이 앗수르 왕의 손에 넘어가지 아니하리라 할지라도.

랍사게는 유다인들에게 유다 왕 히스기야의 말을 듣지 말라고 위협한다. 히스기야가 하는 말을 절대로 듣지 말라고 말한다. 히스기야가 하나님을 믿으라고 말하는 말을 절대로 듣지 말라고 유혹한다. 마귀나 세상 사람들도 이렇게 성도들에게 하나님을 믿지 말라고 유혹한다. 우리는 하나님의 말씀을 전적으로 의지해야 할 것이다.

사 36:16. 히스기야의 말을 듣지 말라 앗수르 왕이 또 이같이 말씀하시기를 너희는 내게 항복하고 내게로 나아오라 그리하면 너희가 각각 자기의 포도와 자기의 무화과를 먹을 것이며 각각 자기의 우물 물을 마실 것이요.

랍사게는 유다 민족에게 절대로 유다 왕 히스기야의 말을 듣지 말고 앗수르 왕의 말을 믿으라고 권한다. 앗수르 왕의 말을 믿으면 좋은 식물도 먹을 수 있고, 우물의 물도 마실 수 있을 것이라고 유혹한다.

사 36:17. 내가 와서 너희를 너희 본토와 같이 곡식과 포도주와 떡과 포도원이 있는 땅에 옮기기까지 하리라.

랍사게는 유다가 항복하면 먹을 것을 해결해줄 것이고 또 살만한 땅으로 이주시켜 주겠다고 유혹한다. 산헤립의 부왕 사르곤도 이스라엘 사람들을 고산과 메대로 옮겼고(왕하 18:11), 티베리아인을 앗수르로 옮겼으며, 산헤립은 20만 명 이상의 아르메니아인을 앗수르로 옮기기도 했다(이상근).

"너희 본토와 같이 곡식과 포도주와 떡과 포도원이 있는 땅에 옮기기까지 하리라"는 말은 아주 악독한 유혹이었다. 저들이 피정복자들의 혀를 낚시바늘로 꿰어 끌고 간 조각품이 증거로 남아 있다. 이런 잔인한 행위를 미화시키기 위해 "너희의 본토와 같이..."라는 표현을 사용한 것이다. 사람은 잔인하기 이를 데 없는 존재이다.

사 36:18. 혹시 히스기야가 너희에게 이르기를 여호와께서 우리를 건지시리라 할지라도 속지 말라 열국의 신들 중에 자기의 땅을 앗수르 왕의 손에서 건진 자가 있느냐.

랍사게는 유다 민족에게 혹시 히스기야가 이르기를 여호와께서 유다 민족을 건지시리라 해도 그 말에 속임을 당하지 말라고 말한다. 열국의 신들 중에 자기의 땅을 앗수르 왕의 손에서 건진 신이 있는지 한번 알아보라고 말한다. 랍사게는 앗수르 왕을 여호와 이상의 강한 자로 높이고 있다. 랍사게는 여호와께서 어떤 신인 줄도 모르고 떠들고 있다. 여호와야말로 하늘의 만군을 지으신 분이시다.

사 36:19. 하맛과 아르밧의 신들이 어디 있느냐 스발와임의 신들이 어디 있느냐 그들이 사마리아를 내 손에서 건졌느냐(Where are the gods of Hamath and Arpad? Where are the gods of Sepharvaim? Have they delivered Samaria out of my hand?-RSV, ESV).

하맛과 아르밧의 신들이 어디에 있으며, 스발와임의 신들은 또 어디에 있느냐? 그 신들이 사마리아를 나의 손에서 건져내었느냐?

"하맛" 나라, "아르밧" 나라, "스발와임" 나라 등은 모두 아람 북방, 메소포다미아 남방에 존재했던 나라들이며 산헤립의 부왕 사르곤에 의해 멸망당했다. "아르밧"은 하맛과 같이 앗수르에 대항하다가 하맛과 함께 멸망당했다(10:9주해 참조). "스발와임"은 사르곤의 12년인 주전 711년에 멸망했고 특히 가혹한 대우를 받았다.

"그들이 사마리아를 내 손에서 건졌느냐"는 말은 '사마리아가 앗수르에게 멸망당할 때 그 신이 구하여 내지 못했다는 뜻인데, 산헤립이 보기에는 앗수르가 멸망시킨 나라들의 신들과 여호와 하나님의 차이점을 느끼지 못하고 함부로 말한 것이다.

사 36:20. 이 열방의 신들 중에 어떤 신이 자기의 나라를 내 손에서 건져냈기에 여호와가 능히 예루살렘을 내 손에서 건지겠느냐 하셨느니라 하니라.

랍사게는 유다 민족에게 19절의 신들 중에 어느 신들이 자기들의 나라를 산헤립의 손에서 건져냈기에 여호와라는 신이 능히 예루살렘을 산헤립의 손에서 건져내겠느냐고 말한 것이었다.

사실인즉 앗수르는 열국에 대한 여호와의 심판의 도구에 지나지 않았던 것을 까마득히 모르고 떠들었다. 이런 오만함 때문에 앗수르도 결국 여호와의 징계를 받아 멸망한 것이다. 사람들은 이처럼 자기의 위치를 모르고 함부로 떠든다.

사 36:21. 그러나 그들이 잠잠하여 한 말도 대답하지 아니하였으니 이는 왕이 그들에게 명령하여 대답하지 말라 하였음이었더라.

랍사게가 이처럼 오만한 말을 해도 히스시야의 사신들은 한마디도 대답하지 않고 듣고만 있었다. 이렇게 사신들이 한 말도 대답하지 않은 이유는 히스기야 왕이 명령하기를 랍사게에게 대답하지 말라고 명령했기 때문이다. 이런 난국에도 사신들이 왕의 말씀에 순종한 것은 그들이 앗수르 군대를 이길 수 있는 원동력이 된 것이다. 우리는 하나님께만 전적으로 순종하면서도 서로 간에 마음을 함께 하는 것이 중요하다.

5. 유다의 사신들이 히스기야에게 결과를 보고하다 36:22

사 36:22. 그 때에 힐기야의 아들 왕궁 맡은 자 엘리아김과 서기관 셉나와 아삽의 아들 사관 요아가 자기의 옷을 찢고 히스기야에게 나아가서 랍사게의 말을 그에게 전하니라.

세 사람들의 사신들(엘리아김, 셉나, 요아, 3절 참조)이 자기들의 옷을 찢고 히스기야에게 나아가서 랍사게의 말을 전했다. 즉, 힐기야의 아들 궁내 대신 엘리야김과 서기관 셉나와 아삽의 아들 역사 기록관 요아는 울분을 참지 못하여, 옷을 찢고 히스기야 왕에게 돌아와서 랍사게의 말을 그대로 전하였다.

이 세 사람의 사신들이 옷을 찢은 것은 국란을 당하여 그들이 느낀 슬픔의 표시였고, 충격의 표시였다(창 37:29; 삼상 4:12; 삼하 1:2; 스 9:3; 대하 34:19). 이 세 명의 사신들은 왕에게 랍사게의 말을 그대로 고했다.

제 37 장

B. 앗수르를 격퇴하다 37장

본 장은 앞 장(36장)의 연속으로 앗수르의 위협을 받은 히스기야 왕이 앗수르로부터 위협을 받은 그 내용 그대로를 여호와 앞에 가지고 들어가서 기도하자 여호와께서 앗수르 군을 격퇴하신 내용이다.

본 장의 내용은 1) 히스기야 왕의 기도와 여호와의 응답(1-7절), 2) 앗수르 왕 산헤립의 도전(8-13절), 3) 히스기야 왕이 기도한 일과 여호와께서 응답하신 일(14-35절), 4) 여호와께서 앗수르 군대를 격퇴하신 일(36-38절)로 구성되어 있다.

1. 왕의 기도와 여호와의 응답(I) 37:1-5

신하들의 보고를 받은 히스기야 왕은 자기의 옷을 찢고 굵은 베옷을 입고, 여호와의 전에 올라가서 기도하는 중 여호와께서 선지자 이사야에게 사신을 보낸다(1-4절). 그리고 이사야는 여호와께서 유다를 구원해 주신다고 말한다(5-7절).

<왕이 이사야의 말을 듣고자 하다(왕하 19:1-7)>

사 37:1. 히스기야 왕이 듣고 자기의 옷을 찢고 굵은 베 옷을 입고 여호와의 전으로 갔고.

히스기야 왕이 신하들이 전해주는 말을 듣고, 울분을 참지 못하여, 세 신하들이 그들의 옷을 찢은 것처럼(36:22) 자기 옷을 찢고, 지극한 슬픔을 표시하기 위해 그리고 회개의 표시로 베옷을 몸에 두르고서(창 37:34; 삼하 3:21; 에 4:1; 욘 3:5) 여호와의 성전으로 기도하러(56:7; 왕상 8:28-30) 들어갔다.

히스기야 왕은 자기의 신하들이 전해주는 랍사게의 모욕적인 말에 대해 사람들로부터 이러쿵저러쿵 방어하는 말을 듣는 대신 먼저 여호와 앞에서 해결하려고 결심하고 여호와의 성전으로 들어간 것이다. 우리 모두는 무슨 일을 만날 때마다 가장 시급한 것이 기도임을 알아야 할 것이다.

사 37:2. 왕궁 맡은 자 엘리아김과 서기관 셉나와 제사장 중 어른들도 굵은 베 옷을 입으니라 왕이 그들을 아모스의 아들 선지자 이사야에게로 보내매.

히스기야 왕은 궁내 대신 엘리야김과 서기관 셉나(이상 두 사람은 랍사게에게 파송했던 사람들이었다)와 원로 제사장들(이들은 기도의 절실함을 이사야에게 말하기 위해 보내진 것이다)에게 베옷을 두르게 한 뒤에, 이 사람들을 아모스의 아들 예언자 이사야에게 보냈다.

"히스기야 왕이 그들을 아모스의 아들 선지자 이사야에게로 보냈다"는 말은 국난을 당하여 선지자의 협조를 구하는 정치인 히스기야 왕의 아름다운 모습을 보여준다. 정치인이 바른 정치를 하려면 반드시 종교의 협조를 얻어야 하는 것이다. 오늘 정치인이 종교의 협조를 얻지 않고 모두 정치로 해결하려 하니 정치인은 비참하게 되는 것을 수없이 보게 된다. 우리나라에서 정치인들이 종교의 협조를 얻지 않고 정치인 혼자 해결하려다가 임기를 마치기 전에 교도소에 가는 모습을 계속해서 보는 것이다.

사 37:3. 그들이 이사야에게 이르되 히스기야의 말씀에 오늘은 환난과 책벌과 능욕의 날이라 아이를 낳으려 하나 해산할 힘이 없음 같도다.

히스기야 왕은 대표자들을 이사야에게 보내면서 솔직히 국난의 어려움을 실토한다. 즉, 그들은 이사야에게 가서 히스기야 왕의 말씀을 전하면서 '오늘은 환난과 징계와 굴욕의 날입니다. 아이를 낳으려 하나, 아이를 낳을 힘이 없는 산모와도 같습니다'라고 전한다.

히스기야 왕은 앗수르 군이 예루살렘을 포위한데 대하여 유다가 어떻게 할 수 없음을 전한다. 이 시국은 "대 환난"의 시국이라는 것이고, 이런 일이 닥친 것은 히스기야 왕과 유다가 지은 죄 때문에 내려진 하나님의 징계이니 "책벌"임에 틀림없다는 것이며, 또 이방인 우상 숭배자들로부터 "능욕"을 받는 날이라는 것이었다. 그런고로 히스기야 왕은 이 시국을 한마디로 "아이를 낳으려 하나, 낳을 힘이 없는 산모의 입장과도 같다"고 말한다. 해산이야말로 인간이 겪을 수 있는 최대의 고통이요 난관임에 틀림없다. 유다의 경우는 해산의 시기는 되었으나 인간적으로는 도저히 어떻게 할 수 없는 기가 막힌 지경이 된 것이다. 그러나 하나님께는 불가능함이 없는 줄 알고 히스기야는 대표들을 이사야에게 보낸 것이다. 참으로 바른 정치인이었다.

사 37:4. 당신의 하나님 여호와께서 랍사게의 말을 들으셨을 것이라 그가 그의 상전 앗수르 왕의 보냄을 받고 살아 계시는 하나님을 훼방하였은즉 당신의 하나님 여호와께서 혹시 그 말로 말미암아 견책하실까 하노라 그런즉 바라건대 당신은 이 남아 있는 자를 위하여 기도하라 하시더이다 하니라.

본 절은 히스기야 왕이 엘리아김과 서기관 셉나와 제사장들을 통하여(2절) 선지자 이사야에게 전하는 메시지였다. 즉, "여호와 그대의 하나님께서는 랍사게가 한 말을 다 들으셨을 것입니다. 랍사게는 살아 계신 하나님을 모욕하려고 그의 상전인 앗수르 왕이 보낸 대표자들입니다. 여호와 그대의 하나님께서 그들이 하는 말을 들으셨을 것이니, 그들을 견책하실 것입니다. 선지자께서는 여기에 남아 있는 우리들이 구원받도록 기도하여 주십시오"라고 말했다.

본 절에서 전하는 히스기야 왕의 메시지는 두 가지였다. 하나는 랍사게가 살아계시는 여호와 하나님의 영광을 훼손했다는 것이다. 그러니 랍사게는 하나님을 훼방한 만큼 하나님의 견책을 받아야 한다는 것이었다. 여기 랍사게가 살아계시는 하나님의 영광을 훼방했다는 말은 죽은 우상과 반대되는 존재인 하나님의 영광을 훼손했다는 말이다. 우상이야 말로 살아계시는 하나님과 완전히 반대되는 존재이다.

그리고 또 하나의 메시지는 선지자께서는 여기 남아 있는 우리들이 구원

받도록 기도하여 주시라는 것이었다. 정치인이 일반 백성들의 안녕을 위하여 기도를 부탁하는 것은 위대한 일이었다. 정치인이 선지자에게 기도 부탁한 것은 선지자를 선지자로서 대접 한 것이었다.

사 37:5. 그리하여 히스기야 왕의 신하들이 이사야에게 나아가매.

그리하여 엘리아김과 서기관 셉나와 제사장들은 히스기야 왕의 전언을 받아가지고 히스기야의 전언을 그대로 전하기 위해 이사야에게로 나아갔다. 히스기야 왕은 승리할 수밖에 없는 왕이었다.

2. 산헤립이 철수하고 망할 것이다 37:6-7

히스기야 왕의 신하들을 맞이한 이사야는 산헤립이 철수하고 망할 것이라고 말해준다. 이사야는 먼저 히스기야 왕에게 앗수르 왕의 종들이 여호와를 능욕한 말 때문에 두려워하지 말라고 부탁한다. 그리고 랍사게는 앗수르 땅으로 돌아갈 것이며 그는 앗스르 땅에서 그의 고국에서 칼에 맞아 죽을 것이라고 말해준다.

사 37:6. 이사야가 그들에게 이르되 너희는 너희 주에게 이렇게 말하라 여호와께서 이같이 말씀하시되 너희가 들은 바 앗수르 왕의 종들이 나를 능욕한 말로 말미암아 두려워하지 말라.

이사야가 히스기야 왕의 신하들에게 대답하기를 "그대들의 왕에게 이렇게 전하세요. 여호와께서 이렇게 말씀하시되 앗수르 왕의 부하들이 나를 모욕하는 말을 네가 들은 것을 두고 그렇게 두려워하지 말라"고 말씀하셨다는 것을 왕에게 전해주기를 부탁한다. 두려워하지 말라고 말한 이유는 여호와께서 벌써 랍사게를 죽일 계획을 세우고 계셨기 때문이다.

사 37:7. 보라 내가 영을 그의 속에 두리니 그가 소문을 듣고 그의 고국으로 돌아갈 것이며 또 내가 그를 그의 고국에서 칼에 죽게 하리라 하셨느니라 하니라.

본 절은 여호와 하나님께서 랍사게를 처치하실 것을 말씀하시는 대목이다. 즉, 내(여호와)가 그에게 한 영(רוּחַ - 靈)을 내려 보내어, 그가 뜬소문을 듣고 자기 나라로 돌아가게 할 것이며, 자기 나라에서 칼에 맞아 죽게 할 것이라고 말씀하신다.

본 절의 "영"(רוּחַ)이란 말은 '바람' 혹은 '사람의 영혼' 혹은 '하나님의 신'이란 뜻이다. 이 말은 여기서 '악인들을 멀리 날려 버리는 강한 바람' 혹은 '강한 충동'(Alexander, Oswalt, Leupold)등을 의미한다.

그리고 랍사게가 "소문을 듣고 고국으로 돌아간다"는 말은 '뜬소문, 헛소문을 듣고 고국으로 돌아간다'는 뜻이다. 구체적으로 말해 구스 왕 디르하가가 앗수르 왕을 쳐들어온다는 풍문을 말하는 것이다(9절, Calvin).

3. 산헤립의 도전 37:8-13

산헤립은 앞서 랍사게를 예루살렘에 보내어 히스기야 왕과 예루살렘 주민을 위협했는데 이번에는 누가 들어도 기분이 나쁠 만한 도전장을 보낸 것이다. 구스 군대가 침략해 온다는 소문을 들은 산헤립은 예루살렘 공격을 빨리 끝낼 작정으로 최후통첩을 보낸다.

<앗수르가 또 다른 협박을 하다(왕하 19:8-19)>

사 37:8. 앗수르 왕이 라기스를 떠났다 함을 듣고 랍사게가 돌아가다가 그 왕을 만나니 립나를 치고 있더라.

랍사게는 앗수르 왕이 라기스를 떠났다는 소문을 듣고 후퇴하여 앗수르로 돌아가다가 립나를 치고 있는 앗수르 왕과 합세하였다.

여기 앗수르 왕이 "라기스를 떠나" 립나로 간 이유는 앗수르 문헌에 따르면 립나를 정복하여 애굽 정복의 교두보를 확보하기 위해서였다. "라기스"에 대해 36:2 주해 참조.

"립나를 치고 있더라"는 말에서 "립나"는 라기스에서 가깝고, 이 "립나"는 고대 가나안의 왕도였다(수 10:31; 15:39-42). 이 립나는 처음에는 유다 지파에 속해 있었고 후에는 레위 지파에 주어졌다(수 21:13; 대상 6:42). 립나는 므깃도와 라기스 중간에 위치해 있었다.

사 37:9. 그 때에 앗수르 왕이 구스 왕 디르하가의 일에 관하여 들은즉 사람들이 이르기를 그가 나와서 왕과 싸우려 한다 하는지라 이 말을 듣고 사자들을 히스기야에게 보내며 이르되.

그 때에 앗수르 왕은 구스 왕 디르하가가 자기와 싸우려고 출전하였다는 말을 들었다. 앗수르 왕이 이 말을 듣고 히스기야에게 사신들을 보내어 다음과 같이(10-13절) 말하였다는 것이다. 로린슨(Rawlinson)은 9절을 이렇게 주해한다.[31] "구스의 디르하가 왕은 당시 가장 유명한 독재 군주들 가운데 하나이다. 애굽의 유물들에 의하면 그는 최소한도 26년간(주전 693-667년) 애굽을 통치했으나 그는 에티오피아 왕이었고, 주전 700년경부터 나일 강 하류 최고의 군주였는데 사바톡(Shabatok)이 몇 년간 그를 대리하여 애굽이나 그 한 부분을 다스렸다. 히스기야가 이 디르하가와 협상한 것 같으며 그 가능성이 있다(19:13; 20:5; 30:1-6). 그러므로 그가 나일 강을 타고 내려와 히스기야 왕을 도우려 했는데 도리어 그것이 산헤립에게 경고를 주기보다는 그를 자극시키는 결과를 가져왔다."

---

31) 이에 대해 루폴드(Leupold)는 9절을 달리 말하고 있다. 일고를 요한다. 즉, 랍사게가 자기 주인에게로 돌아간 것은 아마도 부대를 예루살렘 근처나 아니면 예루살렘을 대하여 진을 치도록 하고 돌아갔을 것이다. 그런데 랍사게에게 소문이 들리기를 산헤립은 립나를 치기 위해 라기스로 올라갔다는 것이었다. 이런 조치를 취한 것은 아마 산헤립이 에디오피아 군대가 자신을 치러올 경우를 대비하여 립나를 먼저 장악하는 것이 더욱 필수적이라고 생각했기 때문일 것이다. 그런데 디르하가(Tirhakah)가 실제로 자신을 치러 올라오고 있다는 소문이 그에게 전해졌다. 아주 자연스런 시대착오가 여기서 나타난다. 디르하가는 아직 에디오피아 왕이 아니었다. 왜냐하면 그는 주전 688년경에 등극하였기 때문이다. 그래서 당분간 예루살렘의 포위 공격을 할 수 없었다.

여기서 이의가 자주 제기되었다. 그 이유는 이 기사가 역사적일 수 없다는 것이다. 왜냐하면 항복을 요구하며 친히 일단의 그룹을 향해 방금 연설했던 사신이 동일한 목적을 이루기 위해 곧 이렇게 편지를 사용하지는 않았을 것이기 때문이다. 그렇지만 그러한 주장은 외교관들이 모든 가능한 조처들을 다 동원한다는 사실을 간과한 것이었다. 직접적인 회담을 통해 그 목적을 달성하지 못했을 때 처음 회담으로 깊은 인상을 받았을 때, 일단 그들의 저항력을 약화시키기 위해 강력한 선전 문구를 담은 서신을 사용할 수도 있는 것이다.

그러니까 애굽 왕 디르하가가 산헤립과 대결하려 한다는 소식에 산헤립이 발끈하여 첫 번째 항복 강요에 실패한 예루살렘에 두 번째로 항복 강요를 하게 되었다는 것이다. 그런고로 산헤립은 두 번째로 대표자들을 파송한 것이다.

사 37:10. 너희는 유다의 히스기야 왕에게 이같이 말하여 이르기를 너는 네가 신뢰하는 하나님이 예루살렘이 앗수르 왕의 손에 넘어가지 아니하리라 하는 말에 속지 말라.

너희 히스기야의 신하들은 우리 앗수르 왕께서 유다 왕 히스기야에게 이렇게 전하여 이르기를 네가 의지하는 너의 하나님께서 예루살렘을 앗수르 왕의 손에 넘어가게 하지 않을 것이라고 하여도 너희는 그 말에 속지 말아야 할 것이다. 아마도 앗수르 왕 산헤립에게는 히스기야 왕의 믿음, 곧 여호와 하나님께서 예루살렘을 절대로 외적에게 넘어가지 않게 하실 것이라는 확신이 부담된 것으로 보인다. 혹시 그럴지도 모를 일이라고 생각했을 것이다.

사 37:11. 앗수르 왕들이 모든 나라에 어떤 일을 행하였으며 그것을 어떻게 멸절시켰는지 네가 들었으리니 네가 구원을 받겠느냐.

너 히스기야 왕은 앗수르의 이전 왕들이 다른 모든 나라를 멸하려고 어떻게 하였는지 잘 들었을 것이다. 그런데 너 히스기야만은 홀로 구원받을 것이라고 믿느냐? 어림도 없는 소리하지 말라고 큰 소리를 친 것이다.

로린슨(Rawlinson)의 주해에 의하면 앗수르의 선왕들의 비문을 볼 수가 있다. 티글랏빌레셀(Tiglathpileser I, 주전 1115-1077년 재위)에 대해 "정복자인 영웅, 모든 지역의 공포"라 기술했고, 아슐나실팔(Ashurnasirpal I, 주전 1050-32 재위)에 대해서는 "모든 족속의 정복자"라고 기술했으며, 살만에셀(Shalmaneser, III, 주전 858-824년 재위)에 대해서는 "전 세계로 진군하는 자"라 불렀고, 사르곤(Sargon II, 주전 721-705년 재위)에 대해서는 "신들에게서 모든 왕들의 통치권을 부여받은 자"라 했으며, 산헤립(Sennacheib, 주전 705-681년 재위)에 대해서는 "신들의 아버지인 아슐이 모든 왕들 중에서 나를 높이사 그 모든 나라들 주민들 위에 나의 무기를 더 하셨다"고 기술했다.

우리는 우상 숭배자들의 영웅들의 후손이 호통 치는 큰 소리를 들을 것이 아니라 여호와 하나님을 참으로 믿고 기도해서 모든 우상 숭배자들을 싹쓸이해야 할 것이다.

사 37:12. 나의 조상들이 멸하신 열방 고산과 하란과 레셉과 및 들라살에 있는 에덴 자손을 그 나라들의 신들이 건졌더냐.

나의 이전 왕들이 멸망시킨 고산과 하란과 레셉과, 들라살에 있는 에덴 족을 그 민족들의 신들이 구하여 낼 수 있었느냐?

모두 멸망했는데 오직 히스기야 왕의 나라만은 면제되리란 생각을 하지 말라고 큰 소리를 친 것이다.

"고산"은 메소포타미아 상부 지방이며, 가불(Khabour) 강가에 자리 잡은 곳이다(대상 5:26). "하란"은 메소포타미아 상부 지역으로 아브라함이 갈대아 우르에서 떠나 가나안에 들어가기까지 머물렀던 "나홀의 성"이다(창 24:10; 행 7:2). "레셉"은 유브라데 강 서편에 있으며 주전 775년경 앗수르에게 점령된 곳이다. "들라살"은 '아슐의 언덕'이란 뜻으로 유브라데 강 유역에 있고 갈그미스에서 멀지 않은 곳에 있다. 또 들라살에 있는 "에덴 자손"은 앗수르의 비문에 자주 보이는 "아디니 자손"으로 보인다(이상근). 앗수르의 선왕들이 아무리 여러 곳을 쳐부수었다 해도 만군의 여호와 하나님을 믿는 지역이나 나라만은 칠 수 없는 것이다.

사 37:13. 하맛 왕과 아르밧 왕과 스발와임 성의 왕과 헤나 왕과 이와 왕이 어디 있느냐 하라 하였더라.

본 절은 앗수르 왕 산헤립이 여러 나라의 왕들을 친 기사를 말하고 있다. 크게 위협이 되는 진술이다. 즉, 하맛의 왕, 아르밧의 왕, 스발와임 도성의 왕, 그리고 헤나 왕과 이와 왕들이 모두 어디로 갔느냐고 말해준다.

"하맛"은 앞 절의 들라살과 동일한 지역의 오론테스 강변에 위치해 있다. "아르밧"은 지중해 남쪽에 자리 잡은 곳이다. "스발와임"은 리블라 근처에 있을 것이다. "헤나"는 주전 8세기에 산헤립에 의해 정복된 수리아의 성읍 가운데 하나이다. "이와"는 주전 8세기에 앗수르 군에 의해 멸망당한 수리아 도시 중 하나이다. 앗수르 사람들은 북쪽 이스라엘을 멸망시킨 후 사마리아 주민들을 이곳으로 강제 이주시켰다.

5. 왕의 기도와 여호와의 응답(II) 37:14-35

산헤립의 도전을 받고 히스기야 왕은 말없이 다시 성전에 올라가 기도했고(14-20절), 하나님의 응답을 얻어냈다. 하나님은 예루살렘을 구원하기로 하신 것이다(21-35절).

사 37:14-15. 히스기야가 그 사자들의 손에서 글을 받아 보고 여호와의 전에 올라가서 그 글을 여호와 앞에 펴 놓고 여호와께 기도하여 이르되.

히스기야 왕은 사신들에게서 이 편지(산헤립의 도전장)를 받아 읽은 후 별 말이 없이 여호와의 성전으로 올라가서 주님 앞에 편지를 펴놓은 뒤에 기도했다. 앞서는 히스기야 왕이 산헤립의 위협을 받고 성전에 올라갔다(1절). 지금은 산헤립의 위협을 편지로 받고 성전에 올라간 것이다.

히스기야 왕은 "그 글을 여호와 앞에 펴 놓고 기도"했다. 히스기야 왕이 그 글을 여호와 앞에 펴 놓지 않아도 여호와께서 그 내용을 다 아신다. 그러나 히스기야 왕은 그 글을 여호와 앞에 펴 놓고 기도를 시작한 것이다. 아주 실감나는 일이었다.

사 37:15. 그룹 사이에 계신 이스라엘 하나님 만군의 여호와여 주는 천하 만국에 유일하신 하나님이시라 주께서 천지를 만드셨나이다.

그룹들 사이에 계시는 이스라엘의 하나님 만군의 여호와여! 주님만이 이 세상의 모든 나라를 다스리시는 오직 한 분뿐이신 하나님이시며, 하늘과 땅을 만드신 분이십니다.

"그룹 사이에 계신 이스라엘 하나님 만군의 여호와여!"라는 말은 기도를 하는 히스기야가 기도의 대상을 부르는 호칭이다. 여기 "그룹"이란 말은 지성소 법궤 위에 있던 두 천사를 일컫는 말이다(출 25:18-21; 삼상 4:4; 삼하 6:2). "만군의 여호와!"라는 말은 '하늘의 만군을 창조하신 여호와'라는 뜻이다(1:9 주해 참조).

"주는 천하만국에 유일하신 하나님이시라"는 말은 '주님은 천하만국에 유일하신 하나님이라'는 뜻하는 말이다. 여호와 하나님은 이스라엘의 신만이 아니라 만국의 하나님이시라는 뜻이다. 산헤립은 유다 민족이 믿는 여호와 하나님이 다른 이방의 신들과 동등한 신으로만 여기는데 대한 강한 답변이다.

"주께서 천지를 만드셨다"는 말은 앗수르인들의 신 개념을 뛰어넘는 것으로서 유일하신 여호와 하나님만이 천지를 지으신 창조주이심을 부각하는 말이다.

사 37:17. 여호와여 귀를 기울여 들으시옵소서 여호와여 눈을 뜨고 보시옵소서 산헤립이 사람을 보내어 살아 계시는 하나님을 훼방한 모든 말을 들으시옵소서.

히스기야는 기도의 대상을 부른(앞 절) 다음 이제는 여호와 하나님을 향하여 자신의 기도를 들으시라는 것을 강하게 말씀드린다. 즉, "여호와여! 귀를 기울여 들어주십시오. 여호와여! 눈을 떠서 보아 주십시오. 살아 계신 하나님을 모욕하는 말을 전한 저 산헤립의 망언을 잊지 마십시오"라고 부르짖는다.

히스기야 왕은 여호와께 귀를 기울여서 산헤립이 말한 사실을 들으시라고 말씀드린다. 그리고 히스기야 왕은 산헤립의 꼬락서니를 보아주시라고 말씀드린다. 그리고 히스기야는 산헤립이 여호와 하나님을 모욕한 모든 말을 들어주시라고 말씀드린다. 기도는 구체적이어야 한다(눅 11:5).

사 37:18. 여호와여 앗수르 왕들이 과연 열국과 그들의 땅을 황폐하게 하였고.

히스기야 왕은 여호와 하나님에게 기도할 때 앗수르 왕들에게 있었던 사실을 골라서 아뢴다. 즉, "여호와시여! 참으로 앗수르 왕들이 여러 나라와 그 땅을 마구 짓밟아 버린 것은 사실입니다"라고 말씀드린다. 사실을 말씀드린 이유는 히스기야 왕이 여호와 하나님으로부터 호응을 얻기 위함이었다.

사 37:19. 그들의 신들을 불에 던졌사오나 그들은 신이 아니라 사람의 손으로 만든 것일 뿐이요 나무와 돌이라 그러므로 멸망을 당하였나이다.

히스기야 왕은 또 앗수르 왕들이 이방의 신들을 불에 던졌는데 그 신들은 신이 아니라 사람의 손이 만든 우상일 뿐이고 나무와 돌이기 때문에 그 우상들이 멸망을 당한 것이라고 말씀 드린다.

사 37:20. 우리 하나님 여호와여 이제 우리를 그의 손에서 구원하사 천하 만국이 주만이 여호와이신 줄을 알게 하옵소서 하니라.

히스기야 왕은 이제 기도의 본론에 진입하고 있다. 즉, "우리의 하나님 여호와시여! 이제 앗수르 왕의 손에서 우리를 구원하여 주셔서, 세상의 모든 나라가 오직 주님만이 홀로 여호와 하나님이심을 알게 하여 주십시오"라고 기도한다.

히스기야는 여호와 하나님께서 기도를 들어주셔서 여호와의 영광이 들어나도록 해주시기를 기도하는 것이다. 우리의 기도는 항상 하나님의 영광을 중심해서 기도해야 하는 것이다.

<이사야가 왕에게 전한 말(왕하 19:20-37)>

사 37:21. 아모스의 아들 이사야가 사람을 보내어 히스기야에게 이르되 이스라엘의 하나님 여호와께서 말씀하시되 네가 앗수르의 산헤립 왕의 일로 내게 기도하였도다 하시고.

히스기야 왕이 여호와께 기도하는 중에 기도의 중반을 넘어 여호와의 영광을 위해서 기도했을 즈음에 여호와께서 이사야를 시켜 사람(제자였을 것이다)을 보내어 히스기야 왕이 산헤립 까닭에 여호와께 기도한 사실을 잘 들었다고 알려주신다. 이제 산헤립은 패망할 것을 알려주시고(21-29절), 또 예루살렘이 재건될 것(30-32절)을 말씀하시며, 그리고 같은 사실을 재확인 해주신다(33-35절).

사 37:22. 여호와께서 그에 대하여 이같이 이르시되 처녀 딸 시온이 너를 멸시하며 조소하였고 딸 예루살렘이 너를 향하여 머리를 흔들었느니라.

본 절은 여호와께서 앗수르의 산헤립에 대하여 선언하신 세 가지 말씀을 주신다. 첫째, 처녀 딸 시온이 앗수르를 멸시했다는 것, 둘째, 딸 예루살렘이 앗수르를 조소했다는 것, 셋째, 딸 예루살렘이 앗수르를 향하여 머리를 흔들었다는 것을 전해주신다.

여기 예루살렘이라는 말 앞에 "처녀"라는 말, 그리고 "딸"이란 말을 사용한 것은 예루살렘이 인간적으로는 약하다는 것을 표시하는 말이다. 비록 예루살렘이 약하더라도 하나님께서 예루살렘 편에 계시니 예루살렘이 앗수르를 멸시할 수 있었고, 조소할 수 있었으며 머리를 흔들(조소하는 모습) 수가 있었다. 세상적으로는 아무리 약한 개인이나 단체라 할지라도 하나님을 의지하는 개인이나 단체나 국가는 강하다는 것을 보여주는 것이다.

사 37:23. 네가 훼방하며 능욕한 것은 누구에게냐 네가 소리를 높이며 눈을 높이 들어 향한 것은 누구에게냐 곧 이스라엘의 거룩하신 이에게니라.

본 절은 앗수르의 산헤립이 히스기야를 훼방했고 능욕했으며(36:17, 19-20; 37:10-12) 소리 높여서 모욕하고 눈을 높이 들어 부릅뜬 것은 히스기야 왕에게나 예루살렘 주민에게가 아니라 결국은 야곱(이스라엘)을 세워주신 거룩하신 여호와께 향한 것이라고 말씀 하신다.

세상에서 누구든지 성도 한 사람을 건드리는 것은 여호와를 건드리는 것이고, 성도 한 사람을 압박하는 것은 여호와를 압박하는 것이다.

사 37:24. 네가 네 종을 통해서 내 주를 훼방하여 이르기를 내가 나의 허다한 병거를 거느리고 산들의 꼭대기에 올라가며 레바논의 깊은 곳에 이르렀으니 높은 백향목과 아름다운 향나무를 베고 또 그 제일 높은 곳에 들어가 살진 땅의 수풀에 이를 것이며.

본 절은 앗수르 왕 산헤립이 교만하게 행동한 태도를 하나님께서 지적하신 내용이다. 즉, 앗수르 왕 산헤립이 사자들을 예루살렘에 보내어 여호와 하나님을 훼방하여 큰 소리를 쳐 이르기를 내가 수많은 병거를 몰아가서 가나안 땅을 완전히 정복하겠다고 장담을 했다. 산헤립 너는 가나안 땅 높은 산 이 꼭대기에서 저 꼭대기까지 레바논의 막다른 곳까지 깊숙하게 들어가서, 키 큰 백향목 나무와 아름다운 향나무를 베어 버리고, 또 울창한 숲 제일 높은 곳에 들어가서, 그 끝 비옥한 지대, 결국 유다의 전토 안에 들어가서 토벌할 것이라고 말했다는 것이다.

산헤립이 이렇게 가나안 전토를 두고 완전 정복해버리겠다고 했으니 앗수르 왕 산헤립이 하나님 앞에 온전하겠느냐는 하나님의 반응이시다.

사 37:25. 내가 우물을 파서 물을 마셨으니 내 발바닥으로 애굽의 모든 하수를 말리리라 하였도다.

본 절은 앗수르 왕 산헤립이 가나안 땅에서 우물을 파서 마셨으니 앗수르 군대의 발바닥으로 애굽의 모든 하수(애굽의 하류 지방 나일 강 지방의 비옥한 평야)도 문제없이 말릴 수가 있다고 호언장담한 말이다.

본 절은 앗수르 왕 산헤립의 교만이 훤히 드러났다. 그런고로 산헤립은 멸망당하지 않을 수 없게 되었다. 교만은 패망의 선봉이다(잠 16:18; 18:12). 교만이 일어나면 반드시 패망이 온다는 것이다.

사 37:26. 네가 어찌하여 듣지 못하였느냐 이 일들은 내가 태초부터 행한

바요 상고부터 정한 바로서 이제 내가 이루어 네가 견고한 성읍들을 헐어 돌무더기가 되게 하였노라.

본 절은 여호와께서 산헤립에게 하시는 말씀으로 앗수르가 태초부터 행한 모든 일은 여호와께서 앗수르를 도구 삼아 행한 일인데 그 사실도 모르고 마치 자기가 행한 듯이 떠드는 것은 말도 되지 않는 일이라고 말씀하신다. 즉, 네(산헤립)가 듣지 못하였느냐? 네가 행한 일들은 이미 내가 오래 전에 결정한 것들이고, 아득한 옛날부터 이미 내가 계획한 것들이다. 이제 내가 너를 통해 그것을 이루었을 뿐이다. 그래서 네가 견고한 요새들을 돌무더기로 되게 만든 것이다.

네(산헤립)가 나(여호와)의 사용자가 되어 가지고 자기가 성읍들을 헐어 돌무더기가 되게 했다고 자랑하는 것은 있을 수가 없는 일이라고 말씀하신다. 도구로 사용된 도구들이 큰 소리를 치는 일은 참으로 무지에서 비롯된 것들이다. 사용을 당한 도구들은 사용되고 난 후에는 조용히 있어야 하는 것이다.

사 37:27. 그러므로 그 주민들이 힘이 약하여 놀라며 수치를 당하여 들의 풀 같이, 푸른 나물 같이, 지붕의 풀 같이, 자라지 못한 곡초 같이 되었느니라.

본 절은 앗수르에 의하여 정복당한 여러 나라들이 하나님의 섭리 하에 연약하게 된 것이지 결코 앗수르의 군사력이 강해서 이들 국가들의 형편이 약화된 것은 아니라는 것을 비유를 통해서 말씀하신다. 즉, 여러 민족의 주민들의 간담을 서늘하게 하고, 공포에 질리게 하며, 부끄럽게 해서 민족들은 초목과 같고, 자라기도 전에 말라 버리는 풀포기나 지붕 위의 잡초와 같이 되었다는 것이다.

하나님께서 그렇게 되게 하셔서 약화되었다는 것을 알아야 할 것이다. 모든 것은 하나님께서 하시는 일이다. 우리 인간들은 다만 하나님의 도구에 지나지 않음을 알아야 할 것이다. 사람들은 자신들을 좀 낮출 줄 알아야 한다.

사 37:28. 네 거처와 네 출입과 네가 나를 거슬러 분노함을 내가 아노라(I know your sitting down and your going out and coming in, and your raging against me-RSV, ESV).

나(여호와 하나님)는 네(산헤립의) 형편을 속속들이 다 알고 있다. 네(산헤립의)가 앉고 일어서는 것을 알고 있었고, 또 네가 나가고 들어오는 것도 알고 있었으며, 네가 나에게 분노를 품었던 사실(36:7, 15-20)도 나(여호와)는 모두 다 알고 있었다.

하나님은 우리의 속마음도 다 아시고 행동도 다 알고 계신다. 우리 자신들보다 더 자세히 알고 계신다. 그러니 우리는 우리 자신들을 하나님 앞에 정확하게 고백하고 기도하기만 하면 엄청난 복을 받게 된다. 다윗은 하나님의 전지하심을 다 고백했다(시 139편). 여호와 하나님은 산헤립의 속마음과 행동 전체를 알고 계셔서 그를 심판하실 작정이셨다.

사 37:29. 네가 나를 거슬러 분노함과 네 오만함이 내 귀에 들렸으므로 내가 갈고리로 네 코를 꿰며 재갈을 네 입에 물려 너를 오던 길로 돌아가게 하리라 하셨나이다.

본 절은 여호와 하나님께서 산헤립을 속속들이 아시니 그대로 심판하시겠다는 말씀을 하신다. 즉, 네(산헤립)가 나(여호와 하나님)에게 품고 있는 분노와 오만했음을 오래 전에 내가 직접 들었으므로 내가 너의 코를 갈고리로 꿰고, 너의 입에 재갈을 물려 네가 왔던 그 길로 너를 되돌아가게 하겠다고 하신다.

세상 사람들은 모두 행한 대로 심판을 받는다. 그러나 우리들은 예수님께서 십자가에서 대속의 죽음을 죽으셨으니(막 10:45) 예수님의 공로로 의롭다 하심을 받는 것이다. 이 사실이 얼마나 감사한지 모른다.

사 37:30. 왕이여 이것이 왕에게 징조가 되리니 올해는 스스로 난 것을 먹을 것이요 둘째 해에는 또 거기에서 난 것을 먹을 것이요 셋째 해에는 심고

거두며 포도나무를 심고 그 열매를 먹을 것이니이다.

본 절부터 32절까지는 유다 나라의 농사가 복구되고 농사 일이 회복되어 주민들이 안정된 삶을 살게 될 것이라고 한다. 즉, 히스기야 왕이시여! 여호와께서 임금님께 다음과 같은 증거를 보이실 것입니다. 금년에는 백성들이 산헤립의 침략 때문에 농사를 하지 못하여 들에서 저절로 자라난 곡식을 먹게 되고, 내년에도 들에서 저절로 자라난 곡식을 먹을 수밖에 없을 것입니다. 그러나 제3년차인 해가 되면 백성들이 씨를 뿌리고 곡식을 거둘 것이며, 포도밭을 가꾸어서 그 열매를 먹게 될 것입니다.

문장 초두의 "이것이 왕에게 징조가 되리니"(And this shall be the sign for you-ESV)란 말은 '본 절의 예언이 왕에게 징조가 될 것입니다'라는 뜻이 된다는 것이다.

사 37:31. 유다 족속 중에 피하여 남은 자는 다시 아래로 뿌리를 박고 위로 열매를 맺으리니.

본 절은 유다 사람들 가운데서 앗수르의 난리를 피하여 살아남은 사람들의 구원을 말하는 구절이다(6:13 주해 참조). 즉, 유다 족속 중에 난리를 피하여 살아남은 자는 다시 땅 아래로 깊이 뿌리를 내리고, 위로 열매를 맺을 것이라는 내용이다.

사 37:32. 이는 남은 자가 예루살렘에서 나오며 피하는 자가 시온 산에서 나올 것임이라 만군의 여호와의 열심이 이를 이루시리이다.

본 절 초두에는 이유를 말하는 접속사(כִּי)가 있어 전절의 유다 족속 중에서 나올 이유를 본 절이 제공하고 있다. 즉, 남은 사람들이 예루살렘에서부터 나오고, 환난을 피한 사람들이 시온 산에서 나올 것이기 때문입니다. 만군의 여호와께서 정열을 가지고서 이 일을 이루실 것입니다.

본 절의 "남은 자"란 말은 '구원받는 자'를 지칭한다. 예루살렘은 남은 자의 수도이다. 그곳에 선민이 아주 끊어지지 않고 남은 자들이 그곳에서 나온다. "여호와의 열심이 이를 이루시리이다"라는 말은 극히 강조적인 표현으로 여호와께서 하시려는 일이 크고 그 일이 놀라운 일인 것을 표시하는 단어이다.

사 37:33. 그러므로 여호와께서 앗수르 왕에 대하여 이같이 이르시되 그가 이 성에 이르지 못하며 화살 하나도 이리로 쏘지 못하며 방패를 가지고 성에 가까이 오지도 못하며 흉벽을 쌓고 치지도 못할 것이요.

본문 초두의 "그러므로"(therefore)란 말은 결과를 말하는 단어로 앞 절에서 여호와께서는 어떻게든 이루시는 분이시니 그 결과로 본 절의 사건을 이루신다는 뜻이다. 즉, 그러므로 앗수르 왕은 이 도성에 한 발자국도 들어오지 못하며, 이리로 활도 한 번 쏘아 보지 못할 것이다. 방패를 앞세워 접근하지도 못하며, 성을 공격할 토성을 쌓지도 못하고 돌아가고 말 것이다.

히스기야는 여호와의 성전에서 기도하고 여호와를 의뢰하니 여호와께서 유다의 적을 꼼짝 못하게 하셨고, 또 그들이 무력한 상태로 돌아가게 하셨다. 오늘 우리도 주님을 철저히 의지하고 기도할 때 놀라운 이적이 발생하는 것이다.

사 37:34. 그가 오던 길 곧 그 길로 돌아가고 이 성에 이르지 못하리라 나 여호와의 말이니라.

본 절도 역시 전 절에 이어 산헤립이 아무 일도 성취하지 못하고 그냥 돌아갈 것을 진술하고 있다. 즉, 산헤립이 예루살렘에 오던 길을 계속해서 오지 못하고 그냥 되돌아갈 것이고, 이 도성 안으로는 절대로 들어오지 못한다는 것이 여호와의 말씀이라는 것이다. 우리가 여호와를 신뢰하고 기도하면 여호와께서는 우리를 철저히 보호하신다.

사 37:35. 대저 내가 나를 위하며 내 종 다윗을 위하여 이 성을 보호하며 구원하리라 하셨나이다 하니라.

본 절 초두에는 "대저"(for)라는 이유 접속사가 있어 앞 절의 여호와의 보호에 대하여 본 절에서 그 이유를 제공하고 있다. 즉, 나(여호와)는 나의 명성(영광)을 지키기 위해서라도 이 도성을 보호하겠고, 내 종 다윗과 세운 언약(삼하 7:12-16)을 지키기 위해서라도 이 도성을 구원하겠다고 하신다.

다시 말해 하나님의 하나님 되심의 명예와 그의 신실하심을 담보로 삼으시고 반드시 남쪽의 유다를 구원하실 것이라는 하나님의 강한 의지를 표현한 것이다. 이것이 바로 '여호와의 열심'(32절)이시다.

6. 앗수르 군대를 격퇴하다 37:36-38

이 부분(36-38절)은 36-37장의 결론으로 앗수르 군대가 붕괴되고, 왕은 니느웨로 돌아가 아들들에게 피살된 것을 진술한 것이다. 이 부분은 왕하 19:35-37과 문자적으로 동일하다.

사 37:36. 여호와의 사자가 나가서 앗수르 진중에서 십팔만 오천인을 쳤으므로 아침에 일찍이 일어나 본즉 시체뿐이라.

본 절의 "여호와의 사자"란 하나님 자신이 직접 나타나신 현현으로 본다(고대 교부들, K.&D. Lange, Stier, 박윤선, 이상근). 따라서 이는 구약에 나타나신 성자 예수 그리스도이시다(창 16:7; 출 12:12, 29, 30). 본 절을 쉽게 해석하면 주님의 천사가 나아가서, 앗수르 군의 진영에서 십팔만 오천(185,000)명을 쳐 죽였다. 다음날 아침이 밝았을 때에, 그들은 모두 죽은 시체로 발견되었다.

"앗수르 군의 진영에서 십팔만 오천 명을 쳐 죽인" 이 사건을 두고 수많은 추측이 가해졌는데 이것은 전에 예언한 내용의 성취로 보아야 한다(10:33, 34; 30:31; 31:8). 다시 말해 본문의 초자연적 역사는 이스라엘 민족이 출애굽 시에 주님의 사자가 애굽의 장자를 치신 것(출 2:30)과 마찬가지로 '주님의 사자'가 직접 치신 것으로 이해해야 할 것이다.

사 37:37. 이에 앗수르의 산헤립 왕이 떠나 돌아가서 니느웨에 거주하더니.

앗수르 왕 산헤립이 그 곳을 떠나, 니느웨 도성으로 돌아가서 그의 아들들에게 죽임을 당할 때까지 20년간 머물렀다. 산헤립이 이렇게 아들들에게 피살된 것은 이사야의 예언대로 된 일이다(7절, 33절, 34절 참조).

사 37:38. 자기 신 니스록의 신전에서 경배할 때에 그의 아들 아드람멜렉과 사레셀이 그를 칼로 죽이고 아라랏 땅으로 도망하였으므로 그의 아들 에살핫돈이 이어 왕이 되니라.

산헤립이 니느웨에 거주하던 중 어느 날 자기의 신 니스록의 신전에서 예배하고 있을 때에, 그의 두 아들 아드람멜렉과 사레셀이 그를 칼로 쳐 죽이고 아라랏 땅으로 도망하였다. 그 뒤를 이어 그의 아들 에살핫돈이 왕이 되었다.

니스록은 산헤립이 숭배한 앗수르의 신이다. 구약 성경에서 니스록은 2회가 등장한다(본 절과 왕상 19:37). 이 구절들은 산헤립이 예루살렘에서 자기 나라로 철수한 후 그의 신 니스록의 신전에서 예배할 때 자기 아들들에게 살해되었다는 것을 말해준다. 아무튼 히스기야는 여호와 하나님께 간절히 기도하여 구원을 받았으나, 산헤립은 자기의 신에게 경배하다가 죽음을 맞이한 것이 대조가 된다(박윤선, 이상근).

"산헤립의 아들 아드람멜렉과 사레셀이 그를 칼로 죽였다"는 말에서 '아드람멜렉'이란 말은 아드람 왕이라는 뜻으로 왕을 사칭한 아들이었고, 그의 형제 에살핫돈에 의해 체포되어 죽었다(Eusebius). '사레셀'에 대해서는 별로 알려진 바가 없다.

산헤립은 그의 부친인 사르곤을 죽이고 왕위를 취했고, 그 자신 또한 아들들에 의해서 죽임을 당한 것이다(주전 681년). 이는 하나님을 모독하고 마치 최고의 능력을 행사하는 신처럼 행세했던 산헤립은 결국 자식들에게 죽임을 당하는 최후를 맞이했다. 이는 하나님의 공의의 심판의 결과로 7절의 예언이 정확하게 성취된 것이었다.

본 절의 아라랏 땅은 아르메니아로 앗수르의 영향권을 벗어난 지역이었다. 그 형제는 결국 자기의 아버지를 살해하고 에살핫돈에게 밀려 앗수르의 영향권을 벗어난 지역으로 도망한 것이다.

"에살핫돈"(주전 681-668년 재위)은 산헤립의 작은 아들이었으나 바벨론 총독에 임명되었고, 또 산헤립의 계승자가 된 것이다. 특히 주전 671년 애굽을 정복한 일로 유명하다(이상근).

제 38 장

C. 히스기야의 병 38장

38장은 히스기야가 병에 걸렸던 일과 병에서 놓여난 일로 왕하 20:1-11(대하 32:24-26)과 병행한다(왕하가 먼저 기록된 것으로 보인다). 본장의 내용은 1) 히스기야가 병에 걸렸던 일과 회복된 일(1-8절), 2) 히스기야가 감사의 시를 남긴 것(9-19절), 3) 결론(20-21절)으로 구성되어 있다.

1. 히스기야의 병 회복이 약속되다 38:1-8

히스기야가 병들었는데, 이사야는 히스기야의 죽음을 예언하여 히스기야가 여호와께 간곡히 기도하여 15년을 연장 받는다.

<히스기야 왕의 발병과 회복(왕하 20:1-11; 대하 32:24-26)>

사 38:1. 그 때에 히스기야가 병들어 죽게 되니 아모스의 아들 선지자 이사야가 나아가 그에게 이르되 여호와께서 이같이 말씀하시기를 너는 네 집에 유언하라 네가 죽고 살지 못하리라 하셨나이다 하니.

그 무렵에 히스기야가 병이 들어서 거의 죽게 되었는데, 아모스의 아들 선지자 이사야가 그에게 와서 말하였다. 여호와께서 이렇게 말씀하십니다. 네가 죽게 되었으니, 너의 나라 안 모든 일을 유언해 놓고 죽어라. 네가 다시는 회복되지 못할 것이다.

"그 때에"란 말을 두고 여러 추측이 나왔다. 1) 39장과 같은 때를 지칭한다는 견해(Rawlinson), 2) 단순히 접속사로 쓰인 것이라는 견해(Clements), 3) 앗수르 군이 격퇴되었을 때로 보는 견해(Calvin, Vitringa, Lange, 박윤선, 이순한), 4) 앗수르가 예루살렘을 침공했을 때를 말한다는 견해(Delitzsch, 이상근, 그랜드 종합 주석, 호크마 주석)로 나누어진다. 이 견해들 중 4)번의 견해를 택한다. 6절에 근거하여 앗수르가 예루살렘을 침공했을 때로 보는 것이 가장 바를 것으로 본다. 아무튼 그 때는 히스기야의 통치 14년이었고 주전 713년경(히스기야의 통치 기간을 주전 727년-698년으로 보고)으로 본다.

"히스기야가 병들어 죽게 되었다"는 말을 두고 무슨 병에 걸렸는지를 두고도 추측이 있다. 아마도 죽을병에 걸린 것으로 본다. 죽을병에 걸렸기에 히스기야는 벽을 향하고 애절한 기도를 드렸을 것이다.

"너는 네 집에 유언하라"는 말은 왕이 죽은 후에 나라 일의 혼란을 막기 위해 나라 일을 정리하고 죽으라는 뜻이다. 하나님은 우리의 죽음을 두고 큰 관심을 보이시는 것을 볼 수 있다(시 116:15).

사 38:2. 히스기야가 얼굴을 벽으로 향하고 여호와께 기도하여.

히스기야 왕은 선지자의 말을 듣고 그의 얼굴을 벽 쪽으로 향하고 주님께 기도했다. 히스기야는 병에 걸려 죽게 되었을 때, 자기의 문제를 여호와께 맡기며 기도했다. 결코 우울 증세를 보이지 않았다. 우리는 모든 문제를 해결하시는 하나님께 우리의 고개를 숙이고 기도해야 할 것이다.

사 38:3. 이르되 여호와여 구하오니 내가 주 앞에서 진실과 전심으로 행하며 주의 목전에서 선하게 행한 것을 기억하옵소서 하고 히스기야가 심히 통곡하니.

히스기야 왕은 이제는 죽는가보다 생각하고 "여호와여! 빕니다. 제가 주님 앞에서 진실하게 살아온 것과 온전한 마음으로 순종한 일과 주님께서 보시기에 선한 일을 행한 것을 기억하여 주십시오"라고 기도했다. 이렇게 기도하고 나서, 히스기야 왕은 한참 동안 흐느껴 울었다.

히스기야 왕은 하나님을 믿는데 있어서 외식함이 없이 진실과 전심으로 했다는 것이며, 그의 행위도 일반 사람들처럼 불신앙으로 하지 않고 당면한 문제에 있어 처신 방법을 신앙적으로 했다는 것을 말한다.

우리는 세상을 진실하게 살아가야 하고 또 온전한 마음으로 순종해야 하며 주님께서 보시기에 선하게 살아가야 하겠다.

사 38:4. 이에 여호와의 말씀이 이사야에게 임하여 이르시되.

히스기야 왕이 여호와께 기도한 다음에 여호와께서 이사야에게 임하여 이렇게 말씀하신다(왕하 20:4). 히스기야 왕이 여호와께 기도했을 때 여호와께서는 즉시 기도에 응답하신다. 이사야는 여호와의 메시지를 받고 심부름을 할 수밖에 없었다. 여호와는 우리의 기도에 깊은 관심을 표시하신다.

사 38:5. 너는 가서 히스기야에게 이르기를 네 조상 다윗의 하나님 여호와께서 이같이 말씀하시기를 내가 네 기도를 들었고 네 눈물을 보았노라 내가 네 수한에 십오 년을 더하고.

여호와 하나님은 히스기야의 기도에 대해서 히스기야에게 직접 응답하시지 않고 이사야를 통하여 응답하셨다. 즉, 여호와께서는 이사야에게 히스기야를 찾아가서 이르기를 너는 히스기야에게 이르기를 너의 조상 다윗의 하나님이신 여호와께서 이렇게 말씀하신다. 네가 기도하는 소리를 내가 들었고, 네가 흘리는 눈물도 내가 보았다. 내가 너의 목숨을 십 오년을 연장시키겠다고 하신다고 하여라.

이때까지 히스기야의 통치는 14년이었으므로 결국 히스기야의 통치 기간은 배가 되고 또 이 때 히스기야의 나이는 39세였으므로 그가 세상을 떠나는 때가 54세가 될 것이다. 히스기야는 연장 받은 15년을 통해 앗수르의 손에서 유다를 완전히 보호한 것이다.

사 38:6. 너와 이 성을 앗수르 왕의 손에서 건져내겠고 내가 또 이 성을 보호하리라.

본 절도 역시 히스기야의 기도를 들으시고 응답하신 내용이다. 즉, 히스기야와 이 도성 예루살렘을 앗수르 왕의 손에서 구하시고 이 예수살렘 도성을 보호하시겠노라고 하신다.

앗수르는 북쪽 이스라엘을 주전 721년에 멸망시켰으나 남쪽의 유다는 하나님의 보호 아래 완전히 침범하지 못했고, 오히려 앗수르 자체가 신 바벨론에게 멸망당하고 말았다.

사 38:7. 이는 여호와께로 말미암는 너를 위한 징조이니 곧 여호와께서 하신 말씀을 그가 이루신다는 증거이니라("This shall be the sign to you from the LORD, that the LORD will do this thing that he has promised:-ESV).

나 여호와는 약속한 것이면 그대로 이룬다. 그 증거를 나 여호와가 너 히스기야에게 주겠다고 하신다.

본 절은 여호와께서 6절의 약속(히스기야와 예루살렘 성을 앗수르 왕의 손에서 구원하신다는 것과 또 이 예루살렘 성을 보호신다는 것) 하신 것을 그대로 이루신다고 말씀하신다.

사 38:8. 보라 아하스의 해시계에 나아갔던 해 그림자를 뒤로 십 도를 물러가게 하리라 하셨다 하라 하시더니 이에 해시계에 나아갔던 해의 그림자가 십도를 물러가니라(Behold, I will make the shadow cast by the declining sun on the dial of Ahaz turn back ten steps." So the sun turned back on the dial the ten steps by which it had declined-RSV, ESV).

아하스의 해시계에 비친 그림자가 십 도 뒤로 물러갈 것이니, 해도 내려갔던 데서 십 도 올라갈 것이다.[32)]

---

32) 왕하 20:8-11에 보면 본 절의 기사보다 더 상세하다. 즉, 히스기야가 이사야에게 이르되 여호와께서 나를 낫게 하시고 삼 일 만에 여호와의 성전에 올라가게 하실 무슨 징표가 있나이까 하니, 이사야가 이르되 여호와께서 하신 말씀을 응하게 하실 일에 대하여 여호와께로부터 왕에게 한 징표가 임하리이다. 해 그림자가 십 도를 나아갈 것이니이까 혹 십 도를 물러갈 것이니이까 하니, 히스기야가 대답하되 그림자가 십 도를 나아가기는 쉬우니 그리할 것이 아니라 십 도가 뒤로 물러갈 것이니이다 하니라. 선지자 이사야가 여호와께 간구하매 아하스의 해시계 위에 나아갔던 해 그림자를 십 도 뒤로 물러가게 하셨더라고 진술한다(왕하 20:8-11 참조).

"아하스의 해시계"(아하스의 일영표)란 왕궁에 있는 아하스의 계단을 지나가는 해 그림자로 시간을 재는 기구였다(Delitzsch, Lange). 10도라고 하면 해 그림자가 10계단을 지나가는 것을 가리킨다고 본다. 이런 식으로 시간을 재는 방법은 원래 바벨론에서 발명되었는데(Herodotus), 이스라엘에서 수입한 것으로 추측된다.

2. 히스기야의 시편 38:9-20

9-20절은 병 나은 히스기야의 감사의 시편이다. 이 시편 내용은 병중의 절망 상태(9-14절), 히스기야의 기도(15-17절), 및 병 고침에 대한 감사(18-20절)로 구성되어 있다.

ㄱ) 병중의 절망 38:9-14

사 38:9. 유다 왕 히스기야가 병들었다가 그의 병이 나은 때에 기록한 글이 이러하니라.

다음은 유다 왕 히스기야가 병에 걸렸다가 그 병에서 놓여난 때에 읊은 시이다.

히스기야가 병에 걸리지 않았더라면 나올 수 없었던 소중한 감사의 시이다. 우리는 혹시 중병에 걸린 경험이 없다 하더라도 범사에 감사하고 살아야 할 것이다.

사 38:10. 내가 말하기를 나의 중년에 스올의 문에 들어가고 나의 여생을 빼앗기게 되리라 하였도다.

히스기야는 본 절부터 14절까지 병에 걸려 죽을 뻔한 것을 회고하면서 감사한다. 즉, 나(히스기야)는 한창 나이에 스올(죽음)의 문으로 들어가는가 싶었다. 자신의 여생을 빼앗기게 되리라는 생각도 들었다.

이때 히스기야의 나이는 39세였다. 한창 때의 나이였다. 히스기야는 "나의 여생을 빼앗기게 되리라"고 생각까지 하게 된 것이다. 39세에 저 세상으로

가면 그의 여생은 많은 것으로 생각된 것이다.

사 38:11. 내가 또 말하기를 내가 다시는 여호와를 뵈옵지 못하리니 산 자의 땅에서 다시는 여호와를 뵈옵지 못하겠고 내가 세상의 거민 중에서 한 사람도 다시는 보지 못하리라 하였도다.

히스기야가 또 말하기를 내가 이제 죽으면 여호와를 뵙지 못하고 찬양도 못할 것이며(시 6:5; 30:9; 88:10-12; 115:17) 또 세상의 거민 중에서 한 사람도 다시는 보지 못하리라고 했다는 것이다.

사 38:12. 나의 거처는 목자의 장막을 걷음 같이 나를 떠나 옮겨졌고 직공이 베를 걷어 말음 같이 내가 내 생명을 말았도다 주께서 나를 틀에서 끊으시리니 조석간에 나를 끝내시리라.

목동이 장막을 거두어 자리를 옮기듯이, 나의 생명도 장막처럼 뜯겨서 옮겨질 것이로다. 베 짜는 사람이 베를 다 짜면 베틀에서 베를 거두어 말듯이, 나도 나의 목숨을 다 짠 베처럼 말아야 할 것이다. 주님께서 조만간에 내 목숨을 끊으실 것이라고 생각했다. 내 목숨이 참으로 경각간에 달려 있다는 것이다.

사 38:13. 내가 아침까지 견디었사오나 주께서 사자 같이 나의 모든 뼈를 꺾으시오니 조석간에 나를 끝내시리라.

사자가 마치 나의 뼈를 부수어 먹기라도 하듯 나는 통증을 견딜 수 없어 날이 샐 때까지 계속해서 울부짖었다. 주님께서 조만간에 내 목숨을 끊으실 것으로 여겨졌다.

사자가 그 먹이의 뼈를 꺾음같이 내 뼈를 꺾어먹는 고통을 나는 받았다. 그래서 나는 그 생명이 곧 끝난다고 느낀 것이다.

사 38:14. 나는 제비 같이, 학 같이 지저귀며 비둘기 같이 슬피 울며 내

눈이 쇠하도록 앙망하나이다 여호와여 내가 압제를 받사오니 나의 중보가 되옵소서.

본 절은 히스기야가 임종의 고통 중에 신음하면서 여호와께 기도하는 모습이다. 즉, 나(히스기야)는 제비처럼 학처럼 지절거리며, 비둘기처럼 구슬피 울었습니다. 나는 눈이 빠지도록 여호와를 앙망하였습니다. 여호와여! 저는 채무자가 채주에게 투옥되어 압제를 받는 듯 압제를 받사오니 이 고통에서 저의 보주가 되사(욥 17:3) 나의 어려운 빚을 대신 맡아 주옵소서 라고 했다.

ㄴ) 히스기야의 기도 38:15-17

이 부분(15-17절)은 히스기야가 고통 중에 드린 감사 기도이다. 그의 고통이 컸으니 그의 감사도 깊었다.

사 38:15. 주께서 내게 말씀하시고 또 친히 이루셨사오니 내가 무슨 말씀을 하오리이까 내 영혼의 고통으로 말미암아 내가 종신토록 방황하리이다(what shall I say? For he has spoken to me, and he himself has done it. I walk slowly all my years because of the bitterness of my soul-ESV)**.**

여호와께서 내게 말씀하셨고, 또 친히 그대로 이루어주셨는데, 내가 무슨 말씀을 더 하겠습니까? 나의 영혼이 번민에 싸여 있으므로, 내가 내 평생 천천히 걷겠습니다.

“주께서 내게 말씀하시고 또 친히 이루셨사오니 내가 무슨 말씀을 하오리이까”란 말은 ‘여호와께서 이사야를 통해 친히 히스기야 왕에게 죽음의 병을 주시겠다고 말씀하셨고 또 그것을 친히 이루셨으니 내 자신이 무슨 말씀을 하겠습니까’라는 뜻이다. 이는 여호와께서 히스기야 왕의 병을 주관하심을 고백하는 말이다. 그러므로 이 말에는 여호와만이 그의 병을 고치실 수 있다는 뜻이 내포되어 있다고 할 수 있다.

“내 영혼의 고통으로 말미암아 내가 종신토록 천천히 걷겠습니다”란 말은 ‘여호와께서 주신 이 고통 때문에 자신의 남은 생애를 더욱 더 하나님 앞에서 겸손하고 조심스러운 삶을 살겠다는 뜻이다. 우리 성도들은 고통에 처할 때 하나님께 원망하지 말고 하나님의 뜻에 더욱 감사하며 자신의 삶을 긍정적으로 평가하는 히스기야의 신앙 태도를 본받아야 할 것이다.

사 38:16. 주여 사람이 사는 것이 이에 있고 내 심령의 생명도 온전히 거기에 있사오니 원하건대 나를 치료하시며 나를 살려 주옵소서(O Lord, by these things men live, and in all these is the life of my spirit. Oh restore me to health and make me live!-ESV)**.**

본 절의 "이에"(these things)란 말은 히스기야 왕이 방금 통과한 그러한 경험들을 지칭한다. 그런 경험들은 우리의 삶이 근거하는 우리의 삶의 중요한 요소들이다. 히스기야는 보다 깊이 들어가서 주장하길 이와 같은 경험들 속에 "자신의 영의 생명 자체"가 놓여 있다고 말한다. 그런 경험들은 모든 삶의 원천이다. 이 모두는 이런 것들이 얼마나 깊이 들어가며 얼마나 오래 동안 지속되는지를 지시해 주려는 노력에서 언급되었다. 그리고 히스기야 왕은 첨가하기를 "당신이 나를 치료하시고 나를 회복시키시리이다"라고 한다. 이 말은 그가 계속해서 회복 도중에 있음을 암시하며 히스기야는 하나님께서 완전하게 치료하실 것이라고 확신하고 있다(Leupold).

본 절에 대하여 박윤선 박사는 고난이 진정한 살 길이라고 히스기야는 본 것이다. 성경은 육체에 고난을 받으므로 죄를 그친다고도 했다(벧전 4:1). 사람이 평안하면 모든 악심에 사로잡힌다고 했다.

사 38:17. 보옵소서 내게 큰 고통을 더하신 것은 내게 평안을 주려 하심이라 주께서 내 영혼을 사랑하사 멸망의 구덩이에서 건지셨고 내 모든 죄를 주의 등 뒤에 던지셨나이다.

본 절 초두의 "보옵소서"(הִנֵּה)란 말은 본 절이 대단히 중요한 내용을 언급하고 있으므로 주의해서 관찰하라는 뜻이다. 즉, "주님께서 내게 큰 고통을 더하신 것은 내게 평안을 주려 하심이라. 주님께서 내 영혼을 사랑하셔서 멸망의 구덩이에서 건지셨고 내 모든 죄를 주님의 등 뒤에 던지셨나이다" 라고 말씀한다.

"내게 큰 고통을 더하신 것은 내게 평안을 주려 하심이라"는 말은 고난의 의의를 말하는 구절이다. 즉, 고난을 통해 죄를 깨달아 회개하게 되고, 또 인간의 나약성을 절감하면서 하나님을 전적으로 의지하게 되며, 그 결과 주님의 사유와 고치심을 받아 큰 은혜를 받게 된다는 것이다(시 94:12; 시 119:7; 잠 3:2; 히 12:5-22).

"내 모든 죄를 주의 등 뒤에 던지셨나이다"란 말은 히스기야의 모든 죄를 회개하므로 주님의 사유하심을 받게 되니 주님께서 히스기야의 모든 죄를 기억도 하지 않으셨다는 뜻이다(1:18; 시 25:7; 79:8).

ㄷ) 병 고침에 대한 감사 38:18-20

사 38:18. 스올이 주께 감사하지 못하며 사망이 주를 찬양하지 못하며 구덩이에 들어간 자가 주의 신실을 바라지 못하되.

본 절은 질병에서 구원 받음에 대한 감사를 표현한다. 즉, 무덤에 들어가서는 아무도 주님께 감사하지 못하고, 죽은 사람은 아무도 주님을 찬양할 수 없으며 구덩이에 들어간 사람은 아무도 주님을 찬양할 수 없습니다. 경건한 히스기야 왕에게 생의 목적은 오직 쉬지 않고 주님을 찬송하는 것이었음을 말하는 것이다.

사 38:19. 오직 산 자 곧 산 자는 오늘 내가 하는 것과 같이 주께 감사하며 주의 신실을 아버지가 그의 자녀에게 알게 하리이다.

본 절은 인생의 사는 목적이 주님께 감사하고 주님의 신실을 자녀에게 알게 하는 것이라고 말한다. 히스기야는 아직 자녀는 없었지만 그러나 자녀를 가르치는 부모의 의무는 충분히 알고 있었을 것이다(이상근).

사 38:20. 여호와께서 나를 구원하시리니 우리가 종신토록 여호와의 전에서

수금으로 나의 노래를 노래하리로다.

여호와께서 나를 낫게 하시면 우리가 사는 날 동안 수금을 뜯으며, 우리가 주님의 성전에서 주님을 찬양하겠습니다.

우리가 질병에서 나은 후에 무엇을 하겠습니까. 주님을 찬양하는 일 말고 딴 것은 중요한 것이 아니다.

3. 그 사건에 수반된 사건들 38:21-22

사 38:21. 이사야가 이르기를 한 뭉치 무화과를 가져다가 종처에 붙이면 왕이 나으리라 하였고(Now Isaiah had said, "Let them take a cake of figs and apply it to the boil, that he may recover-RSV, ESV).

본 절(21절)과 다음 절(22절)은 6절 다음에 들어가야 한다는 의견이 유력하다(Delitzsch, Rawlinson, 이상근).[33] 본 절 해석은 이사야가 왕에게 "무화과 뭉치를 가져다가 종기에 붙이시면 임금님께서 나으실 것입니다"라고 말하였다. 본 절 주해를 하면서 칼빈(Calvin)은 무화과로 종처를 낫게 하기 위하여 붙이는 일이 있었다고 한다. 하나님께서 우리의 질병을 고치실 때에 의약을 의뢰하시지는 않으나 무시하시지도 않는다. 그가 약을 내신 것도 사실이다. 그러므로 그가 히스기야의 종처를 고치심에 있어서 무화과를 사용하신 것이 그가 고쳐주시는 사실의 가치를 떨어지게 하는 것은 아니라고 말한다.

사 38:22. 히스기야도 말하기를 내가 여호와의 전에 올라갈 징조가 무엇이냐 하였더라.

---

33) 여기 21, 22절은 순서적으로 볼 때 6절 다음에 있어야 할 듯하나(왕하 20:7-11), 그렇게 되지 않고 이 구절들(21, 22절)이 본장 끝에 기록된 것도 이유가 있을 것이다(박윤선). 루폴드(Leupold)는 21절을 주해하면서 "본장의 자료가 어떤 전후 관계를 갖는지 다음과 같이 말할 수 있을 것이다: 히스기야가 자신이 회복하리라는 약속을 받은 후에 히스기야의 시는 그 중요성을 처음으로 갖게 되었다. 그 시는 왕이 겪은 깊은 경험을 사실대로 묘사한 것이었다. 이것이 기록된 후, 첨가되어야 했을 두 가지 사항이 남아 있었다. 이 중 첫째가 치료약에 관한 사항이다. 선지자는 치료를 위해 약을 처방해 주었다. 이 약은 "무화과 찜질 약"이었다. 어떤 약을 사용하는 것은 그 치유의 기적적인 성격과 상충되지 아니한다"고 했다.

히스기야도 내가 주님의 성전에 다시 올라갈 것이라는 증거가 무엇입니까고 물었다.

히스시야의 말이 "내가 여호와의 전에 올라갈 징조가 무엇이냐"라고 하였으니 이것은 그가 병이 나아가지고 성전에 올라갈 수 있도록 하실 하나님의 능력을 믿고자 하면서 징조를 구한 것이다. 이 말씀은 그가 이사야의 전하여 주는 하나님의 약속(5, 6절)을 믿는데 도움이 되는 징조를 구하는 것이다(박윤선).

루폴드(Leupold)는 본 절을 주해하면서 "그리고 나서 흥미로운 사항이 제시되었다. 즉, 위(7절)에서 언급된 징조가 히스기야의 간청에 대한 응답으로 임했다. 히스기야 왕은 사실상 어떤 확신을 주는 표를 주시라고 요청했다. 이사야는 이를 앞에서 언급하지 못했다. 이사야는 때늦은 생각으로 그것을 본 절에서 덧붙인다."

제 39 장

D. 히스기야의 실수　39장

본장(39장)은 왕하 20:12-19과 거의 문자적으로 같다. 히스기야가 병에서 놓여난 후 바벨론 왕은 히스기야 왕에게 축하의 서신을 보냈고 히스기야 왕은 그 사신에게 궁중의 무기고와 보물 창고를 다 보여주었다. 이사야는 왕에게 경계하여 장차 그 모든 물건들이 바벨론으로 옮겨지고 유다 백성이 바벨론의 포로가 될 것을 예언한다. 앗수르 군의 격퇴와 왕의 치병 같은 기쁜 일들 중에서 범한 실수였다.

1. 바벨론 사신들의 내방과 히스기야의 자기 과시　39:1-2

<바벨론에서 온 사자들(왕하 20:12-19)>

사 39:1. 그 때에 발라단의 아들 바벨론 왕 므로닥발라단이 히스기야가 병 들었다가 나았다 함을 듣고 히스기야에게 글과 예물을 보낸지라.

본 절 초두의 "그 때에"란 말은 히스기야 왕이 병 들었다가 나았을 때(전장)를 지칭한다. 즉, 그 때에 발라단의 아들 바벨론 왕 므로닥발라단이 히스기야가 병 들었다가 나았다는 소식을 듣고 히스기야에게 친서와 예물을 보내 왔다는 것이다.

"므로닥발라단"(Meroduck-Baladan II, 기원전 721-710)은 왕하 20:12에는 "브로닥발라단"으로 기록되어 있다. 브로닥발라단은 본래 바벨론의 군신(群神)인 '말둑신'의 또 다른 이름이다. 므로닥발라단은 앗수르의 사르곤 2세(기원전 722-705년) 통치 시, 바벨론을 다스렸던 자이다. 그런데 그는 반 앗수르 정책을 펼치다가 사르곤, 산헤립 등에 쫓겨나 메소포타미아 남동쪽의 엘람(Elam)을 다스리는 지방 통치자로 전락했다. 그가 히스기야에게 문병 사절단을 보낸 때는 바로 이 시기였던 것으로 추정된다.

"히스기야에게 글과 예물을 보낸지라"는 말은 브로닥발라단의 히스기야를 위한 병문안은 다만 표면상의 구실에 불과했다. 그 실질적인 목적은 앗수르의 세 력에 대항할 수 있는 연합 전선을 형성하기 위해서였다. 그 당시에 바벨론은 앗수르의 지배하에 있었다. 그런고로 바벨론은 그 지배로부터 벗어나기 위해 유다와 동맹을 맺고 또한 유다의 힘이 어느 정도인지를 알아보기 위하여 사신을 보낸 것이다(그랜드 종합 주석).

사 39:2. 히스기야가 사자들로 말미암아 기뻐하여 그들에게 보물 창고 곧 은금과 향료와 보배로운 기름과 모든 무기고에 있는 것을 다 보여 주었으니 히스기야가 궁중의 소유와 전 국내의 소유를 보이지 아니한 것이 없는지라.

히스기야가 그들을 반갑게 맞아들이고, 보물 창고에 있는 은(銀)과 금(金)과 향료(香料)와 향유(香油)와 무기고와 창고 안에 있는 모든 것을 다 보여 주었으니 히스기야가 바벨론 사신들에게 궁궐과 나라 안에 있는 것을 하나도 빠짐없이 다 보여 주었더라고 말한다.

히스기야가 바벨론 사자들을 기뻐했던 것은 두 가지 이유에서였다. 하나는 히스기야가 병 나은 것을 축하해주니 기뻤고, 또 한편으로는 국가적으로 반 앗수르 동맹국으로 간주하여 기뻐했을 것이다. 아무튼 히스기야 왕이 바벨론 사자들을 그렇게 대우한 것은 아주 경솔하고 또 마음의 교만이 발동된 것이었다. 대하 32:31의 기록에 의하면 하나님께서 히스기야를 시험하신 것이라고 한다.

히스기야 왕이 바벨론 사자들에게 모든 것을 보여준 것은 이런 것들을 가지고 힘을 합하여 하나님을 의지하지 않고, 바벨론과 합작하려는 것이니 하나님께서 기뻐하지 않으신 것이었다. 사실 히스기야가 바벨론 사신들에게 보여준 것은 훗날 바벨론에게 모두 빼앗기고 말았다. 하나님을 기쁘시게 하지 못한 것은 모두 죄인 것이다.

2. 이사야가 히스기야를 심문하다 39:3-4

사 39:3. 이에 선지자 이사야가 히스기야 왕에게 나아와 묻되 그 사람들이 무슨 말을 하였으며 어디서 왕에게 왔나이까 하니 히스기야가 이르되 그들이 원방 곧 바벨론에서 내게 왔나이다 하니라.

그 때에 선지자 이사야가 히스기야 왕에게 나아와서 묻기를 이 사람들이 무슨 말을 하였습니까? 이 사람들은 어디에서 온 사람들입니까? 히스기야가 대답하기를 그 사람들은 저 먼 나라 바벨론에서 온 사람들입니다 라고 대답한다.

선지자 이사야가 왕에게 나아와서 물은 것은 왕을 향하여 책망하려고 물은 것이다. 이방 사람들이 유다 나라의 사방을 돌아다니는 것을 보고 이사야가 그들이 어디에서 온 사람들이고 무슨 말을 하고 돌아다녔는지 모르지는 않았을 것이다. 하나님께서 이사야에게 모든 것을 가르쳐 주셨을 것으로 보인다.

히스기야는 대답하기를 "그들이 원방 곧 바벨론에서 내게 왔나이다"라고 대답했다. 히스기야는 이사야에게 그 사신들이 바벨론에서 와서 왕 자신의 쾌유에 대해 축하한 일을 말함으로써 마음에 뿌듯함을 느꼈을 것이고 또 한편으로는 바벨론과 결탁하여 반 앗수르 정책을 펼 것을 생각하고 기쁜 생각으로 대답했을 것이다. 그러나 훗날 바벨론이 유다를 쳐들어와서 유다의 모든 것을 바벨론으로 옮기게 된다. 우리는 하나님을 기쁘시게 하지 못한 것은 모두 후회스러운 일이 된다는 것을 알아야 할 것이다.

사 39:4. 이사야가 이르되 그들이 왕의 궁전에서 무엇을 보았나이까 하니 히스기야가 대답하되 그들이 내 궁전에 있는 것을 다 보았나이다 내 창고에 있는 것으로 보이지 아니한 보물이 하나도 없나이다 하니라.

이사야가 또 묻기를 바벨론 사신들이 임금님의 궁궐에서 무엇을 보았습니까? 히스기야가 대답하기를 그 바벨론 사신들이 나의 궁궐 안에 있는 모든 것을 보았고, 나의 창고에 있는 것 가운데서 그들에게 보여 주지 않은 것이 하나도 없었습니다 라고 대답했다.

문제는 본 절에서 나타났다. 다시 말해 바벨론 사신들이 히스기야의 회복을 축하하러 온 것이 문제가 아니었고, 히스기야가 그 사신들에게 궁내의 모든 비밀을 보여준 것이 문제였다. 그 사신들은 유다 나라를 정탐하러 온 것이었는데 히스기야는 반 앗수르 정책을 펴기 위해 바벨론 사신들과 가까워지기 위해 아부를 떨었으므로 그것이 문제였다. 히스기야는 병에 걸렸을 때만해도 그 치유를 위해 하나님을 전적으로 의지했으나 바벨론 사신들이 히스기야의 병 나은 것을 축하하기 위해 온 이 틈을 타서 세력 규합을 꾀하기 위해 바벨론과 가까워지기를 꾀한 것이었다.

3. 이사야가 왕가의 파멸을 예고하다 39:5-8

사 39:5. 이사야가 히스기야에게 이르되 왕은 만군의 여호와의 말씀을 들으소서

이사야는 히스기야가 행한 일을 두고 만군의 여호와께서 히스기야에게 하실 말씀이 있음을 말한다. 히스기야가 하나님을 전적으로 의지하지 않고 반 앗수르 정책을 펴기 위해 바벨론과 가까워지기 원해 궁내의 모든 것을 바벨론 사신들에게 보여준 것이 잘못된 처신이라고 말한다. 이사야 선지자는 히스기야의 이 행동이 죄가 되어 만군의 여호와의 심판이 임할 것(6절)을 선언한다. 심판의 내용은 히스기야가 바벨론을 의지하기 원했으나 바벨론한테 크게 당하게 된다는 것이었다.

정치인은 항상 하나님의 뜻대로 처신해야 하고, 종교인은 정치인이 하나님의 뜻대로 서지 않을 때 지적해서 바로 세워주어야 하는 것이다. 만군의 여호와 하나님의 뜻을 전적으로 순종해야 하는 일만큼 중요한 일은 없다.

사 39:6. 보라 날이 이르리니 네 집에 있는 모든 소유와 네 조상들이 오늘까지 쌓아 둔 것이 모두 바벨론으로 옮긴바 되고 남을 것이 없으리라 여호와의 말이니라.

본 절 초두에는 "보라"(הִנֵּה - Behold)란 말이 있어 본 절을 주의해서 보아야 한다는 것을 상기시킨다. 또 "보라"란 말이 본 절에만 영향을 주는 것이 아니라 다음 절까지도 영향을 주고 있다. 즉, 그 날이 다가오고 있습니다. 그 날이 오면 히스기야의 왕궁 안에 있는 모든 것과 오늘까지 히스기야의 조상이 저장하여 놓은 모든 보물이, 남김없이 바벨론으로 옮겨 갈 것입니다라고 말한다. 본 절의 예언은 주전 586년 예루살렘이 바벨론의 느부갓네살에 의해 멸망함으로써 그대로 성취되었다(왕하 24:13; 25:13-17; 단 1:2; 5:2).

사 39:7. 또 네게서 태어날 자손 중에서 몇이 사로잡혀 바벨론 왕궁의 환관이 되리라 하셨나이다 하니(And some of your own sons, who will come from you, whom you will father, shall be taken away, and they shall be eunuchs in the palace of the king of Babylon-ESV)**.**

본 절은 6절에서 말하는 히스기야의 왕궁 안에 있는 보물뿐만 아니라 히스기야에게서 태어날 아들 가운데서 더러는 포로로 끌려가서 바벨론 왕궁의 환관이 될 것이라는 것이다.

여기 "환관"(סָרִיסִים)이란 말은 '고자', '환관'이란 뜻 외에도 '궁내 대신', '장관'이란 뜻도 있다(창 37:36; 39:1; 왕하 8:6 등 참조, Targum, Gesenius, Lange). 또 본 구절의 첫 구절에 표현된 미래형("네게서 태어날")을 통해서 히스기야가 아직 자손을 갖지 못했다는 것을 알 수 있다(Delitzsch, Alexander). 본 절의 예언은 그대로 성취되었다(왕하 24:12-16; 단 1:1-7).

히스기야에게는 므낫세 외에도 선지자 스바냐의 조상인 아마랴가 있었고(습 1:1), 그 외에도 여러 자녀들이 있었다.

사 39:8. 히스기야가 이사야에게 이르되 당신이 이른 바 여호와의 말씀이 좋소이다 하고 또 이르되 내 생전에는 평안과 견고함이 있으리로다 하니라.

히스기야가 이사야에게 말하기를 "당신이 전해 준 주님의 말씀은 지당한 말씀이오. 그리고 내가 살아 있는 동안에 평화와 안정이 계속되면 다행입니다"라고 말한다.

히스기야는 선지자가 예언한 징벌 앞에서 겸손히 순종한다. 히스기야는 말하기를 "당신이 이른 바 여호와의 말씀이 좋소이다"라고 말씀한다. 이는 마치 다윗이 선지자 나단이 꾸짖는 말에 잘 순종한 것과 같다(삼하 12:13, 박윤선). 히스기야의 이 말씀은 자신이 범한 실수의 대가를 받겠다는 자세였다.

히스기야는 또 자기의 "내 생전에는 평안과 견고함이 있으리로다"라고 생각하면서 감사한다. 히스기야는 여호와께서 큰 환난을 연기하시고, 그에게 잠깐 은혜를 베푸신(스 9:8) 것에 대해 감사를 드린 것이다.

"내 생전에는 평안과 견고함이 있으리라"는 말은 이기심을 나타내는 말이라기보다는 오히려 하나님께서 파멸의 선고 중에도 자비를 베풀어주셔서 그 때를 늦추어주신 것을 감사하는 뜻으로 이해하는 것이 더 적절하게 보인다(대하 32:26 참조). 이와 유사한 경우에 대하여는 왕하 22:18-20을 보라. 따라서 히스기야의 태도를 긍정적으로 보는 많은 주석가들과 더불어 "좋소이다"라는 말을 자신에 대한 하나님의 선고가 '타당하다'(just)는 사실에 대한 엄정한 인식과 그리고 형벌의 때를 늦춰준 것에서 알 수 있는 하나님의 크나 큰 '자비로움'에 대한 감사가 복합적으로 함축된 개념으로 파악한다 (Calvin, Alexander, Delitzsch, Leupold, J. Watts, Lange).

III. 구원 40-66장

이사야서는 심판(1-35장)과 구원(40-66장)으로 양분 되고, 그 중간에 역사적 기록(36-39장)이 끼어 있어 전환적 역할을 한다고 볼 수 있다. 또 본서에서 심판의 엄한 선언이 있고 회복의 격려가 뒤따른다는 것도 여러 차례 밝혔다 (4:2-6; 11장, 25-26, 35장 등). 이제는 심판의 선언은 지나가고 구원의 선언에 들어선다. 이 부분(40-66장)이 이사야가 저술했느냐를 두고 18세기말 이후 많이 논의되어 왔는데, 이는 구약학의 숙제가 되어 왔다. 많은 학자들은 이 부분을 제2 이사야(Deutero-Isaiah)라 부르고, 메데-바사의 고레스 왕 이후

시기의 저작으로 돌리고, 그 중에는 다시 56-66장을 제3 이사야(Trito-Isaiah) 라고 명명하여 귀환기의 에스라 이전 시기의 저작으로 주장하나 강력한 다른 일부는 본서 전래의 통일성을 여전히 지지하고 있다.

이 부분(40-66장)을 분해하면 3등분 되어 구원(40-48장), 구원자(49장-57장), 및 구원 받은 자(58-66장)로 나누어진다.

A. 구원 40-48장

40-48장은 구원을 종합적으로 논한다. 바벨론의 패권은 끝나고, 메데-바사의 고레스를 통해 하나님의 구원이 도래한다고 보는 것이다. 그런고로 이스라엘은 하나님의 구원을 받을 준비로 우상을 버려야 했고, 참 하나님이신 여호와께 돌아와야 했다. 이 부분(40-48장)의 내용은 구원의 소망(40장), 구원자의 출현(41장), 구원자 여호와의 종(42장), 이스라엘의 회복(43-44장), 고레스를 통한 구원(45장), 바벨론 심판(46-47장), 및 이스라엘이 구원을 받음(48장)으로 구성되어 있다(이상근).

제 40 장

1. 구원의 소망 40장

본장(40장)은 여호와의 통치(1-11절)와 여호와만이 참 하나님이심(12-31절)을 밝힌다. 이 부분은 바벨론 포로생활에서 신음하던 이스라엘 백성들에게 포로 생활이 끝나고, 여호와의 통치를 받을 것을 밝히고, 그렇게 되기 위해서는 오직 참 하나님을 의지할 것을 권장한다. 그리고 멀리는 메시아의 오심을 가리키고, 메시아를 맞아 그의 통치를 받을 것을 권장한다.

ㄱ) 유다의 추방에서의 구원 40:1-11

이 부분(1-11절)은 내 백성을 위로하라는 것(1-2절), 여호와의 오심을 맞이할 것(3-5절), 인간은 무상한 것(6-8절), 및 여호와의 통치를 받을 것(9-11절)을 권장한다.

<희망의 말씀>

사 40:1. 너희의 하나님이 이르시되 너희는 위로하라 내 백성을 위로하라.

너희의 하나님께서 말씀하시기를 너희는 위로하라! 내 백성을 위로하라고 하신다. 오랜 포로 생활에서 심신이 지쳐 있는 이스라엘 백성을 위로하라는 것이다.

위로하라는 말씀은 하나님께서 선지자에게 명하신 말씀이다. 그리고 위로하라는 말씀이 중복된 것은 본서의 특색이다. 그리고 "위로하라"는 말씀은 멀리 그리스도의 오심을 가리키는 서곡이기도 하다. 메시아께서 오신다는 말씀은 전 인류를 위한 최대의 위로이고, 복음이었다.

"너희의 하나님이...내 백성을 위로하라"는 말에서 '이스라엘과 하나님의 관계가 다시 정상화되어 하나님은 그들의 하나님이 되시고, 이스라엘은 하나님의 백성이 되었다는 것을 보여준다. 이스라엘이 하나님의 율법을 저버릴 때는 "내 백성이 아니라" 하셨고(호 1;9; 2:23), 그들이 회개했을 때는 다시 "내 백성이라" 하신 것이다(렘 24:7; 31:1; 겔 11:20; 36:28; 슥 8:8). 이스라엘 백성이 죗값으로 도탄 중에 빠졌을지라도 하나님의 백성이라고 불린 사실을 보여준다.

사 40:2. 너희는 예루살렘의 마음에 닿도록 말하며 그것에게 외치라 그 노역의 때가 끝났고 그 죄악이 사함을 받았느니라 그의 모든 죄로 말미암아 여호와의 손에서 벌을 배나 받았느니라 할지니라 하시니라.

너희는 예루살렘 주민의 마음에 감동이 되도록 격려하고, 그들에게 외치라. 이스라엘의 복역의 기간이 끝났고, 죄에 대한 형벌도 다 받았으며, 지은 죄에 비하여 갑절의 벌을 주님에게서 받았다고 외치라고 하신다.

여기 "마음에 닿도록"(עַל־לֵב)이란 말은 '감동이 되도록'이란 뜻이다. "예루살렘의 마음에 닿도록 말하라"는 말은 바벨론에서 복역을 마친 이스라엘 사람들에게 본 절의 말씀을 감동이 되도록 권하라는 것이다.

"배나 받았느니라"는 말은 '이스라엘이 죗값을 충분히 받았다'는 뜻이다. 그들은 바벨론 70년의 고통 속에서 수많은 고통을 겪음으로 그들은 이제는 충분히 죗값을 받았다는 것이다. 이 말씀은 그리스도께서 십자가에서 대속의 제물이 되신 것을 말씀하는 것이기도 하다.

사 40:3. 외치는 자의 소리여 이르되 너희는 광야에서 여호와의 길을 예비하라 사막에서 우리 하나님의 대로를 평탄하게 하라.

본 절부터 5절까지는 메시야의 오심을 맞이하기 위해 사람들의 굴곡진 마음을 평탄하게 만들어 놓으라고 외치는 자의 소리(세례 요한의 소리)를 들으라고 한다. 세례 요한의 소리가 외치기를 광야에 주님께서 오실 길을 닦아라. 사막에 하나님께서 오실 큰길을 곧게 내라고 외친다.

세례 요한은 외치는 자의 소리로만 나타난다. 마 3:1-3에 보면 "그 때에 세례 요한이 이르러 유다 광야에서 전파하여 말하되 회개하라 천국이 가까이 왔느니라 하였으니 그는 선지자 이사야를 통하여 말씀하신 자라 일렀으되 광야에 외치는 자의 소리가 있어 이르되 너희는 주의 길을 준비하라 그가 오실 길을 곧게 하라 하였느니라"고 진술한다.[34] 우리가 주님의 길을 예비하지 않으면 주님을 모실 수 있는 길이 없으니 우리 속에 쌓여있는 아담 시대부터의 죄를 깊이 자백해야 할 것이다.

사 40:4. 골짜기마다 돋우어지며 산마다, 언덕마다 낮아지며 고르지 아니한 곳이 평탄하게 되며 험한 곳이 평지가 될 것이요.

모든 계곡이 메워지고, 모든 산과 언덕을 깎아 내리고, 거친 길을 평탄하게 만들고, 모든 험한 곳을 평지로 만들어야 할 것이다.

모든 높은 곳과 낮은 곳을 평지가 되게 하고 고르지 않은 곳을 평평하게 만들어야 한다는 것이다. 우리의 마음이 이렇게 되도록 우리는 많은 자백을 해야 할 것이다.

사 40:5. 여호와의 영광이 나타나고 모든 육체가 그것을 함께 보리라 이는 여호와의 입이 말씀하셨느니라.

---

34) 3절부터 5절까지의 주해를 위해 김수흥 목사의 마 3:3주해를 이곳으로 옮긴다. 마 3:3 본문(그는 선지자 이사야를 통하여 말씀하신 자라 일렀으되 광야에 외치는 자의 소리가 있어 이르되 너희는 주의 길을 준비하라 그가 오실 길을 곧게 하라 하였느니라)의 주해는 "마태는 본 절(이사야 40:3의 70인 역)에서 세례 요한이 누구인지를 말하고 또 그의 사역을 말한다. 세례 요한은 "선지자 이사야를 통하여 말씀하신 자"라고 말한다. 하나님은 선지자 이사야를 통하여 세례 요한이 이 땅에 올 것을 미리 말씀하셨다. 하나님께서 말씀하신 세례 요한은 "광야에 외치는 자"라고 하신다(사 40:3; 막 1:3; 눅 3:4; 요 1:23). 세례 요한은 광야에서 외쳤다. 그는 외치는 자의 소리로 살았다. 그는 소리만 냈고 사람자체는 숨겼다. 세례 요한은 말하기를 "회개하라 천국이 가까이 왔느니라"라고 외쳤다. "그는(예수님) 흥하여야 하겠고 나는 쇠하여야 하리라"고 말했다(요 3:30). 그리고 하나님은 이사야 선지자를 통하여 예언하실 때 세례 요한이 어떤 사역을 할 것인지를 예언하셨다. 하나님은 세례 요한이 주님의 길을 준비하라고, 그리고 주님께서 오실 길을 곧게 하라고 외칠 소리 자체가 될 것이라고 예언하셨다. "주의 길"이란 '주님께서 우리 마음속으로 들어오시는 길'을 말하고(눅 1:76) "오실 길"이란 '오셔야 할 길'을 말하는데 주님께서 우리 마음속으로 들어오시는 길은 험한 길이다. 아담으로부터 내려오는 모든 죄가 쌓여있는 악하고 험한 길이다. 우리는 각자가 주님이 우리 마음속으로 들어오실 길을 예비해야 한다. 죄에 대한 자복이 있어야 한다"는 말이다.

여호와의 영광이 나타날 것이고, 모든 사람이 그것을 함께 목격하게 될 것이다. 이유는 주님께서 친히 약속하셨기 때문이다.

우리가 죄를 모두 자백하면 메시아께서 우리의 주님이 되셔서 우리 안에 들어오신다. 메시아께서 우리 안에 들어오시는 것이 바로 "여호와의 영광이 나타나는 것"이다. 메시아께서 우리 안에 들어오시면 모든 육체가 그 사실을 몸소 체험하게 될 것이다. 여기 "보리라"(ראו)라는 말은 '몸소 체험한다'는 뜻이다. 메시아께서 우리 안에 들어오시는 영광을 경험하지 못하는 것은 인간이 죄를 자복하지 않아서인 것이다. 우리는 죄를 자백하여 메시아를 모시고 살아야 할 것이다.

사 40:6. 말하는 자의 소리여 이르되 외치라 대답하되 내가 무엇이라 외치리이까 하니 이르되 모든 육체는 풀이요 그의 모든 아름다움은 들의 꽃과 같으니(A voice says, "Cry!" And I said, "What shall I cry?" All flesh is grass, and all its beauty is like the flower of the field-RSV, ESV)**.**

6-8절은 인생이 무상(無常)함을 진술한다. 이 부분(6-8절)은 앞부분에서 제시한 여호와의 영광(5절)을 바벨론 치하의 유다 백성이 볼 수 있을 것이라는 예언에 대한 확신을 가지도록 하시기 위해 여호와의 권위를 인간의 거역함에 대조하여 부각시키고 있다. 이는 바벨론에 포로로 끌려간 유다 백성들이 바벨론 사람들에 대한 상대적 위축감에서 벗어나게 하시기 위함이다. 이 예언의 주된 내용 "인생의 영화는 들의 꽃과 같다"(시 103:15)는 다윗의 시를 인용하여 바벨론으로 상징되는 인간의 모든 영광은 곧 사라질 것이므로 거기에 마음을 두지 말 것을 권고하는 것이다(그랜드 종합 주석).

본 절을 쉽게 번역하면 한 하나님의 소리가 외치기를 "너는 외치라. 그래서 내(이사야)가 무엇이라고 외쳐야 합니까"라고 묻자, "모든 육체는 풀이요, 그의 모든 아름다움은 들의 꽃과 같을 뿐이라"는 하나님의 대답이 왔다. 하나님은 참으로 정확하게 규정하시기를 모든 육체는 풀이고 인생의 아름다움은 들의 꽃과 같을 뿐이라(벧전 1:24)고 하신다. 그 이유는 다음 절에서 설명한다.

사 40:7. 풀은 마르고 꽃이 시듦은 여호와의 기운이 그 위에 붊이라 이 백성은 실로 풀이로다.

풀이 마르고 꽃이 시드는 이유는 여호와의 기운(아라비아의 사막에서 불어오는 "시로코"라고 불리는 바람)이 그 위에 불기 때문이라(30:33; 욥 27:21; 겔 17:10; 약 1:10-11)는 것이다. 여호와의 기운이 풀에 불고 꽃에 불기 때문에 이 백성은 실로 풀이라고 해야 하고 또 바벨론의 영화도 하나님의 말씀 한마디면 시들어버린다는 것이다.

사 40:8. 풀은 마르고 꽃은 시드나 우리 하나님의 말씀은 영원히 서리라 하라.

풀이 마르고 꽃이 시드는 것처럼 인간사는 마르고 시든다. 그러나 한 가지 하나님의 말씀은 영원히 존재한다는 것이다.

사 40:9. 아름다운 소식을 시온에 전하는 자여 너는 높은 산에 오르라 아름다운 소식을 예루살렘에 전하는 자여 너는 힘써 소리를 높이라 두려워하지 말고 소리를 높여 유다의 성읍들에게 이르기를 너희의 하나님을 보라 하라(Go on up to a high mountain, O Zion, herald of good news; lift up your voice with strength, O Jerusalem, herald of good news; lift it up, fear not; say to the cities of Judah, "Behold your God!"-ESV).

본 절부터 11절까지는 바벨론에 사로 잡혀갔던 유다 사람들이 해방되어 돌아올 터이니 외치라고 말한다. 즉, 좋은 소식을 전하는 시온이여! 어서 높은 산으로 올라가거라. 아름다운 소식을 전하는 예루살렘이여! 너의 목소리를 힘껏 높여라. 두려워하지 말고 소리를 높여라. 유다의 성읍들에게 높은 산에 올라 힘써 소리를 높여 말해야 할 내용은 너희의 하나님을 보라는 것이다.

"아름다운 소식을 시온에 전하는 자여"라는 말과 "아름다운 소식을 예루살렘에 전하는 자여"라는 말은 동의어이다. 그리고 "높은 산에 오르라"는 말과 "너는 힘써 소리를 높이라"는 말도 동의어이다. 바벨론에서 해방될 소식이 아름다운 소식인 만큼 높은데서 힘써 소리를 높이라는 것이다. 높은 곳에 올라가 소리를 높이는 것을 두려워하지 말라는 것이다.

"유다의 성읍들에게 이르기를 너희의 하나님을 보라"는 것이다. 다시 말해남 유다인들을 바벨론에서 인도하여 내시고 유다로 돌아오게 하시는 전능하신 하나님을 보라는 것이다. 이 말씀은 장차 신약 시대에 메시아께서 오실 것도 보라는 말씀을 포함하고 있다. 메시아께서 육신을 입고 오시는 사건은 작은 사건이 아니니 메시아를 볼 수 있어야 한다.

사 40:10. 보라 주 여호와께서 장차 강한 자로 임하실 것이요 친히 그의 팔로 다스리실 것이라 보라 상급이 그에게 있고 보응이 그의 앞에 있으며.

본 절은 주 여호와께서 장차 강하신 메시아로 이 땅에 오셔서 메시아께서 친히 다스리실 것이라고 말씀한다. 즉, 만군의 주 하나님께서 성육신하셔서 이 땅에 오신다. 그가 권세를 잡고 친히 다스리실 것이다. 그리고 보라, 그가 백성에게 주실 상급을 가지고 오신다. 백성에게 주실 보상을 가지고 오신다는 것이다.

사 40:11. 그는 목자 같이 양 떼를 먹이시며 어린 양을 그 팔로 모아 품에 안으시며 젖먹이는 암컷들을 온순히 인도하시리로다.

본 절과 똑같은 표현이 49:9-10에도 나타난다. 즉, 메시아께서 이 땅에 오셔서 목자가 되시어 그의 양 떼를 먹이시며, 어린 양들을 팔로 모으시고, 품에 안으시며, 젖을 먹이는 어미 양들을 조심스럽게 이끄실 것이다. 우리가 그리스도를 믿고 따르면 엄청난 품에 안기는 것이다.

ㄴ) 여호와만이 참 하나님이시다 40:12-31

이 부분(12-31절)은 여호와만이 참 하나님이신 것을 드러낸다. 먼저 여호와께서 천지를 지으신 전지전능하신 하나님이신 것을 밝히고(12-17절), 세상 누구와도 여호와를 비길 수 없음을 강조한다(18-26절). 그런고로 인생은 오직 여호와만을 앙망할 것이다(27-31절).

<비교할 수 없는 하나님>

사 40:12. 누가 손바닥으로 바닷물을 헤아렸으며 뼘으로 하늘을 쟀으며 땅의 티끌을 되에 담아 보았으며 접시 저울로 산들을, 막대 저울로 언덕들을 달아 보았으랴.

본 절은 아무도 우주 만물을 창조하신 하나님의 크기를 측량한 사람은 없다는 것을 말한다. 바닷물이나, 하늘이나 땅의 모든 티끌이나 산들이나 언덕들을 재어본 사람은 없다는 것을 말한다. 즉, 누가 바닷물을 손바닥으로 떠서 헤아려 보았으며, 뼘으로 하늘을 재어 보았느냐? 누가 온 땅의 티끌을 되로 되어 보고, 산들을 막대 저울로 달아 보고, 언덕들을 손저울로 달아 보았느냐고 질문한다. 이 질문에 대해 누가 하나님의 크심을 계산해 본 사람은 한 사람도 없다고 말한다.

사 40:13. 누가 여호와의 영을 지도하였으며 그의 모사가 되어 그를 가르쳤으랴.

본 절은 아무도 하나님의 지혜를 재 본 사람은 없다는 것을 말한다. 즉, 누가 주님의 영을 헤아릴 수 있겠으며, 주님의 조언자가 되어 그를 가르칠 수 있겠느냐고 질문한다. 이 질문에 대해 아무도 대답할 사람은 없다는 것이다.

사 40:14. 그가 누구와 더불어 의논하셨으며 누가 그를 교훈하였으며 그에게 정의의 길로 가르쳤으며 지식을 가르쳤으며 통달의 도를 보여 주었느냐.

본 절도 역시 아무도 하나님의 지혜의 깊이를 헤아릴 수 없음을 말한다. 즉, 하나님께서 누구와 의논하시는가? 누가 여호와를 깨우쳐 드리며, 공평의 도리를 가르쳐 드리는가? 누가 여호와에게 지식을 가르쳐 드리며, 슬기로운 처세술을 가르쳐 드리는가 라는 질문이다. 이 질문에 대해 아무도 감당하지 못할 것이라고 말한다.

사 40:15. 보라 그에게는 열방이 통의 한 방울 물과 같고 저울의 작은 티끌 같으며 섬들은 떠오르는 먼지 같으리니.

본 절은 세상의 그 어떤 것도 하나님 앞에는 아무 것도 아님을 밝힌다. 즉, 여호와에게는 세상의 뭇 나라가, 고작해야, 두레박에서 떨어지는 한 방울 물이나, 저울 위의 티끌과 같을 뿐이다. 섬들도 먼지를 들어 올리듯 가볍게 들어 올리신다고 말한다. 우리 한 사람 한 사람이 하나님 앞에서 이렇게 작은 존재라는 것을 마땅히 기억해야 한다.

사 40:16. 레바논은 땔감에도 부족하겠고 그 짐승들은 번제에도 부족할 것이라.

본 절도 하나님 앞에는 세상의 그 어떤 것도 아무 것도 아님을 말한다. 즉, 레바논의 삼림이 성소의 제단의 장작으로 사용하기에 충분하지 않고, 레바논의 짐승들도 여호와의 번제물로 드리기에도 충분하지 않다는 것이다.

본 절의 말씀도 하나님께서 무한히 위대하심을 말한다. 이 말씀은 하나의 비유로서 사람이 아무리 지극한 정성을 드려 하나님을 섬긴다 해도 부족하기 짝이 없다는 것을 말한다.

사 40:17. 그의 앞에는 모든 열방이 아무것도 아니라 그는 그들을 없는 것 같이, 빈 것 같이 여기시느니라.

본 절도 역시 하나님의 위대하심을 역설한다. 즉, 하나님 앞에서는 모든 민족이 아무것도 아니며, 그에게는 사람이란 전혀 없는 것이나 다름이 없다는 것을 말한다. 선지자가 이렇게 하나님의 위대하심을 거듭거듭 말하는 이유는 하나님의 위대하심을 마음에 두지 않는 사람들로 하여금 하나님의 위대하심을 믿게 하려는 것이다.

사 40:18. 그런즉 너희가 하나님을 누구와 같다 하겠으며 무슨 형상을 그에게 비기겠느냐.

본 절의 "그런즉"(then)이란 말은 위에서(12-17절) 진술 한 바 '천지를 지으신 여호와 하나님은 위대하신 즉'이란 뜻이다. 그런즉(여호와 하나님께서 위대하신즉) 너희가 하나님을 누구와 같다 하겠으며, 어떤 형상에 비기겠느냐는 것이다. 아무도 하나님을 누구와 같다고 할 수 없으며 무슨 형상을 여호와 하나님에게 비길 수가 없다는 것이다.

선지자가 이 부분(18-20절) 말씀을 기록한 이유는 유다 민족으로 하여금 하나님의 능력을 믿도록 하려는 것이었다.

사 40:19. 우상은 장인이 부어 만들었고 장색이 금으로 입혔고 또 은 사슬을 만든 것이니라(An idol! A craftsman casts it, and a goldsmith overlays it with gold and casts for it silver chains-ESV).

남 유다인들이 하나님을 못 믿는 이유는 그들에게 우상 관념이 가득 찼기 때문이다. 즉, 우상이란 다름 아니라 대장장이가 부어 만든 것이고, 도금장이가 금으로 입힌 것이며, 은사슬을 만들어 걸친 것이다.

사 40:20. 궁핍한 자는 거제를 드릴 때에 썩지 아니하는 나무를 택하고 지혜로운 장인을 구하여 우상을 만들어 흔들리지 아니하도록 세우느니라(He who is too impoverished for an offering chooses wood that will not rot; he seeks out a skillful craftsman to set up an idol that will not move-ESV).

본 절 내용을 쉽게 번역해 보면 '금이나 은을 구할 형편이 못되는 아주 가난한 사람은 썩지 않는 나무를 골라서 구하여 놓고, 넘어지지 않을 우상을 만들려고 숙련된 기술자를 구한다'는 의미이다. 19절은 쇠붙이로 우상을 만든 경우를 말했고, 본 절은 나무대기로 우상을 만든 경우를 말하고 있다.

사 40:21. 너희가 알지 못하였느냐 너희가 듣지 못하였느냐 태초부터 너희에게 전하지 아니하였느냐 땅의 기초가 창조될 때부터 너희가 깨닫지 못하였느냐.

본 절의 4개의 의문문은 모두 유다 사람들에게 질문하는 것이다. 즉, 너희(유다인들)가 22-26절까지의 사실을 알지 못하였느냐? 너희가 22-26절까지의 사실을 듣지 못하였느냐? 태초부터 너희가 22-26절까지의 사실을 전해들은 것이 아니냐? 너희는 땅의 기초가 어떻게 세워졌는지 하나님의 말씀을 통하여 알지 못하였느냐고 질문한다.

유다 사람들은 하나님의 율법을 통하여 위의 4개의 질문을 다 알고 있었다는 것이다. 다 알고 있었고 들었으며 깨달은 바였는데 우상을 만들었느냐고 책망을 들은 것이다. 사람이 돈을 우상 삼고 살아가고, 명예를 우상 삼고 살아가는 것은 몰라서 그런 것이 아니라 돈을 사랑하고 명예를 좋아해서 그런 것이다.

사 40:22. 그는 땅 위 궁창에 앉으시나니 땅에 사는 사람들은 메뚜기 같으니라 그가 하늘을 차일 같이 펴셨으며 거주할 천막 같이 치셨고.

본 절부터 26절까지의 사실들은 유다인들이 하나님의 말씀을 통하여 다 알고 있는 사실이라는 것이다. 즉, 땅 위의 저 푸른 하늘에 계신 분께서 세상을 만드셨다. 땅에 사는 사람들은 하나님 보시기에 메뚜기와 같을 뿐이다. 그(하나님)는 하늘을, 마치 엷은 휘장처럼 펴서서, 사람이 사는 장막처럼 쳐 놓으셨다는 것이다. 이 사실을 남 유다인들이 잘 알고 있다는 것이다.

사 40:23. 귀인들을 폐하시며 세상의 사사들을 헛되게 하시나니.

유다 백성들은 본 절의 말씀도 다 알고 있는 바였다. 즉, 하나님은 통치자들을 허수아비로 만드시고, 땅의 지배자들을 쓸모없는 사람으로 만드신다는 것을 그들은 다 알고 있다.

사 40:24. 그들은 겨우 심기고 겨우 뿌려졌으며 그 줄기가 겨우 땅에 뿌리를 박자 곧 하나님이 입김을 부시니 그들은 말라 회오리바람에 불려 가는 초개 같도다.

본 절은 앞 절(23절)의 "귀인들"과 "세상의 사사들"에 대해 더 말하는 것이다. 즉, 이 세상의 통치자들은 풀포기와 같아서 땅에 심기가 무섭게, 씨를 뿌리기가 무섭게, 뿌리를 내리기가 무섭게, 금방 하나님께서 입김을 부셔서(하나님의 진노 사역을 비유하는 말이다) 말려 버리시니, 마치 강풍에 날리는 검불과 같다는 것이다. 이 세상의 그 어떤 존재도 모두 검불과 같은 존재들이다.

사 40:25. 거룩하신 이가 이르시되 그런즉 너희가 나를 누구에게 비교하여 나를 그와 동등하게 하겠느냐 하시니라.

본 절은 하나님께서 유다인들과 오늘 우리들에게 말씀하시는 내용이다. 거룩하신 분(피조물과 구별되신 분)께서 말씀하신다. '그런즉(본 절은 18절부터 지금까지의 결론을 맺는 것이다), 너희가 나를 누구와 견주겠으며, 나를 누구와 같다고 하겠느냐고 하신다. 피조물 중에 아무도 창조주와 비할 자는 없다.

사 40:26. 너희는 눈을 높이 들어 누가 이 모든 것을 창조하였나 보라 주께서는 수효대로 만상을 이끌어 내시고 그들의 모든 이름을 부르시나니 그의 권세가 크고 그의 능력이 강하므로 하나도 빠짐이 없느니라.

하나님의 천지창조에 대해서는 하나님의 말씀을 통하여서도 알려지지만 남 유다 백성들의 눈을 높이 들어 보아도 알 수 있다고 하신다. 즉, 너희(유다인들)는 고개를 들어 저 위를 바라보아라. 누가 이 모든 별을 창조하였느냐? 바로 그분(하나님)께서 천체의 수효를 세어 불러내신다. 그(하나님)는 능력이 많으시고 힘이 세셔서, 하나하나, 이름을 불러 나오게 하시니, 하나도 빠지는 일이 없다.

본 절은 하나님의 창조주로서의 전능하심을 밝히 들어낸다. 눈을 들어 하늘의 별들과 해와 달, 그리고 삼라만상을 보아 이 모든 것의 창조주가 누구이시냐를 알라는 것이다.

"너희는 고개를 들어서, 저 위를 바라보아라. 누가 이 모든 별을 창조하였느냐? 바로 그분께서 천체의 수효를 세어 불러내신다. 그는 능력이 많으시고 힘이 세셔서, 하나하나, 이름을 불러 나오게 하시니, 하나도 빠지는 일이 없다"고 하신다. 우리는 이 말씀을 통하여 하나님의 섭리주로서의 전능성을 알게 된다. 하나님은 위대하신 섭리주이시다.

사 40:27. 야곱아 어찌하여 네가 말하며 이스라엘아 네가 이르기를 내 길은 여호와께 숨겨졌으며 내 송사는 내 하나님에게서 벗어난다 하느냐.

본 절부터 31절까지는 오직 여호와를 앙망하라고 말한다. 여호와는 전지전능하시고(12-17절), 또 아무도 하나님과 비할 수 없으므로(18-26절), 오직 우리는 여호와를 앙망하여 새 힘을 얻어 살라는 것이다. 즉, 야곱아! 네가 어찌하여 불평하며, 이스라엘아! 네가 어찌하여 불만을 토로하느냐? 어찌하여 주님께서는 나의 사정을 모르시고, 하나님께서는 나의 정당한 권리를 지켜 주시지 않으신다고 하느냐.

아이고! 내 사정 누가 아느냐고 하지만 하나님은 우리의 사정을 다 알고 계신다. 다만 우리가 그의 도움을 구하지 않는 것이 문제이다. 우리는 기도로 우리의 사정을 다 고해야 하겠다. 그래서 우리가 들으심을 얻어야 할 것이다. 그래서 새 힘을 얻어 살아야 할 것이다. 본 절의 "야곱아"라는 말과 "이스라엘아"라는 말은 동의어로 사용되었다.

사 40:28. 너는 알지 못하였느냐 듣지 못하였느냐 영원하신 하나님 여호와, 땅 끝까지 창조하신 이는 피곤하지 않으시며 곤비하지 않으시며 명철이 한이 없으시며.

본 절은 선지자가 유다 민족을 향하여 창조주 하나님은 힘이 한없으심을 말하면서 하나님을 앙망하라고 권한다. 즉, 너(유다 백성들과 오늘 우리들)는 알지 못하였느냐? 너(유다 백성들과 오늘 우리들)는 듣지 못하였느냐? 여호와는 영원하신 하나님이시다. 땅 끝까지 창조하신 분이시다. 그는 피곤을 느끼지 않으시며, 지칠 줄을 모르시며, 그 지혜가 무궁하신 분이시다.

여호와 하나님은 영생하시는 분이시고, 피곤치 않으시며, 명철이 한이 없으신 분이시다. 그런고로 우리는 여호와 하나님을 앙망하여 영생하고 또 새 힘을 얻어 가지고 살아야 하며, 비상한 지혜를 가지고 살아야 할 것이다. 우리는 주를 신뢰하므로 우리 기도가 끝없게 해야 할 것이고, 그런 삶으로 인해 주의 엄청난 복을 받아야 한다.

사 40:29. 피곤한 자에게는 능력을 주시며 무능한 자에게는 힘을 더하시나니.

본 절은 앞 절에 이어 하나님이 어떤 분이심을 계속해서 말한다. 즉, 피곤한 사람(시 121:3-4)에게는 능력을 주시며, 기운을 잃은 사람에게는 힘을 더해주시는 분이시다(욥 5:9; 9:10; 11:7; 시 147:5; 전 3:11; 롬 11:33).

사 40:30. 소년이라도 피곤하며 곤비하며 장정이라도 넘어지며 쓰러지되.

본 절은 앞 절을 이어 여호와를 앙망하는 자들은 새 힘을 얻어 산다는 것을 진술한다. 즉, 젊은이들이라 할지라도 피곤하여 지치고, 장정들이 맥없이 비틀거려도 여호와를 앙망하는 자는 새 힘을 얻는다는 것이다.

사 40:31. 오직 여호와를 앙망하는 자는 새 힘을 얻으리니 독수리가 날개치며 올라감 같을 것이요 달음박질하여도 곤비하지 아니하겠고 걸어가도 피곤하지 아니하리로다.

오직 여호와를 바라보는 사람은 새 힘을 얻으리니, 독수리가 날개를 치며 솟아오르듯 올라갈 것이요, 뛰어도 지치지 않으며, 걸어도 피곤하지 않을 것이라고 말한다.

"독수리가 날개치며 올라감 같을 것이란"말은 독수리가 피곤치 않고 공중을 향해 올라가듯 오늘 우리도 새 힘을 얻어 살게 된다는 것이다(출 19:4; 신 32:11; 시 103:5 참조). 우리가 매일 여호와를 바라보며 기도할 때 새 힘을 얻게 되니 피곤하지 않게 된다. 문제는 매일 기도하느냐에 달려있다.

제 41 장

2. 구원자의 출현 41장

포로된 남 유다인들의 구원자가 나타난다는 예언이다. 본 장의 내용은 구원자가 출현한다는 것(1-7절), 여호와께서 구원을 약속하신 일(8-20절), 및 우상은 허무한 것임(21-29절)을 드러낸다.

ㄱ) 구원자의 출현 41:1-7

이 부분(1-7절)은 구원자(고레스)가 나온다는 것(1-4절)을 진술하고, 열국은 고레스가 두려워 우상에게 매달릴 것이라는 것(5-7절)을 말한다.

<나 여호와가 응답하리라>

사 41:1. 섬들아 내 앞에 잠잠하라 민족들아 힘을 새롭게 하라 가까이 나아오라 그리고 말하라 우리가 서로 재판 자리에 가까이 나아가자.

섬들아(모든 세상 나라를 가리키는 말)! 나의 앞에서 잠잠하라. 백성들아(이방인들아)! 송사를 가져 오라. 가까이 와서 말하여 보라. 와서 함께 판가름하여 보자는 말이다.

여기 "섬들아"라는 말은 본래 지중해 연안 국가들을 가리키는 말이다(Rawlinson). 그러나 여기서는 모든 세상 나라를 가리키는 말로 사용되었다. 나라들은 잠잠히 여호와 앞에 모이기를 명한 것이다. 아마도 바사의 고레스 왕이 일어나 사방을 정복하며 진군할 때 열국들은 이 새 영웅의 출현에 놀라며 잠잠했을 것으로 보인다. 다시 말해 "내 앞에 잠잠하라"는 말은 그들이 하던 말을 그만 두고 하나님께로 와서 그의 권능을 보라는 말이다.

"민족들아 힘을 새롭게 하라"는 말은 '이방인들이여! 하나님과 쟁론하기 위해 가진 힘을 모두 모으라'는 의미이다. 다시 말해 하나님과 변론하기 위해서 너희 가진 힘을 아끼지 말라는 뜻이다(Matthew Henry).

그리고 "재판 자리에 가까이 나아가자"는 말은 '법정에서 대결해보자'라는 의미이다. 다시 말해 앞으로 하나님께서 선포하실 심판에 대해서 시시비비를 따져보자는 말이다. 하나님이 참 하나님이신 사실은 비판을 경유하지 않은 기연미연한 것이 아니고 그 모든 가능한 날카로운 비판을 이기고도 남는 사실이다(박윤선).

사 41:2. 누가 동방에서 사람을 일깨워서 공의로 그를 불러 자기 발 앞에 이르게 하였느냐 열국을 그의 앞에 넘겨 주며 그가 왕들을 다스리게 하되 그들이 그의 칼에 티끌 같게, 그의 활에 불리는 초개 같게 하매.

누가 동방에서 한 정복자를 일으켰느냐? 누가 그를 가는 곳마다 승리하게 하였느냐? 누가 민족들을 그에게 굴복하게 하였느냐? 누가 그를 왕들의 통치자로 만들었느냐? 그의 칼은 그들을 쳐서 티끌처럼 만들고, 그의 활은 그들을 흩어서 검불처럼 날리게 하였도다.

"누가 동방에서 사람을 일깨워서"란 말을 두고 크게 두 견해로 갈린다. 1) 하나님께서 아브라함을 갈대아 우르에서 불러내셨다는 견해(Calvin), 2) 바사 왕 고레스를 불러내신 것이라는 견해(Delitzsch, Lange, Rawlinson, 박윤선, 이상근)로 나누어진다. 여기 고레스는 그리스도의 그림자로 간주되고 있다. 고레스의 기사는 본 절 이하에 계속 나타난다(25절; 44:28; 45:1-4, 13; 46:11). 고레스는 이사야 이후 160년을 지나서 일어날 사람인데 이사야는 성령으로 말미암아 내다보고 예언했다.

"공의로 그를 불러 자기 발 앞에 이르게 하였느냐"는 말은 '의가 고레스를 그의 발 앞에 불렀다'는 뜻으로 고레스가 가는 곳마다 의로 승리를 거둔다는 말이다. 여기 "의로 불러서"라는 말은 '의가 그 사람(고레스)을 심부름꾼으로 불렀다'는 뜻이니 곧 하나님의 심리 행동이 그 사람을 심부름꾼으로 부르셨다는 뜻이다. 하나님께서 자기 백성 곧 유다 민족을 바벨론에서 구원하시는 의를 위하여 고레스를 자기 발 앞에 수종하게 하셨다.

"그의 칼에 티끌 같게, 그의 활에 불리는 초개 같게 하매"란 말은 '열국이 고레스의 칼을 받아 티끌처럼 되고, 그의 화살을 받아 불려가는 초개처럼 된다'는 뜻이다(AV).

사 41:3. 그가 그들을 쫓아가서 그의 발로 가 보지 못한 길을 안전히 지났나니.

고레스가 거침없이 질주하여 그들을 추격하니, 미처 발이 땅에 닿지도 않았다는 것이다. 위와 같이 고레스는 열국 왕들을 추격하여 아직 가보지 못한 길도 안전히 지나 빠르게 그의 원정을 수행했다. 고레스는 단시일 내에 아시아의 끝까지 정복했고 또 애굽까지 정복했다.

사 41:4. 이 일을 누가 행하였느냐 누가 이루었느냐 누가 처음부터 만대를 불러내었느냐 나 여호와라 처음에도 나요 나중 있을 자에게도 내가 곧 그니라.

누가 이런 일을 생기게 하였느냐? 누가 역사의 흐름을 결정하였느냐? 태초부터 나 주가 거기에 있었고, 끝 날에도 내가 거기에 있을 것이니라.

"이 일을 누가 이루었느냐"는 말은 이런 일들을 누가 생기게 했느냐는 뜻이다. 다시 말해 고레스를 일으켜 열국을 정복한 일을 누가 계획하셨으며 누가 매듭을 지었느냐고 자문하시고 자답하신다.

"처음에도 나요 나중 있을 자에게도 내가 곧 그니라"고 하신다. 여호와 하나님은 태초요 종말이라는 것이다. 여호와께서는 태초에 만물을 창조하셨고 그 때부터 계속해서 일을 하셨다. 그리고 그는 종말에 전 인류를 심판하시고 만물을 새롭게 하실 것이다. 이런 분이 고레스의 출현을 성사시켰고 정복도 예정하셨고 실행하신다는 것이다.

사 41:5. 섬들이 보고 두려워하며 땅 끝이 무서워 떨며 함께 모여 와서.

섬들이 주님께서 하신 일을 보고 두려워하고, 저 멀리 땅 끝에 있는 나라들이 무서워서 떨며 사람들이 함께 모여서 나온다.

본 절의 말씀처럼 리디아의 크로에수스(Croesus), 바벨론의 나보니두스

(Nabonidus), 애굽의 아바시스(Amasis) 등은 함께 모여 공동의 위기에 대해 협의했다는 것이다(Herodotus, 이상근).

사 41:6. 각기 이웃을 도우며 그 형제에게 이르기를 너는 힘을 내라 하고.

그들은 서로 손을 맞잡고 서로에게 이르기를 힘을 내라고 격려한다는 것이었다. 그들은 약자들로서 살아남기 위하여 서로 도우며 서로 격려하여 담대하도록 힘을 주었다. 그러나 그들은 고레스 왕을 당해내지 못했다.

사 41:7. 목공은 금장색을 격려하며 망치로 고르게 하는 자는 메질꾼을 격려하며 이르되 땜질이 잘 된다 하니 그가 못을 단단히 박아 우상을 흔들리지 아니하게 하는도다.

본 절은 우상을 만드는 자들의 모습을 묘사한다. 대장장이들이 도금장이를 격려하며 망치질을 하는 자들이 모루(대장간에서 불린 쇠를 올려놓고 두드릴 때 받침으로 쓰는 쇳덩이)를 치는 자들을 격려하면서 우상을 튼튼히 만들어 고레스를 대적하는 모양이다.

대장장이들은 도금장이를 격려하고, 망치로 고르게 하는 자는 모루를 치는 자를 격려하면서 말하기를 '잘했다. 잘했다' 하며, 못을 박아서 우상을 기우뚱거리지 않게 한다.

아무튼 인간은 하찮은 존재들이다. 하나님께서 고레스를 들어 사용하는 것이었는데 그것을 막아보려고 이렇게 우상을 만들어 대적하려하니 얼마나 가소로운 존재들인가.

ㄴ) 여호와의 구원의 약속 41:8-20

고레스 왕이 남 유다인들에게 놀라운 구원을 약속한다. 하나님께서 유다 백성에게 구원을 약속하시면서 위로 하신다.

사 41:8. 그러나 나의 종 너 이스라엘아 내가 택한 야곱아 나의 벗 아브라함의 자손아.

본 절 초두의 "그러나"라는 말은 앞 절들(6-7절)에 진술된바 고레스가 남 유다인들을 바벨론에서 해방시키는 것을 반대하는 이방들의 반대운동 때문에 남 유다인들은 두려워하거나 놀라지 말라는 것을 말하기 위해 쓴 "그러나"이다. 본 절은 하나님께서 세 가지 특징 있는 이름을 붙여 부르고 있다. 즉, "그러나 나의 종 너 이스라엘아! 내가 선택한 야곱아! 나의 친구 아브라함의 자손아!"라고 부르신다. 1) 유다 민족은 "여호와의 종들"이니 열방의 반대 운동을 두려워할 것이 없다는 것이다. 이 "여호와의 종"이란 말은 40-66장에 많이 기록된 낱말이니 유다 민족은 하나님을 섬겨야 하는 종들이니 두려워할 것이 없다. 2) 유다 민족은 "하나님의 택함 받은 야곱"이니 열방을 두려워할 것이 없다는 것이다. 유다 민족은 열방에 비하여 보잘 것 없는 작은 민족이지만 하나님께서 택해주신 민족이니 두려워할 것이 없다. 3) 유다 민족은 "하나님의 벗"이라고 부름 받게 되었으니 열국을 두려워하거나 놀랄 것이 없다는 것이다(약 2:23). 하나님을 믿는 사람들은 누구든지 아브라함과 함께 여호와의 벗이라 부름 받으니 세상을 두려워할 것이 없다.

사 41:9. 내가 땅 끝에서부터 너를 붙들며 땅 모퉁이에서부터 너를 부르고 네게 이르기를 너는 나의 종이라 내가 너를 택하고 싫어하여 버리지 아니하였다 하였노라.

내(여호와 하나님)가 땅 끝(갈대아 우르)에서부터 너를 데리고 왔으며, 세상의 가장 먼 곳으로부터 너를 불러냈다. 그리고 내가 너에게 말하였다. 너는 나의 종이니, 내가 너를 선택하였고, 버리지 않았다고 하였다.

가나안을 중심해서 본다면 아브라함이 살던 갈대아 우르는 땅 끝이라 할 수 있었다. 유다 민족이 바벨론에 포로로 있었다 해도 여호와께서는 그들을 싫어하시지 않았다.

"너는 나의 종이라 내가 너를 택하고 싫어하여 버리지 아니하였다 하였노라"라는 말은 유다 민족과 여호와는 아주 긴밀한 관계이니 유다 민족이 포로 중에 있었다 해도 여호와께서는 그들을 싫어하지 않으셨다는 말씀이다.

사 41:10. 두려워하지 말라 내가 너와 함께 함이라 놀라지 말라 나는 네 하나님이 됨이라 내가 너를 굳세게 하리라 참으로 너를 도와주리라 참으로 나의 의로운 오른손으로 너를 붙들리라.

위의 사실(8절, 9절)을 배경하고 있는 유다 민족은 두려워하거나 놀랄 것 없다는 것이다. 즉, 내가 너와 함께 하고 있으니 두려워하지 말라(13절; 43:1, 5). 내가 너의 하나님이 되니 떨지 말라. 내가 너를 강하게 하겠다. 내가 너를 도와주고, 내 승리의 오른 팔로 너를 붙들어 주겠다고 하신다.

사 41:11. 보라 네게 노하던 자들이 수치와 욕을 당할 것이요 너와 다투는 자들이 아무것도 아닌 것 같이 될 것이며 멸망할 것이라.

본 절 초두의 "보라"(הֵן)란 말은 본 절의 내용이 아주 중요하니 유의하라는 뜻이다. 즉, 너(유다인들)에게 화를 낸 모든 자들이 수치를 당하며 당황할 것이다. 너(유다인들)와 다투던 자들이 아무것도 아닌 자들처럼 되어서 멸망할 것이다. 유다의 적이었던 바벨론이 훗날 본 절의 진술처럼 되었다.

사 41:12. 네가 찾아도 너와 싸우던 자들을 만나지 못할 것이요 너를 치는 자들은 아무것도 아닌 것 같고 허무한 것 같이 되리니.

네가 아무리 찾아보아도 너(유다 민족)를 대적하던 자들은 만나지 못할 것이고, 너와 싸우던 자들이 아무것도 아닌 것 같이 되고 허무하게 될 것이다. 유다를 대적하던 바벨론은 훗날 본 절의 진술과 같이 아무 것도 아닌 것같이 되었고 허무한 것 같이 되었다.

사 41:13. 이는 나 여호와 너의 하나님이 네 오른손을 붙들고 네게 이르기를 두려워하지 말라 내가 너를 도우리라 할 것임이니라.

본 절의 "이는"(כִּי)이란 이유를 나타내는 접속사는 앞 절들(11-12절)에 진술된 바벨론이 비참하게 된 이유를 보여준다. 바벨론이 아무 것도 아닌 것 같이 되는 이유는 여호와께서 유다를 붙들고 계셨기 때문이고, 또 유다에게 두려워하지 말라 유다를 도우리라고 하신 말씀 때문이라는 것이다. 즉, 나(여호와)는 너의 하나님이다. 내가 너의 오른손을 붙잡고 있다. 내가 너에게 말했다. 두려워하지 말라. 내가 너를 돕겠다고 말했다. 하나님의 도움을 받는 개인과 나라는 아무 문제가 없다.

사 41:14. 버러지 같은 너 야곱아, 너희 이스라엘 사람들아 두려워하지 말라 나 여호와가 말하노니 내가 너를 도울 것이라 네 구속자는 이스라엘의 거룩한 이이니라.

본 절은 유다 민족의 신분이 아주 낮은 것을 말하면서 그러나 유다 민족이 그것을 두려워할 필요가 없는 이유는 그들의 거룩하신 분이 도우시기 때문이라고 한다. 즉, 너 지렁이 같은 야곱아! 벌레 같은 이스라엘아! 두려워하지 말라. 나 여호와께서 말씀하시기를 내가 너(지렁이)를 돕겠다. 나 이스라엘의 거룩한 하나님이 너를 속량하겠다.

여기 "버러지"란 말은 '낮고 천함'을 뜻한다. 유다 민족은 하나님 보시기에 아주 보잘 것 없는 사람들임을 드러내는 말이다. 욥 25:6 참조. 그들의 가치는 자신들에게 있지 않고 그들을 택하신 하나님에게 있다.

사 41:15. 보라 내가 너를 이가 날카로운 새 타작기로 삼으리니 네가 산들을 쳐서 부스러기를 만들 것이며 작은 산들을 겨 같이 만들 것이라.

본 절 초두에는 "보라"(הִנֵּה)라는 말이 있어 본 절이 아주 중요하다는 것을 말한다. 즉, 내가 너(유다인들)를 날이 날카로운 새 타작기로 만들 터이니, 네가 산을 쳐서 부스러기를 만들 것이며 언덕을 겨로 만들 것이다.

하나님은 유다 나라를 이가 날카로운 타작기계로 만들어 산들과 같은 강한 원수의 나라를 파멸하는 나라가 되게 할 것이라고 하신다. 이 말은 장차 유다 나라의 후신 신약 교회가 세상 나라들을 정복할 것을 드러내는 말이다. 그리스도의 교회는 그리스도 안에서 세상을 이길 것을 말하는 것이다.

사 41:16. 네가 그들을 까부른즉 바람이 그들을 날리겠고 회오리바람이 그들을 흩어 버릴 것이로되 너는 여호와로 말미암아 즐거워하겠고 이스라엘의 거룩한 이로 말미암아 자랑하리라.

네(유다 민족)가 산들(적들)을 까불면(키질하면), 바람이 그 가루를 날려 버릴 것이며, 회오리바람이 그것들을 흩을 것이다. 그러나 너(유다 민족, 오늘의 교회)만은 나 여호와와 함께 기뻐할 것이며, 나 이스라엘의 거룩한 하나님으로 말미암아 자랑할 것이다.

유다 민족이 본 절과 같은 일을 한 것은 다윗 시대에 그랬다(삼하 7:1; 8:14). 이런 일은 앞으로 그리스도께서 모든 원수들을 파멸하실 때에 될 일이다.

사 41:17. 가련하고 가난한 자가 물을 구하되 물이 없어서 갈증으로 그들의 혀가 마를 때에 나 여호와가 그들에게 응답하겠고 나 이스라엘의 하나님이 그들을 버리지 아니할 것이라.

유다 민족의 포로 생활의 가난함을 표현하는 말이다. 즉, 가련하고 가난한 사람들이 물을 구하되 찾지 못하여 목마름으로 그들의 혀가 마를 때에, 나 여호와가 그들의 기도에 응답하겠고, 나 이스라엘의 하나님이 그들을 버리지 않을 것이라고 하신다.

유다 민족이 광야에서 물이 없어 갈할 때에 하나님은 반석에서 물을 내사 먹이셨다(출 17:6). 하나님은 우리의 갈증을 채워주시는 분이시다.

사 41:18. 내가 헐벗은 산에 강을 내며 골짜기 가운데에 샘이 나게 하며 광야가 못이 되게 하며 마른 땅이 샘 근원이 되게 할 것이며.

본 절은 하나님께서 무엇이 되게 하시는 분임을 말한다. 즉, 나 여호와가 산에 강을 내게 하고, 골짜기 가운데에 샘이 나게 하며, 광야가 못이 되게 하고, 마른 땅이 샘 근원이 되게 할 것이라고 하신다.

여기 "골짜기", "광야", "마른 땅 등"은 모두 물이 없는 메마른 곳들이다. 그리고 "강", "샘", "못", 그리고 "샘 근원"은 모두 물이 풍부한 곳들을 지칭한다(30:25). 하나님은 물이 없는 곳들을 변경시켜서 물이 있는 곳들로 만드신다는 것이다.

사 41:19. 내가 광야에는 백향목과 싯딤 나무와 화석류와 들감람나무를 심고 사막에는 잣나무와 소나무와 황양목을 함께 두리니.

내(여호와)가 광야에는 백향목과 아카시아와 화석류(예루살렘 부근의 산에서 자란다, 느 8:15)와 들 올리브 나무(성지 전역에서 자란다)를 심고, 사막에는 잣나무(레바논에서 자란다, 대하 2:8)와 소나무(수리아 지방에서 성장하는 나무)와 황양목(백향목의 일종)을 함께 심겠다고 하신다.

사막지방에서 이런 희귀한 나무들(잣나무, 소나무, 황양목)이 자랐다. 사막에서 이런 희귀한 나무들이 자란 것은 유다 민족의 회복상을 드러낸 것이었다. 이는 메시아 왕국의 양상을 예언하는 것이었다.

사 41:20. 무리가 보고 여호와의 손이 지으신 바요 이스라엘의 거룩한 이가 이것을 창조하신 바인 줄 알며 함께 헤아리며 깨달으리라.

무리가 식물이 자랄 수 없는 곳에서 고급의 나무들이 자라는 것을 보고 여호와께서 이 일을 친히 행하셨다는 것을 알게 될 것이고, 이스라엘의 거룩하신 하나님(5:19)께서 이것을 창조하신 바인 줄을 알며 함께 헤아리며 깨닫게 될 것이다. "이스라엘의 거룩한 이"란 말은 '하나님은 피조물과 완전히 구별되신 전능하신 분'이시라는 뜻이다.

ㄷ) 우상은 허무한 것이다 41:21-29

이 부분(21-29절)은 우상의 허무함을 논한다. 먼저 우상의 허무함을 지적하고(21-24절), 다음으로 여호와의 위대하심에 대해 언급한다(25-29절).

<여호와께서 거짓 신들에게 말씀하시다>

사 41:21. 나 여호와가 말하노니 너희 우상들은 소송하라 야곱의 왕이 말하노니 너희는 확실한 증거를 보이라.

나 여호와가 말한다(49:26; 60:16; 창 49:24). 민족의 우상들아! 여호와께 대하여 소송을 제기하여 보라. 너희 우상들은 너희가 확실히 하나님이란 확실한 증거(소송에서 승리할 수 있는 물증)를 제시하여 보라. 즉, 장래사와 후래사를 증거 하여 보라는 것이다.

사 41:22. 장차 당할 일을 우리에게 진술하라 또 이전 일이 어떠한 것도 알게 하라 우리가 마음에 두고 그 결말을 알아보리라 혹 앞으로 올 일을 듣게 하며.

이리 와서 장차 무슨 일(미래사)이 일어날 것인지 우리에게 말하여 보라. 지난날(과거사)에 있었던 일들이 어떤 것이었는지 말하여 보라. 그러면 우리가 그것들을 살펴 그 결과를 알아보겠노라. 아니면 앞으로 올 일들을 우리에게 말하여 보라고 한다.

사 41:23. 뒤에 올 일을 알게 하라 그리하면 너희가 신들인 줄 우리가 알리라 또 복을 내리든지 재난을 내리든지 하라 우리가 함께 보고 놀라리라.

우상들에게 장차 올 일들을 말하여 보라. 그러면 우리가 너희들이 신이라는 것을 알 수 있을 것이다. 복을 내리든 화를 내리든 무엇이든 하여 보라. 그러면 우리가 모두 놀라며 두려워하게 될 것이라고 한다.

우상들은 이 두 가지를 실행하지 못한다. 그러므로 그들은 신도 아니고 아무 것도 아니다.

사 41:24. 보라 너희는 아무것도 아니며 너희 일은 허망하며 너희를 택한 자는 가증하니라.

본 절 초두의 "보라"(הֵן)라는 말은 본 절이 중요하니 주의해서 관찰하라는 뜻이다. 즉, 참으로 너희는 아무것도 아니며, 너희가 하는 일도 헛것이니, 너희를 섬겨 예배하는 자도 혐오스러울 뿐이라는 것이다.

우상이란 아무 것도 아니며 그러므로 그들의 행함도 아무것도 아니고, 이런 아무 것도 아닌 것을 섬기는 우상 숭배는 가증한 것임에 틀림없다는 것이다.

사 41:25. 내가 한 사람을 일으켜 북방에서 오게 하며 내 이름을 부르는 자를 해 돋는 곳에서 오게 하였나니 그가 이르러 고관들을 석회 같이, 토기장이가 진흙을 밟음 같이 하리니.

나 여호와가 북쪽에서 한 사람을 일으켜 오게 하였다. 나(여호와)의 이름을 부르는 그 사람을 해 뜨는 곳에서 오게 하였다. 그(한 사람)가 와서 토기장이가 진흙을 밟아 이기듯 통치자들을 진흙처럼 밟을 것이다.

본 절의 예언도 고레스를 지칭하는 예언인데 앞 절(2절)에서는 그가 동방에서 일어났다고 했고, 본 절에서는 "북방"에서 일어났다고 하여 "해 돋는 곳"이라고 한다. "북방"이라고 한 것은 그가 메디아(Media)에 가서 지냈던 일이 있었기 때문에 당연한 말이다. 메디아는 바벨론 북쪽에 있었다. 그리고 그가 동방, 곧 "해 돋는 곳에서 오게" 된다는 것은 그의 출생지인 바사를 염두에 두고 한 말씀이다. 고레스는 바사에서 나서 바사에서 자랐으며 바사에서 출발하여 북쪽으로 가서 메디아(Media)를 정복하고 서쪽으로 가서 루디아(Ludia)를 정복하고, 나중에는 남쪽으로 와서 바벨론을 정복했다(박윤선).

본 절의 "내 이름을 부르는 자"라는 말은 물론 고레스 왕을 지칭하는데 그가 유다 민족을 해방하여 본국으로 보낼 때에 여호와 하나님을 참 신이라고 고백한 일도 있다(스 1:2-4 참조).

"고관들을 석회 같이, 토기장이가 진흙을 밟음 같이 하리니"라 함은 그가 바벨론을 정복할 일에 대한 예언이다. 여기 "석회 같이"라는 말은 '몰타르 같이'란 뜻이다. 몰타르는 이겨서 쓰고 토기장이의 진흙은 발로 밟아 토기를 만든다. 고레스는 그의 초창기 전(戰)에서 메데, 리디아, 바벨론 등을 여지없이 정복했고 그 방백들을 짓밟았다.

사 41:26. 누가 처음부터 이 일을 알게 하여 우리가 알았느냐 누가 이전부터 알게 하여 우리가 옳다고 말하게 하였느냐 알게 하는 자도 없고 들려주는 자도 없고 너희 말을 듣는 자도 없도다(Who declared it from the beginning, that we might know, and beforehand, that we might say, "He is right"? There was none who declared it, none who proclaimed, none who heard your words-ESV)**.**

본 절은 우상이 답하지 못하는 22절의 요구를 25절에서 간단명료하게 답하신 여호와께서 우상을 향해 던지시는 도전적인 말씀이다(그랜드 종합 주석). 즉, 너희 우상들 가운데서 어떤 우상이 처음부터 이 일을 우리에게 일러주어 알게 하였느냐? 누가 이전부터 우리에게 일러주어 우리가 그것이 옳다고 말하게 한 일이 있느냐? 일러준 자도 없었고, 들려준 자도 없었다. 우리는 너희 말을 들어본 일이 전혀 없다.

다시 말해 우상들 중에 고레스의 등장에 대해 예언한 자도 없고, 그 일이 반드시 일어나리라고 확언하는 자도 없었다는 것이다. 우상은 참 신이 아니기 때문에 장래 일을 알 수도 없고 확증할 수도 없다. 이로써 여호와 하나님만이 참 신이심이 증명된 것이다. 고레스 왕은 이사야 시대로부터 150년 후에 나타난 인물이다.

사 41:27. 내가 비로소 시온에게 너희는 이제 그들을 보라 하였노라 내가 기쁜 소식을 전할 자를 예루살렘에 주리라(I was the first to say to Zion, "Behold, here they are!" and I give to Jerusalem a herald of good news-ESV)**.**

본 절은 고레스로 말미암아 이루어질 유다인 석방에 대하여 예언한 자는 우상들이 아니고(26절) 여호와 하나님이신 것을 말씀한다. 즉, 나 여호와가 비로소 처음부터 시온에게 '그들(선지자 이사야)을 보라' 하고 말하였다. 내가 기쁜 소식을 전할 사람(이사야)을 예루살렘에 보낸다.

다시 말해 "내(여호와)가 비로소 시온에" 이 "기쁜 소식"을 말씀하셨다는 것이다. 여기 "그들을 보라"고 한 것은 이사야를 보라고 하신 것 같다(Keil, Stier, Grotius).

사 41:28. 내가 본즉 한 사람도 없으며 내가 물어도 그들 가운데에 한 말도 대답할 조언자가 없도다.

하나님의 질문(21-23절)에 답을 하는 우상은 하나도 없다는 말씀이다. 즉, 내(여호와)가 우상들을 둘러보았다. 그들 가운데 말을 하는 우상은 하나도 없었다. 어떤 우상도 내가 묻는 말에 대답하지 못하였다.

하나님은 본 절을 통하여 다시 한 번 우상이 허무한 존재임을 강조하고 계시다.

사 41:29. 보라 그들은 다 헛되며 그들의 행사는 허무하며 그들이 부어 만든 우상들은 바람이요 공허한 것뿐이니라.

본 절 초두의 "보라"(הֵן)라는 말은 본 절이 아주 중요한 내용을 포함하고 있으니 주의하라는 것을 말한다. 즉, 보라! 이 모든 우상은 헛되며, 그것들은 아무것도 할 수 없다. 사람이 부어 만든 우상은 바람일 뿐이요, 헛것일 뿐이다.

오늘날 표준으로 생각하면 사람이 만든 옛날의 우상은 아무 것도 아닌 듯이 보이지만, 그러나 오늘날 또 현대의 우상이 대단한 것임을 알 수 있다. 오늘날 돈 우상, 물질 우상, 명예 우상, 이성(異性) 우상 등은 현대인을 잡고 있다. 그러나 이런 현대 우상도 다 헛된 것들이다.

제 42 장

3. 구원자 여호와의 사역 42장

본 장은 앞 장에 이어 구원자도, 피구원자도, 구원 자체의 뜻도 높이 초월하여 진술한다. 그것은 장차 오실 메시아를 통한 세계 만민의 영원한 구원을 말하기 때문이다. 이 부분(1-25절)의 내용은 ㄱ) 여호와의 종의 소개(1-9절), ㄴ) 이스라엘의 구원자(10-17절), ㄷ) 구원 받을 자들에게의 권면(18-25절) 등으로 나누어진다.

ㄱ) 여호와의 종을 소개하다 42:1-9

이 부분(1-9절)은 여호와의 종의 인격(1-4절), 종의 사명(5-9절)이 소개된다.

<주의 종>

사 42:1. 내가 붙드는 나의 종, 내 마음에 기뻐하는 자 곧 내가 택한 사람을 보라 내가 나의 영을 그에게 주었은즉 그가 이방에 정의를 베풀리라.

히브리 원문에는 본문 초두에 "보라"(הֵן)라는 말이 나타나 본 절의 내용이 아주 중요하니 주의해서 관찰하라고 권고한다. 즉, 보라! 나의 종을! 그는 내가 붙들어 주는 사람이다. 그는 내가 택한 사람이고, 내가 마음으로 기뻐하는 사람이다. 내가 그에게 나의 영을 주었으니, 그가 뭇 민족에게 공의를 베풀 것이다.

"내가 붙드는 나의 종"이란 '메시아'를 가리키는 말이다(마 12:18-20). 메시아는 항상 여호와 하나님에게 순종하시는 참되고 완전하신 종이시다(요 4:34; 히 3:2).

"내 마음에 기뻐하는 자 곧 내가 택한 사람"이란 말은 메시아가 인류의 속죄를 위해 택함을 받으신 것이고, 하나님과 인류 간의 중보자로 택함을 받으신 분이란 뜻이다. 성자께서 성부로부터 택함을 받으신 것은 하나님의 기뻐하셨던 바였다(마 3:17; 17:5; 벧후 1:17).

"내가 나의 영을 그에게 주었다"는 말은 '하나님께서 메시아에게 성령을 충만히 주셨다는 것'을 말하는 것이다(11:2; 41:1; 눅 2:40; 3:20).

"그가 이방에 정의를 베풀리라"는 말은 '메시아가 이방에 심판 또는 공의의 행정을 베풀리라'는 뜻이다. 그리스도는 공의의 복음을 전 세계에 전하시는 분이시다(2:2; 11:10; 19:22-25; 25:6; 27:13).

사 42:2. 그는 외치지 아니하며 목소리를 높이지 아니하며 그 소리를 거리에 들리게 하지 아니하며.

본 절과 다음 절(3절)은 메시아께서 복음을 전하시는 방법을 말한다. 즉, 메시아는 소리치거나 목소리를 높이지 않으며, 거리에서는 그 소리가 들리지 않게 할 것이다. 메시아는 정치가들이나 침략자들처럼 공중 앞에서 고함을 치지 않으시고, 아주 조용하게 일을 하신다(마 8:13; 9:30; 12:15, 19; 14:13; 막 5:43; 눅 8:56; 요 5:13; 6:15; 7:3-4)고 말씀하신다.

사 42:3. 상한 갈대를 꺾지 아니하며 꺼져가는 등불을 끄지 아니하고 진실로 정의를 시행할 것이며.

본 절도 역시 메시아께서 복음을 전하시던 방법이다. 즉, 메시아는 상한 갈대를 꺾지 않으시고, 꺼져 가는 등불을 끄지 않으시며, 진리로 공의를 베푸신다는 것이다.

"갈대"는 연약한 것을 상징하는 식물이다(왕상 14:15; 겔 29:6). 상한 갈대 같은 연약한 인생을 그리스도께서는 감싸주시며 회복시켜 주신다. 우리는 말할 수 없이 연약한 인간임을 스스로 깨달아야 할 것이다. 그리고 그리스도 앞에 나아와야 할 것이다.

그리스도는 "꺼져가는 등불을 끄지 아니하신다"는 것이다. 그리스도께서는 양심의 빛을 잃고 타락해가는 이방인들을 버리시지 않고 구원하신다.

그리스도께서 지상 생활에서 타락해가는 사람들을 구원해주셨다. 우리는 꺼져가는 등불과 같은 존재임을 인식하고 그리스도에게 나아와야 할 것이다.

그리스도께서는 "진리로 정의를 베푸시는 분"이시다. 여기 "진리"란 말은 그리스도 자신을 지칭하는 말이다(요 14:6). "진리로"라는 말은 '진리에 합당하게'라는 뜻이다. 그리스도께서는 비록 극도로 연약한 자라도 버리시지 않고 소망을 주시되 진리와 공의를 묵살시키지는 않으신다는 것이다. 다시 말해 그리스도께서는 약자들을 도우시되 그의 진리에 합당하게 그리고 정의를 실시하신다는 것이다.

사 42:4. 그는 쇠하지 아니하며 낙담하지 아니하고 세상에 정의를 세우기에 이르리니 섬들이 그 교훈을 앙망하리라.

본 절은 그리스도께서 절대 굴하지 않으시고 끝까지 복음을 전하신다는 것을 말씀한다. 즉, 그는 쇠하지 않으시고, 낙담하지 않으시며, 끝내 세상에 공의를 세울 것이니, 먼 나라에서도 그의 가르침을 받기를 간절히 기다릴 것이다.

여기 "그는 쇠하지 아니하며 낙담하지 아니한다"는 말은 예수님의 복음 전도가 3년으로 끝나는 것이 아니라 그 뒤에도 제자들로 말미암아 복음 전도가 세상 끝 날까지 계속될 것을 가리킨다(박윤선).

"정의를 세우기에 이르리니"란 말은 온 세상에 그의 복음이 전파되기까지 전파하실 것이라는 뜻이다. 제자들에 의해 그의 복음을 전 세계로 전파하신다는 것이다.

"섬들이 그 교훈을 앙망하리라"는 말은 전 세계 국가들(41:1)이 그리스도의 복음을 앙망하게 될 것이라는 뜻이다. 이 말씀은 벌써 실현된 말씀이고 또 실현되어가고 있는 말씀이다.

5-9절. 이 부분은 여호와의 종의 사명을 진술한다.

사 42:5. 하늘을 창조하여 펴시고 땅과 그 소산을 내시며 땅 위의 백성에게

호흡을 주시며 땅에 행하는 자에게 영을 주시는 하나님 여호와께서 이같이 말씀하시되.

본 절은 먼저 여호와가 어떤 분임을 진술한다. 여호와가 어떤 분임을 알아야 그 종이 어떤 분임을 알게 되는 것이다. 즉, 하나님은 하늘을 창조하여 펴신 분이시고, 땅을 만드신 분이시며, 땅 위에 사는 온갖 것을 만드신 분이시다. 그리고 땅 위에 사는 백성에게 생명을 주시고, 땅 위에 걸어 다니는 사람들에게 생령을 주시는 분이시다(창 2:7). 그리고 그 하나님께서 다음처럼 말씀하신다.

사 42:6. 나 여호와가 의로 너를 불렀은즉 내가 네 손을 잡아 너를 보호하며 너를 세워 백성의 언약과 이방의 빛이 되게 하리니(I am the LORD; I have called you in righteousness; I will take you by the hand and keep you; I will give you as a covenant for the people, a light for the nations-ESV).

나 여호와가 의를 이루려고 너를 불렀다. 내가 너의 손을 붙들어 주고, 너를 지켜 주어서, 너를 백성의 언약과 이방의 빛이 되게 할 것이다.

"나 여호와가 의로 너를 불렀은즉"(I am the LORD, I have called you in righteousness)이란 말은 '나 여호와가 메시아 너를 부른 이유는 의를 이루기 위함이라'는 것이다. 다시 말해 본 절은 여호와께서 '여호와의 종'을 그의 온전하신 뜻을 이루시기 위해서 순종하는 종으로 부르셨다는 것이다. 즉, 그의 모든 백성들을 구원하시기를 원하시는 하나님의 뜻을 이루시기 위해서 예수 그리스도께서 온전한 순종자로 부르심 받았음을 밝히고 있는 것이다. 이 말씀대로 예수님께서는 그의 한 생애동안 하나님의 뜻에 온전히 순종하는 삶을 사셨다.

"너를 세워 백성의 언약과 이방의 빛이 되게 하리니"란 말은 메시아의 2중적 사역을 진술한다. 첫째는 이스라엘과 맺은 하나님의 언약을 성취하는 것이고, 둘째는 이방인들에게 계시의 빛을 비추는 것이다(47:6; 51:4; 눅

2:32). 이는 결국 예수 그리스도를 통하여 우리의 구원이 완성될 것을 예언한 것이다(요 1:12; 14:6; 갈 2:20-21).

사 42:7. 네가 눈먼 자들의 눈을 밝히며 갇힌 자를 감옥에서 이끌어 내며 흑암에 앉은 자를 감방에서 나오게 하리라.

본 절의 그리스도의 세 가지 사역은 오늘 우리에게 당장에 나타나는 사역이다. 즉, 네(그리스도)가 눈먼 사람의 눈을 뜨게 해서 보게 하고(마 9:30; 11:5; 요 9:7), 감옥에 갇힌 사람을 이끌어 내어 나오게 하며(요 8:32), 어두운 영창에 갇힌 이를 풀어 석방시켜 주시는 것이다.

오늘 우리는 그리스도로 말미암아 즉시 눈이 밝아질 수 있고, 또 감옥에 갇힌 듯 답답한 심정에서 벗어나게 되며, 어두운 영창에 갇힌 듯 캄캄한 곳에서 즉시 밝음을 얻을 수 있다.

사 42:8. 나는 여호와이니 이는 내 이름이라 나는 내 영광을 다른 자에게, 내 찬송을 우상에게 주지 아니하리라.

나는 주[35])이니 이것이 나의 이름이다. 나는, 내가 받을 영광을 다른 사람에게 넘겨주지 않고, 내가 받을 찬양을 우상들에게 양보하지 않는다.

여호와의 종 메시아를 보내신 분이 다름 아닌 나 여호와란 뜻이다. 그러므로 이 일이 확실하고 메시아의 사명도 반드시 성취된다는 다짐이다.

"내 영광을 다른 자에게, 내 찬송을 우상에게 주지 아니하리라"는 말은 '여호와께서 보내신 메시아의 사명은 반드시 성취될 것이니 그러므로 많은 백성이 구원 받고 영광을 여호와께 돌릴 것이다. 하나님의 구속사역은 절대로 실패하시지 않고 반드시 성공하시는 것이니 구원을 받은 자마다 모두 영광을 여호와께 돌릴 것이고 찬양도 여호와께 돌릴 것이다.

35) "여호와": 여호와는 이스라엘의 하나님을 나타내는 고유명사이며, '여호와, 야훼'로 음역한다. 우리가 "여호와"라고 부르는 하나님의 명칭은 본래 히브리어 4자음 문자 '요드, 헤, 와우, 헤(YHWH)로 구성되어 있다. 이 신성 4문자(Tetragammaton)는 하나님의 인격적 이름으로 성경에서 창 2:4에 처음으로 나타나며, 구약성경을 일관해서 총 6,000여회(cf. BDB) 나타난다.

사 42:9. 보라 전에 예언한 일이 이미 이루어졌느니라 이제 내가 새 일을 알리노라 그 일이 시작되기 전에라도 너희에게 이르노라(Behold, the former things have come to pass, and new things I now declare; before they spring forth I tell you of them-ESV).

본 절 초두에는 "보라"(הִנֵּה - Behold)라는 말이 있어 본 절이 중요한 내용을 포함하고 있음을 시사한다. 즉, 전에 예고한 일들이 이미 다 이루어졌다. 이제 내가 새로 일어날 일들을 예고한다. 그 일들이 일어나기 전에, 내가 너희에게 일러준다.

여기 전에 예언한 일로서 이루어진 일이 무엇이며, 이제 새 일이 무엇인지에 대해서는 학자마다 해석이 다르다. 1) 전에 예언한 일은 바벨론의 침략이고(39:5-7), 새 일은 메시아를 통한 세계의 역사라는 견해(Rawlinson), 2) 전에 예언한 것은 조상 때부터의 수많은 예언들, 후자는 고레스를 통한 구원이라는 견해(Lange, Young, 이순한), 3) 전에 예언한 것은 고레스를 통한 유다 민족의 구원이고, 새 일은 메시아를 통한 구원(Delitzsch, 이상근)이라는 견해이다. 이 세 견해 중에 3)번의 견해가 가장 바람직하다.

"새 일을 고하노라"는 말은 유다 민족이 바벨론에서 고레스를 통하여 해방되어 귀국할 것을 지칭하고, 나아가 이 사실을 통하여 온 인류가 메시아로 말미암아 죄에서 해방되고 구원 받을 것을 지칭한다(박윤선, 이상근). 그 일은 너무 중한 일이기 때문에 그 일이 시작되기 전이라도 미리 예고한다는 것이다.

ㄴ) 이스라엘의 구원자 42:10-17

<새 노래로 찬송하라>

사 42:10. 항해하는 자들과 바다 가운데의 만물과 섬들과 거기에 사는 사람들아 여호와께 새 노래로 노래하며 땅 끝에서부터 찬송하라(Sing to the LORD a new song, his praise from the end of the earth! Let the sea roar and all that fills it, the coastlands and their inhabitants-NRSV).

여호와께 새 노래로 찬송하라. 땅 끝에서부터 그를 찬송하라. 항해하는 사람들아, 바다 속에 사는 피조물들아, 섬들아, 거기에 사는 주민들아 찬송하라.

"항해하는 자들과 바다 가운데의 만물과 섬들과 거기에 사는 사람들"이란 말은 바다에서 항해하는 뱃사람들, 바다 가운데 있는 어류들이나 바다 속에 있는 수중 동물들, 그리고 열방들과 거기에 사는 모든 거민들을 총칭하는 말이다. 이 세계의 모든 거민들과 바다의 수중 생물까지도 여호와를 찬양해야 할 이유는 9절의 메시아의 구원 때문이다.

"새 노래로 노래하라"는 말은 메시아의 구원을 바라보고 새 감격을 가지고 노래하라는 뜻이다(시 33:3; 40:3; 96:1; 98:1; 144:9; 149:1).

사 42:11. 광야와 거기에 있는 성읍들과 게달 사람이 사는 마을들은 소리를 높이라 셀라의 주민들은 노래하며 산 꼭대기에서 즐거이 부르라.

본 절은 광야와 거기에 있는 성읍들에 사는 사람들과 게달 사람이 사는 마을 사람들은 소리를 높여 여호와를 찬양하라는 것이며 또 셀라의 주민들 모두도 다 찬양하며 산의 꼭대기에서 즐거이 찬양하라고 말한다.

본 절의 "게달 사람"은 이스마엘 자손들로(창 25:13) 아라비아인들이었다(21:16). 그리고 "셀라의 주민들"이란 '에서의 자손들'을 뜻한다(16:1).

사 42:12. 여호와께 영광을 돌리며 섬들 중에서 그의 찬송을 전할지어다.

본 절은 10-11절을 다시 반복한다. 즉, 여호와께 영광을 돌리라. 주님을 찬양하는 소리가 섬에까지 울려 퍼지게 하라고 한다.

만물과 만민들은 여호와께서 이룩하신 능하신 놀라운 일들 때문에 여호와를 찬양하라는 것이다.

사 42:13. 여호와께서 용사 같이 나가시며 전사 같이 분발하여 외쳐 크게 부르시며 그 대적을 크게 치시리로다.

본 절은 여호와를 찬양해야 할 이유를 말한다. 즉, 주님께서 용사처럼 나서시고, 전사처럼 용맹을 떨치신다. 전쟁의 함성을 드높이 올리시며, 대적들을 물리치시니 여호와를 찬양해야 한다는 것이다.

오늘도 우리가 여호와께 감사하며 찬양해야 할 이유는 끝도 없이 많다.

<구원의 약속>

사 42:14. 내가 오랫동안 조용하며 잠잠하고 참았으나 내가 해산하는 여인 같이 부르짖으리니 숨이 차서 심히 헐떡일 것이라.

본 절은 하나님께서 오랫동안 침묵하신 것과 이제는 해산하는 여인처럼 부르짖겠다는 것을 말씀하신다. 즉, 내(하나님)가 오랫동안 조용히 침묵을 지키며 조용히 참았으나, 이제는 내가 숨이 차서 헐떡이는, 해산하는 여인과 같이 부르짖겠다고 하신다.

하나님은 유다 민족이 바벨론에서 종살이하는 70년 동안 침묵하셨으나 이제는 고레스를 통하여 해방을 시도하시는 장면에서 목소리를 크게 내신다는 것이며, 앞으로 세계 만민을 구원하시는 메시아를 보내신다는 것을 큰 소리로 말씀하신다는 것이다.

"내가 해산하는 여인 같이 부르짖으리니"란 말을 예로 들은 것은 사람이 부르짖는 부르짖음 중에 해산할 여인이 해산을 앞두고 부르짖는 것처럼 큰 소리로 부르짖는 일은 없기 때문에 이 예를 들어 말씀하시는 것이다.

사 42:15. 내가 산들과 언덕들을 황폐하게 하며 그 모든 초목들을 마르게 하며 강들이 섬이 되게 하며 못들을 마르게 할 것이며.

본 절은 하나님께서 유다 민족을 해방하실 때 유다 민족의 적들인 바벨론과 열강의 산야와 강들을 멸망시키실 4가지 일들을 진술한다. 첫째, 하나님께서 바벨론의 큰 산과 작은 산을 황폐하게 하시겠다고 하신다. 둘째, 그 초목들을 모두 시들게 하시겠다고 하신다. 셋째, 강들을 사막으로 만들겠다고 하신다. 넷째, 호수를 말리시겠다는 것이다.

사 42:16. 내가 맹인들을 그들이 알지 못하는 길로 이끌며 그들이 알지 못하는 지름길로 인도하며 암흑이 그 앞에서 광명이 되게 하며 굽은 데를 곧게 할 것이라 내가 이 일을 행하여 그들을 버리지 아니하리니(And I will lead the blind in a way that they do not know, in paths that they have not known I will guide them. I will turn the darkness before them into light, the rough places into level ground. These are the things I do, and I do not forsake them-ESV).

바로 앞 절에서는 유다 민족의 적들에 대해서 언급했으나, 이제 본 절에서는 유다 민족을 바벨론에서 해방하여 고국에 이르게 하시겠다는 것을 말씀한다. 즉, 내(여호와)가 눈 먼 나의 백성을 인도할 것인데, 그들이 한 번도 다니지 못한 길로 인도하겠다. 내가 그들 앞에 서서, 암흑을 광명으로 바꾸고, 거친 곳을 평탄하게 만들겠다. 이것은 내가 하는 약속이니 반드시 지키겠다고 하신다.

"맹인들을 그들이 알지 못하는 길로 이끄신다"는 말은 유다 민족 중에 바벨론에서 새로 난 백성들은 유다 땅에 대해 전혀 알지 못하니 맹인들일 수밖에 없다. 여호와께서는 그 맹인들을 그들이 알지 못하는 유다 땅으로 인도하시겠다고 하신다. 본 절은 또 멀리 메시아의 역사를 예언하는 것이다. 메시아가 오셔서 죄악의 어두움에 살며, 영적 소경이 된 만민들을 복음으로 구원에 이르게 하시는 것을 가리키는 것이다.

"암흑이 그 앞에서 광명이 되게 하며 굽은 데를 곧게 할 것이라"는 말씀은 '암흑 속에서 살던 포로들에게 광명을 주시며 굽은 데를 첩경으로 만들어 주셔서 정확하게 인도해주시겠다는 것이다. 하나님은 또한 메시아를 통하여 수많은 무지한 자들을 바른 길로 인도하신다는 것을 드러낸다.

사 42:17. 조각한 우상을 의지하며 부어 만든 우상을 향하여 너희는 우리의 신이라 하는 자는 물리침을 받아 크게 수치를 당하리라.

본 절의 "조각한 우상"이란 말과 "부어 만든 우상"이란 말은 동의어이다.

그리고 "의지한다"는 말과 "너희는 우리의 신이라 하는" 말은 동의어로 사용된 것이다. 조각한 우상을 의지하며 우상을 향하여 너희는 우리를 구원하는 신이라고 하는 사람들은 물리침을 받아 크게 수치를 당한다는 것이다.

본 절은 유다 민족의 적들이 멸망한다는 것을 말하는 것인데 그들이 멸망하는 원인까지 말한다. 그들이 멸망하는 원인은 우상을 조각하고 그 만든 우상을 자기들의 신이라고 경배하기 때문이라는 것이다.

ㄷ) 포로민에게 권면하다 42:18-25

이 부분(18-25절)은 유다 민족에게 주는 권면이다. 우상을 섬기는 자는 결국은 심판을 받을 것이므로 유다 민족에게 여호와께 돌아와 전적으로 여호와를 의지할 것을 권한다.

<백성들이 깨닫지 못하다>

사 42:18. 너희 못 듣는 자들아 들으라 너희 맹인들아 밝히 보라.

본 절은 두 종류의 병자들, 즉 못 듣는 자들과 맹인들을 향해 들으라 하고 밝히 보라고 말한다. 유다 민족은 듣기는 들어도 깨닫지 못하며 보기는 보아도 보지 못하는 귀머거리이고 소경이었다(마 13:15; 시 58:4).

사 42:19. 맹인이 누구냐 내 종이 아니냐 누가 내가 보내는 내 사자 같이 못 듣는 자겠느냐 누가 내게 충성된 자 같이 맹인이겠느냐 누가 여호와의 종 같이 맹인이겠느냐.

본 절은 전 절(18절)의 귀머거리 소경이 곧 여호와의 종이란 것을 드러낸다. 즉, 누가 눈이 먼 자냐? 나의 종(유다 민족)이 아니냐! 누가 귀가 먹은 자냐? 내가 보낸 나의 사자(유다 민족)가 아니냐! 누가 눈이 먼 자냐? 주님과 언약을 맺은 자(유다 민족)가 아니냐! 누가 눈이 먼 자냐? 주님의 종(유다 민족)이 아니냐!

문제는 여기서 이 여호와의 종이 누구냐는 것이다. 학자들마다 견해가 다르다. 1) 42:1-9에서 소개된 여호와의 종이라는 견해(Rawlinson), 2) 이사야 자신을 지칭한다는 견해(Meshullam), 3) 포로 되어 있는 유다 민족이라는 견해(Calvin, Delitzsch, Cheyne, 박윤선, 이상근, 이순한, 그랜드 종합 주석, 호크마 주석)로 갈린다. 이 세 견해 중에 3)번의 견해가 가장 바른 견해다. 유다 민족은 민족적으로 여호와의 종이라고 불렸다. 그러나 안타깝게도 그들은 거역하는 종이며, 귀머거리요, 소경이었다.

사 42:20. 네가 많은 것을 볼지라도 유의하지 아니하며 귀가 열려 있을지라도 듣지 아니하는도다.

본 절은 유다 민족이 눈과 귀는 있어도 그 눈과 귀를 가지고 제대로 활용을 못한다는 것을 말한다. 즉, 유다 민족은 많은 것을 보았으나 마음에 유의하지 않았고, 귀가 열려 있었으나 귀담아 듣지 않았다는 것이다.

유다 민족은 보아도 보지 못하는 소경이었고, 들어도 깨닫지 못하는 귀머거리였다. 유다 민족은 과거 역사에서 하나님의 기적을 수많이 보아왔다. 그들은 출애굽 때만 해도 10번이나 반복되는 하나님의 기적적 재앙을 보았고, 하나님께서 홍해를 갈라주시는 기적도 보았다. 그러나 그들은 그 사실들을 곧 잊어버리고 광야에서 많은 불평을 털어놓았다. 이들은 가나안에 들어와서도 선지자들을 통하여 하나님의 계시를 수없이 들었으나 그 말에 귀를 기울이지 않았고 여전히 불평하는 민족으로 살았다. 오늘 우리는 전적으로 감사하고 찬양하고 사는가?

사 42:21. 여호와께서 그의 의로 말미암아 기쁨으로 교훈을 크게 하며 존귀하게 하려 하셨으나(The LORD was pleased, for his righteousness' sake, to magnify his law and make it glorious-RSV, ESV).

본 절은 여호와께서 유다 민족을 위해서 하신 일을 진술한다. 즉, 여호와께서는 의(義)를 드러내시려고[36] 기쁨으로 율법을 주셨고 그 율법을 선양(널리

36) 유다 민족이 여호와의 율법을 더욱 지키고 높이면 여호와의 의가 더욱 드러나게 마련이다. 여호와께서는 유다 민족에게만 율법을 주시고 또 백성들만이 율법을 더욱 영광스럽게

떨침)하셨으며 백성이 율법과 교훈을 존중하기를 바라셨다. 그러나 유다 민족은 율법을 지키지 않아서 엄청난 손해를 보고 말았다(다음 절).

사 42:22. 이 백성이 도둑맞으며 탈취를 당하며 다 굴 속에 잡히며 옥에 갇히도다 노략을 당하되 구할 자가 없고 탈취를 당하되 되돌려 주라 말할 자가 없도다.

본 절은 유다 민족이 여호와의 영광을 드러낼 좋은 기회를 놓치고 만 것을 드러낸다. 즉, 지금 유다 백성은 약탈과 노략을 당하였으며, 그들은 모두 구덩이 속에 갇혀버렸고, 감옥에 갇혀 있게 되었다(왕하 25:27; 시 119:85). 그들이 약탈을 당하였으나, 구하여 주는 자가 없고, 노략을 당하였으나, 노략자들에게 '돌려주라' 하고 말해 주는 자가 없도다. 유다 민족이 이 지경이 된 것은 그들이 귀머거리가 되었고 또 소경이 된 때문이었다(19-20절).

사 42:23. 너희 중에 누가 이 일에 귀를 기울이겠느냐 누가 뒤에 올 일을 삼가 듣겠느냐.

이사야는 유다 백성 중에 한 사람이라도 정신을 차려서 살기를 바라고 이런 말을 한다. 즉, 너희(유다 민족) 가운데 누가 이 일에 귀를 기울이겠느냐? 누가 앞으로 일어날 일을 주의하여 듣겠느냐고 말한다.

이사야는 유다 민족 중에 한 사람이라도 회개하는 자가 있기를 바란 것이다.

사 42:24. 야곱이 탈취를 당하게 하신 자가 누구냐 이스라엘을 약탈자들에게 넘기신 자가 누구냐 여호와가 아니시냐 우리가 그에게 범죄하였도다 그들이 그의 길로 다니기를 원하지 아니하며 그의 교훈을 순종하지 아니하였도다.

하기를 원하시는 것은 아니었다. 북쪽 나라 이스라엘에게도 율법을 주셨고 그들도 역시 율법을 아주 선양하기를 원하셨다. 그러나 북쪽 나라 이스라엘은 이미 앗수르에 의해서 멸망하고 말았다.

본 절은 유다 민족이 바벨론에 포로 되어 가서 모두 털린 것은 유다 민족의 죗값으로 여호와께서 유다 민족을 바벨론으로 포로 되어 가게 하셨다는 것을 말한다. 즉, 야곱(유다 민족은 야곱의 후예였다)이 노략을 당하게 버려 둔 이가 누구였으며 이스라엘(유다 민족은 말 그대로 이스라엘이었다)을 약탈자에게 넘겨 준 이가 누구였느냐? 바로 주님이 아니시냐? 우리가 주님께 죄를 지었다. 백성이 주님의 길로 걸으려 하지 않았으며, 그의 법을 순종하려 하지 않았으므로 이렇게 바벨론에 포로되어 온 것이다. 사람이 범죄 하면 비참을 만나는 법이다.

사 42:25. 그러므로 여호와께서 맹렬한 진노와 전쟁의 위력을 이스라엘에게 쏟아 부으시매 그 사방에서 불타오르나 깨닫지 못하며 몸이 타나 마음에 두지 아니하는도다.

본 절 초두의 "그러므로"란 말은 '유다 민족이 범죄 했음으로' 그 결과로 본 절과 같은 결과가 왔음을 말하는 것이다. 그런데 본 절은 유다 민족이 범죄 했음으로 당한 것이 한 가지가 아니라 두 가지나 되는 것을 말한다. 한 가지는 "여호와께서 맹렬한 진노와 전쟁의 위력을 이스라엘(유다 민족)에게 쏟아 부으신" 것이라 하고, 또 한 가지는 "유다 민족의 사방에서 불타오르나 깨닫지 못하며 몸이 타나 마음에 두지 아니하는 것"이었다. 2중 환난을 당한 것이었다.

유다 민족은 참으로 들어도 듣지 못하고 보아도 보지 못하는 백성들이었다(19-20절). 오늘 현대판 소경과 귀머거리도 마찬가지이다. 재앙을 만나도 그 재앙이 왜 왔는지 깨닫지 못하는 것은 참으로 불행인 것이다.

제 43 장

4. 유다 민족의 회복 43-44장

43장은 여호와께서 유다 민족을 구원하시는 일을 진술했고, 44장은 유다 민족이 회복 받는 것을 진술한다. 내용은 거의 같다.

ㄱ) 여호와의 구원 43장

43장의 내용은 1) 구원을 확인하는 일(1-7절), 2) 구원의 증인(8-13절), 3) 새 일로 구원하신 일(14-21절), 4) 유다 민족이 불신한 일(22-28절)로 구성되어 있다.

1) 유다의 구원을 확인하는 일 43:1-7

1-7절은 유다의 구원을 진술하고, 그 구원을 확인하는 일이 진술된다.

<구원의 약속>

사 43:1. 야곱아 너를 창조하신 여호와께서 지금 말씀하시느니라 이스라엘아 너를 지으신 이가 말씀하시느니라 너는 두려워하지 말라 내가 너를 구속하였고 내가 너를 지명하여 불렀나니 너는 내 것이라.

본 절의 "야곱아!"라는 호칭과 "이스라엘아!"라는 호칭은 문맥을 따라 둘 다 남쪽 나라 유다 민족을 두고 부르는 호칭이다. 북쪽 나라 이스라엘도 역시 "야곱아" 또는 "이스라엘아"라고 부르는 것은 마찬가지이다.

여호와께서는 바벨론에 포로 되어 있는 유다 민족을 향하여 "야곱아 너를 창조하신 여호와께서 지금 말씀하시느니라. 이스라엘아 너를 지으신 이가 말씀하신다"고 하신다. 말씀하시는 내용은 "너는 두려워하지 말라 내가 너를 구속하였고 내가 너를 지명하여 불렀나니 너는 내 것이라"는 말씀이다.

"야곱을 창조하신 여호와께서 지금 말씀하시니 너는 두려워하지 말라"고

하신 목적은 그들로 하여금 하나님 밖에 다른 것을 두려워하지 말게 하려는 것이다. 여호와께서 그들의 창조자시면 그들은 두려워할 것 없다. 이유는 그들이 본래 없던 것인데, 이제 그들을 있게 하신 이가 그들의 하나님이신 까닭이다. 천지를 지으신 하나님께서 도와주실 때에는 무슨 두려움이 있으랴? 시 121:1-2 참조(박윤선).

"내가 너를 구속하였고 내가 너를 지명하여 불렀나니 너는 내 것이라"는 말씀도 역시 그들은 하나님 밖에 다른 것을 두려워할 이유가 없음을 보여준다. 본 절의 "너를 구속하였다"(גְּאַלְתִּיךָ)는 말은 '다른 사람을 대신 희생시키고라도 바로 너를 구속해 주신다'는 뜻이다(3-4절). 그런고로 그들은 하나님의 특별한 보배이다. 하나님께서 그들을 구원하시기 위하여 어떤 희생의 대가(代價)라도 치르시기를 원하시니 하나님 백성 된 자는 하나님만을 두려워해야 한다.

"내가 너를 지명하여 불렀다"는 말도 몇 가지 뜻을 가진다. (1) 하나님께서 그들을 잘 아신다는 것, (2) 하나님께서 그들을 사랑하신다는 것, (3) 그들로 하여금 하나님을 증거 하기에 합당한 자격으로 만들어 주셨다는 뜻이다. 그런고로 유다 민족은 다른 것들을 전혀 두려워할 것이 없는 민족이었다(박윤선). 오늘 우리 역시 하나님의 창조물들이고, 구원을 받았으며, 지명하여 부름을 받았으니 세상 다른 것을 전혀 두려워할 것이 없다.

사 43:2. 네가 물 가운데로 지날 때에 내가 너와 함께 할 것이라 강을 건널 때에 물이 너를 침몰하지 못할 것이며 네가 불 가운데로 지날 때에 타지도 아니할 것이요 불꽃이 너를 사르지도 못하리니.

본 절은 유다 민족이 전혀 두려워할 것이 없는 환경들을 언급한다. "물 가운데로 지날 때에"(홍해를 건널 때를 연상해 보라, 출 14:32), "강을 건널 때에", "불 가운데로 지날 때에", "불꽃"을 만났을 때에도(사드락과 메삭과 아벳느고를 상상해 보라, 단 3:27) 두려워할 것이 없다고 하신다(시 46:1-3; 66:12 참조). 다시 말해 세상에서 어떤 악한 환경을 만나도 두려워할 이유가 없다는 것이다.

사 43:3. 대저 나는 여호와 네 하나님이요 이스라엘의 거룩한 이요 네 구원자임이라 내가 애굽을 너의 속량물로, 구스와 스바를 너를 대신하여 주었노라

본 절 초두의 "대저"(כִּי-for)란 말은 이유 접속사로 유다 민족이 두려워할 이유가 없음을 본 절이 제공하고 있다. 즉, 나는 여호와 너(유다 민족)의 하나님이다. 이스라엘(유다 민족)의 거룩한 하나님이다. 너의 구원자(19:20; 43:3, 11; 45:15, 21; 49:26; 60:16; 63:8)다. 내가 애굽(출 14:23-31)을 유다 민족의 속량물로 내주어 너(유다 민족)를 구속하겠고, 너를 구속하려고, 너 대신에 구스(Cush)와 스바(Seba-구스의 대명사)를 내주겠다. 여기 "구스"와 "스바"란 말은 애굽을 반복한 말로 볼 수 있다.

사 43:4. 네가 내 눈에 보배롭고 존귀하며 내가 너를 사랑하였은즉 내가 네 대신 사람들을 내어 주며 백성들이 네 생명을 대신하리니.

본 절은 유다 민족이 여호와의 사랑의 대상인고로 유다 민족 대신 다른 민족이 유다 민족을 대신하며 다른 백성들이 유다 백성들을 대신하게 하신다고 말한다.

사 43:5-6. 두려워하지 말라 내가 너와 함께 하여 네 자손을 동쪽에서부터 오게 하며 서쪽에서부터 너를 모을 것이며 내가 북쪽에게 이르기를 내놓으라 남쪽에게 이르기를 가두어 두지 말라 내 아들들을 먼 곳에서 이끌며 내 딸들을 땅 끝에서 오게 하며(Fear not, for I am with you; I will bring your offspring from the east, and from the west I will gather you; I will say to the north, Give up, and to the south, Do not withhold; bring my sons from afar and my daughters from the end of the earth-RSV, ESV).

내(여호와)가 너와 함께 있으니 두려워하지 말라. 내가 동쪽에서 너(유다 민족)의 자손을 오게 하며, 서쪽에서 너희를 모으겠다. 북쪽에다가 이르기를 그들(유다 민족)을 놓아 보내라 하고, 남쪽에다가도 그들을 붙들어 두지 말라. 나의 아들들을 먼 곳에서부터 오게 하고, 나의 딸들을 땅 끝에서부터 오게 하라고 하겠다고 말씀하신다.

본 절은 하나님께서 그 백성들에게 두려워말라고 부탁하신다. 이유는 하나님께서 함께 하시기 때문이라고 하신다. 유다 민족들이 많은 위험을 당하며 바벨론에 잡혀 갈 것이나 두려워할 것이 없다는 것이다. 그 이유는 하나님께서 필경 그들이 사로잡혀간 백성들을 동서남북 어디서든지 해방시켜 돌아오도록 하실 때가 올 것이기 때문이다.

바벨론이 멸망할 때 흩어진 유다 민족은 메대 같은 동방에서, 지중해 연안 같은 서방에서, 갈대아 같은 북방에서, 또 남방 광야 지대에서 유다 나라로 돌아온다는 것이다.

바벨론이 멸망했을 때 고레스 왕은 칙령을 내려 흩어진 유다 민족을 고국으로 돌아가게 했다. 그들은 단순히 돌려보낸 것이 아니라 호위하여 돌려 보내준 것이다(스 8:22, 31; 느 2:7-8).

본 절은 또한 세상 종말에 그리스도께서 재림하실 때 하나님의 선민들을 사방에서 모으실 일의 그림자이기도 하다(마 24:31).

사 43:7. 내 이름으로 불려지는 모든 자 곧 내가 내 영광을 위하여 창조한 자를 오게 하라 그를 내가 지었고 그를 내가 만들었느니라(every one who is called by my name, whom I created for my glory, whom I formed and made-RSV, ESV).

본 절의 "내 이름으로 불려지는 모든 자"라는 말과 "내가 내 영광을 위하여 창조한 자"라는 말은 동의 절이다. 그리고 "내가 지었고"란 말과 "그를 내가 만들었다"는 말도 동의 절이다.

유다 민족은 하나님의 이름으로 불린다는 것이다. 그들은 가는 곳마다 하나님을 경배하는 민족으로 알려졌다. 이와 같이 하나님의 이름으로 불리는 그들을 하나님은 반드시 구원하여 주실 것이라는 것이 본 절의 의미이다.

2) 구원의 증인 43:8-13

이 부분(8-13절)에서 여호와께서는 한편으로 유다 민족을 부르시고(8절), 다른 한편으로는 우상을 숭배하는 열방을 부르시며(9절), 어느 쪽이 여호와께서 유다 민족을 구원하실 일의 증인이시냐고 물으신다. 구원의 증인은 이방 열국이 아니라 유다 민족이라는 것이다.

<이스라엘은 여호와의 증인>

사 43:8. 눈이 있어도 보지 못하고 귀가 있어도 듣지 못하는 백성을 이끌어 내라.

위로의 와중에 여호와께서는 그의 유일성을 증명하기 위해 또 다시 영적으로 무감각한 무지함에 빠져버린 유다 민족을 부르신다.

본 절의 눈이 있어도 보지 못하는 사람들과 귀가 있어도 듣지 못하는 백성이라는 말은 유다 민족을 지칭한다. 사 42:18-20 주해 참조.

사 43:9. 열방은 모였으며 민족들이 회집하였는데 그들 중에 누가 이 일을 알려 주며 이전 일들을 우리에게 들려 주겠느냐 그들이 그들의 증인을 세워서 자기들의 옳음을 나타내고 듣는 자들이 옳다고 말하게 하여 보라.

한편으로(9절) 유다 민족을 소환하신 하나님께서는 또 다른 한편으로(본 절) 열방을 소환하신다. 열방을 소환하시는 이유는 여호와의 구원에 대해 전혀 알지 못하는 열방의 무지함을 반어법을 사용하여 지적하시기 위함이다. 즉, 모든 열방과 뭇 민족도 함께 재판정으로 나오라. 그들의 신들 가운데서 어느 신이 미래를 예고할 수 있겠느냐? 그들 가운데서 누가 이제 곧 일어날 일을 예고할 수 있겠느냐? 그 신들이 증인들을 내세워서, 자신들의 옳음을 증언하게 하고, 사람들 앞에서 증언하게 하여서, 듣는 사람들마다 그것이 사실이라고 말하게 하여 보라.

본 절의 "이 일"이란 유다 민족이 바벨론의 압제에서 해방될 놀라운 일을 지칭한다(41:4, 26; 42:9, 16, 23). 그리고 "이전 일"이란 예언한 일이 성취된 사건을 지칭한다.

"그들이 그들의 증인을 세워서 자기들의 옳음을 나타내고 듣는 자들이 옳다고 말하게 하여 보라"는 말은 모인 열방으로 하여금 유다 민족의 구원에 관한 미래사를 정확하게 예언함으로 스스로 옳은 것을 밝히고, 그들의 증언을 듣는 자들로 하여금 옳다고 인정하게 하라는 것이다. 물론 열방은 알지 못한다. 그 열방이란 우상을 숭배하는 국가들이다. 그 우상들이 장래의 일을 고하지 못하는, 아무 것도 아닌 것이었으므로(41:21-24), 그런 우상을 숭배하는 열방도 장래의 일을 고할 수는 없는 것이다(이상근).

사 43:10. 나 여호와가 말하노라 너희는 나의 증인, 나의 종으로 택함을 입었나니 이는 너희가 나를 알고 믿으며 내가 그인 줄 깨닫게 하려 함이라 나의 전에 지음을 받은 신이 없었느니라 나의 후에도 없으리라.

본 절은 여호와께서 유다 민족을 택하신 이유를 말한다. 유다 민족을 택하신 이유는 유다 민족이 증인이 되어 여호와를 증언하게 하려함이라고 하신다. 즉, 여호와께서 말씀하시기를 너희(유다 민족)는 나의 증인이며, 내가 택한 나의 종이다. 이렇게 증인으로 택한 것은 너희가 나를 알고 믿게 하려는 것이고, 오직 나만이 하나님임을 깨달아 알게 하려는 것이다. 나보다 먼저 지음을 받은 신이 있을 수 없고, 나 이후에도 있을 수 없다고 하신다.

"나의 전에 지음을 받은 신이 없었느니라 나의 후에도 없으리라"는 말은 여호와께서 절대 유일의 하나님이시라는 말이다. "지음 받은 것"은 우상이고 하나님은 영원자존자이시다(출 3:14). 그러므로 "전에, 후에, 지음을 받은"등의 표현 자체가 참 하나님이 아니시라는 뜻이 된다.

사 43:11. 나 곧 나는 여호와라 나 외에 구원자가 없느니라.

본 절은 오직 여호와께서만 유일하신 하나님이란 뜻이다. "나 외에 구원자가 없느니라"는 말은 여호와께서 유일하신 하나님이심으로 그가 또 유일하신 구원자이시라는 뜻이다. 하나님은 근본적이고 절대적인 구원자이시다(행 4:12).

사 43:12. 내가 알려 주었으며 구원하였으며 보였고 너희 중에 다른 신이 없었나니 그러므로 너희는 나의 증인이요 나는 하나님이니라 여호와의 말씀이니라.

본 절은 유다 백성에게는 여호와 외에 다른 신이 없다는 것을 말씀하신다. 즉, 바로 내(여호와)가 승리를 알려주었고, 너희(유다 민족)를 구원하여 주었으며, 구원을 보여주었다. 이방의 어떤 신도 이렇게 하지 못하였다. 그러므로 너희가 나를 증언할 나의 증인이다. 내가 하나님이다 라고 여호와께서 말씀하신다.

여기 "내가 알려 주었으며 구원하였으며 보였고"란 말씀은 예루살렘을 포위한 산헤립을 격퇴할 때 이사야를 통해 여호와께서 그 사실을 미리 알려주셨고(37:33-35), 천사를 통해 앗수르 군대를 격퇴하셨으며(37:36), 그 결과를 유다 백성에게 보여주셨다(37:36)는 뜻이다.

사 43:13. 과연 태초로부터 나는 그이니 내 손에서 건질 자가 없도다 내가 행하리니 누가 막으리요(also henceforth I am He; there is none who can deliver from my hand; I work and who can turn it back?-ESV).

본 절은 태초로부터 여호와밖에 없다는 것을 진술한다. 즉, 태초부터 내가 바로 하나님으로서 주장하고 있는데, 내 손에서 빠져 나갈 자가 누구냐? 내가 하는 일을 누가 감히 돌이킬 수 있겠느냐고 하신다.

본 절의 "태초로부터"(!~/Ym)라는 말의 해석을 두고 두 가지 견해로 갈린다. 1) '이제부터'라고 해석해야 옳다고 주장하는 측(Kay, K.&D. Rawlinson), 2) '태초로부터'라고 해석해야 옳다고 주장하는 측(LXX, Jerome, Calvin, Stier, 박윤선, 이상근, 그랜드 종합 주석, 호크마 주석)으로 나뉜다. 둘 다 가능한 해석이나 문맥을 살필 때 2)번의 견해를 택한다. 하나님은 천지를 창조하신 때부터 그가 유일하신 하나님이셨다.

"내 손에서 건질 자가 없도다"란 말은 하나님 손에서 아무도 빼내거나 변경하지는 못한다는 뜻이다. 하나님께서 바벨론을 멸하시고, 유다 민족을 구해 내시는 일을 방해할 자는 없다는 뜻이다(14:27 참조).

3) 새 일로 구원하시다 43:14-21

이 부분(14-21절)은 여호와께서 새 일을 통하여 유다 민족을 구원하신다는 것을 진술한다.

<바벨론으로부터 빠져 나오다>

사 43:14. 너희의 구속자요 이스라엘의 거룩한 이 여호와가 말하노라 너희를 위하여 내가 바벨론에 사람을 보내어 모든 갈대아 사람에게 자기들이 연락하던 배를 타고 도망하여 내려가게 하리라.

"너희의 구속자"라는 말의 뜻에 관하여는 1절의 "구속자"라는 말의 뜻을 참조하라. 그리고 "이스라엘의 거룩한 이"란 말에 대하여는 3절 주해를 참조하라. 본 절을 쉽게 풀어보면 너희들(유다 민족)의 속량자시요, 이스라엘(유다 민족)의 거룩하신 분이신 여호와께서 말하노라. 내가 바벨론에 군대를 보내어 모든 갈대아 사람에게 자기들이 연락(향락)하던 배들을 타고 도망하여 내려가게 하리라고 하신다.

"모든 갈대아 사람에게 자기들이 연락하던 배를 타고 도망하여"란 말은 '모든 갈대아("갈대아"란 말은 바벨론의 별명이다, 13:19; 47:1) 사람들이 갑자기 닥친 고레스의 군대에 대패하여 연락을 즐기던 배를 타고 도망한다는 뜻이다. 바벨론이 망한 이유는 바벨론이 멸망하기에 앞서 향락에 빠진 것이 드러난다(단 5:1-6, 30-31). 향락은 한 나라가 멸망할 때 언제나 볼 수 있던 멸망의 조건이었다.

사 43:15. 나는 여호와 너희의 거룩한 이요 이스라엘의 창조자요 너희의 왕이니라.

본 절은 바벨론을 멸망시킨 여호와 하나님에 대해서 진술하고 또 창조자이시기 때문에 모든 피조물을 주관하시며, 왕이시기 때문에 그의 백성을 보호하시고 지배하시는 분이라는 것을 진술한다. 즉, 나는 여호와 너희의 거룩한 하나님이며, 이스라엘의 창조자요, 너희의 왕이라고 말씀하신다.

하나님은 이스라엘의 거룩한 자(3절 주해 참조), 창조자(1절), 및 왕(41:21-24주해 참조)이시다.

사 43:16. 나 여호와가 이같이 말하노라 바다 가운데에 길을, 큰 물 가운데에 지름길을 내고.

본 절은 여호와께서 유다 민족(북쪽 이스라엘을 포함하여)을 출애굽 시키신 사실을 진술하여 하나님은 이제 유다 민족을 바벨론에서도 얼마든지 이적으로 해방하실 수 있으신 분으로 드러낸다. 즉, 내(여호와)가 바다 가운데 길을 내고, 거센 물결 위에 통로를 내어 유다 민족을 구원하신 것처럼 바벨론에서도 얼마든지 해방시키실 수 있음을 말씀한다.

사 43:17. 병거와 말과 군대의 용사를 이끌어 내어 그들이 일시에 엎드러져 일어나지 못하고 소멸하기를 꺼져가는 등불 같게 하였느니라.

유다 민족을 출애굽 시키실 때 여호와께서는 애굽의 병거와 말들과 군대의 용사들을 이끌어 내어 그들이 일시에 홍해에 엎드러져 일어나지 못하고 소멸하기를 꺼져가는 등불 같게 만들었다고 하신다.

애굽에서의 구원이나 바벨론에서의 해방이나 동일하게 하나님께서 하시는 구원이었다.

사 43:18. 너희는 이전 일을 기억하지 말며 옛날 일을 생각하지 말라.

출애굽 때의 하나님의 역사도 위대했지만 바벨론 해방 때의 하나님의 역사는 더 큰 것임으로 옛날 출애굽 때의 하나님의 역사를 기억하지 말라는 말씀이다. 즉, 너희는 지나간 일을 기억하려고 애쓰지 말며, 옛일을 생각하지 말라고 하신다. 애굽에서의 구원이 이루어질 때에는 유다 민족은 여호와를 거역했고, 원망했으며, 음란했고, 또 우상 숭배에 빠졌으나 바벨론에서의 구원은 그런 부끄러운 일들은 없었다.

사 43:19. 보라 내가 새 일을 행하리니 이제 나타낼 것이라 너희가 그것을 알지 못하겠느냐 반드시 내가 광야에 길을 사막에 강을 내리니.

본 절 초두의 "보라"(הִנְנִי)는 말은 본 절을 아주 유의해야 한다는 것을 말한다. 유의해야 할 이유는 여호와께서 유다 민족을 위해 새 일을 행하실 것이기 때문이라고 하신다. 즉, 내(여호와)가 이제 새 일을 행하려 하니 너희(유다 민족)가 그것(새 일)을 알지 못하겠느냐? 내가 광야에 길을 내겠으며, 사막에 강을 내겠다. 본 절의 "보라 내가 새 일을 행하리니"란 말은 유다 민족을 바벨론에서 구원하시는 일을 지칭한다. 그리고 이 일은 궁극적으로 메시아 왕국의 구원을 지칭하는 것이다.

"이제 나타낼 것이라"는 말은 바벨론에서의 여호와의 구원의 역사가 이제 시작될 것이라는 의미이다.

"너희가 그것을 알지 못하겠느냐"라는 뜻은 유다 민족이 바벨론에서 과거의 구원만을 생각했고 또 현재의 고통을 괴로워했지 다가올 바벨론에서의 구원에 관해서는 관심을 두지 않았다는 것이다.

"반드시 내가 광야에 길을 사막에 강을 내리니"란 말은 여호와께서 과거 유다 민족의 출애굽 시에 홍해를 건너게 하고 또 광야에서 보호하셨던 것처럼 유다 민족이 바벨론에서 가나안으로 돌아오는 길에 보호하실 것이라는 뜻이다.

사 43:20. 장차 들짐승 곧 승냥이와 타조도 나를 존경할 것은 내가 광야에 물을, 사막에 강들을 내어 내 백성, 내가 택한 자에게 마시게 할 것임이라.

본 절은 여호와께서 유다 민족을 바벨론에서 구원하실 때의 역사로 말미암아 짐승들에게도 혜택이 돌아갈 것을 비유적으로 말씀하는 것이다. 즉, 들짐승들도 나(여호와)를 공경할 것이다. 이리와 타조도 나를 찬양할 것이다. 내(여호와)가 택한 내 백성(유다 백성들)에게 물을 마시게 하려고, 광야에 물을 대고, 사막에 강을 내었기 때문이다.

사 43:21. 이 백성은 내가 나를 위하여 지었나니 나를 찬송하게 하려 함이니라.

여호와께서 말씀하시기를 이 백성은 나(여호와)를 위하라고 내가 지은 백성이다. 그들(유다 백성들)이 나를 찬양하게 지었다고 하신다.

오늘 우리는 여호와를 찬양하라고 창조된 사람들이다. 감사 또 감사, 찬양 또 찬양해야 할 것이다.

4) 유다 민족의 불신을 책망하시다........43:22-28

유다 민족은 바벨론에서 포로 생활을 하면서 불신앙하여 책망을 받는다(22-24절). 그러나 앞으로 유다 민족이 죄의 용서를 받을 것을 약속하신다(25-28절).

<이스라엘의 죄>

사 43:22. 그러나 야곱아 너는 나를 부르지 아니하였고 이스라엘아 너는 나를 괴롭게 여겼으며.

본 절의 "야곱아!"라는 말과 "이스라엘아!"라는 말은 동의어이다. 이 말은 현재 바벨론에 포로 되어 있는 유다 민족을 지칭하는 말이다. 앗수르에 잡혀간 북쪽 이스라엘도 역시 똑같은 이름(야곱아, 이스라엘아)으로 불리는 것은 당연하다.

본 절 초두의 "그러나"(yet)란 말은 앞 절들(14-21절)에 진술되어 있는 엄청난 은혜에도 불구하고 유다 백성들이 여호와께 기도하지 않았고 제사하지 않았다는 책망이다. 유다 백성들은 바벨론에서 너무 기진하여 기도하지 않았고 제사하지 않았다는 것이다. 오늘 우리는 언제나 여호와를 부르는 사람들이 되어야 할 것이다.

사 43:23. 네 번제의 양을 내게로 가져오지 아니하였고 네 제물로 나를 공경하지 아니하였느니라 나는 제물로 말미암아 너를 수고롭게 하지 아니하였고 유향으로 말미암아 너를 괴롭게 하지 아니하였거늘.

본 절은 앞 절에 이어 유다 민족이 바벨론에서 여호와께 하지 않은 일 때문에 책망을 듣는다. 즉, 너(유다 민족)는 나(여호와)에게 양의 번제물을 가져 오지 않았고, 제물을 바쳐서 나를 높이지도 않았다. 내가 예물 때문에 너를 수고롭게 하지도 않았고, 유향 때문에 너를 괴롭게 하지도 않았다. 포로가 된 유다 민족이 이방 땅에서 제사를 드릴 수는 없었을지라도 기도는 드려야 했던 것이다. 그러나 유다 민족은 내적 형태로나, 외적 형태로 하나님을 공경하지 않았다.

사 43:24. 너는 나를 위하여 돈으로 향품을 사지 아니하며 희생의 기름으로 나를 흡족하게 하지 아니하고 네 죄짐으로 나를 수고롭게 하며 네 죄악으로 나를 괴롭게 하였느니라.

앞 절에 이어 여호와께서는 유다 민족을 계속해서 책망하신다. 너(유다 민족)는 나에게 바칠 향도 사지 않았으며, 제물의 기름으로 나를 흡족하게 하지도 않았다. 도리어 너는 너의 죄로 나를 수고롭게 하였으며, 너의 악함으로 나를 괴롭히기만 했다.

"네 죄악으로 나를 괴롭게 하였다"는 말은 유다 민족은 마땅히 여호와께 드렸어야 했는데 드리지 않음으로 여호와를 괴롭게 했다는 책망이다. 인생은 마땅히 여호와께 드릴 것을 드려야 했는데도 드리지 않음으로 여호와를 괴롭게 하는 존재이다.

사 43:25. 나 곧 나는 나를 위하여 네 허물을 도말하는 자니 네 죄를 기억하지 아니하리라.

본 절부터 28절까지는 여호와께서 유다 민족의 죄를 사유하신다고 말씀하신다. 즉, 그러나 나는 네 죄를 용서하는 하나님이다. 내가 너를 용서한 것은 너 때문이 아니다. 나의 거룩한 이름을 속되게 하지 않으려고 그렇게 한 것일 뿐이다. 내가 더 이상 너의 죄를 기억하지 않겠다고 하신다.

구원은 인간의 공로에 있지 않고 여호와의 은총에 있음을 강조하신다(시 51:1, 9; 56:8).

사 43:26. 너는 나에게 기억이 나게 하라 우리가 함께 변론하자 너는 말하여 네가 의로움을 나타내라.

너(유다 민족)는 나(여호와)에게 상기시키고 싶은 일이 있느냐? 함께 변론하여 보자(1:18). 네가 옳다는 것을 나에게 증명하여 보라고 하신다.

우리는 구원에 관한 한 항상 하나님의 은총에 의지해야 하는 것이다.

사 43:27. 네 시조가 범죄하였고 너의 교사들이 나를 배반하였나니.

너(유다 민족)의 첫 조상 아브라함부터 나(여호와)에게 죄를 지었고(창 12:13, 18; 1:17; 20:2), 너의 지도자들도 나를 반역하였다.

"너의 교사들이 나를 배반하였다"는 말은 선지자, 제사장, 치리자 등이 여호와를 배역하여 계명을 어겼다는 뜻이다.

사 43:28. 그러므로 내가 성소의 어른들을 욕되게 하며 야곱이 진멸 당하도록 내어 주며 이스라엘이 비방거리가 되게 하리라.

본 절은 바벨론에 포로 되어 끌려간 유다 민족 성소의 어른들인 제사장들도 범죄 하였고, 백성들도 범죄 했으므로 저들을 함께 바벨론으로 포로 되어 가게 해서 그곳에서 재앙을 당하게 하며 저주를 받아 비방거리가 되게 하신 것을 진술한다(왕하 25:18). 사람이 범죄 하면 즉시 죄를 자복해야 사함을 받는 것이다.

제 44 장

ㄴ) 이스라엘의 회복 44장

본 장은 앞 장 말(末)과 밀접하게 연결되어 있다. 유다 민족은 그들의 불신 때문에 책망을 받고, 바벨론의 포로도 되었으나 여호와는 그들을 버리시지 않고 회복하신다는 것이다. 본 장의 내용은 1) 유다 민족을 회복하신 일(1-5절), 2) 여호와와 우상에 대해 진술한 일(6-20절), 및 회복을 다짐한 일(21-28절) 등으로 구분되어 있다.

1) 성령님의 복이 쏟아질 것이다 44:1-5

유다 민족은 범죄 하여 바벨론으로 포로 되어 갔으나(43:22-28), 여호와께서는 그들을 회복하셔서 본토로 돌아오게 하신다.

<나 외에 다른 신이 없다>

사 44:1-2. 나의 종 야곱, 내가 택한 이스라엘아 이제 들으라 너를 만들고 너를 모태에서부터 지어 낸 너를 도와 줄 여호와가 이같이 말하노라 나의 종 야곱, 내가 택한 여수룬아 두려워하지 말라.

1절 초두에 "그러나 이제 들으라"(But now hear)가 나타나 "다음을 들으라"는 말이 강조되고 있다. 앞 장 끝(43:22-28)에서 여호와께서 유다 민족의 죄를 책하신 것을 말씀하셨는데, 이제 본 장에 들어와 갑자기 위로의 말씀을 들으라고 말씀하신다(Calvin). 즉, 그러나 나의 종 야곱아, 내가 택한 이스라엘아, 이제 너는 들어라. 너를 지으신 분, 네가 태어날 때부터 내가 너를 도와주마고 말씀 하신 주님께서 말씀하신다. 나의 종 야곱아! 내가 택한 여수룬아! 두려워하지 말라고 하신다.

여기 "나의 종 야곱", "내가 택한 이스라엘", "내가 택한 여수룬"이란 세 가지 명칭은 모두 유다 민족을 지칭하는 호칭들이다. 첫째, "야곱"이란 이름은 '잡는다'(창 25:26)는 뜻이고, 둘째는 야곱이 얍복 나루에서 하나님을 만난 후에 이름이 바뀐 것이고, 셋째 "여수룬"(יְשֻׁרוּן)이란 이름(신 32:15; 33:5, 26)은 '의로운 자', '사랑하는 자', '훌륭한 자' '경건한 자'란 뜻이다. 이 이름은 '의로운 자'라는 뜻으로 보는 것이 제일 그럴 듯하다. 야곱은 원래 남의 발굽을 잡은 거짓된 자였으나 얍복 나루에서 하나님을 만난 다음 '하나님의 방백'(창 32:22-32)으로 변경되었다. 그리고 셋째 이름 여수룬은 불의한 세상에서 그들의 도덕적 우수성을 드러내는 이름이다(Rawlinson). 하나님은 유다 민족을 세 이름으로 부르시면서 그들을 도우실 터이니 두려워하지 말라고 하신다.

사 44:3. 나는 목마른 자에게 물을 주며 마른 땅에 시내가 흐르게 하며 나의 영을 네 자손에게, 나의 복을 네 후손에게 부어 주리니.

본 절 초두에는 이유 접속사(כִּי)가 나타나 본 절이 전 절의 이유를 제공하고 있다. 다시 말해 앞 절의 두려워할 필요가 없는 이유를 본 절이 제공한다. 본 절은 여호와께서 유다 민족에게 육적인 복과 영적인 복을 주시기 때문에 두려워할 필요가 없다는 말씀이다. 즉, 내(여호와)가 메마른 땅(시 42:1; 63:1)에 물(35:6; 43:20; 45:1)을 주고, 마른 땅에 시내가 흐르게 하듯이, 네 자손(유다 민족)에게 내 영을 부어 주고(갈 4:6, 29), 네 후손에게 나의 복을 내릴 것이니 유다 민족은 두려워할 필요가 없다는 것이다.

사 44:4. 그들이 풀 가운데에서 솟아나기를 시냇가의 버들 같이 할 것이라 (They shall spring up among the grass like willows by flowing streams-ESV).

본 절은 유다 민족이 마치 시냇물 가의 버들처럼 무성하게 자랄 것이라고 진술한다.

여기 "풀"은 모든 이방 민족을 비유하고, "시냇가"는 생명을 풍성하게 하는 근원을 지칭하며, "버들"은 생명수를 공급받아 급성장할 유다 민족을 묘사한 것이다(Keil). 따라서 본 절은 유다 민족이 열방 중에서 가장 뛰어난 민족으로 강성해질 것을 예언한 것이다. 그러나 이는 육적인 측면에서 유다 민족이 가장 뛰어난 초강대국이 된다는 예언이 아니라 영적인 측면에서 예수 그리스도의 복음이 세계를 지배하게 된다는 예언으로 보아야 한다(Matthew Henry, Rawlinson, 박윤선). 오늘 우리는 성령님의 은혜로 교회가 왕성한 시대에 살고 있다. 성도 한 사람 한 사람이 기도로 말미암아 교회를 더욱 왕성하게 하는 개인 존재들이 되어야 할 것이다.

사 44:5. 한 사람은 이르기를 나는 여호와께 속하였다 할 것이며 또 한 사람은 야곱의 이름으로 자기를 부를 것이며 또 다른 사람은 자기가 여호와께 속하였음을 그의 손으로 기록하고 이스라엘의 이름으로 존귀히 여김을 받으리라.

본 절은 신약 시대가 되면 여기저기 각국에서 일어나는 성도들이 있을 것이라는 예언이다. 그래서 나는 주님의 것이라고 말하는 사람도 있고, 야곱의 이름을 써서 야곱의 자손임을 자칭(自稱)하는 사람도 있을 것이며, 팔에다가 나는 주님의 것이라고 쓰는 사람도 있을 것이며, 이스라엘 사람이라고 불리는 것을 영광으로 여기는 사람도 있을 것이다.

아무튼 신약 시대가 되면 각국 사람들이 성령을 받아 자신들이 크리스천이라고 신앙을 고백하는 사람들이 많이 생길 것을 알 수 있다(시 87:4-6 참조).

2) 여호와와 우상들 44:6-20

이 부분(6-20절)은 여호와와 우상을 대조하여 말한다. 이 부분의 내용은 오직 여호와 밖에 없다는 사실(6-8절), 우상은 허무한 것(9-20절)임을 진술한다.

6-8절. 신(神)은 여호와밖에 없다.

사 44:6. 이스라엘의 왕인 여호와, 이스라엘의 구원자인 만군의 여호와가 이같이 말하노라 나는 처음이요 나는 마지막이라 나 외에 다른 신이 없느니라

(Thus says the LORD, the King of Israel and his Redeemer, the LORD of hosts: I am the first and I am the last; besides me there is no god-RSV, ESV).

본 절은 여호와가 어떤 분이신가를 진술한다. 즉, 나는 여호와(출 3:14), 이스라엘의 왕(41:21; 43:15; 시 74:12), 이스라엘의 구속자(41:14; 43:14), 그리고 만군의 여호와(1:9 주해 참조)가 이와 같이 말하노라고 말씀한다.

"나는 처음이요, 마지막이라. 나 외에 다른 신이 없다"는 말에서 "처음"이란 말은 창조자시란 뜻이고, "마지막"이란 말은 심판자시라는 뜻이다. 다시 말해 여호와는 역사의 주님이시요, 영원자존하시는 하나님이시란 뜻이다(계 1:8; 22:13). "나 외에 다른 신이 없다"는 말은 여호와 이외에는 다른 참 신이 없다는 뜻이다(41:21-24; 43:9-11; 45:5-6, 14-22 등 참조).

사 44:7. 내가 영원한 백성을 세운 이후로 나처럼 외치며 알리며 나에게 설명할 자가 누구냐 있거든 될 일과 장차 올 일을 그들에게 알릴지어다.

본 절은 여호와의 행적에 대해 진술한다. 즉, 내가 옛날 백성을 세운 이후로 누가 나처럼 외치고, 알리며, 나에게 미래를 예고할 자가 누구냐? 만일 있다면, 내가 옛날 사람들에게 미래를 예고했듯이, 그들에게 다가올 일들을 미리 말하여 보라고 하라고 진술한다.

본 절의 "내가 영원한(옛날) 백성을 세운 이후로"라는 말을 두고 해석이 갈린다. "영원한 백성"이란 말이 1) 이스라엘 백성을 지칭한다는 견해로 보는 측(Calvin, 박윤선), 2) 고대 인류로 보는 측(Delitzsch, Rawlinson, 이상근)으로 갈린다. 이 둘 중에 2)번의 견해가 바른 견해로 보인다. 만일 이스라엘 백성을 지칭했더라면 영원한 백성이라고 쓰지 않고 그냥 "이스라엘 백성"이라고 기록했을 것이다.

"될 일과 장차 올 일을 그들에게 알릴지어다"라는 말은 '앞으로 장차 반드시 될 일을 고하라'는 뜻이다. 물론 우상들이 장차 될 일을 고할 수는 없는 것이다.

사 44:8. 너희는 두려워하지 말며 겁내지 말라 내가 예로부터 너희에게 듣게 하지 아니하였느냐 알리지 아니하였느냐 너희는 나의 증인이라 나 외에 신이 있겠느냐 과연 반석은 없나니 다른 신이 있음을 내가 알지 못하노라.

본 절은 여호와께서 위대하시고(6절) 또 위대하신 일을 하시는 분이니(7절), 너희는 두려워하지 말라. 겁내지 말라. 내가 예전부터 너희에게 이미 예고하여 주지 않았느냐? 나는 예고하였고, 너희는 이것을 증언할 나의 증인들이다. 나 밖에 다른 신이 또 있느냐? 다른 반석은 없다. 내가 다른 신이 있음을 전혀 아는 바 없다고 하신다. 41:10, 13; 43:5 참조.

9-20절. 우상은 허무한 것을 진술한다.

<우상은 무익한 것>

사 44:9. 우상을 만드는 자는 다 허망하도다 그들이 원하는 것들은 무익한 것이거늘 그것들의 증인들은 보지도 못하며 알지도 못하니 그러므로 수치를 당하리라.

본 절은 우상을 만드는 자와 또 만들어진 우상과 우상을 숭배하는 자를 함께 비난한다. 우상을 만드는 자들은 모두 허망한 자들이다. 그리고 그들이 만든 우상은 아무 쓸모가 없는 것들이다. 그리고 이런 우상을 신(神)이라고 증언하는 자들은 눈이 먼 자들이요, 무지한 자들이니, 마침내 수치만 당할 뿐이라고 한다.

사 44:10. 신상을 만들며 무익한 우상을 부어 만든 자가 누구냐.

아무런 유익도 주지 못하는 우상을 만들고 무익한 우상을 부어 만드는 자가 누구냐고 묻는다.

사 44:11. 보라 그와 같은 무리들이 다 수치를 당할 것이라 그 대장장이들은 사람일 뿐이라 그들이 다 모여 서서 두려워하며 함께 수치를 당할 것이니라.

본 절 초두의 "보라"란 말은 본 절을 아주 유의해서 보라는 뜻이다.

즉, 우상을 만드는 무리는 모두 수치를 당할 것이다. 대장장이들은 사람일 뿐이다. 그들을 모두 불러 모아 법정에 세우라. 그들은 두려워 떨며 수치만 당할 것이라고 진술한다.

"수치를 당할 것이라"는 말이 본 절에 두 번이나 반복된다. 사람들은 수치 당하기를 원치 않으나 우상을 만들고 우상을 경배하는 자들은 별수 없이 수치를 당하는 것은 분명한 것이다.

사 44:12. 철공은 철로 연장을 만들고 숯불로 일하며 망치를 가지고 그것을 만들며 그의 힘센 팔로 그 일을 하나 배가 고프면 기운이 없고 물을 마시지 아니하면 피로하니라.

본 절은 우상을 만드는 과정을 상세히 말하여 우상의 허무함을 더욱 드러내고 있다. 즉, 철공은 철을 숯불에 불리고, 그의 힘센 팔로 연장을 벼리고, 숯불에 달구어 메로 쳐서, 우상을 만든다. 이렇게 일을 하고 나면, 별 수 없이 시장하여 힘이 빠진다. 물을 마시지 않으면 갈증으로 지칠 뿐이라는 것이다.

사 44:13. 목공은 줄을 늘여 재고 붓으로 긋고 대패로 밀고 곡선자로 그어 사람의 아름다움을 따라 사람의 모양을 만들어 집에 두게 하며.

본 절은 목공(木工)이 사람의 우상을 만드는 과정을 말하여 사람의 우상이 아무 것도 아님을 드러낸다. 즉, 목공은 줄을 늘여 나무를 재고, 붓으로 줄을 긋고(먹줄을 쳐놓고), 대패질을 하며, 걸음쇠(분할 콤파스)로 줄을 긋는다. 그렇게 해서 사람의 아름다운 모습을 본 따서, 우상을 만들어 신전에 갖다가 놓고 섬긴다는 것이다. 참으로 우스운 일이다.

사 44:14. 그는 자기를 위하여 백향목을 베며 디르사 나무와 상수리나무를 취하며 숲의 나무들 가운데에서 자기를 위하여 한 나무를 정하며 나무를 심고 비를 맞고 자라게도 하느니라.

본 절은 목공이 나무 우상을 만들기 위해서 여러 나무 종류 중 하나를 골라 벤다는 것을 말하고, 또 그 베어진 나무 대신 또 한 개의 다른 나무를 심는다는 것을 말한다. 즉, 목공은 용도에 따라 숲에서 백향목(레바논에서 자란다)을 찍어 오기도 하고, 삼나무와 상수리나무(창 12:6; 13:18)를 베어 오기도 한다. 그러나 그 나무들은 저절로 튼튼하게 자란 것이지, 그들이 키운 것이 아니다. 하늘에서 내리는 비를 머금고 자라는 것이지, 그들이 자라게 하는 것이 아니라고 말한다.

사 44:15. 이 나무는 사람이 땔감을 삼는 것이거늘 그가 그것을 가지고 자기 몸을 덥게도 하고 불을 피워 떡을 굽기도 하고 신상을 만들어 경배하며 우상을 만들고 그 앞에 엎드리기도 하는구나.

14절의 여러 가지 나무들은 사람의 필요에 따라 여러 방면으로 사용된다는 것을 말한다. 어떤 때는 땔감으로 쓰기도 하고 또 어떤 때는 자기의 몸을 덥게 하는데 쓰기도 하고 또 때로는 불을 피워 떡을 굽기도 하며 또 때로는 우상을 만들어 그 앞에서 경배하며 그 우상 앞에서 엎드려 빌기도 한다는 것이다.

사 44:16. 그 중의 절반은 불에 사르고 그 절반으로는 고기를 구워 먹고 배불리며 또 몸을 덥게 하여 이르기를 아하 따뜻하다 내가 불을 보았구나 하면서.

14절의 나무들 중에 절반은 불에 사르고 다른 절반으로는 고기를 구워먹어 배를 불리며 또 몸을 덥게 하여 이르기를 아하 참 따듯하다 내가 불을 보았다고 말한다는 것이다.

이렇게 나무를 화목 삼아 사용하면서 그것을 가지고 우상을 만들어 그 앞에서 절을 하고 경배한다는 것이다. 생각할수록 참으로 웃기는 일이 아닐 수 없다.

사 44:17. 그 나머지로 신상 곧 자기의 우상을 만들고 그 앞에 엎드려

경배하며 그것에게 기도하여 이르기를 너는 나의 신이니 나를 구원하라 하는도다.

14절의 여러 가지 나무 중에 어떤 나무를 가지고 우상을 만들어 경배하는 경우를 든다. 즉, 불을 때고 남은 토막으로는 신상(神像) 곧 우상을 만들고, 그 앞에 엎드려 숭배하고, 그것에게 기도하며 나의 신이여! 나를 구원하여 주십시오! 하고 빈다는 것이다. 나무가 사람을 구한다는 것은 있을 수 없는 우스운 일이다.

사 44:18. 그들이 알지도 못하고 깨닫지도 못함은 그들의 눈이 가려서 보지 못하며 그들의 마음이 어두워져서 깨닫지 못함이니라.

위와 같이(17절) 우상 숭배자들이 알지도 못하고 깨닫지도 못하는 이유는 그들의 눈이 가려져서 그런 것이고 그들의 마음이 어두워져서 깨닫지 못하는 것이라(29:10)고 한다.

오늘날 사람들이 돈을 하나님보다 더 좋아하고 명예를 하나님보다 더 좋아하는 이유는 현대판 우상 숭배자들의 눈이 가려져서 그런 것이고 그들의 마음에 성령님이 없어서 그런 것이다.

사 44:19. 마음에 생각도 없고 지식도 없고 총명도 없으므로 내가 그것의 절반을 불 사르고 또한 그 숯불 위에서 떡도 굽고 고기도 구워 먹었거늘 내가 어찌 그 나머지로 가증한 물건을 만들겠으며 내가 어찌 그 나무 토막 앞에 굴복하리요 말하지 아니하니.

우상을 만들어 경배하는 자들이 그렇게 되는 이유는 생각도 없고, 지식도 없으며 총명이 없어서 되는 것이란 뜻이다. 즉, 우상을 만들어 경배하는 사람은 생각도 없고 지식도 없고 총명도 없어서 그렇게 된다는 것이다. 고작 한다는 것이 내가 그 나무의 반 토막으로는 불을 피워, 그 불덩이 위에 빵을 구워 먹고 고기를 구워 먹으며 불을 때고 남은 나무로는 가증한 우상을 만들어 경배하고 이제 나는 그 나무토막 앞에 절한다니 말이나 되는 것이냐는 것이다. 한심하기 그지없는 것이다.

사 44:20. 그는 재를 먹고 허탄한 마음에 미혹되어 자기의 영혼을 구원하지 못하며 나의 오른손에 거짓 것이 있지 아니하냐 하지도 못하느니라.

우상 숭배자는 나무대기가 완전히 타고 나머지 버려진 재(灰)와 같이 쓸모없는 쓰레기로서 어느 것에도 사용할 수 없는 무가치하고 허망한 것인데 우상도 역시 나무대기가 완전히 탄 재와 같다는 것이다. 즉, 타고 남은 재로나 배를 채우려는 자들은 어리석은 마음에 미혹되어서, 도움마저 받지 못한다. 손에 쥐고 있는 우상이 참 신이 아니라는 것을 받아들이려 하지 않는다는 것이다.

"오른손에 거짓 것이 있지 아니하냐 하지도 못한다"는 말은 우상 숭배자들이 오른손에 가진 우상이 거짓이라는 말도 못한다는 뜻이다.

3) 회복을 다짐하시다 44:21-28

이 부분(21-28절)은 1-5절에 이어 이스라엘의 회복을 다짐한다. 내용은 여호와께 돌아올 것(21-23절), 고레스에 의한 회복이 있을 것(24-28절)을 말한다.

<창조자요 구속자이신 여호와>

사 44:21. 야곱아 이스라엘아 이 일을 기억하라 너는 내 종이니라 내가 너를 지었으니 너는 내 종이니라 이스라엘아 너는 나에게 잊혀지지 아니하리라 (Remember these things, O Jacob, and Israel, for you are my servant; I formed you, you are my servant; O Israel, you will not be forgotten by me-RSV, ESV).

9-20절에서 우상의 허무함과 또 우상숭배의 무익성을 지적한 이사야는 이제 21-28에서는 유다 민족을 향하여 그들의 모든 죄를 회개하고 여호와께 돌아올 것을 촉구한다. 즉, 야곱아! 이 일들을 기억하여 두라. 이스라엘아! 너는 나의 종이다. 내가 너를 지었다. 너는 나의 종이다. 이스라엘아! 내가

너를 절대로 잊지 않겠다고 말씀하신다.

여기 "야곱아! 이스라엘아!"라는 호칭은 유다 민족을 부르는 호칭도 되고 북쪽 이스라엘을 부르는 호칭도 되나 본 절에서는 문맥을 따라 유다 민족을 부르는 호칭이다.

본 절의 "이 일을 기억하라"는 말을 두고 견해가 갈린다. 1) 바로 앞선 우상의 허무함을 기억하라는 말로 보는 측이 있고(Matthew Henry, K.&D., Leupold, Rawlinson, 이상근, 그랜드 종합 주석), 2) 바로 뒤따르는(21-23절) 여호와의 구속하시는 사실을 기억하라는 것으로 측(Young, 박윤선, 이순한)도 있다. 2)번의 견해를 취해둔다. 우리가 반드시 기억해야 할 것은 앞선 우상의 허무함이란 것도 중요하지만 여호와께서 우리의 구속자라는 사실일 것이다. 즉, 본 절부터 23절까지 연결되는 여호와와 우리와의 관계가 더 중요한 것으로 본다.

"너는 내 종이니라"는 말은 참으로 중요한 사실이다. 유다 민족은 하나님의 종이요(1-2절; 41:5) 하나님의 피조물이니 하나님의 종이라는 것이다.

"너는 나에게 잊혀지지 아니하리라"는 말은 하나님께서 이스라엘을 잊지 않으신다는 뜻이다. 유다 민족은 하나님을 잊는 수가 있어도 하나님은 그가 지으신 유다 민족을 잊지 않으신다는 것이다.

사 44:22. 내가 네 허물을 빽빽한 구름 같이, 네 죄를 안개 같이 없이하였으니 너는 내게로 돌아오라 내가 너를 구속하였음이니라.

본 절은 여호와께서 유다 민족을 절대로 잊지 않으신다는 것을 말씀하신다. 즉, 내가 너(유다 민족)의 죄를, 짙은 구름을 거두듯 없애 버렸으며, 너의 죄를 안개처럼 사라지게 하였으니, 나에게로 돌아오라. 내가 너를 구원하였다고 하신다.

"네 허물을 빽빽한 구름 같이, 네 죄를 안개 같이 없이하였다"는 말은 '유다 민족의 무수한 죄를 제거하셨다'는 뜻이다.

"너는 내게로 돌아오라"는 말은 일단 죄를 도말 받은 유다 민족은 여호와께 돌아오라는 것이다.

사 44:23. 여호와께서 이 일을 행하셨으니 하늘아 노래할지어다 땅의 깊은 곳들아 높이 부를지어다 산들아 숲과 그 가운데의 모든 나무들아 소리내어 노래할지어다 여호와께서 야곱을 구속하셨으니 이스라엘 중에 자기의 영광을 나타내실 것임이로다.

여기 "하늘", "땅", "산들", "나무들"에게 유다 민족의 구원이 즐거운 것이니 찬양하라고 권한다. 즉, 여호와께서 이런 일을 하셨으니, 하늘아! 기쁘게 노래하라. 땅의 깊은 곳들아! 함성을 올려라. 산들아! 숲아! 그리고 그 속에 있는 모든 나무들아! 소리를 높여 노래하라. 여호와께서 야곱을 구원하심으로써, 여호와께서 이스라엘을 구원하심으로써, 영광을 나타내셨다고 하신다(시 1:6-8; 24:4-7; 29:17; 30:25-26; 33:9; 35:1, 2, 7).

사 44:24. 네 구속자요 모태에서 너를 지은 나 여호와가 이같이 말하노라 나는 만물을 지은 여호와라 홀로 하늘을 폈으며 나와 함께 한 자 없이 땅을 펼쳤고.

본 절은 여호와께서는 아무와 상의하지 않으시고 홀로 천지를 창조하셨고 아무의 도움도 없이 유다 민족을 구원하셨다고 하신다. 즉, 네(유다 민족) 구원자, 너를 모태에서 만드신 여호와께서 말씀하신다. 내(여호와)가 바로 만물을 창조한 여호와이다. 나와 함께 한 이가 없이, 나 혼자서 하늘을 폈으며, 땅도 나 홀로 넓혔다고 하신다.

여호와께서는 홀로 유다 민족을 구원하셨고 홀로 천지를 창조하셨다는 것이다. 여호와와 함께 한 자가 없이 하늘을 창조하셨고, 홀로 유다 민족을 구원하셨다는 것이다.

사 44:25. 헛된 말을 하는 자들의 징표를 폐하며 점 치는 자들을 미치게 하며 지혜로운 자들을 물리쳐 그들의 지식을 어리석게 하며.

본 절의 "헛된 말을 하는 자들", "점치는 자들", "지혜로운 자들"은 모두 똑 같은 부류의 사람들을 지칭하는 말로, 점을 통해 사람들을 미혹하게 했던 바벨론의 점성술사들을 지칭한다. 즉, 여호와께서는 거짓말하는 자들의 징조를 쓸모없게 하시고, 점쟁이들을 혼란스럽게 만드시며, 지혜로운 자들을 물리쳐서 그들의 지식을 어리석게 하신다고 한다.

여호와께서는 당시 바벨론에 성했던 점성가들을 아주 어리석은 자들로 여겨지게 할 것임을 선언하신다.

사 44:26. 그의 종의 말을 세워 주며 그의 사자들의 계획을 성취하게 하며 예루살렘에 대하여는 이르기를 거기에 사람이 살리라 하며 유다 성읍들에 대하여는 중건될 것이라 내가 그 황폐한 곳들을 복구시키리라 하며.

본 절은 여호와께서 그의 종(이사야 자신)의 말을 세워주시고, 그의 사자들(선지자들 전체)의 계획을 성취시켜 주신다는 것을 말씀하신다. 즉, 여호와께서는 그의 종이 한 말을 이루어지게 하시고, 그의 사자들이 계획한 것을 이루어지게 하시며, 예루살렘을 보시고는 거기에 사람이 살 것이다 하시며, 유다의 성읍들을 보시고는 이 성읍들이 재건될 것이다. 내가 그 허물어진 곳들을 다시 세울 것이라고 하신다.

본 절의 "그의 사자들"이란 이사야(20:3)만 아니라, 예레미야(렘 29:10-14), 에스겔(겔 39:25-28), 다니엘(단 9:1-2), 요엘(욜 3:1), 아모스(암 9:11-15), 오바다(옵 1:20), 미가(미 4:10), 스바냐(습 3:14-20) 등도 예언했다.

"거기에 사람이 살리라 하며"라는 예언은 이사야나 다른 선지자들도 예언한 내용이다. 바벨론 포로로 인해 사람이 살지 않던 예루살렘에 다시 사람이 살고 유다의 다른 성읍들은 다시 재건된다는 뜻이다.

사 44:27. 깊음에 대하여는 이르기를 마르라 내가 네 강물들을 마르게 하리라 하며.

본 절의 "깊음"과 "강물들"은 유다 민족을 깊은 고통 중에 빠뜨린 바벨론을 상징적으로 묘사한 것으로 본다. 즉, 여호와께서는 깊은 물을 보시고는 마르라. 내가 너의 강물을 모두 마르게 하겠다고 하신다는 것이다.

그러므로 본문은 여호와께서 바벨론을 쇠잔하게 하여 유다 민족의 귀환을 쉽게 할 것이라는 예언이다. 이는 이스라엘의 출애굽 사건 때 홍해를 가르신 능력을 연상시켜 예언한 것이다. 다시 말해 홍해를 마르게 하사 이스라엘을 무사히 출애굽 시킨 여호와께서 유다 민족을 바벨론의 압제로부터 무사히 해방시키실 것을 확신시키는 것이다.

사 44:28. 고레스에 대하여는 이르기를 내 목자라 그가 나의 모든 기쁨을 성취하리라 하며 예루살렘에 대하여는 이르기를 중건되리라 하며 성전에 대하여는 네 기초가 놓여지리라 하는 자니라.

본 절은 여호와께서 어떤 분이심을 말하여 오랜 후의 고레스, 오랜 후의 사건을 정확히 예언하시는 분임을 말한다. 즉, 고레스를 보시고는 너(고레스)는 내가 세운 목자다. 나의 뜻을 모두 네가 이룰 것이다 하시며, 예루살렘을 보시고는 네(예루살렘)가 재건될 것이다 하시며, 성전을 보시고는 너의 기초가 놓일 것이다 하신다는 것이다.

여기 고레스는 이사야보다 1세기 이후의 인물이다. 이렇게 이사야보다 1세기 이후의 인물의 등장을 예언하시는 것은 여호와께서는 그렇게 하실 수 있기 때문이다. 이는 마치 요시야의 탄생이 그의 탄생 3세기 이전에 이미 예언된 사실(왕상 13:2)과 사건 발생 2-3세기 이전의 일이 이미 상세히 예언된 다니엘의 기록으로도(단 11장) 입증된다.

본 절의 "그는 나의 목자라"는 말은 여호와께서 고레스를 여호와의 백성을 살펴주고 돌보아 줄 목자로 지명한 것을 뜻한다(Rawlinson).

"그가 나의 모든 기쁨을 성취하리라"는 말은 여호와께서 그가 친히 '나의 목자'로 지명하신 고레스를 통하여 그가 기쁘시게 작정하신 모든 계획, 즉 선민 유다 민족의 회복과 열방의 심판을 반드시 이루신다는 뜻이다.

"성전에 대하여는 네 기초가 놓여지리라"는 말은 고레스의 칙령에 의해 성전의 기초가 건축될 것을 예언한 것이다(스 1:2). 이 예언의 성취는 역사적인 자료에 의해서도 확증되었다. 바사 왕 다리오 1세(Darius I Hystaspes, B.C. 521-486) 재위 시에 엑바타나(Ecbatana)에서 발견된 '고레스의 칙령'에는 예루살렘 성전 재건에 대한 내용이 기록되어 있었다(스 6:3).

제 45 장

5. 고레스를 통한 구원 45장

여호와께서는 바사 왕 고레스를 여호와의 특별한 종으로 삼으셔서 세계를 제패하시고 유다 민족을 바벨론에서 해방하신다. 여호와께서 이와 같이 역사하시는 목적은 유다 민족의 해방을 위하시며, 세계 만민을 여호와께 돌아오게 하시기 위함이었다. 45장의 내용은 고레스를 통한 구원(1-8절), 여호와의 절대적인 계획을 보여주시며(9-13절), 이방인을 회개시키기 위함이다(14-25절).

ㄱ) 고레스를 통한 구원 45:1-8

여호와께서는 바사 왕 고레스를 세워 열방을 정복하게 하시고, 유다 민족을 구해 내신다. 여호와께서 이방의 왕에게 직접 말씀하셔서 유다 민족을 구원하신 일은 처음이다.

<여호와께서 고레스를 세우시다>

사 45:1. 여호와께서 그의 기름 부음을 받은 고레스에게 이같이 말씀하시되 내가 그의 오른손을 붙들고 그 앞에 열국을 항복하게 하며 내가 왕들의 허리를 풀어 그 앞에 문들을 열고 성문들이 닫히지 못하게 하리라.

본 절은 여호와께서 고레스에게 친히 말씀도 하시고 또 친히 고레스의 손을 붙잡고 열국을 그 앞에 항복하게 하셔서 열국의 왕들을 맥추지 못하게 하신다는 것을 말씀한다. 즉, 나 여호와가 기름 부어 세운 고레스에게 말한다. 내가 너의 오른손을 굳게 잡아, 열방을 네 앞에 굴복케 하고, 왕들의 허리띠를 풀어 놓겠다. 네가 가는 곳마다 한 번 열린 성문은 닫히지 않게 하겠다. 고레스는 들으라고 하신다. “여호와께서 그의 기름 부음을 받은”이란 말은 각주에 있는 대로(LXX) "여호와께서 나의 기름 부음을 받은"이란 뜻으로 번역할 수도 있다. 여기서 "그의(나의) 기름 받은"(מְשִׁיחוֹ)이란 말은 전례 없는 특이한 일이다. 이유는 관례적으로 하나님께 기름 부음 받은 자는 제사장(출 30:26-28)과 왕(삼상 10:1)과 선지자(왕상 19:16)이기 때문이다. 그런데 하나님께서 이처럼 관례를 깨고 고레스를 '기름 부음 받은 자'로 명명한 이유는 그가 하나님의 도구로 거룩히 구별되어 유다 민족을 바벨론에서 해방시킬 자로, 그리고 앞으로 오셔서 인류를 죄와 사망의 압제에서 구원하실 메시아를 예표하기 때문이다(Wycliffe, Matthew Henry).

"그의 오른손을 붙들고"라는 말은 고레스의 정복 사업의 승리가 강력하고 의로우신 하나님의 도우심에 의한 것임을 암시하고 있다.

"내가 왕들의 허리를 풀어"라는 말은 열국의 군사력을 약화시킬 것을 비유적으로 표현한 것이다(단 5:6, Cheyne). 다시 말해 열국 왕들을 맥추지 못하게 하심[37]을 뜻한다.

그리고 "그 앞에 문들을 열고 성문들이 닫히지 못하게 하리라"는 말은 열국의 견고한 성문이 고레스의 공격으로 힘없이 무너져 다시는 닫히지 않을 것을 말한다. 이는 하나님의 손에 붙들린 고레스 군대의 군사력이 매우 막강할 것임을 암시하는 것이다.

사 45:2. 내가 너보다 앞서 가서 험한 곳을 평탄하게 하며 놋 문을 쳐서 부수며 쇠빗장을 꺾고.

본 절은 여호와께서 고레스보다 앞서 가시면서 하시는 일 세 가지를 말씀한다. 즉, 내가 너보다 앞서 가면서 첫째, 산들을 평지로 만들고, 둘째, 놋쇠 성문을 부수며, 셋째, 쇠빗장을 부러뜨리겠다고 하신다. 이 예언대로 고레스의 군대가 쳐들어가기 전에 하나님께서 미리 열국을 쇠약하게 만들어

---

37) 고레스가 정복한 나라들은 메데, 바벨론, 리디아, 카우니아, 리시아, 박트리아, 사케이, 팔티아, 힐카니아, 길리기아, 수리아, 코라스미아, 소그디아, 아리아, 자라기아, 간다리다 등이다(Rawlinson)..

놓으실 것이라는 것이다. 이 예언대로 고레스는 바벨론을 비롯하여 열국을 정복할 때 큰 유혈 사태 없이 쉽게 정복했다.

사 45:3. 네게 흑암 중의 보화와 은밀한 곳에 숨은 재물을 주어 네 이름을 부르는 자가 나 여호와 이스라엘의 하나님인 줄을 네가 알게 하리라.

본 절은 고레스가 열국을 정복할 때 전리품으로 노획한 재물에 대하여 언급한다. 즉, 보이지 않는 곳에 간직된 보화와 감추어 둔 보물을 너에게 주겠다. 그 때에 너는, 내가 여호와인 줄을 알게 될 것이고, 이스라엘의 하나님이 너를 지명하여 불렀다는 것을 알게 될 것이다.

노획물 중 대부분은 당시 고대 근동 국가들 중 가장 풍요로운 바벨론과 리디아의 한 도시였던 사르디스의 것으로 추정된다. 한편 고레스는 정복한 나라들로부터 많은 보물들을 약탈했으나 바벨론의 왕 느부갓네살이 약탈한 예루살렘 성전의 보물과 성구들은 유다 민족의 귀환 때 모두 되돌려 주었다 (스 1장).

사 45:4. 내가 나의 종 야곱, 내가 택한 자 이스라엘을 위하여 네 이름을 불러 너는 나를 알지 못하였을지라도 네게 칭호를 주었노라.

본 절은 여호와께서 고레스를 지명하여 부르신 이유를 말씀한다. 즉, 내가 너를 지명하여 부른 이유는 나의 종 야곱, 내가 택한 이스라엘을 도우려고 함이었다. 네가 비록 나를 알지 못하였으나, 내가 너에게 영예로운 이름을 준 까닭이 바로 여기에 있다고 하신다.

"너는 나를 알지 못하였을지라도 네게 칭호를 주었노라"는 말은 고레스는 이방인으로 여호와를 알지 못하였으나 여호와께서 그에게 "나의 기름 부은 자"(1절), "나의 목자"(44:28) 등의 이름을 주셨다. 그 명칭들은 특별한 이름들이었다.

사 45:5. 나는 여호와라 나 외에 다른 이가 없나니 나 밖에 신이 없느니라

너는 나를 알지 못하였을지라도 나는 네 띠를 동일 것이요.

본 절은 고레스가 오직 한분이신 여호와를 알지 못한다 해도 고레스에게 힘을 실어주어 전쟁에 승리케 해주시겠다는 것이다. 즉, 나는 여호와(주님)이다(출 20:3). 우주에 나 밖에 다른 신은 없다. 나 밖에 다른 신은 없느니라. 네가 비록 나를 알지 못하였으나, 나는 너에게 필요한 능력을 주겠다.

"나는 네 띠를 동일 것이라"는 말씀은 '여호와께서는 고레스에게 힘을 실어주어 고레스의 적들을 정복하게 해주실 것이란' 뜻이다.

사 45:6. 해 뜨는 곳에서든지 지는 곳에서든지 나 밖에 다른 이가 없는 줄을 알게 하리라 나는 여호와라 다른 이가 없느니라.

여호와께서 고레스에게 힘을 실어주어 고레스의 적들을 정복하게 해주시는(5절 끝) 목적은 지구 위의 어느 곳 사람이든지 여호와 밖에 다른 신이 없음을 알리시는 것이다. 즉, 그렇게 해서, 해가 뜨는 곳에서나, 해가 지는 곳에서나, 나 밖에 다른 신이 없음을 사람들이 알게 하련다. 나는 여호와(주님)이다. 나 밖에는 다른 이가 없다. 스 1:2-4 참조.

사 45:7. 나는 빛도 짓고 어둠도 창조하며 나는 평안도 짓고 환난도 창조하나니 나는 여호와라 이 모든 일들을 행하는 자니라 하였노라.

본 절은 여호와의 능력으로 행하시는 일들을 열거한다. 즉, 나는 빛도 만들고 어둠도 창조하며, 평안도 주고 재앙도 일으키신다. 나 여호와(주님)가 이 모든 일을 한다고 하신다.

본 절의 "빛"이라는 말과 "평안"이란 말은 동의어로 사용되었고, "어둠"이란 말과 "환난"이란 말도 동의어로 사용되었다. 여호와께서는 우리에게 평안도 주시고 환난도 주신다는 것을 말씀한다. 우리에게 환난이 왔다면 그 환난은 하나님으로부터 온 줄 알고 죄를 자복하면 대신 평안을 보내주신다. 여호와께서는 우리의 생사화복 모두를 주장하신다는 것을 알아야 할 것이다.

사 45:8. 하늘이여 위로부터 공의를 뿌리며 구름이여 의를 부을지어다 땅이여 열려서 구원을 싹트게 하고 공의도 함께 움돋게 할지어다 나 여호와가 이 일을 창조하였느니라(Shower, O heavens, from above, and let the clouds rain down righteousness; let the earth open, that salvation and righteousness may bear fruit; let the earth cause them both to sprout; I the LORD have created it-ESV)**.**

본 절은 유다 민족이 바벨론에서 해방되어 고국으로 돌아온 후에 여호와로부터 온 복된 사회 질서가 전개될 것을 진술한 것이다. 곧, 너 하늘이여! 위로부터 공의를 내리되, 비처럼 쏟아지게 하여라. 너 창공아! 의를 부어내려라. 땅아! 너는 열려서, 구원이 싹 나게 하고, 공의가 움돋게 하여라. 나 여호와(주님)가 이 모든 것을 창조하였다고 하신다.

본 절은 하나님의 의가 하늘에서 내리고 땅은 그 의를 받아 구원의 열매를 맺으라는 것이다.

ㄴ) 하나님의 틀림없으신 구원 45:9-13

이 부분(9-13절)은 바사 왕 고레스를 통해 유다 민족을 구원하는 것이 하나님의 틀림없으신 구원 계획임을 강조한다. 이 구원 계획이 틀림없는 구원 계획임을 알 수 있는 것은 토기장이와 진흙의 관계, 또 아비와 자식과의 관계가 잘 보여준다는 것이었다.

<창조의 주, 역사의 주>

사 45:9. 질그릇 조각 중 한 조각 같은 자가 자기를 지으신 이와 더불어 다툴진대 화 있을진저 진흙이 토기장이에게 너는 무엇을 만드느냐 또는 네가 만든 것이 그는 손이 없다 말할 수 있겠느냐.

"질그릇 조각 중 한 조각 같은 자가 자기를 지으신 이와 더불어 다툴 수 없는 것과 같이" 유다 민족은 하나님의 구원을 의심할 수 없음을 말한다. 즉, 질그릇 가운데서도 작은 한 조각에 지나지 않으면서, 자기를 지은 이와 다투는 자에게는 화가 닥칠 것이 분명하다. 진흙이 토기장이에게 너(토기장이)는 도대체 무엇을 만들고 있는 거냐? 하고 말할 수 있겠으며, 네(토기장이)가 만든 것을 두고 그에게는 손이 있으나 마나라고 말할 수 있겠느냐는 것이다.

진흙이 토기장이에게 질문을 한다는 것은 있을 수 없는 것이고, 불가한 것이다. 무엇을 만들던 토기장이의 뜻대로 하는 것이다. 실지로 사람은 여호와께서 만드신 것이다(창 2:7).

사 45:10. 아버지에게는 무엇을 낳았소 하고 묻고 어머니에게는 무엇을 낳으려고 해산의 수고를 하였소 하고 묻는 자는 화 있을진저.

자식이 부모를 향하여 도대체 무엇을 낳으셨소 라고 말하는 것은 화를 받을 일이다.

사 45:11. 이스라엘의 거룩하신 이 곧 이스라엘을 지으신 여호와께서 이같이 이르시되 너희가 장래 일을 내게 물으며 또 내 아들들과 내 손으로 한 일에 관하여 내게 명령하려느냐.

본 절 초두의 "이스라엘의 거룩하신 이"란 말과 "이스라엘을 지으신 여호와"라는 말은 동의어이다. 이스라엘을 지으신 여호와께서 이같이 이르시기를 하나님의 백성들이 하나님의 계획과 뜻에 대하여 절대로 항변하지는 못하는 것이고, 다만 장래 일을 여호와에게 물으며 또 여호와의 아들들과 여호와의 손으로 하신 일에 대하여 묻고 부탁할 것이다. 무지한 항변은 금물인 것은 옛날이나 오늘날이나 동일하다.

사 45:12. 내가 땅을 만들고 그 위에 사람을 창조하였으며 내가 내 손으로 하늘을 펴고 하늘의 모든 군대에게 명령하였노라.

본 절은 여호와께서 천지를 만드시고 인류를 창조하셨다는 것을 말씀하고 또 명령을 하실 수 있다고 하신다. 그가 만드신 것은 그의 손으로 하셨다고 하신다.

사 45:13. 내가 공의로 그를 일으킨지라 그의 모든 길을 곧게 하리니 그가 나의 성읍을 건축할 것이며 사로잡힌 내 백성을 값이나 갚음이 없이 놓으리라 만군의 여호와의 말이니라 하셨느니라.

본 절 초두의 "내가 공의로 그를 일으키셨다"는 말씀은 '내가 공의의 도구를 위하여 고레스를 일으키셨다'는 뜻이다. 그리고 여호와께서는 그의 모든 길을 평탄하게 하겠다고 하시며, 또 고레스가 나의 도성 예루살렘을 재건하고, 포로된 나의 백성을 대가도 없이, 보상도 받지 않고, 놓아 줄 것이라고 하신다.

ㄷ) 이방인이 회개하다 45:14-25

사 45:14. 여호와께서 이같이 말씀하시되 애굽의 소득과 구스가 무역한 것과 스바의 장대한 남자들이 네게로 건너와서 네게 속할 것이요 그들이 너를 따를 것이라 사슬에 매여 건너와서 네게 굴복하고 간구하기를 하나님이 과연 네게 계시고 그 외에는 다른 하나님이 없다 하리라 하시니라.

본 절은 애굽의 소득과 구스(에티오피아)가 무역해서 얻은 것과 또 스바 나라의 장대한 남자들이 유다 민족에게로 건너와서 유다 민족에게 속할 것이라는 말씀이다. 즉, 여호와께서 말씀하시기를 애굽이 수고하여 얻은 재물과 구스 나라(에티오피아)가 장사하여 얻은 이익이 너(유다)에게로 넘어오고, 키 큰 스바 사람들이 너(유다)에게로 건너와서 네 밑으로 들어와 너를 따를 것이며, 사슬에 매여 와서 네 앞에 엎드리고, 너에게 기도하는 것처럼 이르기를 과연 하나님께서 당신과 함께 계십니다. 그밖에는 다른 이가 없습니다. 다른 신은 없습니다는 것을 말할 것이다.
"그 외에는 다른 하나님이 없다 하리라"고 말하는 것은 이상의 3국이 유다 민족에게로 돌아온다는 것, 곧 여호와에게로 회개하고 돌아온다는 것을 뜻한다. 그 3국 사람들은 여호와가 유일의 하나님이신 것을 인정하고 고백하는 것이다.

사 45:15. 구원자 이스라엘의 하나님이여 진실로 주는 스스로 숨어 계시는 하나님이시니이다.

본 절의 말씀을 누가 했느냐를 두고 견해가 갈린다. 1) 회개한 이방인의 말씀일 것이라는 견해(Alexander, Lange, Rawlinson, 이상근, 그랜드 종합 주석), 2) 이사야의 말씀일 것이라는 견해(유다학자들, Luther, Calvin, Young, 이순한, 호크마 주석)로 나뉜다. 2)번의 견해를 택한다. 이방인이 본 절과 같은 고백을 할 수 있을까 하는 의문이 들어 이사야의 말이라고 봄이 더 타당할 것이다. 이사야는 구원자이신 이스라엘의 하나님, 진실로 하나님께서는 자신을 숨기시는 하나님이십니다 라고 말한 것으로 본다. 신 4:15, 16; 욥 9:11; 23:8, 9: 딤전 1:17 참조.

사 45:16. 우상을 만드는 자는 부끄러움을 당하며 욕을 받아 다 함께 수욕 중에 들어갈 것이로되(All of them are put to shame and confounded; the makers of idols go in confusion together-ESV**).**

우상을 만드는 자들은 모두 부끄러움을 당하고 당황하게 되며 모두 혼돈에 빠지게 된다는 것이다.

우상이 왜 부끄러운 것인가? 우상은 가장 어리석고 어두운 것이기 때문이다. 인생에게 어리석은 행위가 많으나 그 중에도 우상 숭배 행위는 가장 어리석다. 우상 숭배는 창조주를 떠나서 피조물을 섬김이니 어리석은 일이고 인간보다 저열한 것, 곧 생명 없는 물건을 섬김이니 저열하다. 문명했다는 현대에도 사람들이 우상을 섬기고 있으니 이렇게 모순된 일은 없을 것이다. 인간이 그리스도를 믿지 않으면 종교적으로 가장 어리석고 가장 부끄러운 일을 하게 되는 것이다.

사 45:17. 이스라엘은 여호와께 구원을 받아 영원한 구원을 얻으리니 너희가 영원히 부끄러움을 당하거나 욕을 받지 아니하리로다.

우상을 섬기지 않는 참된 이스라엘은 여호와로부터 구원을 받아 영원한 구원을 얻을 것이니 영원히 부끄러움을 당하거나 욕을 당하지 않을 것이라는 것이다.

이스라엘의 "영원한 구원"에는 이중적인 뜻이 있다. 당장에는 고레스의 도움으로 바벨론의 압제에서 구원 받는 것이고, 또 항구적으로는 교회가 그리스도 안에서 영원한 구원에 이르는 것이다.

사 45:18. 대저 여호와께서 이같이 말씀하시되 하늘을 창조하신 이 그는 하나님이시니 그가 땅을 지으시고 그것을 만드셨으며 그것을 견고하게 하시되 혼돈하게 창조하지 아니하시고 사람이 거주하게 그것을 지으셨으니 나는 여호와라 나 외에 다른 이가 없느니라.

본 절 초두에는 "대저"(כִּי)라는 이유 접속사가 있어 여호와께서 영원한 구원을 이루신(전 절) 이유가 본 절에 제시되고 있다. 여호와께서 영원한 구원을 이루시는 이유는 하늘을 창조하신 여호와께서 땅을 창조하시고 조성하셨으며 땅을 견고하게 하신 분께서 말씀하시기를 땅을 혼돈 상태로 창조하신 것이 아니라, 사람이 살 수 있게 만드신 분이다. 그 분이 말씀하시기를 나는 여호와다. 나 밖에 다른 신은 없느니라고 하셨기 때문이다.

영원한 구원을 이루신 이유는 여호와께서 "땅을 견고하게 하시되 혼돈하게 창조하지 아니하시고 사람이 거주하게 그것을 지으셨기" 때문이라는 것이다.

사 45:19. 나는 감추어진 곳과 캄캄한 땅에서 말하지 아니하였으며 야곱 자손에게 너희가 나를 혼돈 중에서 찾으라고 이르지 아니하였노라 나 여호와는 의를 말하고 정직한 것을 알리느니라.

나(여호와)는 어두운 곳에서 은밀하게 말하지 않았으며, 야곱의 자손에게 나를 혼돈 중에서 찾으라 하지도 않았다. 나 여호와는 옳은 것을 말했고, 정직한 것을 알렸느니라고 하신다.

"나 여호와는 의를 말하고 정직한 것을 알리느니라"는 말씀은 하나님은 지금도 혼돈에서 하나님을 찾으라 하지 않으시고 의와 정직의 질서에서 하나님을 찾게 하신다는 것이다. 다시 말해 하나님은 지금도 계시자들을 통하여 밝히 알리셨다는 것이다.

<구원을 베푸시는 분은 하나님>

사 45:20. 열방 중에서 피난한 자들아 너희는 모여 오라 함께 가까이 나아오라 나무 우상을 가지고 다니며 구원하지 못하는 신에게 기도하는 자들은 무지한 자들이니라.

이방의 우상의 나라에서 살아남은 자들아! 모여 오너라. 다 함께 가까이 와서 우상의 헛됨을 말해보라는 것이다. 나무대기 우상을 들고 다니는 자들과, 궤 속에 우상을 넣고 다니며 구원하지도 못하는 신에게 기도하는 자들은 무지한 자들이라는 것이다.

사 45:21. 너희는 알리며 진술하고 또 함께 의논하여 보라 이 일을 예부터 듣게 한 자가 누구냐 이전부터 그것을 알게 한 자가 누구냐 나 여호와가 아니냐 나 외에 다른 신이 없나니 나는 공의를 행하며 구원을 베푸는 하나님이라 나 외에 다른 이가 없느니라.

너희 유다 민족은 하나님께서 고레스를 통하여 바벨론에서 해방시켜 주셨는데도 아직도 우상으로부터 완전히 벗어나지 못하고 우상의 습관이 있으니 앞일을 말하고 진술하여 보아라. 함께 의논하여 보아라. 누가 예로부터 이 일을 들려주었으며, 누가 이전부터 이 일을 알려 주었느냐? 나 여호와가 아니고 누구냐? 나 밖에 다른 신은 없느니라. 나는 공의와 구원을 베푸는 하나님이니, 나 밖에 다른 신은 없다는 것을 알아라.

"공의를 행하며 구원을 베푸는 하나님이라 나 외에 다른 이가 없느니라"는 말은 '실로 하나님만이 의로 세상을 다스리시며, 타락한 자들에게 참된 구원을 베푸신다'는 것이다.

사 45:22. 땅의 모든 끝이여 내게로 돌이켜 구원을 받으라 나는 하나님이라 다른 이가 없느니라.

본 절은 땅 끝까지의 모든 인류를 향하여 여호와에게로 와서 구원을 받으라고 말한다. 여호와만이 참 하나님이고 다른 아무 것도 하나님이 아니라고 말한다.

사 45:23. 내가 나를 두고 맹세하기를 내 입에서 공의로운 말이 나갔은즉 돌아오지 아니하나니 내게 모든 무릎이 꿇겠고 모든 혀가 맹세하리라 하였노라.

여호와께서 "내가 나를 두고 맹세하신다"는 말씀은 '하나님께서 맹세를 하시는 일에 있어서 하나님보다 더 큰 이가 없으므로 그는 자신을 가리켜 맹세하신다'(히 6:13)는 뜻이다. 아무튼 하나님의 중대하고도 확고한 사실을 선언하시기 위한 전제이다. 창 22:16; 렘 22;5; 49:13 참조.

"내 입에서 공의로운 말이 나갔은즉 돌아오지 아니하리라"는 말씀은 하나님께서 의로운 일을 이미 말씀 하셨은즉 그 말은 돌아오거나 변경되지 않는다는 것이다. 하나님은 하시는 일에 후회가 없으신 분이시다. 그 일은 바로 세계 만민이 구원 받는 일이다.

"내게 모든 무릎이 꿇겠고 모든 혀가 맹세하리라"는 말은 세계의 모든 사람이 여호와가 홀로 하나님이신 사실을 믿게 되어 그에게 무릎을 꿇고 신앙을 고백할 것이다.

사 45:24. 내게 대한 어떤 자의 말에 공의와 힘은 여호와께만 있나니 사람들이 그에게로 나아갈 것이라 무릇 그에게 노하는 자는 부끄러움을 당하리라 그러나(Only in the LORD, it shall be said of me, are righteousness and strength; to him shall come and be ashamed all who were incensed against him-ESV).

참으로 여호와께만 공의와 능력이 있다고 사람들이 나(여호와)에게 말할 것이다. 사람들이 구원을 얻기 위하여 그(여호와)에게 올 것이나, 그(여호와)

를 대항하던(업신여기던) 자들은 모두 부끄러움을 당할 것이라고 한다.

여기 "내게 대한 어떤 자의 말"이란 '여호와께 대하여 어떤 자들이 무릎을 꿇고 그를 구원자라고 시인한 모든 열방백성들의 말'을 지칭한다. 따라서 본문은 회개한 이방인들이 오직 여호와만이 의의 하나님이시요 능력의 주, 곧 참 신이신 줄을 깨닫고 그를 믿고 의지하게 될 것이라는 뜻이다. 이러한 자는 구원을 얻게 된다(그랜드 종합 주석).

"무릇 그에게 노하는 자는 부끄러움을 당하리라"는 말은 '여호와께 대하여 분노를 내는 모든 자는 하나님의 능력을 목격했음에도 불구하고 회개하지 않고 여전히 하나님을 대항하는 자들을 지칭한다. 다시 말해 하나님의 능력을 목격했음에도 하나님을 믿지 않고 업신여기는 자들을 지칭한다.

사 45:25. 이스라엘 자손은 다 여호와로 말미암아 의롭다 함을 얻고 자랑하리라 하느니라(In the LORD all the offspring of Israel shall be justified and shall glory-ESV).

"무릇 그에게 노하는 자는 부끄러움을 당할 것"이지만(24절), 그러나 이스라엘 자손은 모두 주 안에서 의롭다는 인정을 받고, 자랑하게 될 것이다. 이스라엘 자손들은 여호와를 믿고 의롭다 함을 받게 되고 또 하나님만 자랑하면서 살게 될 것이라는 뜻이다.

제 46 장

6. 바벨론을 심판하시다 46장

46장은 벨과 느보의 멸망(1-7절)을 말하며, 주님의 구원을 의지해야 할 것(8-13절)을 말한다.

ㄱ) 벨과 느보의 멸망 46:1-7

이 부분(1-7절)은 바벨론의 벨과 느보의 멸망을 다루고(1-2절), 유다 민족에게는 참 하나님이신 여호와를 의지할 것을 권한다(3-7절).

사 46:1. 벨은 엎드러졌고 느보는 구부러졌도다 그들의 우상들은 짐승과 가축에게 실렸으니 너희가 떠메고 다니던 그것들이 피곤한 짐승의 무거운 짐이 되었도다.

45장에서는 여호와께서 유다 민족과 이방을 구원하시는 참 신이심을 선포했는데, 이제 본 장에서는 바벨론 우상의 멸망 사실을 통해 유다 민족에게 우상 숭배의 어리석음을 지적하고 유일하게 참된 신이신 여호와 하나님만을 섬겨야 할 것을 강조한다.

"벨"(Bel)이란 말은 '주'(主)라는 뜻으로 바벨론의 수호신인 '마르둑'(Marduk)의 별명이다. 벨은 바람과 폭풍을 주관하는 신으로 알려졌다(렘 50:2; 51:44). '벨사살' 왕(단 5:1)의 이름은 이 '벨'신의 이름에서 따온 것이다.

"느보"(Nebo)는 '벨'의 손자에 해당하는 신으로 지혜와 문학의 신이다. 이 신은 물을 주관하는 신으로 '벨'과 같이 바벨론의 수호신이다.[38] '느부갓네살'과 '느부사라단' 왕 등의 이름은 이 신의 이름에서 따 온 것이다.

---

38) "그들의 우상들"이란 말은 바벨론의 우상들을 지칭하는 말로 벨과 느보의 신상 들 외에 '아누'(Anu), 헤아(Hea), 벨티스(Beltis), 이스탈(Istar), 네르갈(Nergal), 신(Sin), 사마스(Shamas), 굴라(Gula) 등이 있다. 바벨론에도 우상들이 많이 있지만 일본에도 800만 신이 있다.

"엎드러졌고, 구부러졌도다"란 말은 바벨론의 우상들이 바사 왕 고레스의 군대에 의하여 파괴되었음을 뜻한다.

"우상들은 짐승과 가축에게 실렸다"는 말은 바벨론의 패배로 말미암아 바벨론의 우상들이 정복자들의 약탈 대상이 되었음을 뜻한다.

"너희가 떠메고 다니던 그것들이 피곤한 짐승의 무거운 짐이 되었다"는 말은 우상들이 우상 숭배자들을 돕지 못할 뿐 아니라 오히려 미천한 짐승에게 짐을 지우는 무능력한 존재가 되었다는 것을 말하고 있다.

아무튼 바벨론의 우상들은 하나님의 심판으로 멸망할 것이며 위기 속에서 숭배자들에게 아무런 도움도 줄 수 없는 무력한 존재가 될 것임을 보이고 있다.

사 46:2. 그들은 구부러졌고 그들은 일제히 엎드러졌으므로 그 짐을 구하여 내지 못하고 자기들도 잡혀 갔느니라.

바벨론의 우상들은 약탈자들의 손에 의해서 하찮게 취급되고 있음에도 불구하고 무능하기 때문에 그 신상들을 구해내지 못할 뿐 아니라 자신들조차도 포로로 잡혀갈 것이라는 조롱조의 예언이다. 본 절이 과거형으로 진술된 것은 앞으로 일어날 일이 확실하기 때문에 그렇게 표현된 것이다.

사 46:3. 야곱의 집이여 이스라엘 집에 남은 모든 자여 내게 들을지어다 배에서 태어남으로부터 내게 안겼고 태에서 남으로부터 내게 업힌 너희여.

본 절은 바벨론으로부터 아직 해방되지 못한 유다 민족의 정체를 네 가지로 묘사하고 있다. 먼저 "야곱 집"이라고 묘사한다. 유다 민족만 아니라 북쪽 나라 이스라엘도 역시 "야곱 집"이라고 불리는 것은 똑같다.

둘째로, "이스라엘 집에 남은 모든 자"로 불리고 있다. 이렇게 불리는 것은 북쪽 이스라엘도 마찬가지이다.

셋째로, "배에서 태어남으로부터 내(여호와)게 안긴 자"로 불린다. 유다 민족이 북쪽 이스라엘과 분국 되기도 전에 함께 여호와에게 안겨졌으며 보호를 받았다는 뜻이다.

그리고 넷째로, "태에서 남으로부터 내(여호와)게 업힌 너희"였다는 것이다. 이것은 북쪽 이스라엘 나라도 마찬가지로 태어날 때부터 하나님에게 업혀서 산 민족들이었다. 하나님에게 업혀 살았다는 것은 하나님의 도움을 받고 살았다는 뜻이다(민 11:12; 신 33:27; 시 17:8).

사 46:4. 너희가 노년에 이르기까지 내가 그리하겠고 백발이 되기까지 내가 너희를 품을 것이라 내가 지었은즉 내가 업을 것이요 내가 품고 구하여 내리라.

본 절은 여호와께서 유다 민족을 끝까지 업으시고, 품어주시며, 바벨론에서 해방시키시겠다고 하신다. 이유는 여호와께서 유다 민족을 지으셨기 때문이라고 하신다.

사 46:5. 너희가 나를 누구에게 비기며 누구와 짝하며 누구와 비교하여 서로 같다 하겠느냐.

본 절은 여호와께서 유다 민족을 향하여 여호와 자신을 누구에게 비교할 수 있겠느냐고 물으신다. 즉, 너희가 나를 누구와 견주겠으며, 나를 누구와 같다고 하겠느냐? 나를 누구와 비교하여 서로 같다 하겠느냐고 물으신다.

여호와 하나님이야 말로 우주 안에 아무 것과도 비교할 수 없는 분이시라는 것이다. 바벨론의 우상들과도 비교하실 수 없으신 분이시고, 오늘날의 돈과도 비교할 수 없는 분이시다.

사 46:6. 사람들이 주머니에서 금을 쏟아 내며 은을 저울에 달아 도금장이에게 주고 그것으로 신을 만들게 하고 그것에게 엎드려 경배하며.

사람들이 호주머니에서 금을 쏟아내고 은을 저울에 달아 도금장이들을 사서 신상을 만들게 하고 그것에게 엎드려 경배한다는 것이다.

사람이 쇠붙이를 가지고 만든 것을 앞에 놓고 그 앞에서 경배한다는 것은 있을 수 없는 어리석은 일이다.

사 46:7. 그것을 들어 어깨에 메어다가 그의 처소에 두면 그것이 서 있고 거기에서 능히 움직이지 못하며 그에게 부르짖어도 능히 응답하지 못하며 고난에서 구하여 내지도 못하느니라.

사람이 쇠붙이를 가지고 만든 우상을 들어 어깨에 메어다가 신전 같은 적당한 처소에 두면 그것이 거기에 서 있고 거기에서 한 발 자국도 움직이지 못하며 또 그 우상을 향해서 도와 달라고 부르짖어도 응답하지 못하며 사람을 고난에서 구해내지도 못한다는 것이다. 우상의 활동이란 그냥 한곳에 서 있는 것뿐이다.

ㄴ) 주님의 구원을 의지할 것 46:8-13

1-7절은 우상은 사람을 절대로 구원할 수 없다는 것을 진술하고 있으니, 8-13절은 오직 여호와를 의지하라고 권한다.

사 46:8. 너희 패역한 자들아 이 일을 기억하고 장부가 되라 이 일을 마음에 두라.

너희 마음이 굽은 자들(이방 우상 숭배에 끌리는 자들)아! 우상은 사람을 절대로 구원할 수 없다는 것을 기억하고, 하나님 앞에 남자답게 든든하게 서서 여호와만 구원자가 되신다는 것을 마음에 두라는 것이다.

사 46:9. 너희는 옛적 일을 기억하라 나는 하나님이라 나 외에 다른 이가 없느니라 나는 하나님이라 나 같은 이가 없느니라(remember the former things of old; for I am God, and there is no other; I am God, and there is none like me-RSV, ESV)**.**

유다 민족은 지금 바벨론에 있다 하더라도 옛적 일을 기억하고 하나님께서 끊임없이 구원해 주신 것을 기억해야 한다는 것이다. 하나님께서 이스라엘을 홍해에서 구원하시고 광야에서 구원하시며 가나안 7족의 손에서 구원하신 일들을 기억하고 보호하신 것들을 기억하라는 것이다.

그 과정에서 여호와 외에 다른 이가 없는 것을 기억하고 여호와만이 유다 민족을 구원해주신 것을 기억하고 여호와만 잘 믿으라(시 74:12-15; 136편)는 것이다.

사 46:10. 내가 시초부터 종말을 알리며 아직 이루지 아니한 일을 옛적부터 보이고 이르기를 나의 뜻이 설 것이니 내가 나의 모든 기뻐하는 것을 이루리라 하였노라.

내(여호와)가 처음부터 장차 일어날 일들을 작정하고 선지자들을 통하여 예고하였고, 내가 이미 오래 전에, 아직 이루어지지 않은 일들을 미리 선지자들을 통하여 알려주었다. 나의 뜻이 반드시 성취될 것이며, 내가 하고자 하는 것은 내가 반드시 이룰 것이라고 말해준다(14:24; 욥 23:13; 시 33:11).

사 46:11. 내가 동쪽에서 사나운 날짐승을 부르며 먼 나라에서 나의 뜻을 이룰 사람을 부를 것이라 내가 말하였은즉 반드시 이룰 것이요 계획하였은즉 반드시 시행하리라.

본 절의 "내가 동쪽에서 사나운 날짐승을 부른다"는 말과 "먼 나라에서 나의 뜻을 이룰 사람을 부를 것이라"는 말은 동의절로 사용되었다. 이는 동방의 독수리 바사 왕 고레스를 부른다는 뜻이다(41:2, 25 참조). 바사 왕이 동방에서 와서 바벨론을 멸망시키고 유다 민족을 구해내게 할 것이란 뜻이다.

"내가 말하였은즉 반드시 이룰 것이요"이란 말과 "계획하였은즉 반드시 시행하리라"는 말도 동의어로 사용되었다. 하나님께서 계획하시고 이루시지 않으시는 것은 없다.

사 46:12. 마음이 완악하여 공의에서 멀리 떠난 너희여 내게 들으라.

내(여호와)가 승리할 것을 믿지 않는 너희 고집불통인 유다 백성들아! 내가 하는 말을 들어보라고 말씀하신다. 유다 백성들이 비록 마음이 완악하여 의에서 멀리 떠났을지라도 여호와께서는 버리지 않으시고 여호와의 말을 들어보라고 권하신다(신 48:4; 겔 2:6; 3:7).

그렇게 마음이 단단한 사람들도 여호와께서는 버리지 않으시고 하나님을 믿고 하나님의 말씀을 들어보라고 권하신다. 이것이 바로 여호와의 사랑이다. 여호와께서는 우리를 대신하여 자신의 아들을 십자가에 못 박으시기까지 하셨다.

사 46:13. 내가 나의 공의를 가깝게 할 것인즉 그것이 멀지 아니하나니 나의 구원이 지체하지 아니할 것이라 내가 나의 영광인 이스라엘을 위하여 구원을 시온에 베풀리라.

본 절의 "나의 공의", "나의 구원", "나의 영광"이란 말은 모두 동의어로 사용되었다. 이는 모두 여호와께서 베푸시는 구원을 뜻한다. 다시 말해 여호와께서 고레스를 통해 불의한 우상의 나라 바벨론을 멸하시고 그의 선민 유다 민족을 구원하시는 것은 의로우신 일이라는 것이고, 그 행위를 두고 본 절은 "나의 구원이 지체하지 아니할 것이라"고 묘사한다. 그리고 여호와께서는 "내가 나의 영광인 이스라엘을 위하여 구원을 시온에 베풀리라"고 진술하신다. 즉, 내가 나의 영광(구원)인 이스라엘(유다 민족)을 위하여 구원을 시온에 회복하신다는 것이다.

결국 본문은 당시 우상을 숭배하는 자들뿐만 아니라 오고 오는 모든 세대의 불경건한 자들을 향한 회개 촉구의 권면으로 보아야 한다.

제 47 장

7. 바벨론의 파멸이 예고되다 47장

47장은 바벨론의 멸망을 두고 지은 애도 시(哀悼 詩)이다. 본 애도 시는 전체 4절로 구성되어 있고, 또한 매절은 4절 정도의 길이로 구성되어 있다. 본장의 내용은 ㄱ) 수치를 당한 딸 바벨론(1-4절), ㄴ) 쫓겨난 주모 바벨론(5-7절), ㄷ) 자녀를 잃어버린 과부 바벨론(8-11절), ㄹ) 이런 재앙에 마술은 무용하다(12-15절)는 진술로 나누어져 있다.

ㄱ) 수치를 당한 딸 바벨론 47:1-4

1-4절은 애도시의 첫 소절이다. 이제 바벨론은 낮아지고 큰 수치를 당한다는 내용이다.

<바벨론 심판>

사 47:1. 처녀 딸 바벨론이여 내려와서 티끌에 앉으라 딸 갈대아여 보좌가 없어졌으니 땅에 앉으라 네가 다시는 곱고 아리땁다 일컬음을 받지 못할 것임이라.

어떤 성읍이나 지명을 딸로 묘사하는 것은 히브리 저자들의 관용법이었다(Calvin, 렘 46:11; 애 4:11; 시 9:14). "처녀 딸 바벨론"이란 말과 "딸 갈대아"라는 말은 동일한 의미의 말로 바벨론 제국을 의미한다. 본문을 쉽게 말하면 처녀 딸 바벨론아! 내려서 티끌에 앉아라. 딸 갈대아여! 보좌를 잃어버렸으니, 땅에 주저앉아라. 너의 몸매가 유연하고 맵시가 있다고들 야단이었지만, 이제는 아무도 그런 말을 더 하지는 않을 것이다.

바벨론이 이렇게 멸망하게 된 데는 바벨론의 교만 때문이었다(6-11절). 바벨론만 아니라 누구든지 교만하면 끝장이다.

"네가 다시는 곱고 아리땁다 일컬음을 받지 못할 것임이라"는 말은 '바벨론이 애교가 넘치는 나라로 불린 것은 첫째, 고대 국가에서 가장 사치스러운 나라였기 때문이며(13:19), 둘째, 환락과 근친상간이 자행되던 음란한 성읍으로 유명했기 때문이었다. 그러나 바벨론은 멸망 후에 갖은 수치를 당할 것이기 때문에 아리땁다 일컬음을 받지 못할 것이다.

사 47:2. 맷돌을 가지고 가루를 갈고 너울을 벗으며 치마를 걷어 다리를 드러내고 강을 건너라.

본 절의 애도 시는 두 가지로 바벨론의 부끄러움이 닥칠 것을 말한다. 하나는 "맷돌을 가지고 가루를 간다"는 말이다. 맷돌질 하는 것은 여자 노예들이 하는 일이었는데 이는 바벨론이 포로가 될 것을 말하는 것이다.

그리고 둘째, "너울을 벗으며 치마를 걷어 다리를 드러내고 강을 건너라"는 말인데, 여자들이 너울을 벗고 치마를 걷어 올리고 다리를 드러내는 일은 절대로 하지 않는 행동이다. 게다가 다리를 드러내고 강을 건너는 일은 더욱 그런 것이다. 이는 바벨론이 심히 부끄럽게 될 일을 말하는 것이다.

사 47:3. 네 속살이 드러나고 네 부끄러운 것이 보일 것이라 내가 보복하되 사람을 아끼지 아니하리라.

본 절은 바벨론이 당할 부끄러움이 여인이 당하는 부끄러움에 비교된다. 즉, 알몸을 드러내어 결과적으로 네 부끄러운 곳까지도 드러내 보일 것이라. 내(여호와)가 복수할 터이니, 어느 누구도 나(여호와의 복수)를 막지 못할 것이라고 하신다.

바벨론이 이렇게 당하는 데는 바벨론이 유다 민족을 모질게 대했기 때문이다(6절). 우리는 사람을 대할 때 긍휼히 여겨야 할 것을 본장에서 뼈저리게 느끼게 된다.

사 47:4. 우리의 구원자는 그의 이름이 만군의 여호와 이스라엘의 거룩한

이시니라(Our Redeemer--the LORD of hosts is his name--is the Holy One of Israel-RSV, ESV).

본 절은 유다 민족의 구원자의 정체성을 두 가지로 드러낸다. 첫째는 "우리의 구원자는 그의 이름이 만군의 여호와시라"는 것이다. 즉, 하늘의 모든 만물들을 지으신 여호와이시니 바벨론을 멸망시키기에는 충분하시다는 것을 드러낸다(1:9 주해 참조).

둘째, 유다 민족의 구원자는 "이스라엘(유다 민족)의 거룩한 이"시라는 것이다. 다시 말해 유다 민족의 구원자는 다른 이방신과 구별되신 흠 없고 허물없는 분이심으로 공의로 심판하시는 분이라는 것이다. 그러므로 바벨론에 대한 그의 심판 역시 변명할 수 없는 공의로운 것이라는 것을 드러낸다(1:4; 5:19 주해 참조).

ㄴ) 쫓겨난 주모 바벨론 47:5-7

사 47:5. 딸 갈대아여 잠잠히 앉으라 흑암으로 들어가라 네가 다시는 여러 왕국의 여주인이라 일컬음을 받지 못하리라.

본 절 초두의 "딸 갈대아"란 말은 역시 바벨론을 의미하는 말이다. 1절 주해를 참조하라. "잠잠히 앉으라", "흑암으로 들어가라"는 두 개의 명령은 바벨론이 패배를 당하고 수치를 당할 터이니 여기 명령대로 행하라는 것이다.

바벨론이 패배를 당해야 하는 이유는 "네가 다시는 여러 왕국의 여주인이라 일컬음을 받지 못할 것이기" 때문이라는 것이다. "여주인"이란 온 집안을 호령하는 입장인데 바벨론은 이제 그 지위를 잃었다는 것이다. 실로 앗수르, 바벨론, 바사 등 고대 대국들 중에서 바벨론의 패권이 가장 짧았다는 것이다(이상근).

사 47:6. 전에 내가 내 백성에게 노하여 내 기업을 욕되게 하여 그들을 네 손에 넘겨 주었거늘 네가 그들을 긍휼히 여기지 아니하고 늙은이에게 네 멍에를 심히 무겁게 메우며.

본 절은 바벨론이 망하게 된 이유가 드러난다. 즉, 전에 내(여호와)가

나의 백성(유다 민족)에게 진노하여, 나의 소유, 나의 백성이 곤욕을 치르게 하려고, 그들을 바벨론 손에 넘겼는데, 네가 나의 백성을 가엾게 여기지 아니하고(대하 36:17; 애 4:16; 5:12), 노인에게도 무거운 멍에를 메워서 고통을 주었으니 망하게 된 것이다. 이웃을 불쌍히 여기는 일은 언제나 중요한 것이다.

사 47:7. 말하기를 내가 영영히 여주인이 되리라 하고 이 일을 네 마음에 두지도 아니하며 그들의 종말도 생각하지 아니하였도다.

본 절은 바벨론 사람들이 잘못 생각한 것 세 가지를 드러낸다. 첫째, "내가 영영히 여주인이 되리라 한 것"이었다. 즉, 바벨론이 계속해서 온 세상에 호통 치며 살 줄 알고 큰 소리를 친 것이다. 둘째, 유다 민족에게 잘못하는 것이 잘못인 줄 알지 못했다. 사람이 자기 자신을 깨달을 줄 알아야 했는데 거기까지 미치지 못했다. 셋째, "그들의 종말도 생각하지 아니하였다"는 것이다. 다시 말해 자기들이 앞으로 어떻게 될 줄을 생각하지 않고 큰 소리를 치며 산 것이다.

ㄷ) 자녀를 잃어버린 과부 바벨론 47:8-11

8-11절은 바벨론 멸망 애도 시(詩)의 3절로 바벨론은 자녀를 잃은 과부의 신세와 같다는 것이다.

사 47:8. 그러므로 사치하고 평안히 지내며 마음에 이르기를 나뿐이라 나 외에 다른 이가 없도다 나는 과부로 지내지도 아니하며 자녀를 잃어버리는 일도 모르리라 하는 자여 너는 이제 들을지어다.

본 절은 바벨론이 망해야 할 조건이 몇 가지로 진술되어 있다. 첫째, 바벨론의 생활이 망할 수밖에 없는 삶이었다는 것이다. 바벨론 사람들은 사치했고 평안히 지내며 홍청망청했다.

둘째, 바벨론인들의 마음이 높았다는 것이다. 그들은 마음에 이르기를 "나뿐이라 나 외에 다른 이가 없도다. 나는 과부로 지내지도 아니할 것이며,

자녀를 잃어버리는 일도 없을 것이라"고 호언장담했다. 여호와께서는 이런 사람들을 향해서 9-11절의 말씀과 같은 말을 들어보라고 하신다.

사 47:9. 한 날에 갑자기 자녀를 잃으며 과부가 되는 이 두 가지 일이 네게 임할 것이라 네가 무수한 주술과 많은 주문을 빌릴지라도 이 일이 온전히 네게 임하리라.

본 절은 바벨론 사람들이 들어야 할 여호와의 말씀이다. 첫째, "한 날에 갑자기 자녀를 잃으며 과부가 되는 이 두 가지 일이 네게 임할 것이라"고 한다. 한 날에 갑자기 두 가지 일이 동시에 임할 것이니 기가 막힌 일이다.

둘째, "네가 무수한 주술과 많은 주문을 빌릴지라도 이 일이 온전히 네게 임하리라"는 것이다. 바벨론은 최후 종말을 피하기 위해서 사술과 진언 등 미신의 힘을 빌려 구원 받고자 했으나 그것이 오히려 그들의 멸망을 재촉하고 말았다는 것이다. 하나님께서 주시는 멸망을 어떤 미신으로 막을 수가 있겠는가.

사 47:10a. 네가 네 악을 의지하고 스스로 이르기를 나를 보는 자가 없다 하나니 네 지혜와 네 지식이 너를 유혹하였음이라.

바벨론은 자기들이 즐겨 쓰는 악(포학과 미신)을 의지하면서도 스스로 이르기를 자기들의 행위를 보는 자가 없다 하니 이렇게 된 것은 바벨론의 지혜와 지식이 바벨론을 유혹한 결과라는 것이다. 바벨론은 자기 꾀에 넘어가서 자기들이 똑똑한 것처럼 여겼다.

세상 사람들은 이처럼 죄악을 생의 무기로 삼는 것이다. 세상 사람들이 이렇게 사는 것은 자기 꾀에 넘어갔기 때문이다.

사 47:10b-11. 네 마음에 이르기를 나뿐이라 나 외에 다른 이가 없다 하였으므로 재앙이 네게 임하리라 그러나 네가 그 근원을 알지 못할 것이며 손해가 네게 이르리라 그러나 이를 물리칠 능력이 없을 것이며 파멸이 홀연히 네게

임하리라 그러나 네가 알지 못할 것이니라.

10b-11절은 재앙이 임하는 이유를 진술하고, 그러나 바벨론 사람들은 자기들에게 재앙이 임하는 이유를 알지 못하며 또 그 재앙을 물리칠 능력이 없을 것을 말한다. 즉, 너의 마음속으로 나보다 더 높은 이가 없다고 교만하게 만들었다. 불행이 너에게 닥쳐와도 너의 점술이 그것을 막지 못할 것이며, 너(바벨론)에게 재난이 덮쳐도 네가 거기에서 벗어나지 못할 것이다. 네가 생각하지도 못한 파멸이 순식간에 너에게 닥칠 것이다.

ㄹ) 이런 재앙에 마술은 무용하다 47:12-15

바벨론 멸망의 애도 시의 마지막 소절은 이런 재앙에 마술은 무용하다는 것을 말한다. 사슬은 저들을 구원하지 못하고 오히려 그 멸망을 재촉만 할 뿐이었다.

사 47:12. 이제 너는 젊어서부터 힘쓰던 주문과 많은 주술을 가지고 맞서 보라 혹시 유익을 얻을 수 있을는지, 혹시 놀라게 할 수 있을는지,

바벨론은 건국 초기부터 주문과 주술을 의지하여 왔는데(9절) 이 멸망을 앞두고 다시 주술과 주문을 사용하여 바벨론이 망하지 않게 해보라고 조롱한다. 이 조롱은 엘리야가 바알을 조롱한 것과 흡사하니 그곳을 참조하라(왕상 18:27).

사 47:13. 네가 많은 계략으로 말미암아 피곤하게 되었도다 하늘을 살피는 자와 별을 보는 자와 초하룻날에 예고하는 자들에게 일어나 네게 임할 그 일에서 너를 구원하게 하여 보라.

바벨론 너는 오히려 너의 많은 이런 저런 조언자들(단 2:2-11; 5:7-8) 때문에 지쳤다. 그래도 하늘을 살핀다는 자들(점성학자들), 별을 보고서 점친다는 자들(별들을 통해 인간의 운명을 점치는 자들), 매달 초하루마다 너에게 닥쳐올 일을 알려 준다는 자들(초하루에 뜬 달을 보고 한 달 동안의 일들을 점치는 자들), 그들로 하여금 일어나서 바벨론을 구원해보라고 하려무나라고 말한다.

사 47:14. 보라 그들은 초개 같아서 불에 타리니 그 불꽃의 세력에서 스스로 구원하지 못할 것이라 이 불은 덥게 할 숯불이 아니요 그 앞에 앉을 만한 불도 아니니라.

본 절 초두의 "보라"라는 말은 본 절의 내용이 아주 중요하니 주의해 보라는 것이다. 그런데 그들(하늘을 살핀다는 자들, 별을 보고 점을 친다는 자들, 매달 초하루에 인간에게 무슨 일이 닥칠지를 알려준다는 자들)은 초개 같아서 불에 탈 것이라는 것이다. 그 불은 빵이나 굽는 숯불이 아니고, 손이나 따뜻하게 하는 화롯불이 아니라 그 불은 너무나도 뜨거워서, 그들 스스로를 그 불에서 구하여 내지 못할 것이라고 한다.

사 47:15. 네가 같이 힘쓰던 자들이 네게 이같이 되리니 어려서부터 너와 함께 장사하던 자들이 각기 제 길로 흩어지고 너를 구원할 자가 없으리라 (Such to you are those with whom you have labored, who have done business with you from your youth; they wander about, each in his own direction; there is no one to save you-ESV)**.**

본 절은 두 부류의 사람들(13절에 언급된 하늘을 살피는 자들, 별을 보는 자들, 월삭에 예고하는 자들, 곧 점성술사들과 또 일찍부터 바벨론을 위하여 장사하던 자들)이 각자 뿔뿔이 도망 칠 것이니, 바벨론을 구원할 자가 없을 것이란 뜻이다.

여기 "어려서부터 너와 함께 장사하던 자들"이 누구냐를 두고 견해가 갈린다. "장사하던 자들"(סֹחֲרַיִךְ)을 1) 바로 앞에 나온 "네가 같이 힘쓰던 자들", 곧 '하늘을 살피는 자들', '별을 보는 자들', '월삭에 예고하는 자들', 곧 점성술자들로 보는 측(Calvin, Whybray, Leupold)으로 보는 견해와 2) 문자 그대로 바벨론과 함께 무역하던 외국인들로 보는 측(Michaelis, Delitzsch, Rawlinson, 박윤선, 이상근, 이순한, 그랜드 종합 주석)으로 갈린다.

2)번의 견해가 더 바를 것으로 보인다. 이들은 당시 아시아 무역의 중심지인 바벨론과 무역하던 상인들로 애굽인, 페니키아인, 아라비아인들을 가리킨다(Rawlinson).

"각기 제 길로 흩어졌다"는 말은 바벨론을 의지하여 자기들의 유익을 유지하던 자들이 바벨론의 멸망으로 인해 뿔뿔이 흩어졌다는 뜻이다. 이는 이들 역시 바벨론과 마찬가지의 죄를 범한 공범들이므로 하나님의 심판을 받아 고레스에 의해 정복될 것임을 예언한 것이다.

제 48 장

8. 이스라엘의 구원 48장

본 장(48장)은 한편으로는 하나님께서 유다 민족을 책망하시는 것으로, 또 한편으로는 하나님께서 유다 민족을 위해 약속하신 일과 권면하시는 결합으로 이루어져 있다.

본 장의 내용은 ㄱ) 하나님께서 이스라엘을 책망하신 일(1-11절), ㄴ) 하나님께서 바벨론을 심판하시는 일(12-15절), ㄷ) 하나님께 유다 민족을 바벨론에서 나오라(16-22절)는 내용으로 구성되어 있다.

ㄱ) 이스라엘의 완악함을 책망하시다 48:1-11

1-11절은 주로 하나님께서 유다 민족을 책망하시는 일과 충고로 되어 있다. 유다 민족은 성실치 못했고(1절) 의로움이 없었으며 완악했다(4절). 하나님께서 유다 민족을 여러 차례 책망하셨으나(3-7절), 그들은 듣지 않았고, 모태로부터 패역했다(8절). 그러나 하나님은 주님의 이름을 위하여 그들을 참고 기다리셨다(9-11절).

<하나님께서 새 일을 약속하시다>

사 48:1. 야곱의 집이여 이를 들을지어다 너희는 이스라엘의 이름으로 일컬음을 받으며 유다의 허리에서 나왔으며 여호와의 이름으로 맹세하며 이스라엘의 하나님을 기념하면서도 진실이 없고 공의가 없도다.

야곱의 집안아! 이스라엘이라 일컬음을 받는 유다의 자손아! 주님의 이름을 두고 맹세를 하고 이스라엘의 하나님을 믿고 섬긴다고는 하지만, 진실이나 공의라고는 전혀 없는 자들아! 앞으로 내가 하는 말을 잘 들어보아라.

본 절의 "야곱의 집이여 이를 들을지어다"란 말을 보면 본 절 안에 "야곱의 집이여!"라는 말에 대한 설명이 장황하다.

"이를"이란 말은 뒤따르는 예언을 뜻하는 말이다. 뒤따르는 예언을 들으라는 것이다.

"너희는 이스라엘의 이름으로 일컬음을 받으며"라는 말은 야곱이란 생래적인 이름에 '이스라엘이란 영적' 이름을 붙여준 것을 뜻한다.

그리고 "유다의 허리에서 나왔으며"라는 말은 창 49:8-11에 나오는 유다에 대한 야곱의 축복을 염두에 둔 표현이다. 유다의 혈통은 메시아가 태어나실 자랑스러운 혈통이다. 따라서 본문은 남 유다 왕국의 고귀한 신분을 드러내기 위해 사용한 것이다.

"이스라엘의 하나님을 기념하면서도 진실이 없고 공의가 없다"는 말은 신앙 고백과 행동 양식이 일치하지 않는 유다 백성들의 위선적인 신앙을 책망하는 말이다. 다시 말해 남쪽 나라 유다 백성들은 형식적으로는 하나님께 제사를 드리고 절기도 지키며, 입으로는 여호와께 찬양과 간구도 하지만 내심으로는 하나님을 믿는 믿음이 없다는 말이다(1:10-17).

사 48:2. 그들은 거룩한 성 출신이라고 스스로 부르며 이스라엘의 하나님을 의지한다 하며 그의 이름이 만군의 여호와라고 하나.

유다 민족은 거룩한 예루살렘 성 출신이라고 스스로를 부르며 이스라엘의 하나님을 의지한다고 말하며 그 하나님이 하늘의 모든 피조물을 지으신 여호와라고 말하는 자들아! 너희는 신앙이 있다고는 하지만 실제로는 신실치 못하는 자들아! 너희는 내가 하는 말을 들으라.

오늘도 역시 믿는다는 이름은 가졌으나 믿음의 행위가 없다는 것은 참으로 한심한 일이 아닐 수 없다.

사 48:3. 내가 예로부터 처음 일들을 알게 하였고 내 입에서 그것들이 나갔으며 또 내가 그것들을 듣게 하였고 내가 홀연히 행하여 그 일들이 이루어졌느니라.

내(여호와)가 이미 옛적에 장차 일어날 일들을 유다 백성들에게 알려

주었다. 내가 직접 나의 입으로 그것(장차 일어날 일들)을 예고하였고, 내가 그것(장차 일어날 일들)을 직접 들려주었으며, 그 일(장차 일어날 일들)을 내가 홀연히 이루었다.

본 절의 "처음 일들"이란 6절의 "새 일"과 대비된다. 그러니까 "처음 일들"이란 고레스 이전의 사건들을 말하는 것으로 바벨론에 의한 예루살렘의 멸망사건과 남쪽 나라 유다 민족의 바벨론 포로 생활을 지칭하는 말이다. 그리고 6절의 "새 일"이란 고레스에 의해 유다 백성들이 바벨론 포로에서 해방된 사건과 궁극적으로 종말에 이루어질 메시아의 구원 사역을 지칭한다(42:9).

그리고 "내 입에서 그것들이 나갔으며 또 내가 그것들을 듣게 하였고 내가 홀연히 행하여 그 일들이 이루어졌느니라"는 말은 선지자의 입을 통하여 발표되었음을 가리킨다. 여호와께서는 이미 유다에게 되어 질 일들에 대하여 선포하셨고 또 그 일들을 성취하셨다. 한편 유다에 대한 심판을 선포하시기에 앞서 본 절에서 예언을 성취하시는 하나님에 대하여 언급하고 있는 것은 앞으로 선포될 예언의 확실성을 밝히기 위함이다. 다시 말해 이 예언이 반드시 성취되리라는 것을 보증하기 위함이다.

사 48:4. 내가 알거니와 너는 완고하며 네 목은 쇠의 힘줄이요 네 이마는 놋이라(Because I know that you are obstinate, and your neck is an iron sinew and your forehead brass-ESV).

나(여호와)는 알고 있다. 네(유다 민족)가 참으로 완고하다는 사실과 네 목의 힘줄은 쇠붙이고, 네 이마는 놋쇠나 다름없다는 것을 알고 있다. 이는 하나님의 말씀에 대한 감수성이 전연 없다는 뜻이다. 여호와께서 유다 민족을 잘 알고 계시다는 것이다. 여호와는 오늘 우리를 또한 잘 알고 계시다.

사 48:5. 그러므로 내가 이 일을 예로부터 네게 알게 하였고 일이 이루어지기 전에 그것을 네게 듣게 하였느니라 그것을 네가 듣게 하여 네가 이것을

내 신이 행한 바요 내가 새긴 신상과 부어 만든 신상이 명령한 바라 말하지 못하게 하였느니라.

본 절은 여호와께서 유다 민족에게 장래사를 옛적에 알려준(3절) 이유이다. 유다 민족이 너무 완악하여(4절) 미리 장래사를 고해줌으로 그 일들이 이루어질 때에 하나님께서 역사하신 것으로 알고 여호와 하나님을 믿게 하려한 것이었다. 즉, 옛적부터 내(여호와)가 네(유다 민족)게 알리고, 아직 그 일이 일어나기도 전에 네게 들려준 까닭은, 네가 우리의 우상이 이 일을 이루었으며, 내가 조각한 신상과 부어 만든 신상이 이 일을 명령한 것이라고 말하지 못하게 하려는 것이었다는 것이다.

여기 "내가 이 일을 예로부터 네게 알게 하였고 일이 이루어지기 전에 그것을 네게 듣게 하였느니라"는 말은 일이 이루어지기 전부터 여호와께서는 남쪽 나라 유다 민족에게 그 일에 대하여 계속해서 말씀하셨고 그것의 징조를 보여주셨다는 뜻이다(8:1).

그리고 "내가 새긴 신상과 부어 만든 신상이 명령한 바라 하였으리라"는 말은 당시 유다 백성들 사이에 우상숭배의 경향이 농후했음을 암시해준다(40:18; 겔 20:30-32). 다시 말해 당시 유다 민족 사이에 여호와 경배와 이방의 우상숭배를 혼합하는 혼합주의 신앙과 여호와 대신 강대국의 우상을 섬기는 우상숭배가 팽배했었다(Keil). 한편 본문은 만약 하나님께서 미리 이 장래사에 대하여 말씀하지 않으셨다면 완악한 유다 민족은 그들이 섬기고 있는 우상들이 이 일들을 했을 것이라고 고백했을 것이라고 밝힘으로써 유다 민족의 완악함과 동시에 하나님께서 선지자를 통해 장래사를 미리 예언하신 하나님의 의도를 나타내고 있다(그랜드 종합 주석).

사 48:6. 네가 들었으니 이 모든 것을 보라 너희가 선전하지 아니하겠느냐 이제부터 내가 새 일 곧 네가 알지 못하던 은비한 일을 네게 듣게 하노니.

본 절은 여호와께서 장래일의 성취를 이미 목격한 유다 민족을 증인으로 부르시고 "새 일"을 선포하신다.[39] 즉, 네(유다 백성)가 이미 들었으니, 이 모든 것을 똑똑히 보라. 네가 인정하지 않겠느냐? 이제 내(여호와)가 곧 일어날 새 일을 네게 알려 줄 터이니, 이것은 내가 네게 알려 주지 않은 은밀한 일이다.

"네가 알지 못하던 은비한 일"이란 여호와께서 지금까지 간직하시고 드러내지 않으심으로써 전혀 알려지지 않은 놀라운 일을 말한다. 이는 이중적인 사건을 가리킨다. 첫째는 유다 민족이 바벨론의 압제로부터 해방될 사건을 지칭하며(42:9; 43:19; 44:23; 45:8, 21; 46:8), 둘째는 종말에 나타날 메시아의 구원사건을 지칭한다(49-50장, Rawlinson).

사 48:7. 이 일들은 지금 창조된 것이요 옛 것이 아니라 오늘 이전에는 네가 듣지 못하였으니 이는 네가 말하기를 내가 이미 알았노라 하지 못하게 하려 함이라.

이 일들은 지금 창조된 것이지 옛것이 아니라는 것이다. 지금 이전에는 유다 민족이 들은 바 없으니 이는 유다 민족이 말하기를 우리가 이미 알았다고 말하지 못하게 하려 함이라는 것이다.

유다 민족이 장차 바벨론에서 해방되는 일을 가리켜 "창조된 것"이라 칭하는 이유는 그것이 이적의 일이기 때문이라는 것이다(박윤선). "영원 이전부터 하나님의 경륜 속에 숨겨 있던 사실이 사람에게 계시되는 것은 일종의 기적인 것이다"(Rawlinson).

하나님께서 고레스를 통해 유다 민족을 바벨론에서 구원하시는 일은 유다 민족이 이전에 듣지 못하였고 알지 못한 일이었다. 이와 같이 평범한 일도 하나님께서 계시해 주실 때 그것은 기적이 되고 창조가 되는 것이다(이상근).

사 48:8. 네가 과연 듣지도 못하였고 알지도 못하였으며 네 귀가 옛적부터

---

39) 여호와께서 여기 "새 일"이라고 하신 것은 이미 고한 바였다.

열리지 못하였나니 이는 네가 정녕 배신하여 모태에서부터 네가 배역한 자라 불린 줄을 내가 알았음이라(You have never heard, you have never known, from of old your ear has not been opened. For I knew that you would surely deal treacherously, and that from before birth you were called a rebel-ESV).

본 절은 전 절의 "오늘 이전에는 네가 듣지 못하였나니"라는 말의 보충 설명이다. 그리고 본 절은 1-4절에서 지적한 유다 민족의 완악함에 대한 반복 설명이기도 하다. 유다 민족은 바벨론에서의 구원 받을 일에 대해 듣지도 못했으나 들었다 해도 알지 못하였을 것이다.

"이는 네가 정녕 배신하여"란 말은 유다 민족이 하나님을 완전히 등지고 무수한 죄를 저지를 것임을 말한 것이다.

"모태에서부터 네가 배역한 자라"는 말은 유다 민족이 애굽의 압제에서 해방된 때부터 이미 패역함으로 점철되어 하나님의 진리의 말씀을 들을 수 있는 영의 귀를 가지지 못하였고 결국 하나님의 진리의 말씀을 들어도 깨닫지 못했던 것이다. 결국은 본 절은 하나님께서 유다 민족의 시초부터 그들이 패역하고 완악할 것을 미리 아시고 계셨다는 사실을 보여준다.

사 48:9. 내 이름을 위하여 내가 노하기를 더디 할 것이며 내 영광을 위하여 내가 참고 너를 멸절하지 아니하리라.

본 절의 "내 이름을 위하여"란 말과 "내 영광을 위하여"란 말은 동의어이다. 그리고 "내가 노하기를 더디 할 것이며"라는 말과 "내가 참고"란 말도 동의어로 사용되었다. 즉, 내(여호와) 이름 때문에 내(여호와)가 분노를 참고, 내(여호와) 영예 때문에 내가 자제하여, 너(유다 민족)를 파멸하지 않겠다는 것이다.

하나님은 유다 민족을 멸하시는 것이 당연하셨으나 여호와의 이름을 위하여 유다 민족을 멸하시지 않으신 것이었다(출 32:12; 민 14:13; 신 9:38; 시 79:10; 106:8).

사 48:10. 보라 내가 너를 연단하였으나 은처럼 하지 아니하고 너를 고난의 풀무 불에서 택하였노라(Behold, I have refined you, but not as silver; I have tried you in the furnace of affliction-ESV)**.**

본 절 초두에는 "보라"는 말이 있어 본 절을 유의해서 관찰하라고 말한 것이다. 즉, 보라 내가 너를 단련하였으나, 은처럼 정련하지 않고, 오히려 고난의 풀무질로 달구어 너를 시험하였다고 하신다.

만약 여호와께서 유다 민족을 바벨론에서 은처럼 연단했더라면 모두 살아남지 못했을 것이다. 은은 풀무에서 찌꺼기는 완전히 제하고 순전히 은만 남게 하는 연단이다. 하나님은 자신의 이름을 위하여 유다 민족을 위하여 바벨론의 풀무에서 건져내신다는 것이다. 이유는 여호와께서 유다 민족을 택하셨기 때문이라는 것이다.

사 48:11. 나는 나를 위하며 나를 위하여 이를 이룰 것이라 어찌 내 이름을 욕되게 하리요 내 영광을 다른 자에게 주지 아니하리라(For my own sake, for my own sake, I do it, for how should my name be profaned? My glory I will not give to another-ESV)**.**

본 절의 "나를 위하며"라는 말과 "나를 위하여"라는 말은 동의어로 문장을 강조하기 위해 사용된 것이다. 즉, 나를 위하여, 바로 나를 위하여 내가 그렇게 하는 것이다. 어찌 내 이름을 욕되게 하겠느냐? 내 영광이 남에게 돌아가게 할 수는 없는 것이라는 뜻이다.

"이를 이룰 것이다"는 말은 '여호와의 선민인 유다 민족을 구원하실 것이라'는 뜻이다. 만약 그들을 버리신다면 하나님의 이름이 욕되게 되며, 만일 그들이 다른 자, 즉 우상의 이름으로 구원을 받는다면 하나님의 영광이 우상에게 돌아가는 것이니 그것은 하나님 앞에 영광이 되는 것이 아니라는 것이다. 그런고로 하나님께서 유다 민족을 구원하시겠다는 것이다.

ㄴ) 바벨론을 심판하리라 48:12-15

12-15절은 하나님께서 바벨론을 심판하시겠다고 하신다. 앞선 부분처럼 이 부분에서도 "나를 들으라"로 시작한다.

<처음이요 마지막이신 분>

사 48:12. 야곱아 내가 부른 이스라엘아 내게 들으라 나는 그니 나는 처음이요 또 나는 마지막이라.

야곱아! 내가 불러낸 유다 민족아! 내가 하는 말을 들으라. 내가 바로 그이다. 내가 곧 처음이요 마지막이다.

본 절의 "두 이름"의 결합에 대하여 40:27주해를 참조하라. 하나님께서 유다 민족을 부르신 것은 "그들을 택하셨기" 때문이다(41:9; 44:1-2).

"나는 그이니"란 말은 '유다 민족을 불러낸 이가 바로 나(여호와)'라는 것이다. "나는 처음이요 또 나는 마지막이라"는 말은 '여호와께서 창조자요, 심판자'라는 것이다.

사 48:13. 과연 내 손이 땅의 기초를 정하였고 내 오른손이 하늘을 폈나니 내가 그들을 부르면 그것들이 일제히 서느니라.

본 절은 하나님과 자연계와의 관계를 말한다. 즉, 내 손으로 땅의 기초를 놓았고, 내 오른손으로 하늘을 폈다. 내가 하늘과 땅을 부르기만 하면 하늘과 땅이 일제히 내 앞에 나와 서느니라고 하신다.

"내가 그들을 부르면 그것들이 일제히 서느니라"는 말은 하나님은 우주 안의 모든 피조물을 창조하셨기 때문에 모든 피조물들은 하나님에게 복종한다는 것이다. 하나님께서 우주만물을 부르시면 우주 만물은 일제히 순종하여 그 앞에 선다는 것이다. 이렇게 자연이나 동물들은 하나님에게 순종하나 오직 인간만이 하나님께 불순종한다.

사 48:14. 너희는 다 모여 들으라 나 여호와가 사랑하는 자는 나의 기뻐하는 뜻을 바벨론에 행하리니 그의 팔이 갈대아인에게 임할 것이라 그들 중에 누가 이 일들을 알게 하였느냐.

"너희는 모두 함께 모여서 들어 보라"고 말한 후에 중요한 발언을 하신다. 즉, 나 여호와께서 그(고레스)를 사랑하시니, 그가 바벨론을 공격하여 주님의 뜻을 이루어 드리고, 그의 능력을 갈대아 사람 앞에서 드러낼 것이라. 그 우상들 중에 누가 바벨론의 멸망을 미리 고하였느냐 대답하라고 하신다.

"그들 중에 누가 이 일들을 알게 하였느냐"는 말은 반어법으로서 우상의 무능함을 강조하고 있다. 즉, 이는 46:1, 2에서 언급한 바 있는 바벨론의 우상들의 무능함을 강조하고 있는 것이다. 그들은 여호와께서 이루시는 이 일에 대하여 조금도 예측하지 못한 무능력자들이었다. 예언의 능력과 성취는 우상에게 없으며, 오직 여호와에게만 있는 것이다.

사 48:15. 나 곧 내가 말하였고 또 내가 그를 부르며 그를 인도하였나니 그 길이 형통하리라.

본 절은 여호와께서 고레스에게 명령을 내려 바벨론을 멸망하도록 하셨다는 것을 말씀한다. 즉, 내(여호와)가 말하였고, 내가 그(고레스)를 불러냈다. 내가 그를 바벨론으로 오게 하였으니, 내가 그 길을 형통하게 하겠다고 하신다.

본 절의 "나 곧 내가 말하였고"란 말은 '내가 내가 말했고'라고 번역된다. 극히 강조적인 말이다. 여호와께서 명령하셨다는 말씀이다.

"그 길이 형통하리라"는 말은 '고레스의 바벨론 침공의 길이 형통하리라'는 뜻이다. 하나님께서 인도하시면 어떤 길이든지 형통한 법이다.

ㄷ) 바벨론에서 나와라 48:16-22

16-22절 역시 앞선 두 부분(1-11절, 12-15절)과 같이 "들으라"는 말로 시작한다. 이 부분(16-22절)은 유다 민족으로 하여금 바벨론에서 즐겁게 나올 것을 권한다.

사 48:16. 너희는 내게 가까이 나아와 이것을 들으라 내가 처음부터 비밀히 말하지 아니하였나니 그것이 있을 때부터 내가 거기에 있었노라 하셨느니라

이제는 주 여호와께서 나와 그의 영을 보내셨느니라.

본 절은 여호와께서 고레스를 통하여 바벨론에서 유다 민족을 구원하실 것을 공개적으로 말씀하셨다는 것을 드러내신다. 즉, 너희(유다 민족)는 나(여호와)에게 가까이 와서, 이 말(고레스를 통하여 유다 민족을 구원하시는 일)을 들어라. 처음부터 나는 은밀하게 말하지 않았다. 이 일이 생길 때부터 내가 거기에 있었다. 이제 주 여호와께서 나(이사야)를 보내셨고 그분의 영(성령님)도 함께 보내셨다고 한다.

"너희는 내게 가까이 나아와 이것을 들으라"는 말은 '유다 민족이 여호와께 가까이 와서 고레스를 통하여 유다 민족이 구원 받을 계획을 들으라'는 것이다. 여호와께서는 이 일을 말씀하신 처음부터(45:1-8 참조) 공개적으로 말씀하셨고 결코 은밀히 하시지는 않으셨다는 것이다.

그리고 "그것이 있을 때부터 내가 거기에 있었노라"는 말은 '여호와께서 이 말씀을 하실 때마다 여호와께서 함께 계셨다'는 뜻이다.

"이제는 주 여호와께서 나와 그의 영을 보내셨느니라"는 말씀을 두고 여기 화자(話者 "나")가 누구냐를 두고 견해가 갈린다. 1) 성삼위의 제 2위가 되신 그리스도라고 하는 견해(Kay, Young), 2) 고레스라는 견해(Delitzsch, Lange), 3) 이사야 선지자 자신이라는 견해(Calvin, Cheyne, Rawlinson, Leupold, 박윤선, 이상근, 이순한, 그랜드 종합 주석, 호크마 주석), 이 세 견해 중 3)번의 견해가 가장 타당한 것으로 보아야 할 것이다. 선지자가 메시지를 받을 때 여호와께서 성령으로 함께 하시고 실제 예언할 때도 여호와께서 함께 하셔서 선지자가 그의 사명을 감당하게 하셨다는 것이다.

<백성을 인도하시는 하나님>

사 48:17. 너희의 구속자시요 이스라엘의 거룩하신 이이신 여호와께서 이르시되 나는 네게 유익하도록 가르치고 너를 마땅히 행할 길로 인도하는 네 하나님 여호와라.

본 절은 먼저 여호와가 누구신가를 드러내고, 다음으로는 여호와께서는 어떤 일을 하시는 가를 말씀한다. 즉, 너희의 구속자시오 이스라엘의 거룩하신 분께서 이르시기를 나는 하나님 여호와이다. 나는 네게 유익하도록 너를 가르치며, 네가 마땅히 걸어야 할 길로 너를 인도하는 하나님이라 하신다.

먼저 여호와께서 유다 민족의 구속자시라고 드러내신다. 그리고 "여호와는 이스라엘의 거룩하신 이"라고 하신다. 쉽게 말해서 이스라엘을 거룩하게 해주시는 분이라는 것이다.

그리고 다음으로 여호와는 유다 민족에게 유익하도록 가르치시는 분이고 유다 민족이 마땅히 걸어야 할 길로 인도하시는 분이라고 하신다(딤후 3:16). 하나님은 유다 민족을 인도하사 바벨론에서 나오게 하시고, 그들의 고국으로 돌아가게 하신다.

사 48:18. 네가 나의 명령에 주의하였더라면 네 평강이 강과 같았겠고 네 공의가 바다 물결 같았을 것이며.

본 절은 유다 민족이 여호와의 명령을 주의해서 순종했더라면 평강할 뻔 했고 공의로워졌을 것이라고 한다. 즉, 네가 나의 명령에 순종하기만 했어도(시 81:13-16; 마 23:27-28), 네 평화가 그 강(유브라데 강) 같이 흐르고, 네 공의가 바다의 파도같이 넘쳤을 것이라고 한다.

사 48:19. 네 자손이 모래 같았겠고 네 몸의 소생이 모래 알 같아서 그의 이름이 내 앞에서 끊어지지 아니하였겠고 없어지지 아니하였으리라 하셨느니라.

유다 민족이 여호와의 말씀에 순종했더라면(18절), 유다 민족의 자손이 모래처럼 많아졌을 것이며, 네(유다 민족) 몸에서 태어난 자손도 모래알처럼 많아졌을 것이며, 그(유다 민족) 이름이 절대로 내 앞에서 끊어지거나, 없어지지 않았을 것이라고 한다.

그러나 유다 민족은 범죄함으로 바벨론 포로라는 엄중한 징계를 받았고 포로 기간의 고역으로 말미암아 귀환 때의 유다 백성의 수는 매우 적어져서 스룹바벨과 함께 귀환한 자가 5천명이 못되었으며, 에스라와 같이 귀환한 자가 2천명을 넘지 못했다(스 2:64; 8:2-20).

사 48:20. 너희는 바벨론에서 나와서 갈대아인을 피하고 즐거운 소리로 이를 알게 하여 들려주며 땅 끝까지 반포하여 이르기를 여호와께서 그의 종 야곱을 구속하셨다 하라.

본 절은 유다 민족이 바벨론에서 나와서 세상에 유다 민족의 해방을 전파하며, 여호와께서 유다 민족을 구속하셨다고 전하라고 한다. 즉, 너희(유다 민족)는 바벨론에서 나와서 바벨론 사람들에게서 도망하여라. 그리고 여호와께서 그의 종 야곱(유다 민족은 야곱 족속이다)을 속량하셨다 하고, 즐겁게 소리를 높여서 알려라. 이 소식이 땅 끝까지 미치도록 드러내어라.

본 절 초두의 "너희는 바벨론에서 나오라"는 명령을 준 것은 유다 민족이 바벨론에 살면서 우상 숭배에 빠져서 바벨론에 그냥 주저앉아 있을 가능성이 있기 때문이고 또 이러저러한 이유로 바벨론에 그냥 눌러 앉아 있을 가능성이 있음으로 그 땅을 빠져나오라는 것이다. 다시 말해 본문은 어떤 환경을 만난 사람들도 반드시 바벨론을 떠나라는 권면이다.

본 절의 "갈대아인을 피하라"는 명령은 의도적으로 갈대아인의 우상 숭배를 피하라는 것이었다. 그리고 "땅 끝까지 반포하여 이르라"는 말은 모든 나라들에게 여호와께서 유다 민족을 권고하셨다는 것을 알려야 했기 때문이다.

"여호와께서 그의 종 야곱을 구속하셨다 하라"고 말해야 하는 이유는 이 사건이 종말에 있을 여호와의 구원의 증표가 되기 때문이었다. 여호와께서는 종말에 그리스도를 통하여 온 세상을 구원하신다.

사 48:21. 여호와께서 그들을 사막으로 통과하게 하시던 때에 그들이 목마르지 아니하게 하시되 그들을 위하여 바위에서 물이 흘러나게 하시며 바위를 쪼개사 물이 솟아나게 하셨느니라.

출애굽 하던 이스라엘 민족에게 광야 40년 동안 여호와께서 물을 주시듯 (출 17:6; 민 20:11) 바벨론을 빠져나와 고국에까지 가는 동안에도 유다 민족에게도 물을 주시고 모든 필요한 것을 주실 것이니 염려 말고 그 광야 길을 가라고 권하신다. 옛날에도 주신 하나님은 언제든지 주신다는 것을 알아야 한다.

사 48:22. 여호와께서 말씀하시되 악인에게는 평강이 없다 하셨느니라.

여호와께서 말씀하시기를 악인, 즉 여호와를 믿지 않는 사람에게는 평강도 없고 식물도 없고 물도 없다는 메시지이다. 믿지 않는 자가 곧 악인이다.

제 49 장

B. 구원자 49-57장

이 부분(49-57장)의 내용은 구원자 여호와의 종(49장), 여호와의 종이 충성한 일(50장), 여호와께서 유다 민족을 격려하신 일(51:1-52:12), 고난의 종(52:13-53:12), 구원을 약속하신 일(54-55장), 및 회개자를 구원하신 일(56-57장) 등이다.

1. 구원자 여호와의 종 49장

구원자이신 여호와의 종에 대하여는 앞선 부분에서 일단 소개되었으나(42장) 앞선 부분의 것은 고레스를 통한 유다 민족의 회복이란 현실 문제 속에서의 예고 형식적인 소개였고, 본장에서 드디어 본격적으로 그의 모습이 나타나는 것이다.

본장의 내용은 여호와의 종의 부르심과 사명(1-13절), 및 유다 민족을 위로하시는 일(14-26절)로 양대 분 되고 있다.

ㄱ) 여호와의 종을 부르신 일과 사명 49:1-13

1-13절은 여호와의 종을 부르신 일(1-4절), 종의 사명(5-7절), 및 그의 구원을 노래한 일이다(8-13절). 여호와께서 그의 종을 태에서 부르셨다는 것, 그리고 그 종에게 강력한 능력을 주셨음을 말한다.

1-4절.

<이방의 빛 이스라엘>

사 49:1. 섬들아 내게 들으라 먼 곳 백성들아 귀를 기울이라 여호와께서 태에서부터 나를 부르셨고 내 어머니의 복중에서부터 내 이름을 기억하

셨으며.

본 절의 "섬들아"라는 말과 "먼 곳 백성들아"라는 말은 동의어로 사용되었다(40:15; 41:1 주해 참조). 즉, 너희 섬들아! 내가 하는 말을 들어라. 너희 먼 곳에 사는 민족들아! 귀를 기울여라. 여호와께서 이미 모태에서부터 나(여호와의 종)를 부르셨고, 내 어머니의 태속에서부터 내 이름을 기억하셨다고 하신다.

여기 "나"가 누구냐를 두고 견해가 갈린다. "나"가 1) 이사야 자신으로 보는 견해(Whybray), 2) 유다 민족이라는 견해(Shenkel, Muilenburg), 3) 메시아를 지칭한다는 견해(Targum, Calvin, Delitzsch, Barnes, Cheyne, Rawlinson, Lange, Leupold, 박윤선, 이상근, 이순한, 그랜드 종합 주석, 호크마 주석)로 갈린다. 우리가 3)번을 택하는 이유는 이사야가 소명을 받았을 때는 '복중'이나 '태에서'가 아니라 '성인'이 되었을 때이기 때문이다. 반면 예수 그리스도께서는 복중에서 소명을 부여받으셨다(눅 1:31-33).

"내 어머니의 복중에서부터 내 이름을 기억하셨으며"라는 말은 여호와께서 메시아가 태어나시기 전에 메시아의 육신의 어머니에게 그의 이름을 미리 알려 주실 것이라는 예언이다. 이 예언의 말씀은 동정녀 마리아에게 그대로 성취되었다(마 1:21; 눅 1:31 참조).

사 49:2. 내 입을 날카로운 칼 같이 만드시고 나를 그의 손 그늘에 숨기시며 나를 갈고 닦은 화살로 만드사 그의 화살통에 감추시고.

본 절은 여호와께서 그의 종 메시아에게 비상한 권능을 주셔서 그 말씀을 날카로운 칼 같게, 그리고 그 자신을 마광한 화살 같게 하셔서 그의 구속의 사업을 완수하게 하신다는 내용이다(히 4:12). 즉, 내 입을 날카로운 칼처럼 만드셔서, 나를 여호와의 손 그늘에 숨기시며, 나를 날카로운 화살로 만드셔서, 주님의 화살통에 감추셨다는 것이다.

본 절의 "나를 그의 손 그늘에 숨기시며 나를 갈고 닦은 화살로 만드사 그의 화살 통에 감추신다"는 말은 메시아를 악인의 손에서 보호하시고 또 그와 그의 교리를 때가 차기까지 비밀로 숨겨 보호하시기 위하여 숨기신다는 것이다.

사 49:3. 내게 이르시되 너는 나의 종이요 내 영광을 네 속에 나타낼 이스라엘이라 하셨느니라(And he said to me, You are my servant, Israel, in whom I will be glorified-RSV, ESV).

본 절은 여호와의 종인 그리스도께서 새 이스라엘인 교회의 머리가 되실 것을 말하는 것이다(Calvin, Kay). 즉, 여호와께서 내게 말씀하시기를 이스라엘아! 너는 내 종이다. 네가 내 영광을 나타낼 이스라엘이라고 하신다.

본 절의 "내 영광을 네 속에 나타낼 이스라엘이라 하셨느니라"는 말씀은 메시아이신 성자는 성부의 영광을 나타낸다는 뜻이다. 그의 기도문처럼 성부는 성자를 영화롭게 하시고, 성자는 성부를 영화롭게 하시는 것이다(요 17:1).

메시아의 이름을 "이스라엘"이라 함은 이상할 것 없다. 메시아를 다윗이라는 이름으로도 부를 수도 있으니(사 55:3), 유다 민족의 유명한 조상 야곱의 이름으로도 그에게 붙일 수 있는 것이다(박윤선).

사 49:4. 그러나 나는 말하기를 내가 헛되이 수고하였으며 무익하게 공연히 내 힘을 다하였다 하였도다 참으로 나에 대한 판단이 여호와께 있고 나의 보응이 나의 하나님께 있느니라.

본 절은 메시아께서 유다 민족을 위하여 수고 하셨으나 유다 민족이 그를 믿어드리지 않게 될 사실을 예언한다. 그러나 메시아께서는 그 사역의 효과가 적었음에도 불구하고 반드시 하나님의 갚아주시는 심판을 믿고 원망이나 불평이 전혀 없으셨다. 성도들도 그리스도를 본받아 자신들의 수고에 보이는 열매가 없다 하더라도 낙심할 것 없고, 살아계시는 하나님께서 갚아주신다는 확실한 진리를 믿고 기뻐할 뿐이다(박윤선).

본 절은 메시아께서 탄식하시는 어두운 그림자가 드러나고 있는데 이는 유다 민족이 메시아를 거역하며 믿지 않는 것을 보시고 메시아께서 일시적으로 탄식하신 것을 가리킨다(마 23:37; 27:46). 그러나 인성에 바탕을 둔 그리스도의 일시적인 탄식은 곧 극복된다. 유다 민족은 메시아를 거역한 대가를 치르고(눅 23:28-30) 역사의 종국에서 구원에 동참할 것이기 때문이다.

사 49:5. 이제 여호와께서 말씀하시나니 그는 태에서부터 나를 그의 종으로 지으신 이시요 야곱을 그에게로 돌아오게 하시는 이시니 이스라엘이 그에게로 모이는도다 그러므로 내가 여호와 보시기에 영화롭게 되었으며 나의 하나님은 나의 힘이 되셨도다(And now the LORD says, he who formed me from the womb to be his servant, to bring Jacob back to him, and that Israel might be gathered to him, for I am honored in the eyes of the LORD, and my God has become my strength-ESV).

내(메시아)가 태어나기도 전부터 여호와께서는 나(메시아)를 그(여호와)의 종으로 삼으셨다. 야곱을 주님께로 돌아오게 하시고 흩어진 이스라엘을 다시 불러 모으시려고, 나를 택하신 것이다. 그래서 나는 여호와의 귀한 종이 되었고, 여호와는 내 힘이 되셨다고 하신다.

유다 민족이 비록 그들의 메시아와 그의 사역을 조롱한다 해도 메시아는 하나님 보시기에 아주 존귀한 자였다. 그래서 그는 만민의 죄를 대속하시기 위해 지극히 낮아지셨으니(빌 2:6-8), 하나님은 그를 지극히 높여 모든 이름위에 뛰어난 이름을 주셨다(빌 2:9-11).

"야곱을 그에게로 돌아오게 하시는 이시니 이스라엘이 그에게로 모이는도다"라는 말은 6절과 함께 하나님께서 여호와의 종을 세우신 목적을 밝히고 있다. 다시 말해 하나님께서는 이스라엘 백성들의 불신앙으로 인해 단절되었던 하나님과 유다 민족과의 관계를 다시 회복시키기 위한 도구로 그리스도를 세우신 것이다. 실제로 예수 그리스도께서는 공생애 기간 대부분을 유다인들에게 하나님 나라의 복음을 선포하심으로 그들로 하여금 회개하고 하나님과의 관계를 회복하는 데 심혈을 기울이셨다.

사 49:6. 그가 이르시되 네가 나의 종이 되어 야곱의 지파들을 일으키며 이스라엘 중에 보전된 자를 돌아오게 할 것은 매우 쉬운 일이라 내가 또 너를 이방의 빛으로 삼아 나의 구원을 베풀어서 땅 끝까지 이르게 하리라.

본 절은 여호와께서 메시아의 사명을 두 가지로 말씀하신다. 하나는 메시아가 야곱의 지파들을 일으키며 이스라엘 중에 보전된 자를 돌아오게 하는 일이라고 하신다. 그런데 이 사명은 아주 쉬운 일이라고 하신다.

둘째는 "너(메시아)를 이방의 빛으로 삼아(11:10; 34:1; 42:6; 55:5) 나(여호와)의 구원을 베풀어서 땅 끝까지 이르게 하는" 것이라고 한다. 이 예언은 그대로 성취되었다(마 8:5-13; 15:21:28; 요 4:3-26).

사 49:7. 이스라엘의 구속자 이스라엘의 거룩한 이이신 여호와께서 사람에게 멸시를 당하는 자, 백성에게 미움을 받는 자, 관원들에게 종이 된 자에게 이같이 이르시되 왕들이 보고 일어서며 고관들이 경배하리니 이는 이스라엘의 거룩하신 이 신실하신 여호와 그가 너를 택하였음이니라.

본 절은 이스라엘의 구속자이시면서 이스라엘을 거룩하게 만들어주시는 여호와께서 메시아 곧 "사람들에게 멸시를 당하는 자(시 22:6), 백성에게 미움을 받는 자, 관원들(통치자들)에게 종이 된 자(53장)에게" 이와 같이 이르시기를 나라의 고관들이 메시아 앞에 일어서고(계 19:16) 또 메시아를 경배하게 될 것(52:15; 60:3, 10, 11; 시 72:10, 11)이다. 그 이유는 이스라엘의 거룩하신 이, 다시 말해 지극히 신실하신 여호와께서 메시아를 택하셨기 때문에 필연코 그렇게 될 것이라는 것이다.

<예루살렘의 회복>

사 49:8. 여호와께서 이같이 이르시되 은혜의 때에 내가 네게 응답하였고 구원의 날에 내가 너를 도왔도다 내가 장차 너를 보호하여 너를 백성의 언약으로 삼으며 나라를 일으켜 그들에게 그 황무하였던 땅을 기업으로 상속하게 하리라(Thus says the LORD: In a time of favor I have answered you; in a day of salvation I have helped you; I will keep you and give you as a covenant to the people, to establish the land, to apportion the desolate heritages-ESV).

여호와께서 그의 백성에게 이렇게 말씀하시기를 너희를 구원해야 할 때가 되면, 내가 너희에게 은혜를 베풀겠고, 너희가 살려 달라고 부르짖는 날에는, 내가 그 간구를 듣고 너희를 도울 것이다. 내가 너희를 지키고 보호하겠으며, 너를 시켜서 뭇 백성과 언약을 맺겠다. 너희가 살던 땅이 황무해졌지마는, 내가 너희를 다시 너희 땅에 정착시킬 것이라고 하신다.

본 절의 "은혜의 때"라든지 "구원의 날"이라는 말은 여호와께서 그리스도를 통하여 세계 만민에게 은혜를 베풀고 구원하시는 시기를 지칭한다. 이 일을 위해 이 땅 위에 오신 그리스도의 지상 생애의 기간 성부 하나님께서는 항상 성자에게 "응답하시고 도우셨다"(눅 2:40, 52; 요 3:2; 8:28; 12:28; 14:10 등).

그리고 본 절의 "너를 백성의 언약으로 삼으며"라는 말은 그리스도께서 은혜 언약의 중보자로 세움을 입게 될 것을 지칭한다(42:6). 다시 말해 그리스도께서 구원의 시금석이 되신다는 것이다. 이는 하나님께서 창세전부터 미리 정하셨으며 알리신바 된 것이다(벧전 1:20). 하나님은 이제 그리스도로 말미암아 "새 언약"을 주셨으니(렘 31:31-34; 마 26:28; 고전 11:25), 세계 만민이 누구든지 그리스도를 믿으면 구원을 얻는 은혜의 언약인 것이다(42:6 주해 참조).

그리고 "황무하였던 땅을 기업으로 상속하게 하리라"는 말은 유다 민족이 바벨론으로부터 귀환하여 얻을 유다 땅을 지칭하는 것이 아니라 죄가 가득해 부패한 이 세상을 상징적으로 표현한 것이다. 따라서 본 절은 유다 민족이 황무지와 같은 가나안을 기업으로 받아 젖과 꿀이 흐르는 땅으로 만든 것과 같이(신 3:38; 수 1:6), 성도들이 복음을 통해 죄악이 관영한 이 세상을 그리스도를 왕으로 모시는 메시아 왕국으로 건설하게 될 것을 예언한 것이다(Calvin, Rawlinson). 이 예언은 오늘날 성취되어 가고 있다.

사 49:9. 내가 잡혀 있는 자에게 이르기를 나오라 하며 흑암에 있는 자에게 나타나라 하리라 그들이 길에서 먹겠고 모든 헐벗은 산에도 그들의 풀밭이 있을 것인즉.

본 절 초두의 "내"라는 말은 '메시아'를 지칭한다. 본 절은 메시아께서 "잡혀 있는 자", 즉 바벨론에 잡혀 있는 유다 민족을 두고 하는 말이다. 그리고 "흑암에 있는 자", 즉 '바벨론에 있는 자들'을 지칭한다. 메시아께서 그 어둠속에 있는 자들에게 명령하여 석방시킬 것을 뜻한다.

그들이 석방되어 나오면 그들이 어디서든지 은혜가 넘칠 것을 가리킨다. 그들이 길에서도 먹겠고, 헐벗은 산에도 그들의 풀밭이 있을 것이라고 한다. 신약시대를 맞이하여 그리스도를 믿고 따르는 자들은 한량없는 은혜를 받을 것이다.

사 49:10. 그들이 주리거나 목마르지 아니할 것이며 더위와 볕이 그들을 상하지 아니하리니 이는 그들을 긍휼히 여기는 이가 그들을 이끌되 샘물 근원으로 인도할 것임이라.

유다 민족이 바벨론에서 나와 그리스도만 따르면 육의 양식과 영의 양식에 부족함이 없을 것이며 또 그리스도를 믿고 따르는 사람들은 그리스도의 보호를 받을 것이다. 이들이 엄청난 은혜를 받고 보호를 받는 이유는 그리스도께서 한없는 은혜와 보호를 주실 것이기 때문이다.

사 49:11. 내가 나의 모든 산을 길로 삼고 나의 대로를 돋우리니.

유다 민족이 바벨론에서 나온 후에는 메시아께서 유다 민족의 길을 인도하시겠다고 하신다. 즉, 내(메시아)가 산에서 산으로 이어지는 큰길을 만들고, 내 백성이 자유스럽게 여행할 큰길을 닦겠다. 메시아의 인도는 확 트인 대로를 수축하는 것이다.

사 49:12. 어떤 사람은 먼 곳에서, 어떤 사람은 북쪽과 서쪽에서, 어떤 사람은

시님 땅에서 오리라.

본 절 초두에는 "보라"(הִנֵּה)라는 말이 있어 본 절이 아주 중요한 내용이 포함되어 있으니 주의하라는 뜻을 담고 있다. 즉, 보라, 내 백성이 먼 곳으로부터 오고, 또 더러는 북쪽에서 오고, 서쪽에서도 오고, 시님 땅에서도 올 것이라고 말한다.

다시 말해 신약 시대를 맞이하여 여기저기 "먼 곳", "북쪽", "서쪽" 즉, 열방으로부터 메시아를 중심하여 모여들어 믿고 따를 것을 보여주고 있다. 그리고 "시님 땅"이란 말은 대부분의 주석가들은 이를 '지나 땅'(China)라고 한다. 중국의 진(秦) 나라는 만리장성을 쌓아 서양에까지 이름을 내었다. 진(秦)이란 말뜻은 '크고 많은 재원'이라는 뜻으로서 서양의 상인들이 중국을 진(Tschina)이라고 불러 왔다는 것이다. 본문의 "시님"은 진(Tschina)에서 유래 되었다고 할 수 있다(박윤선).

사 49:13. 하늘이여 노래하라 땅이여 기뻐하라 산들이여 즐거이 노래하라 여호와께서 그의 백성을 위로하셨은즉 그의 고난 당한 자를 긍휼히 여기실 것임이라(Sing for joy, O heavens, and exult, O earth; break forth, O mountains, into singing! For the LORD has comforted his people, and will have compassion on his afflicted-ESV**).**

본 절은 하늘과 땅과 산들을 향하여 기뻐하라고 말한다. 그 이유는 여호와께서 메시아를 통하여 그의 백성을 위로 하셨기 때문이라고 한다. 즉, 하늘이여! 기뻐하라! 땅이여! 즐거워하라! 산들이여! 노랫소리를 높여라! 이유는 여호와께서 그의 백성을 위로하셨고, 또한 고난을 받은 그 사람들을 긍휼히 여기셨기 때문이라고 한다. 여호와께서는 메시아를 통하여 한없이 그 백성을 위로하신다.

ㄴ) 시온을 위로하시다 49:14-26

이 부분(14-26절)은 여호와께서는 현재 낙심하는 시온 백성을 위로하신다는 내용이다. 이 부분(14-26절)의 내용은 여호와께서 시온의 백성을 회복하신다(14-21절), 열방이 돌아올 것이다(22-23절), 여호와께서 구속자가 되신다(24-26절)는 내용이다.

14-21절. 여호와께서 시온의 백성을 회복하신다.

사 49:14. 오직 시온이 이르기를 여호와께서 나를 버리시며 주께서 나를 잊으셨다 하였거니와.

예루살렘의 주민들은 말하기를 여호와께서 자신들을 버리시며 여호와께서 자신들을 잊으셨다고 말한다. 시온 백성들은 오랜 포로 생활에 지쳐 여호와께서 자기들을 잊으셨다고 생각한 것이다. 오래도록 죄 때문에 고생한 자들은 여호와께서 자기들을 잊으신 것이 아닌가 하고 생각한다. 그러나 실제로 죄를 자복해 보면 다른 세상을 만나게 되는 것이다.

사 49:15. 여인이 어찌 그 젖 먹는 자식을 잊겠으며 자기 태에서 난 아들을 긍휼히 여기지 않겠느냐 그들은 혹시 잊을지라도 나는 너를 잊지 아니할 것이라.

본 절은 여호와께서 그의 택한 백성들을 절대로 잊지 않으신다는 것을 강하게 말씀하신다. 즉, 어머니가 어찌 자기의 젖먹이를 잊겠으며, 자기 태에서 낳은 아들을 어찌 긍휼히 여기지 않겠느냐! 비록 어머니가 자식을 잊는다 하여도(왕하 6:28-29; 시 27:10), 나(여호와)는 절대로 너(유다 민족)를 잊지 않겠다고 하신다.

사 49:16. 내가 너를 내 손바닥에 새겼고 너의 성벽이 항상 내 앞에 있나니

본 절 초두에는 "보라"(הֵן)라는 말이 있어 본 절 내용은 아주 중요함을 드러내고 있다. 여호와께서 시온 백성을 절대로 잊을 수 없는 이유를 본 절이 말씀하고 있다. 즉, 보라! 예루살렘아! 내가 네 이름을 내 손바닥에 새겼고, 네 성벽을 늘 지켜보고 있다고 하신다. 여호와께서 유다 민족을 손바닥에 새겨놓으시고 어떻게 잊으실 수 있을까? 불가능한 일이다. 또 여호와께서 예루살렘 성벽을 늘 기억하셔서 재건하신 것이다.

사 49:17. 네 자녀들은 빨리 걸으며 너를 헐며 너를 황폐하게 하던 자들은 너를 떠나가리라.

본 절은 여호와께서 시온을 재건하시는 계획을 두고 두 가지 행위가 벌어지는 것을 묘사한다. 한편은 시온 백성들이 바벨론 포로에서 빨리 나와서 예루살렘으로 올 것을 묘사하고 있고, 또 다른 한편으로는 시온 성을 헐며 황폐하게 하던 갈대아 사람들은 시온 백성들을 떠나갈 것이라고 한다. 방해꾼들은 빨리 떠나가는 것이 재건하는 일에 방해가 되지 않을 것이다.

사 49:18. 네 눈을 들어 사방을 보라 그들이 다 모여 네게로 오느니라 나 여호와가 이르노라 내가 나의 삶으로 맹세하노니 네가 반드시 그 모든 무리를 장식처럼 몸에 차며 그것을 띠기를 신부처럼 할 것이라.

본 절은 세계 사방에서 메시아에게로 모여드는 무리를 보라는 권고를 담고 있다. 즉, 네 눈을 들어 주위를 둘러보아라. 네 백성이 모두 모여 너에게로 오느니라. 나 여호와가 내 삶을 걸고 맹세한다. 신부가 패물을 몸에 치장하고 자랑하듯(61:10; 고후 11:2; 엡 5:29, 32; 계 21:2, 9; 22:17), 너는 네 백성을 자랑할 것이다.

본 절의 "내가 나의 삶으로 맹세한다"는 말은 '여호와께서 자신의 삶을 두고 맹세하신다'는 뜻이다. 여호와께서는 자신보다 더 큰 분이 없음으로 자신을 두고 맹세하신다는 것이다. 여호와께서는 인간들의 맹세와는 이런 점에서 다르다. 다시 말해 자신의 삶을 두고 맹세하시는 것이 다른 점이다. 여호와께서는 낙담하고 있는 인간들(14절)에게 강한 믿음을 심어주시기 위해 이렇게 자신을 두고 맹세하신다. 우리는 하나님의 말씀을 철저히 믿어야 한다.

그리고 "그 모든 무리를 장식처럼 몸에 차며 그것을 띠기를 신부처럼 할 것이라"는 말은 신약 시대에 이방 족속들이 하나님의 교회에 모여들어 그 공동체를 아름답게 할 것을 예언한 것이다(Matthew Henry). 신약 성경에서 교회는 자주 그리스도의 신부로 상징되고 있다(고후 11:2; 엡 5:29, 32; 계 21:2, 9; 22:17).

사 49:19. 이는 네 황폐하고 적막한 곳들과 네 파멸을 당하였던 땅이 이제는 주민이 많아 좁게 될 것이며 너를 삼켰던 자들이 멀리 떠날 것이니라.

본 절에는 파멸을 묘사하는 세 개의 낱말이 나열되어 있어 그 파멸상이 극심했음을 보여주고 있다. 이같이 아주 파멸당한 곳(유다 땅)이 이제는 완전히 복구되고 거민이 너무 많아 좁게 된다는 것이다. 즉, 내(여호와)가 네 땅을 쳤고, 황폐하게 하였고, 파괴하였지만, 이제는 백성이 너무 많아서 네 땅이 비좁구나. 너를 삼키던 자들은 너에게서 멀리 떠날 것이다.

본 절의 "이제는 주민이 많아 좁게 될 것이라"는 말은 신약 시대를 맞이하여 이방인의 회개로 하나님의 교회가 엄청나게 성장할 것을 이해함이 바람직하다. 이는 장차 신약 교회가 전 세계에 편만해질 것을 가리키는 것이다(Calvin, Rawlinson, 박윤선, 이상근).

그리고 "너를 삼켰던 자들이 멀리 떠날 것이니라"는 말은 구체적으로는 유다 민족을 포로로 잡아갔던 바벨론의 멸망을 말하며, 궁극적으로는 사단의 세력이 완전히 파멸할 것을 말하는 것이다.

사 49:20. 자식을 잃었을 때에 낳은 자녀가 후일에 네 귀에 말하기를 이곳이 내게 좁으니 넓혀서 내가 거주하게 하라 하리니.

본 절은 일차적으로는 바벨론 치하의 포로 생활 속에서 얻은 유다 백성의 후손들이 이스라엘 땅에서 번성할 것을 예언한 것이다. 즉, 한때 네(유다 민족)가 잃은 줄로만 알았던 자녀들이 다시 네 귀에 속삭이기를 이곳이 너무 비좁으니, 나로 하여금 살 수 있도록 자리를 넓혀 주시라고 할 것이다.

그러나 궁극적으로는 예수 그리스도를 통해 죄의 고통 중에 있던 수많은 이방인들이 하나님께 돌아올 것을 예언한 것이다(Matthew Henry). 결국 본 절은 심한 고통 중에 빠져있는 그의 백성들의 처지를 완전히 역전시키는 하나님의 놀랍고도 신실하신 구속 사역의 결과를 매우 극적으로 표현한 것이라 할 수 있다.

사 49:21. 그 때에 네가 네 마음에 이르기를 누가 나를 위하여 이들을 낳았는고 나는 자녀를 잃고 외로워졌으며 사로잡혀 유리하였거늘 이들을 누가 양육하였는고 나는 홀로 남았거늘 이들은 어디서 생겼는고 하리라.

하나님의 백성이 많아졌을 때 유다 민족이 마음에 이르기를 누가 나를 위하여 이 많은 사람들을 낳았는가. 우리는 자녀를 잃고 외로워졌으며 사로잡혀 방황했거늘 이 많은 교우들을 누가 양육 했는가, 나는 홀로 남아 있었는데 이 많은 사람들은 어디서 생겼는지 참으로 이상하다는 것이다.

본 절은 신약 시대의 왕성한 교회를 보고 놀라는 것이다. 신약 시대에 수많은 이방인들이 교회로 돌아오는 것을 본 많은 사람들이 놀라게 된 것을 이야기 하게 된 것이다(행 11:1-3; 15:1-11).

22-23절. 열방이 돌아올 것이다.

사 49:22. 주 여호와가 이같이 이르노라 내가 뭇 나라를 향하여 나의 손을 들고 민족들을 향하여 나의 기치를 세울 것이라. 그들이 네 아들들을 품에 안고 네 딸들을 어깨에 메고 올 것이며.

본 절은 열방에서 이방인들이 하나님께로 돌아올 것을 말한다. 내가 뭇 나라에 손짓하여 부르고, 뭇 백성에게 신호를 보낼 터이니, 그들이 네 아들들을 품에 안고 오며, 네 딸들을 어깨에 메고 올 것이다.

아무튼 신약 시대의 교회는 먼저 이방인이 모여들어 그 수가 차게 되고, 그 후에 유다인이 계속 모여들어(60:4; 66:20) 드디어 온 인류가 구원에 동참하는 것이다(롬 11:25-32).

사 49:23. 왕들은 네 양부가 되며 왕비들은 네 유모가 될 것이며 그들이 얼굴을 땅에 대고 네게 절하고 네 발의 티끌을 핥을 것이니 네가 나를 여호와인 줄을 알리라. 나를 바라는 자는 수치를 당하지 아니 하리라.

본 절은 복음이 만방에 전파됨에 따라 열왕들과 왕비들이 교회에서 귀한 역할을 감당하리라는 것을 말한다. 즉, 왕들이 네 아버지처럼 될 것이며, 왕비들이 네 어머니처럼 될 것이다. 그들이 얼굴을 땅에 대고 네(교인들)게 엎드릴 것이며, 네 발의 먼지를 닦아 줄 것이다. 그 때에 너는, 내가 주(主)인 줄을 알 것이다. 나를 믿고 기다리는 사람은 수치를 당하지 않는다.

본 절의 예언은 로마의 콘스탄틴 대왕(Constantine the Great 272-337년 재위)이나 데오도시어스 대왕(Theodosius the Great, 379-95 재위)에서 성취되었다고 본다(이상근).

"네가 나를 여호와인 줄을 알리라"는 말은 여호와의 하시는 일을 보고 신약 시대의 성도들은 여호와께서 하시는 놀라운 일을 경험하게 될 것이란 뜻이다. 그리고 "나를 바라는 자는 수치를 당하지 아니 하리라"는 말은 위에 말한 것과 같이 여호와를 참되게 믿고 순종하는 자는 반드시 주님의 능력이 나타남을 체험하게 되니 그의 신앙은 실패하지 않게 된다는 것이다. 여호와를 참되게 믿는 자를 여호와께서 버리신 적은 한 번도 없었다.

24-26절. 여호와께서 구속자가 되신다.

사 49:24. 용사가 빼앗은 것을 어떻게 도로 빼앗으며 승리자에게 사로잡힌 자를 어떻게 건져낼 수 있으랴.

본 절은 여호와께는 불가능이 없으시다는 것을 말씀한다. 즉, 적군에게서 전리품을 빼앗을 수 있느냐? 폭군에게 사로잡힌 포로를 빼내 올 수 있느냐? 어떤 사람도 적군과 폭군에게서 빼앗을 수는 없는 일이지만 여호와께는 불가능이 없다는 것을 다음절이 말씀한다.

바벨론에 사로잡혀간 유다 민족을 여호와께서는 얼마든지 빼내실 수 있다는 것이다.

사 49:25. 여호와가 이같이 말하노라 용사의 포로도 빼앗을 것이요 두려운 자의 빼앗은 것도 건져낼 것이니 이는 내가 너를 대적하는 자를 대적하고 네 자녀를 내가 구원할 것임이라.

본 절은 여호와에게는 어떤 적이라도 감당 못한다는 것을 말씀한다. 즉, 여호와께서 말씀하시기를 내(여호와)가 적군에게서 포로를 빼어 오겠으며, 폭군에게서 전리품도 빼앗아 오겠다고 하신다(막 10:27). 나(여호와)는 나와 맞서는 자들과 겨루고, 네 자녀들을 구원하겠다고 하신다. 우리가 여호와를 의지하면 불가능이 없는 삶을 살게 된다.

사 49:26. 내가 너를 억압하는 자들에게 자기의 살을 먹게 하며 새 술에 취함 같이 자기의 피에 취하게 하리니 모든 육체가 나 여호와는 네 구원자요 네 구속자요 야곱의 전능자인 줄 알리라.

본 절은 유다 민족을 억압하는 자들에게 여호와께서 복수하여 주신다는 내용이다. 그래서 결국은 유다 민족은 모두 여호와께서 유다 민족의 구원자요 구속자이며 유다 민족을 위한 전능자인 줄 알게 될 것이라는 내용이다. 즉, 너(유다 민족)를 억압하는 자들로 서로 쳐 죽이게 하고, 새 포도주에 취하듯이, 저희들끼리 피를 나누어 마시고 취하게 하겠다고 하시며, 그런 후에는, 모든 사람이, 나 여호와가 네 구원자요, 네 속량자요, 야곱의 전능자임을 알게 될 것이라고 하신다.

여기 "너를 억압하는 자들에게 자기의 살을 먹게 하며 새 술에 취함 같이 자기의 피에 취하게 하리니"란 말은 유다 민족을 포로 삼고 억압했던 바벨론이 자멸할 것을 보여주는 말이다(Calvin, Knobel, Lange, 박윤선, 이상근, 그랜드 종합 주서, 호크마 주석).

그리고 "모든 육체가 나 여호와는 네 구원자요 네 구속자요 야곱의 전능자인 줄 알리라"는 말은 모든 열방 사람들이 바벨론에 일어난 사건을 보고 여호와께서 유다 민족의 하나님이심을 알게 될 것이라는 말이다.

본 절의 경우와 같은 일은 우리 주위에서 많이 발생하는 사건이다. 교회가 싸움이 나서 갈라질 때 보통 한쪽은 진리 편에 서고 다른 한편은 불평 때문에 떨어져 나가는 것을 볼 수 있다. 그 불평 때문에 나가는 측은 교회의 속성을 띠지 않고 있어 보통은 자중지란으로 두 쪽, 세 쪽, 네 쪽으로 나누어지는 것을 볼 수 있다. 우리는 그 불행을 미리 내다 볼 수 있다.

제 50 장

2. 여호와의 종이 충성하다 50장

본장의 내용은 유다 백성들에 대하여 책망한 일(1-3절), 여호와의 종이 충성한 일(4-9절), 여호와께 의지하도록 권면한 일(10-11절) 등으로 구성되어 있다.

ㄱ) 유다 백성들에 대한 책망 50:1-3

바벨론에 포로 되어 가서 잡혀 있는 유다 민족 중에는 여호와께서 자기들을 버리셨다고 절망하는 자들이 있었다. 여호와께서는 이런 불신 유다 민족을 책망하신다.

사 50:1. 나 여호와가 이같이 말하노라 내가 너희의 어미를 내보낸 이혼 증서가 어디 있느냐 내가 어느 채주에게 너희를 팔았느냐 보라 너희는 너희의 죄악으로 말미암아 팔렸고 너희의 어미는 너희의 배역함으로 말미암아 내보냄을 받았느니라.

여호와께서는 본 절에서 유다 민족과 이혼하신 일이 없다는 것을 강조하신다. 즉, "내가 너희의 어미를 내보낸 이혼 증서가 어디 있느냐 그리고 내가 어느 채주에게 너희를 팔았느냐"고 따지신다. 즉, 여호와께서 유다 민족의 어미에게 이혼 증서를 써주어 바벨론으로 팔아넘긴 일이 없다고 하시며, 또 어떤 채주(債主, 빚을 준 사람, Creditors)에게 유다 민족을 팔아넘긴 일이 없다고 하신다. 유다 민족이 바벨론에 포로 되어 간 것은 자기들이 지은 죄악으로 말미암아 팔려 넘어간 것이고, 유다 민족은 여호와를 배신하여 바벨론에 포로 되어 왔다고 정의하신다.

개인이나 국가나 여호와를 배신하면 결국 비참하게 포로가 되는 것이며 팔려가는 것이다. 죄를 지었으면 얼른 죄를 자복하면 이런 불행한 일이 발생하지 않는 것이다.

본 절의 "내가 어느 채주에게 너희를 팔았느냐"는 말은 채무자가 빚을 갚지 못했을 때 채주에게 자녀를 팔지만(출 21:7; 왕하 4:11), 여호와께서는 유다 민족을 파신 것도 아니었다. 오직 그들 자신의 죄악 때문에 바벨론에 포로가 된 것이었다(대하 36:11-21)는 것이다.

사 50:2. 내가 왔어도 사람이 없었으며 내가 불러도 대답하는 자가 없었음은 어찌 됨이냐 내 손이 어찌 짧아 구속하지 못하겠느냐 내게 어찌 건질 능력이 없겠느냐 보라 내가 꾸짖어 바다를 마르게 하며 강들을 사막이 되게 하며 물이 없어졌으므로 그 물고기들이 악취를 내며 갈하여 죽으리라.

여호와께서는 유다 민족을 방문했어도 응답하는 사람이 없었으며 그들을 향하여 소리를 질러 불러도 대답하는 자가 없었다고 과거를 회상하신다. 즉, 선지자들을 부지런히 보내어 유다 민족을 불러서 회개시키려 해도 유다 민족이 도무지 반응이 없었다는 것이다.

"내 손이 어찌 짧아 구속하지 못하겠느냐 내게 어찌 건질 능력이 없겠느냐"고 하신다. 유다 민족이 여호와의 선지자들을 통하여 권면하신 것을 무시한 것은 여호와의 권능을 무시한 처사였다.

그런고로 여호와께서는 출애굽 당시 능력의 이적을 회상시켜 유다 민족으로 하여금 깨닫게 하시려 한다. 즉, 여호와께서 홍해를 명령하신즉 홍해가 말라 그 가운데 마른 땅이 생겨 유다 민족을 건너게 하신 것이 아닌가(출 14:2). 그런 권능을 여호와께서는 언제든지 나타내실 수 있으시다. 결코 여호와의 손이 짧아 그들을 구원하시지 못하시는 것은 아니시다.

사 50:3. 내가 흑암으로 하늘을 입히며 굵은 베로 덮느니라.

본 절은 여호와께서 애굽에 내리신 아홉 번째 재앙(출 10:21-23)을 진술한 것인데 이런 말씀을 다시 하시는 이유는 바벨론에 있는 유다 민족을 얼마든지 구하실 수 있으심을 보여주기 위함이다. 여호와께서는 오늘 이런 이적 말고도 다른 이적을 통해서도 얼마든지 유다 민족을 구원하실 수 있으시다.

ㄴ) 그 종이 충성을 맹세하다 50:4-6

이 부분(4-6절)은 여호와의 종이 자기 혼자말로 충성을 밝힌다. 여호와의 종은 여호와로부터 받은 사명을 묵묵히 준행한다.

<주를 거역하지 아니하다>

사 50:4. 주 여호와께서 학자들의 혀를 내게 주사 나로 곤고한 자를 말로 어떻게 도와 줄 줄을 알게 하시고 아침마다 깨우치시되 나의 귀를 깨우치사 학자들 같이 알아듣게 하시도다.

본 절의 "학자"(לִמּוּדִים)란 말은 '배운 자'라는 뜻이다. 이는 성자 예수 그리스도께서 성부 하나님께로부터 받은 그 말씀만을 충실하게 전한다는 뜻으로 강조된 말이다. 이 낱말은 요한복음에 특히 강조되고 있다(요 3:32; 4:34; 5:19; 8:28). "학자들의 혀를 내게 주사"라는 말은 예수 그리스도께서 여호와로부터 가르치심을 받은 그대로 복음을 전파하시고 가르치시는 사역을 하실 것을 의미한다(요 8:28).

본 절의 "나로 곤고한 자를 말로 어떻게 도와 줄 줄을 알게 하신다"는 말씀은 예수 그리스도의 사역이 죄의 세력에 짓눌려 핍절하고 곤궁한 자들을 해방시키기 위한 구원사역임을 뜻한다(눅 4:18).

"아침마다 깨우치시되"라는 말은 '매순간 깨우치신다'는 뜻이다(애 3:23; 요 8:29). 따라서 본문은 예수 그리스도께서 매순간마다 성부 하나님과 동행하시고 교통하심으로 여호와의 뜻을 깨닫고 그 뜻대로 순종하실 것임을 예언한 것이다(요 5:19-20). 이처럼 우리 성도들도 매순간마다 하나님께 자신의 삶을 의뢰하고 하나님의 뜻에 순종하는 것이 요구된다.

사 50:5. 주 여호와께서 나의 귀를 여셨으므로 내가 거역하지도 아니하며 뒤로 물러가지도 아니하며.

본 절은 주 여호와께서 메시아의 귀를 여셨기 때문에 메시아께서 1) 거역하지 아니하셨고, 2) 뒤로 물러가지도 아니하셨다는 것을 말씀한다.

메시아께서는 귀가 열렸기 때문에 성부 하나님의 음성을 끊임없이 들으셨고 그 음성에 순종하신 것이다(마 26:39).

사 50:6. 나를 때리는 자들에게 내 등을 맡기며 나의 수염을 뽑는 자들에게 나의 뺨을 맡기며 모욕과 침 뱉음을 당하여도 내 얼굴을 가리지 아니하였느니라.

앞 절에 이어 주 여호와께서 메시아의 귀를 여셨기 때문에 메시아께서 3) "나를 때리는 자들에게 내 등을 맡기셨다는 것이고"(53:5; 마 26:67; 27:26; 요 19;1), 4) "나의 수염을 뽑는 자들에게 나의 뺨을 맡기셨다"는 것이다. 이런 기록은 복음서에 없으나 문자적으로 있었을 것으로 넉넉히 추측된다(느 13:25 참조). 5) "모욕과 침 뱉음을 당하여도 내 얼굴을 가리지 아니하였다"는 것이다(마 26:67; 27:30). 여호와께서 메시아의 귀를 열어주셨기 때문에 위의 모든 모욕과 고난을 묵묵하게 당하실 수 있으셨다.

ㄷ) 그 종이 신실함의 본보기이다 50:7-9

메시아께서는 하나님께로부터 받은 사명을 고난 중에서도 묵묵히 준행하신다.

사 50:7. 주 여호와께서 나를 도우시므로 내가 부끄러워하지 아니하고 내 얼굴을 부싯돌 같이 굳게 하였으므로 내가 수치를 당하지 아니할 줄 아노라.

본 절은 주 여호와께서 메시아를 도우시니 메시아가 부끄러워하지 아니하셨다는 것(겔 3:8-9)과 또 주 여호와께서 메시아의 얼굴을 부싯돌 같이 굳세게 해주셨으므로(요 16:32) 메시아께서 온갖 수치를 이기실 수 있으셨다는 것(마 27:14)을 말씀한다.

사 50:8. 나를 의롭다 하시는 이가 가까이 계시니 나와 다툴 자가 누구냐

나와 함께 설지어다 나의 대적이 누구냐 내게 가까이 나아올지어다.

본 절은 아무도 메시아를 정죄할 자가 없음을 확증한다. 즉, 나(메시아)를 의롭다 하신 분이 가까이에 계시니 누가 감히 나와 다투겠는가! 함께 법정에 나서 말해 보자. 나(메시아)를 고소할 자가 누구냐? 나를 고발할 자가 있으면 나를 대적해 보아라고 한다.

총독 빌라도는 세 번이나 그리스도의 무죄를 선언했다(요 18:38; 19:4, 6). 그리고 십자가에 함께 못 박힌 한 강도도 예수께서 의인이신 것을 고백했다(눅 23:41). 오늘 그리스도를 믿는 사람들도 그리스도 안에서 의롭다 하심을 받으니 정죄 받지 않는다.

사 50:9. 보라 주 여호와께서 나를 도우시리니 나를 정죄할 자 누구냐 보라 그들은 다 옷과 같이 해어지며 좀이 그들을 먹으리라.

본 절 초두에는 "보라"라는 말이 있어 본 절의 내용이 아주 중요한 것을 드러내고 있다. 즉, 보라. 주 하나님께서 나를 의롭다하실 것이니, 그 누가 나를 정죄 하겠느냐? 그들이 모두 옷처럼 해어지고, 좀에게 먹힐 것뿐이다. 메시아를 대적하는 자의 종국은 다 낡아져서 쇠약하게 되고 좀에게 먹혀 망한다는 것이다(시 39:11). 역사적으로 교회를 대적하고 박해한 개인이나 정권은 모두 망했다.

ㄹ) 신실한 자와 원수들 50:10-11

10-11절은 신실한 성도들에게 주시는 위로이면서 격려이고 권면이다.

사 50:10. 너희 중에 여호와를 경외하며 그의 종의 목소리를 청종하는 자가 누구냐 흑암 중에 행하여 빛이 없는 자라도 여호와의 이름을 의뢰하며 자기 하나님께 의지할지어다.

너희 여호와를 믿는 사람들 중에 여호와를 경외하며 그의 종 메시아의 목소리를 귀담아 듣는 자들은 흑암 중에 행하여 빛이 없는 자라도 계속해서 여호와의 이름을 의뢰하며 자기의 하나님께 의지하라는 것이다.

여기 "여호와의 이름을 의뢰하며 자기 하나님께 의지할지어다"라는 말은 신실한 성도들은 비록 어두운 흑암 속에 행하면서 앞날이 보이지 않고 하나님의 뜻을 분간하기 어려운 환경을 만나더라도 여호와를 계속해서 의뢰하라는 것이다.

사 50:11. 보라 불을 피우고 횃불을 둘러 띤 자여 너희가 다 너희의 불꽃 가운데로 걸어가며 너희가 피운 횃불 가운데로 걸어갈지어다 너희가 내 손에서 얻을 것이 이것이라 너희가 고통이 있는 곳에 누우리라(Behold, all you who kindle a fire, who equip yourselves with burning torches! Walk by the light of your fire, and by the torches that you have kindled! This you have from my hand: you shall lie down in torment-ESV)**.**

본 절 초두에는 "보라"라는 말이 있어 본 절의 내용이 중요하니 유의해서 관찰하라고 권한다. 즉, 너희가 모두 불을 피우고, 횃불을 들고 나섰지만, 너희가 피운 그 불에 너희가 탈 것이다. 너희가 들고 나선 그 횃불에 너희가 분명 소멸될 것이다. 내가 직접 이 형벌을 너희에게 내리는 것이다. 너희는 이 고문을 견디어야 할 것이다.

여기 "불을 피우고 횃불을 둘러 띤 자"가 누구냐를 두고 견해가 갈린다. 1) 유다 민족이라는 견해(Lange), 2) 유다 민족을 해치는 악인들이라는 견해(박윤선, 이상근, 그랜드 종합 주석), 두 견해 중에 문맥으로 보아 2)번의 견해가 다 바람직하다.

여기 "너희가 다 너희의 불꽃 가운데로 걸어가며"라는 말은 성도들을 해치기 위해 피운 불 가운데로 걸어간다는 뜻이다. 하만의 경우 하만이 세운 나무에 자신이 달린 것과 같은 것이다(에 7:10). 그들은 자신들이 피운 불에 자신들이 들어가서 고통을 당한다는 것이다. 그것이 바로 그들이 자취해서 고난을 받는 심판이다.

3. 이스라엘을 위로하시다 51:1-52:12

이제 여호와께서는 유다 민족을 위로하시며 격려하신다. 이 부분 (51:1-52:12)의 내용은 ㄱ) 유다 민족을 위로하신 일(51:1-8), ㄴ) 여호와가 구원하시는 일(51:9-16), ㄷ) 예루살렘이 구원 받을 일(51:17-23), ㄹ) 여호와께서 예루살렘을 구속하신다(5:1-12)는 내용으로 되어 있다.

제 51 장

ㄱ) 이스라엘을 위로하시다 51:1-8

이 부분(1-8절)은 유다 민족의 신실한 자들에게 주신 예언이다. 여호와께서는 유다 민족이 구원 받을 것을 예언하시면서 격려하신다.

<위로의 말씀>

사 51:1. 의를 따르며 여호와를 찾아 구하는 너희는 내게 들을지어다 너희를 떠낸 반석과 너희를 파낸 우묵한 구덩이를 생각하여 보라(Listen to me, you who pursue righteousness, you who seek the LORD: look to the rock from which you were hewn, and to the quarry from which you were dug-ESV)**.**

본 절에서 말씀하시는 분은 예수님이시다. "의를 따르며"라는 말과 "여호와를 찾아 구하는"이라는 말은 동의어이다. 이는 '구원을 받고자 하는'이란 뜻이고, '도움을 받으려고 여호와를 찾는'이란 뜻이다. 그런 사람들은 "내가 하는 말을 들어보라"는 것이다. 들어야 할 내용은 "너희가 떨어져 나온 저 바위, 저 구덩이를 보라. 너희가 거기에서 나왔다"는 것을 들어야 한다는 것이다.

"너희가 떨어져 나온 저 바위, 저 구덩이"란 말은 '보잘것없는 존재에 불과 했던 아브라함과 사라를 각각 상징적으로 묘사한 말'로 이는 아브라함과 사라가 하나님께서 선택하신 이스라엘의 근본임을 말한다. 유다 민족의 근원인 아브라함이나 사라가 떨어져 나온 곳은 우상 숭배가 만연했던 갈대아 우르에서 하나님으로부터 부름을 받은 것이다. 이렇게 보잘 것 없는 사람들이 하나님에 의해서 택함을 받고 은혜를 받아 그만큼 되었으니 이제도 유다 민족이 바벨론에서 해방 되어 복을 받을 것도 말하는 것이다.

사 51:2. 너희의 조상 아브라함과 너희를 낳은 사라를 생각하여 보라 아브라함이 혼자 있을 때에 내가 그를 부르고 그에게 복을 주어 창성하게 하였느니라.

예수님께서 유다 민족을 향하여 "너희의 조상 아브라함과 너희를 낳은 사라를 생각하여 보라"고 하신다. 생각할 내용은 "아브라함이 혼자 있을 때에 내(메시아)가 그를 부르고 그에게 복을 주어 창성하게 해서 그렇게 열국의 아비가 되었다"는 것이다(창 17:5; 겔 33:24). 사람의 수가 많아지고 크게 되는 것은 여호와께서 복을 주시면 되는 것이니 낙심하지 말라는 것이다.

사 51:3. 나 여호와가 시온의 모든 황폐한 곳들을 위로하여 그 사막을 에덴 같게, 그 광야를 여호와의 동산 같게 하였나니 그 가운데에 기뻐함과 즐거워함과 감사함과 창화하는 소리가 있으리라.

유다 민족이 아직 바벨론에 있음으로 여호와께서 시온의 모든 황폐한 곳들을 "위로하시는" 것은 미래의 일이지만 여기 동사는 과거 동사로 기록되어 있다. 이런 일은 앞으로 될 미래사이지만 너무 확실하고 분명하니 예언적 현재형으로 기록했다. 여호와께서는 미래에 될 일도 마치 현재에 될 일로 보시고 예언적 현재형으로 말씀하신 것이다.

"시온의 모든 황폐한 곳들을 위로하여 그 사막을 에덴 같게, 그 광야를 여호와의 동산 같게 하였나니 그 가운데에 기뻐함과 즐거워함과 감사함과 창화하는 소리가 있으리라"는 것이다. 똑같은 뜻의 말이 3중(황폐한 곳들, 사막, 광야)으로 강조되어 유다 민족이 앞으로 돌아갈 곳이 철저히 황폐되어 있음을 드러내고 있다. 그러나 이제는 여호와께서 유다 민족을 해방하여 그 황폐한 땅을 회복시키셔서 에덴동산같이 아름답게 하셔서(창 2:3; 겔 36:34) 감사와 기쁨의 찬양이 있을 것이라고 하신다. 그런고로 이제는 음악 소리가 다시 들릴 것이라고 하신다.

사 51:4. 내 백성이여 내게 주의하라 내 나라여 내게 귀를 기울이라 이는 율법이 내게서부터 나갈 것임이라 내가 내 공의를 만민의 빛으로 세우리라

(Give attention to me, my people, and give ear to me, my nation; for a law will go out from me, and I will set my justice for a light to the peoples-ESV)

"내게 주의하라"는 말은 1절의 "나를 들을지어다"라는 말보다 더 강한 표현이다(Rawlinson). 그런고로 내용이 더 강조되어 있다. 여기 "내 백성이여 내게 주의하라 내 나라여 내게 귀를 기울이라"는 말은 '유다 백성이여!, 유다 국가여! 내 말에 귀를 기울이라'는 뜻이다.

귀를 기울여야 하는 이유(for)는 "율법이 내게서부터 나갈 것임이라 내가 내 공의를 만민의 빛으로 세우겠기" 때문이다. "율법이 내게서부터 나갈 것임이라. 내가 내 공의를 만민의 빛으로 세우리라"는 말은 '그리스도로 말미암은 복음이 나갔음이라'(33:22; 히 11:3, 4; 벧후 3:5, Keil, Lange) 또 '내 공의, 곧 복음을 만민의 빛으로 나가게 했기' 때문이라는 것이다.

사 51:5. 내 공의가 가깝고 내 구원이 나갔은즉 내 팔이 만민을 심판하리니 섬들이 나를 앙망하여 내 팔에 의지하리라(My righteousness draws near, my salvation has gone out, and my arms will judge the peoples; the coastlands hope for me, and for my arm they wait-ESV)

본 절을 더 알기 쉽게 해석해 보면 나의 의(義)가 다가오고 있고, 나의 구원이 이미 나타났으니, 내가 능력으로 뭇 백성을 재판할 것이다. 섬들이 나를 우러러 바라보며, 나의 능력을 의지할 것이다.

"나의 의가 다가오고 있다"는 말은 한편 바벨론을 심판하시고 다른 한편 유다민족을 해방하시는 것을 지칭하며, 궁극적으로는 그리스도를 통하여 사단의 무리를 심판하시고 자기 백성을 구원하시기 위한 하나님의 의로운 계획을 가리킨다. 그런데 이 하나님의 의로운 계획은 이사야 당시로부터 약 150년, 그리스도의 초림 때를 기점으로 하면 성도들의 구속은 무려 700년이 지난 뒤에야 성취되었다. 그럼에도 불구하고 본문은 메시아의 구원 성취가 가깝다고 밝히고 있다. 이는 하루가 천년 같고 천년이 하루 같은(벧후 3:8) 하나님의 구원의 열망을 반영한 말이라 할 수 있다.

그리고 본 절의 “내 구원이 나갔다”는 말은 하나님께서 그의 구원 계획을 이미 시작하셨음을 뜻하는 말이다.

그리고 “내 팔이 만민을 심판하리니 섬들이 나를 앙망하여 내 팔에 의지하리라”는 말은 여호와께서 그의 능력으로 심판과 구원을 수행하실 것이니 열방이 여호와를 앙망하는 것은 그가 그를 구속하시고 구원할 능력이 있음을 알고 믿었음을 시사하는 말이다. 실제로 그리스도의 복음이 전파되었을 때 유다 민족에게 보다는 이방인들에게 더욱 환영을 받았다(행 6:21; 8:42, 46; 14:1, 2; 17:4, 5; 18:6).

사 51:6. 너희는 하늘로 눈을 들며 그 아래의 땅을 살피라 하늘이 연기 같이 사라지고 땅이 옷 같이 해어지며 거기에 사는 자들이 하루살이 같이 죽으려니와 나의 구원은 영원히 있고 나의 공의는 폐하여지지 아니하리라.

본 절은 인류의 종말을 당하면 천지에 큰 변동이 일어난다는 것을 말한다. 즉, 눈을 들어 하늘을 쳐다보라. 그리고 땅을 내려다보라. 하늘은 연기처럼 사라지고, 땅은 옷처럼 해어지며, 거기에 사는 사람들도 하루살이 같이 죽을 것이다. 그러나 메시아의 구원은 영원하며, 메시아의 의는 꺾이지 않을 것이다.

“너희는 하늘로 눈을 들며 그 아래의 땅을 살피라 하늘이 연기 같이 사라지고 땅이 옷 같이 해어지며 거기에 사는 자들이 하루살이 같이 죽을 것이라”는 말은 종말이 되면 하늘은 연기같이 사라지고(시 102:26; 마 24:35; 벧후 3:10-12), 땅은 낡은 옷처럼 해어질 것이라는 뜻이다(시 102:26; 히 1:11).

그러나 “나(메시아)의 구원은 영원히 있고 나의 공의는 폐하여지지 아니하리라”고 하신다. 다시 말해 그리스도의 구원과 그 복음으로 받는 구원은 영원히 존재하고, 그 때 새 하늘과 새 땅도 영원히 존재하게 된다(계 21;1). 실로 보이는 것은 잠깐이며 보이지 않는 것은 영원하다(고후 4:18).

사 51:7. 의를 아는 자들아, 마음에 내 율법이 있는 백성들아, 너희는 내게

듣고 그들의 비방을 두려워하지 말라 그들의 비방에 놀라지 말라.

의를 아는 것과 마음에 율법이 있다는 것은 동의어이다. 이 동의어들은 하나님의 말씀대로 순종하는 자들을 지칭한다. 이렇게 하나님의 말씀을 따라 순종하는 사람들은 "하나님을 대적하는 사람들의 비방을 두려워하지 말라 그들의 비방에 놀라지 말라"는 것이다. 하나님을 대적하는 자들은 하나님을 경외하는 자를 향하여 '너희 하나님이 어디 있느냐'고 비방한다. 그러나 믿는 자들은 이런 비방과 훼방에 두려워하거나 놀라지 말라는 것이다. 놀라지 않을 이유는 다음 절(8절)에 기록되어 있다.

사 51:8. 옷 같이 좀이 그들을 먹을 것이며 양털 같이 좀벌레가 그들을 먹을 것이나 나의 공의는 영원히 있겠고 나의 구원은 세세에 미치리라.

본 절은 앞 절(7절)의 그들의 비방을 두려워하지 말고 놀라지 말라는 이유를 제공하고 있다. 즉, 좀이 옷을 먹듯이 그들을 먹을 것이며, 벌레가 양털을 먹듯이 그들을 먹을 것이다. 그러나 나의 의는 영원하며, 나의 구원은 세세에 미칠 것이라고 한다. 그것은 두 가지이다. 인간은 곧 없어질 허무한 것이고, 하나님의 구원은 영원하시기 때문이다. 이 말씀대로 인간은 옷과 양털같이 좀이 나서 벌레에게 먹혀 없어지지만은(50:9; 51:6), 하나님의 의와 구원은 영원한 것이다(6절 주해 참조).

ㄴ) 여호와께서 구원하신다 51:9-16

이사야는 하나님을 향해 이스라엘의 회복을 위해 기도한다(9-11절). 그리고 여호와께서는 이스라엘이 빨리 구원받을 것과 그 압제자가 멸망할 것을 다짐하신다(12-16절).

사 51:9. 여호와의 팔이여 깨소서 깨소서 능력을 베푸소서 옛날 옛시대에 깨신 것 같이 하소서 라합을 저미시고 용을 찌르신 이가 어찌 주가 아니시며.

본 절은 이사야 선지자가 유다 민족의 구원을 위해 여호와께 드리는 기도이다(시 7:6; 35:23; 44:23; 78:65 등 참조). 본 절 초두의 "팔"이란 말은

'권능'을 뜻한다. 여호와의 권능으로 유다 민족의 적 바벨론을 멸절시켜 주시라는 기도이다. 본문은 여호와께서 구원을 위해 다시 한 번 권능을 베푸시라는 간구이다.

여기 "깨소서"란 말은 여호와께서 주무시고 계심을 뜻하는 말이 아니라 여호와께서 다시 역사하시기를 소원하는 말이다.

"옛날 옛 시대에 깨신 것 같이 하소서"라는 말은 옛날 출애굽 때 권능을 베푸셨던 것처럼 다시 권능을 베푸시라는 소원의 말이다.

'라합을 저미시고 용을 찌르신 이가 어찌 주가 아니시며'라는 말은 하나님의 백성을 괴롭혔던 애굽을 홍해에서 격멸하신 분이 하나님이시라는 뜻이다.

사 51:10. 바다를, 넓고 깊은 물을 말리시고 바다 깊은 곳에 길을 내어 구속 받은 자들을 건너게 하신 이가 어찌 주가 아니시니이까.

본 절의 "바다"라는 말과 "넓고 깊은 물"이라는 말은 동의어로 홍해를 뜻한다. 본 절도 역시 과거에 여호와께서 유다 민족을 홍해에서 건너게 하신 것을 지칭한다(출 14:21-25). 옛날에 유다 민족을 홍해에서 구원해 주셨던 여호와께서 지금도 바벨론에서 구출해주시라는 기도를 드리는 것이다.

사 51:11. 여호와께 구속 받은 자들이 돌아와 노래하며 시온으로 돌아오니 영원한 기쁨이 그들의 머리 위에 있고 즐거움과 기쁨을 얻으리니 슬픔과 탄식이 달아나리이다(And the ransomed of the LORD shall return and come to Zion with singing; everlasting joy shall be upon their heads; they shall obtain gladness and joy, and sorrow and sighing shall flee away-ESV).

문장 초두의 여호와에 의하여 "구속 받은 자들"(פְדוּיֵי)이란 말은 '대신 희생되고 구속 받은 자들'이란 뜻(35:10; 43:3)으로, 본 절에서는 고레스에 의하여 바벨론이 패배를 당하고 유다 민족이 해방되어 돌아오는 것을 가리킨다.

여기 "여호와께 구속 받은 자들이 돌아와 노래한다"는 말은 바벨론에서 해방되어 시온으로 백성들이 돌아와 기쁨이 충만하여 노래할 것이란 뜻이다.

"영원한 기쁨이 그들의 머리 위에 있고 슬픔과 탄식이 달아나리이다"란 말은 9절, 10절과 같이 유다 민족이 바벨론에서 해방되어 나와서 영원한 기쁨이 그들의 머리에 임하고 슬픔과 탄식이 달아나기를 기도하는 것이다. 여호와께서는 무슨 일이든 다 하실 수 있으신 분이지만 우리의 기도를 듣고 하신다.

사 51:12. 이르시되 너희를 위로하는 자는 나 곧 나이니라 너는 어떠한 자이기에 죽을 사람을 두려워하며 풀 같이 될 사람의 아들을 두려워하느냐.

본 절부터 16절까지는 이사야 선지자의 기도에 대하여 여호와께서 응답하시는 것을 말씀한 것이다. 즉, 너희를 위로하는 자는 나, 바로 내가 아니냐? 그런데 너희 유다 민족은 어떠한 자이기에 죽을 인간을 두려워하며, 한갓 풀에 지나지 않는 사람의 아들을 두려워하느냐고 하신다.

유다 민족은 바벨론 군대를 두려워할 필요가 없다는 것이다. 오늘 우리는 이 세상의 세력을 전혀 두려워할 것이 없다. 아무리 대단해 보여도 하나님 앞에서는 아무 것도 아니다.

사 51:13. 하늘을 펴고 땅의 기초를 정하고 너를 지은 자 여호와를 어찌하여 잊어버렸느냐 너를 멸하려고 준비하는 저 학대자의 분노를 어찌하여 항상 종일 두려워하느냐 학대자의 분노가 어디 있느냐.

본 절은 두 가지를 말씀하고 있다. 하나는 "하늘을 펴고 땅의 기초를 정하고 너를 지은 자 여호와를 어찌하여 잊어버렸느냐"는 것이다. 다시 말해 하늘을 만드시고 땅을 만드시며(40:22; 42:5; 44:24; 45:12; 48:13) 또 유다 민족 하나하나를 지으신 위대하신 여호와를 왜 잊어버리고 벌벌 떨고 있느냐는 것이다. 이 세상에서 떨며 사는 자들은 여호와를 잊어버린 자들이다.

또 하나는 "너를 멸하려고 준비하는 저 학대자의 분노를 어찌하여 항상 종일 두려워하느냐 학대자의 분노가 어디 있느냐"는 것이다. 이제는 바벨론의 역할이 다하여 유다 민족을 더 이상 학대할 수 없는 나라라는 것이다. 이제는 고레스 군대에 의하여 꼼짝 못하게 된 바벨론 군대의 분노는 완전히 맥을 못 추는 세력이 되었다는 것이다. 우리가 죄를 자복하고 살면 세상 그 어떤 세력도 우리에게 아무런 힘도 없는 존재가 되는 것이다.

사 51:14. 결박된 포로가 속히 놓일 것이니 죽지도 아니할 것이요 구덩이로 내려가지도 아니할 것이며 그의 양식이 부족하지도 아니하리라.

본 절은 결박되었던 포로가 놓일 것을 말씀한다. 즉, 갇혀 있던 포로들이 이제 곧 풀려날 것인데, 그들은 오래오래 살 것이며, 먹거리가 모자라지도 않을 것이라고 한다. 이들은 양식도 모자라지 않을 것이다. 이것도 기쁜 소식이다.

사 51:15. 나는 네 하나님 여호와라 바다를 휘 저어서 그 물결을 뒤흔들게 하는 자이니 그의 이름은 만군의 여호와니라.

유다 민족을 해방하실 분은 여호와라고 하신다. 그 여호와는 홍해 바다를 휘 저어서 유다 민족을 건너게 하신 하나님이라는 것이다(10절; 출 14:21; 시 74:13). 그의 이름은 만군의 여호와라는 분이시라는 것이다. 그 이름이 너무 커서 상상하기 조차도 힘든 분이시라는 것이다(1:9절 참조).

사 51:16. 내가 내 말을 네 입에 두고 내 손 그늘로 너를 덮었나니 이는 내가 하늘을 펴며 땅의 기초를 정하며 시온에게 이르기를 너는 내 백성이라 말하기 위함이니라.

본 절은 여호와께서 여호와의 말씀을 유다 민족의 입에 주시고 여호와의 권능으로 덮으신 이유를 말하고 있다. 즉, 내(여호와)가 나의 말을 너(유다 민족)의 입에 맡기고, 나의 손 그늘에 너(유다 민족)를 숨겨 준 이유는 내(여호와)가 하늘을 폈으며, 땅의 기초를 놓았고, 시온에게 너는 나의 백성이라고 말하기 위함이었다는 것이다.

오늘 하나님께서 그의 말씀을 우리에게 주셔서 묵상하게 하시며 우리를 그의 손 그늘로 항상 덮으시는 것을 상상해 보라. 얼마나 감사한지 이루 말로 다 할 수 없다.

ㄷ) 예루살렘이 구원을 받을 것이다 51:17-23

17-20절은 하나님의 진노의 잔을 마신 예루살렘의 비참 상황과 이에 대한 하나님의 동정을 진술하고 있고, 21-23절은 하나님께서 그의 진노의 잔을 거두시고 대적의 손에서 선민을 구원하시며 그 대적을 멸하실 것을 언급하고 하고 있다.

<비틀걸음 치게 하는 잔을 거두리라>

사 51:17. 여호와의 손에서 그의 분노의 잔을 마신 예루살렘이여 깰지어다 깰지어다 일어설지어다 네가 이미 비틀걸음 치게 하는 큰 잔을 마셔 다 비웠도다.

본 절은 예루살렘이 여호와의 손에서 진노의 잔을 마신 일을 진술하고 있다. 즉, 깨어나라, 깨어나라, 일어나거라, 예루살렘 주민들아! 너희들 주님의 손에서 그 진노의 잔을 받아 마신 예루살렘 아들아! 비틀거리게 하는 잔을, 네가 바닥까지 다 들이마셨구나.

"여호와의 손에서 그의 분노의 잔을 마신 예루살렘이여"라는 말은 '바벨론 왕 느부갓네살을 통하여 예루살렘에 내려진 하나님의 분노의 심판을 받은 예루살렘 주민들이여'라는 뜻이다. 하나님의 심판의 도구로 사용된 바벨론의 느부갓네살 왕의 침략 때 예루살렘의 성전과 왕궁 및 귀족들의 집들은 온통 불타버렸고(왕하 25:9), 성벽은 파괴되었으며(왕하 25:10), 수많은 백성들은 바벨론과 그의 속국으로 포로로 잡혀 갔다(왕하 25:11; 대하 34:25; 렘 42:18; 44:6; 겔 22:31). 따라서 유다 민족은 술 취해 인사 불성된 사람과 같이 민족 전체가 어려움에 처하게 된 것이다. 그런데 본 절에서는 그 고통의 잔이 다했으므로 이제는 정신을 차리고 하나님께로 나아오라는 것을 권면하는 내용이다.

사 51:18. 네가 낳은 모든 아들 중에 너를 인도할 자가 없고 네가 양육한 모든 아들 중에 그 손으로 너를 이끌 자도 없도다.

본 절은 유다 민족을 통치할 지도자가 없음을 말하고 있다. 실제로 바벨론이 유다 민족을 침공할 당시 유다의 지도자에 해당하는 가레아의 아들 요하난과 그 모든 군대 장관이 그 땅을 떠나 애굽으로 도망했고, 그 때에 유다의 영적 지도자가 될 만한 예레미야와 바룩도 데리고 갔다(렘 43:5-7). 이후부터 유다 민족에는 국사를 처리할만한 지도자가 한 사람도 없었다. 그러므로 본 절은 결국 예루살렘의 회복이 그들 내부에서의 자체적인 힘에 의해서가 아니라 외부의 힘, 곧 하나님의 도구로 사용된 바사 왕 고레스에 의해 회복될 것과 영적 이스라엘이 이 세상에 속하지 않은 메시아에 의해 회복될 것임을 강력히 시사한다.

사 51:19. 이 두 가지 일이 네게 닥쳤으니 누가 너를 위하여 슬퍼하랴 곧 황폐와 멸망이요 기근과 칼이라 누가 너를 위로하랴.

본 절 초두의 "이 두 가지 일"이란 말은 "이 두 가지 일들"이란 말인데 이는 뒤에 나오는 황폐의 기근과 멸망(Aben, Ezra, Kimchi)을 가리키는 말이다. 유다 민족에게 기근과 칼(전쟁)이 유다 민족에게 닥쳤으니 누가 유다 민족을 위하여 슬퍼할 것인가 라는 것이다. 결국 이 두 가지 일들은 앞(18절)에서 예루살렘의 황폐함을 묘사하기 위해 지도자의 부재를 예로 든 데 이은 또 하나의 예라고 할 수 있다.

사 51:20. 네 아들들이 곤비하여 그물에 걸린 영양 같이 온 거리 모퉁이에 누웠으니 그들에게 여호와의 분노와 네 하나님의 견책이 가득하도다(Your sons have fainted; they lie at the head of every street like an antelope in a net; they are full of the wrath of the LORD, the rebuke of your God-ESV).

본 절은 18, 19절의 보충 설명으로, 여호와의 징계로 말미암은 황폐와 멸망, 기근과 칼로 인해 곤비케 된 유다 백성들의 처참한 모습을 묘사한 것이다.

여기 "네 아들들"이란 말은 5:25에서처럼 일반적인 유다 백성들을 지칭한다(Keil).

"그물에 걸린 영양 같이"란 말은 사냥꾼의 그물에 걸린 영양같이 지친 유다 백성들의 모습을 묘사한 것이다(Keil, Matthew Henry).

"온 거리 모퉁이에 누웠으니"란 말은 기근과 전쟁으로 거리 곳곳에 쓰러져 있는 유다 백성들의 모습을 묘사하고 있다(3:10; 13:16; 애 2:19; 4:1). 유다 백성들이 여호와의 분노의 심판을 받는다는 것이다.

사 51:21. 그러므로 너 곤고하며 포도주가 아니라도 취한 자여 이 말을 들으라

본 절부터 23절까지는 하나님께서 유다 민족을 고난에서 구원하실 것을 약속하신다. 유다 민족의 고난은 포도주 때문이 아니라 범죄한 그들에게 임한 여호와의 분노 때문이었다. 여호와께서는 이제 여호와의 분노의 잔을 그들에게서 거두어 그들의 적인 바벨론에게 부으시는 것이다.

사 51:22. 네 주 여호와, 그의 백성의 억울함을 풀어 주시는 네 하나님이 이같이 말씀하시되 보라 내가 비틀걸음 치게 하는 잔 곧 나의 분노의 큰 잔을 네 손에서 거두어서 네가 다시는 마시지 못하게 하고.

본 절의 말씀을 좀 더 쉽게 말해보면, 유다 민족의 주, 곧 유다 백성의 억울함을 해결해주시는 여호와께서 다음과 같이 말씀하신다. 내(여호와)가 너(유다 민족)의 손에서, 비틀거리게 하는 그 잔 곧 나의 진노의 잔을 거두었으니, 다시는 네가 그것을 마시지 않게 할 것이라고 하신다.

본 절 초두의 "네 주 여호와, 그의 백성의 억울함을 풀어 주시는 네 하나님"이란 말은 유다 민족의 여호와는 어떤 분인가를 설명한다. 곧, 자기 백성의 억울함을 풀어주시는 여호와 하나님이시라는 것이다. 오늘날 우리가 믿는 여호와 하나님은 우리의 억울함을 풀어주시는 여호와이시다. 우리가 죄를 자복하고 기도할 때 우리의 억울함을 풀어 해결해 주신다.

여기 "보라 내가 비틀걸음치게 하는 잔 곧 나의 분노의 큰 잔을 네 손에서 거두어서 네가 다시는 마시지 못하게 하겠다"는 말은 아주 중요한 의미를 지닌 말이다. 그 이유는 구절 초두에 "보라"라는 말이 있기 때문이다. 여호와께서는 유다 민족이 죄를 지었기에 비틀걸음치게 하는 잔 곧 분노의 잔을 유다 민족에게 마시게 하셔서 지금까지 바벨론 포로 생활을 하게 하셨으나 이제는 그 잔을 거두어 바벨론에게 부어서 바벨론이 고난을 받게 하시겠다고 하신다.

사 51:23. 그 잔을 너를 괴롭게 하던 자들의 손에 두리라 그들은 일찍이 네게 이르기를 엎드리라 우리가 넘어가리라 하던 자들이라 너를 넘어가려는 그들에게 네가 네 허리를 땅과 같게, 길거리와 같게 하였느니라 하시니라.

여호와께서 유다 민족에게 부으셨던 고난의 잔을 이제는 거두어 바벨론에게 부으시겠다고 하신다. 즉, 이제는 내(여호와)가 그 잔을 너를 괴롭힌 자들(바벨론)의 손에 쥐어 주겠다. 그들(바벨론 군대)은, 바로 너에게 엎드려라, 우리가 밟고 건너가겠다고 말한 자들이다. 그래서 너(유다 민족)는 그들(바벨론 사람들)더러 밟고 지나가라고 땅바닥에 엎드려서 길을 만들어 주었고, 허리를 펴고 엎드려서 그들이 너의 등을 밟고 지나가게 하였다.

바벨론은 하나님께서 쓰시는 대로만 쓰임을 당한 것이 아니라 지나치게 유다 민족을 괴롭혀 결국 바벨론이 하나님으로부터 고난을 받게 된 것이다. 우리는 남을 너무 학대하는 편에 서지 않아야 한다.

제 52 장

ㄹ) 구원의 환상 52:1-12

하나님은 자신의 이름을 위하여 유다 민족을 구원하신다는 것(1-6절), 구원의 날의 환상을 보여주신다(7-12절).

1-6절. 하나님은 그의 이름을 위하여 유다 민족을 구원하신다.

<여호와께서 예루살렘을 구속하시다>

사 52:1. 시온이여 깰지어다 깰지어다 네 힘을 낼지어다 거룩한 성 예루살렘이여 네 아름다운 옷을 입을지어다 이제부터 할례 받지 아니한 자와 부정한 자가 다시는 네게로 들어옴이 없을 것임이라.

"너 시온아! 깨어라, 깨어라! 힘을 내어라! 거룩한 성 예루살렘 사람들아! 아름다운 옷을 입어라. 이제 다시는 할례 받지 않은 자와 부정한 자가 너에게로 들어오지 못할 것이라"는 것이다.

여기 "시온 사람들이여 깨어나라. 깨어나라"는 말은 이제는 정신을 차리고 여호와께 돌아오라는 뜻이다. 51:17 주해 참조.

그리고 "거룩한 성 예루살렘이여 네 아름다운 옷을 입을지어다"라는 말은 이제는 노예의 슬픈 옷을 벗고 옛날의 자유인의 아름다운 옷을 입으라는 권면이다. 다시 말해 하나님의 백성으로서 영광과 존귀를 입고 살라는 권면이다.

그리고 "이제부터 할례 받지 아니한 자와 부정한 자가 다시는 네게로 들어옴이 없을 것임이라"는 말은 '이방인들이 다시는 예루살렘에 침입하지 못하게 하라'는 뜻이다. 바벨론에서 해방되어 나온 예루살렘이나 종말의 신약 교회 안에 세속적인 것이 들어오지 못하게 하라는 권면이다. 교회 전체가 그리스도의 말씀으로 충만하고 성령 충만을 구하면 세속이 들어오지 못한다.

사 52:2. 너는 티끌을 털어 버릴지어다 예루살렘이여 일어나 앉을지어다 사로잡힌 딸 시온이여 네 목의 줄을 스스로 풀지어다.

이제는 바벨론에서 해방되어 돌아올 예루살렘 주민들을 향하여 선지자는 몇 가지를 권면한다. 먼저 먼지를 털라고 권면한다. 땅에 엎드려 갈대아 군대가 밟고 지나가게 했던 티끌에서 일어나라는 것이다. 다시 말해 부끄러웠던 과거를 청산하라는 것이다. 그리고 "일어나서 보좌에 앉으라"는 것이다. 신자라고 하면 신자의 위치에 서야 하는 것이다. 그리고 "포로 되었던 딸 시온 주민들이여! 너의 목에서 사슬을 풀어버리라"는 말은 노예 신분에서 완전히 탈피하라는 것이다. 멀리 신약 교회 성도들은 사단의 속박에서 완전히 벗어나야 함을 말한다.

사 52:3. 여호와께서 이와 같이 말씀하시되 너희가 값 없이 팔렸으니 돈 없이 속량되리라.

여호와께서 이렇게 말씀하시기를 너희(유다 민족)가 값없이 팔려갔으니 돈을 지불하지 않고 속량될 것이라고 하신다.

다시 말해 유다 민족이 바벨론으로 팔려간 것은 죄 때문에 팔려 간 것이지만 하나님 보시기에 돈을 받으시고 바벨론에 유다 민족을 파신 것은 아니었다(51:1). 이제는 여호와께서 바사의 고레스를 통하여 거저 해방하신다는 것이다(45:13 참조). 본 절은 예수 그리스도께서 오늘 우리를 구속하시는 것도 값없이 하신다는 것이다. 우리 중에 누가 돈을 내고 구원 받는 사람들이 있는가. 우리는 주의 은혜로 거저 구원 받았다.

사 52:4. 주 여호와께서 이와 같이 말씀하시되 내 백성이 전에 애굽에 내려가서 거기에 거류하였고 앗수르인은 공연히 그들을 압박하였도다.

본 절의 두 가지 사실, 즉 이스라엘이 애굽에 내려가서 종살이 한 일,

또 북쪽 나라 이스라엘인들이 앗수르에 의해서 압박을 받았는데(왕하 15:29; 17:6; 18:11), 모두 돈 없이 속량되었다. 이제 남 왕국 유다가 바벨론으로 끌려가서 포로 생활을 하고 있는데, 하나님의 은혜가 나타나서 해방될 것이라는 말씀이다. 그 일이 반드시 일어나는데, 남 왕국 유다가 돈 없이 속량될 것이라는 이야기이다.

사 52:5. 그러므로 이제 여호와께서 말씀하시되 내 백성이 까닭 없이 잡혀갔으니 내가 여기서 어떻게 하랴 여호와께서 말씀하시되 그들을 관할하는 자들이 떠들며 내 이름을 항상 종일토록 더럽히도다.

본 절은 앞 절에 이어 유다 민족이 죄 때문에 바벨론의 느부갓네살 왕 때에 포로 되어 잡혀간 것은 이해가 되나(Delitzsch), 그 후의 바벨론 왕들이 까닭 없이 유다 민족을 가혹하게 박해하고 있으니 여호와께서 유다 민족을 어떻게 할 것 같으냐고 자문하신다. 여호와께서 말씀하시되 유다 민족을 관할하는 자들이 떠들며 여호와의 이름을 종일토록 더럽히니 여호와께서 그냥 계시지 않으실 것이라고 하신다. 여호와의 답은 다음 절(6절)에 나온다.

사 52:6. 그러므로 내 백성은 내 이름을 알리라 그러므로 그 날에는 그들이 이 말을 하는 자가 나인 줄을 알리라 내가 여기 있느니라.

반드시 나의 유다 백성이 나(여호와)의 이름을 알게 될 것이다. 그 날이 오면 나의 백성은 내 이름(שְׁמִי)이 전능하신 하나님이라는 사실과 내가 그들에게 말한 하나님이었다는 것을 경험적으로 알게 될 것이라고 말씀 하신다.

사 52:7. 좋은 소식을 전하며 평화를 공포하며 복된 좋은 소식을 가져오며 구원을 공포하며 시온을 향하여 이르기를 네 하나님이 통치하신다 하는 자의 산을 넘는 발이 어찌 그리 아름다운가.

본 절의 다섯 가지 표현(좋은 소식을 전하는 자의 발, 평화를 공포하는 발, 복된 좋은 소식을 가져오는 발, 구원을 공포하는 발, 시온을 향하여 이르기를 네 하나님이 통치하신다 하는 자의 산을 넘는 발)은 같은 사실을 가리키는 낱말로 유다 민족이 바벨론에서 해방되어 나온다는 소식을 전하는 자들의 발을 말하는 것이다. 그 발은 심히 아름다운 발이라는 것이다.

본 절은 그대로 소선지서 나훔 1:15에 그대로 반복되고 있고, 또 신약의 바울 사도는 본 절을 그의 서신 롬 10:15에 그대로 인용했다. 민족의 죄로부터의 해방의 소식을 전하는 자들의 발은 실로 아름다운 소식이 아닐 수 없다. 오늘 우리가 전문 사역자가 아니라 할지라도 그리스도의 복음을 한 사람에게 전한다면 그 발이야말로 아름다운 발이다.

사 52:8. 네 파수꾼들의 소리로다 그들이 소리를 높여 일제히 노래하니 이는 여호와께서 시온으로 돌아오실 때에 그들의 눈이 마주 보리로다(The voice of your watchmen – they lift up their voice; together they sing for joy; for eye to eye they see the return of the LORD to Zion-ESV).

예루살렘 성을 지키는 파수꾼들의 노래 소리를 들어 보아라. 그들은 주님께서 시온으로 돌아오실 때에, 주께서 오시는 그 모습을 그들이 직접 눈으로 볼 수 있을 것이다. 바벨론에서 유다 민족의 해방 소식을 가지고 예루살렘 성을 향해서 넘어오는 해방의 소식을 들은 예루살렘의 파수꾼들은 너무 기뻐서 환호하며 노래한다. 이 파수꾼들이 누구냐를 두고 견해가 갈린다. 1) 여기 파수꾼들을 누구라고 지적할 필요가 없다는 견해를 말한다(Young, 이순한). 이유는 여기 파수꾼은 하나의 시적인 표현이기 때문이라는 것이다. 2) 천사들이라는 견해(Cheyne, Alezander)이다. 3) 유다 민족의 귀환을 대망하던 신실한 성도들이라는 견해(Kay)이다. 4) 바벨론 포로 귀환 당시의 선지자들이라는 견해(Calvin, Deitzsch, Rawlinson, 박윤선, 이상근, 그랜드 종합 주석)이다. 여러 견해 중에 4)번의 견해가 가장 바람직하다.

여기 "여호와께서 시온으로 돌아오실 때에"라는 말은 여호와께서 이스라엘을 돌아오게 하실 뿐 아니라 그들의 앞에서 그들을 인도하신다는 의미이다(Cheyne, Rawlinson). 하나님께서 그들을 친히 다스리실 것이기 때문에 하나님께서 그들과 함께 귀환하신다는 것이다.

"그들의 눈이 마주 보리로다"라는 말은 선지자들이 이스라엘 백성을 구속하시고 그들을 통치하기 위해 시온에 돌아오시는 하나님을 볼 것이라는 의미이다(민 14:14; 신 34:10, Matthew Henry). 이는 장차 하나님 나라에서 성도들이 하나님을 직접 대면하게 될 것을 예시한다.

사 52:9. 너 예루살렘의 황폐한 곳들아 기쁜 소리를 내어 함께 노래할지어다 이는 여호와께서 그의 백성을 위로하셨고 예루살렘을 구속하셨음이라.

본 절은 예루살렘 주민들을 향하여 함께 노래하라고 권한다. 이유는 여호와께서 바벨론에 포로 되어 있는 유다 민족을 해방하셨고 예루살렘 주민들을 구속하셨기 때문이라는 것이다. 참으로 70년만의 해방이 아닌가. 부서지고 황폐해진 예루살렘 성, 그리고 바벨론 포로 생활 70년을 마감하게 되었으니 얼마나 기쁜 일인가!

사 52:10. 여호와께서 열방의 목전에서 그의 거룩한 팔을 나타내셨으므로 땅 끝까지도 모두 우리 하나님의 구원을 보았도다.

열국 백성들이 보는 앞에서 여호와께서 그의 권능의 팔로 유다 민족을 해방하셔서 온 세계 사람들이 모두 하나님께서 베푸시는 구원을 보았다는 말씀이다. 지금 세계는 그리스도의 구원을 보고 있는 중이다.

사 52:11. 너희는 떠날지어다 떠날지어다 거기서 나오고 부정한 것을 만지지 말지어다 그 가운데에서 나올지어다 여호와의 기구를 메는 자들이여 스스로 정결하게 할지어다.

본 절은 유다 민족이 속히 바벨론을 떠나라는 권고이다. 바벨론에서 나오고 부정한 우상을 만지지 말라는 것이다. 그리고 여호와의 기구를 메는 제사장들은 스스로 정결케 하여 여호와의 기구를 메고 예루살렘으로 돌아가라는 것이다.

느부갓네살이 예루살렘 성전의 기구들을 메고 바벨론으로 가게 한 것을(왕하 25:14-16) 유다 민족이 두 차례에 걸쳐 예루살렘으로 메고 왔다(스 1:7-11; 8:25-34). 성물을 메는 자들은 제사장들이었는데 스스로를 정결하게 하고야 성물을 멜 수 있었다.

사 52:12. 여호와께서 너희 앞에서 행하시며 이스라엘의 하나님이 너희 뒤에서 호위하시리니 너희가 황급히 나오지 아니하며 도망하듯 다니지 아니하리라.

이스라엘이 출애굽 때는 급히 애굽을 나와야 했는데 바벨론을 떠날 때는 급할 필요가 없다는 것이다. 이유는 여호와께서 유다 민족 앞에서 행하시며 또 뒤에서도 행하시기 때문이라는 것이다.

4. 고난의 종 52:13-53:12

이 부분은 이사야 선지자의 메시아 예언을 다룬 것이다. 이 부분의 내용은 ㄱ) 서곡(52:13-15), ㄴ) 고난의 종의 모습(53:1-3), ㄷ) 메시아의 고난의 의의(53:4-6), ㄹ) 고난에 대한 메시아의 자세(53:7-9), ㅁ) 메시아의 고난의 결과(53:10-12).

ㄱ) 크게 굴욕 당한 후 존귀하게 된 종 52:13-15

이 부분은 메시아께서 높아지신 일(13절), 메시아께서 고난을 받으신 일 자체(14절), 메시아의 고난이 세상에 미치는 영향(15절)을 말한다.

<고난 받는 종>

사 52:13. 보라 내 종이 형통하리니 받들어 높이 들려서 지극히 존귀하게 되리라.

본 절 초두에는 "보라"라는 말로 시작하여 본 절이 중요한 내용을 포함하고 있으니 유심히 관찰하라는 것을 말한다. 즉, 나의 종이 매사에 형통할 것이니, 그가 받들어 높임을 받고, 크게 존경을 받게 될 것이다. 메시아가 형통하게 된다는 것은 다름 아니라 메시아가 높이 들려서 지극히 존귀하게 되는 것이다.

사 52:14. 전에는 그의 모양이 타인보다 상하였고 그의 모습이 사람들보다 상하였으므로 많은 사람이 그에 대하여 놀랐거니와.

전에는 메시아의 얼굴이 남들보다 더 상해 보였고, 그의 모습이 다른 사람들보다 더욱 상해서, 그를 보는 사람마다 모두 놀랐다(53:2)는 것이다.

사 52:15. 그가 나라들을 놀라게 할 것이며 왕들은 그로 말미암아 그들의 입을 봉하리니 이는 그들이 아직 그들에게 전파되지 아니한 것을 볼 것이요 아직 듣지 못한 것을 깨달을 것임이라(so shall he sprinkle many nations; kings shall shut their mouths because of him; for that which has not been told them they see, and that which they have not heard they understand-ESV)**.**

이제는 메시아가 많은 이방 나라를 놀라게 할 것이며, 왕들은 그 앞에서 입을 다물게 될 것이다. 왕들은 이제까지 듣지도 못한 일들을 보게 될 것이며, 아무도 말하여 주지 않은 일들을 보게 될 것이라고 한다.

여기 "놀라게 할 것"(יַזֶּה)이란 말은 '피를 뿌린다'는 뜻이다(KJV, NIV, ESV, Ca;vin, Young, Delitzsch, 박윤선, 이상근, 그랜드 종합 주석). 그런고로 본문은 그리스도께서 십자가에서 피와 물을 뿌리셔서 이 세상 택한 자들의 죄를 정결하게 하실 것을 예언한 것이라고 할 수 있다.

그리고 "왕들은 그로 말미암아 그들의 입을 봉하리니"라는 말은 세상 왕들이 그리스도의 놀라운 구속 사역 앞에 압도될 것을 예언하는 것이다.

그리고 "그들이 아직 그들에게 전파되지 아니한 것을 볼 것이요 아직 듣지 못한 것을 깨달을 것임이라"는 말은 세상 사람들에게 아직 전파되지 않은 그리스도의 구속 사역을 볼 것이며, 아직 들어보지 못한 것들을 깨닫게 될 것이라는 말이다. 이는 그리스도의 구속 사역이 얼마나 놀라운 것인가를 말해주는 것이다.

제 53 장

53장의 주인공이 메시아이심에 대하여는 12세기 이전의 유다인 학자들에서 시작하여 19세기까지의 그리스도교 학자들 사이에 이견이 없었다. 그러나 현대의 재앙이라고 할 수 있는 비평학의 발달과 더불어 본 장을 유다 백성이나 이사야 또는 예레미야 등의 선지자에게 돌리는 학설이 강하게 일어나고 있었으나 여전히 메시아설을 견지하는 현대 학자들도 건재하고 있다(Hengsternberg, K.&D. Umbreit, Kay, Cheyne, Alexander, Urwick, Young 등). 오늘날 우리는 무엇보다도 본 장을 메시아구로 인용하고 있는 신약성경 기록에 주목해야 할 것이다(마 8:17; 막 15:28; 눅 22:37; 요 12:37-38; 행 8:32-33; 롬 10:16; 벧전 2:24-25). 그러므로 이사야 53장이 신약 성경 기록들의 빛 아래에서 해석되어져야 함을 잊지 말자.

ㄴ) 고난의 종의 외모 53:1-3

이 부분은 십자가에 달리신 그리스도의 모습을 너무나도 명확하게 나타내고 있다.

사 53:1. 우리가 전한 것을 누가 믿었느냐 여호와의 팔이 누구에게 나타났느냐.

여기 "우리"라는 말은 이사야 자신을 포함한 이스라엘 백성을 지칭한다(16:6; 24:16; 42:24; 64:5 등). 또 "믿었느냐"는 말에 선지자는 그의 청중에게 불신의 반응을 느끼기에 탄식하고 있음을 밝히는 것이다(28:9-15; 29:10-15 등).

"여호와의 팔이 누구에게 나타났느냐"는 말은 여호와께서는 이미 그의 팔(권능)을 이미 나타내셨으나 불신앙 하는 국민들은 이사야의 메시지를 깨닫지 못했다는 것을 드러낸다.

사 53:2. 그는 주 앞에서 자라나기를 연한 순 같고 마른 땅에서 나온 뿌리 같아서 고운 모양도 없고 풍채도 없은즉 우리가 보기에 흠모할 만한 아름다운 것이 없도다.

메시아는 여호와 앞에서, 마치 연한 순과 같이 아주 나약해 보이며, 마른 땅(팔레스타인 땅)에서 나온 싹과 같이 자라서, 그에게는 고운 모양도 없고, 훌륭한 풍채도 없으니, 우리 사람들 보기에도 흠모할 만한 메시아다운, 아름다운 모습이 없다는 것이다. 십자가에 달리신 그리스도의 모습은 참으로 존경스러운 모습이 아니었다.

사 53:3. 그는 멸시를 받아 사람들에게 버림 받았으며 간고를 많이 겪었으며 질고를 아는 자라 마치 사람들이 그에게서 얼굴을 가리는 것 같이 멸시를 당하였고 우리도 그를 귀히 여기지 아니하였도다.

메시아는 앞 절에서 묘사된 것처럼 외모가 볼품없이 초라하셨고, 사람들에게 멸시와 버림을 받으실 만하셨으며(49:7; 시 22:6), 고통을 많이 겪으신 것처럼 보이셨다. 그는 사람들의 병을 고치시느라 언제나 병을 앓고 있는 듯 보이셨고, 사람들이 그에게서 얼굴을 돌렸으며(욥 1:12; 19:13-17), 그가 멸시를 받으시므로, 우리도 덩달아 그를 귀하게 여기지 않았다.

ㄷ) 범죄한 자들의 대속물 53:4-6

메시아는 세계 만민의 죄를 대속하시기 위해 고난을 당하셨다. 4절 이하에서부터 12절까지는 메시아께서 대속을 당하신다는 것을 12회나 말씀한다. 4절은 메시아께서 우리의 질고를 지고 우리의 슬픔을 당하셨다는 것, 5절은 메시아가 찔리심은 우리의 허물 때문이라는 것, 6절은 여호와께서 우리 무리의 죄악을 그에게 담당시키셨다는 것을 말씀한다.

사 53:4. 그는 실로 우리의 질고를 지고 우리의 슬픔을 당하였거늘 우리는 생각하기를 그는 징벌을 받아 하나님께 맞으며 고난을 당한다 하였노라.

메시아는 실로 우리가 받아야 할 고통을 대신 받으셨고, 우리가 겪어야 할 슬픔을 대신 겪으셨다. 그러나 우리는 그가 징벌을 받아서 하나님에게 맞으며, 고난을 받는다고 생각했다.

본 절 상반절은 메시아의 실제적인 대속을 말씀하는데, 하반절에서는 이러한 실제적 대속이 일어나는 사건 속에서도 인생들이 무지하여 메시아가 하나님께 징벌을 받고, 고통을 당하는 것이라고 생각했다고 진술한다. 메시아께서 십자가에 달리셨을 때 사람들은 모두들 앞 다투어 메시아를 모욕했다(마 27:39-44).

사 53:5. 그가 찔림은 우리의 허물 때문이요 그가 상함은 우리의 죄악 때문이라 그가 징계를 받으므로 우리는 평화를 누리고 그가 채찍에 맞으므로 우리는 나음을 받았도다.

메시아가 찔림 받으신 것은 우리의 허물 때문이고, 그가 상처를 받으신 것은 우리의 악함 때문이다. 그가 징계를 받으심으로 우리가 평화를 누리고(엡 2:15-17; 골 1:20), 그가 매를 맞음으로(마 26:27; 27:26, 30) 우리의 병이 나았다. 메시아가 고통 받으신 것은 철두철미하게 우리의 대속을 위함이었다.

사 53:6. 우리는 다 양 같아서 그릇 행하여 각기 제 길로 갔거늘 여호와께서는 우리 모두의 죄악을 그에게 담당시키셨도다.

우리는 모두 양처럼 길을 잃어버려, 각기 제 갈 길로 흩어졌으나, 여호와께서는 우리 모두의 죄악을 그에게 지우셨다는 것이다. 우리는 천방지축 길을 잃고 헤맸으나(시 14:3; 롬 3:10; 11:32), 하나님은 전 인류의 죄를 그에게 담당시키셨다. 이는 하나님의 지대한 사랑이 아닐 수 없다.

ㄹ) 고난을 위한 대속자의 자세 53:7-9

7-9절은 메시아께서 고난에 대한 자세를 진술한다. 메시아는 고난을 당하시면서 침묵하였다는 것과 시종일관 순종 하셨다는 것을 말한다(마 26:63; 27:14; 요 19:5).

사 53:7. 그가 곤욕을 당하여 괴로울 때에도 그의 입을 열지 아니하였음이여 마치 도수장으로 끌려가는 어린 양과 털 깎는 자 앞에서 잠잠한 양 같이 그의 입을 열지 아니하였도다.

메시아께서는 육신적으로 굴욕을 당하고 고문을 당하셨으나, 아무 말도 하지 않으셨다(시 38:13-14; 39:2, 9). 그는 마치 도살장으로 끌려가는 어린 양처럼(요 1:29), 마치 털 깎는 사람 앞에서 잠잠한 양처럼, 끌려가기만 할 뿐, 아무 말도 하지 않으셨다. 메시아의 참으심은 육체적 고통뿐만 아니라, 정신적 고통을 포함하는 실로 엄청난 사건이었다.

사 53:8. 그는 곤욕과 심문을 당하고 끌려 갔으나 그 세대 중에 누가 생각하기를 그가 살아 있는 자들의 땅에서 끊어짐은 마땅히 형벌 받을 내 백성의 허물 때문이라 하였으리요.

메시아께서 강도와 같이 잡히셔서(마 26:55), 끌려가 유다인 대제사장의 심문을 당하시고(마 26:57-68), 강도 사이에서 죽임을 당하셨는데, 메시아의 세대 사람들 중에서 메시아의 죽으심, 즉 산 자 중에서 끊어지는 사건이 선택받으신 자들의 구원을 위한 대속의 죽음이셨음을 꿈에도 몰랐다는 것이다.

사 53:9. 그는 강포를 행하지 아니하였고 그의 입에 거짓이 없었으나 그의 무덤이 악인들과 함께 있었으며 그가 죽은 후에 부자와 함께 있었도다.

메시아는 폭력을 휘두르지도 않았고, 그의 입으로 거짓말도 하지 않으셨다. 다시 말해 그는 완벽히 무죄의 삶을 사셨다(고후 5:21; 벧전 2:22; 요일 3:5). 그러나 사람들은 그를 악한 사람과 함께 십자가에 달려 죽게 함으로 그의 죽음을 하나님께 저주 받은 죽음으로 만들려 하였고, 메시아의 시체가 부자와 함께 있게 하였다(마 27:57-60). 메시아는 죽음 후까지도 악인 취급을 받으신 것이다. 하나님께서 그렇게 되도록 섭리하신 것이다.

ㅁ) 고난의 결과 53:10-12

메시아의 고난은 속건제물로 죄인을 대신하여 죄를 지신 것이고, 그 결과 많은 사람을 의롭게 하신 것이며, 그는 그 결과를 보고 만족하셨다.

사 53:10. 여호와께서 그에게 상함을 받게 하시기를 원하사 질고를 당하게 하셨은즉 그의 영혼을 속건제물로 드리기에 이르면 그가 씨를 보게 되며 그의 날은 길 것이요 또 그의 손으로 여호와께서 기뻐하시는 뜻을 성취하리로다.

본 절은 여호와께서 메시아를 상하게 하고자 하셨다는 것을 말한다. 다시 말해 여호와께서 메시아를 십자가에 달리도록 원하셨다는 것이다. 여호와께서 능동자이시고 메시아가 피동자이시다.

메시아가 그의 영혼을 속건제물[40]로 드리면(레 4-5장), 그는 많은 사람을 의롭게 만들 것이고, 그는 영생으로 들어가시며 그의 자녀를 얻으시는 날은 길 것이다. 메시아의 지상 사역에서도 그의 구령 사역은 길게 계속될 것이고, 메시아를 믿는 자녀들이 영원한 생명을 얻을 것이다. 메시아는 여호와께서 세우신 뜻을 이루어 드릴 것이다.

사 53:11. 그가 자기 영혼의 수고한 것을 보고 만족하게 여길 것이라 나의 의로운 종이 자기 지식으로 많은 사람을 의롭게 하며 또 그들의 죄악을 친히 담당하리로다.

고난을 당하고 난 후 메시아는 생명의 빛을 보고 만족하게 여길 것이다. 나(여호와)의 의로운 종이 자기의 지식으로 많은 사람을 의롭게 할 것이다. 그는 다른 사람들이 받아야 할 형벌을 자기가 대신 짊어질 것이다.

본 절의 "자기 영혼의 수고한 것을 보고 만족하게 여길 것이라"는 말은 그리스도가 자신이 십자가에서 고난을 받으신 후 하나님께서 그리스도의

---

40) 속건제물: 5, 6절에서는 여호와의 종이 속죄 제물로 언급된 반면에 본 절(10절)에서는 속건제물로 언급되고 있다. 선지자가 본장에서 메시아의 제물 됨의 성격을 두 가지로 언급하는 것은 메시아의 대속적 죽음의 성격이 둘의 성격을 모두 포함하고 있기 때문이다. 속죄제는 속죄의 성격이 강하며, 속건제는 배상의 성격이 강하다. 그리고 전자는 '용서'라는 의미를 가지며, 후자는 '만족'이라는 의미를 가진다(Rawlinson, Urwick). 이와 같이 메시아의 대속적 죽음은 속죄제의 성격처럼 죄를 씻고 용서하는 방면과 속건제의 죄에 대한 배상과 이에 대한 하나님의 만족이라는 성격을 모두 포함하는 완전한 제물로서의 죽음인 것이다(히 10:10-14).

고난에 대해 충분한 결과를 주셨음으로 그리스도께서 아주 만족하게 여기실 것이라는 뜻이다. 이는 그리스도의 고난이 헛되지 않고 하나님의 백성들을 구원할 것임을 말하고 있다.

그리고 "나의 의로운 종이 자기 지식으로 많은 사람을 의롭게 하며 또 그들의 죄악을 친히 담당하리로다"란 말은 두 가지를 규명해야 한다. 하나는 "나의 의로운 종이 자기 지식으로 많은 사람을 의롭게 한다"는 말을 규명해야 한다. 이 말은 여호와의 의로운 종이신 그리스도께서 자기 지식, 곧 그리스도를 아는 지식(Hengsternberg, Delitzsch, 박윤선, 이상근, 그랜드 종합 주석)으로 많은 사람이 의롭게 된다는 뜻이다(롬 3:26; 고전 1:30).

또 하나는 "그들의 죄악을 친히 담당하리로다"라는 말은 '예수 그리스도를 아는 지식으로 그들의 죄악을 친히 담당하게 되신다'는 것이다. 우리는 그리스도를 믿음으로 의에 이르고 또 죄악을 말끔히 씻게 된다.

사 53:12. 그러므로 내가 그에게 존귀한 자와 함께 몫을 받게 하며 강한 자와 함께 탈취한 것을 나누게 하리니 이는 그가 자기 영혼을 버려 사망에 이르게 하며 범죄자 중 하나로 헤아림을 받았음이니라 그러나 그가 많은 사람의 죄를 담당하며 범죄자를 위하여 기도하였느니라.

본문을 좀 더 쉽게 써 보면 그러므로 나(여호와)는 그(메시아)가 존귀한 자들과 함께 자기 몫을 차지하게 하며, 강한 자들과 함께 전리품을 나누게 할 것이다. 그(메시아)는 죽는 데까지 자기의 영혼을 서슴없이 내맡기고, 남들이 죄인처럼 여기는 것도 마다하지 않았다. 그는 많은 사람의 죄를 대신 짊어지셨고, 죄 지은 사람들을 살리려고 중재에 나선 것이다.

본 절 초두의 "그러므로"란 말은 앞 절에 진술된 메시아의 공로를 인정하는 말이다. "내(여호와)가 그(메시아)에게 존귀한 자와 함께 몫을 받게 하며 강한 자와 함께 탈취한 것을 나누게 한다"는 말, 즉 '여호와께서 메시아에게 존귀한 자와 함께 전리품을 받게 하며 강한 자와 함께 탈취한 전리품을 나누게 한다'는 말은 여호와께서 메시아를 크게 높이시겠다는 뜻의 말씀이다.

다시 말해 여호와께서 그리스도의 공로를 인정하여 높이시겠다는 뜻이다.

"이는 그가 자기 영혼을 버려 사망에 이르게 하며 범죄자 중 하나로 헤아림을 받았음이니라 그러나 그가 많은 사람의 죄를 담당하며 범죄자를 위하여 기도하였느니라"는 말은 그리스도의 공로를 인정하는 말이다. 그리스도의 공로를 인정하지 않을 수 없는 이유는 먼저, 그리스도께서 십자가에서 범죄자 중 하나로 취급되셨고(마 26:65; 눅 22:37; 23:32), 또 다른 이유는 그리스도께서 다른 범죄자들을 위하여 기도했기 때문이라는 것이다(눅 23:34; 롬 8:34; 히 7:25).

제 54 장

5. 고난의 종이 이룬 성공의 실례들 54장

본 장의 내용은 1) 여호와께서는 메시아를 통하여 유다 민족의 회복을 약속하신 것(1-10절), 2) 새 예루살렘의 영광스런 모습을 보이신 것(11-17절)으로 구성되어 있다.

1) 시온에 수많은 후손을 약속하다 54:1-10

1-10절은 유다 민족의 회복을 말하는데 있어서 한 여성의 예를 들어 설명한다. 그것은 여성의 자손의 번영에서 시작하여(1-3절), 그 여자가 결코 수치를 당하지 않을 것을 다짐하고(4-8절), 여호와의 언약이 불변함을 확인함으로(9-10절) 끝맺는다.

1-3절. 한 여성의 자손의 번영처럼 남편도 없는 여자와 같은 유다 민족의 자손이 번창할 것을 약속한다.

<하나님의 영원한 자비>

사 54:1. 잉태하지 못하며 출산하지 못한 너는 노래할지어다 산고를 겪지 못한 너는 외쳐 노래할지어다 이는 홀로 된 여인의 자식이 남편 있는 자의 자식보다 많음이라 여호와께서 말씀하셨느니라.

홀로되어서 잉태하지도 못했고 출산하지도 못했으며 산고를 겪어보지도 못했던 유다 민족을 향해 이제는 노래를 부르라는 것이다. 이유는 남편 없는 여인 같은 유다 민족에게 자식이 생겼는데, 남편 있는 자의 자식보다 많아졌으므로 노래하라고 말한다. 남편도 없이 홀로 사는 자와 같던 유다 민족이 하나님께 돌아옴으로 하나님의 은혜를 입어 이제 믿는 백성이 많아진다는 것이다. 하나님께로 돌아오면 믿는 백성들이 많아진다. 교회도 그리스도를 온전히 모시면 생각지도 못한 부흥과 홍왕을 경험한다.

사 54:2. 네 장막터를 넓히며 네 처소의 휘장을 아끼지 말고 널리 펴되 너의 줄을 길게 하며 너의 말뚝을 견고히 할지어다.

너(유다 민족)의 장막터(왕상 12:16)를 넓히고, 그 장막터를 넓힌 만큼 장막의 휘장을 아끼지 말고 펴며, 너의 장막 줄을 길게 늘이고 말뚝을 단단히 박으라(출 35:18; 39:40)고 말씀하신다. 2절과 같이 해야 할 이유를 3절에서 말한다.

사 54:3. 이는 네가 좌우로 퍼지며 네 자손은 열방을 얻으며 황폐한 성읍들을 사람 살 곳이 되게 할 것임이라.

유다 민족이 좌우로 퍼져 나가야 하고, 너(유다 민족)의 자손이 이방 나라들을 차지해야 할 것이며(창 30:30; 출 1:12), 황폐한 성읍들마다 주민들이 가득하게 될 것이기 때문이다. 오늘날의 신약 교회도 전 세계로 퍼져 나가야 한다.

4-8절. 유다 민족은 수적으로 팽창하고 지역적으로 확장되며 내적으로 잘 되어 나갈 것이다.

사 54:4. 두려워하지 말라 네가 수치를 당하지 아니하리라 놀라지 말라 네가 부끄러움을 보지 아니하리라 네가 네 젊었을 때의 수치를 잊겠고 과부 때의 치욕을 다시 기억함이 없으리니.

유다 민족은 두려워하지 말라! 네가 이제는 수치를 당하지 않을 것이니라. 당황하지 말라! 네가 부끄러움을 당하는 일이 없을 것이니라. 젊은 시절의 수치(애굽에서 당한 수치)를 잊겠고, 과부 시절의 치욕(바벨론 포로 시절에 당한 수치)을 네가 다시는 기억하지 않게 될 것이다. 유다 민족이 바벨론에서 해방된 지금은 모든 수치를 잊게 된다는 것이다. 그 이유는 5절에서 밝힌다.

사 54:5. 이는 너를 지으신 이가 네 남편이시라 그의 이름은 만군의 여호와이시며 네 구속자는 이스라엘의 거룩한 이시라 그는 온 땅의 하나님이라 일컬음을 받으실 것이라.

본 절은 유다 민족이 아무도 두려워하지 않을 이유를 말하고 있다. 즉, 너(유다 민족)를 지으신 분께서 너의 남편이 되실 것이기 때문에 두려워할 필요가 없다는 것이다(1절, 4절; 렘 3:14; 31:32; 호 2:19). 그분의 이름은 하늘의 만상을 지으신 여호와이시다. 너를 구속하신 분은 이스라엘을 거룩하게 하시는 하나님이시니(5:19) 반드시 유다 민족을 돌보실 것이다. 그분은 온 세상의 하나님이라고 불릴 것이다.

사 54:6. 여호와께서 너를 부르시되 마치 버림을 받아 마음에 근심하는 아내 곧 어릴 때에 아내가 되었다가 버림을 받은 자에게 함과 같이 하실 것임이라 네 하나님께서 말씀하셨느니라.

여호와께서 유다 민족을 부르시되 유다 민족이 버림을 받아 마음이 아픈 때에 주님께서 부르시는 것이다. 젊은 나이에 아내가 되었다가 버림받은 너를 여호와께서 부르시는 것과 같다(호 2:14-23; 미 7:8-10 참조). 너의 하나님께서 말씀하신다.

사 54:7. 내가 잠시 너를 버렸으나 큰 긍휼로 너를 모을 것이요.

내(여호와)가 잠시(바벨론 포로 기간 70년 동안) 너(유다 민족)를 버렸으나, 큰 긍휼로 너를 다시 불러들인다. 여호와께서 유다 민족을 버리신 것은 징계하시기 위함이었지 아주 버리시려는 것은 아니었기에 이제 다시 너 유다 민족을 부르신다는 것이다.

사 54:8. 내가 넘치는 진노로 내 얼굴을 네게서 잠시 가렸으나 영원한 자비로 너를 긍휼히 여기리라 네 구속자 여호와께서 말씀하셨느니라.

본 절은 앞 절의 반복이다. 즉, 여호와의 분노가 북받쳐서 나(여호와)의 얼굴을 너(유다 민족)에게서 잠시(70년 동안) 가렸으나 나의 영원한 사랑으로 너(유다 민족)에게 긍휼을 베풀겠다(시 30:5; 103:8-10; 합 3:2; 롬 8:18; 고후 4:17)는 말씀이다. 이는 너의 속량자인 나, 즉 여호와의 말이라고 하신다.

사 54:9. 이는 내게 노아의 홍수와 같도다 내가 다시는 노아의 홍수로 땅 위에 범람하지 못하게 하리라 맹세한 것 같이 내가 네게 노하지 아니하며 너를 책망하지 아니하기로 맹세하였노니.

너의 유다 민족의 바벨론 포로 생활은 옛날 노아 홍수에 비할 수 있겠다. 노아 때에 다시는 땅을 홍수로 멸망시키지 않겠다고 내가 약속한 것 같이 이제 나 여호와는 너에게 노하지 않겠다고 약속한다. 이제 앞으로는 너(유다 민족)를 꾸짖거나 벌하지 않겠다.

사 54:10. 산들이 떠나며 언덕들은 옮겨질지라도 나의 자비는 네게서 떠나지 아니하며 나의 화평의 언약은 흔들리지 아니하리라 너를 긍휼히 여기시는 여호와께서 말씀하셨느니라.

본 절은 여호와 언약의 불변함을 산들의 요지부동함에 비한다. 즉, 비록 산들이 제 자리에서 떠나고 언덕이 옮겨진다 하여도, 나의 은총은 너에게서 떠나지 않으며(시 46:3; 렘 31:35), 평화의 언약을 파기하지 않겠다(민 25:12; 겔 34:25; 37:26; 말 2:5; 마 24:35)는 말씀이다. 너(유다 민족)를 가엾게 여기는 여호와께서 말씀하신다는 것이다.

2) 시온의 미래가 영광되다 54:11-17

선지자 이사야는 11-17절 말씀을 예루살렘에 한정시켜 예언하고 있다. 이 부분의 내용은 700년 뒤에 기록된 요한계시록의 내용과 일치하고 있다(계 21:16-21).

<미래의 예루살렘>

사 54:11. 너 곤고하며 광풍에 요동하여 안위를 받지 못한 자여 보라 내가

화려한 채색으로 네 돌 사이에 더하며 청옥으로 네 기초를 쌓으며.

너(유다 민족을 지칭하는 말), 고난을 많이 당하고 광풍에 요동하여 위로를 받지 못한 예루살렘이여!, 이제 내가 홍옥으로 벽을 쌓고, 청옥으로 성벽 기초를 쌓겠다.

"너 곤고하며 광풍에 요동하여"란 말은 바벨론 포로 생활 중에 곤고해졌고 광풍에 시달릴 대로 시달린 포로민들을 묘사하는 말이다(49:14-17). 그러나 이제 여호와께서는 그들의 시선을 저 멀리 종말 때의 화려한 예루살렘 모습으로 향하게 하시는 것이다.

문장 중간의 "보라"란 말은 그 이하의 내용이 아주 중요하니 주의해서 관찰하라는 것을 권한다. "내가 화려한 채색으로 네 돌 사이에 더하며 청옥으로 네 기초를 쌓겠다"는 말은 여호와께서 화려한 채색으로 예루살렘의 돌 사이에 더해주겠고, 요한계시록에서 보인 성전의 12개의 기초석 중 둘째인(계 21:19) 청옥으로 예루살렘의 기초를 쌓아주겠다는 뜻이다. 이 청옥은 또 모세와 아론과 이스라엘 70인 장로가 본 하나님 보좌의 기초석이었다(출 24:10). 또한 에스겔 선지자가 본 보좌 자체가 청옥이기도 했다(겔 1:26; 10:1, 이상근).

사 54:12. 홍보석으로 네 성벽을 지으며 석류석으로 네 성문을 만들고 네 지경을 다 보석으로 꾸밀 것이며.

홍보석으로 흉벽을 만들어 주고, 석류석으로 성문을 만들어주며, 보석으로 성벽 둘레를 꾸며주겠다고 하신다.

"홍보석으로 네 성벽을 지어주겠다"는 말은 성벽의 작은 첨탑들을 지어주겠다는 뜻이다(Delitzsch, Lange, Rawlinson).

"석류석으로 네 성문을 만들어 주겠다"는 말은 요한계시록의 12성문들을 모두 진주라 했다는 것을 보면 알 수 있다(계 21:21).

"네 지경을 다 보석으로 꾸밀 것이라"는 말은 성을 에워싼 성곽(계 21:17)을 모두 보석으로 꾸밀 것이라는 뜻이다.

사 54:13. 네 모든 자녀는 여호와의 교훈을 받을 것이니 네 자녀에게는 큰 평안이 있을 것이며.

나 여호와가 너(유다 민족)의 모든 사람들을 제자로 삼아 가르쳐서 참된 그리스도인이 되게 하겠고(44:3; 렘 31:33-34), 따라서 너의 아이들은 번영과 평화를 누리게 될 것이다(요 14:27).

사 54:14. 너는 공의로 설 것이며 학대가 네게서 멀어질 것인즉 네가 두려워하지 아니할 것이며 공포도 네게 가까이하지 못할 것이라.

유다 민족이 공의의 터 위에 굳게 설 것이며, 학대가 너(유다 민족)에게서 멀어질 것이니 너에게서는 두려움이 사라지고 공포 또한 사라져(11:9), 그것들이 너에게 접근하지 못할 것이다. 그러므로 너에게는 항상 평강만이 있을 것이다.

사 54:15. 보라 그들이 분쟁을 일으킬지라도 나로 말미암지 아니한 것이니 누구든지 너와 분쟁을 일으키는 자는 너로 말미암아 패망하리라.

"보라"란 말이 초두에 나와 본 절 전체를 주의해서 관찰해야 할 것을 권고한다. 즉, 보라. 너(유다 민족)를 공격하는 자들이 있겠지만, 그것은 내(여호와)가 허락한 것이 아니니(여호와께서 허락한 것이 아니면 반드시 패한다는 것이다) 너를 공격하는 자는 누구든지 반드시 너에게 패하고 말 것이라는 말씀이다(계 19:19-21; 20:9).

사 54:16. 보라 숯불을 불어서 자기가 쓸 만한 연장을 제조하는 장인도 내가 창조하였고 파괴하며 진멸하는 자도 내가 창조하였은즉.

본 절 초두에도 "보라"란 말이 있어 본 절을 주의해서 보아야 한다는 것을 권한다. 즉, 보라. 나(여호와)는 숯불을 불어서 쓸 만한 연장을 제조하는 대장장이도 내가 창조하였다. 그리고 파괴하며 진멸하는 자도 내가 창조하였다. 가령 앗수르의 산헤립이나 바벨론의 느부갓네살이나 또 바사의 고레스 왕도 모두 내가 만들었다. 그러므로 성도들은 그들 때문에 두려워할 필요가 없다.

사 54:17. 너를 치려고 제조된 모든 연장이 쓸모가 없을 것이라 일어나 너를 대적하여 송사하는 모든 혀는 네게 정죄를 당하리니 이는 여호와의 종들의 기업이요 이는 그들이 내게서 얻은 공의니라 여호와의 말씀이니라.

어떤 무기(16절)도 너(유다 백성들)를 상하게 하지 못하고, 너에게 맞서서 송사하려고 일어나 혀를 놀리는 자를 네가 모두 논박할 수 있을 것이다. 나의 종들을 내가 이렇게 막아 주고, 그들이 승리를 차지하도록 하겠다. 주님께서 하신 말씀이다.

"이는 여호와의 종들의 기업이요"라는 말은 교회의 교역자들과 성도들이 하나님으로부터 받는 구원이란 뜻이다. 이 기업은 아무도 빼앗지 못하고 침범하지 못한다.

"이는 그들이 내게서 얻은 공의니라"는 말은 성도들이 악한 자들의 위협으로부터 구원을 받는 것은 하나님을 의뢰하는 성도들이 하나님으로부터 보상을 받는 영원한 기업이자 의(義)라는 것이다. 여기서 "의"라는 것은 하나님으로부터 받은 구원의 보장을 받는 권리를 의미한다.

제 55 장

6. 여호와께로 돌아오라 55장

여호와께서 새 예루살렘의 영광스런 모습을 보이신(54:11-17) 후, 이사야는 현재로 돌아와 유다 민족 전체가 여호와께 돌아올 것을 권한다. 현재는 미래와는 대조적으로 비참한 가운데 있으니 급히 미래의 영광을 맞을 준비로 여호와께 돌아오라는 것이다.

구체적으로 유다 민족은 회개해야 하고 은혜를 구해야 한다. 이 부분의 내용은 ㄱ) 여호와께 빨리 돌아올 것(1-5절), ㄴ) 하나님의 구원의 확실한 보장(6-13절)을 나타낸다.

ㄱ) 여호와께로 돌아오라 55:1-5

유다 민족은 빨리 여호와께 돌아와 물과 젖을 사먹으라고 부탁 받는다.

<하나님의 긍휼>

사 55:1. 오호라. 너희 모든 목마른 자들아 물로 나아오라 돈 없는 자도 오라 너희는 와서 사 먹되 돈 없이, 값 없이 와서 포도주와 젖을 사라.

본 절은 유다 민족이 여호와께 나아와 무얼 돈 없이 사먹고 값 없이 사 먹으라고 권한다. 즉, 너희 모든 목마른 유다 사람들아, 어서 물로 나오너라. 돈이 없는 사람도 오너라. 너희는 와서 사서 먹되, 돈도 내지 말고 값도 지불하지 말고 포도주와 젖을 사서 마셔라.

"너희 모든 목마른 자들아"라는 말은 이사야가 정확하게 관찰하고 부른 것이다. 세상 부귀를 찾지 말고 "의에 주리고 목마르라"고 말한다(마 5:6).

"물로 나아오라 돈 없는 자도 오라 너희는 와서 사 먹으라"고 말한다. 선지자는 백성들에게 "물로" 나아오라고 권한다. 영적 생명을 위한 구원의 모든 은혜를 받으라는 권고이다.

"값 없이 와서 포도주와 젖을 사라"는 말은 인간의 노력이나 대가가 아닌 오직 하나님의 은혜로 받아먹으라는 것을 표현한다.

사 55:2. 너희가 어찌하여 양식이 아닌 것을 위하여 은을 달아 주며 배부르게 하지 못할 것을 위하여 수고하느냐 내게 듣고 들을지어다 그리하면 너희가 좋은 것을 먹을 것이며 너희 자신들이 기름진 것으로 즐거움을 얻으리라.

본 절은 선지자가 유다 백성들이 살 필요가 없는 것과 꼭 사서 먹어야 할 것들을 가려준다. 즉, 너희가 어찌하여 양식을 얻지도 못하면서 돈을 지불하며, 배부르게 하여 주지도 못하는데, 그것 때문에 수고하느냐? 들어라, 내(여호와)가 하는 말을 들어라. 그리하면 너희가 좋은 것을 먹으며, 기름진 것으로 너희 마음이 즐거울 것이다.

"어찌하여 양식이 아닌 것을 위하여 은(銀)을 달아 주며 배부르게 하지 못할 것을 위하여 수고하느냐"는 말은 양식이 아닌 것을 위하여 돈을 지불하며 배부르게 못할 것들을 위하여 수고하느냐는 것이다.

"내게 듣고 들을지어다 그리하면 너희가 좋은 것을 먹을 것이며 너희 자신들이 기름진 것으로 즐거움을 얻으리라"는 말은 하나님의 복음을 듣고 순종하면 마음에 기름진 것을 느낄 것이며 기쁨이 넘치게 될 것이라는 의미이다.

사 55:3. 너희는 귀를 기울이고 내게로 나아와 들으라 그리하면 너희의 영혼이 살리라 내가 너희를 위하여 영원한 언약을 맺으리니 곧 다윗에게 허락한 확실한 은혜이니라.

본 절은 하나님의 말씀을 들을 준비를 단단히 하고 하나님께 나아와 하나님의 말씀을 경청하면 영혼이 살게 될 것이란 의미이다.

"내가 너희를 위하여 영원한 언약을 맺으리니 곧 다윗에게 허락한 확실한 은혜이니라"는 말은 여호와께서 또 영원한 다윗의 언약을 맺으시겠다는 말이 아니라 하나님과 우리 사이에 다윗의 언약이 회복된다는 의미이다.

사 55:4. 보라 내가 그를 만민에게 증인으로 세웠고 만민의 인도자와 명령자로 삼았나니.

본 절 초두에도 "보라"란 말이 나와 본 절이 아주 중요한 내용을 가지고 있으니 유의하라는 것이다. 즉, 내(여호와)가 그(다윗)를 많은 민족 앞에 증인으로 세웠고, 많은 민족들의 인도자와 명령자로 삼았다.

그런데 다윗을 증거로 세웠다는 말은 메시아께서 오셔서 이루실 일이 하나님의 진실성을 증거 하실 뿐이라는 뜻이다(고후 1:18-20). 하나님께서 구약에 언약하신 것은 그리스도에게서 완전히 성취되었다. 그리스도께서는 "만민의 인도자와 명령자" 곧 왕도 되신다. 다시 말하면 그는 교회의 머리이시다(박윤선).

사 55:5. 보라 네가 알지 못하는 나라를 네가 부를 것이며 너를 알지 못하는 나라가 네게로 달려올 것은 여호와 네 하나님 곧 이스라엘의 거룩하신 이로 말미암음이니라 이는 그가 너를 영화롭게 하였느니라.

본 절 초두에는 "보라"라는 말이 나와 본 절이 아주 중요한 내용을 담고 있으니 아주 주의해서 관찰해야 한다고 권고한다. 즉, 네(메시아)가 알지 못하는 나라(이방 나라)를 네가 부를 것이며, 너를 알지 못하는 나라가 너에게 달려올 것이니, 이는 주 너의 하나님, 유다 민족의 거룩하신 하나님께서 너를 영화롭게 하시기 때문이라는 것이다.

여기 "네가 알지 못하는 나라를 네가 부를 것이며"라는 말은 성자 예수 그리스도를 알지 못하는 나라란 유다 민족 이외에 이방 나라들을 지칭한다. 따라서 본 절은 하나님께서 예수 그리스도를 구원의 통로로 세우시고 모든 나라들을 부르심으로 모든 나라들이 그리스도께 몰려올 것을 예언한 것이다. 이 예언의 성취는 예수 그리스도의 초림 사역 이후 계속해서 진행 중에 있으며 예수님의 재림 시에 완성될 것이다(행 13:48, 49; 계 15:4).

ㄴ) 구원의 보장 55:6-13

하나님의 구원에 대한 언약은 확실히 이루어질 것을 보장하시면서 여호와께 돌아올 것을 권면한다.

사 55:6. 너희는 여호와를 만날 만한 때에 찾으라 가까이 계실 때에 그를 부르라.

너희 바벨론 포로에서 돌아올 유다 백성들은 여호와를 만날 수 있을 때에 여호와를 찾아라. 유다 백성들은 여호와께서 가까이 계실 때에 여호와를 불러라. 시간적으로는 만날만한 때에, 공간적으로는 가까이 계실 때에, 즉 기회를 놓치지 말고 여호와를 찾으라는 것이다(이상근). 현재로는 영적 도덕적 회개를 뜻한다(암 5:4, 14). 우리는 항상 죄를 자백하며 살아야 한다. 죄를 깊이 자백하면 언제가 기회가 오는 것이다. 방법은 다음 절(7절)에 있다.

사 55:7. 악인은 그의 길을, 불의한 자는 그의 생각을 버리고 여호와께로 돌아오라 그리하면 그가 긍휼히 여기시리라 우리 하나님께로 돌아오라 그가 너그럽게 용서하시리라.

악인들은 그가 가던 길을 버리고, 불의한 자들은 그의 불의한 생각을 버리고 여호와께로 돌아오라고 하신다. 그리하면 여호와께서 긍휼히 여기신다는 것이다. 다시 한 번 강조하여 하나님께로 돌아오라고 하신다. 그러면 우리 주 여호와께서 너그럽게 사랑해주신다고 하신다.

사 55:8. 이는 내 생각이 너희의 생각과 다르며 내 길은 너희의 길과 다름이니라 여호와의 말씀이니라(For my thoughts are not your thoughts, neither are your ways my ways, declares the LORD-ESV)**.**

본 절은 여호와께서 선지자를 통하여 하시는 말씀이다. 즉, 나(여호와)의 생각은 너희(사람)의 생각과 다르며, 너희(사람)의 길은 나(여호와)의 길과 다르니라. 여호와께서 본 절의 말씀을 하시기 전에는 우리도 여호와의 생각과 다른 줄을 몰랐으며 우리의 길이 여호와의 길과 다른 줄을 몰랐다.

사 55:9. 이는 하늘이 땅보다 높음 같이 내 길은 너희의 길보다 높으며 내 생각은 너희의 생각보다 높음이니라(For as the heavens are higher than the earth, so are my ways higher than your ways and my thoughts than your thoughts-ESV).

본 절은 "여호와의 생각이 인생의 생각과 다르며 여호와의 길은 인생의 길과 다른"(8절) 이유를 설명한다. 그 이유는 하늘이 땅보다 높음 같이 여호와의 길은 인생의 길보다 높으며 여호와의 생각은 인생의 생각보다 높기 때문이라는 것이다. 우리는 그런 줄 믿고 살아야 한다.

사 55:10. 이는 비와 눈이 하늘로부터 내려서 그리로 되돌아가지 아니하고 땅을 적셔서 소출이 나게 하며 싹이 나게 하여 파종하는 자에게는 종자를 주며 먹는 자에게는 양식을 줌과 같이.

본 절은 과학에 맞게 진술한 문장이 아니라 여호와께서 비와 눈을 가지고 역사하셔서 사람의 소용이 되게 하신다는 것을 진술한다. 즉, 비와 눈이 하늘에서 내려서 땅을 적셔서 싹이 돋아 열매를 맺게 하고, 씨 뿌리는 사람에게 씨앗을 주게 하고, 사람에게 먹거리를 주고 나서야 그 근원으로 돌아간다고 말한다. 하나님은 은혜로 만물에게 비와 눈을 주시는데 그 은혜는 내려오는 것이지 다시 하나님께로 그냥 돌아가지는 않는다.

사 55:11. 내 입에서 나가는 말도 이와 같이 헛되이 내게로 되돌아오지 아니하고 나의 기뻐하는 뜻을 이루며 내가 보낸 일에 형통함이니라.

나(여호와)의 입에서 나가는 말도 내(여호와)가 원하는 것(용서)을 이루고 나서, 내(여호와)가 하라고 보낸 일(용서의 일-7절)을 성취하고 나서야 나(여호와)에게로 돌아올 것이다.

사 55:12. 너희는 기쁨으로 나아가며 평안히 인도함을 받을 것이요 산들과 언덕들이 너희 앞에서 노래를 발하고 들의 모든 나무가 손뼉을 칠 것이며(For

you shall go out in joy, and be led forth in peace; the mountains and the hills before you shall break forth into singing, and all the trees of the field shall clap their hands-ESV).

너희 유다 민족은 기뻐하면서 바벨론을 떠날 것이며, 평안히 인도를 받아 나아올 것이다. 산과 언덕이 너희 유다 민족 앞에서 소리 높여 노래하며, 들의 모든 나무가 손뼉을 칠 것이다.

"너희는 기쁨으로 나아가며 평안히 인도함을 받을 것이요"라는 말을 두고 혹자들은 출애굽 때와 비교를 한다. 그러나 출애굽 때는 기쁨으로 출애굽 했다든지 평안히 인도함을 받았다고 말할 수 없다. 출애굽 때는 애굽 군대의 추격을 받으면서 두려워 하는 중에 급하게 나왔으나 본 절의 유다 민족이 바벨론에서 나올 때는 기쁨으로 나아가며 평안히 인도함을 받는 점이 크게 다름을 알 수 있다(51:9-16; 스 1-2장). 또 종말의 신약 교회에 성도들이 모여들 때는 기쁨으로 모여들 것이다. "산들과 언덕들이 너희 앞에서 노래를 발하고 들의 모든 나무가 손뼉을 칠 것이라"는 말은 유다 민족이 바벨론에서 나올 때는 자연도 사람들 앞에서 기뻐할 것을 말하는 것이다. 종말의 성도들이 교회 앞으로 모일 때는 자연도 기뻐할 것이라는 뜻이다(행 3:19-21).

사 55:13. 잣나무는 가시나무를 대신하여 나며 화석류는 찔레를 대신하여 날 것이라 이것이 여호와의 기념이 되며 영영한 표징이 되어 끊어지지 아니하리라.

본 절은 구원받은 자의 땅에는 가시나무와 찔레 같은(5:6; 32:13) 나무들을 대신하여 잣나무와 화석류 등이 무성할 것을 말한다. 즉, 가시나무가 자라던 곳에는 잣나무가 자랄 것이며, 찔레나무가 자라던 곳에는 화석류가 자랄 것이다. 이것은 영원토록 남아 있어서, 주님께서 하신 일을 증언할 것이다.

"잣나무는 가시나무를 대신한다"는 말은 구원받은 자의 땅에는 만물이 새롭게 되고 만물이 회복된다는 뜻이다(행 3:19-21).

"이것이 여호와의 기념이 되며 영영한 표징이 되어 끊어지지 아니하리라"는 말은 이렇게 만물이 새롭게 되는 것은 여호와께서 역사하시는 것을 기억하는 것이 되며 여호와의 구원의 영원한 표징이 된다는 뜻이다(사 54:7-10; 63:12).

제 56 장

7. 회개를 권하면서 지도자의 죄를 질책한다 56장

본 장은 55장을 보충한다. 먼저 회개를 권하는 말이 나오고(1-8절), 지도자들의 죄를 심히 질책하는 말이 나온다(9-12절).

ㄱ) 율법 준수는 중요하다 56:1-2

<여호와께 연합한 사람>

사 56:1. 여호와께서 이와 같이 말씀하시기를 너희는 정의를 지키며 의를 행하라 이는 나의 구원이 가까이 왔고 나의 공의가 나타날 것임이라 하셨도다 (Thus says the LORD: Keep justice, and do righteousness, for soon my salvation will come, and my deliverance be revealed-RSV), (Thus says the LORD: Keep justice, and do righteousness, for soon my salvation will come, and my righteousness be revealed-ESV).

본 절은 유다 민족이 바벨론에서 해방되는데 필요한 계명을 지키라고 여호와께서 말씀하신다. 즉, 너희는 공평을 지키며 공의를 행하라. 이유는 나(여호와)의 구원이 가까이 왔고, 나의 의가 곧 나타날 것이기 때문이라고 하신다.

여기 "너희는 정의를 지키며 의를 행하라"는 말은 유다 민족이 바벨론에서 해방을 받으려면 그 준비로 계명(제 1-4계명, 제 5-10계명)을 지켜야 한다고 하신다.

그 이유는 "이는 나의 구원이 가까이 왔고 나의 공의가 나타날 것이기 때문이라"고 하신다. 계명을 지켜야 하는 이유는 여호와께서 유다 민족을 해방시키실 때가 가까이 왔고 여호와의 의가 나타날 것이기 때문이라는 것이다. 오늘 우리는 여호와의 구원의 은혜를 받고 사는 처지이니 계명을 지키면서 살아야 할 것이다.

사 56:2. 안식일을 지켜 더럽히지 아니하며 그의 손을 금하여 모든 악을 행하지 아니하여야 하나니 이와 같이 하는 사람, 이와 같이 굳게 잡는 사람은 복이 있느니라.

여호와의 계명 중에 본 절은 안식일을 지키는 문제를 특별히 말한다. "안식일을 지켜 더럽히지 아니해야 한다"고 말한다. 오늘날 신약 시대는 주일 성수를 말하고 있다. 초대 교회 때에 토요일 안식일을 지키다가 주일 성수로 점점 옮겼다. 오늘날 어느 목회자가 주일 성수에 대하여 너무 무심히 지내다가 아주 패가망신한 집안이 있었다.

주일 성수만 아니라 "손을 금하여 모든 악을 행하지 아니하여야" 하는 것이다. 십계명 전체를 철저히 지켜야 한다는 뜻이다.

ㄴ) 객들과 고자들이 이스라엘 회중에 용납됨 56:3-8

사 56:3. 여호와께 연합한 이방인은 말하기를 여호와께서 나를 그의 백성 중에서 반드시 갈라내시리라 하지 말며 고자도 말하기를 나는 마른 나무라 하지 말라.

본 절 초두의 "여호와께 연합한 이방인"이란 말은 이방인으로서 여호와를 믿는 사람을 지칭하는 말이다. 믿으면 연합되는 것이다.

여호와를 믿는 사람은 "여호와께서 나를 그의 백성 중에서 반드시 갈라내시리라 말하지 말며 고자도 말하기를 나는 마른 나무라 하지 말라"는 것이다. 여호와를 믿는다는 것은 굉장한 일이며 또 굉장한 특권이다. 고자 같은 사람이라도 열매가 있을 것이란 말이다.

사 56:4. 여호와께서 이와 같이 말씀하시기를 나의 안식일을 지키며 내가 기뻐하는 일을 선택하며 나의 언약을 굳게 잡는 고자들에게는.

여호와께서 이와 같이 말씀하시기를 여호와의 성일을 지키며 여호와께서 기뻐하시는 일을 택해서 하며 여호와의 언약인 대속 신앙을 굳게 믿는 성도는 세상에서 아무리 불리한 조건을 가진 사람도 여호와의 은혜를 누리는 일에는 아무 차별이 없다는 것이다.

사 56:5. 내가 내 집에서, 내 성 안에서 아들이나 딸보다 나은 기념물과 이름을 그들에게 주며 영원한 이름을 주어 끊어지지 아니하게 할 것이며.

여호와를 믿는 사람들은 세상적인 관점에서는 극히 불리한 조건을 가진 입장에 있는 사람들이라 할지라도 여호와의 은혜에 동참하는 일에는 전혀 모자람이 없게 되는 것이다.

사 56:6. 또 여호와와 연합하여 그를 섬기며 여호와의 이름을 사랑하며 그의 종이 되며 안식일을 지켜 더럽히지 아니하며 나의 언약을 굳게 지키는 이방인마다.

또 여호와를 믿으며 여호와를 섬기며 여호와를 사랑하며 여호와의 종이 되며 주일을 성수하며 여호와의 약속의 말씀을 굳게 지키는 이방인이라도 다음 절과 같이 여호와로부터 엄청난 은혜를 받게 된다는 것이다.

사 56:7. 내가 곧 그들을 나의 성산으로 인도하여 기도하는 내 집에서 그들을 기쁘게 할 것이며 그들의 번제와 희생을 나의 제단에서 기꺼이 받게 되리니 이는 내 집은 만민이 기도하는 집이라 일컬음이 될 것임이라.

앞 절(6절)과 같은 성도는 여호와의 교회에서 기쁨으로 신앙생활을 할 것이며 교회에서 기도 응답을 받게 될 것이라는 뜻이다. 기도 응답을 받는다는 것은 기쁜 일이 아닐 수 없다.

사 56:8. 이스라엘의 쫓겨난 자를 모으시는 주 여호와가 말하노니 내가 이미 모은 백성 외에 또 모아 그에게 속하게 하리라 하셨느니라.

본 절은 여호와께서 유다 민족을 바벨론에서 해방시키셔서 여호와를 믿게 하시고 또 이스라엘 이외에 또 이방인들을 모아 여호와께 속하게 하겠다고 하신다.

ㄷ) 유다 민족의 타락한 지도자들 56:9-12

유다 민족이 바벨론으로 포로 되어 가기 전 여호와께서는 이사야를 통하여 유다의 선지자와 지도자들을 책망하신다. 먼 종말의 일을 말한 이사야는 유다 민족이 바벨론으로 포로 되어 가기 전에 지도자들을 책망하는 것은 참으로 이상할 정도로 시대의 선후에 대해 관심을 포기한 것으로 보인다.

<몰지각한 목자들>

사 56:9. 들의 모든 짐승들아 숲 가운데의 모든 짐승들아 와서 먹으라.

들짐승들아(유다 민족을 침략할 이방의 군대를 칭하는 말로 본다, Targum, Calvin, Delitzsch, 박윤선, 이상근), 와서 나의 유다 백성을 잡아먹어라. 숲 속의 짐승들아, 와서 나의 백성을 잡아먹으라. 책망 중에도 아주 심한 책망이다.

사 56:10. 이스라엘의 파수꾼들은 맹인이요 다 무지하며 벙어리 개들이라 짖지 못하며 다 꿈꾸는 자들이요 누워 있는 자들이요 잠자기를 좋아하는 자들이니.

본 절은 책망을 받아야 할 지도자들이 얼마나 타락했는가를 보여준다. 즉, 백성을 지키는 파수꾼이라는 자들(21:6; 52:8; 렘 6:17; 겔 3:17)은 눈이 멀어서 살피지도 못한다. 지도자가 되어 망을 보아야 하는 입장인데 벙어리 개가 되어서 야수가 와도 짖지도 못한다. 기껏 한다는 것이 꿈이나 꾸고, 늘어지게 누워서 잠자기나 좋아하니 말이다.

유다의 지도자들은 첫째, 무능하기 짝이 없었다. 저들은 소경이었고 무지한 사람들이었다. 그리고 둘째, 벙어리 개였다. 그래서 도적이 오는 것을 보고도 짖지 않아 백성들에게 위기를 알려주지 못했다. 셋째 저들은 게으르기

형언할 길이 없었다. 잠자기를 좋아했고, 꿈이나 꾸는 사람들이었다.

사 56:11. 이 개들은 탐욕이 심하여 족한 줄을 알지 못하는 자들이요 그들은 몰지각한 목자들이라 다 제 길로 돌아가며 사람마다 자기 이익만 추구하며.

지도자라는 자들은 굶주린 개처럼 그렇게 먹고도 만족할 줄을 모른다. 백성을 지키는 지도자가 되어서도 분별력이 없어서 모두들 저 좋을 대로만 하고 저마다 제 배만 채우는 자들이다.

"유다의 지도자들은 몰지각한 목자들이라"는 말은 지도자라는 사명을 맡았지만 아무 것도 알지 못했다. 그러나 이들은 이권에는 아주 밝았다. 참으로 무어라 말하기 어려운 사람들이었다.

사 56:12. 오라 내가 포도주를 가져오리라 우리가 독주를 잔뜩 마시자 내일도 오늘 같이 크게 넘치리라 하느니라.

유다의 지도자들은 하루도 거르지 않고 향락에 빠져 살고 있었다(28:7). 즉, 이들의 입은 자기들 입에 맞는 것을 알아서 우리가 술을 가져 올 터이니, 독한 것으로 취하도록 마시자. 내일도 오늘처럼 마시자. 아니, 더 실컷 마시자고 한다는 것이다.

제 57 장

8. 이스라엘의 불충함 중에 은혜가 승리하다 57장

ㄱ) 의인의 멸망 57:1-2

의인들이 박해를 받아 죽는데도 그 뜻을 아는 자가 없다는 것이다.

<우상 숭배를 규탄하시다>

사 57:1. 의인이 죽을지라도 마음에 두는 자가 없고 진실한 이들이 거두어 감을 당할지라도 깨닫는 자가 없도다 의인들은 악한 자들 앞에서 불리어가도다.

의인이 일찍 죽어도 그것을 마음에 두는 자가 없고, 경건한 사람이 이 세상을 떠나도 그들이 일찍 죽는 이유를 깨닫는 자가 없구나.

의인(정로로 행하며 사람에게 자비를 베푸는 자)이 세상을 일찍 떠나는 수가 있는데 그 이유는 실상은 다음 절처럼 재앙을 피하여 가는 것이다.

"진실한 이들이 거두어 감을 당할지라도 깨닫는 자가 없도다"라는 말도 상반절의 "의인이 죽을지라도 마음에 두는 자가 없다"는 말과 동의절이다. 평상시에는 진실한 이들이 일찍 죽임을 당하지 않고 장수를 한다(출 20:12; 왕상 3:14; 시 91:16; 잠 3:1-2). 그러나 시대가 악할 때는 의인들이 험한 꼴을 보지 않게 하기 위해 하나님께서 일찍이 데려가신다(왕하 21:16). 의인들은 재앙 전에 데려감을 입은 것이다.

사 57:2. 그들은 평안에 들어갔나니 바른 길로 가는 자들은 그들의 침상에서 편히 쉬리라.

의인들이 일찍이 죽는 것은 평화로운 곳으로 들어가는 것이다. 바른길을 걷는 사람은 자기 침상 위에 편히 누울 것이다. 하나님께서는 의인들이 일찍이 평안으로 들어가게 하셔서 그들의 침상에서 편히 쉬게 하시는 것이다.

ㄴ) 마술과 우상 숭배를 책망하시다 57:3-10

여호와께서는 자주 우상 숭배를 책망하셨으나 여기서 다시 책망하신다. 히스기야 왕은 왕으로 등극하면서 즉시 우상들을 소탕하고 종교 개혁을 단행했다. 그러나 그의 아들 므낫세는 우상을 다시 퍼지게 했다. 이사야 선지자는 므낫세 왕 시절 우상 숭배를 질책했다.

사 57:3. 무당의 자식, 간음자와 음녀의 자식들아 너희는 가까이 오라.

본 절은 우상 숭배자들을 향하여 세 가지로 부르면서 가까이 오라고 말한다. 즉, 너희 점쟁이의 자식들아, 간통하는 자와 창녀의 자식들아, 이리 가까이 오라고 호통을 친다.

"무당의 자식"이란 술수를 숭상하는 자들로서 간음자와 음녀의 씨들이었다. 하나님을 버리고 우상을 섬기는 자들은 영적으로 간음하는 자들과 같다. 하나님께서는 이런 자들도 버리시지 않고 찾아서 구원하시려고 한다.

사 57:4. 너희가 누구를 희롱하느냐 누구를 향하여 입을 크게 벌리며 혀를 내미느냐 너희는 패역의 자식, 거짓의 후손이 아니냐.

여기 우상 숭배자들이 짓는 죄(3-8절)는 여러 가지로 표현된다. 각 절에서 이사야는 이들을 여러 가지로 이름을 붙인다. 본 절에서는 우상 숭배자들을 하나님을 희롱하는 자들이라고 부른다. 그리고 패역하고(거짓된 자들) 궤휼한 자들(거짓의 자식들)이라고 부른다. 우상은 곧 거짓이었다(45:20; 롬 1:25).

사 57:5. 너희가 상수리나무 사이, 모든 푸른 나무 아래에서 음욕을 피우며 골짜기 가운데 바위 틈에서 자녀를 도살하는도다.

이들은 또 상수리나무 사이, 모든 푸른 나무 아래서 음욕을 품으며 골짜기 가운데 바위틈에서 자녀를 죽이는 자들이라고 불린다(1:29; 왕하 16:4; 17:10; 렘 2:20; 3:6 참조).

여기 "골짜기 가운데 바위틈에서 자녀를 도살하는도다"라는 말은 우상 숭배자들은 골짜기 가운데 바위틈에서 자녀를 몰렉 신(바벨론 우상)에게 불태워 제물로 드렸다. 이 예식은 예루살렘 힌놈의 골짜기에서 거행되었다(렘 7:31). 어린 아이를 뜨겁게 달궈진 몰렉의 우상에게 바쳐 아이를 태워 죽이는 의식이었다.

사 57:6. 골짜기 가운데 매끄러운 돌들 중에 네 몫이 있으니 그것들이 곧 네가 제비 뽑아 얻은 것이라 또한 네가 전제와 예물을 그것들에게 드리니 내가 어찌 위로를 받겠느냐(Among the smooth stones of the valley is your portion; they, they, are your lot; to them you have poured out a drink offering, you have brought a grain offering. Shall I relent for these things-ESV)**.**

너 우상 숭배자는 골짜기의 매끈한 돌들을 가져다가, 그것들을 신으로 떠 받들었다. 너 우상 숭배자가 그것들에게 술을 부어 바치고, 또 곡식 제물을 바쳤다. 내(여호와)가 너희의 그런 꼴을 보았으니, 내(여호와)가 어찌 기뻐하겠느냐고 하신다.

"골짜기 가운데 매끄러운 돌들 중에 네 몫이 있다"는 말은 우상숭배자들이 나무만 숭배했을 뿐 아니라 매끄러운 돌들도 숭배했다는 뜻도 된다. 특별히 아라비아에 이와 같은 돌 숭배가 있었다. 그들은 하나님 대신 이와 같은 돌 숭배를 했다. 그것은 그들에게 있어서 마치 "제비 뽑아 얻은 소득"처럼 크게 생각되었다. 그들은 그 우상 앞에 전제와 예물을 드렸다.

사 57:7. 네가 높고 높은 산 위에 네 침상을 베풀었고 네가 또 거기에 올라가서 제사를 드렸으며.

너 우상 숭배자는 또 우뚝 솟은 높은 산 위에 올라가서 거기에 자리를 깔고 거기서 제사를 지냈다. 우상 숭배자들은 낮은 골짜기에서만 우상 숭배를 한 것이 아니라 높은 산 위에서도 우상한테 제사를 드린 것이다. 저들은 높은 산꼭대기에서 우상을 위해 자리를 베풀고 음녀 행동을 한 것이다(왕상

14:22; 대하 33:17; 겔 15:16).

사 57:8. 네가 또 네 기념표를 문과 문설주 뒤에 두었으며 네가 나를 떠나 벗고 올라가서 네 침상을 넓히고 그들과 언약하며 또 네가 그들의 침상을 사랑하여 그 벌거벗은 것을 보았으며(Behind the door and the doorpost you have set up your memorial; for, deserting me, you have uncovered your bed, you have gone up to it, you have made it wide; and you have made a covenant for yourself with them, you have loved their bed, you have looked on nakedness-ESV).

너 우상 숭배자는 골짜기와 산꼭대기에만 아니라 집 문과 문설주 뒤에 우상을 세워 놓았다. 사실은 바로 그 곳은 모세의 명을 좇아 여호와의 율법을 기록할 것이거늘(신 6:9; 11:20) 네 우상을 가져다가 세워놓았다. 우상 숭배자 너는 나(여호와)를 떠나서, 옷을 다 벗고, 네가 좋아하는 자들과 함께 알몸으로 침상에 올라가 자리를 넓게 폈다. 너 우상 숭배자는 그들과 함께 자려고 화대를 지불하고, 거기에서 정욕을 불태웠다.

현대인들이 하나님을 진심으로 섬기지 않고 육체의 쾌락을 따라가기 위하여 취하는 모든 움직임과 그 생활 현상은 이와 같은 모든 우상들로 가득 찬 것과 마찬가지이다. 현대인들은 하나님을 믿으려는 일은 전혀 없고 모든 세속적인 일과 운동에 대하여 굳게 맹약하고 나아간다. 현대인들도 옛날 사람들과 마찬가지로 우상을 섬기는 자들이다(골 3:5, 박윤선).

사 57:9. 네가 기름을 가지고 몰렉에게 나아가되 향품을 더하였으며 네가 또 사신을 먼 곳에 보내고 스올에까지 내려가게 하였으며(You journeyed to Molech with oil and multiplied your perfumes; you sent your envoys far off, and sent down even to Sheol-RSV), (You journeyed to the king with oil and multiplied your perfumes; you sent your envoys far off, and sent down even to Sheol-ESV).

너는 또 몰렉에게 가려고 몸에 기름을 바르고 향수를 흠뻑 뿌렸다. 섬길 신들을 찾기 위하여 먼 나라에 사신들을 보냈고 스올에까지 사절을 내려 보냈다. 본 절의 "몰렉"이란 말이 무엇이냐를 두고 여러 견해가 있다. 1) 유다인들이 숭배하던 바알 신이라고 보는 견해(Knobel), 2) 스바와임인의 아남메렉일 것이라고 보는 견해(Hitzig), 3) 아모리인의 밀곰이라는 견해(Duhm), 4) 몰렉 신을 뜻하는 것으로 보는 견해(Rawlinson), 5) 암몬 사람의 주신인 몰렉이라는 견해(Leupold), 6) "몰렉"(מֶלֶךְ)이란 말이 '왕'이란 뜻이니 '이방의 왕인 앗수르 왕'을 뜻한다는 견해(Cheyne, Delitzsch, 그랜드 종합주석), 7) 단순히 이방 왕을 뜻한다는 견해(박윤선, 이상근) 등 여러 견해 등이 있다. 이 여러 견해 들 중에 6)번과 7)번의 견해를 택해둔다. 본 절은 유다인들이 이방 왕에게 도움을 청하기 위해 기름과 또 향품을 가지고 이방의 왕을 찾아간 것으로 보는 것이 가장 바람직한 것으로 보인다. 또 유다인들이 "사신을 먼 곳에 보낸다"는 말을 보아 그 당시 유다 나라가 다른 나라에 도움을 청하기 위하여 간 것으로 보인다.

사 57:10. 네가 길이 멀어서 피곤할지라도 헛되다 말하지 아니함은 네 힘이 살아났으므로 쇠약하여지지 아니함이라.

본 절은 유다 사람들이 이방 왕이 아무리 멀리 있어도 지칠 줄 모르고 찾아간다는 것을 말한다. 즉, 신들을 찾아 나선 여행길이 고되어서 지쳤으면서도, 유다 사람들은 헛되다고 말하지 않는구나. 오히려 너는 우상들이 너에게 새 힘을 주어서 지치지 않았다고 생각한다는 것이다.

ㄷ) 심판의 위협 57:11-13

유다 민족은 하나님을 두려워하지 않고 세상 세력을 더 두려워했다. 이제 그들은 하나님의 심판의 위협 아래 있게 되었다.

사 57:11. 네가 누구를 두려워하며 누구로 말미암아 놀랐기에 거짓을 말하며 나를 생각하지 아니하며 이를 마음에 두지 아니하였느냐 네가 나를 경외하지

아니함은 내가 오랫동안 잠잠했기 때문이 아니냐.

네(유다 민족)가 그처럼 무서워하는 신들이 도대체 누구냐? 도대체 그 신들이 얼마나 무서우면, 나를 속이면서까지, 나를 까마득히 잊어가면서까지, 그 신들에게 매달리는 것이냐? 내가 오랫동안 침묵하고 있었다고 네가 나를 경외하지 않는 것이냐?

오늘 우리는 세상의 그 어떤 세력도 무서워할 것이 아니라 모든 것을 순식간에 초토화시키실 수 있는 전능하신 여호와 하나님을 두려워해야 할 것이다.

사 57:12. 네 공의를 내가 보이리라 네가 행한 일이 네게 무익하니라.

유다 백성들은 자신들이 하는 일이 다 옳다고 생각하겠지만, 네(유다 백성들)가 한 일을 내(여호와)가 다 폭로할 것이니, 너의 우상들이 결코 너를 돕지 못할 것이라는 뜻이다.

여기 "네 공의를 내가 보이리라"는 말은 '네 의가 있는지에 대하여 내가 선포하리라'는 뜻이다. 그러므로 이 말씀은 유다 백성들에게 의가 없음을 힘 있게 나타내시는 어투이다.

사 57:13. 네가 부르짖을 때에 네가 모은 우상들에게 너를 구원하게 하라 그것들은 다 바람에 날려 가겠고 기운에 불려갈 것이로되 나를 의뢰하는 자는 땅을 차지하겠고 나의 거룩한 산을 기업으로 얻으리라.

유다 백성들은 너희들이 섬기는 우상들에게 살려 달라고 부르짖어 보라. 오히려 바람이 우상들을 날려 버릴 것이며(시 1:4), 입김이 그것들을 쓸어버릴 것이다. 그러나 나 여호와에게로 피하여 오는 사람은 가나안 땅을 차지하여(신 4:1; 5:33; 시 37:11-29) 거기에서 살고, 나의 거룩한 성전에서 나를 예배할 것이라고 말씀하신다.

ㄹ) 구원을 약속하다 57:14-21

14절은 유다 백성이 돌아오는 길을 평탄하게 하라고 말하고, 15-19절에서는 회개하는 자들을 구원하실 것을 확인하신다. 그리고 20-21절에서는 회개하지 않는 악인들은 평강이 없을 것이라고 하신다.

<인도하고 고치겠다고 하신 약속>

사 57:14. 그가 말하기를 돋우고 돋우어 길을 수축하여 내 백성의 길에서 거치는 것을 제하여 버리라 하리라.

여호와께서 말씀하시기를 땅을 돋우고 돋우어서 길을 내어 나의 백성이 걷는 길에 거치는 것이 없게 하라고 하신다.

"돋우고 돋우어 길을 수축하여 내 백성의 길에서 거치는 것을 제하여 버리라"는 말은 길을 닦아 유다 백성이 돌아오는 길에 거추장스러운 것이 없게 하라고 하신다. 이 부분은 40:3-4절과 매우 흡사하다.

오늘 우리가 하나님을 전적으로 의지할 때 여호와께서는 우리의 가는 길에 거치는 것을 제하여 주신다.

사 57:15. 지극히 존귀하며 영원히 거하시며 거룩하다 이름하는 이가 이와 같이 말씀하시되 내가 높고 거룩한 곳에 있으며 또한 통회하고 마음이 겸손한 자와 함께 있나니 이는 겸손한 자의 영을 소생시키며 통회하는 자의 마음을 소생시키려 함이라.

장소적으로 지극히 높으신 분이시며(6:1) 시간적으로 영원히 살아 계시며 본질적으로 거룩한 이름을 가지신 분께서 말씀하시기를 내가 비록 높고 거룩한 곳에 있으나(왕상 8:27) 겸손한 사람과도 함께 있고 또 잘못을 뉘우치고 통회하는 사람(눅 18:13)과도 함께 있다. 나(여호와)는 겸손한 사람과 함께 있으면서 그들에게 용기를 북돋우어 주고 통회하는 사람과 같이 있으면서 그들의 상한 마음을 치료 하여 준다고 하신다.

사 57:16. 내가 영원히 다투지 아니하며 내가 끊임없이 노하지 아니할 것은 내가 지은 그의 영과 혼이 내 앞에서 피곤할까 함이라.

나(여호와)는 사람들과 끝없이 다투지는 않고, 한없이 분을 품지도 않는다(시 103:9). 사람에게 생명을 준 것이 나(여호와)인데, 내가 그들과 끝없이 다투고 한없이 분을 품고 있으면 사람이 어떻게 견디겠느냐(시 130:3)고 하신다. 여호와는 오늘날 우리가 생각하는 그런 하나님은 아니시다.

사 57:17. 그의 탐심의 죄악으로 말미암아 내가 노하여 그를 쳤으며 또 내 얼굴을 가리고 노하였으나 그가 아직도 패역하여 자기 마음의 길로 걸어가도다.

사람의 탐욕스러운 죄 때문에 내(여호와)가 노하여 사람들을 쳤고 내(여호와)가 노하여 나의 얼굴을 가렸을지라도 사람들은 끝내 나를 거역하고(1:15-23; 3:5; 5:18, 23; 렘 6:13; 겔 33:31) 자기 마음에 내키는 길로 가버리고 말았다. 탐욕이란 필요 이상 가지려는 욕심을 말한다. 탐욕을 가진 자는 남을 배려하지 않는다. 그는 참으로 불행한 사람이다.

사 57:18. 내가 그의 길을 보았은즉 그를 고쳐 줄 것이라 그를 인도하며 그와 그를 슬퍼하는 자들에게 위로를 다시 얻게 하리라.

여호와께서는 사람의 소행이 어떠한지 다 안다고 하신다. 그래서 나(여호와)는 그들을 고쳐 주겠다고 하신다. 그들을 인도하여 주고 도와주겠으며 슬퍼하는 사람들을 위로하여 주겠다고 하신다. 사람을 고치는 일은 여호와께 아주 쉬운 일이다.

사 57:19. 입술의 열매를 창조하는 자 여호와가 말하노라 먼 데 있는 자에게든지 가까운 데 있는 자에게든지 평강이 있을지어다 평강이 있을지어다 내가 그를 고치리라 하셨느니라.

본 절은 여호와께서 사람을 고치셔서 입술의 열매를 맺게 하신다고 하신다. 즉, 감사와 찬미의 열매를 맺게 해 주신다는 것이다. 여호와께서 입술의 열매를 맺게 해주시는 일에는 거리에 관계없이 하신다는 것이다. 바벨론 땅에 있는 자든지 가나안 땅에 있는 자든지 어디에 있는 자든지 하나님은 사람을 달라지게 해주실 수가 있다는 것이다.

사 57:20. 그러나 악인은 평온함을 얻지 못하고 그 물이 진흙과 더러운 것을 늘 솟구쳐 내는 요동하는 바다와 같으니라.

본 절은 죄를 자복하지 않는 자의 불행을 말한다. 즉, 악인들은 요동하는 바다와 같아서 고요히 쉬지 못하니, 성난 바다는 진흙과 더러운 것을 솟구쳐 올릴 뿐이라는 것이다. 악인들은 아무리 평온하기를 소원해도 절대로 평온이 찾아오지 않는다. 계속해서 불안만 찾아오게 마련이다.

사 57:21. 내 하나님의 말씀에 악인에게는 평강이 없다 하셨느니라.

악인에게 평안이 없다는 것을 하나님께서 확정해서 말씀하신다. 48:22 주해 참조.

제 58 장

9. 추방 이후 유다 민족의 회복을 지체시킨 악폐들 58장

58장은 유다 민족의 회개를 축구하면서 금식과 관련시켜 말하고(1-9a), 예배와도 관련시키며(9b-12), 안식일(13-14절)과 관련시켜 말한다.

ㄱ) 금식과 관련된 진술 58:1-9a

<여호와께서 기뻐하시는 금식>

사 58:1. 크게 외치라 목소리를 아끼지 말라 네 목소리를 나팔 같이 높여 내 백성에게 그들의 허물을, 야곱의 집에 그들의 죄를 알리라.

본 절은 유다 민족의 죄를 크게 드러내라고 말한다. 즉, 목소리를 크게 내어 힘껏 외치고 주저하지 말라고 말한다. 목소리를 나팔 소리처럼 높여서 유다 백성에게 그들의 허물을 알리고, 야곱의 집에 그들의 죄를 알리라고 말한다. 한 개인의 죄나 민족의 죄는 널리 알려서 회개하도록 해야 하는 것이다.

사 58:2. 그들이 날마다 나를 찾아 나의 길 알기를 즐거워함이 마치 공의를 행하여 그의 하나님의 규례를 저버리지 아니하는 나라 같아서 의로운 판단을 내게 구하며 하나님과 가까이 하기를 즐거워하는도다.

유다 민족이 마치 공의를 행하고 하나님의 규례를 저버리지 않는 민족이나 되듯이, 날마다 나(여호와)를 찾으며, 나(여호와)의 길을 알기를 좋아한다. 유다 민족은 무엇이 공의로운 판단인가를 나 여호와에게 묻고, 여호와 하나님께 가까이 나가기를 즐거워한다고 한다.

본 절이 유다 민족의 외식을 묘사하는 것임을 다음 절을 보아 알 수

있다. 유다 민족은 겉으로는 날마다 여호와를 찾아 여호와의 길 알기를 즐거워하는 것처럼 보였다. 유다 민족은 하나님의 규례를 저버리지 아니하는 나라같이 보였다. 그러나 실상은 그들은 그렇지 않았다. 오늘도 외식하는 개인이나 나라가 얼마나 많은가.

사 58:3. 우리가 금식하되 어찌하여 주께서 보지 아니하시오며 우리가 마음을 괴롭게 하되 어찌하여 주께서 알아 주지 아니하시나이까 보라 너희가 금식하는 날에 오락을 구하며 온갖 일을 시키는도다.

여호와께서 보시지도 않는데 우리가 무엇 때문에 금식을 합니까? 주님께서 알아주시지도 않는데, 우리가 무엇 때문에 고행을 하겠는가고 불평했다. 유다 백성들이 금식하는 날, 자신들의 향락만을 찾았고 일꾼들에게는 하루 종일 무리하게 일을 시켰다.

사 58:4. 보라 너희가 금식하면서 논쟁하며 다투며 악한 주먹으로 치는도다 너희가 오늘 금식하는 것은 너희의 목소리를 상달하게 하려는 것이 아니니라.

본 절도 역시 유다 민족이 금식하면서 해서는 안 되는 일들을 했다는 것을 지적한다. 즉, 너희 유다 민족이 다투고 싸우면서, 금식을 하는구나. 이렇게 못된 주먹질이나 하려고 금식을 하는 것이냐. 너희의 목소리를 여호와께 들리게 할 생각이 있다면, 오늘과 같은 이런 금식을 해서는 안 된다고 하신다.

사 58:5. 이것이 어찌 내가 기뻐하는 금식이 되겠으며 이것이 어찌 사람이 자기의 마음을 괴롭게 하는 날이 되겠느냐 그의 머리를 갈대 같이 숙이고 굵은 베와 재를 펴는 것을 어찌 금식이라 하겠으며 여호와께 열납될 날이라 하겠느냐.

3, 4절과 같이 금식하는 것은 여호와께서 원하시는 금식이 아니라는 것이다. 이런 식으로 금식하는 것이 어찌 사람이 자기의 마음을 괴롭게 하는

날이 되겠느냐는 것이다. 머리를 갈대처럼 숙이고 굵은 베와 재를 깔고 앉는다고 해서(에 4:3; 단 9:3; 욘 3:6) 어찌 이것을 금식이라고 하겠으며, 주님께서 유다 민족을 기쁘게 반기실 날이라고 할 수 있겠느냐고 책망하신다. 우리가 금식한다면 여호와께서 기뻐하시는 금식을 해야 한다.

사 58:6. 내가 기뻐하는 금식은 흉악의 결박을 풀어 주며 멍에의 줄을 끌러 주며 압제 당하는 자를 자유하게 하며 모든 멍에를 꺾는 것이 아니겠느냐.

본 절은 여호와께서 기뻐하시는 금식을 드러낸다. 즉, 나 여호와가 기뻐하는 금식은, 부당한 결박을 풀어 주는 것, 멍에의 줄을 끌러 주는 것, 압제받는 사람을 놓아 주는 것, 모든 멍에를 꺾어 버리는 것, 바로 이런 것들이라고 하신다.

사 58:7. 또 주린 자에게 네 양식을 나누어 주며 유리하는 빈민을 집에 들이며 헐벗은 자를 보면 입히며 또 네 골육을 피하여 스스로 숨지 아니하는 것이 아니겠느냐.

본 절도 앞 절과 마찬가지로 여호와께서 기뻐하시는 금식을 거론한다. 즉, 굶주린 사람에게 먹거리를 나누어 주는 것, 떠도는 불쌍한 사람을 집에 맞아들이는 것, 헐벗은 사람에게 옷을 입혀 주는 것, 너의 골육을 피하여 숨지 않는 것(눅 10:31-32)이라고 하신다.

사 58:8. 그리하면 네 빛이 새벽 같이 비칠 것이며 네 치유가 급속할 것이며 네 공의가 네 앞에 행하고 여호와의 영광이 네 뒤에 호위하리니.

본 절은 앞 절들(6-7절)에 말씀한대로 참 금식을 하면 어떤 결과가 일어나는가를 진술한다. 즉, 그리하면 네 빛이 새벽 햇살처럼 비칠 것이며(60:1), 네 상처가 빨리 나을 것이다. 그리고 네 의를 드러내실 분이 네 앞에 가실 것이며, 주님의 영광이 네 뒤에서 호위할 것이라(52:12)고 하신다.

사 58:9a. 네가 부를 때에는 나 여호와가 응답하겠고.

9절 상반절은 우리가 참 금식 기도를 하면 여호와께서 응답하신다는 말씀을 한다. 금식 기도를 하는 성도는 본 절이 보여주는 바와 같이 여호와와 친밀한 교제 중에 살게 된다는 것이다. 우리가 필요한 때에 우리가 금식 기도하여 큰 은혜를 받으면서 살아야 할 것이다.

ㄴ) 예배와 관련된 진술 58:9b-12

이 부분(9b-12절)에서는 유다 백성들을 향하여 사회적으로 연약한 자들에게 행하던 불의를 버리라고 권면한다.

사 58:9b. 네가 부르짖을 때에는 내가 여기 있다 하리라. 만일 네가 너희 중에서 멍에와 손가락질과 허망한 말을 제하여 버리고.

유다 민족이 여호와께 부르짖으면 여호와께서 내가 여기에 있다고 대답하실 것이다. 유다 민족이 너의 나라에서 무거운 멍에와 온갖 폭력과 폭언을 없애 버린다면, 다음 절(10절)과 같이 될 것이라고 한다.

사 58:10. 주린 자에게 네 심정이 동하며 괴로워하는 자의 심정을 만족하게 하면 네 빛이 흑암 중에서 떠올라 네 어둠이 낮과 같이 될 것이며.

네(유다 민족)가 너의 정성을 굶주린 사람에게 쏟으며 괴로워하는 자의 소원을 충족시켜 준다면, 너(유다 민족)의 빛이 어둠 가운데서 나타나며(시 112:4) 캄캄한 밤이 오히려 대낮같이 될 것이라고 한다.

유다 민족이 참 금식을 하면(이것이 참 예배를 드리는 것이다) 유다 민족에게 여호와의 복이 넘치게 임할 것이라는 것이다.

사 58:11. 여호와가 너를 항상 인도하여 메마른 곳에서도 네 영혼을 만족하게 하며 네 뼈를 견고하게 하리니 너는 물 댄 동산 같겠고 물이 끊어지지 아니하는 샘 같을 것이라.

여호와께서 유다 민족을 항상 인도하시고, 메마른 곳에서도 유다 백성들의 영혼을 충족시켜 주시며, 너의 뼈마디에 원기를 주실 것이다. 그래서 유다 민족은 마치 물 댄 동산처럼 되고, 물이 끊어지지 않는 샘처럼 될 것이라고 하신다(렘 31:12).

사 58:12. 네게서 날 자들이 오래 황폐된 곳들을 다시 세울 것이며 너는 역대의 파괴된 기초를 쌓으리니 너를 일컬어 무너진 데를 보수하는 자라 할 것이며 길을 수축하여 거할 곳이 되게 하는 자라 하리라.

본 절은 유다 민족이 참된 신앙생활을 하는 경우 유다 민족에게서 날 자녀들이 오래 황폐된 곳들을 다시 세우는 자들이 될 것이고, 파괴된 기초를 다시 쌓게 될 것이라고 한다. 그래서 유다 민족의 자녀들은 무너진 데를 다시 세우는 자들이라는 별명을 얻게 될 것이고, 길을 수축하여 거할 곳이 되게 하는 자라는 별명을 얻게 될 것이라고 한다.

오늘 우리도 개인의 가정을 고치고 세워 나가고 또 나라를 세워 나가는 사람들이 되어야 할 것이다.

ㅂ) 안식일과 관련된 진술 58:13-14

이 부분(13-14절)은 안식일을 거룩히 지키라고 권면한다. 안식일 성수를 이렇게 권하는 이유는 안식일 성수야 말로 유다 백성들이 하나님과의 원초적인 관계를 유지하는 데 있어서 필수적이기 때문이다.

<안식일을 지키면>

사 58:13. 만일 안식일에 네 발을 금하여 내 성일에 오락을 행하지 아니하고 안식일을 일컬어 즐거운 날이라, 여호와의 성일을 존귀한 날이라 하여 이를 존귀하게 여기고 네 길로 행하지 아니하며 네 오락을 구하지 아니하며 사사로운 말을 하지 아니하면.

오늘날은 보수주의 교회의 성도들이라 할지라도 주일 성수를 정확하게 하지 않는 경향이 있다. 일단 예배는 드리지만 예배를 드리고 나면 온갖 세상일을 다 하는 경향이 있다. 주일이라도 부득이한 일을 할 수 있음을 인정한다 해도 오늘날 성도들은 너무 세속적으로 기울었다고 보이는 것이다. 오늘 13절과 14절의 성경을 읽고 성수주일을 더욱 철저히 해야 할 것이다. 즉, 유다 민족들아, 네가 안식일에 발길을 삼가 여행을 하지 않으며, 나(여호와)의 거룩한 날에 너의 쾌락을 일삼지 않으며, 안식일을 즐거운 날이라고 부르며, 주의 거룩한 날을 존귀한 날이라고 한다면, 그리고 이 날을 귀하게 여겨서, 사람의 멋대로 하지 않으며, 자신의 쾌락을 찾지 않으며, 함부로 말하지 않으면, 다음 절(14절)과 같은 복을 얻을 것이라고 하신다.

사 58:14. 네가 여호와 안에서 즐거움을 얻을 것이라 내가 너를 땅의 높은 곳에 올리고 네 조상 야곱의 기업으로 기르리라 여호와의 입의 말씀이니라.

앞 절(13절)과 같이 주일 성수를 하면 유다 민족은 여호와 안에서 즐거움을 얻을 것이고, 여호와께서 유다 민족을 땅에서 영화롭게 하고, 유다 민족의 조상 야곱의 유산을 먹고 살도록 하겠다고 하신다. 본 절은 여호와께서 친히 하신 말씀이다.

본 절의 "내가 너를 땅의 높은 곳에 올린다"는 말은 '땅의 안전한 지대에 두셔서 외적의 침략을 당하지 않게 하실 것이라'는 뜻이다. 다시 말해 성도들이 세상에서 평안히 살게 해주시겠다는 뜻이다.

그리고 "네 조상 야곱의 기업으로 기르리라"는 말은 이스라엘의 조상 야곱에게 약속하신 기업의 땅(창 28:13-14)에서 번영하게 될 것이란 뜻이다. 오늘 우리 성도들로 하여금 우리가 살고 있는 땅에서 잘 되게 하신다는 뜻으로 보아야 할 것이다.

제 59 장

10. 여호와의 손이 짧아 구원치 못하심이 아니다 59장

59장도 앞 장에 이어 유다 민족의 죄를 규탄한다. 그러나 본 장에서는 죄의 용서에 강조점을 두고 있다.

본 장의 내용은 ㄱ) 유다 민족의 근거 없는 불평(1-2절), ㄴ) 유다 민족에 편만한 불의(3-8절), ㄷ) 불평으로 인한 도덕적 혼란(9-11절), ㄹ) 솔직한 고백(12-15a), ㅁ) 여호와의 개입(15b-21)으로 구성되어 있다.

ㄱ) 유다 민족의 근거 없는 불평 59:1-2

<선지자가 백성의 죄악을 규탄하다>

사 59:1. 여호와의 손이 짧아 구원하지 못하심도 아니요 귀가 둔하여 듣지 못하심도 아니라.

여호와의 손이 짧아서 구원하지 못하시는 것도 아니고, 여호와의 귀가 어두워서 듣지 못하셔서 구원을 못하시는 것도 아니라는 것이다.

여호와께서 우리를 구원하지 않으시는 것은 여호와에게 그 책임이 있는 것이 아니라 우리 측에서 죄를 자복하지 않아서 그런 것이다. 우리가 죄를 인정하고 죄를 자복하기만 하면 바로 용서를 받을 것이라고 하신다.

사 59:2. 오직 너희 죄악이 너희와 너희 하나님 사이를 갈라 놓았고 너희 죄가 그의 얼굴을 가리어서 너희에게서 듣지 않으시게 함이니라.

본 절은 여호와께서 우리의 죄를 용서해주시지 않는 이유를 보여준다. 즉, 오직 너희 죄악이 너희와 너희의 하나님 사이를 멀리 갈라놓았고, 너희의 죄 때문에 주님께서 너희에게서 얼굴을 가리셔서 너희의 기도를 듣지 않으시

는 것이다. "너희 죄악이 너희와 너희 하나님 사이를 갈라놓았다"는 말은 '인간 측에 있는 죄가 인간과 하나님 사이를 벌어지게 만들었다'는 뜻이다. 어느 정도로 죄를 자복해야 하는가 하면 내 자신을 죄인의 괴수로 인정하고(딤전 1:15) 자복하면 죄를 용서받는 것이다.

ㄴ) 유다 민족에 편만한 불의 59:3-8

사 59:3. 이는 너희 손이 피에, 너희 손가락이 죄악에 더러워졌으며 너희 입술은 거짓을 말하며 너희 혀는 악독을 냄이라.

본 절은 유다 민족의 죄악이 용서를 받지 못하는 이유를 제공하고 있다. 즉, 너희(유다 민족)의 손이 피로 더러워졌으며, 너희(유다 민족)의 손가락이 죄악으로 더러워졌고(왕하 21:6, 16; 24:4; 25:25; 대하 24:21; 28:3; 33:6; 36:16), 너희(유다 민족)의 입술이 거짓말을 하며, 너희(유다 민족)의 혀가 악독한 말을 하기 때문이다.

"너희 입술은 거짓을 말하며 너희 혀는 악독을 낸다"는 말은 '악한 자를 멸하기 위해 입술을 가지고 거짓을 말하며 혀로 악독을 발한다'는 뜻이다. 결국 사람의 죄는 손(행동)으로 짓는 죄와 입(말)으로 짓는 죄이다.

사 59:4. 공의대로 소송하는 자도 없고 진실하게 판결하는 자도 없으며 허망한 것을 의뢰하며 거짓을 말하며 악행을 잉태하여 죄악을 낳으며.

공의대로 소송을 제기하는 사람도 아무도 없고, 진실하게 재판하는 사람도 하나도 없다. 허망한 것을 믿고 거짓을 말하며, 해로운 생각을 품고서 죄를 짓는다. "공의대로 소송하는 자도 없고 진실하게 판결하는 자도 없다"는 말은 당시 부패해질 대로 부패해진 유다 민족의 재판을 드러내고 있다. 소송하는 측이나 재판을 다루는 측이나 모두 거짓으로 한다는 것을 말한다.

"허망한 것을 의뢰하며 거짓을 말하며 악행을 잉태하여 죄악을 낳는다"는 말은 '세속적 욕망을 위하여 재판을 거짓으로 진행하며 남을 해하기 위해 그대로 실시한다'는 뜻이다.

사 59:5. 독사의 알을 품으며 거미줄을 짜나니 그 알을 먹는 자는 죽을 것이요 그 알이 밟힌즉 터져서 독사가 나올 것이니라(They hatch adders' eggs; they weave the spider's web; he who eats their eggs dies, and from one that is crushed a viper is hatched-ESV).

악인들이 악한 계획을 꾸미는 것을 말한다. 즉, 그들은 독사의 알을 품은 것 같이 얼른 볼 때에는 악하게 보이지 않으나, 그 알이 부화되면 사람을 해치고야 마는 것과 같다는 것이다. 다시 말해 저들의 계획이 실행되면 사람이 죽임 당한다. "독사"에 대해 11:8 참조. 또 거미가 줄을 짜서 벌레들을 잡아먹고자 한다. 그 그물에 걸리는 벌레는 결국 죽음을 당하는 것이다(이상근).

"그 알이 밟힌즉 터져서 독사가 나올 것이니라"는 말은 '그 악인의 계획에 동참하는 자들을 말한다. 저희도 그 알에서 독사가 나타나면 결국 함께 해를 받게 되는 것이다.

사 59:6. 그 짠 것으로는 옷을 이룰 수 없을 것이요 그 행위로는 자기를 가릴 수 없을 것이며 그 행위는 죄악의 행위라 그 손에는 포악한 행동이 있으며.

그들이 거미줄로 짠 것을 가지고는 옷(행위)을 만들지 못하고, 그들이 만든 것을 가지고는 아무도 몸을 덮지 못한다. 그들이 하는 일이란 죄악을 저지르는 것뿐이며, 그들의 손에는 폭행만 생산할 뿐이고 아무 유익이 없다. 인간의 죄를 가려주는 옷은 예수 그리스도인 것이다(롬 13:14; 계 16:15).

사 59:7. 그 발은 행악하기에 빠르고 무죄한 피를 흘리기에 신속하며 그 생각은 악한 생각이라 황폐와 파멸이 그 길에 있으며.

본 절의 말씀은 롬 3:15-16에 인용되고 있으며, 악인들의 행위와 사상을 지적하며 행위도 악이요, 사상도 악이며 결과도 악이라는 것이다. 다시 말하면 어떻게 하면 남을 해치고 빼앗을까만 생각하고 행하는 것이다. 그 결과 황폐와 파멸만이 그 길에 있다. 그들이 가는 곳에는 파멸과 황폐만 있을 뿐이라는 것이다.

사 59:8. 그들은 평강의 길을 알지 못하며 그들이 행하는 곳에는 정의가 없으며 굽은 길을 스스로 만드나니 무릇 이 길을 밟는 자는 평강을 알지 못하느니라.

악인들이 걸어가는 길에는 좋은 것이 없다는 것을 요약한다. 즉, 그 악인들은 안전한 길을 알지 못하며 그들이 가는 길에는 공평이 없다(4절; 1:17, 21, 23절;. 3:14-15). 스스로 그들의 길을 굽게 만드니 그 길을 걷는 모든 사람에게 안전이 없다는 것이다(잠 10:3).

ㄷ) 그로 인한 도덕적 혼란 59:9-11

<백성이 죄악을 자백하다>

사 59:9. 그러므로 정의가 우리에게서 멀고 공의가 우리에게 미치지 못한즉 우리가 빛을 바라나 어둠뿐이요 밝은 것을 바라나 캄캄한 가운데에 행하므로.

본 절 초두의 "그러므로"란 말은 유다 민족에게 편만하게 존재하는 불의(3-8절)의 결과를 말하는 말이다. 즉, 그러므로 공평이 우리에게서 멀리 떨어져 있고, 공의가 우리에게 도무지 미치지 못한다. 우리가 빛을 간절히 바라나, 어둠뿐이며, 밝음을 고대하고 바라나 암흑 속을 걸을 뿐이라는 것이다.

사 59:10. 우리가 맹인 같이 담을 더듬으며 눈 없는 자 같이 두루 더듬으며 낮에도 황혼 때 같이 넘어지니 우리는 강장한 자 중에서도 죽은 자 같은지라.

본 절도 역시 유다 민족에 편만하게 존재하는 불의(3-8절)의 결과를 말한다. 즉, 우리는 앞을 도무지 보지 못하는 맹인처럼 담을 더듬고 다니는 수밖에 없다. 대낮에도 우리가 밤길을 걸을 때처럼 넘어지니, 몸이 건강하다고 하나 죽은 사람과 다를 바 없다는 것이다.

본 절의 "강장한 자 중에서도 죽은 자 같은지라"는 말을 해석하기 위해서는 먼저 "강장한 자"(אַשְׁמַנִּים)라는 낱말의 뜻이 무엇이냐를 알아야 하는데

"강장한 자"라는 말의 뜻을 두고 견해가 갈린다. 1) '황폐한 곳'이라는 뜻이라는 견해(KJV, Calvin), 2) '강한 자'라는 뜻이라는 견해(우리 개역 개역판 성경, 표준 새 번역, Delitzsch, Lange), 3) '어두운 곳'을 뜻하는 것이라는 견해(Vulgate, Kay, Knobel, Rawlinson, 박윤선, 이상근, 그랜드 종합 주석), 문맥을 보아 3)번의 견해가 가장 타당한 것으로 보인다. 어두움에 거하는 우리는 소경같이 더듬고 대낮에도 넘어지며, 죽은 자와 같다는 것이다. 이는 결국 하나님과 분리된 영적 죽음의 상태에 있음을 고백하는 것으로 본다.

사 59:11. 우리가 곰 같이 부르짖으며 비둘기 같이 슬피 울며 정의를 바라나 없고 구원을 바라나 우리에게서 멀도다.

유다 민족 모두가 곰처럼 힘차게 부르짖고, 비둘기처럼 슬피 울며, 공평을 바라지만 공평이 없고, 구원을 바라지만 그 구원이 우리에게서 멀리 떠나 있다는 것이다. 아무리 기도해도 기도 응답이 없다는 것이다. 우리는 응답을 받을 때까지 계속해서 부르짖어야 한다.

ㄹ) 솔직한 고백 59:12-15a

사 59:12. 이는 우리의 허물이 주의 앞에 심히 많으며 우리의 죄가 우리를 쳐서 증언하오니 이는 우리의 허물이 우리와 함께 있음이니라 우리의 죄악을 우리가 아나이다.

우리의 기도가 쉽게 응답되지 않는 이유를 본 절이 말한다. 즉, 우리의 부르짖음이 빨리 응답되지 않는 이유는 주님께 지은 우리의 죄가 매우 많기 때문이다. 다시 말해 우리의 죄가 우리를 고발하고 있기 때문이다. 우리가 지은 죄를 우리가 발뺌할 수 없으며, 우리의 죄를 우리가 잘 알고 있기 때문이다.

사 59:13. 우리가 여호와를 배반하고 속였으며 우리 하나님을 따르는 데에서 돌이켜 포학과 패역을 말하며 거짓말을 마음에 잉태하여 낳으니.

본 절은 유다 백성들이 두 가지로 잘못한 것을 말한다. 하나는 여호와를 배반한 것이고, 다른 하나는 사람에게 잘못한 것을 말한다. 하나는 "우리가 여호와를 배반하고 속였으며 우리 하나님을 따르는 데에서 돌이킨 것"이었고, 다른 하나는 "포학과 패역을 말하며 거짓말을 마음에 잉태하여 낳은 것"이었다. 이 둘은 결국은 같은 것이다. 여호와를 배반하면 결국 사람들을 향해서도 포학과 패역을 말하며 거짓을 말한다.

사 59:14. 정의가 뒤로 물리침이 되고 공의가 멀리 섰으며 성실이 거리에 엎드러지고 정직이 나타나지 못하는도다.

본 절은 유다 백성들이 하나님을 떠난 결과 사람 상대하여 여러 가지 죄를 지었다는 것을 말한다. 즉, 공평이 뒤로 밀려나고 공의가 멀어졌으며, 성실이 땅바닥에 떨어졌고, 정직이 발붙이지 못하는 상황에 도달한 것이다. 요는 공의와 진실이 사람 사회에서 완전히 매장되어 버렸다는 것이다.

사 59:15a. 성실이 없어지므로 악을 떠나는 자가 탈취를 당하는도다.

14절 하반절에서 일반 사회에서 성실이 사라지니, 악에서 떠나 선하게 살기를 원하는 자가 오히려 약탈을 당한다는 것이다. 성실은 사회생활의 기본 조건이므로 성실이라는 도덕이 없어지면 바른 사회를 기대할 수 없는 것이다.

ㅁ) 여호와의 개입 59:15b-21

유다 사회가 참으로 말하기 부끄러울 정도로 타락했지만 여호와께서는 그들에게 오셔서 구원해주신다는 것이다.

<여호와께서 백성을 구원하려고 하시다>

사 59:15b. 여호와께서 이를 살피시고 그 정의가 없는 것을 기뻐하지 아니하시고.

여호와께서는 유다 민족의 죄도 보시고(1-8절), 또 죄를 자백함도 보셔서 (9-15b), 이제는 유다 사회로 돌아오셔서 그 정의가 없는 것을 기뻐하지 아니하시며 구원하시기로 작정하신 것이다.

사 59:16. 사람이 없음을 보시며 중재자가 없음을 이상히 여기셨으므로 자기 팔로 스스로 구원을 베푸시며 자기의 공의를 스스로 의지하사.

여호와께서 유다 사회에 사람이 없음을 보시고 중보자로 역할을 할 만한 사람도 없음을 이상히 여기셨으므로 여호와께서 자기의 힘을 의지하셔서 스스로 구원을 베푸시며 자기의 공의를 의지 하셔서 구원하신다는 것이다.

사 59:17. 공의를 갑옷으로 삼으시며 구원을 자기의 머리에 써서 투구로 삼으시며 보복을 속옷으로 삼으시며 열심을 입어 겉옷으로 삼으시고.

원수를 격멸하기 위해 하나님께서 무장하신 것을 말한다. 즉, 여호와께서 공의를 갑옷으로 입으시고, 구원의 투구를 머리에 쓰셨다(엡 6:14-17 참조). 그리고 보복을 속옷으로 입으셨다. 열심을 겉옷으로 입으셨다는 것이다. 여호와께서 유다 민족을 구원하시려는 의욕이 대단하심을 볼 수 있다.

사 59:18. 그들의 행위대로 갚으시되 그 원수에게 분노하시며 그 원수에게 보응하시며 섬들에게 보복하실 것이라.

본 절은 유다 민족을 구원하시는 방법을 말씀하신다. 즉, 여호와께서는 적들이 행한 대로 갚으시되 적들에게 진노하시며, 원수들에게 보복하신다. 그리고 섬들(열방들)에게도 보복하신다. 유다 민족의 적은 곧 여호와 자신의 적이기 때문이었다.

사 59:19. 서쪽에서 여호와의 이름을 두려워하겠고 해 돋는 쪽에서 그의 영광을 두려워할 것은 여호와께서 그 기운에 몰려 급히 흐르는 강물 같이 오실 것임이로다.

여호와께서 열방 중에서 그 모든 원수들을 징벌하신 결과로 해 지는 곳에서 주님의 이름을 두려워하며, 해 뜨는 곳에서 주님의 영광을 두려워할 것이다.

원수가 강물처럼 몰려오겠으나, 주님의 영이 그들을 물리치실 것이라는 것이다.

"그 기운에 몰려 급히 흐르는 강물 같이 오실 것임이로다"라는 말은 여호와의 기운 곧 성령에 몰려 급히 흐르는 유브라데 강물처럼 하나님께서 오신다는 것이다. 오래 참고 계시던 하나님은 이제 돌연히 임하셔서 일편 심판하시고 일편 구원하시는 것이다.

사 59:20. 여호와의 말씀이니라 구속자가 시온에 임하며 야곱의 자손 가운데에서 죄과를 떠나는 자에게 임하리라.

본 절은 여호와의 구원의 날에 이루어질 두 가지 사실에 대하여 진술하고 있다. 첫째는 여호와께서 말씀하시기를 여호와 자신께서 시온에 속량자로 오신다고 하시고, 둘째는 야곱의 자손 가운데서 죄를 회개한 사람들에게 오신다고 하신다. 유다 민족의 우상 숭배와 교만(44:9-20; 48:8)의 죄악을 떠나 여호와의 공의를 지키며 살아가는 거룩한 백성들에게 베풀어질 것임을 선언하고 있다.

여기서 구속자는 역사적으로 유다 민족을 바벨론에서 해방시킨 바사 왕 고레스를 가리키며(45:1) 궁극적으로는 전 인류의 구원자로 오실 그리스도를 가리킨다.

사 59:21. 여호와께서 이르시되 내가 그들과 세운 나의 언약이 이러하니 곧 네 위에 있는 나의 영과 네 입에 둔 나의 말이 이제부터 영원하도록 네 입에서와 네 후손의 입에서와 네 후손의 후손의 입에서 떠나지 아니하리라 하시니라 여호와의 말씀이니라

여호와께서 말씀하시기를 내가 유다 민족과 맺은 나의 언약은 이러하다(창 17:2-4; 삼하 7:12-16; 렘 31:31-34). 너의 위에 있는 나의 성령(욜 2:28; 행 2:1-4)과 너의 입에 담긴 나의 말(계시의 말씀)이, 이제부터 영원토록, 너의 입과 너의 자손의 입과 또 그 자손의, 자손의 입에서 떠나지 않을 것이라고 하신다. 한번 맺으신 언약은 영원히 변하지 않는다는 것이다.

제 60 장

11. 예루살렘의 영광 60장

60장은 구원 받은 유다 민족의 예루살렘의 영광을 노래한다. 예루살렘의 영광은 이미 40:5에서 진술되었고, 본 장에서 더욱 구체적으로 밝혀지고 있다.

본 장의 내용은 ㄱ) 여호와의 임재(1-3절), ㄴ) 만민이 집결하는 일(4-9절), ㄷ) 이방인들이 섬긴다는 것(10-14절), ㄹ) 새 예루살렘의 영광(15-22절)으로 구성되어 있다.

ㄱ) 여호와의 임재 60:1-3

<예루살렘이 받을 영광>

사 60:1. 일어나라 빛을 발하라 이는 네 빛이 이르렀고 여호와의 영광이 네 위에 임하였음이니라.

예루살렘이여!, 일어나 빛을 비추어라. 구원의 빛이 너에게 비치었으며, 주님의 영광이 아침 해처럼 너의 위에 떠올랐다는 것이다.

예루살렘 주민들이 일어나서 빛을 발할 수 있는 이유는 주민들에게 빛이 이르렀기 때문에 빛을 받아 빛을 비출 수 있게 되었고, 또 여호와의 영광이 예루살렘 주민들 위에 임하였기 때문에 그 영광을 받아 그 영광을 비출 수 있었기 때문이다.

사 60:2. 보라 어둠이 땅을 덮을 것이며 캄캄함이 만민을 가리려니와 오직 여호와께서 네 위에 임하실 것이며 그의 영광이 네 위에 나타나리니.

본 절 초두에는 "보라"(הִנֵּה)라는 말이 있어 본 절 전체가 아주 중요한

글임을 드러내고 있다. 그러니 주의해서 관찰해야 할 것을 권한다. 그리고 본 절 초두에는 이유를 말하는 접속사가 나타나(כִּי) 본 절이 앞 절의 이유를 제공하고 있다. 다시 말해 예루살렘 주민들이 빛을 받아 빛을 발할 수 있게 된 이유는 본 절에 "오직 여호와께서 네 위(예루살렘 주민들 위)에 임하실 것이기" 때문이라는 것이다. 본 절을 쉽게 해석해 보면, 어둠이 땅을 덮으며, 짙은 어둠이 민족들을 덮을 것이나 오직 너의 위에는 주님께서 아침 해처럼 떠오르시며, 그의 영광이 너의 위에 나타날 것이라고 한다. 그 어두움이란 죄로 인한 마음의 어두움을 말하고 그 빛이란 여호와의 임재하심으로 나타나는 여호와의 영광인 것이다.

사 60:3. 나라들은 네 빛으로, 왕들은 비치는 네 광명으로 나아오리라.

이방 나라들이 예루살렘 주민의 빛을 보고 찾아오고, 뭇 왕이 떠오르는 너(예루살렘 주민들)의 광명을 보고 너에게로 올 것이다(49:23 주해 참조). 종말에 가서 전 세계 만민이 교회로 찾아와서 빛을 받고 복을 받을 것이다.

ㄴ) 만민이 집결하다 60:4-9

예루살렘이 회복된 후에 만민이 모여오고, 만민들의 보물도 함께 모여와 예루살렘은 크게 번영하게 된다는 내용이다. 바로 이 현상은 종말적 교회에 세계 만민이 집결될 영광스런 모습을 보여주는 것이다.

사 60:4. 네 눈을 들어 사방을 보라 무리가 다 모여 네게로 오느니라 네 아들들은 먼 곳에서 오겠고 네 딸들은 안기어 올 것이라.

네 눈을 들어 사방을 둘러보아라. 그들이 모두 모여 너에게로 오고 있다. 너의 아들들이 먼 곳으로부터 오며, 너의 딸들이 사람들의 옆에 끼어 올 것이다(49:18).

사 60:5. 그 때에 네가 보고 기쁜 빛을 내며 네 마음이 놀라고 또 화창하리니 이는 바다의 부가 네게로 돌아오며 이방 나라들의 재물이 네게로 옴이라.

그 때에 이것을 보는 예루살렘 주민의 얼굴에는 기쁨이 넘치고, 흥분한 너의 가슴은 설레게 될 것이며, 기쁨에 벅찬 가슴은 터질 듯 할 것이다. 풍부한 재물이 뱃길로 예루살렘에게로 오며, 이방 나라의 재산이 예루살렘에게로 들어올 것이다. 그 부분의 내용은 6-8절에서 진술된다.

사 60:6. 허다한 낙타, 미디안과 에바의 어린 낙타가 네 가운데에 가득할 것이며 스바 사람들은 다 금과 유향을 가지고 와서 여호와의 찬송을 전파할 것이며.

많은 낙타들이 유다 땅을 덮을 것이며, 미디안과 에바의 어린 낙타가 유다 땅을 뒤덮을 것이다. 스바의 모든 사람이 금과 유향을 가지고 와서, 여호와께서 하신 일을 찬양할 것이다.

사 60:7. 게달의 양 무리는 다 네게로 모일 것이요 느바욧의 숫양은 네게 공급되고 내 제단에 올라 기꺼이 받음이 되리니 내가 내 영광의 집을 영화롭게 하리라.

게달(이스마엘의 자손)의 모든 양 떼가 다 너에게로 모여 들며, 네가 느바욧(이스마엘의 자손)의 숫양들을 제물로 쓸 것이다. 내가 내 성전을 이전보다 더욱 영화롭게 할 때에, 이것들이 내 제단 위에 합당한 제물로 오를 것이다.

"느바욧"은 주전 7세기경 벌써 앗수르와 동맹한 강대한 족속이었다. 알렉산더 대왕 이후 마카비 시대에는 상당한 강대국이 되었다. 이들은 양과 수양을 몰고 와서 하나님의 제단에 제물을 드렸다.

사 60:8. 저 구름 같이, 비둘기들이 그 보금자리로 날아가는 것 같이 날아오는 자들이 누구냐.

본 절은 바다에서 보물들을 싣고 모여드는 광경을 묘사한다. 즉, 저 구름 떼처럼 몰려오는 저 사람들이 도대체 누구냐? 제 보금자리로 돌아오는 비둘기처럼 날아오는 저 사람들이 누구냐? 이는 비둘기가 그 보금자리로 향해 몰려오는 것처럼 모여오는 배들을 말하는 것이다.

사 60:9. 곧 섬들이 나를 앙망하고 다시스의 배들이 먼저 이르되 먼 곳에서 네 자손과 그들의 은금을 아울러 싣고 와서 네 하나님 여호와의 이름에 드리려 하며 이스라엘의 거룩한 이에게 드리려 하는 자들이라 이는 내가 너를 영화롭게 하였음이라.

세계 만국 백성들이 여호와를 사모하여 교회로 돌아오며(41:1), 다시스(서바나의 항구)의 배들이 맨 먼저 먼 곳에 있는 너의 자녀들(성도들)을 데리고 오고(교회로 운반한다는 뜻), 그들이 주 너의 하나님의 이름을 높이려고, 이스라엘의 거룩하신 하나님께 드리려고, 은과 금(재물)을 함께 싣고 오게 되는데, 주님께서 너(종말의 교회)를 영화롭게 하셨기 때문에 이런 일이 벌어지는 것이다.

"다시스의 배들이 맨 먼저 이르되"라는 말은 이 이방 무역선이 이제는 이방인들을 하나님께 돌아오도록 하는 일에 모든 일을 제쳐놓고("먼저"라는 뜻) 사용된다는 뜻이다. 이것은 물론 비유의 말씀으로서 하나님의 복음을 위하여 이방인들의 주요한 세력이 힘쓸 것을 가리키는 것뿐이다(박윤선).

성령 강림(행 2:1-4) 이후 세계의 교회가 시기적으로 먼저 존재한 유교, 불교 등의 수많은 종교들을 놀라울 정도로 추월하여 부흥하였다. 물론 하나님의 존재하심이 세상의 모든 것보다 앞선 것이 진리이므로 기독교를 다른 종교와 비교하는 것에 조심스러움이 있다. 그러나 지극히 세상적인 관점에서 기독교를 단지 여러 종교 중 하나로 평가했을 때를 염두에 두고, 각 종교의 발흥 시기를 비교해 본다는 전제 아래 기독교의 부흥은 종교 역사상 실로 엄청난 일인 것이다. 따라서 교회의 부흥을 단순한 사건으로 치부하여 무시할 수 없다. 더 나아가 바로 이러한 일들이 일어날 것에 대해서는 이미 오래 전 이사야를 통해 말씀하셨다는 사실이다. 즉, 교회에 대한 예언이 이사야서를 통해 틀림없는 사실임이 드러났으므로, 우리는 놀라지 않을 수 없다.

ㄷ) 이방인들이 섬기다 60:10-14

이방의 왕들이 한 때는 유다 민족을 박해하여 예루살렘을 공격하고 선민들을 괴롭혔으나 이제는 그들 자신들이 하나님의 백성이 되어 예루살렘을 재건하고 교회를 섬기게 된다는 것이다.

사 60:10. 내가 노하여 너를 쳤으나 이제는 나의 은혜로 너를 불쌍히 여겼은즉 이방인들이 네 성벽을 쌓을 것이요 그들의 왕들이 너를 섬길 것이며.

유다 민족의 죄 때문에 여호와께서 진노하셔서 이방의 왕들을 동원하셔서 유다 민족을 치셨으나, 이제는 유다 민족이 바벨론 포로 생활 중에 죄를 자복하는 것을 보시고 여호와께서 은혜를 베푸셔서 유다 민족을 불쌍히 여기시겠다고 하신다. 그래서 이방 자손이 예루살렘 성벽을 쌓으며, 그들의 왕들이 교회를 섬길 것을 말씀하신다.

본 절의 성취를 위하여 여호와께서는 바사 왕 고레스를 사용하셨다. 그로 하여금 조서를 내려 예루살렘 성전을 재건하게 하셨고(에 3:7), 아닥사스다 왕을 사용하셔서 예루살렘 성을 재건하게 하셨다(느 1:3; 2:5-8). 그리고 여호와께서는 신약 시대의 사도들로 하여금 기도하게 하셔서 성령 강림절을 맞이하게 하셔서 교회를 엄청나게 부흥되게 하셨다.

사 60:11. 네 성문이 항상 열려 주야로 닫히지 아니하리니 이는 사람들이 네게로 이방 나라들의 재물을 가져오며 그들의 왕들을 포로로 이끌어 옴이라.

본 절도 역시 앞 절(10절)과 마찬가지로 교회의 부흥을 말하는 예언이다. 즉, 예루살렘의 성문과 신약 시대의 교회의 문은 언제나 열려 있어서, 밤낮으로 닫히지 않을 것이다. 이방 나라의 재물이 이 문을 통과하여 예루살렘 교회와 신약 시대의 교회에게로 오며, 이방 왕들이 하나님의 복음에 사로잡혀서 교회 안으로 끌려올 것이다.

사 60:12. 너를 섬기지 아니하는 백성과 나라는 파멸하리니 그 백성들은 반드시 진멸되리라.

교회를 섬기지 않는 민족과 나라는 망하고, 그런 이방 나라들은 반드시 황폐해질 것이라는 내용이다(슥 14:17-19). 다시 말해 요한 사도가 말한 것과 같이 하나님의 아들을 순종하지 않는 자는 영생을 보지 못하고 도리어 하나님의 진노가 그 위에 머문다는 것이다.

사 60:13. 레바논의 영광 곧 잣나무와 소나무와 황양목이 함께 네게 이르러 내 거룩한 곳을 아름답게 할 것이며 내가 나의 발 둘 곳을 영화롭게 할 것이라.

레바논의 자랑인 잣나무와 소나무와 황양목, 즉 좋은 은사들이 함께 교회로 올 것이다. 그 나무가 나(여호와)의 성전 터를 아름답게 꾸밀 것이니, 이렇게 하여서 내(여호와)가 나의 발 둘 곳을 영화롭게 하겠다고 하신다.

여기 "레바논의 영광 곧 잣나무와 소나무와 황양목이 함께 네게 이른다"는 말은 '하나님께서 주시는 모든 영적 은사들'을 지칭한다. 하나님의 교회는 하나님이 주시는 모든 좋은 은사들로 인하여 아름답게 꾸며지는 것이다.

"내 거룩한 곳을 아름답게 할 것이며 내가 나의 발 둘 곳을 영화롭게 할 것이라"는 말은 여호와께서 선지자를 통하여 주신 말씀인데, 이는 '교회를 영적으로 아름답게 하실 것이며 또 여호와의 발 둘 곳을 영화롭게 하실 것이라'(대상 28:2; 시 99:5; 132:7)는 뜻이다.

사 60:14. 너를 괴롭히던 자의 자손이 몸을 굽혀 네게 나아오며 너를 멸시하던 모든 자가 네 발 아래에 엎드려 너를 일컬어 여호와의 성읍이라, 이스라엘의 거룩한 이의 시온이라 하리라.

교회를 괴롭히던 자들의 자손이 몸을 굽히고 교회로 나아오며, 교회를 멸시하던 자들이 모두 교회의 발아래에 엎드려서, 교회를 주님께서 계시는 도성이라고 부르고, 지극히 거룩하신 분의 교회라고 부를 것이다.

교회를 박해하던 세력은 시대마다 있어왔지만 그 세력들은 결국 망하고 교회는 영원히 보존될 것이다. 교회가 세상에서 어떤 세력을 만나 박해를 받는다 해도 그것은 교회로 하여금 주님을 더욱 의지하고 기도하라는 신호로 알고 기도에 매진해야 할 것이다. "이스라엘의 거룩한 이"란 말에 대해서는 5:19 주해를 참조하라.

ㄹ) 새 예루살렘의 영광 60:15-22

이 부분(15-22절)은 새 예루살렘의 영광을 언급하는 부분으로 신천 신지의 세계를 보여주는 것이다.

사 60:15. 전에는 네가 버림을 당하며 미움을 당하였으므로 네게로 가는 자가 없었으나 이제는 내가 너를 영원한 아름다움과 대대의 기쁨이 되게 하리니.

유다 민족이 죄를 지었을 때와 죄를 자복했을 때의 결과적 차이가 너무나 크게 다름을 말하는 말씀이다. 즉, 비록 유다 민족이 전에는 죄 때문에 여호와와 사람으로부터 버림을 받고 미움을 받았으나(54:7; 62:4) 이제 죄를 자복하여 해방된 후에는 여호와께서 길이 교회를 높이고, 교회로 하여금 오는 세대 사람들에게 기쁨이 되게 하시겠다고 말씀 하신다. 교회가 죄를 자복하는 것 이상으로 더 중요한 것은 없다.

사 60:16. 네가 이방 나라들의 젖을 빨며 뭇 왕의 젖을 빨고 나 여호와는 네 구원자, 네 구속자, 야곱의 전능자인 줄 알리라.

"네가 이방 나라들의 젖을 빨며 뭇 왕의 젖을 빨 것이라"는 말은 '교회가 이방 나라들과 그 집권자들의 봉사를 받게 될 것이라'는 뜻이다.

그리고 "나 여호와는 네 구원자, 네 구속자, 야곱의 전능자인 줄 알리라"는 말에 대해서는 49:26 주해를 참조하라. 본 절에서 이 말씀을 언급한 이유는 여호와께서 모든 것을 성취되게 하시는 분이라는 것을 드러내기 위함이다.

사 60:17. 내가 금을 가지고 놋을 대신하며 은을 가지고 철을 대신하며 놋으로 나무를 대신하며 철로 돌을 대신하며 화평을 세워 관원으로 삼으며 공의를

세워 감독으로 삼으리니.

본 절은 여호와께서 놋쇠를 대신해서 금을 가져 오며, 철을 대신해서 은을 가져 오며, 나무를 대신해서 놋쇠를 가져 오며, 돌을 대신해서 철을 가져 오겠다는 말씀이다. 이는 교회의 부유함을 드러내는 말씀이다. 그리고 내가 평화를 교회의 감독자로 세우며, 의를 교회의 지배자로 세우겠다고 하시는 말씀은 교회는 물질적으로만 부유한 것이 아니라 윤리적으로는 화평하고 공의로움으로 말미암아 결국 주께서 교회를 의롭게 하실 것임을 말씀하신다(롬 14:17).

사 60:18. 다시는 강포한 일이 네 땅에 들리지 않을 것이요 황폐와 파멸이 네 국경 안에 다시 없을 것이며 네가 네 성벽을 구원이라, 네 성문을 찬송이라 부를 것이라(Violence shall no more be heard in your land, devastation or destruction within your borders; you shall call your walls Salvation, and your gates Praise-RSV, ESV**).**

여호와께서는 교회가 서 있는 곳에 다시는 폭행 소문이 들려오지 않게 하실 것이며, 교회가 서 있는 국경 안에서는 황폐와 파괴 소문이 들려오지 않을 것이라고 말씀하신다. 성도들은 교회의 성벽을 구원이라고 부르고, 교회의 성문을 찬송이라고 부를 것이라고 하신다. 2:4에 "여호와께서 열방 사이에 판단하시며 많은 백성을 판결하시리니 무리가 그들의 칼을 쳐서 보습을 만들고 그들의 창을 쳐서 낫을 만들 것이며 이 나라와 저 나라가 다시는 칼을 들고 서로 치지 아니하며 다시는 전쟁을 연습하지 아니하리라"고 하셨다.

사 60:19. 다시는 낮에 해가 네 빛이 되지 아니하며 달도 네게 빛을 비추지 않을 것이요 오직 여호와가 네게 영원한 빛이 되며 네 하나님이 네 영광이 되리니.

본 절은 마지막 날에 임할 새 하늘과 새 땅의 영광된 모습을 말한다(65:

17-22; 계 21:23; 22:5). 즉, 다시는 낮에 해가 네 빛이 되지 아니하며 달도 네게 빛을 비추지 않을 것이요, 오직 여호와가 네게 영원한 빛이 되며 네 하나님이 네 영광이 되실 것임을 뜻한다(요 1:9; 약 1:17).

사 60:20. 다시는 네 해가 지지 아니하며 네 달이 물러가지 아니할 것은 여호와가 네 영원한 빛이 되고 네 슬픔의 날이 끝날 것임이라.

새 세계에서는 교회의 해가 지지 아니하며 교회의 달이 물러가지 아니할 것이니 그 이유는 여호와께서 교회의 영원한 빛이 되시니 슬픔의 날이 영원히 끝날 것이기 때문이다. 하나님과 함께 하는 영원 세계에서 일체의 슬픔과 불행은 결코 다시 찾아오지 않는다(35:10; 계 21:4; 22:3).

사 60:21. 네 백성이 다 의롭게 되어 영원히 땅을 차지하리니 그들은 내가 심은 가지요 내가 손으로 만든 것으로서 나의 영광을 나타낼 것인즉(Your people shall all be righteous; they shall possess the land forever, the branch of my planting, the work of my hands, that I might be glorified-ESV).

신천 신지의 백성은 죄 문제를 다 해결한 백성으로서 모두 의롭게 되어 땅을 영원히 차지한다는 것, 다시 말해 영원히 내세에 들어갈 것이라는 의미이다(65:17; 66:22). 누구든지 살아서나 죽어서나 의롭지 못하면 하나님의 나라에 들어가지 못한다.

그리고 "그들은 내가 심은 가지요 내가 손으로 만든 것으로서 나의 영광을 나타낼 것이라"는 문장에서 "내가 심은 가지"라는 말과 "내가 손으로 만든 것"이란 말은 동의어로 쓰였다. 따라서 그들은 '여호와의 영광을 드러낼 사람들이라'(5:1-3)는 뜻이다. 따라서 본문은 성도들이 그리스도의 피로 의롭다 하심을 받고 영생을 소유하므로, 세상에서 더욱 의로운 생활을 하게 되어 하나님의 영광을 드러낼 것을 예언한 것이다(엡 2:8-10).

사 60:22. 그 작은 자가 천 명을 이루겠고 그 약한 자가 강국을 이룰 것이라

때가 되면 나 여호와가 속히 이루리라.

본 절은 하나님의 나라가 처음에는 작은 겨자씨 같은 것이나 급속한 성장을 이룬다는 것(마 13:31-32; 눅 12:32; 계 7:9)을 말한다.

여기 "때가 되면"이란 말은 궁극적으로는 그리스도의 재림의 때를 지칭한다.

"나 여호와가 속히 이루리라"는 말은 하나님의 때가 되면 하나님께서는 그의 종말적 프로그램을 속히 이루실 것이라는 뜻이다(계 1:1; 22:20). 이는 교회가 처음에는 미미(微微)할 것이나 결국 전 세계에 퍼져 그 수에 있어서나 세력에 있어서 급성장하게 될 것을 예언한 것이다.

제 61 장

12. 시온의 장래 영광 61장

61장은 시온의 기쁜 소식을 말한다.

ㄱ) 여호와의 종의 사명 61:1-3

<구원의 아름다운 소식>

사 61:1. 주 여호와의 영이 내게 내리셨으니 이는 여호와께서 내게 기름을 부으사 가난한 자에게 아름다운 소식을 전하게 하려 하심이라 나를 보내사 마음이 상한 자를 고치며 포로된 자에게 자유를, 갇힌 자에게 놓임을 선포하며.

본 절은 여호와의 성령님이 예수님에게 임하신 이유를 말한다. 즉, 여호와께서 나(메시아)에게 기름을 부으시니, 여호와 하나님의 영이 나(메시아)에게 임하셨다는 말씀이다. 여호와께서 나를 보내셔서, 가난한 사람들에게 기쁜 소식을 전하고, 또 상한 마음을 싸매어 주며, 포로에게 자유를 선포하고, 갇힌 사람에게 석방을 선언하기 위함이다.

"여호와께서 내게 기름을 부었다"는 말은 '여호와께서 메시아에게 성령님을 부으셨다'는 뜻이다. 여기 "내게"라는 말에 대한 견해들은 1) '이사야에게'라는 견해(Gesenius, Rosenmueller, Ewald, Knobel), 2) 오시는 메시아를 지칭한다는 견해(Calvin, Delitzsch, Rawlinson, 박윤선, 이상근, 그랜드 종합주석)가 있다. 이 두 가지 견해 중에서 2)번의 견해가 타당(마 3:16; 눅 4:18-21; 요 1:32)한 것으로 본다.

"내게 기름을 부으셨다"는 말에서 메시아라는 말이 나왔다. 이스라엘의 왕(삼상 16:13), 제사장(출 30:30), 선지자(왕상 19:16) 등은 그의 주요 직책을 위해 그 머리 위에 기름 부음을 받았다(삼상 16:1-5 참조).

"가난한 자에게 아름다운 소식을 전하게 하려 하심이라"는 말은 '괴로움을 받은 자에게 복된 소식을 전하게 하려 하심이라'는 뜻이다.

"마음이 상한 자를 고치며"라는 말은 '죄를 통회하는 자를 치료한다'는 뜻이다. 예수님께서 전하시는 복음은 양심에 고통을 느끼는 자, 즉 양심에 상처받은 것을 아프게 느끼는 자들에게 임하여 치료를 해 주신다는 뜻이다.

"포로된 자에게 자유를, 갇힌 자에게 놓임을 선포한다"는 말은 '죄의 포로된 자에게 자유함을, 죄에 갇힌 자에게 놓임을 주신다'는 뜻이다(요 8:34-36 참조). 죄를 지은 자들은 자기 힘으로 죄에서 놓이지 못한다. 예수님께서 놓이게 해주셔야 죄에서 놓일 수 있는 것이다.

사 61:2. 여호와의 은혜의 해와 우리 하나님의 보복의 날을 선포하여 모든 슬픈 자를 위로하되.

본 절도 여호와의 성령님이 예수님에게 임하신 이유를 말한다. 즉, 여호와의 은혜의 해와 우리 하나님의 보복의 날을 선언하고, 모든 슬퍼하는 사람들을 위로하게 하셨다는 것이다.

"은혜의 해"란 말은 '은혜 주실 때'를 뜻하는 말이다. 다시 말해 '신약시대'를 가리킨다(고후 6:1-2). 이 시대에는 유다인과 이방인의 차이가 없이 누구든지 예수 그리스도를 믿으면 구원을 받는 시대이다(요 3:16).

"보복의 날을 선포한다"는 말은 메시아께서 우리의 원수 마귀를 이기시므로 우리로 하여금 마귀의 해를 당하지 않게 하시는 시대를 뜻한다(히 2:14-15).

사 61:3. 무릇 시온에서 슬퍼하는 자에게 화관을 주어 그 재를 대신하며 기쁨의 기름으로 그 슬픔을 대신하며 찬송의 옷으로 그 근심을 대신하시고 그들이 의의 나무 곧 여호와께서 심으신 그 영광을 나타낼 자라 일컬음을 받게 하려 하심이라.

본 절도 여호와의 성령님이 예수님에게 임하신 이유를 말한다. 즉, 시온에서 슬퍼하는 사람들에게 재 대신에 화관을 씌워 주시고, 슬픔 대신에 기쁨의 기름을 발라 주시며, 괴로운 마음 대신에 찬송이 마음에 가득 차게 해주셨다. 그리하여 사람들은 그들을 가리켜, 의의 나무, 주님께서 스스로 영광을 나타내시려고 손수 심으신 나무라고 일컫는다.

"시온에서 슬퍼하는 자"란 말은 죄악을 인하여 애통하는 신자들을 가리킨다. 예수님은 "애통하는 자는 복이 있나니 저희가 위로를 받을 것임이요"라 하셨다(마 5:4).

"화관"이란 말은 '아름다운 관'을 의미한다. 이는 기쁨의 표상이다. "재"를 머리에 쓰는 것은 슬픔을 상징한다. "찬송의 옷"이란 말은 기쁨을 표시하는 옷을 뜻하는 말이다.

ㄴ) 시온의 회복 61:4-9

메시아는 그의 사명을 밝히신 후 이제는 전진하여 여호와께서 그의 선민들에게 베푸실 은혜를 진술하신다. 이는 곧 교회를 통해 유다인과 이방인이 함께 구원을 받고 번영할 사실을 가리킨다(이상근).

사 61:4. 그들은 오래 황폐하였던 곳을 다시 쌓을 것이며 옛부터 무너진 곳을 다시 일으킬 것이며 황폐한 성읍 곧 대대로 무너져 있던 것들을 중수할 것이며.

본 절은 바벨론에서 돌아온 유다 백성들은 유다를 재건할 것이라고 진술한다. 즉, 그들은 오래 전에 황폐해진 곳을 쌓을 것이고, 오랫동안 무너져 있던 곳도 다시 세울 것이며, 황폐한 성읍들을 새로 세우며, 대대로 무너진 채로 버려져 있던 곳을 다시 세울 것이라고 한다.

본 절의 "오래 황폐하였던 곳"이란 말, "옛 부터 무너진 곳"이란 말, "황폐한 성읍"이란 말들은 모두 동의어로 쓰였다. 이는 모두 버려진 유다 성들을 지칭한다.

그리고 "다시 쌓을 것이며"라는 말, "다시 일으킬 것이며"라는 말, "중수할 것이며"라는 말도 동의어로 사용되었다. 모두 유다 나라의 성읍들을 재건할 것이라는 뜻이다.

본 절은 멀리 훗날 신약 시대가 되어 교회가 새로 일어날 것을 말한다.

사 61:5. 외인은 서서 너희 양 떼를 칠 것이요 이방 사람은 너희 농부와 포도원지기가 될 것이나.

본 절은 이방인들이 유다 백성들을 위한 봉사자들이 될 것을 예언한 것이고(14:1-2; 45:14; 60:10), 또한 신약 시대가 되어 이방인들이 사도들의 말씀을 듣고 순종하게 될 것을 예언한 것이다(롬 11:23-29; 갈 3:28; 계 7:4-9).

사 61:6. 오직 너희는 여호와의 제사장이라 일컬음을 받을 것이라 사람들이 너희를 우리 하나님의 봉사자라 할 것이며 너희가 이방 나라들의 재물을 먹으며 그들의 영광을 얻어 자랑할 것이니라.

사람들은 너희(유다 백성들)를 여호와의 제사장이라고 부를 것이며(출 19:6 참조), 제사장이 유다 백성과 하나님 사이에서 봉사하는 것처럼 유다 백성은 민족적으로 제사장 나라가 되어 세계 만민과 하나님 중간에서 봉사하게 될 것이다. 그래서 유다 백성들은 우리 하나님의 봉사자라고 일컬음을 받을 것이다. 그리고 열방의 재물이 너희 것이 되어 너희가 마음껏 쓸 것이고, 그들의 부귀영화가 바로 너의 것이 될 것을 너희가 자랑할 것이다(60:5-9, 16 참조).

사 61:7. 너희가 수치 대신에 보상을 배나 얻으며 능욕 대신에 몫으로 말미암아 즐거워할 것이라 그리하여 그들의 땅에서 갑절이나 얻고 영원한 기쁨이 있으리라.

유다 나라가 바벨론 포로 기간에 받은 수치를 하나님(2절 주해 참조)께서는 갑절이나 보상해 주시며(51:7, 23; 54:4; 단 9:7-8), 그 배상으로는 부끄러움을 당한 대가를 주실 것이며, 시간적으로는 영원한 기쁨을 주실 것이다. 본 절의 예언은 신약 시대의 교회가 받을 보상임을 알 수 있다.

사 61:8. 무릇 나 여호와는 정의를 사랑하며 불의의 강탈을 미워하여 성실히 그들에게 갚아 주고 그들과 영원한 언약을 맺을 것이라(For I the LORD love justice; I hate robbery and wrong; I will faithfully give them their recompense, and I will make an everlasting covenant with them-ESV)**.**

본 절은 여호와께서 유다 민족에게 보상하시는(7절) 이유를 말씀한다. 본 절 초두의 "무릇"(for)이란 말이 그것을 말하려 쓰여진 단어이다. 즉, 나 여호와는 공평을 사랑하고, 불의와 약탈을 미워한다. 나 여호와는 유다 민족의 수고를 성실히 보상하여 주고, 그들과 영원한 언약을 세울 것이기 때문이다(55:3).

유다 민족이 죄를 지어 바벨론에 잡혀 와서 고난을 받았지만 바벨론 측에서는 지나치게 유다 민족을 학대하며, 불의의 강탈을 했으므로 이제 하나님 측에서는 유다 민족에게 보상하시는 것이고, 유다 민족과는 영원한 언약을 세우신다는 것이다.

사 61:9. 그들의 자손을 뭇 나라 가운데에, 그들의 후손을 만민 가운데에 알리리니 무릇 이를 보는 자가 그들은 여호와께 복 받은 자손이라 인정하리라.

본 절은 앞 절(8절)의 "영원한 언약"에 대한 구체적 보증이다. 즉, 유다 백성들의 자손이 열방에 알려지며, 그들의 자손이 만민 가운데 알려질 것이다. 그들을 보는 사람마다, 그들(유다 백성들)이 나 여호와의 복을 받은 자손임을 인정할 것이라는 내용이다.

이는 여호와께서 유다 민족 가운데 예수 그리스도를 보내시고 그들 가운데서 복음의 역사가 시작되게 하심으로 열방이 이스라엘을 존귀하게 여기게 될 것을 의미한다.

ㄷ) 하나님의 교회가 기뻐할 이유 61:10-11

유다 민족의 회복을 진술한 후(4-9절), 바로 유다 민족이 받은 구원에 대한 감사의 찬송이 여기 나타난다.

사 61:10. 내가 여호와로 말미암아 크게 기뻐하며 내 영혼이 나의 하나님으로 말미암아 즐거워하리니 이는 그가 구원의 옷을 내게 입히시며 공의의 겉옷을 내게 더하심이 신랑이 사모를 쓰며 신부가 자기 보석으로 단장함 같게 하셨음이라.

본 절은 유다 민족이 여호와로 말미암아 기뻐해야 할 이유를 말한다. 그 이유는 여호와께서 신랑에게 제사장의 관을 씌우듯이, 신부를 패물로 단장시키듯이, 유다 민족에게 구원의 옷을 입혀 주시고, 의의 겉옷으로 둘러 주셨기 때문이라는 것이다.

사 61:11. 땅이 싹을 내며 동산이 거기 뿌린 것을 움돋게 함 같이 주 여호와께서 공의와 찬송을 모든 나라 앞에 솟아나게 하시리라.

본 절은 유다 민족의 의와 찬송이 열방에 미치는 것을 땅에서 움이 돋는 것에 비한다. 계절이 되면 동산에 뿌려진 씨앗에서 싹이 돋아나는 것처럼 유다 민족의 의와 그 의에 대한 영예가 모든 나라로 전해지고 발생할 것이라는 내용이다.

제 62 장

13. 메시아의 백성 62장

62장도 앞선 장들에 이어 시온의 회복과 영광을 논한다. 본장의 내용은 ㄱ) 여호와께서 시온을 다시 회복하신다(1-5절), ㄴ) 풍요롭게 된 시온(6-9절), ㄷ) 유다 백성들이 돌아갈 길을 준비하라는 진술(10-12절)로 구성되어 있다.

ㄱ) 여호와께서 시온 백성을 다시 회복하시다 62:1-5

사 62:1. 나는 시온의 의가 빛 같이, 예루살렘의 구원이 횃불 같이 나타나도록 시온을 위하여 잠잠하지 아니하며 예루살렘을 위하여 쉬지 아니할 것인즉.

본 절부터 5절까지는 시온의 백성과 하나님과의 영광스런 관계 회복을 예언하고 있다. 본 절 초두의 "나"가 누구냐에 대해서는 여러 견해가 있다. 1) 선지자 이사야라는 견해(Calvin, Gesenius, Whybray, Muilenburg, 호크마 주석), 2) 여호와라고 주장하는 견해(Delitzsch, Grotius), 3) 여호와의 종 메시아를 지칭한다는 견해(Lange, Rawlinson, 박윤선, 이상근, 이순한, 그랜드 종합 주석)가 있다. 이 세 견해 중에 3)번의 견해가 가장 타당한 것으로 받는다. 즉, 시온(예루살렘)의 의(義)가 빛처럼 드러나고, 예루살렘의 구원이 횃불처럼 나타날 때까지, 시온(예루살렘)을 격려해야 하므로, 내(메시아)가 잠잠하지 않겠고, 예루살렘이 구원받기까지 내(메시아)가 쉬지 않겠다고 하신다.

예수님 말씀의 내용은 시온의 구원이다. 시온의 공의와 구원이 빛 같이 또 횃불 같이 전 세계에 알려지기까지 잠잠하지 않겠다고 하신다.

사 62:2. 이방 나라들이 네 공의를, 뭇 왕이 다 네 영광을 볼 것이요 너는 여호와의 입으로 정하실 새 이름으로 일컬음이 될 것이며.

본 절의 "공의"라는 말과 "영광"이라는 말은 동의어로 사용되어 시온의 공의와 영광은 열방들과 모든 왕들이 볼 것이고, 입증할 바가 될 것이라는 뜻이다. 즉, 세계의 여러 이방인 나라들이 네게서 의가 이루어지는 것을 볼 것이고, 뭇 왕이 네가 받은 영광을 볼 것이다. 그리고 사람들이 시온을 부를 때에, 여호와께서 네게 지어 주신 새 이름으로 부르게 될 것이다.

여기 "새 이름"이 무엇을 지칭하느냐를 두고 여러 견해들이 있다. 1) 바벨론 포로에서 돌아온 유다 백성들이 예루살렘을 재건하고 부를 "새 이름"이라는 견해(Michaelis), 2) "거룩한 백성"이라는 견해(12절, Kay), 3) "헵시바"라는 견해(4절, Rosenmueller), 4) "시온에 대한 알 수 없는 이름"(Cheyne)이라는 견해, 5) "신약 성도"의 이름(롬 1:7; 16:15; 고전 1:2, Rawlinson)이라는 견해, 6) 천국에서 받을 "새 이름"이라는 견해(계 2:17; 3:12, 박윤선, 이상근, 그랜드 종합 주석, 호크마 주석) 등이 있다. 마지막 견해가 가장 바람직하다고 여긴다. 교회는 천국에서 "새 이름"으로 불릴 것이다.

사 62:3. 너는 또 여호와의 손의 아름다운 관, 네 하나님의 손의 왕관이 될 것이라.

본 절은 바벨론으로부터 돌아온 시온 백성이 여호와의 손에 들려 있는 아름다운 면류관이 될 것이며, 하나님의 손바닥에 놓여 있는 왕관이 될 것이라는 뜻이다. 다시 말해 시온은 여호와에게 있어서 값진 면류관이 될 것이며 왕의 위엄을 상징하는 왕관이 될 것이라는 내용이다. 이는 여호와께서 시온을 매우 가치 있는 존재로 여기시고 온 세상이 흠모하는 위치로 높이시며 보호하신다는 사실을 암시하고 있는 것이다.

사 62:4. 다시는 너를 버림 받은 자라 부르지 아니하며 다시는 네 땅을 황무지라 부르지 아니하고 오직 너를 헵시바라 하며 네 땅을 쁄라라 하리니 이는 여호와께서 너를 기뻐하실 것이며 네 땅이 결혼한 것처럼 될 것임이라.

본 절은 회복된 시온을 부부 관계에 비하여 두 개의 부정적인 것과 두 개의 긍정적인 것으로 묘사하고 있다. 즉, 다시는 어느 누구도 시온 백성을 두고 버림받은 자(6:12)라고 하지 않을 것이며, 다시는 시온 백성을 일컬어 버림받은 아내라고 하지 않을 것이다. 오직 너를 하나님께서 좋아하시는 여인이라고 부르고, 네 땅을 결혼한 여인이라고 부를 것이니, 이는 여호와께서 너를 좋아하시며, 네 땅이 아내를 맞이하는 신랑처럼 여기실 것이기 때문이다.

"너를 헵시바라 하며"에서 "헵시바"는 '나의 기쁨이 그녀에게 있다'라는 뜻으로 원래 히스기야 아내의 이름이었다(왕하 21:1).

그리고 "네 땅을 쁄라라 하리니"란 말은 '여호와께서 과거에 버림받은 유다 백성을 다시 정상적인 관계로 회복하신다는 것을 선언한 말'이다. 이와 같이 자신들의 죄로 인해 세상에서 버린 자와 같이 된 유다 백성을 단정한 신부로 승격시킨 하나님의 은총이 오늘날 성도들에게도 동일하게 적용되고 있다(엡 5:22-33).

사 62:5. 마치 청년이 처녀와 결혼함 같이 네 아들들이 너를 취하겠고 신랑이 신부를 기뻐함 같이 네 하나님이 너를 기뻐하시리라.

본 절은 하나님과 유다 백성들과의 관계를 남녀 결혼 관계(49:8; 호 2:16, 19; 엡 5:22-32; 계 19:7)로 비유하고 있다. 즉, 총각이 처녀와 결혼하듯이, 너의 아들들이 너와 결혼하며, 신랑이 신부를 반기듯이, 네 하나님께서 너를 반기실 것이라고 한다.

본 절의 "네 아들들"(בָּנָיִךְ)이란 말의 해석을 두고 학자들의 견해가 갈린다. 1) 이 낱말을 하나님께 대한 경외를 나타내는 복수형 칭호로 보는 견해. 2) "네 아들들"이란 말을 '네 건축자들'로 읽는 견해(Lowth, Gesenius,

Delitzsch, Lange, Whybray, 박윤선, 이상근)가 있다. 두 견해 중에 2)번의 견해가 바른 것으로 본다. "네 아들들"이란 말은 시온의 건설자로 보고 곧 여호와를 지칭하는 말로 보는 것이다. 여기서 시온은 의인화되어 청년이 처녀와 결혼함같이 여호와께서 시온을 취하시고(뿔라), 신랑이 신부를 기뻐함 같이 하나님께서 시온을 기뻐하신다(헵시바)는 것이다.

이 예언은 궁극적으로 교회에서 성취된다. 구원받은 교회는 그리스도의 신부로 그리스도의 취하신바 되고, 그의 기뻐하신바 되는 것이다(계 19:7-9; 21:2, 이상근).

ㄴ) 풍요한 시온 62:6-9

회복된 시온은 다시는 원수에게 유린당하지 않고, 그의 산업이 번성하며, 시온은 그의 풍요한 것으로 여호와를 찬송하게 된다는 것이다.

사 62:6. 예루살렘이여 내가 너의 성벽 위에 파수꾼을 세우고 그들로 하여금 주야로 계속 잠잠하지 않게 하였느니라 너희 여호와를 기억하시게 하는 자들아 너희는 쉬지 말며.

본 절의 말씀은 여호와의 말씀이다. 즉, 여호와께서는 예루살렘이여! 내가 너(예루살렘)의 성벽 위에 파수꾼들(선지자들)을 세웠느니라. 선지자들은 밤이나 낮이나 늘 잠잠하지 않고 여호와께서 하신 약속을 늘 여호와께 상기시켜 드려야 할 것이다. 가만히 있어서는 안 된다. 늘 상기시켜 드려야 한다. 본 절은 합 2:1을 연상하게 한다. 선지자는 그만큼 매일 시달리는 입장에서 여호와께 상기시켜 드려서 그 성을 보호해야 할 것이다.

사 62:7. 또 여호와께서 예루살렘을 세워 세상에서 찬송을 받게 하시기까지 그로 쉬지 못하시게 하라.

선지자들이 하나님께 취해야 할 자세를 주문한다. 즉, 선지자들은 여호와께서 예루살렘을 세우실 때까지 쉬시지 못하게 해야 한다. 또 예루살렘이 세상에서 칭송을 받게 하시기까지 여호와께서 쉬시지 못하게 해야 한다.

오늘 교회의 성도들은 교회가 부흥되어 세상에서 인정되고 높임을 받기까지는 기도를 쉬어서는 안 될 것이다(눅 11:5; 18:1-8). 오늘 우리는 기도를 쉴 수가 없다(살전 5:17).

사 62:8. 여호와께서 그 오른손, 그 능력의 팔로 맹세하시되 내가 다시는 네 곡식을 네 원수들에게 양식으로 주지 아니하겠고 네가 수고하여 얻은 포도주를 이방인이 마시지 못하게 할 것인즉.

여호와께서는 선지자들의 기도를 들으시고 유다 민족을 지켜주신다. 즉, 여호와께서 그의 오른손 곧 그의 능력의 팔을 들어 맹세하신다. 내(여호와)가 다시는 네 곡식을 네 원수들의 식량으로 내주지 않겠다. 다시는 네(유다 백성들)가 수고하여 얻은 포도주를 이방 사람들이 마시도록 내주지 않겠다고 하신다. 여호와께서는 그의 계획의 불변성을 보여드리기 위하여 맹세하신다. 때로는 그 자신을 가리켜 맹세하시고 때로는 그의 거룩하심으로 맹세하시며, 또 때로는 야곱의 영광으로 맹세하신다.

사 62:9. 오직 추수한 자가 그것을 먹고 나 여호와를 찬송할 것이요 거둔 자가 그것을 나의 성소 뜰에서 마시리라 하셨느니라.

본 절은 앞 절 하반절의 말씀("네 곡식을 네 원수들에게 양식으로 주지 아니하겠고 네가 수고하여 얻은 포도주를 이방인이 마시지 못하게 할 것이라")을 확실하게 하는 것이다. 즉, 곡식을 거둔 사람이, 곡식을 빼앗기지 않고 자기가 거둔 것을 먹고, 주님을 찬송하게 될 것이다. 거둔 사람이 자기가 거둔 것을 내 성소 뜰에서 마시고 찬송할 것이라고 하신다.

ㄷ) 준비하라 62:10-12

선지자는 다시 과거로 돌아가 바벨론 포로 생활에서 빠져나와 유다 땅으로 돌아가라고 권한다. 그들이 돌아가도록 길을 준비하라는 것이다.

사 62:10. 성문으로 나아가라 나아가라 백성이 올 길을 닦으라 큰 길을 수축하

고 수축하라 돌을 제하라 만민을 위하여 기치를 들라.

본 절은 바벨론에 잡혀 갔던 유다 민족이 하나님의 은혜로 다시 예루살렘으로 돌아갈 것을 예언한다. 여기 "나아가라"는 말은 유다 민족이 바벨론에서 빠져 나와 본국으로 돌아가라는 뜻이다. 즉, 나아가거라, 바벨론 성 바깥으로 나아가거라. 백성들이 돌아올 길을 만들어라. 큰길을 닦고 돌들을 없애거라. 뭇 민족이 보도록 깃발을 높이 올리라고 한다.

"성문으로 나아가라 나아가라"는 말도 이사야의 이중 명령이다(40:1; 51:9, 17; 52:1; 57:14; 65:1 참조). 이 말씀은 바벨론 성문을 빠져나와 유다 땅을 향해 떠나가라는 말이다.

"백성이 올 길을 닦으라"는 말은 백성들이 돌아올 것을 준비하여 대로를 수축하고 모든 방해거리들을 제거하라는 뜻이다(40:3-4).

"만민을 위하여 기치를 들라"는 말은 유다 민족이 예루살렘으로 돌아오는 것이 세계 만민에게 보이도록 기호를 세워 들라는 뜻이다.

사 62:11. 여호와께서 땅 끝까지 선포하시되 너희는 딸 시온에게 이르라 보라 네 구원이 이르렀느니라 보라 상급이 그에게 있고 보응이 그 앞에 있느니라 하셨느니라.

본 절은 여호와께서 선지자와 통하여 땅 끝까지 반포하시는 말씀이다. 즉, 보라! 여호와께서 땅 끝까지 선포하신다. 딸 시온(유다 민족)에게 일러주어라. 보라! 너(유다 민족)의 구원자가 오신다. 그(여호와)가 구원한 백성을 데리고 오신다. 그(여호와)가 찾은 백성을 앞장세우고 오신다고 하신다.

사 62:12. 사람들이 너를 일컬어 거룩한 백성이라 여호와께서 구속하신 자라 하겠고 또 너를 일컬어 찾은바 된 자요 버림 받지 아니한 성읍이라 하리라.

세계 민족들이 구원받아 나오는 유다 민족을 향하여 여러 가지로 말한다는 것이다. 즉, 세계의 거민들은 유다 백성들을 거룩한 분의 백성이라 부르며 여호와께서 속량하신 백성이라(43:3-4) 부를 것이다. 세상 사람들은 너 유다 백성들을 하나님께서 사랑한 도성이라고 부르며, 하나님께서 버리지 않은 도성이라고 부를 것이라고 한다.

실제로 바사 왕 고레스는 유다 백성들을 거룩한 백성으로 인정했다(스 1:2-3; 6:8-12). 신약 시대의 교인들은 성도라 부름을 받는다(고후 1:1; 엡 1:1; 빌 1:1; 골 1:1).

제 63 장

14. 종말론적인 작은 목소리들 63-65장

63-65장에서 여러 사고(思考)들이 다소 느슨한 관계로 나타난다. 이 부분에서는 엄격한 논리상의 앞뒤관계가 존재하지 않는다. 본장에 적합한 하나의 단일 주제를 말하기는 쉽지 않다. 그래서 여기서는 "종말론적인 작은 목소리들"(Eschatological Undertones)이라는 표제를 내세우는 수밖에 없다 (Leupold).

본장의 1-6절은 용서 없는 하나님의 원수들에 대한 심판이라는 주제를 다루는 종말론적인 진리의 1부를 제시해 준다. 이는 하나님의 의가 갖는 한 국면이다. 의(義)는 하나님의 양면 속성(twi-sided attribute of God)이기 때문이다. 그것은 불경한 자들에 대한 준엄한 심판뿐만 아니라 여호와의 신실한 종들에 대한 축복과 보상을 다룬다. 1-6절은 가혹한 진리를 다루기는 해도 아주 유익한 진리이다. 이 단원이 강조하는 바는 하나님께서는 원수들을 완전히 지배하고 계시다는 사실이다.

이 단원이 언제 기록되었는지 그 때와 상황을 지적하기는 쉽지 않다. 본장 10-12절은 예루살렘 함락과 성전 파괴 이후의 연대를 가리키는 듯하다.

ㄱ) 에돔의 심판 63:1-6

에돔의 심판은 이미 두 차례나 선포되었으나(21:11-12; 34:5-17) 이 부분은 세 번째의 예언이 되는 셈이다. 그러나 여기서는 에돔 자체를 지목하는 것보다 유다 민족의 모든 적들의 대표로 심판 받는 것이다.

<여호와의 승리>

사 63:1. 에돔에서 오는 이 누구며 붉은 옷을 입고 보스라에서 오는 이 누구냐

그의 화려한 의복 큰 능력으로 걷는 이가 누구냐 그는 나이니 공의를 말하는 이요 구원하는 능력을 가진 이니라(Who is this who comes from Edom, in crimsoned garments from Bozrah, he who is splendid in his apparel, marching in the greatness of his strength? "It is I, speaking in righteousness, mighty to save."-ESV).

본 절 초두의 "에돔"은 유다와 근접해 있는 관계로 유다와 끊임없는 적대관계를 가졌던 국가였고, "보스라"는 위치상으로 모압에 가까우나 이두매, 곧 에돔의 주요 도시 중의 하나였다. "에돔"과 "보스라"에 대해 34:5-10주해 참조.

본 절을 쉽게 해석해 보면, 에돔에서 오시는 분은 누구신가? 붉게 물든 옷을 입고 보스라에서 오시는 분은 누구신가? 화려한 옷차림으로 권세 당당하게 걸어오시는 분은 누구신가? 그는 바로 나(메시아)이다. 의를 말하는 자요, 구원의 권능을 가진 나이다.

본 절은 승리를 쟁취하고 귀환하는 자가 누구신가 하는 것이다. 이 용사가 누구냐를 놓고 견해가 여럿 있지만 그 대표적인 것으로는 1) 여호와라고 하는 견해(Calvin, Delitzsch, Gesenius, Rawlinson, 이상근, 이순한, 그랜드 종합 주석), 2) 메시아라고 하는 견해(Leupold, 박윤선, 호크마 주석), 2)번의 견해를 취해둔다.

"붉은 옷을 입고 보스라에서 오는 이 누구냐 그의 화려한 의복 큰 능력으로 걷는 이가 누구냐"는 말은 그리스도께서 사단과의 최후의 전쟁에서 승리하시고 당당하게 개선하시는 모습을 보고 하는 말이다(계 19:11-21).

그리고 "그는 나이니 공의를 말하는 이요 구원하는 능력을 가진 이니라"는 말은 '그는 그리스도이니 그는 공의가 온 세상을 지배해야 한다고 권세 있게 말씀하시는 분이시고, 온 세상을 구원하시는 능력을 가지신 분이시라'는 뜻이다.

사 63:2. 어찌하여 네 의복이 붉으며 네 옷이 포도즙틀을 밟는 자 같으냐.

선지자는 앞 절에 이어 다시 질문자로 나타나서 어찌하여 네(메시아의) 옷이 붉으며, 어찌하여 포도주 틀을 밟는 사람의 옷과 같으냐고 질문한다. 전장(戰場)에서 걸어오시는 메시아의 의복이 어찌하여 붉으며 메시아의 옷이 포도즙 틀을 밟는 자 같으냐고 묻는다. 이 동작은 메시아의 심판을 뜻한 것이다. 전 절에 언급된 '보스라' 지방이 포도 생산지였다는 사실은 본서의 저자가 문맥의 흐름을 세밀하게 고려한 문학적 수사를 중요시 했다는 것을 증명해준다. 한편 성경에서 포도즙틀을 밟는 행위는 하나님께서 심판을 행하시는 것을 나타내는 비유로 종종 사용되었다(욜 3:13; 계 14:19, 20; 19:15).

사 63:3. 만민 가운데 나와 함께 한 자가 없이 내가 홀로 포도즙틀을 밟았는데 내가 노함으로 말미암아 무리를 밟았고 분함으로 말미암아 짓밟았으므로 그들의 선혈이 내 옷에 튀어 내 의복을 다 더럽혔음이니.

본 절은 메시아께서 단독 사역으로 원수에게 승리를 거두셨다는 것과 또 메시아께서 분노가 차셔서 원수를 짓밟으셨다는 것을 말씀한다. 즉, "나는 혼자서 포도주틀을 밟듯이 민족들을 짓밟았다. 민족들 가운데서 나를 도와 함께 일한 자가 아무도 없었다. 내가 분 내어 민족들을 짓밟았고, 내가 격하여 그들을 짓밟았다. 그래서 그들의 피가 내 옷에 튀어 내 옷이 온통 피로 물들었다"고 말씀 하신다.

사 63:4-5. 이는 내 원수 갚는 날이 내 마음에 있고 내가 구속할 해가 왔으나 내가 본즉 도와 주는 자도 없고 붙들어 주는 자도 없으므로 이상하게 여겨 내 팔이 나를 구원하며 내 분이 나를 붙들었음이라.

4절 초두에는 이유 접속사(כִּי)가 나타나 여호와께서 홀로 그리고 분하셔서 원수를 치신 이유를 4절과 5절이 제공하고 있다. 즉, 그 이유인즉 복수할 날이 다가왔고, 구원의 해가 이르렀다고 생각 들었는데, 아무리 살펴보아도 여호와를 도와서 그와 함께 일할 사람이 없었고, 그를 거들어 주는 사람이 없었다는 이 놀라운 사실(59:19) 때문이었다. 그러나 분노가 여호와를 강하게 하였고, 그로 하여금 혼자서 승리를 쟁취하게 하셨다는 말씀이다. 놀랍고, 감사하게도 그리스도는 그 큰 구원의 사역을 항상 홀로 행하셨다. 십자가도 홀로 지셨다. 주께서 슬픔과 고통, 저주의 십자가를 지신 그 시간 제자들은 도망갔고, 그를 도울 수 없었다. 우리는 메시아께서 홀로 구원을 이루신다는 사실이 얼마나 큰 영광이요, 참으로 믿음직스러운 일인지 모른다!

사 63:6. 내가 노함으로 말미암아 만민을 밟았으며 내가 분함으로 말미암아 그들을 취하게 하고 그들의 선혈이 땅에 쏟아지게 하였느니라.

본 절은 앞 절(5절)에 이어 메시아께서 진노가 일어나서 만민을 밟았다고 하신다. 즉, 내가 분노하여 민족들을 짓밟았으며, 내가 진노하여 그들이 취하여 비틀거리게 하였고, 그들의 피가 땅에 쏟아지게 하였다고 하신다. 메시아는 사단과의 최후적인 심판에 그의 진노를 발휘하셔서 메시아를 대적하는 만민을 짓밟으신 것이다. 여기 에돔은 모든 악한 세력의 상징으로 묘사되었음을 알 수 있다.

ㄴ) 여호와의 은총을 회고하다 63:7-14

이 부분은 여호와께서 베푸신 은혜를 일반적으로 회고하고(7-9절), 특히 모세 때에 베푸신 특별한 은총을 회고한다(10-14절).

<이스라엘에게 베푸신 은총>

사 63:7. 내가 여호와께서 우리에게 베푸신 모든 자비와 그의 찬송을 말하며 그의 사랑을 따라, 그의 많은 자비를 따라 이스라엘 집에 베푸신 큰 은총을 말하리라.

본 절은 여호와께서 과거에 베푸신 은총을 감사한다. 여기 "자비", "찬송", "긍휼", "자비", "은총" 등 비슷한 낱말들을 계속 사용함으로써 무엇인가를 강조하려는 문장이다. 즉, 하나님의 은총이 너무 많다는 것이다. 너무 많아서 아무리 말하려 해도 다 말할 수 없다는 것이다.

사 63:8. 그가 말씀하시되 그들은 실로 나의 백성이요 거짓을 행하지 아니하는 자녀라 하시고 그들의 구원자가 되사.

본 절은 여호와께서 유다 백성을 특별히 인정해 주시고 또 실제로 구원자가 되어 주시겠다고 하신다. 즉, 여호와께서 이르시기를 유다 백성들은 나의 백성이며, 그들은 나를 속이지 않는 자녀들이라 하시고 그들의 구원자가 되셔서 구원하시겠다고 하신다.

하나님의 자녀는 거짓을 행하지 않는 것이 특징이라고 하신다(시 51:6; 요 1:47; 롬 2:24; 고후 11:3). 우리는 거짓을 멀리 해야 한다.

사 63:9. 그들의 모든 환난에 동참하사 자기 앞의 사자로 하여금 그들을 구원하시며 그의 사랑과 그의 자비로 그들을 구원하시고 옛적 모든 날에 그들을 드시며 안으셨으나.

본 절은 여호와께서 유다 백성의 모든 환난에 동참하셔서 그들이 고난을 받을 때에 친히 메시아를 보내셔서 고난을 받아 주셨고 여호와께서 친히 그들을 구해 주셨다는 것이며, 사랑과 긍휼로 그들을 구하여 주시고, 옛적 오랜 세월 동안 그들을 치켜들고 안아 주셨다는 것이다.

"그들을 구원하셨다"는 말은 메시아를 보내주셔서 유다 민족을 애굽에서 건져 내셨다는 뜻이다. 그것이 구속 교회의 배경이 된 것이다. 여호와의 구속은 전적으로 여호와의 "사랑과 긍휼" 때문이었다. "구속"에 대해 41:14 주해 참조.

사 63:10. 그들이 반역하여 주의 성령을 근심하게 하였으므로 그가 돌이켜 그들의 대적이 되사 친히 그들을 치셨더니.

본 절은 유다 민족이 출애굽 한 다음에 여호와를 반역한 결과를 설명하고 있다. 즉, 유다 민족이 여호와를 반역한 결과 두 가지 결과가 나타나 첫째 유다 민족은 여호와의 거룩하신 영을 근심하게 했으며, 그러므로 여호와는 도리어 유다 민족의 대적이 되셔서, 친히 그들과 싸우셨다는 것이다.

반역한다는 것은 항상 비참한 결과를 초래할 수밖에 없다. 언제나 성령님을 근심하게 하는 것이고 동시에 여호와께서 민족의 원수가 되는 것이다. 이것 이상 더 비참할 수가 있는가.

사 63:11. 백성이 옛적 모세의 때를 기억하여 이르되 백성과 양 떼의 목자를 바다에서 올라오게 하신 이가 이제 어디 계시냐 그들 가운데에 성령을 두신 이가 이제 어디 계시냐.

본 절부터 14절까지는 유다 백성이 모세의 때를 추억한 사실을 전한다. 즉, 유다 민족은, 주님의 종 모세의 날을 기억하며 묻기를 그의 백성 곧 양 떼의 목자들을 바다로부터 올라오게 하신 그분이, 이제는 어디에 계시는가. 그들에게 그의 거룩한 영을 넣어 주신 그분이, 이제는 어디에 계시는가라고 묻는다. 유다 민족은 출애굽 때 여호와께서 크게 역사하신 것을 기억하고 질문하는 것이다.

출애굽 때 하나님은 성령으로 유다 민족과 함께 해주셨고, 백성의 지도자 모세를 홍해에서 올라오게 해주셨는데 그 때를 추억하며 묻는다.

사 63:12. 그의 영광의 팔이 모세의 오른손을 이끄시며 그의 이름을 영원하게 하려 하사 그들 앞에서 물을 갈라지게 하시고.

본 절은 여호와께서 그의 능력의 팔로 역사하신 것을 드러내신다. 즉, 여호와의 영광스러운 팔로, 모세를 시켜서, 오른손으로 그들을 이끌게 하시며, 그들 앞에서 물을 갈라지게 하셔서, 그의 이름을 영원히 빛나게 하신 그분이 이제는 어디에 계시는가 하고 묻는다.

"그의 이름을 영원하게 하려 하사 그들 앞에서 물을 갈라지게 하셨다"는 말은 여호와의 이름을 영원하게 하려 하셔서 이스라엘 민족 앞에서 물을 갈라지게 하셨다는 것이다. 여호와께서 애굽에서 열 번이나 반복된 이적들이나 또 홍해에서 물을 갈라지게 한 것은 여호와의 이름이 천하에 전파되게 하려는 것이었다는 뜻이다.

사 63:13. 그들을 깊음으로 인도하시되 광야에 있는 말 같이 넘어지지 않게 하신 이가 이제 어디 계시냐.

본 절은 여호와의 보호하심이 그리워 질문하는 것이다. 즉, 말이 광야에서 달리듯이 이스라엘 민족을 깊은 바다로 걸어가게 하신 그분이 지금 어디에 계시는지에 대해 묻는다. 여호와의 신기한 보호가 지금 어디에 있는가 하고 묻는 것이다. 지금은 유다 민족이 바벨론 포로 생활을 하는데 여호와의 보호하심이 나타나는 것이냐고 묻는 것이다.

사 63:14. 여호와의 영이 그들을 골짜기로 내려가는 가축 같이 편히 쉬게 하셨도다 주께서 이와 같이 주의 백성을 인도하사 이름을 영화롭게 하셨나이다 하였느니라.

본 절은 유다 민족이 바벨론 포로 생활을 하고 있는데 성령님의 도우심이 없다는 것을 말한다. 과거에 출애굽 할 때는 성령님의 도우심이 있었는데, 지금은 성령님의 도우심이 없다는 것을 말한다. 과거에 성령님께서 유다 백성을 도우심 같이 지금도 그런 도우심을 주시라는 것이다.

ㄷ) 여호와의 구원을 위해 기원하다 63:15-64:12

과거 출애굽 시절을 기억하며 감사하던 기도자(63:7-14)는 이제는 저들의 곤경을 아뢰며 여호와의 도움을 호소한다. 이 부분의 내용은 1) 죄와 고난에서 구원하소서(63:15-19), 2) 여호와여 강림하소서(64:1-7), 3) 황폐한 시온을 보소서(64:8-12)로 구성되어 있다.

1) 죄의 고난에서 구원하소서 63:15-19

기원자는 여호와께서 하늘에서 굽어 살피셔서 버림을 받은 저들의 곤경을 보시고 저들을 구원하소서라고 기원한다.

<자비와 사랑을 구하는 기도>

사 63:15. 주여 하늘에서 굽어 살피시며 주의 거룩하고 영화로운 처소에서

보옵소서 주의 열성과 주의 능하신 행동이 이제 어디 있나이까 주께서 베푸시던 간곡한 자비와 사랑이 내게 그쳤나이다.

곤경에 처한 유다 민족은 하늘을 향해 기도한다. 솔로몬 성전이 서 있을 때는 솔로몬 성전을 향해 기도했지만(왕상 8:31, 33, 35, 38 참조) 이제는 성전이 파괴되고 없으므로 하늘을 향해 기도하는 것이다(왕하 8:30).

"주의 열성과 주의 능하신 행동이 이제 어디 있나이까"라는 말은 과거에 여호와께서 유다 민족을 도우시던 것은 이제 사라지고 찾아볼 수가 없으니 하나님의 능력을 위해 기도하는 것이다.

사 63:16. 주는 우리 아버지시라 아브라함은 우리를 모르고 이스라엘은 우리를 인정하지 아니할지라도 여호와여, 주는 우리의 아버지시라 옛날부터 주의 이름을 우리의 구속자라 하셨거늘.

본 절은 여호와께서는 유다 민족을 참으로 돌보아 주시는 아버지라는 것이다. 즉, 여호와께서는 우리의 아버지시라, 아브라함은 우리를 모르고, 야곱(이스라엘)은 우리를 인정하지 않는다 하여도, 오직 주 하나님은 우리의 아버지시라는 것(마 5:48; 6:9; 요 4:21)을 말한다. 옛적부터 여호와의 이름은 우리의 속량자이시라고 고백한다.

"아브라함은 우리를 모르고 이스라엘은 우리를 인정하지 아니할지라도"라는 말은 아브라함은 이미 죽어서 유다 민족을 모르고 야곱(이스라엘)도 이미 죽어서 유다 민족을 위해서 아무 일을 못한다고 해도 여호와는 아직도 살아계셔서 유다 민족의 구속자이시니 유다 민족을 곤경에서 구해 주시는 주님이라는 것이다.

사 63:17. 여호와여 어찌하여 우리로 주의 길에서 떠나게 하시며 우리의 마음을 완고하게 하사 주를 경외하지 않게 하시나이까 원하건대 주의 종들 곧 주의 기업인 지파들을 위하사 돌아오시옵소서.

"주의 길에서 떠나게 하시며"라는 말과 "우리의 마음을 완고하게 하사 주를 경외하지 않게 하시나이까"라는 말은 동의절이다. "우리의 마음을 완고하게 하사"라는 말은 여호와께서 유다 백성들의 마음을 일부러 완고하게 하셨다는 뜻이 아니라 유다 백성들의 마음이 하나님을 떠나는 것을 그냥 방치하셨다는 뜻이다. 사람의 마음이 하나님을 떠나면 자연적으로 강퍅하게 되는 것이다(40:11; 49:10).

"주의 기업인 지파들을 위하여 돌아오시옵소서"라는 말은 하나님께서 그의 산업인 유다 민족에게 돌아오시기를 기원하는 말이다. 하나님께서 유다 민족에게로 돌아오는 것이 유다 민족이 구원받는 근본적인 길인 것이다.

사 63:18. 주의 거룩한 백성이 땅을 차지한 지 오래지 아니하여서 우리의 원수가 주의 성소를 유린하였사오니.

본 절은 미래에 바벨론에 의해서 예루살렘 성전이 파괴될 것을 바라보며 예언한 것이다. 사실 선지자 이사야가 본 예언을 선포하고 있는 당시는 기원전 721-680년경이고 예루살렘 성전 파괴는 이시야 당시로부터 대략 100년 후이면 기원전 586년이었다. 이처럼 미래에 될 일을 이미 이루어진 것처럼 표현한 것을 예언적 과거형이라고 하는데 이는 예언서 저자들이 미래사를 확증하기 위해 즐겨 사용하던 문체였다.

사 63:19. 우리는 주의 다스림을 받지 못하는 자 같으며 주의 이름으로 일컬음을 받지 못하는 자 같이 되었나이다.

"우리는 주의 다스림을 받지 못하는 자 같다"는 말과 "주의 이름으로 일컬음을 받지 못하는 자 같이 되었다"는 말은 동의절이다. 유다 민족의 바벨론 포로 생활은 그들이 하나님의 선민으로 여호와의 다스림을 받지 못하고 여호와의 이름으로 불리는 백성으로 볼 수는 없었다는 뜻이다. 하나님을 섬기지 않는 이방인과 다를 바 없었던 것이다.

제 64 장

2) 주여 강림하소서 64:1-7

기원자는 여호와께서 하늘 보좌에서 유다 민족을 굽어 살피실 뿐더러 그들에게 강림해주시라는 기원을 드리는 것이다.

사 64:1. 원하건대 주는 하늘을 가르고 강림하시고 주 앞에서 산들이 진동하기를.

본 절은 여호와께서 강림하시는 모습을 묘사한 진술이다. 즉, 여호와께서 하늘을 가르시고 내려오시면, 산들이 주님 앞에서 떨 것이라는 뜻이다.

여호와께서 시내 산에 강림하셨을 때의 관경을 연상하게 한다(출 19:16-20). 이사야는 여호와께서 구름 위에 계시니(욥 22:14) 그 구름을 가르시고 강림하시라는 것이다. 본문은 시내 산에 하나님이 강림하실 때를 연상하게 하는 구절로(출 19:18), 하나님께서 강림하셔서 유다 민족의 대적을 진멸해 주시라는 기도이다. "산들이 진동한다"는 말은 하나님이 얼마나 큰 능력을 소유하셨는지를 잘 보여준다.

사 64:2. 불이 섶을 사르며 불이 물을 끓임 같게 하사 주의 원수들이 주의 이름을 알게 하시며 이방 나라들로 주 앞에서 떨게 하옵소서.

이사야는 하나님의 강림을 맹렬히 타는 불에 비한다(출 19:8; 왕상 19:12). 불 앞에 섶이 타는 것처럼, 불 앞에 물이 끓는 것처럼 열방들은 여호와 앞에서 감히 저항하지를 못하고 다만 두려워 떨게 되는 것처럼, 즉 마치 불이 섶을 사르듯, 불이 물을 끓이듯, 주님의 대적들에게 주님의 이름을 알게 하시고, 이방 나라들이 주님 앞에서 떨게 하여 주시라는 기원이다.

사 64:3. 주께서 강림하사 우리가 생각하지 못한 두려운 일을 행하시던 그

때에 산들이 주 앞에서 진동하였사오니.

본 절은 여호와께서 시내 산 강림 사건을 가리킨다. 실로 불과 연기 가운데 여호와께서 시내 산에 강림하신 사건(출 19:18)은 유다 민족이 전혀 생각하지도 못했던 두렵고 놀라운 일이었다(신 10:21).

사 64:4. 주 외에는 자기를 앙망하는 자를 위하여 이런 일을 행한 신을 옛부터 들은 자도 없고 귀로 들은 자도 없고 눈으로 본 자도 없었나이다.

본 절은 여호와 외에는 살아있는 참 신은 없다는 것을 말한다. 즉, 이런 일은 예로부터 아무도 들어 본 적이 없고, 아무도 귀로 듣거나 눈으로 본 적이 없으며, 주님 말고 어느 신이 자기를 기다리는 자들에게 이렇게 할 수 있었느냐는 것이다.

사 64:5. 주께서 기쁘게 공의를 행하는 자와 주의 길에서 주를 기억하는 자를 선대하시거늘 우리가 범죄하므로 주께서 진노하셨사오며 이 현상이 이미 오래 되었사오니 우리가 어찌 구원을 얻을 수 있으리이까.

여호와께는 사람 중에 기쁘게 공의를 행하는 자와 또 여호와의 길에서 여호와를 기억하는 자를 선대하시는 것은 확실한 사실인데, 유다 민족이 범죄 했기에 진노하셨고 또 이렇게 죄를 지은 지 오래 되었으니 우리가 어찌 구원을 얻을 수 있겠는가 의문이 든다는 것이다. 구원을 받는 것까지 염려가 될 정도가 된 것이다.

사 64:6. 무릇 우리는 다 부정한 자 같아서 우리의 의는 다 더러운 옷 같으며 우리는 다 잎사귀 같이 시들므로 우리의 죄악이 바람 같이 우리를 몰아가나이다(We have all become like one who is unclean, and all our righteous deeds are like a filthy cloth. We all fade like a leaf, and our iniquities, like the wind, take us away-RSV)**.** (We have all become like one who is unclean, and all our righteous deeds are like a polluted garment. We all fade like a leaf, and our iniquities, like the wind, take us away-ESV).

본 절은 5절 하반절이 말하는 것과 같이 유다 민족 전체는 하나같이 죄를 지었다는 것을 말한다. 즉, 우리는 모두 부정한 자와 같고 우리의 모든 의는 더러운 옷과 같으며, 우리는 모두 나뭇잎처럼 시들었으니, 우리의 죄악이 바람처럼 우리를 휘몰아 간다고 탄식한다. 인간들 측에서는 도무지 소망이 없음을 말하고 있다.

사 64:7. 주의 이름을 부르는 자가 없으며 스스로 분발하여 주를 붙잡는 자가 없사오니 이는 주께서 우리에게 얼굴을 숨기시며 우리의 죄악으로 말미암아 우리가 소멸되게 하셨음이니이다.

본 절은 유다 민족이 주님의 이름을 부르지 않고 주님을 굳게 의지하려고 분발하는 사람도 없으니 그 이유는 주님이 우리에게서 얼굴을 숨기셨으며, 우리의 죄악 탓으로 우리를 소멸시키셨기 때문이라는 것이다. 이사야는 여호와께서 강림해서 유다 민족을 도와주시라고 애원한다.

3) 황폐한 시온을 보소서 64:8-12

이 부분(8-12절) 말씀은 여호와께서 유다 민족을 구원하시도록 강한 근거를 대고 있다. 8절은 여호와께서 유다 민족과의 관계가 부자 관계라는 것을 근거로 대고 간절히 조르고 있으며, 9절은 유다 민족이 주의 백성이라는 근거를 댔으며, 10절은 유다 민족이 살던 성읍들이 광야가 되었다고 호소하고, 11절은 여호와를 찬양하던 아름답던 예루살렘 성전이 불에 탔다는 사실로 호소했으며, 12절은 사정이 이러한데 여호와께서 아직도 가만히 계실 작정이시냐고 호소한다.

사 64:8. 그러나 여호와여, 이제 주는 우리 아버지시니이다. 우리는 진흙이요 주는 토기장이시니 우리는 다 주의 손으로 지으신 것이니이다.

본 절은 여호와와 유다 민족 관계는 부자지간이라고 말씀드린다. 즉, 여호와여! 여호와는 우리의 아버지이시라고 호소한다(16절). 우리는 진흙이요, 여호와는 우리를 빚으신 토기장이(29:16; 45:9)로 우리 모두가 주님이 손수 지으신 피조물이라고 말씀드린다. 부자지간이라는 관계 이상 더 가까운 관계는 없다. 오늘 우리도 여호와께서 우리의 아버지이심을 아뢰면서 기도해야 할 것이다.

사 64:9. 여호와여, 너무 분노하지 마시오며 죄악을 영원히 기억하지 마시옵소서 구하오니 보시옵소서 보시옵소서 우리는 다 주의 백성이니이다.

본 절은 유다 민족이 여호와의 백성이라는 사실을 부각시키면서 구원을 호소하고 있다. 즉, "여호와여! 진노를 거두어 주십시오. 우리의 죄악을 영원히 기억하지 말아 주십시오(시 74:1; 애 5:22). 여호와여! 우리는 다 주님의 백성입니다"라고 부르짖는다. 여호와의 백성이라는 사실을 아뢰면서 구원을 호소하는 것이야 말로 강력함이 있는 호소가 아닐 수 없다.

사 64:10. 주의 거룩한 성읍들이 광야가 되었으며 시온이 광야가 되었으며 예루살렘이 황폐하였나이다.

본 절은 유다 민족이 살던 성읍들이 광야가 되었다고 호소한다. 즉, 유다 민족이 살던 거룩한 성읍들이 광야가 되었고, 시온은 광야가 되었으며 예루살렘은 황폐해졌다고 호소한다(62:1). 이런 호소도 여호와의 긍휼을 자아내기에 충분하다. 오늘날 우리의 성읍들과 예배당들이 황폐해졌다는 호소는 참으로 여호와의 긍휼을 끌어내기에 충분할 것이다.

사 64:11. 우리 조상들이 주를 찬송하던 우리의 거룩하고 아름다운 성전이 불에 탔으며 우리가 즐거워하던 곳이 다 황폐하였나이다.

본 절은 여호와를 찬양하던 아름답던 예루살렘 성전이 불에 탔다는 사실로 호소한다. 즉, 우리의 조상이 주님을 찬송하던 성전, 우리의 거룩하고 영광스럽던 성전이 불에 탔고(왕하 25:9; 렘 3:13), 우리에게 즐거움을 주던 곳들이 모두 황폐해졌다고 호소한다. 오늘 우리가 애원할 때 여호와의 긍휼을 끌어내기에 충분한 것을 생각하여 기도하는 것은 아주 훌륭한 기도가 될 것이다.

사 64:12. 여호와여 일이 이러하거늘 주께서 아직도 가만히 계시려 하시나이까 주께서 아직도 잠잠하시고 우리에게 심한 괴로움을 받게 하시려나이까.

본 절은 유다 민족이 당한 사정이 이러한데 여호와께서 아직도 가만히 계실 작정이시냐고 호소한다. "주께서 아직도 가만히 계시려 하시나이까"라는 말과 "주께서 아직도 잠잠하시고 우리에게 심한 괴로움을 받게 하시려나이까"라는 말은 동의 절이다. 주님께서 더 이상 침묵하시고 계실 작정이냐고 호소하는 말씀이야 말로 주님의 긍휼을 이끌어내기에 아주 충분하다.

제 65 장

본서의 마지막 2장은 밀접하게 연결되어 있고, 종말을 말하는 장이다.

ㄹ) 신천 신지 65장

65장의 내용은 1) 우상 숭배자를 심판하신다는 진술(1-7절), 2) 여호와의 종과 적(8-16절), 3) 하나님께서 신천 신지를 약속하신다는 진술로 구성되어 있다.

1) 우상 숭배자를 심판하신다는 진술.........65:1-7

<하나님께서 패역한 백성을 벌하시다>

사 65:1. 나는 나를 구하지 아니하던 자에게 물음을 받았으며 나를 찾지 아니하던 자에게 찾아냄이 되었으며 내 이름을 부르지 아니하던 나라에 내가 여기 있노라 내가 여기 있노라 하였노라(I was ready to be sought by those who did not ask for me; I was ready to be found by those who did not seek me. I said, "Here I am, here I am," to a nation that was not called by my name -ESV)**.**

바울은 이 말씀을 롬 10:20에 인용하여 그 당시에 많은 이방인들이 여호와께로 돌아오는 사실이, 이 예언대로 되었다고 변증했다(박윤선). 즉, 나는 내 백성의 기도에 응답할 준비를 하고 있었지만, 내 백성은 아직도 내게 요청하지 않았다. 누구든지 나를 찾으면, 나 여호와는 언제든지 만나려고 준비를 하고 있었지만, 아무도 나를 찾지 않았다. 내 이름을 부르지도 않던 나라에게, 나는 내가 여기 있노라. 내가 여기 있노라고 말하였다는 것이다.

여기 "나"라는 주체는 여호와시고, 그가 본장 전체를 통하여 말씀의 주체로 말씀하신다. 바울은 본문을 인용하여 1절은 이방인에게, 2절은 불신의 유다인에게 적용하고 있다(롬 10:20-21). 즉, 돌아오는 이방인과 떠나가는 유다인을 대조시켜 유다인의 불신을 선명하게 정죄하는 것이다.

사 65:2. 내가 종일 손을 펴서 자기 생각을 따라 옳지 않은 길을 걸어가는 패역한 백성들을 불렀나니.

본 절의 "백성"이란 말은 분명히 유다 민족을 지칭한다(롬 10:21). 다시 말해 순종하는 이방인(전 절)과 대조되는 유다인의 불순종을 가리키는 것이다(1:4, 23; 30:1; 렘 5:23; 호 4:16). 저들은 이 불순종 때문에 버림이 되고, 이방인이 저들 대신에 하나님께 돌아오고, 그 이방인의 수가 찬 후 저들도 다시 돌아오게 되는 것이다(롬 11:25-26). 하나님은 이와 같이 불순종하고 패역한 유다 민족을 온 종일 손을 펴고 기다리신다. 저들의 회개를 기다리시는 것이다(눅 15:20).

사 65:3. 곧 동산에서 제사하며 벽돌 위에서 분향하여 내 앞에서 항상 내 노를 일으키는 백성이라.

본 절부터 5절까지는 유다인 관련 죄를 다룬다. 본 절은 유다인들이 동산에서 우상 숭배를 한 것을 언급한다(1:29; 57:5; 66:17). 즉, 유다 백성은 동산에서 우상에게 제사하며, 벽돌 제단 위에 분향하여, 내 앞에서 늘 나를 분노하게 만드는 백성이라고 말한다. 그리고 그들은 남녀 간 음란 행위를 공개적으로 자행했다.

"벽돌 위에서 분향하여"란 말은 출 20:24-25을 보면 하나님께서 제정하신 제단은 다듬지 않은 돌로 건축되어 있었다. 이제 그들이 벽돌 위에서 분향하는 것은 이 규칙을 어긴 것이며 하나님의 노를 격동시킨 것이다.

사 65:4. 그들이 무덤 사이에 앉으며 은밀한 처소에서 밤을 지내며 돼지고기를 먹으며 가증한 것들의 국을 그릇에 담으면서.

우상 숭배자들은 밤마다 무덤 사이를 다니면서 죽은 자들로부터 무슨 지시를 받고자 했고, 산간의 동굴 같은 은밀한 처소에서 지내면서 꿈같은 경로를 통해 지시를 받고자 했다. 그리고 율법에 금한 돼지고기를 먹으며 (66:17; 레 11:7-8)[41], 이방 제사상에 올랐던 고기 국물을 마셨다. 또 돼지고기나 율법에서 금지한 가증한 고기로 만든 국을 마셨다.

사 65:5. 사람에게 이르기를 너는 네 자리에 서 있고 내게 가까이 하지 말라 나는 너보다 거룩함이라 하나니 이런 자들은 내 코의 연기요 종일 타는 불이로다.

위와 같이 우상 숭배를 하는 사람이 말하기를 우상 숭배를 하지 않는 사람을 향하여 너는 네 자리에 서 있고 내게 가까이 하지 말라고 말한다는 것이다. 그들이 말하는 것을 들어보면 나는 너 보다 더 거룩하다고 말한다는 것이다. 참 말도 되지 않는 말이다. 이런 자들은 여호와 보시기에 "여호와의 코에 연기 같은 존재요, 종일 타는 불같은 존재라는 것"이다. 간단히 말해서 저 패역한 유다 민족은 하나님의 진노의 대상이라는 것이다.

사 65:6. 보라 이것이 내 앞에 기록되었으니 내가 잠잠하지 아니하고 반드시 보응하되 그들의 품에 보응하리라.

본 절 초두에는 "보라"라는 말이 나와 본 절을 주의해서 관찰할 것을 주문하고 있다. 즉, 보라, 이와 같이 유다 민족의 악이 내 앞에 기록되어 있으니(시 56:8; 말 3:16; 계 20:12) 내가 갚고야 말겠다. 그들의 품에 갚을 때까지는 내가 절대로 잠잠하지 않겠노라고 말씀한다. 우리의 악은 자복하지 않으면 하나님께서 반드시 심판하신다는 것을 알아야 한다.

사 65:7. 너희의 죄악과 너희 조상들의 죄악은 한 가지니 그들이 산 위에서 분향하며 작은 산 위에서 나를 능욕하였음이라 그러므로 내가 먼저 그들의

41) 애굽, 베니게, 그리스 및 로마 등지에서는 돼지고기로 제사를 지냈다. 우상 숭배자들은 이방 풍속을 따라 율법을 범한 것이다.

행위를 헤아리고 그들의 품에 보응하리라 여호와가 말하였느니라.

본 절은 현재의 유다인들의 죄와 조상들의 죄는 똑같이 하나라는 것인데 그것은 다름 아니라 모두 우상 숭배 죄라는 것이다. 하나님을 거역하고 엉뚱하게 세상에 빠져서 세상을 좋아하는 우상 숭배라는 것이다.

2) 여호와의 종과 여호와의 적 65:8-16

사 65:8. 여호와께서 이와 같이 말씀하시되 포도송이에는 즙이 있으므로 사람들이 말하기를 그것을 상하지 말라 거기 복이 있느니라 하나니 나도 내 종들을 위하여 그와 같이 행하여 다 멸하지 아니하고.

본 절은 유다 민족 전체가 다 썩은 것은 아니고 그 중에 일부 남은 자가 있다는 것을 포도송이에서 즙이 남아 있는 것들이 있다는 것을 들어 설명한다. 즉, 여호와께서 말씀하기를 포도송이에 즙이 들어 있으므로, 사람들이, 그것을 없애지 말라. 그 속에 복이 들어 있다고 말한다. 나도 이와 같이 나의 종들을 생각하여 그들을 다 멸하지는 않겠다고 말한다. 본 절은 시 57, 58, 59, 및 75편 등에서 영향을 받은 것으로 보인다고 말하는 것이다.

사 65:9. 내가 야곱에게서 씨를 내며 유다에게서 나의 산들을 기업으로 얻을 자를 내리니 내가 택한 자가 이를 기업으로 얻을 것이요 나의 종들이 거기에 살 것이라.

유다 민족이 다 썩은 것은 아니고 유다 민족 중에서 일부가 남아 있어 씨가 될 만 한 자가 있다는 것을 말한다(6:13). 즉, 내가 야곱으로부터 자손이 나오게 하며, 유다로부터 내 산(남쪽 나라 유다 땅과 북쪽 나라 이스라엘 땅 전체)을 유업으로 얻을 자들이 나오게 하겠다. 내가 택한 사람들이 그것을 유업으로 얻으며, 내 종들이 거기에 살 것이라고 한다. 세상이 아무리 부패했어도 그 중에서 남은 자가 있다는 것은 소망이 아닐 수 없다.

사 65:10. 사론은 양 떼의 우리가 되겠고 아골 골짜기는 소 떼가 눕는 곳이

되어 나를 찾은 내 백성의 소유가 되려니와.

본 절에 나오는 두 곳(사론, 아골 골짜기)은 동서의 대표 두 곳을 예로든 것이다. 즉, 사론 평야는 나(여호와)를 찾는 내 백성이 양 떼를 치는 목장이 되겠고, 아골 골짜기는 소들이 쉬는 곳이 될 것이라는 뜻이다.

사론은 팔레스타인의 서부, 갈멜산 남쪽의 비옥한 평야로 포로기에는 광야와 같이 되었으나(33:9 참조), 유다 민족의 회복과 더불어 다시 비옥한 농토가 되었고 양떼의 우리가 되었다.

"아골 골짜기"는 팔레스타인의 동부, 요르단과 여리고 사이의 골짜기로 여호수아 때에 범죄한 아간을 처형한 곳이며(수 7:24; 15:7; 호 2:15) 대대로 적막한 곳이었으나 이곳도 이스라엘의 회복과 더불어 소떼가 눕는 풍요한 곳이 되었다(이상근).

사65:11. 오직 나 여호와를 버리며 나의 성산을 잊고 갓에게 상을 베풀며 므니에게 섞은 술을 가득히 붓는 너희여.

본 절부터 16절까지는 여호와의 적들의 비참함에 대하여 진술한다. 즉, 그러나 나(여호와)를 떠나서, 내 거룩한 산(시온 산)을 잊고, 갓('좋은 운수의 신'이라는 뜻, 이는 베니게의 신으로 혹은 바알과 동일시하여 '바알갓'이라고도 하고, 혹은 몰렉 또는 아스토렛신과 동일시하기도 했다)에게 상을 차려놓으며, 므니('운명의 신'이며 수리아의 신)에게 섞은 술을 가득히 부어 바치는 자들은 다음 절 이하와 같이 비참하게 된다는 것이다.

사 65:12. 내가 너희를 칼에 붙일 것인즉 다 구푸리고 죽임을 당하리니 이는 내가 불러도 너희가 대답하지 아니하며 내가 말하여도 듣지 아니하고 나의 눈에 악을 행하였으며 내가 즐겨하지 아니하는 일을 택하였음이니라.

여호와께서는 적들을 죽이겠다고 말씀하신다. 이유는 그 적들은 여호와께서 불러도 대답을 하지 않고 그냥 계속해서 우상 숭배 죄만 짓고 있었기 때문이라는 것이다. 즉, 내(여호와)가 너희를 칼에 죽는 신세가 되게 하겠다.

너희는 모두가 살육하는 자에게 몸을 구부리게 될 것이다(47:6). 이유는 내가 불러도 너희가 대답하지 않았으며, 내가 말하여도 너희가 듣지 않으며, 너희가 내 눈에 악하게 보이는 우상을 섬기는 일만을 골라하며, 내가 좋아하지 않는 일만을 골라서 하기 때문이라고 하신다. 그래서 그들은 바벨론의 포학한 고초를 당하는 것이다.

사 65:13. 이러므로 주 여호와께서 이와 같이 말씀하시니라 보라 나의 종들은 먹을 것이로되 너희는 주릴 것이니라 보라 나의 종들은 마실 것이로되 너희는 갈할 것이니라 보라 나의 종들은 기뻐할 것이로되 너희는 수치를 당할 것이니라.

여호와의 적들이 죽을 수밖에 없는 이유는 저들이 우상숭배만 하니 죽지 않을 수 없다는 것이다. 그러나 여호와의 종들은 바벨론 포로에서 석방되어 유다 본토로 가서 잘 먹을 것이라고 하신다. 그러나 적들은 반드시 굶주릴 것이라고 하신다. 여호와의 종들은 잘 마실 것이나 적들은 갈할 수밖에 없다는 것이고, 여호와의 종들은 기뻐할 것이지만 적들은 수치만을 당할 것이라고 하신다. 모든 점에 있어서 반대의 입장에 설 것임을 말씀하신다.

사 65:14. 보라 나의 종들은 마음이 즐거우므로 노래할 것이로되 너희는 마음이 슬프므로 울며 심령이 상하므로 통곡할 것이며.

보라, 내 종들은 여호와의 복을 받아 마음이 즐거워 노래를 부르겠지만, 여호와를 거역하고 사는 적들은 마음이 슬퍼 울부짖으며, 속이 상하여 통곡할 수밖에 없을 것이다.

사 65:15. 또 너희가 남겨 놓은 이름은 내가 택한 자의 저줏거리가 될 것이니라 주 여호와 내가 너를 죽이고 내 종들은 다른 이름으로 부르리라.

너희의 이름은, 내가 택한 백성이 저주할 거리로 남게 할 것이다. 내 주 하나님께서 너희를 죽게 하실 것이다(12절 주해 참조). 그러나 여호와께서 나의 종들은 다른 이름으로 부르실 것이라고 한다(62:2 주해 참조).

사 65:16. 이러므로 땅에서 자기를 위하여 복을 구하는 자는 진리의 하나님을 향하여 복을 구할 것이요 땅에서 맹세하는 자는 진리의 하나님으로 맹세하리니 이는 이전 환난이 잊어졌고 내 눈 앞에 숨겨졌음이라(So that he who blesses himself in the land shall bless himself by the God of truth, and he who takes an oath in the land shall swear by the God of truth; because the former troubles are forgotten and are hidden from my eyes-ESV).

여호와의 종들이 다른 이름으로 불리기(15절 하반절) 위해서는 여호와의 종들이 땅에서 하나님께 복을 구해야 한다는 것이다. 결코 우상을 향해서 구해서는 안 된다는 것이다.

여기 "자기를 위하여 복을 구하는 자는 진리의 하나님을 향하여 복을 구할 것이요"라는 말과 "땅에서 맹세하는 자는 진리의 하나님으로 맹세해야 한다"는 말은 동의 절이다. 하나님을 향하여 복을 구하면 이전 환난이 잊어지고 하나님 보시기에 완전히 숨겨진다는 것이다. 우리가 하나님을 향하여 복을 구하면 엄청난 복을 받게 되는 것이다.

3) 신천 신지의 약속 65:17-25

이 부분(17-25절)은 윗말에 이어 메시아 시대(신약 시대)의 복에 대하여 진술한다. "새 하늘과 땅"은 시대가 아주 변동된 것을 뜻한다. 신약 시대는 구약 시대에 비하면 말할 수 없이 크게 달라진 시대이다. 히 12:25-29 참조.

신천 신지에서는 이전 것을 기억하지 않는다(17절). 다시 울음이 없는 시대이다(19절). 그리고 수명이 크게 길어진다(20절). 노동의 열매를 먹게 된다(22절). 그리고 자녀가 번성한다(23절). 그리고 기도가 즉각적으로 응답되는 시대이다(24절). 그리고 평화의 동산을 맞은 시대이다(25절).

<새 하늘과 새 땅 창조>

사 65:17. 보라 내가 새 하늘과 새 땅을 창조하나니 이전 것은 기억되거나

마음에 생각나지 아니할 것이라(For behold, I create new heavens and a new earth, and the former things shall not be remembered or come into mind-ESV), (For I am about to create new heavens and a new earth; the former things shall not be remembered or come to mind-RSV).

본 절 초두에는 "보라"라는 말이 나와 본 절을 아주 유의해서 관찰해야 할 것을 주문한다. 본 절을 유의해서 관찰해야 할 이유는 본 절의 내용이 아주 중요한 내용을 포함하고 있기 때문이다. 여호와께서 "내가 새 하늘과 새 땅을 창조하실 것이기" 때문이라는 것이다. 다시 말해 여호와께서 "내가 새 하늘과 새 땅을 창조하실 것이기" 때문에 이전 것은 기억되거나 마음에 생각나지 않을 것이라는 말이다.

그러면 "새 하늘과 새 땅"이 어느 시대를 두고 하는 말이냐는 데에는 크게 세 가지 견해가 있다. 1) 인류역사를 7세대로 나누는 세대주의에서는 1,000년 왕국 시대를 지칭한다는 견해, 그러나 이 세대주의는 오류가 많아 우리가 수용하기가 어렵다. 2) 예수님 재림하신 후에 다가 올 1,000년 왕국 시대를 가리킨다는 역사적 전 천년설의 견해, 이 견해는 개혁자들 중에도 상당수의 학자들이 지지하고 있다. 이 견해는 천년 왕국이 예수님 재림 후에 임한다는 견해이다. 3) 이 시대는 다른 시대를 지칭함이 아니라 바로 신약 시대를 두고 하는 말이라고 주장하는 학자들이 많이 있다(Augustine을 중심한 많은 종들의 견해). 2)번 견해와 3)번 견해는 확연히 다른 견해이나 서로를 존중하는 입장에 있어야 할 것이다(박윤선).

이 주해를 집필하고 있는 필자는 신학교에 재학 중일 때는 역사적 전 천년설을 신봉했으나 세월이 갈수록 고민이 생겨 3)번의 견해를 신봉하기로 한 것이다. 이유는 예수님의 재림 후에 천년 왕국이 온다는 2)번의 견해의 문제점은 재림 후에 심히 어려운 시대가 잠시 온다는 요한 계시록의 주장 때문이었다. 재림 후에 왜 그런 어려운 시대가 오는 것일까 하고 너무 오래 동안 고심하다가 바로 신약 시대가 천년 왕국이라는 입장에 이른 것이다. 다시 말해 예수님을 따르면서 죄를 깊이 자복하면 엄청난 복이 임한다는 것을 알게 되어 신약 시대가 바로 천년 왕국이라는 견해를 견지하게 된 것이다.

이제 18절 이하 25절까지의 모든 복이 역사적 전 천년 시대에 올 수도 있다는 입장과 신약 시대가 바로 전 천년 시대일 것이라는 견해를 견지하는 것이다. 아래의 시대적 특성을 말할 때 필자는 신약 시대에 이런 일이 벌어질 것이라고 믿지만 혹자들은 예수님 재림 후에 이런 시대가 올 것이라고 믿어도 필자는 그 견해를 비판하지 않는다. 서로 비판하지 않아야 한다는 입장에 있기 때문이다.

사 65:18. 너희는 내가 창조하는 것으로 말미암아 영원히 기뻐하며 즐거워할지니라 보라 내가 예루살렘을 즐거운 성으로 창조하며 그 백성을 기쁨으로 삼고(But be glad and rejoice forever in that which I create; for behold, I create Jerusalem to be a joy, and her people to be gladness-ESV)**.**

본 절은 위 구절에 계속하여 메시아 시대(신약 시대)의 복을 진술한다. 즉, 너희는 내가 창조하는 것을 길이길이 기뻐하고 즐거워하여라. 보라, 내가 예루살렘을 기쁨이 가득 찬 도성으로 창조하고, 그 주민을 행복을 누리는 백성으로 창조하겠다고 하신다.

이 신약 시대의 구원 운동은 획기적인 위대한 것이기 때문에 하나님께서는 그것을 가리켜 "나의 창조하는 것"이라고 하셨다(18절 상반절). 그리고 이 구원의 복에 참여하는 자들은 영원히 기뻐하며 즐거워할 것이라고 했고(18절), 하나님 자신도 그리고 이 복에 참여하는 자들도 기뻐해야 한다고 하셨다. 그러므로 우리 본문 18절, 19절 두 구절에 기쁨이라는 말이 6차례나 나온다. 다만 인간들의 죄로 말미암아 주님의 재림이 있기 전에는 아직도 불행한 일과 기쁘지 않은 일들이 있는 것은 사실이다. 그러나 신약 시대에 그리스도로 말미암아 임한 복의 위대함을 우리가 부인해서는 안 될 것이다.

사 65:19. 내가 예루살렘을 즐거워하며 나의 백성을 기뻐하리니 우는 소리와 부르짖는 소리가 그 가운데에서 다시는 들리지 아니할 것이며.

신천 신지에서는 환난과 고통으로 인한 슬픔이 더 이상 존재하지 않게 될 것이라는 말이다. 계 21:4 참조.

사 65:20. 거기는 날 수가 많지 못하여 죽는 어린이와 수한이 차지 못한 노인이 다시는 없을 것이라 곧 백세에 죽는 자를 젊은이라 하겠고 백 세가 못되어 죽는 자는 저주 받은 자이리라.

본 절에서는 신천 신지에서의 인간의 최저 수명이 100세를 넘을 것으로 묘사하고 있다. 이러한 묘사는 신천 신지에서도 비록 인간의 평균 수명은 늘어나지만 결국 죽음은 필연적인 것이라는 것을 드러낸다. 그러나 이는 영원한 천국의 모습과는 거리가 멀다. 왜냐하면 천국에서는 결코 죽음이 없고 영생한다고 성경이 말씀하기 때문이다. 그래서 혹자는 17-25절의 예언은 현세와 영원 세계의 중간 세대라 할 수 있는, 예수님의 초림으로 개시된 천년 왕국의 모습에 대한 예언으로 이해한다(Keil). 그러나 본문의 100은 완전수로 이해하여 '영원'을 나타내는 상징적 숫자로 봄이 좋을 것이다. 왜냐하면 17-25절의 예언은 요한계시록의 신천 신지의 모습과 거의 일치하기 때문이다(그랜드 종합 주석).

사 65:21. 그들이 가옥을 건축하고 그 안에 살겠고 포도나무를 심고 열매를 먹을 것이며.

본 절은 신천 신지에서의 가옥과 음식물 문제를 말한다. 즉, 집을 지은 사람들은 자기가 살려고 지은 집에 들어가 살 것이며, 포도나무를 심은 사람들은 자기가 기른 나무의 열매를 먹을 것이다.

신천 신지는 남의 것을 침범할 자가 없어서 자기들이 지은 집에 거하고, 자기들이 재배한 포도 열매를 먹는다는 것이다. 이는 신천 신지에 속한 자들의 안전과 복된 삶을 노래한 것이다(신 28:30 참조).

사 65:22. 그들이 건축한 데에 타인이 살지 아니할 것이며 그들이 심은 것을 타인이 먹지 아니하리니 이는 내 백성의 수한이 나무의 수한과 같겠고 내가 택한 자가 그 손으로 일한 것을 길이 누릴 것이며.

본 절은 전 절에 이어 자기들이 건축한 집에 타인이 살지 않고 또 자기들이 심은 식물을 타인이 먹지 아니할 것이라고 말한다. 즉, 자기가 지은 집에 다른 사람이 들어가 살지 않을 것이며, 자기가 심은 것을 다른 사람이 먹지 않을 것이라고 한다.

"내 백성의 수한이 나무의 수한과 같겠고 내가 택한 자가 그 손으로 일한 것을 길이 누릴 것이라"는 말은 사람이 포도나무의 연령만큼 산다는 말이 아니고 다만 그것을 심은 뒤에 열매를 먹지 못하고 전쟁으로 인하여 죽거나 잡혀갈 일이 없다는 뜻이다. 다시 말하면 그가 손으로 일한 것을 길이길이 누린다는 뜻이다. 23절 상반 절이 역시 이것을 설명해준다. 대대손손이 이 복을 누린다는 것이다. 이것은 기독 신자들이 받은 영적 복을 위시하여 영원토록 어떤 환난으로 인하여 망하는 법이 없다는 것이다.

사 65:23. 그들의 수고가 헛되지 않겠고 그들이 생산한 것이 재난을 당하지 아니하리니 그들은 여호와의 복된 자의 자손이요 그들의 후손도 그들과 같을 것임이라.

본 절은 전절에 이어 신천 신지에 속한 사람들은 자신들뿐만 아니라 자녀들까지도 세세토록 불행을 당하지 않는다는 것을 말한다. 물론 이 말이 천국에서도 자녀를 낳는 일이 계속됨을 의미한다고 할 수는 없다. 본 절은 천국의 복된 모습을 인간이 생각할 수 있는 최대의 복된 모습으로 묘사한 것뿐이다.

사 65:24. 그들이 부르기 전에 내가 응답하겠고 그들이 말을 마치기 전에 내가 들을 것이며.

본 절은 신천 신지(신약 시대)에 하나님의 백성이 그 신앙을 지키는 한 기도 응답이 확실할 것을 말씀한다. 다시 말하면 하나님과 그 백성 사이에 장벽이 전혀 없으리라는 말이다. 성도들은 예수 그리스도의 십자가를 의지하면서 자기를 항상 살피는 삶을 살아야 할 것을 강권한다.

사 65:25. 이리와 어린 양이 함께 먹을 것이며 사자가 소처럼 짚을 먹을 것이며 뱀은 흙을 양식으로 삼을 것이니 나의 성산에서는 해함도 없겠고 상함도 없으리라 여호와께서 말씀하시니라.

본 절은 신천 신지(신약 시대)에서는 피조 세계의 왜곡된 약육강식과 적자생존의 문제들이 근본적으로 해결될 것이라는 의미이다. 즉, 이리와 어린 양이 함께 풀을 먹으며, 사자가 소처럼 여물을 먹으며, 뱀이 흙을 먹이로 삼을 것이다. 나의 거룩한 산에서는 서로 해치거나 상하게 하는 일이 전혀 없을 것이다. 이는 주님의 말씀이시다. 그리스도께서 재림하신 후에 하나님 나라에서는 아무런 해하는 것들이 없을 것을 비유하기도 한다. 무엇보다도 인간을 해롭게 하는 죄악이 없어지게 된다는 사실을 말한다.

제 66 장

15. 이스라엘의 소망 66장

66장은 본서의 결론을 진술한 장이다. 본장은 새 예루살렘의 모습을 보이면서 최후적인 심판과 약속을 준다. 본장의 내용은 ㄱ) 부패한 예배를 거부하신다는 것 진술(1-4절). ㄴ) 주님께서 신실한 자들 곁에 서신다는 것 진술(5절). ㄷ) 불경한 자들에게 보응하신다는 것(6절). ㄹ) 새 이스라엘의 기적적인 탄생(7-9절). ㅁ) 새 민족은 기뻐하라는 것 진술(10-11절). ㅂ) 주님께서 자기 민족과 함께 하신다는 것 진술(12-14절). ㅅ) 주님께서 자신의 대적들을 심판하신다는 것 진술(15-17절). ㅇ) 만민이 모일 것이라는 것 진술(18-24절)한다는 것으로 구성되어 있다.

ㄱ) 부패한 예배 66:1-4

<여호와께서 민족들을 심판하시다>

사 66:1. 여호와께서 이와 같이 말씀하시되 하늘은 나의 보좌요 땅은 나의 발판이니 너희가 나를 위하여 무슨 집을 지으랴 내가 안식할 처소가 어디랴.

본 절의 말씀은 구약에도(시 11:4; 103:19), 신약에도(마 5:34-35; 행 7:48-49) 인용되고 있다. 솔로몬은 그 웅장하고 화려한 성전을 건축하고도 "하늘과 하늘의 하늘이라도 주를 용납지 못하겠거든 하물며 내가 건축한 이 전이오리이까"라고 했다(왕상 8:27; 대하 2:6). 다시 말하면 여호와는 그 성전에 계시나(합 2:20) 그 성전 이상이며, 무한대하신 것을 말하는 것이다. 즉, 여호와께서 이렇게 말씀하시기를 하늘은 나의 보좌요, 땅은 나의 발 발판이니, 너희가 어떻게 내가 살 집을 짓겠으며, 어느 곳에다가 내가 안식할 집을 짓겠느냐고 하신다.

"너희가 나를 위하여 무슨 집을 지으랴 내가 안식할 처소가 어디랴"라는 말에 대해서는 여러 가지 해석이 있다. 1) 예루살렘에 재건될 스룹바벨 성전을 반대한다는 견해(Selln, Ellinger). 2) 모든 성전을 건축하는 것을 반대한다는 견해(Wllhausen, Gressmann), 3) 성전 건축을 반대하는 것이 아니라 참 예배의 정신을 강조한 것이라는 견해(Calvin, Spurgeon, Fischer, Rawlinson, 박윤선, 이상근). 이 견해들 중 3)번의 견해가 가장 바른 것으로 보인다.

사 66:2. 나 여호와가 말하노라 내 손이 이 모든 것을 지었으므로 그들이 생겼느니라 무릇 마음이 가난하고 심령에 통회하며 내 말을 듣고 떠는 자 그 사람은 내가 돌보려니와.

본 절은 여호와께서 계실 수 있는 곳은 어떤 성전이 아니라 "무릇 마음이 가난하고 심령에 통회하며 내(여호와의) 말을 듣고 떠는 자"라고 하신다. 다시 말해 하나님의 말씀을 두려워하며 떠는 심령과 동행하신다는 것을 말씀한다. 즉, 여호와께서 말씀하시기를 나의 손이 이 모든 것을 지었으며, 이 모든 것이 나의 것이다. 겸손한 사람, 회개하는 사람, 나를 경외하고 복종하는 사람, 바로 이런 사람을 내가 좋아하고 함께 하신다는 것이다(57:15).

사 66:3. 소를 잡아 드리는 것은 살인함과 다름이 없이 하고 어린 양으로 제사드리는 것은 개의 목을 꺾음과 다름이 없이 하며 드리는 예물은 돼지의 피와 다름이 없이 하고 분향하는 것은 우상을 찬송함과 다름이 없이 행하는 그들은 자기의 길을 택하며 그들의 마음은 가증한 것을 기뻐한즉.

본 절은 여호와께서는 형식적인 예배를 드리는 자들과는 함께 하시지 않는다는 것을 여러 가지로 말씀하신다. 즉, 소를 죽여 제물로 바치는 자는 사람을 제물로 바치는 자와 같고, 양을 잡아 희생 제물로 바치는 자는 개의 목을 부러뜨리는 자와 같으며(신 23:18; 행 15:20), 부어 드리는 제물을 바치는 자는 돼지의 피를 바치는 자와 같고, 분향을 드리는 자는 우상을 찬미하는 자와 같다는 것이다. 이러한 제사장들은 여호와의 뜻을 묻지 않고 제 뜻대로

하는 자들이다. 오히려 가증한 우상숭배를 즐기는 자들이다. 가증한 우상들을 진정으로 좋아하는 자들이라는 것이다.

사 66:4. 나 또한 유혹을 그들에게 택하여 주며 그들이 무서워하는 것을 그들에게 임하게 하리니 이는 내가 불러도 대답하는 자가 없으며 내가 말하여도 그들이 듣지 않고 오직 나의 목전에서 악을 행하며 내가 기뻐하지 아니하는 것을 택하였음이라 하시니라.

본 절은 부패한 예배를 드리는 자들에게 여호와께서 심판을 내리신다는 것을 말씀하신다. 즉, 그러기에 여호와께서도 그들을 혹독하게 다루어, 그들이 겁내는 것을 그들에게 들이닥치게 하겠다. 내(여호와)가 그렇게 간절히 불렀으나 그들이 응답하지 않았으며, 내가 그렇게 말하였으나 그들이 듣지 않았으며, 오히려 내가 보는 데서 악한 일을 하며, 내가 좋아하지 않는 일을 골라 하였기 때문이다(65:12).

오늘날도 누구든지 우상숭배를 하면 결국 여호와로부터 무서운 환난을 만난다. 우리는 항상 메시아의 십자가를 바라보고 감사가 넘치는 예배를 하나님께 드려야 하겠다.

ㄴ) 주님께서 신실한 자들 곁에 서신다는 것 진술 66:5

사 66:5. 여호와의 말씀으로 말미암아 떠는 자들아 그의 말씀을 들을지어다 이르시되 너희 형제가 너희를 미워하며 내 이름으로 말미암아 너희를 쫓아내며 이르기를 여호와께서는 영광을 나타내사 너희 기쁨을 우리에게 보이시기를 원하노라 하였으나 그들은 수치를 당하리라 하셨느니라.

본 절은 여호와께서 여호와의 말씀으로 말미암아 떠는 자들을 위로 하시는 말씀이다. 즉, 여호와의 말씀을 떨리는 마음으로 받아들이는 사람들이여! 너희는 여호와의 말씀을 들어라. 너희를 미워하는 백성은 너희가 나의 이름을 부른다고 해서 너희를 따돌리며, 이르기를 주님이 영광을 드러내어 너희들이 기뻐하는 모습을 우리가 한 번 볼 수 있게 하여 보아라 하고 입을 놀리나,

그들은 수치를 당할 것이라고 하신다.

여호와께서는 여호와의 말씀으로 떠는 자들을 지극히 기뻐하신다는 것을 보여준다. 여호와께서는 여호와의 말씀을 접하고 떠는 자들을 크게 기뻐하시는 것을 알 수 있다. 그러나 불경한 자들은 여호와께서는 영광을 나타내사 너희 기쁨을 우리에게 보이시기를 원한다고 말한다.

"그들은 수치를 당하리라 하셨다"는 말씀은 '하나님은 하나님의 역사를 나타내사 조롱하는 자들이 반드시 수치를 당하게 하실 것이라'는 내용이다.

ㄷ) 불경한 자들에게 보응하신다는 것 진술 66:6

사 66:6. 떠드는 소리가 성읍에서부터 들려오며 목소리가 성전에서부터 들리니 이는 여호와께서 그의 원수에게 보응하시는 목소리로다.

여호와께서 떠드시는 소리가 성읍에서부터 들려오며 여호와의 목소리가 성전에서부터 들려오니 그 소리는 여호와께서 그의 원수에게 보응하시는 목소리라는 것이다. 즉, 이 소리는 성읍에서 나오는 요란한 소리이고, 성전으로부터 들려오는 소리인 것이다. 이것은 바로 주님께서 주님의 대적들에게 보응하시는 주님의 목소리라는 것이다. 이는 주전 586년 예루살렘 성전과 성전 파괴를 염두에 둔 표현임이 확실한 듯하다.

ㄹ) 새 이스라엘의 기적적인 탄생 66:7-9

이 부분(7-9절)은 유다 민족이 바사의 고레스 왕으로 말미암아 바벨론으로부터 해방되어 나라(유다 나라)를 다시 이루었다는 것(스 2:1; 3:1)을 말한다.

사 66:7. 시온은 진통을 하기 전에 해산하며 고통을 당하기 전에 남아를 낳았으니.

본 절은 시온이 진통을 당하기 전에 해산했다는 것을 말한다. 즉, 시온은 진통이 오기도 전에 해산했다는 것이다. 해산의 고통이 오기도 전에 아이를 낳았다(스 2:1; 3:1)는 것이다. 역사상에는 이런 일이 없는 법인데 이런 일이 유다 민족에게서 이루어졌다는 것이다. 이는 전적으로 여호와로부터 온 은혜인 것이다.

이 부분(7-9절)의 묘사는 신약 시대의 교회가 갑자기 생기된 것을 말하는 것이기도 하다. 본 비유가 강조하는 점은 교회의 탄생이 갑작스럽게 이루어졌다는 것이다.

사 66:8. 이러한 일을 들은 자가 누구이며 이러한 일을 본 자가 누구이냐 나라가 어찌 하루에 생기겠으며 민족이 어찌 한 순간에 태어나겠느냐 그러나 시온은 진통하는 즉시 그 아들을 순산하였도다.

본 절은 시온이 진통하는 즉시 한 나라가 탄생할 것을 말한다. 동시에 신약 교회가 탄생할 것을 예언한다. 즉, 세상에 누가 이런 일을 들은 적이 있느냐? 누가 이런 일을 본 적이 있느냐? 나라가 어찌 하루에 생길 수 있으며, 민족이 어찌 한 순간에 태어날 수 있겠느냐? 그러나 시온은 진통이 오자마자 아이들을 낳았다는 것이다. 이런 일은 하나님의 도움 없이 생길 수 없는 일이라는 것이다. 유다 민족이 다시 나라를 이룩한 일이나 신약 시대의 교회가 갑자기 생기게 된 것은 하나님의 이적의 도움으로만 가능하다는 것이다.

사 66:9. 여호와께서 이르시되 내가 아이를 갖도록 하였은즉 해산하게 하지 아니하겠느냐 네 하나님이 이르시되 나는 해산하게 하는 이인즉 어찌 태를 닫겠느냐 하시니라.

본 절은 여호와께서 일이 되게 하시면 된다는 것을 말씀한다. 즉, 바로 내(여호와)가 아이를 모태에서 나오게 하거늘, 어찌 내가 아이를 낳게 할 수 없겠느냐? 여호와께서 말씀하신다. 아이를 낳게 하는 이가 나이거늘, 어찌 내가 아이를 못 나오게 막겠느냐고 여호와께서 말씀하신다.

여호와께서 유다 나라를 나타나게 하셨은즉 나라가 이루어지는 것이고 여호와께서 교회가 탄생하게 하시는 것이니 교회가 이루어지는 것이라는 말이다.

ㅁ) 새 민족은 기뻐하라 66:10-11

경건한 사람들이 유다 나라가 다시 세워진 예루살렘에서 기뻐하며 위로를 받으라고 말한다. 이 예언은 동시에 신약 교회가 탄생하므로 구원 받은 성도들이 함께 기뻐할 것을 예언한 것이다.

사 66:10. 예루살렘을 사랑하는 자들이여 다 그 성읍과 함께 기뻐하라 다 그 성읍과 함께 즐거워하라 그 성을 위하여 슬퍼하는 자들이여 다 그 성의 기쁨으로 말미암아 그 성과 함께 기뻐하라.

여기 10절에 기쁨이란 말이 4번이나 나타나 크게 기뻐하라고 주문한다. 즉, 예루살렘을 사랑하는 사람들아! 그 성읍과 함께 기뻐하고 즐거워하여라. 예루살렘을 생각하며 슬퍼하던 사람들아! 너희는 모두 그 성읍과 함께 크게 기뻐하라고 말한다. 예루살렘이 바벨론 군대에 의해서 파괴될 때에 슬퍼했으나 이제는 하나님의 은혜로 예루살렘이 다시 세워졌으니 기뻐하라는 것이다.

사 66:11. 너희가 젖을 빠는 것 같이 그 위로하는 품에서 만족하겠고 젖을 넉넉히 빤 것 같이 그 영광의 풍성함으로 말미암아 즐거워하리라.

예루살렘 귀환민들은 어미 품에 있는 어린 아이와 같이 그 예루살렘의 품에서 풍요한 젖을 빨아들이며 기쁨을 누리라고 말한다. 신약 시대의 교회도 유다인이나 이방인 차별 없이 교회를 통하여 받는 은혜로 말미암아 크게 기뻐하라는 것이다.

ㅂ) 주님께서 자기 민족과 함께 하신다 66:12-14

이 부분(12-14절)에서 여호와께서는 예루살렘을 사랑하는 자 곧 여호와를 경외하는 모든 자에 대해 풍성한 복과 위로를 약속하신다.

사 66:12. 여호와께서 이와 같이 말씀하시되 보라 내가 그에게 평강을 강 같이, 그에게 뭇 나라의 영광을 넘치는 시내 같이 주리니 너희가 그 성읍의 젖을 빨 것이며 너희가 옆에 안기며 그 무릎에서 놀 것이라.

본 절은 예루살렘을 사랑하는 자 곧 교회를 사랑하는 자에게 평강을 강 같이 풍성하게 또 교회를 사랑하는 자에게 뭇 나라의 영광을 넘치는 시내같이 주실 것이라고 하신다(48:18). 그뿐 아니라 교회를 사랑하는 자들은 그 성읍으로부터 젖을 빨 것이며 그 옆에 안기며 그 무릎에서 놀 것이라고 하신다(60:4-5, 11; 61:6). 이 예언은 신약 시대를 맞이하여 이방인들이 교회에 들어와서 풍성한 물질을 가지고 봉사할 것을 말하는 것이기도 하다.

사 66:13. 어머니가 자식을 위로함 같이 내가 너희를 위로할 것인즉 너희가 예루살렘에서 위로를 받으리니.

본 절은 여호와께서 성도들을 위로해주실 것이라고 말씀한다. 즉, 어머니가 그 자식을 위로하듯이, 내(여호와)가 너희를 위로할 것이니, 너희가 예루살렘에서 위로를 받을 것이라고 하신다. 교회를 사랑하는 사람들은 여호와 하나님으로부터 넘치는 위로를 받는다는 것이다.

사 66:14. 너희가 이를 보고 마음이 기뻐서 너희 뼈가 연한 풀의 무성함 같으리라 여호와의 손은 그의 종들에게 나타나겠고 그의 진노는 그의 원수에게 더하리라(You shall see, and your heart shall rejoice; your bones shall flourish like the grass; and the hand of the LORD shall be known to his servants, and he shall show his indignation against his enemies-ESV), (You shall see, and your heart shall rejoice; your bodies shall flourish like the grass; and it shall be known that the hand of the LORD is with his servants, and his indignation is against his enemies-RSV).

유다 민족이 유다 땅에서 번영하는 것을 보고 마음이 기쁠 것이며 유다 민족의 뼈들이 무성한 풀처럼 튼튼하게 될 것이다. 유다 민족은 이전에 자기들의 범죄로 인해 하나님의 불같은 진노를 받아 뼈들이 타들어 가고(욥 30:30) 쇠했으나(58:11), 이제는 하나님의 회복의 은총과 위로를 받음으로 마치 열기로 시들어버린 풀이 비가 옴으로 인해 다시 생기를 되찾고 무성해지듯이 다시 번영하게 될 것이라는 예언이다(Rawlinson). 이는 궁극적으로 교회가 성령의 은총을 입어 급격히 번성하며 세계만방에 확산될 것을 예언한 것이다. 그리고 이 사건에 참여하는 자들에게는 하나님의 손이 자기 종들을 위해 역사하고 계셨다는 것이 분명해질 것이다. 그러나 주님의 원수들에게는 진노가 예비되어 있는 것이다.

ㅅ) 여호와께서 자신의 대적들을 심판하신다는 것..6:15-17

여호와께서는 자신을 떠난 적들에게 최후의 심판을 내리신다. 그 심판은 여호와의 종들인 교회의 최후의 집합(18-24절)이 있기 전에 단행될 것이다(계 19-21장 참조).

사 66:15. 보라 여호와께서 불에 둘러싸여 강림하시리니 그의 수레들은 회오리바람 같으리로다 그가 혁혁한 위세로 노여움을 나타내시며 맹렬한 화염으로 책망하실 것이라.

문장 초두에 "보라"라는 말이 등장하여 본 절이 아주 중요한 절임을 드러내고 있다. 따라서 독자들은 본 절을 아주 중요하게 관찰해야 할 것임을 드러낸다. 즉, 보라! 여호와께서 화염에 휩싸여 강림하시며(출 8:21-22; 19:18; 40:34; 대상 21:26; 대하 7:1; 왕상 18:38 참조), 그의 병거를 마치 회오리바람처럼 타고 강림하실 것이다(시 68:17; 합 3:8). 여호와께서는 혁혁한 위세로 노여움을 나타내시고, 그의 질책이 타는 불길이 되어 보응하려 하실 것이다. 여호와께서는 불가항력(不可抗力)적인 강한 위세로 나타나사 하나님을 떠나 우상숭배를 하는 적들, 다시 말해 교회의 적들을 멸하실 것이다.

사 66:16. 여호와께서 불과 칼로 모든 혈육에게 심판을 베푸신즉 여호와께 죽임 당할 자가 많으리니.

본 절은 여호와께서 심판을 베푸시는 방법을 말씀하고 있다. 즉, 여호와께서 불로 온 세상을 심판하시며, 그의 칼로 모든 사람을 심판하실 것이니(27:1; 34:4-5), 여호와께 죽음을 당할 자가 아주 많을 것이라고 하신다.

사 66:17. 스스로 거룩하게 구별하며 스스로 정결하게 하고 동산에 들어가서 그 가운데에 있는 자를 따라 돼지 고기와 가증한 물건과 쥐를 먹는 자가 다 함께 망하리라 여호와의 말씀이니라.

거룩한 예배를 드리려는 자처럼 자기를 가장하여 스스로를 정결하게 하고 동산에 들어가서 우상 숭배 의식들을 수행하는 직원의 지도자를 따라 돼지고기와 가증한 물건과 쥐를 먹는 자(레 11:4-30에서 금지하고 있는 부정한 식물들을 먹는 자들)들은 다 함께 망하리라는 것이다. 이 말씀은 사람들의 말이 아니라 여호와의 말씀이다.

아무튼 우상 숭배자들의 지도를 따라 우상 숭배 하는 자들은 멸망할 수밖에 없다. 왜냐하면 우상 숭배 하는 일이야 말로 하나님을 거역하는 제일 첫 걸음을 걷고 있는 것이기 때문이다. 신약에 와서는 돈을 사랑함도 우상 숭배라고 했다(골 3:5). 돈을 사랑하는 모든 사람도 하나님께서 은혜를 주셔서 회개케 하시지 않으면 별 수 없이 하나님을 믿지 않고 살다가 지옥으로 가는 수밖에 없다.

ㅇ) 만민이 모일 것이라는 진술 66:18-24

세계 만민이 교회에 모여 여호와를 예배하는 일은 아름다운 일이 아닐 수 없다.

사 66:18. 내가 그들의 행위와 사상을 아노라 때가 이르면 뭇 나라와 언어가 다른 민족들을 모으리니 그들이 와서 나의 영광을 볼 것이며.

본 절은 앞 절 말씀의 연속이다. 즉, 여호와께서 앞 절에 말씀한 그들의 행위와 사상을 아신다는 것이다. 즉, 내(여호와)가 그들(우상 숭배자들)의 우상을 섬긴 일과 우상을 섬겼던 사실을 아시기에, 여호와께서는 언어가 다른 모든 민족(경건한 유다인과 이방인)을 모을 때가 올 것이니, 그들이 와서 여호와께서 우상 숭배자들을 심판하는 영광을 볼 것이다.

사 66:19. 내가 그들 가운데에서 징조를 세워서 그들 가운데에서 도피한

자를 여러 나라 곧 다시스와 뿔과 활을 당기는 룻과 및 두발과 야완과 또 나의 명성을 듣지도 못하고 나의 영광을 보지도 못한 먼 섬들로 보내리니 그들이 나의 영광을 뭇 나라에 전파하리라.

본 절은 유다인 기독 신자들이 모든 이방인들에게 선교할 것을 예언하는 말씀이다. 즉, 내(여호와)가 그들 가운데 징표(여기 "징조"라는 말은 성도들로 하여금 위에 말한 전란(戰亂)의 해를 당하지 않게 미리 피하도록 하나님께서 보여주신 어떤 신비한 일을 지칭한다)를 두어서, 살아남은 자들을 다시스(오늘날 스페인의 어느 지방 지칭), 뿔(아프리카 동북부에 위치한 지방), 활을 잘 쏘는 룻(소아시아의 리디아 지방 지칭), 두발(흑해와 아락세스 사이 코커서스 남부 지역에 위치한 티발레니안스 지칭), 야완 민족들(성경에 나오는 야완의 모든 후손들을 포함하는 아오니아인들로 불리는 자들)과 나의 명성을 들은 적도 없고, 나의 영광을 본 적도 없는 먼 섬들에게 보낼 것이며, 그들이 나의 영광을 모든 민족에게 알릴 것이다. 이상은 모두 유다 나라에서는 가장 먼 지대들로 저들은 일찍이 하나님의 명성을 듣지도 못하였다(마 24:14).

사 66:20. 나 여호와가 말하노라 이스라엘 자손이 예물을 깨끗한 그릇에 담아 여호와의 집에 드림 같이 그들이 너희 모든 형제를 뭇 나라에서 나의 성산 예루살렘으로 말과 수레와 교자와 노새와 낙타에 태워다가 여호와께 예물로 드릴 것이요.

본 절은 이방인들이 역시 모든 신자들("너희 모든 형제")을 여호와께로 돌아오도록 하여 예물을 드리게 되리라는 내용이다. 즉, 마치 이스라엘 자손이 주의 성전에 바칠 예물을 깨끗한 그릇에 담아서 가져 오는 것과 같이, 그들 유다 백성들이 또한 모든 민족들로부터 너희의 모든 동포를 나 여호와에게 바치는 선물로 말과 수레와 가마와 노새와 낙타에 태워서, 나의 거룩한 산 예루살렘으로 데려올 것이라는 내용이다. 이 말씀도 주님께서 말씀하신 것이다.

사 66:21. 나는 그 가운데에서 택하여 제사장과 레위인을 삼으리라 여호와의 말이니라.

본 절은 여호와께서 이방인들 가운데서 복음의 일꾼들을 택하여 세우시리라고 하신다. 이는 이방인들이 교회에 들어와 복음의 일꾼이 된다는 뜻이다. 신약 시대가 되어서는 유다인과 이방인의 차이가 철폐되고 구약의 이스라엘의 종교가 세계 종교로 발전하게 된다는 내용이다.

사 66:22. 내가 지을 새 하늘과 새 땅이 내 앞에 항상 있는 것 같이 너희 자손과 너희 이름이 항상 있으리라 여호와의 말이니라.

여호와께서 그리스도 안에서 새로 지으시는 새 하늘과 새 땅의 중요한 특징은 영원하다는 데 있다(계 21:1-27; 계 22:1-5). 마찬가지로 그 신천신지에 거할 모든 구원 받은 성도들 역시 영원히 존속된다. 다시 말해 영생한다(요 7:26).

사 66:23. 여호와가 말하노라 매월 초하루와 매 안식일에 모든 혈육이 내 앞에 나아와 예배하리라.

여호와께서 말씀하시기를 매달 초하루와 매 안식일에 이스라엘 사람이나 이방인이나 차별이 없이 여호와 앞에 나아와 예배하게 될 것이라고 하신다.

"매월 초하루와 매 안식일에"란 말은 구약적인 예배 표현이다(시 86:9; 슥 14:6). 여호와께서 본 절을 말씀하신 목적은 여호와께 대한 예배가 중단 없이 계속된다는 것을 말씀하시는 것이다(Rawlinson).

사 66:24. 그들이 나가서 내게 패역한 자들의 시체들을 볼 것이라 그 벌레가 죽지 아니하며 그 불이 꺼지지 아니하여 모든 혈육에게 가증함이 되리라.

본 절은 끝까지 회개하지 아니하고 여호와께 패역한 자들(이스라엘인이나 이방인들을 가릴 것 없이)이 멸망당할 것을 보여주는 말씀이다. 즉, 여호와께서 말씀하시기를 영원히 경배를 여호와께 드리던 그들이 나가서 여호와를 거역한 자들의 시체들을 볼 것이다. 패역한 자들의 시체를 먹는 벌레가 죽지 않으며, 그들을 삼키는 불도 꺼지지 않을 것이니, 모든 사람이 그들을 보고 소름이 끼칠 것이라고 하신다.

구원받은 성도들이 이 영원히 멸망하고 있는 광경을 보게 되는 것은 성도들로 하여금 자기들이 받은 구원과 악도들의 멸망을 대조함에서 그들의 복이 얼마나 큰 것을 느끼게 하려는 것이다(박윤선).

"그 벌레가 죽지 아니하며 그 불이 꺼지지 아니한다" 함은 지옥의 형편을 가리킨다. 막 9:47-49 참조. "벌레가 죽지 아니한다" 함은 저 악도들의 양심의 고통을 비유한다(Calvin). 또 "불이 꺼지지 아니한다" 함은 그들에게 있는 고통이 없어지지 않는 것을 비유하기도 한다(박윤선).

"모든 혈육에게 가증함이 되리라"는 말은 영원히 멸망 받는 자들이 모든 혈육에게 끔찍하게 여겨진다는 뜻이다.

-이사야 주해 끝-

이사야 주해

2021년 1월 28일 초판 1쇄 인쇄
2021년 2월 15일 초판 1쇄 발행
지은이 | 김수홍
발행인 | 박순자
펴낸곳 | 도서출판 언약
주 소 | 수원시 영통구 중부대로 271번길 27-9, 102동 1303호
전 화 | 070-7518-9725
E-mail | kidoeuisaram@naver.com
등록번호 | 제374-2014-000006호

정가 30,000원

ISBN : 979-11-952332-0-5 (04230)(세트)
ISBN : 979-11-89277-15-4 (04230)